Reformierte Liturgik – kontrovers

TVZ

Praktische Theologie im reformierten Kontext

herausgegeben von Maurice Baumann, Albrecht Grözinger, Gerrit Immink, Ralph Kunz, Andreas Marti, Christoph Morgenthaler, Félix Moser, David Plüss und Thomas Schlag

Band 1 – 2011

Die Reihe «Praktische Theologie im reformierten Kontext» versammelt Arbeiten aus der praktisch-theologischen Forschung, die in der konfessionellen Kultur der Reformierten verankert sind. Der reformierte Kontext ist einerseits Gegenstand empirischer Wahrnehmung und kritischer Reflexion und andererseits das orientierende Erbe, aus dem Impulse für die zukünftige Gestaltung der religiösen Lebenspraxis gewonnen werden. Er bildet den Hintergrund der kirchlichen Handlungsfelder, prägt aber auch gesellschaftliche Dimensionen und individuelle Ausprägungen der Religionspraxis.

Ralph Kunz, Andreas Marti, David Plüss (Hg.)

Reformierte Liturgik – kontrovers

T V Z

Theologischer Verlag Zürich

Bibliografische Informationen der Deutschen Nationalbibliothek
Die Deutsche Nationalbibliothek verzeichnet diese Publikation in der Deutschen Nationalbibliografie; detaillierte bibliografische Daten sind im Internet über http://dnb.d-nb.de abrufbar.

Umschlaggestaltung
Simone Ackermann unter Verwendung einer Fotografie von Torsten Andreas Hoffmann (Ausschnitt) aus der Serie «Krethi & Plethi. Christliches und Nachchristliches in Zürich», 1999 © Evangelisch-reformierte Landeskirche des Kantons Zürich und Katholische Kirche im Kanton Zürich

Satz und Layout
Claudia Wild, Konstanz

Druck
Rosch-Buch GmbH, Scheßlitz

ISBN 978-3-290-17582-5

www.tvz-verlag.ch

Inhaltsverzeichnis

Einleitung

Als ob sie nicht schon genug zerstritten und verzettelt wären! Brauchen die Schweizer Reformierten wirklich ein Buch mit Kontroversen zu gottesdienstlichen Fragen? Vielleicht fragt sich das, wer diesen Band in die Hand nimmt.

Eines steht jedenfalls fest: Die Reformierten sind *in liturgicis* kein einig Volk von Brüdern und Schwestern. Über die rechte Gestalt des wahren, schönen oder züchtigen Gottesdienstes wurde seit je gestritten. Anderes stand und steht zur Debatte. Sind unsere lehrhaften Gottesdienste noch zeitgemäss? Wie politisch dürfen Predigten sein? Wäre es nicht an der Zeit, dass die Reformierten das gottesdienstliche Bekennen wieder einübten? Oder: Hat die Orgel in sogenannt neuen Gottesdiensten wirklich ausgespielt? In jüngerer Zeit gab es auch Debatten darüber, ob in der Vielfalt der lokalen Traditionen und unterschiedlichsten Formen noch reformierte Identität erkennbar sei. Einige Diskussionen blieben kontrovers, wenige mündeten in Konsens, wieder andere verliefen im Sand.

Schon bei der Einführung des reformierten Abendmahls in Zürich im Frühjahr 1525 hiess es im Begleitschreiben an die Pfarrer, dass man zwar auf Gesang und Musik in der Liturgie verzichte, dass man aber nichts einzuwenden habe, wenn andere Kirchen hier «mehr Zeremonien» bräuchten. Ähnlich hat übrigens auch Martin Luther in der «Deutschen Messe» 1526 die Freiheit in den Ordnungen betont, um jede Gefahr einer Gesetzlichkeit zu bannen, doch ist die Entwicklung dort dann einen konservativeren Weg gegangen, begründet in der faktischen Übernahme bischöflicher Funktionen durch die Landesfürsten. Im Zweiten Helvetischen Bekenntnis von 1566 ist auch wieder der Gesang im Gottesdienst der Punkt, an dem sich Unterschiede zeigen. Diese Differenzen werden fast ohne Wertung konstatiert – jede Ortskirche geht da eben den Weg, der ihr angemessen scheint. Fast überflüssig ist es, an dieser Stelle auf die wohlbekannte Tatsache hinzuweisen, dass dieses Bekenntnis erst nach langen Diskussionen formuliert werden konnte und dass ein einheitliches Bekenntnis für alle reformierten Kirchen nie bestanden hat. Und so ist auch die Praxis von durchaus unterschiedlichen Konzepten ausgegangen. Während in Genf sogar das Weihnachtsfest als kirchliches Datum abgeschafft wurde, enthalten manche Psalterausgaben für die deutschen reformierten Gemeinden im 17. Jahrhundert Tabellen, welche die Psalmen den traditionellen Daten des bei den lutherischen Nachbarn gebräuchlichen Kirchenjahres zuweisen.

Für die Gegenwart hat vor acht Jahren der inzwischen verstorbene reformierte Ökumeniker Lukas Vischer in einem umfangreichen Sammelband zusammengetragen, auf wie viele unterschiedliche Weisen rund um die Welt heute reformierter Gottesdienst gefeiert wird – von hochkirchlicher Liturgie in Sinne einer «evangelischen Katholizität» über den klassischen lehrhaften Wortgottesdienst bis zu erwecklich-pietistisch oder pfingstgemeindlich bestimmten Versammlungen, manchmal in Verbindung mit lokalen Kulturen, vereint in einem sehr weiten Sinn durch die Suche nach der Gemeinschaft mit Gott, durch die Betonung der menschlichen Gemeinschaft und durch den Bezug auf die Bibel. «Distinctions are no longer divisions» – Unterschiede können uns letztlich nicht trennen,[1] und reformierter Gottesdienst will danach auch keine konfessionellen Unterschiede dokumentieren oder gar zelebrieren, sondern schlicht «christlicher Gottesdienst» sein.

Aber die Unterschiede sind da, nicht nur zwischen den Regionen, sondern auch innerhalb derselben. Ist also bei den Reformierten alles umstritten? Sind wir ganz zerstritten? Das wäre ein schiefes Bild der Lage. Wir können in unserer Gottesdienstkultur durchaus ein historisch gewachsenes Ganzes erkennen, ein Ganzes freilich, das aufgrund der liturgischen Freiheit, die der Kirchenbuchtradition zugrunde liegt, in seiner Ausgestaltung nicht festgelegt war. Das war so, ist immer noch so und wird voraussichtlich so bleiben. Ein Systemwechsel – also die Schaffung einer verbindlichen Agende – ist in unserer Kirchenlandschaft nicht zu erwarten.

Der Entschluss, Liturgisches kontrovers zu diskutieren, ist folglich nicht nur der Debattierlust der Herausgeber und der beteiligten Autorinnen und Autoren geschuldet. Wir reklamieren historische Evidenz und sachliche Relevanz für diese Form der Auseinandersetzung. Vor allem finden wir, dass die Kontroverse den Reformierten besonders gut ansteht. Denn in gewisser Hinsicht bleibt den Liebhabern der liturgischen Freiheit keine andere Wahl. Sie *müssen* sich auseinandersetzen. Natürlich beginnt das Gespräch nicht immer mit einem *Entweder-Oder*. Aber das wird unter Umständen erst deutlich, wenn das Strittige beim Namen genannt wird. Dann kann ein *Sowohl-als-auch* oder ein *Weder-noch* erwogen werden. Uns ging es mit dem vorgegebenen Format also nicht darum, liturgische Themen auf Alternativen zu reduzieren. «Mann oder Frau» wäre, so verstanden, etwas gar plump! Die Autorinnen und Autoren haben die Kunstform verstanden und sich gut reformiert die Freiheit genommen, auf die Weise zu streiten und zu raufen, wie es ihnen sachgemäss schien.

«Reformierte Liturgik – kontrovers» hilft, die Differenzen zu klären. Das ist nicht immer nur vergnüglich und entspannt. Da und dort werden denn auch in diesem Band Konfliktlinien erkennbar, die bis ins Fundament der Kirche reichen. Es wäre aber ganz und gar unreformiert, in fundamentalen Auseinandersetzungen nach einem Lehramt zu rufen, das sagt, was Sache ist. Die Reformierten verpflichten und bekennen sich zum *konziliaren Weg*. Auf diesem Weg gibt es nur die Macht der guten Argumente und die Bereitschaft, sich von besseren Argumenten überzeugen zu lassen. Auseinandersetzungen sind darum kein Selbstzweck. Sie

1 Lukas Vischer (Hg.): Christian Worship in Reformed Churches Past and Present. Grand Rapids 2003, S. 284.

dienen denen, die sich zusammensetzen, klare und sachlich begründete, theologisch fundierte Entscheidungen zu fällen, die in einem anderen geschichtlichen oder regionalen Kontext aber auch anders ausfallen könnten und gegebenenfalls zu revidieren sind.

Liturgische Kontroversen sind kein Selbstzweck, sondern sie zielen auf den *evangelischen Gottesdienst.* Es geht um den Gottesdienst, der im Evangelium begründet ist und Menschen den Charme evangelischer Freiheit geistreich und sinnenfällig zu vermitteln vermag. Es geht um den zugleich gehaltvollen und zeitgemässen Gottesdienst. Weder historische Aufführungen noch dogmatische Finessen können das Ziel liturgischen Bemühens sein, sondern Feiern mit Geist und Stil, die für eine Botschaft stehen und von unseren Zeitgenossinnen und Zeitgenossen als berührend und relevant erfahren werden.

Liturgische Kontroversen sind ein Zeichen dafür, dass der Gottesdienst noch nicht aufgegeben, dass er noch nicht in die Mottenkiste der Geschichte verstaut wurde. Fehlende Kontroversen hingegen würden darauf hindeuten, dass dem reformierten Klassiker nicht mehr allzu viel zugetraut wird. Desinteresse und Gleichgültigkeit sind weit gefährlichere Feinde des Gottesdienstes als unterschiedliche Positionen in Fragen des Inhalts oder der Gestaltung.

«Reformierte Liturgik – kontrovers» richtet sich zunächst an Liturginnen und Liturgen. Sie sind mit der liturgischen Gestaltung in besonderer Weise betraut. Und dies in einem fast gänzlich «liturgiefreien» Raum. Peter Bukowski ist beizupflichten, wenn er in der Einleitung zur «Reformierte(n) Liturgie» schreibt: «Es gibt in der ganzen Christenheit kaum ein liturgisches Konzept, welches von den Verantwortlichen mehr Kompetenz verlangt als das reformierte. Nicht einmal bei der Zusammenstellung der Lesungen und Lieder kann sich der ‹wirklich› Reformierte der Weisheit seiner Kirche anvertrauen, denn er hat ja die ‹freie Textwahl›!»[2] Reformierte Liturginnen und Liturgen, zumal wenn sie in einer Deutschschweizer Kirche arbeiten, sind mit einer grossen und herausfordernden Freiheit in der liturgischen Gestaltung konfrontiert. Zugleich ist der liturgiewissenschaftliche Rucksack der Vikarinnen und Vikare meist klein. Es gibt in der Deutschschweiz – abgesehen von einer neu eingeführten Langzeitweiterbildung – kein umfassendes liturgiedidaktisches Curriculum, auch wenn tendenziell der Raum, den Studierende und Lehrende der Liturgie einräumen, in den letzten Jahren gewachsen ist. Die Aneignung liturgischer Kompetenzen bleibt immer noch zu einem beträchtlichen Teil dem eigenen Bemühen überlassen. Diesen Missstand können die in diesem Band geführten Kontroversen nicht beheben. Aber vielleicht vermögen sie Liturginnen und Liturgien für Fragen der Theologie und der Gestaltung des Got-

2 Peter Bukowski: «Einführung» in die Reformierte Liturgie, in: ders.; Arend Klompmaker; Christiane Nolting; Alfred Rauhaus; Friedrich Thiele (Hg.): Reformierte Liturgie. Gebete und Ordnungen für die unter dem Wort versammelte Gemeinde, im Auftrag des Moderamens des Reformierten Bundes, Wuppertal/Neukirchen-Vluyn 1999, S. 16.

tesdienstes zu interessieren, ihre Wahrnehmung zu sensibilisieren und ihr Urteilsvermögen zu differenzieren.

«Reformierte Liturgik – kontrovers» richtet sich auch an die Kirchenmusikerinnen und Kirchenmusiker. Sie gestalten den Gottesdienst im Idealfall gemeinsam mit den Liturginnen und Liturgen. Sie verfügen nicht selten über eine gründlichere liturgische Ausbildung als die Pfarrpersonen, können allerdings diese Sachkompetenz nicht immer im geeigneten Mass in die Entscheidungsprozesse einbringen oder wagen dies – noch – nicht zu tun.

«Reformierte Liturgik – kontrovers» richtet sich aber auch und in besonderer Weise an die Gemeinden und an die Kirchenvorstände. Der reformierte Gottesdienst ist zuerst und vor allem Sache der Gemeinde und nicht der Pfarrpersonen und Kirchenmusiker. Es ist die Gemeinde, die Gottesdienst feiert, Gott anruft, zu ihm betet und sich von ihm ansprechen, befreien und segnen lässt. Liturginnen und Kirchenmusiker leisten hierzu nur Hebammendienste. Gemeinden und Kirchenvorstände bedürfen der Befähigung, sich in liturgischen Angelegenheiten einzubringen. Die Liturgie gehört der Gemeinde und ist nicht nur Sache der Liturgin, wie es oft scheinen mag. Wenn dem so ist, dann ist es dem Feiern der Gemeinde nicht zuträglich, wenn in einer Gemeinde in ganz unterschiedlicher Weise liturgisch eröffnet, Abendmahl gefeiert, getauft und gesegnet wird. Liturgie braucht wiederkehrende Formen und Texte, sonst erstickt sie in Moderation und Belehrung. Gottesdienstgemeinden brauchen liturgische Beheimatung.

Damit ist keiner liturgischen Uniformierung das Wort gesprochen. Wir haben keine festen Gottesdienstordnungen, sondern bloss ein im Gesangbuch abgedrucktes Gerüst mit hoher Variabilität in der Ausgestaltung. Lokale Traditionen sind mit guten Gründen von grösserer Bedeutung. Es geht nicht um den *einen* reformierten Gottesdienststil, sondern es geht um die *Vielfalt geprägter und gehaltvoller liturgischer Stile*. Es geht um inhaltliche und gestalterische Verbindlichkeit *in* der Vielfalt. So wie es Gott gefallen hat, Menschen auf ganz unterschiedliche Weise anzusprechen, so ist die Vielfalt der Stimmen, mit denen Menschen Gott liturgisch antworten, kein Mangel, sondern ein Gewinn. «Alles aber geschehe in der Kirche anständig und ordentlich, alles diene schliesslich er Erbauung.»[3]

Ralph Kunz, Andreas Marti, David Plüss
5. April 2011

3 Heinrich Bullinger: Das Zweite Helvetische Bekenntnis (1566), Kap. XXII, Zürich 1998, S. 120.

Reformatorisch oder (post-)modern?

Gemeinsam auf Gottes Wort hören – Gottesdienst reformatorisch

Matthias Zeindler

Reformierter Gottesdienst: nüchterne Intellektualität?

Beginnen wir im Historischen Museum Bern, in der Ausstellung «Bildersturm. Wahnsinn oder Gottes Wille?» im Jahre 2000/2001. Auf dem Rundgang wird man durch die farbige Vielfalt spätmittelalterlicher Frömmigkeit geführt. Man begegnet einer Christkindwiege, welche während der Weihnachtsfeiern auf dem Altar gewiegt wurde; gemalten Fasten- und Hungertüchern; einem Wägelchen mit einer Christusfigur auf einem Esel, das jeweils am Palmsonntag durch die Stadt gezogen wurde; einem Kruzifix mit beweglichen Armen und echt blutender Seitenwunde oder einer Christusfigur, welche man jeweils am Fest der Himmelfahrt ins Kirchengewölbe hinaufzog.[1] Nach diesen bunt-bewegten Eindrücken betritt man den Saal, in welchem die Reformation dargestellt wird. Und was sieht man? Einen in kühles blaues Licht getauchten Raum, und in den Vitrinen – Bücher, nichts als Bücher:[2] neben Bibeln Werke der Reformatoren Luther, Zwingli, Bucer und Karlstadt sowie Flugschriften anderer Autorschaft.[3] Unmittelbar danach wird einem die gewaltsame Kehrseite dieser nüchternen Intellektualität vor Augen geführt: filigran gearbeitete, ergreifend ausdrucksstarke Fragmente von Heiligenfiguren, vollendete Kunstfertigkeit, in Stücke gehauen und als Material für die Aufschüttung der Münsterplattform verwendet.[4]

Ist das reformatorisch, ist das reformiert: kühl, intellektuell, distanziert, ein harter Gegensatz zur sinnenfrohen Volksreligion des Spätmittelalters? Mindestens der reformierte Gottesdienst der Reformationszeit scheint das zu bestätigen. Zwingli liess nicht nur die Kirchen von Bildwerken leerräumen, er schaffte auch den Gesang ab. Calvin führte zwar an Stelle der liturgischen Gesänge der Mönche das Psalmensingen der Gemeinde ein, untersagte aber jede instrumentale Musik im Gottesdienst. Die Orgeln wurden aus den Kirchen entfernt. Beherrschende

1 Katalog zur Ausstellung «Bildersturm. Wahnsinn oder Wille Gottes?», Zürich 2000, S. 176–279, bes. S. 220–241.

2 Der erste Satz des entsprechenden Kapitels im Katalog benennt das museumspädagogische Konzept: «Die Reformation war ein Sieg des Wortes über das Bild.» (A. a. O., S. 290)

3 A. a. O., S. 290–303.

4 A. a. O., S. 316–330.

Mitte des Gottesdienstes war die Verkündigung des Evangeliums, die Predigt also. Man bekommt den Eindruck, dass auch der reformierte Gottesdienst der Reformationszeit gleichsam in ein kühles, blaues Licht getaucht ist.

Bis heute vermittelt der reformierte Gottesdienst weit herum diesen Eindruck. Stichworte, die rasch zur Hand sind, lauten: wort- und kopflastig, arm an Bildern und Symbolen, an Gesten und Gerüchen, an liturgischen Elementen und Momenten der Stille. Zwar haben die Reformierten in den vergangenen Jahrzehnten kräftig aufgeholt und von Taufkerzen über gemeinsam gebetete Psalmen bis hin zu liturgischen Gewändern in diversen Farben viel Neues eingeführt. Diese Neuerungen wirken aber nicht selten improvisiert und ungelenk und bestätigen auf ihre Art, dass sie in dieser Kirche noch auf keiner Tradition basieren. Nach wie vor gilt die reformierte Kirche als Kirche der Rede, des Gedankens, des Wortes.

Mit den Diskussionen über gottesdienstliche Neuerungen stellt sich jeweils auch die Frage nach dem unterscheidend Reformierten, nach dem, was die Identität eines reformierten Gottesdienstes ausmacht. Ist es die erwähnte sinnliche Nüchternheit, so dass ein Mehr an Farben oder an Bildern ein Abweichen vom reformierten Pfad der Tugend bedeuten würde? Oder ist es eine bestimmte musikalische Tradition – beispielsweise der Genfer Psalter –, und die Aufführung eines Songs aus «Sister Act» ist deshalb nicht mehr wahrhaft reformiert? Was kann als reformierte Gottesdienstbekleidung durchgehen: ein schwarzer Talar, ein dunkler Anzug, oder ist auch ein beiger Talar mit Stola zulässig? Oder muss man möglicherweise ganz anders ansetzen, nicht bei der Definition einer Tradition, sondern indem man feststellt, das wesenhaft Reformierte der reformierten Kirche bestehe darin, dass sie sich immer wieder reformieren lasse (*semper reformanda*)?[5] Was in Bezug auf den Gottesdienst doch wohl heisst: Reformiert ist ein Gottesdienst insofern, als er sich stets neu der Frage aussetzt, was hier und jetzt nicht nur inhaltlich, sondern auch liturgisch, ästhetisch und musikalisch am Platz und an der Zeit ist. Bei der Suche nach einer Antwort wollen wir uns den reformierten «Gründervätern» zuwenden.

Reformierter Gottesdienst: Verkündigung des Evangeliums

Innerhalb der Reformation waren es besonders die Reformierten, welche den Gottesdienst auf wenige elementare Vollzüge *reduziert* haben. Christus, so Heinrich Bullinger, hat die Riten der Israeliten abgeschafft und stattdessen «die gottesdienstliche Versammlung eingesetzt; dort soll man nach seinem Willen zu seinem Ruhm und unserem Nutzen das Wort Gottes aus der Heiligen Schrift predigen

5 Zur Bedeutung der Formel: Eberhard Busch: Reformiert. Profil einer Konfession, Zürich 2007, S. 15–18; Emidio Campi: «Ecclesia semper reformanda»: Metamorphosen einer alterwürdigen Formel, in: Zwingliana 37 (2010), S. 1–19.

und auslegen, gemeinsam beten und die Sakramente austeilen und empfangen».[6] Auch für Calvin ist den Christen für ihre Feiern durch die Bibel «im Wesentlichen dreierlei» geboten, «nämlich die Verkündigung seines Wortes, die feierlichen öffentlichen Gebete und die Verwaltung der Sakramente».[7] Die Sakramente versteht der Genfer Reformator dabei als «sichtbares Wort»,[8] also als Verkündigung in anderer Form. Und das Gebet steht den beiden Verkündigungsformen gegenüber insofern an zweiter Stelle, als es «die wichtigste Gestalt der Dankbarkeit ist»,[9] also zur menschlichen Antwort auf das gehört, was durch die Predigt und die Sakramente mitgeteilt worden ist. Damit läuft die reformierte Reduktion des Gottesdienstes auf das hin, was Philipp Melanchthon in der «Apologie des Augsburger Bekenntnisses» schreibt: «Der wichtigste Gottesdienst ist die Evangeliumsverkündigung.»[10]

Hier sind wir beim Kernanliegen der Reformation und damit des reformatorischen Gottesdienstes: Den Menschen soll das Evangelium zu Gehör gebracht werden. Der Akzent liegt dabei ganz auf demjenigen, *was* verkündigt werden soll, dem Evangelium. In seiner ersten reformatorischen Schrift hält Zwingli fest, das Evangelium sei «ja nichts anderes als die gute Botschaft von der Gnade Gottes».[11] Die Botschaft also, dass der Gott Jesu Christi, der Gott der Bibel, einer ist, auf den man sich im Leben und im Sterben verlassen kann, ein Gott, der ohne Vorleistung von unserer Seite zu uns kommt und bei uns bleibt. Ein Gott aber auch – darauf legten die Reformierten immer besonderen Wert –, der unser Leben seinem guten Willen gemäss umgestalten und uns damit zu wahrhaft freien Menschen machen will. Beide Seiten von Gottes Handeln bringen verdichtet die ersten beiden Thesen der Barmer Theologischen Erklärung von 1934 zum Ausdruck:

> Jesus Christus, wie er uns in der Heiligen Schrift bezeugt wird, ist das eine Wort Gottes, das wir zu hören, dem wir im Leben und im Sterben zu vertrauen und zu gehorchen haben.
>
> Wie Jesus Christus Gottes Zuspruch der Vergebung aller unserer Sünden ist, so und mit gleichem Ernst ist er auch Gottes kräftiger Anspruch auf unser ganzes Leben; durch ihn widerfährt uns frohe Befreiung aus den gottlosen Bindungen dieser Welt zu freiem, dankbarem Dienst an seinen Geschöpfen.[12]

6 Heinrich Bullinger: Schriften IV, Zürich 2006, S. 495.

7 Johannes Calvin: Die Genfer Gottesdienstordnung von 1542, Calvin-Studienausgabe 2, 137–225.153.

8 Ebd.

9 Heidelberger Katechismus Frage 116, zitiert nach: Georg Plasger; Matthias Freudenberg: Reformierte Bekenntnisschriften. Eine Auswahl von den Anfängen bis zur Gegenwart, Göttingen 2005, S. 183.

10 Philipp Melanchton: Apologie 15,42, zitiert nach: Unser Glaube. Die Bekenntnisschriften der evangelisch-lutherischen Kirche, Ausgabe für die Gemeinde, Gütersloh 1986, S. 332.

11 Huldrych Zwingli: Die freie Wahl der Speisen (1522), in: Schriften I, 13–73.29.

12 Zitiert nach: Karl Barth, Texte zur Barmer Theologischen Erklärung, hg. von Martin Rohkrämer, Zürich 1984, S. 2 f.

Diese Entdeckung macht das Zentrum der kirchen- und gesellschaftsverändernden Kraft der Reformation aus,[13] und es ist nur konsequent, wenn das Entdeckte auch das Zentrum des reformatorisch verstandenen Gottesdienstes ausmacht. Für die Fragestellung, was eigentlich den reformierten Gottesdienst ausmache, können wir festhalten: Für die Reformatoren war das Entscheidende ein Inhalt, nicht eine Form. Reformatorischer Gottesdienst ist evangelischer Gottesdienst, Gottesdienst, in welchem die freimachende Barmherzigkeit Gottes hör- und erfahrbar werden soll.

Die Verkündigung des Evangeliums, das war für die Reformierten klar, muss *biblische* Verkündigung sein. Denn das Alte und das Neue Testament bezeugen uns jene Taten Gottes, welche unser Vertrauen auf ihn begründen. Allerdings beginnt man bereits früh damit, das Wort Gottes mit der Bibel direkt zu *identifizieren*. So steht im Zweiten Helvetischen Bekenntnis zu lesen: «Wir glauben und bekennen, dass die kanonischen Schriften der heiligen Propheten und Apostel beider Testamente das wahre Wort Gottes sind.»[14] Heute, nach der neuzeitlichen Krise der so verstandenen «Heiligen Schrift» und nach schmerzhaften Erfahrungen mit allerlei Fundamentalismen, werden wir hier stärker unterscheiden. Die Bibel *ist* nicht Gottes Wort, sie kann es aber je und je werden, wo Gott sie dafür in Gebrauch nimmt.[15] Das ändert nichts daran, dass reformierter Gottesdienst sich auszeichnet durch seine Konzentration auf die Bibel.

Für die Reformierten war dabei klar: Die von der Bibel bestimmte gottesdienstliche Verkündigung ist ein primär *sprachlicher* Vorgang. Bei diesem prinzipiellen Vorrang des gesprochenen Wortes ist es trotz aller Veränderungen bis heute geblieben. Das hat gute Gründe, und die sind wiederum theologischer Art. Gottes Handeln, so kann man zusammenfassend sagen, zielt in der Bibel auf Gemeinschaft mit der Schöpfung. Diese Gemeinschaft ist im Falle des Menschen eine Gemeinschaft in Freiheit: Gott will den Menschen als seinen Partner, seine Partnerin.[16] Sprache ist wie kein anderes das Medium der Gemeinschaft und der Frei-

13 Das Welt-, Kirchen- und Frömmigkeitsverständnis im Spätmittelalter «war unmittelbar mit der Grundvorstellung von einem gnaden- und heilsbezogenen Zusammenwirken von Gott und Mensch verknüpft.» (Berndt Hamm: Einheit und Vielfalt der Reformation – oder: was die Reformation zur Reformation machte, in: ders.; Bernd Moeller; Dorothea Wendebourg: Reformationstheorien. Ein kirchenhistorischer Disput über Einheit und Vielfalt der Reformation, Göttingen 1995, S. 57–127.70) Die Reformation vollzog eine radikale Absage an die Idee eines menschlichen Mitwirkens am Heil, was sich exemplarisch an den bekannten Sola-Formeln zeigt (*solus Christus, sola gratia, sola fide, sola scriptura*).

14 Zitiert nach: Plasger; Freudenberg, Reformierte Bekenntnisschriften, S. 192. (Anders Luther.)

15 In Karl Barths Formulierung: «Die Schrift ist heilig und Gottes Wort, indem sie der Kirche durch den Heiligen Geist zum Zeugnis von Gottes Offenbarung wurde und werden wird.» Karl Barth: Die Kirchliche Dogmatik I/2, Leitsatz zu § 19, S. 505)

16 Zu einem theologischen Verständnis der menschlichen Freiheit: Christoph Schwöbel: Imago Libertatis. Freiheit des Menschen und Freiheit Gottes, in: ders.: Gott in Beziehung. Studien zur Dogmatik, Tübingen 2002, S. 227–256.

heit.[17] Sprachliche Mitteilung zielt auf Kommunikation. Sie geht aus von einem freien Subjekt und ist an ein freies Subjekt adressiert. Der Sprecher erwartet deshalb auf eine Äusserung hin vom Gegenüber eine Stellungnahme. In dieser Wechselseitigkeit setzt der sprachliche Austausch nicht nur Freiheit voraus, sondern ist Freiheit im Vollzug und erzeugt damit neue Freiheit. Natürlich wird durch Sprache häufig auch Zwang ausgeübt und Gewalt angetan, wir kennen dafür genug Beispiele in Geschichte und Gegenwart. Das ändert aber nichts daran, dass sie das eigentliche Medium von Freiheit und Gemeinschaft ist, das Medium partnerschaftlichen Zusammenlebens. Aus diesem Grund will sich die Beziehung zwischen Gott und Mensch im Medium der Sprache vollziehen. Verkündigung im Medium der Sprache ist die angemessene Form für das, was verkündigt wird: Gottes unbedingten Willen, mit uns Gemeinschaft zu halten.

Reformierter Gottesdienst: Dienst Gottes und Dienst des Menschen

Wer eigentlich handelt im reformatorisch verstandenen Gottesdienst? Auch hierzu geben die Reformatoren eine klare Antwort. Wenn sie danach gefragt werden, woran man denn die wahre Kirche erkennen könne, erwähnen sie übereinstimmend das, was Calvin so ausdrückt:

> Denn überall, wo wir wahrnehmen, dass Gottes Wort lauter gepredigt und gehört wird und die Sakramente nach der Einsetzung Christi verwaltet werden, lässt sich auf keinerlei Weise daran zweifeln, dass wir eine Kirche Gottes vor uns haben.[18]

Kirche ist immer dort, wo Verkündigung stattfindet sowie getauft und das Abendmahl gefeiert wird. Man mag diese Kennzeichnung der Kirche als knapp, ja als reduziert empfinden – immerhin fehlen so wichtige Aspekte des Kircheseins wie das Tun des Willens Gottes oder der Einsatz für die Marginalisierten. Es geht Calvin und den übrigen Reformatoren aber nicht um eine umfassende Beschreibung, sondern darum, das zu benennen, worin die Kirche *gründet*. Verkündigung und Sakramente sind die Konstitutionsmerkmale der Kirche, jene Vollzüge, durch welche Gott seine Kirche immer neu ins Leben ruft. Es ist für unser Thema von grundlegender Bedeutung, dass bei den Konstitutionsmerkmalen der Kirche *gottesdienstliche* Vollzüge erwähnt werden. Denn das bedeutet nicht weniger, als dass Gott seine Kirche durch den Gottesdienst immer neu ins Leben rufen will.

Das hat auch für die Frage nach den Subjekten des Gottesdienstes eine gewichtige Konsequenz. Denn wenn im Gottesdienst Gott bei den Menschen Glauben,

17 Dazu auch Matthias Zeindler: Erwählung. Gottes Weg in der Welt, Zürich 2009, S. 31–134.

18 Johannes Calvin: Institutio Christianae Religionis IV, 1,9. Die Confessio Augustana bezeichnet die Kirche prägnant als «die Versammlung aller Gläubigen», «bei denen das Evangelium rein gepredigt und die Sakramente laut dem Evangelium gereicht werden.» (CA 7, zitiert nach: Unser Glaube, S. 64)

Hoffnung und Liebe wecken und auf diese Weise seine Kirche aufbauen will, dann ist diese Feier in erster Linie Dienst Gottes am Menschen. Wie Karl Barth sagt: «Der kirchliche Gottesdienst ist zuerst, er ist primär, ursprünglich, substantiell göttliches [...] Handeln.»[19] Der christlichen Gemeinde ist deshalb verheissen, dass Gott durch das Wirken seines Geistes in ihrem Gottesdienst gegenwärtig werden will. Damit ist das gottesdienstliche Handeln der Menschen vom Zwang entlastet, göttliche Präsenz in irgendeiner Weise zu produzieren. Das menschliche Handeln kann auch in seinen gelungensten Gestalten nur in der *Erwartung* von Gottes Gegenwart geschehen. Nochmals Barth: «Dass dieser Dienst *Gottes*dienst ist, das schafft nicht der Mensch, das schafft Gott ganz allein. Er, *Gott*, will es, dass Gottesdienst gefeiert werde; *Gott* stellt die dazu geeigneten Mittel bereit; *Gott* bezeugt durch sie seine Gnade; *Gott* erweckt, reinigt und fördert damit den Glauben.»[20] Primäres Subjekt des Gottesdienstes ist von Anfang bis Ende Gott.

Damit wird freilich das menschliche Handeln im Gottesdienst nicht entwertet, der Mensch nicht aus seiner Verantwortung für diese Feier entlassen. Subjekt des Gottesdienstes ist auch der Mensch. Ohne sein sorgfältiges, tätiges, kreatives Wirken findet keine Verkündigung statt und werden weder Taufe noch Abendmahl gefeiert. Ohne dieses Wirken gibt es auch keine entsprechenden Räume, keine Lieder und keine instrumentale Musik. Ohne das Wirken von Menschen wird vor allem das Verkündigte nicht gehört und angeeignet, treten keine Feiernden an den Abendmahlstisch, stimmt niemand in Lieder und Gebete ein. Der Gottesdienst ist von Anfang bis Ende auch menschliches Handeln. Allerdings – diese Differenz unterstreicht Karl Barth nachdrücklich – hat dieses Handeln seine Grenzen. Der Mensch gibt nicht den Auftrag zum Gottesdienst, er entscheidet nicht über dessen Inhalt, und von ihm hängt zuletzt auch nicht das Gelingen des Gottesdienstes ab. Dieser ist deshalb «sekundär, abgeleitet, akzidentiell ein menschliches Handeln».[21] Er ist es in dem Sinne, dass Gott dieses begrenzte menschliche Handeln dafür in Anspruch nehmen will, seinem Handeln zu *dienen*.

Weil nun das menschliche Handeln im Gottesdienst unter dieser Perspektive steht, kann es nur in allerhöchster Verantwortung geschehen. Denn die Menschen, die Gottesdienst halten und feiern, geben zwar weder den Auftrag noch den Inhalt, sie können aber beides verfehlen und damit das Gelingen des Gottesdienstes verhindern. Gerade weil der Gottesdienst unter der Verheissung göttlichen Handelns stattfindet, bedürfen seine Vorbereitung und seine Durchführung grösster Aufmerksamkeit. Dabei gibt es in diesem Drama keine Nebendarsteller – weil alle Mitwirkenden Teil dieses Geschehens, alle aber auch Adressaten des Evangeliums sind. Ob das die Pfarrerin ist, welche Texte und Lieder auswählt, die Predigt aus-

19 Karl Barth: Gottesdienst und Gotteserkenntnis nach reformatorischer Lehre. Zwanzig Vorlesungen über das Schottische Bekenntnis von 1560, Zollikon-Zürich 1938, S. 185.

20 Ebd.

21 Ebd.

arbeitet und die Liturgie gestaltet, der Organist, welcher die musikalische Unterstützung des Gesangs verantwortet, die Sigristin, welche den Gottesdienstraum vorbereitet und die Ankommenden begrüsst, oder die Glieder der Gemeinde, welche hören, mitdenken, singen und beten – all dieses Tun ist mitentscheidend dafür, ob in diesem Gottesdienst Gott gegenwärtig wird und dadurch Menschen in die Gemeinschaft mit ihm kommen.

Reformierter Gottesdienst: Vertrauen auf den Reichtum des Wortes

Grundzug des reformatorisch verstandenen Gottesdienstes, so haben wir gesehen, ist die Verkündigung des Evangeliums. Er geschieht im Vertrauen darauf, dass Gott den Menschen in seinem Wort begegnen will. Reformatorischer Gottesdienst wird von da her im Kern immer Verkündigung sein: Auslegung von biblischen Texten im Horizont heutiger Erfahrung und Bemühung um Aneignung biblischer Texte auf gegenwärtiges Leben hin.

Die Kirchen der Reformation – und im Besonderen die reformierten Kirchen – verstehen sich deshalb als Kirchen des *Wortes*.[22] Heisst das aber, dass sie auch die Kirchen der Wörter, des Redens, ja, des Hirns sind? Diese Verwechslung gehört zu den fatalen Missverständnissen in den reformatorischen Kirchen. Dass Gott uns durch die Sprache begegnen will, kann nicht heissen, dass in seinen Gottesdiensten nur noch doziert, informiert, erklärt, aufgefordert wird. Sprache, welche Menschen für den Glauben an den menschenfreundlichen Gott gewinnen will, muss im Gegenteil zusprechende, überzeugende, einladende Sprache sein. Wenn Gott mich anspricht, überwindet er «die Distanz zwischen meinen kopflosen Leidenschaften und meinem herzlosen Kopf».[23]

Eines freilich ist wichtig bei der Beurteilung des zentralen Stellenwerts des gesprochenen Wortes im evangelischen Gottesdienst: Die scheinbare Nüchternheit des Gottesdienstes ist theologisch gesehen nichts anderes als Ausdruck eines grossen Vertrauens in den Reichtum des verkündigenden Wortes – des Vertrauens, dass in diesem Wort und durch dieses Wort uns derjenige begegnet, der von sich gesagt hat, er sei «gekommen, damit sie das Leben in Fülle haben» (Joh 10,10). Wenn der reformatorisch verstandene Gottesdienst also nüchtern ist, dann ist dies eine Nüchternheit der Erwartung: der Erwartung von Gottes Reichtum.

Das Vertrauen darauf, dass sich Gottes Reichtum durch das verkündigende Wort erschliessen wird, verpflichtet die reformierte Kirche auf einen besonders sorgfältigen Umgang mit der Sprache. Es geht dabei nicht bloss um Rhetorik in einem oberflächlichen Sinne, sondern um die Frage, welche Sprache dem Inhalt der Verkündigung angemessen ist. Diese Frage ist zum einen eine theologische, sie

22 Reformierte Pfarrer und Pfarrerinnen heissen entsprechend Diener und Dienerinnen am Wort Gottes, *Verbi Divini Minister/Ministra.*

23 Hans Weder: Neutestamentliche Hermeneutik, Zürich 1986, S. 216.

ist aber im gleichen Masse auch eine ästhetische, eine poetologische Frage. Und es ist – das sei nicht vergessen – eine zutiefst seelsorgerliche Frage. Eine aufmerksame Verkündigungssprache erfordert theologische, literarische und seelsorgerliche Sensibilität in gleichen Massen.[24]

Trotz alledem: Wenn der nüchterne reformierte Gottesdienst heutigen Menschen den Zugang zur erfreulichen Botschaft von Gottes Gemeinschaft mit uns verstellt, muss er kritisch überdacht werden. Die Entscheidungen aus der Reformationszeit, Bilder oder instrumentale Musik aus dem Kirchenraum zu eliminieren, dürfen nicht als kanonisch missverstanden werden. Diese Entscheidungen sind damals um der Konzentration auf das verkündigte Wort willen gefallen, und in diesem Sinne müssen sie nach wie vor ernst genommen werden – aber *nur* in diesem Sinne. Leichtfertig wird man auch dann auf die Zentralität der Predigt nicht verzichten wollen. Konzentration auf das verkündigende Wort muss für den Gottesdienst einer Kirche zentral bleiben, die darauf vertraut, dass Gottes erfreuliche Botschaft sie durch die Auslegung des biblischen Textes erreichen will.

Im Übrigen bleibt auch die Klage über gottesdienstliche Nüchternheit natürlich zeitbedingt. Schon jetzt wird bei manchen das Bedürfnis nach Bildhaftigkeit und Farbigkeit abgelöst durch ein Bedürfnis nach Askese und Einfachheit. Aus diesem Grund gewinnen gewisse reformatorischen Entscheidungen unter heutigen Bedingungen wieder ungeahnte Aktualität, so beispielsweise das Bilderverbot.[25]

Reformierter Gottesdienst: Einheit und Vielfalt

Wir sprechen also von einem Primat, nicht von einer Exklusivität der Sprache. Wenn Verkündigung der Grundzug des reformatorischen und damit auch des reformierten Gottesdienstes ist, dann ergibt sich daraus keine Beschränkung der Medien auf die gesprochene Sprache, es ergibt sich aber auch sonst keine prinzipielle Begrenzung der möglichen Formen. Grundsätzlich gibt es keine liturgische Form, welche durch das Kriterium der Evangeliumsverkündigung aus dem reformatorisch verstandenen Gottesdienst ausgeschlossen wäre – sofern sie erkennbar bleibt als Auslegung und Aneignung des biblischen Textes. Auslegung und Aneignung des biblischen Textes können in vielerlei Gestalten geschehen: im diskursiven und im poetischen Wort, in Bild und Musik, in Gestus und Tanz. Die reformatorischen Kirchen haben in den vergangenen Jahrzehnten vieles von den liturgischen Schätzen anderer Kirchen schätzen gelernt und dabei entdeckt, dass Gott sich auch durch Instrumentalmusik, Stille oder bildende Kunst den Menschen mitteilen kann. In dem Masse, da solche Formen den biblischen Text erhellen, ihn für die Gegenwart zum Sprechen bringen und so seine Verheissung und

24 Weiterführende Überlegungen dazu bei Albrecht Grözinger: Toleranz und Leidenschaft. Über das Predigen in einer pluralistischen Gesellschaft, Gütersloh 2004, S. 217–230.

25 Vgl. Matthias Krieg u. a. (Hg.): Das unsichtbare Bild. Die Ästhetik des Bilderverbots, Zürich 2005.

seinen Anspruch erfahrbar machen, können sie genuine Formen des reformatorischen Gottesdienstes werden.

Kirche besteht laut reformatorischer Überzeugung dort, wo das Evangelium verkündigt und die Sakramente gefeiert werden. Nach dem bisher Gesagten könnte der Anschein entstanden sein, dass die Sakramente der Verkündigung gegenüber nun doch zweitrangig sind. Zwischen Sakramenten und der Verkündigung besteht aber eine tiefe innere Verbindung: Die Sakramente sind nach dem Verständnis der Reformatoren sicht- und greifbarer Ausdruck dessen, was in der Verkündigung ausgesagt wird. Calvin nimmt ausdrücklich die Begriffsbestimmung von Augustin auf, wenn er festhält, dass ein Sakrament dort entsteht, wo zu einem Element (Wasser, Brot, Wein) ein bestimmtes Wort hinzukommt – ein Sakrament ist «nie ohne eine vorausgehende Verheissung».[26] Gott, so Calvin weiter, hat dem gepredigten Wort das Sakrament hinzugefügt, weil wir als sinnliche Wesen durch letzteres einen leichteren Zugang zur Wahrheit des Evangeliums bekommen. Die Sakramente sind so verstanden Ausdruck dafür, dass Gott uns mit seiner Wahrheit als *ganze* Menschen ergreifen will. Ihre zentrale Stellung im reformatorischen Gottesdienst belegt, dass dieser nie als bloss intellektualistische Veranstaltung gemeint war. Dies bedingt allerdings, dass die Sakramente den ihnen gebührenden Platz auch wirklich bekommen – allzu oft fristet vor allem das Abendmahl im reformatorischen Gottesdienst noch eine Randexistenz. Und noch etwas: Das reformierte Verständnis des Abendmahls bedingt weiter, dass die sinnliche Dimension in der Feier des Abendmahls tatsächlich zur Geltung kommt!

Reformierter Gottesdienst: Individualität und Gemeinschaft

Der reformatorisch verstandene Gottesdienst ist ein sozialer Vorgang. Dies einmal in einem ganz buchstäblichen Sinne: Eine Gruppe von Menschen kommt in einem Raum zusammen, um gleichzeitig an derselben Veranstaltung teilzunehmen. Der Gottesdienst ist aber noch in einem tieferen, einem theologischen Sinne ein sozialer Vorgang. Wenn Gott durch diese Feier seine Kirche ins Leben ruft und am Leben erhält, dann begründet er in dieser Feier die Kirche auch als Gemeinschaft, als *communio sanctorum*. Ihren Ausdruck findet diese Überzeugung in der schlichten Tatsache, dass die Anwesenden in der Regel als «liebe Gemeinde» angesprochen werden, und nicht etwa als «liebe Besucherinnen und Besucher». Glaube ist immer gemeinschaftlicher Glaube: Indem Gott Glauben schafft, schafft er die Gemeinschaft der Glaubenden.[27] Der erste und zentrale Ort, wo diese Gemeinschaft

26 Calvin, Institutio IV, 14,3.

27 Diesen Zusammenhang betont besonders Dietrich Bonhoeffer: «Wie aber mit der urständlichen Gottesgemeinschaft auch die menschliche Gemeinschaft zerriss, so ist dort, wo Gott die Gemeinschaft des Menschen mit sich wieder herstellt, die Gemeinschaft unter Menschen wieder herge-

geschaffen, erhalten und erneuert wird, ist der Gottesdienst als der Ort, wo das Evangelium verkündigt und gehört wird.[28]

Im Gottesdienst wird aber nicht nur Gemeinschaft, sondern auch Individualität begründet. Das zeigt sich am Sonntagmorgen daran, dass die einen sich gerne neben andere setzen, während es auch solche gibt, die gezielt einen Platz abseits suchen. An dieser Sitzordnung zeigt sich bildlich, dass die biblische Botschaft individuell gehört und in den eigenen Lebenszusammenhang integriert wird. Auch diese Tatsache hat ihre theologische Tiefendimension: Gott spricht unterschiedliche Menschen verschieden an, er hält nicht für jeden und jede dasselbe bereit, sondern stets genau dasjenige, dessen ein Mensch in seiner Lage hier und jetzt bedarf. Wie der Gottesdienst sozialisiert, so individualisiert er auch.

Es wäre deshalb falsch, Gottesdienst zu stark mit erfahrbarer Gemeinschaft kurzzuschliessen. Nicht alle, die ihn aufsuchen, haben das Bedürfnis nach anschliessendem Kirchenkaffee. Einen Ernstfall gibt es allerdings, wo sichtbar werden muss, dass die gottesdienstliche Individualität etwas anderes ist als Vereinzelung oder gar Trennung. Dieser Ernstfall ist das Abendmahl. Es ist kein Zufall, dass der Friedensgruss Bestandteil auch der reformierten Abendmahlsliturgie ist. Der Friedensgruss will ganz handfest verstanden werden: Wer gemeinsam zum Abendmahl kommt, muss sich vorher versöhnen. Nur wer sich die Hand reicht, kann mit dem andern Brot und Wein geniessen. Alles andere wäre Verrat am Leib Christi, als der die Gottesdienstgemeinde am Tisch des Herrn zusammenkommt.[29] Ob dem in heutigen (schweizerisch-)reformierten Abendmahlsliturgien, in denen Hinweise auf Schuld und Versöhnung in der Regel fehlen und häufig ausnahmslos alle eingeladen werden, hinreichend Rechnung getragen wird, ist allerdings eine Frage, die weit über die Thematik hinausgeht, die mir für diesen Aufsatz aufgegeben war.

stellt.» Dietrich Bonhoeffer: Sanctorum Communio. Eine dogmatische Untersuchung zur Soziologie der Kirche [DBW 1], München 1986, S. 91.

28 So auch Eberhard Jüngel: «Verkündigung des Evangeliums ist […] ein eminent *sozietäres* Ereignis. Sie ist *versammelnde* Sprache.» Eberhard Jüngel: Der evangelisch verstandene Gottesdienst, in: ders.: Wertlose Wahrheit. Zur Identität und Relevanz des christlichen Glaubens. Theologische Erörterungen III, München 1990, S. 283–310.297.

29 «Der Kelch des Segens, über den wir den Lobpreis sprechen, ist er nicht Teilhabe am Blut Christi? Das Brot, das wir brechen, ist es nicht Teilhabe am Leib Christi? Weil es *ein* Brot ist, sind wir, die vielen, *ein* Leib. Denn wir alle haben teil an dem einen Brot.» (1Kor 10,16 f)

«... als dass unser lieber Herr selbst mit uns rede durch sein heiliges Wort und wir umgekehrt mit ihm reden durch Gebet und Lobgesang» – Gottesdienst postmodern

Albrecht Grözinger

Reformierter Gottesdienst – postmodern gelesen

Die Ausführungen von Matthias Zeindler bestechen durch ihren reflektierten Bezug auf die grossen Theologen der reformierten Tradition. Es haben ihren Auftritt Zwingli, Calvin und Barth. Und sie treten auf als normative Denker. Von ihnen und an ihnen haben wir zu lernen, was reformierter Gottesdienst sei. Dem kann und will ich nicht widersprechen.

Nun ist mir von den Herausgebern die Aufgabe gestellt, den reformierten Gottesdienst «postmodern» zu reflektieren. Um es gleich zu sagen: Natürlich ist reformatorisch und postmodern kein Gegensatz. Wie ja auch die Alpen und das Mittelmeer kein Gegensatz sind. Gleichwohl macht es Sinn, die beiden Wörtlein «reformatorisch» und «postmodern» in eine Spannung zu setzen. In dieser Spannung mögen sie sich gegenseitig beleuchten und interpretieren.

Vielleicht sind es ja weniger die Inhalte und Ergebnisse des «reformatorischen» und «postmodernen» Zugangs, die Unterschiede markieren, als die Art und Weise der Reflexion selbst. Bei der Lektüre des Textes von Matthias Zeindler erwachte in mir Zustimmung in vielen, vielen Punkten und Aspekten und zugleich entstand der starke Eindruck: So kannst du das selbst nicht denken und ausdrücken, das muss noch einmal anders geschehen.

Die Postmoderne ist ja nun ihrerseits etwas alt geworden. Und es lässt sich in der Tat fragen, ob es noch Sinn ergibt mit diesem Begriff, der in den 80er-Jahren des vergangenen Jahrhunderts eine grosse Karriere antrat, unsere nun doch sehr anders gewordene Gegenwart zu beschreiben. Hält man sich an Wolfgang Welsch, der wie kein anderer Voraussetzungen und Konturen der Postmoderne reflektiert hat, und seine inhaltliche Bestimmung dessen, was als Postmoderne verstanden werden kann, dann wird aber doch deren aktueller Kern sichtbar. Postmoderne meint dreierlei: Zum Einen die Wahrnehmung unserer Wirklichkeit in ihrer unhintergehbaren Pluralität, wobei in diese Wahrnehmung durchaus ein normativer Kern eingeschrieben ist: Pluralität soll nicht nur erduldet, sondern als Lebensform angenommen werden. Zweitens geht es um eine bestimmte Reflexionsform, um eine «transversale Vernunft» (Welsch), um ein «schwaches Denken» (Vattimo). Und schliesslich geht es um ein bestimmtes Verständnis menschlicher Subjektivität und Individualität. Alle diese drei Dimensionen der Postmoderne können unsere Reflexion über den reformierten Gottesdienst anregen.

Gottesdienst wahrnehmen – mehr beschreiben, als definieren

Manfred Josuttis hat in einer Diskussion einmal geäussert, in einem protestantischen Gottesdienst könne man ständig Dinge beobachten, die es gemäss den Normen einer protestantischen Liturgik eigentlich nicht geben dürfte. Josuttis hat diesen Satz weniger als Kritik an der aktuellen Wirklichkeit unserer Gottesdienste verstanden, als vielmehr als Kritik an der Theorieform protestantischer Liturgik. Steile Liturgien imaginieren Gottesdienste, die es gar nicht gibt und wohl auch nicht geben sollte. Steile Liturgien repräsentieren eine «starke» Denkform, die aber immer in der Gefahr ist, den «wirklichen» Gottesdienst zu verfehlen.

Liturgische Reflexion tut gut daran, sich an dem zu orientieren, was der italienische Philosoph Gianni Vattimo das «schwachen Denken» (*pensiore debole*) genannt hat. «Schwach» meint hier nicht defizitär, sondern beschreibt eine eigentümliche Leistung des Denkens. Das schwache Denken bleibt skeptisch gegenüber allen ontologischen und systemischen Annahmen und Ansprüchen. Das schwache Denken lässt sich weniger als Position, sondern besser als Bewegung begreifen. Eine Bewegung, die sich den Phänomenen, die sie in den Blick nimmt, eher anschmiegt, als sie gleich in ein theoretisches Konstrukt einzuordnen. Das schwache Denken ist skeptisch gegenüber abschliessenden Interpretationen. Das schwache Denken versucht die Konsequenzen aus der Einsicht zu ziehen, «dass sich das Denken nicht mehr als Widerspiegelung objektiver Strukturen betrachten kann, sondern nur als riskante Interpretation von Ererbtem, von Appellen, von Ursprüngen».[30]

Die Theorieform der Liturgik wäre also eine sich an das Geschehen des Gottesdienstes anschmiegende Phänomenologie, die nicht mit Definitionen startet und auch nicht bei Definitionen endet und dabei doch nicht im nur Ungefähren bleibt. Ich finde ein solches Denken bei einem der drei Hauptzeugen des Textes von Matthias Zeindler, nämlich Karl Barth – ein Zeuge des *pensiore debole avant la lettre*. Gerade die frühen Aufsätze Karl Barths zu Predigt und Gottesdienst, die – sozusagen – die heisse Phase der Dialektischen Theologie repräsentieren, fangen in der Regel nicht mit steilen Definitionen an, sondern mit einem genauen Hinsehen:

> Wenn am Sonntag morgen die Glocken ertönen, um Gemeinde und Pfarrer zur Kirche zu rufen, dann besteht da offenbar die Erwartung eines grossen, bedeutungsvollen, ja entscheidenden Geschehens. Wie stark diese Erwartung in den etwa beteiligten Menschen lebt, ja ob da überhaupt Menschen sind, die sie bewussterweise hegen, darauf kommt jetzt gar nichts an. Die Erwartung besteht, sie liegt in der ganzen Situation. Da ist eine uralte ehrwürdige Institution, oft und schwer angegriffen von aussen und noch öfter und schwerer kompromittiert von innen, aber von unverwüstlicher Lebens- oder sagen wir Daseinskraft, wandlungsfähig und beharrlich zugleich, altertümlich und in der Regel auch modern (was jeweilen gerade modern heisst), obwohl sie beides nicht

30 Gianni Vattimo: Glauben – Philosophieren, Stuttgart 1997, S. 42.

gerne wahrhaben will, den schwersten intellektuellen, politischen, sozialen und sogar religiösen Erschütterungen bis jetzt siegreich gewachsen – und wie sollte sie es nicht auch in Zukunft sein? Ihr Vorhandensein begründet auf einen Anspruch, der in groteskem Widerspruch zu stehen scheint mit den Tatsachen und dessen Berechtigung und Möglichkeit doch eigentlich nur ganz Wenige und wenig Beachtliche etwa laut und unzweideutig und restlos zu leugnen wagen. Da ist ein Gebäude, dessen Bauart schon, auch abgesehen von den Symbolen, Bildern und Geräten, mit denen es geschmückt ist, in der Sprache alter oder neuer Architektenkunst verrät, dass es als Schauplatz ausserordentlicher Dinge gedacht ist. Da sind Menschen, nur 2–3 vielleicht, wie es ja hierzulande vorkommen soll, aber vielleicht auch einige Hundert, die, von einem merkwürdigen Instinkt oder Willen getrieben, diesem Gebäude zuströmen, wo sie – was suchen? Befriedigung einer alten Gewohnheit? Ja, aber woher diese alte Gewohnheit? Unterhaltung und Belehrung? Eine sehr merkwürdige Unterhaltung und Belehrung auf alle Fälle! Erbauung? Ja, so sagt man, aber was heisst Erbauung? Wissen sie es etwa? Oder wissen sie sonst, warum sie da sind? Jedenfalls sie sind da – und wenn es nur ein altes Mütterchen wäre –, und ihr Dasein schon weist hin auf ein Geschehen, das sie erwarten oder doch zu erwarten scheinen, das hier mindestens, wenn denn alles tot und ausgestorben sein sollte, früher einmal erwartet worden ist. Und da ist vor allem ein Mann, auf dem die Erwartung des da scheinbar bevorstehenden Geschehens in ganz besonderer Weise zu ruhen, zu lasten scheint, nicht nur weil er die Technik dieses Geschehens studiert hat und beherrschen sollte, nicht nur weil er von der Gesellschaft besoldet und angestellt oder doch fast widerspruchslos geduldet ist in der Funktion, deren Sinn offenbar dieses Geschehen wäre – nein, da ist nicht nur Mechanik, da ist Freiheit im Spiel, er selbst hat ja diesen Beruf ergriffen, Gott weiss aus was für Verständnissen und Missverständnissen heraus, aber doch so, dass es seine kurze, seine einzige Lebenszeit nun ganz und gar mit der Erwartung jenes Geschehens verknüpft hat. Und dieser Mann wird nun vor der Gemeinde und für die Gemeinde beten, wohlverstanden: beten – zu Gott! Er wird die Bibel öffnen und Worte voll unendlicher Tragweite daraus zur Verlesung bringen, Worte, die alle auf Gott sich beziehen. Und dann wird er auf die Kanzel steigen und – welches Wagnis auf alle Fälle! – predigen, d.h. aus seinem Kopf und Herzen etwas hinzufügen zu dem, was aus der Bibel verlesen ist, ‹biblische› Gedanken der Eine nach bestem Wissen und Gewissen, kühn oder auch matt an der Bibel vorbeiflatternde Gedanken der Andere: es hat ja der eine eine ‹positive›, der andere eine ‹liberale› Predigt gestern vorbereitet, aber verschlägt es so viel, wenn man den Gegenstand bedenkt? Von Gott scheint ja hier auf alle Fälle, *nolens volens* vielleicht, die Rede sein zu sollen. Und dann wird er die Gemeinde singen lassen, altertümliche Gesänge voll schwerer, unheimlicher Gedankenfracht, seltsame gespenstische Zeugen der Leiden, Kämpfe und Triumphe der längst entschlafenen Väter, alle an den Rand eines unermesslichen Geschehens führend, alle, ob Pfarrer und Gemeinde verstehen, was sie singen, oder nicht, voll Erinnerung an Gott, immer wieder an Gott. ‹Gott ist gegenwärtig!› Ja, Gott ist gegenwärtig. Die ganze Situation zeugt, ruft, schreit ja offenbar davon, und wenn sie, vom Pfarrer oder von der Gemeinde aus gesehen, noch so fragwürdig, kümmerlich und trostlos wäre, ja dann vielleicht gerade am meisten, mehr noch als da, wo Fülle und – menschlich geredet – gutes Gelingen das Problem der Situation halb oder ganz verdecken.[31]

31 Karl Barth: Das Wort Gottes und die Theologie. Gesammelte Vorträge, München 1929, S. 104f.

Nach dieser Phänomenologie des Gottesdienstes stellt Barth dann die Frage: «Aber was bedeutet diese Situation? Was ist das für ein Geschehen, auf das die Erwartung, die sich in ihm widerspiegelt, hinweist?»[32] Und Barth kommt dann aus der Deutung heraus zu seinen theologischen Bestimmungen. Am Anfang stand für ihn also eine Phänomenologie des Gottesdienstes, an der seine theologische Deutung heraus entwickelt wird. Sie wird dieser Phänomenologie nicht entgegengestellt oder übergestülpt, sondern aus ihr heraus gleichsam theoretisch entsponnen.

Reformierter Gottesdienst: Verkündigung des Evangeliums – und wie!

Gerne stimme ich Matthias Zeindler zu, wenn er sagt: «Reformatorischer Gottesdienst ist evangelischer Gottesdienst, Gottesdienst, in welchem die freimachende Barmherzigkeit Gottes hör- und erfahrbar werden soll.» Ich widerspreche allerdings dem vorausgehenden Satz: «Für die Reformatoren war das Entscheidende ein Inhalt, nicht eine Form.» Ich widerspreche dem Satz in zweierlei Weise: Zum einen – und das ist eine ästhetische Erkenntnis: Form und Inhalt lassen sich nicht trennen. Zum Anderen: Bereits die Reformatoren haben diesen Zusammenhang gesehen: Zwinglis Abneigung gegen den Gesang, den er in Zürich vor allem als Litanei-Gesang kannte, war ein inhaltlich begründetes Vorgehen. Die *Form* der unverständlichen Litaneien widersprach der *Klarheit* des Evangeliums. Und dann Luther: Wie kein Zweiter hat er zu seiner Zeit gerade auf die Sprach-Form des Evangeliums reflektiert. Das Evangelium sucht sich seine Form, seine bestimmte Form, eine «nova Sprach» wie Luther sagt. Luthers «Sendbrief vom Dolmetschen» (1530) ist nichts anderes als eine engagierte Hermeneutik des Zusammenhangs von Form und Inhalt.

Verkündigung des Evangeliums ist die gute Botschaft vom menschenfreundlichen Gott. Menschenfreundlichkeit Gottes bedeutet, dass – wie Karl Barth immer wieder sehr schön gesagt hat – Gott ohne die Menschen nicht sein will. Verkündigung des Evangeliums ist also nicht steile Botschaft von oben, sondern die Erzählung von dem Gott, der ohne uns Menschen nicht sein will. Postmodern bedeutet dies das Ende aller grossen Erzählungen, sei es von *dem* Christentum, sei es von *dem* Protestantismus. Ganz inkarnatorisch geht Gott ein in die kleinen Lebensgeschichten von uns Menschen. Diese – zugegeben! – theologisch steilen Sätze haben unmittelbare Konsequenzen für die Gestalt des Gottesdienstes. Die Liturgie muss auf eine doppelte Weise transparent sein. Transparent für die Gottesgeschichte in all ihrer Vielfalt und in all ihrem Spannungsreichtum und transparent in die individuellen Lebensgeschichten der Menschen hinein, die in einen Gottesdienst kommen. Also keine Insidergottesdienste, sondern – gut reformatorisch – öffentliche Gottesdienste, wobei *öffentlich* eine Qualität des Gottesdienstes

32 A. a. O., S. 105.

ist, die in jedem seiner Elemente erkennbar sein muss: Verständliche Gottesdienste, lebensbezogene Gottesdienste, menschenfreundliche Gottesdienste.

Gottesdienst – Rechtfertigung von Lebensgeschichten

Für Matthias Zeindler ist das Abendmahl der «Ernstfall des Gottesdienstes» mit einer drastischen Konsequenz: «Wer gemeinsam zum Abendmahl kommt, muss sich vorher versöhnen.» Irgendwie sind damit die starken Subjekte angesprochen. Und irgendwie gehöre ich da nicht so recht dazu. Ich gestehe, dass ich – nach dem Kriterium von Zeindler – ganz offensichtlich nicht selten am Abendmahl nicht ganz so legitim teilgenommen habe. So viel Versöhnungsleistung vorab überfordert mich.

Entlastung bietet mir da der Subjektbegriff, wie er im Kontext der Postmoderne, entwickelt wurde:

> In der Tat ist der Typus Subjekt, der postmodern wiederkehrt, anders konturiert als der moderne. Er ist das jedenfalls dann, wenn man für die Moderne deren angestrengten Subjektbegriff zum Dauermass erhebt, also einem Subjektbegriff, der schon seit langem eher eine Ideologie darstellt, als dass er durch die Praxis der Subjekte – noch der freisten und profiliertesten – gedeckt wäre. Denn ein absoluter Souverän, ein Herrscher und Meister – so die Quintessenz dieses angeblich modernen-notorischen Subjektbegriffs – ist das Subjekt postmodern in der Tat nicht mehr. Diese Subjektvorstellung ist passé. Nur bedeutet das keineswegs den Tod des Subjekts. Eher bedeutet es den Übergang zu einem Subjektbegriff, wie er Sterblichen ansteht und wie Lebendige ihn praktizieren. […] das ‹schwache› Subjekt [ist] schon lange das wahrhaftigere und leistungsfähigere. In ihm kommt die eigentliche Stärke der Rationalität – ihre Vielartigkeit – zum Tragen. Solche Subjekte vermögen mehr zu kennen, mehr zu erfahren, genauer zu berücksichtigen und dann immer noch für anderes empfänglich zu sein.[33]

Diese postmoderne Bestimmung des Subjekts, wie sie Welsch hier versucht, ist durchaus transparent für eine Anthropologie, wie sie von den Reformatoren entworfen wurde. Gottesdienst und Sakramente wären für mich der Ort, wo wir als schwache Subjekte willkommen sind. Ein Ort, an dem ich entlastet bin von dem Dauerstress, ein starkes Subjekt sein zu müssen. Gottesdienst wäre dann der Ort, wo ich eine elementare «Rechtfertigung meiner Lebensgeschichte» (Wilhelm Gräb) erfahre, Rechtfertigung durchaus in einem doppelten Sinn. Gottesdienst wäre der Ort, wo ich meine Versuche, mein eigenes Leben zu verstehen und zu entwerfen, vor Gott bringen kann. Und Gottesdienst wäre der Ort, wo ich erfahren kann – mit Matthias Zeindler gesprochen: in Wort und Sakrament! – dass vor allen meinen eigenen Versuchen, mein Leben zu entwerfen und konstruieren, Gott selbst schon lange Ja gesagt hat zu meinem Leben. Martin Luther hat diese postmoderne Konstellation des Gottesdienstes *avant la lettre* in seiner Torgauer

33 Wolfgang Welsch: Unsere postmoderne Moderne, Berlin 1993, S. 316.

Kirchweihpredigt vom 5. Oktober 1544 ganz elementar zum Ausdruck gebracht: «Meine lieben Freunde, wir wollen jetzt dieses Haus einsegnen und unserem Herrn Jesus Christus weihen. Das gebührt nicht mir allein, sondern ihr sollt auch zugleich mit angreifen, auf dass dieses neue Haus dahin gerichtet werden, dass nichts anderes darin geschehe, als dass unser lieber Herr selbst mit uns redet durch sein heiliges Wort und wir umgekehrt mit ihm reden durch Gebet und Lobgesang.»[34]

34 Zitiert nach: Michael Meyer-Blanck (Hg.): Liturgie und Liturgik. Der Evangelische Gottesdienst aus Quellentexten erklärt, Gütersloh 2001, S. 29.

Replik auf das Plädoyer von Albrecht Grözinger

Matthias Zeindler

Gott sucht die Menschen

Albrecht Grözinger hat völlig Recht, «reformatorisch» und «postmodern» bezeichnen keinen Gegensatz, mehr noch, sie können einander sogar gegenseitig erhellen. In seinem Beitrag führt er in überzeugender Weise vor, was dies heissen könnte. Und ich möchte behaupten, es gelingt ihm dabei, postmoderne Perspektiven als eigentliche Weiterentwicklungen reformatorischer Ansätze zu interpretieren. In diesem Sinne möchte ich seinen Faden jedenfalls aufnehmen.

Sichtbarer und unsichtbarer Gottesdienst

Postmodernes Denken versucht zu vermeiden, die Vielfalt der Phänomene in vereindeutigende Schemen einzuzwängen. Was ist, soll zunächst in seiner sperrigen Diversität stehen gelassen und nicht definitorisch vereinnahmt werden. Zwar kommt kein Denken ohne Schemata und Unterscheidungen aus, diese sollen aber beweglich gehalten werden und vorläufig bleiben. Diese erkenntnistheoretische Methodik kann nochmals theologisch interpretiert werden. Ein Denken, das von der reformatorischen Einsicht herkommt, dass Welt und Menschen von Gott bejaht sind, muss mit seinen eigenen Festlegungen höchst zurückhaltend sein. Denn was ist, lebt nicht von Gnaden menschlichen Handelns und Urteilens, es lebt aus der barmherzigen Schöpfermacht Gottes. Menschliches Denken kann die Welt deshalb nicht konstituieren, nicht setzen, es kann sie lediglich entgegennehmen. Angesichts von Gottes Ja gibt es deshalb nur schwaches Denken.

Genau dieses Entscheidende allerdings, das Ja Gottes, lässt sich an den Phänomenen nicht ablesen. Weltliches, zumal Menschliches, erscheint immer als zutiefst ambivalent, als ein Mischung von Gut und Böse, von Schmerz und Glück, von Bewirken und Erleiden. Dass aber diese Welt Schöpfung Gottes ist, dass die Menschen täglich aus Gottes Güte leben, erscheint an den Phänomenen nicht. Es ist eine zentrale Aufgabe des reformatorisch verstandenen Gottesdienstes, dies für die Menschen hörbar und erfahrbar zu machen. Wo im Gottesdienst der Herr mit uns redet, wie es das von Albrecht Grözinger aufgenommene Schlusszitat Luthers ausdrückt, dort wird in die weltlich-menschlichen Ambivalenzen hinein Gottes eindeutiges Ja gesprochen.

Auch das Entscheidende am Gottesdienst ist übrigens an den Phänomenen nicht ablesbar. Das dürfte eine wichtige Einsicht sein in einer Gesellschaft, in welcher nach gängiger Auffassung der Gottesdienst auf dem absteigenden Ast ist. Die Kurven der Gottesdienstbesucher zeigen in den letzten Jahrzehnten stetig nach unten, wobei Ausnahmen an einzelnen Orten die Regel bestätigen. Ob aber unsere

Gottesdienste Versammlungen sind, in denen Menschen durch den nahen Gott aufgerichtet werden, können uns diese Zahlen nicht sagen. Diese Zuversicht haben wir allein durch die Verheissung Jesu: «Denn wo zwei oder drei in meinem Namen versammelt sind, da bin ich mitten unter ihnen» (Mt 18,20).

Rechtfertigung von Lebensgeschichten

Albrecht Grözinger weist auf eine weitere Affinität von postmoderner Theorie und reformatorischer Theologie hin. In beiden geht es zuallererst darum, unsere Lebensgeschichten gelten zu lassen. John Updike, der grosse amerikanische Romancier, lässt in einem seiner Romane einen Pfarrer sagen: «Generalisations belong to the Devil; particulars to the Lord» – Verallgemeinerungen gehören zum Teufel, Besonderheiten zu Gott.[35] Das ist ein Satz gegen den Volksmund, der weiss, dass der Teufel immer im Detail sitzt, aber auch ein Satz gegen eine altehrwürdige philosophische Tradition, laut welcher Gott stets für das Allgemeine steht. Verallgemeinerungen sind praktisch, entlastend und manchmal unumgänglich. Sie machen Menschen, Dinge und Verhältnisse überblickbar und handhabbar. Sie tun aber auch Unrecht, weil in ihnen Aspekte der Wirklichkeit übersehen, weggestrichen oder zugedeckt werden. Mit dem Ergebnis, dass Verallgemeinerungen den einzelnen Menschen, Dingen und Verhältnissen nicht gerecht werden.

Im reformatorischen Bekenntnis zum Ja Gottes steckt auch die von Updike ausgesprochene Gewissheit, dass Gott die Wirklichkeit anders ansieht. Nämlich mit einem achtsamen Blick, einem Blick, der aufmerksam ist für die Besonderheiten, die jemanden zu dem machen, was er oder sie ist. Gottes Blick, so unsere Hoffnung, ist ein geduldiger, interessierter, ein barmherziger Blick.

Gottesdienst in reformatorischer Tradition heisst deshalb – für Gemeinde und Leitende – auch Einübung in einen achtsamen Blick. Dies dürfte mitgemeint sein, wenn Albrecht Grözinger vom Gottesdienst fordert, dass er verständlich, lebensbezogen und menschenfreundlich sei. Es geht hier um das, was man als Konkretheit des Gottesdienstes bezeichnen kann: Konkret sind Gottesdienste und im Besonderen Predigten dann, wenn Pfarrerinnen sich hüten vor Generalisierungen, Klischees, Ungenauigkeiten und undifferenzierten Behauptungen.[36] Denn eines liegt auf der Hand: Wo die Wirklichkeit nicht angemessen wahrgenommen wird, kann man auch die befreiende biblische Botschaft nicht treffend zusprechen.

35 John Updike: A Month of Sundays, New York 1974, S. 164.

36 Vgl. Peter Bukowskis «Beichtspiegel» zum Umgang von Predigenden mit der Wirklichkeit, in: ders.: Predigt wahrnehmen. Homiletische Perspektiven, Neukirchen-Vluyn 1990, S. 93–104.

Gestärkte Subjekte

Von den vielen Abendmahlsfeiern, die ich habe erleben dürfen, werde ich eine nie vergessen, obwohl sie bereits Anfangs der 1980er Jahre stattgefunden hat. Dieses Abendmahl wurde gefeiert im Rahmen einer Tagung zur Zukunft der Kirche. Während zweier Tage waren die Gegensätze von Links und Rechts, von Konservativen und Progressiven hart aufeinandergeprallt. Noch herrschte der Kalte Krieg, und auch in der Schweiz unterstellten die gegnerischen Seiten den andern, entweder Vertreter des Grosskapitals oder nützliche Idioten Moskaus zu sein – selbst in der Kirche. Walter Hollenweger, verantwortlich für die Abendmahlsfeier, ordnete an, dass die Feiernden paarweise zum Abendmahl kämen. Und zwar in Paaren, bei denen je Vertreter gegensätzlicher Standpunkte zusammentrafen. Vor dem Gang zum Altar sprachen beide ihren Standpunkt laut aus und gaben dabei dem andern die Hand. Versöhnte Verschiedenheit am Abendmahlstisch wurde hier eindrücklich erlebbar.

Erlebbar wurde dabei auch etwas von der Kraft des Abendmahls. Diese Feier hat damals kaum jemanden unbewegt gelassen. Versöhnung wurde hier nicht bloss behauptet, sie wurde erfahrbar. Man kann solches nicht zur Norm erheben für den sonntäglichen Gemeindegottesdienst. Und doch wohnt jedem Abendmahl die Verheissung inne, dass wir durch die Erinnerung an die Tat Christi und durch die Bitte um das Kommen des Heiligen Geistes dazu bewegt werden, einander die Hand zu reichen. *Diese Verheissung* macht das Abendmahl zum Ernstfall. Ob es richtig ist, in diesem Zusammenhang von starken Subjekten zu sprechen, die eine Vorleistung zu erbringen haben? Richtiger ist wohl, von beschenkten Menschen zu sprechen. Oder eben: von gestärkten Subjekten.

Antwort auf die Replik von Matthias Zeindler

Albrecht Grözinger

«Der liebe Gott steckt im Detail»
Aby Warburg

«Das ewig Licht scheint da herein» – Gottesdienst sichtbar

Ja, es wird wohl so sein: Die Phänomene sind nicht aus sich heraus eindeutig. Aber sind sie deshalb gleich unsichtbar? Ich habe meine Reserven gegen allen Spiritualismus, der zu Lasten der Sichtbarkeit geht. Da bin ich wohl zu sehr von meiner ästhetischen Theologie her geprägt. Platons Suche nach der «Idee» hinter den «Dingen» war mir schon immer verdächtig. Man muss aber noch keinem platten Positivismus des Sichtbaren verfallen, wenn man sich der platonischen Doppelbödigkeit verschliesst.

Auch der Gottesdienst hat keinen doppelten Boden. Den überlasse ich gerne den Zauberkünstlern, die am rechten Ort und zur rechten Zeit uns durchaus staunen lassen dürfen. Aber ein guter Gottesdienst braucht keinen doppelten Boden, wohl aber ist er transparent hin auf die transzendente Wirklichkeit Gottes. Oder vielleicht müsste ich reformatorisch richtiger sagen: Der Gottesdienst wird von Gott her für seine Wirklichkeit transparent gemacht. Diese Transparenz ist aber klarste Sichtbarkeit. Im Grunde könnte die Strophe aus Martin Luthers Weihnachtslied über jeden Gottesdienst zu stehen kommen: «Das ewig Licht geht da herein, gibt der Welt ein' neuen Schein, es leucht wohl mitten in der Nacht und uns des Lichtes Kinder macht.»[37] Dies geschieht in den Liedern, die wir in einem Gottesdienst singen, in den Gebeten, in der Predigt, im Segen – klarste Sicht- und Hörbarkeit mithin.

«Der liebe Gott steckt im Detail» – Lob des Kleinen

John Updike hat einen berühmten Vorläufer. Am 25. November 1925 notiert Aby Warburg den Satz: «Der liebe Gott steckt im Detail.» Warburg war während dieser Zeit beschäftigt mit seinem Projekt einer Bildergeschichte des abendländischen Denkens. Im genauen Hinsehen auf das kleinste Detail eines Bildes sollten sich Verbindungen und Übergänge in jede denkbare Weite zeigen. Von solchen sichtbaren Verbindungen und Übergängen lebt auch der Gottesdienst: In der Metapher der Predigt, die in mir eine Assoziationskette in Gang setzt; im sorgfältig ausgewählten Lied, das wie für mich bestimmt erscheint; in der Geste des Segens, die mich an diesem Tag besonders berührt. Nur wenn das Kleinste stimmt, stimmt auch das Ganze.

Das Handwerk des Gottesdienstes: «Mehr als man machen kann»

Nur wenn das Kleinste stimmt, stimmt auch das Ganze. Deshalb also liebevolle praktische Zuwendung zum Einzelnen, das ja nicht einfach da ist, sondern «gemacht» werden muss. Die Baumeister der Kathedralen des Hochmittelalters mit ihren kunstvollen Altären und Fenstern haben sich nicht als Künstler im modernen Sinne verstanden, sondern durchaus als Handwerker. Sie waren Artisten im Sinne der mittelalterlichen Artes, die zwischen dem freien Künstlertum und dem rein technischen Reproduzieren standen. In diesem Sinn sind Liturginnen und Liturgen Artisten. Artisten wissen, dass alles auf ihr Können ankommt, aber das gelingende Ganze immer mehr ist als das, was sie «tun». Von solch bescheidenem und anspruchsvollem Artistentum lebt auch der Gottesdienst – reformatorisch und postmodern.

37 Gesangbuch der Evangelisch-reformierten Kirchen der deutschsprachigen Schweiz, Basel/Zürich 1998, Nr. 392.

Bekenntnisbindung oder Bekenntnisfreiheit?

Das Credo im Gottesdienst – gesungen oder gebetet oder gesprochen

Susanne Graf-Brawand

«Ich setzte den Fuss in die Luft,
und sie trug.»
Hilde Domin[1]

Falsche Alternative

Die Alternative Bekenntnisgebundenheit oder Bekenntnisfreiheit wird bei uns seit dem 19. Jahrhundert immer wieder diskutiert. Bis dahin galt in der reformierten Liturgie allgemein das Apostolikum als gegeben, und in der Deutschschweiz galt der Brauch als verbindlich, mit den Worten des Apostolikums bei der Taufe den Glauben zu bekennen. Theologische Richtungskämpfe führten zur Liturgiereform von 1880, mit der die sogenannte Bekenntnisbindung aufgehoben wurde. Seither sind die Schweizer Reformierten sogenannt «bekenntnisfrei», d. h. es gibt auch bei der Taufe keine Vorschrift mehr, das Apostolikum zu sprechen, zu beten oder zu singen. Versuche, wieder ein einheitliches Bekenntnis als Bestandteil der Taufliturgie oder gar der Liturgie allgemein einzuführen, blieben erfolglos. Seither melden sich immer wieder Befürworter der einen oder der andern Seite zu Wort.

Die Reformierten haben die überlieferten Bekenntnisse nie aus dem Traditionsgut gestrichen. Die biblischen Bekenntnistexte und die altkirchlichen Bekenntnisse verbinden uns Reformierte in der Schweiz mit der gesamten christlichen Kirche. Weder das Athenäum noch das Nicänum sind je abgelehnt worden. Oder positiv: Die Reformierten haben beim Reformieren immer an diesen beiden und weiteren überlieferten Bekenntnissen festgehalten. Das reformierte *semper reformanda* war nie Ablehnung der altkirchlichen Grundtexte. Die Reformatoren wollte ja keine neue Kirche gründen, sondern die auf die Apostel zurückgehende *eine* Kirche erneuern. Sie wollten die Einheit der Kirche bestärken.

Zum allgemeinen Bekenntnis der Gemeinde wurde in der Zeit nach der Reformation das Apostolikum. Dazu kamen neue Bekenntnistexte, so «Die Berner Thesen» von 1528, die zürcherische «Fidei ratio» von 1530, «Das Basler Bekenntnis» von 1534 und die französische «Confession de La Rochelle» von 1559. Verbreitung fanden auch «Der Heidelberger Katechismus» von 1563 und der «Caté-

1 Hilde Domin: Gesammelte Gedichte, Frankfurt a.M. 1997, S. 111.

chisme de Genève» von 1542–1545.[2] Die neueren Bekenntnisse entstanden wie die alten in der Auseinandersetzung zwischen verschiedenen theologischen Ausrichtungen. Keiner der teils sehr ausführlichen Bekenntnistexte fand jedoch Eingang in die Liturgie wie das knappe, klare, eingängige Apostolikum.

Die Anerkennung und der liturgische Gebrauch des Apostolikums waren allgemein üblich bis ins 19. Jahrhundert. Aber die sogenannte Bekenntnisbindung, die 1880 aufgehoben wurde, meinte lediglich die Verpflichtung, in der Taufliturgie das Apostolikum zu brauchen, nicht die grundsätzliche Bindung an ein Bekenntnis. Und Bekenntnisfreiheit meint demzufolge die Freiheit, in der Taufliturgie entweder das Apostolikum zu verwenden oder ein anderes Bekenntnis einzusetzen oder überhaupt kein Bekenntnis zu sprechen.

Die meisten andern Kirchen, die aus der Reformation hervorgegangen sind, kennen ein einheitliches Bekenntnis, das ihre Mitglieder und die verschiedenen Kirchen untereinander verbindet, das diese kenntlich macht. Wenn nun heute wieder über die Bekenntnisbindung oder -freiheit der schweizerischen Protestanten diskutiert wird, so ist dies zumindest missverständlich. Es entsteht leicht der Eindruck, es gehe um die Alternative «ein Bekenntnis haben oder keines haben», d. h. um Bekenntnisbindung versus Bekenntnislosigkeit. Das ist aber überhaupt nicht der Fall: Wir Schweizer Reformierten haben sehr wohl «Bekenntnisse», aber nicht die Gebundenheit an ein einziges, «offizielles». Wir haben die Bindung an das, was uns verbindet, aber wir sind frei, die Form und auch die inhaltliche Gestaltung unseres Bekenntnisses zu wählen. Wir haben also Bekenntnisbindung, und wir haben gleichzeitig Bekenntnisfreiheit.

Ein Blick auf die Etymologie des Wortes «bekennen» kann zur Klärung beitragen: Bekennen bedeutete bis ins 17. Jahrhundert «kennen, erkennen». Erhalten ist diese Bedeutung im adjektivisch gebrauchten Wort «bekannt»: «Eine Bekannte» ist eine Person, die ich er-kenne, weil ich sie kenne.

«Bekennen» mit der Bedeutung «zur Kenntnis bringen» und «eingestehen» findet sich zuerst in der Rechtssprache und später auch im Kirchenwortschatz. Im 14. Jahrhundert erweiterten die Mystiker die Bedeutung von «bekennen» aus dem lateinischen *confiteri* zu «als eigene Überzeugung anerkennen und aussprechen» – und damit sind wir bei der heutigen Bedeutung von «sich bekennen zu» angelangt.

Das Wort «Glaubensbekenntnis» ist vom 16. Jahrhundert an belegt als Übersetzung der lateinischen Verbform *credo*, zu deutsch «ich glaube».[3]

Ein Bekenntnis ist also etwas, das ich als eigene Überzeugung anerkenne und ausspreche. Im Glaubensbekenntnis anerkenne ich die zentralen Werte der Kirche, zu der ich gehöre, und ich bringe sie den andern Kirchenmitgliedern und der Welt zur Kenntnis. Als Gottesdienstbesucherin kann ich aber zuhörend, laut oder still

2 Reformierte Bekenntnisse. Ein Werkbuch, hg. von einer interkantonalen Initiativgruppe unter Leitung von Matthias Krieg, Zürich 2009.

3 Kluge, Etymologisches Wörterbuch; Hermann Paul, Deutsches Wörterbuch.

sprechend oder betend oder singend gemeinsam mit der Gemeinde nur etwas bekennen, das mir bekannt ist. Im Be-kennen an-er-kenne ich Be-kanntes. Und da liegt wohl das Problem der Antithese «bekenntnisgebunden – bekenntnisfrei»: Wer im gottesdienstlichen Bekenntnis nichts Bekanntes erkennt, das er oder sie als eigene Überzeugung anerkennt, ist in Bezug auf die Kirche bekenntnislos. Er oder sie ist folglich ohne Bindung an die gottesdienstliche Gemeinde, er oder sie gehört ihr nicht an.

Noch einmal zusammengefasst: Die Gegenüberstellung von Bekenntnisbindung und Bekenntnisfreiheit ist genau betrachtet falsch. Der Gegensatz wäre eigentlich Bekenntnis-«Haftigkeit» versus Bekenntnislosigkeit, d.h. die Frage: Habe ich ein Bekenntnis, zu dem ich stehe, oder habe ich keines? Und darum geht es nicht. Bekenntnis ist im Glauben unverzichtbar. Der laufende Diskurs dreht sich um die Frage: Was glaube ich? Und von daher um die Alternative: Bindung an ein inhaltlich und formal einheitliches, für alle Kirchenglieder gültiges und verbindliches Bekenntnis oder Bekenntnisbindung in Freiheit.

Es braucht Bekenntnisse, …

Bekenntnisse finden sich weit über den liturgischen und den kirchlichen Raum hinaus. Wo immer Gruppen sich formen, wo Einzelne einer Gruppe angehören wollen, kommt es zum Bekenntnis. Es gibt bekennende Raucherinnen und Krimileser, Vegetarierinnen und Fleischesser. Seit einiger Zeit «outen sich» Menschen, oder sie haben ihr Coming-out – das ist nichts anderes als ein offenes Bekenntnis, anfangs nur im Zusammenhang mit Homosexualität, heute allgemein in Bezug auf eine besondere Lebensart oder Ausrichtung in unserer offenen, freiheitlichen, pluralistischen Gesellschaft: Zugehörigkeit des Individuums in Freiheit, und das ist gut so.

Sogar Atheisten verhalten sich nicht anders: Der bekennende Atheist André Comte-Sponville sagte kürzlich in einer Radiosendung, man könne zwar auf Religion verzichten, nicht aber auf Gemeinschaft, Bekenntnis und Liebe! Dabei meinte er mit Bekenntnis wohl anerkannte Grundwerte, die atheistisch ausgerichtete Menschen verbinden. Wir Menschen sind Gemeinschaftswesen; Bindungslosigkeit führt in die letztlich zerstörerische Vereinsamung (nicht zu verwechseln mit Einsamkeit). Gemeinschaft fordert Bindung, und diese definiert sich im Bekenntnis.

Dass das Bekenntnis zu einer Gruppe auch Gefährdung bedeuten kann, sei hier nur am Rande vermerkt: Gruppendruck kann Einzelne auch zum Bekenntnis zwingen und sie auf ungute Wege, ja ins Verderben führen. Relativ harmlos sind die Folgen, wenn es um Kleidung oder Musik geht; schwerwiegender wird es allerdings, wenn Gewalt, Kriminalität, unmenschliche Politik, Diktatur oder auch sektiererische religiöse Gruppierungen im Spiel sind.

Für die Kirche helfen Bekenntnisse die Gemeinschaft sichtbar machen. Unsere Kirche ist eine Traditionsgemeinschaft; wir haben ein gemeinsames Traditionsgut, das es zu pflegen gilt, im Gottesdienst, in der Seelsorge, in der Erwachsenenbildung, im Alltag. Dieses Gut muss im Unterricht auch an die nächsten Generationen weitergegeben werden.

Der Exkurs in die Wortgeschichte hat gezeigt: Bekennen braucht Wissen, Einführung, Unterricht, Darlegung, aber auch Diskurs, Hinterfragen. So entsteht ein Bild der Grundwerte, ein Profil des Reformierten: Unsere Kirche erhält ein Gesicht. Dadurch wird das Wiedererkennen möglich und nach kürzerer oder längerer Entwicklung vielleicht das Anerkennen der Kirche als eigene Überzeugung. Als Glaubende kann ich dann ein vorgegebenes Glaubensbekenntnis mitsprechen, nachsprechen, mitsingen, mitbeten als Credo, ich glaube. Das hat Vorteile: Ich habe einen fertigen Text zur Verfügung, finde ihn im Reformierten Gesangbuch[4], kann lesend Teil der Gemeinde sein wie beim Unservater oder weiss «das» Bekenntnis auswendig, lieber noch *par cœur* oder *by heart*, inwendig oder wie es italienisch heisst, *a memoria*, im Gedächtnis. So habe ich auch im Notfall, wenn unverhofft Angst, Leid oder Bedrohung mich trifft, eine Stütze zur Verfügung. Dagegen gibt es nichts zu sagen; eine verinnerlichte, anerkannte Bekenntnisformel kann in guten und schweren Lebensmomenten für den Einzelnen und im gemeinsamen Gottesdienst sehr hilfreich sein.

Credo heisst: Ich glaube. Wenn ich Vorgegebenes mitsprechen, beten, singen muss, bin ich nicht ehrlich und nicht innerlich berührt. Nur Nachgesprochenes, unverstanden auswendig Gelerntes oder blind Übernommenes wird sich kaum als Halt bewähren.

Bekenntnisse haben auch etwas Prophetisches; sie können im Gottesdienst etwas vom göttlichen Licht aufscheinen lassen, in Freudenzeiten und in der Not.

Dass Bekenntnisse sichtbare Zeichen gerade in Notzeiten sein können, zeigt eindrücklich die «Barmer Theologische Erklärung» von 1934.[5] Mit diesem aus drängender Not entstandenen Bekenntnis haben engagierte deutsche Christen in der Zeit des Nationalsozialismus sich als zugehörig zur wahren christlichen Kirche bekannt, sie haben sich in der politisch dunklen Zeit «geoutet» und ein Stück weit exponiert. Sie haben sich mit scharfen Worten («Wir verwerfen die falsche Lehre») von den anpasserischen sogenannten Deutschen Christen distanziert und als Angehörige der Bekennenden Kirche bezeichnet. Die «Barmer Theologische Erklärung» ist in erster Linie ein innerkirchliches Kampfbekenntnis, das darauf abzielte, die christliche Kirche im totalitären Staat rein zu erhalten; eigentliche Widerstandsakte auch von Kirchenangehörigen entwickelten sich erst später. Die «Barmer Theologische Erklärung» ist in ganz bestimmtem historischem Umfeld entstanden als ein Schatz in der damaligen Not; die sechs Thesen lassen sich nicht

4 Gesangbuch der Evangelisch-reformierten Kirchen der deutschsprachigen Schweiz, Basel/Zürich 1998 (RG).

5 Die Barmer Theologische Erklärung. Text und Kommentar in, Reformierte Bekenntnisse, S. 115 f.

im Wortlaut als gottesdienstliches Bekenntnis rezitieren, aber sie können sehr wohl heutige Diskussion um Bekenntnisse im Unterricht und in der Erwachsenenbildung anregen.

Liturgisch können Bekenntnisse genau wie andere festgefügte Formen gemeinsame Sprache, Verstehen, Wiedererkennen bedeuten und die Gemeinschaft fördern. Das Reformierte Gesangbuch von 1998 enthält unter den Nummern 150–153 vier Gottesdienstgerüste, von denen zwei ein Bekenntnis vorsehen: Nr. 151, Predigtgottesdienst mit Taufe, und Nr. 153, Abendmahlsgottesdienst. Das Kapitel «Bekenntnis des Glaubens» listet unter den Nummern 261–268 acht Bekenntnisse in chronologischer Reihenfolge und ohne jede Hierarchisierung auf. Es sind bewährte Texte zur Auswahl, ohne Anspruch auf Vollständigkeit. Das ist Bekenntnis-«Haftigkeit», das ist Gebundenheit ans Bekennen in Freiheit! Es sind Angebote, keine Gebote.[6] Nach zwei kurzen Bibeltexten (Joh 6,66–69 und 1Kor 8,6) folgen «Das Apostolische Glaubensbekenntnis», «Das Glaubensbekenntnis von Nizäa-Konstantinopel», die Antwort auf die erste Frage des Heidelberger Katechismus, je ein Text von Jörg Zink/Rainer Röhricht von 1969 und von Markus Jenny von 1983 sowie die Übersetzung eines indonesischen Textes. Unter den Nummern 269–282 folgen Bekenntnislieder zu Texten aus dem 12.–20. Jahrhundert. Neun weitere bekenntnishafte Lieder finden sich in anderen Kapiteln des Reformierten Gesangbuchs.[7] Gute, anerkannte, gehaltvolle Bekenntnisse stehen uns für den Gottesdienst zur Verfügung.

… aber es braucht nicht ein Bekenntnis

Bekenntnisse sind «Wege zum *Wort*»[8], sie sind nicht das *Wort* selber. Beim Bekennen sind wir immer auf dem Weg, unterwegs, suchend. Mit Wörtern aus unserer Zeit formulieren wir in unserer Sprache aus unserer Befindlichkeit heraus aufgrund der Tradierungsgutes unseres Glaubens, genau wie es unsere Vorfahren getan haben. Daraus sind in den verschiedenen Zeiten ganz unterschiedlich geformte und gewichtete Bekenntnistexte entstanden: kondensierte wie das Apostolikum und ausführlichere wie das von Nizäa-Konstantinopel»; solche aus bedrängender Not wie die «Barmer Theologische Erklärung» von 1934 und solche zum Lobpreis Gottes wie der Philipperhymnus aus biblischer Zeit. [9]

Unsere Wörter setzen wir zusammen im Gefüge unserer Sprache(n) und in der Auseinandersetzung mit dem Überlieferten. Wir sind beim Formulieren also auch immer am Übersetzen, am Über-Setzen von fremden, verwandten und nicht verwandten Sprachen und damit auch aus anderen Kulturen in die unsrige. Wir sind

6 Reformierte Bekenntnisse, Nr. 261–268 und Liste S. 28.

7 Vgl. RG, S. 28 f.

8 Pfarrer Jürg Welter, Gottesdienst im Berner Münster vom 11. Februar 2007.

9 Texte in: Reformierte Bekenntnisse.

dabei immer nur auf dem Weg zum *Wort*, zu Gott. Alle Bekenntnisse sind nur vorläufige menschliche Formulierungen.

Mit einem andern Bild: Bekenntnisse sind immer Wörterhäuser auf Zeit, sie sind nicht Worttempel in Ewigkeit.[10] Oder: Bekenntnisse sind Kleider, Hüllen, die eine Zeit lang sitzen wie angegossen, die aber steif und einengend werden können, wenn die Zeiten und die Menschen sich ändern.[11] In all diesen Bildern liegt Bewegung: Wir sind unterwegs zum *Wort*, streben danach. Häuser müssen unterhalten werden; wir müssen sie renovieren, umbauen, auch neu bauen. Kleider müssen wir abändern, neu anpassen, erneuern, ersetzen. In Bewegung bleiben, weiterschreiten, das entspricht dem reformierten Geist: semper reformanda, nie am Ziel. Das Überlieferte hegen und pflegen; es dort einsetzen, wo wir es füllen können und wo es Geborgenheit und Heimat bietet; daran arbeiten, wenn wir uns darin nicht mehr wohl fühlen, wenn wir das Überlieferte nicht mehr verstehen, wenn unsere Kirche sich damit nicht mehr verständlich machen kann. Bekenntnisse sind «Sprachhäuser des gemeinsamen Glaubens», man kann sie reformieren; sie zum «Sprachtempel zu erheben [...], wäre zutiefst unreformiert».[12]

Sprache ist etwas Lebendiges, etwas, das sich mit uns und mit der Zeit entwickelt. Es formt sich über oft sehr lange Zeit eine neue Sprache aus einer älteren, wobei der neue Sprachstand manchmal dem älteren eng verwandt bleibt. Manchmal wird die Distanz grösser, und die Verwandtschaft ist nur noch bei genauem Studium erkennbar. Der Weg vom Gotischen der ersten Bibelübersetzung aus dem 4. Jahrhundert, dem ältesten erhaltenen germanischen Sprachstand, zu unserm heutigen Deutsch ist lang, die Unterschiede sind gross, die sprachliche Verwandtschaft nur noch dem Kundigen sichtbar. Texte aus dem 19. Jahrhundert hingegen können wir sprachlich gut verstehen trotz grammatikalischer Veränderungen; Mühe bereiten aber oft die Bilder, die beschriebenen Umstände, das veränderte Lebensgefühl, die fremd gewordenen kulturellen Umstände.

Ich habe als Deutschdozentin an der Kirchlich-theologischen Schule Bern mit angehenden Theologinnen und Theologen im Jahr 2000 ein Zürcher Bestattungsgebet von 1707 bearbeitet, es verglichen mit Fassungen von 1917 und 1950 und die Studierenden dann in Gruppen neue Versionen erarbeiten lassen. Das hat ein eindrückliches Bild ergeben vom Wandel der Sprache und des Lebens über fast zwei Jahrhunderte. Auch Gebete sind geprägt vom Glauben und Denken der Zeit, in der sie entstanden sind. Das lange Gebet von 1707 ist heutigen Hörerinnen nur noch teilweise und mühsam verständlich. Die darauf fussende Version von 1917 ist kürzer, weniger umständlich formuliert, aber stark geprägt von der etablierten,

10 Ralph Kunz: Hand aufs Herz, ein Plädoyer für Bekenntnisse als Sprachhäuser des Glaubens, in: Reformierte Presse, 23. Oktober 2009.

11 Ina Praetorius: Gott dazwischen. Eine unfertige Theologie, Ostfildern 2008, S. 137f.

12 Kunz, Hand aufs Herz.

weitgehend erstarrten liturgischen Sprache. Im Text von 1950 sind nur die dringlichsten Retouchen angebracht, damit die Aussagen überhaupt noch verstanden werden konnten; der gebräuchlichen Sprache der Mitte des 20. Jahrhunderts entspricht der Text sicher nicht.

Mit ihren Neufassungen haben die Studierenden versucht, den Gehalt des alten Gebetes heutigen Zuhörenden nahe zu bringen, indem sie die Schwere der Kirchensprache aufgelöst und die Aussagen in aktuelle Sprache umgesetzt haben. Zwei Neufassungen blieben bei aller Entschlackung und Kürzung nahe an den Vorlagen. Eine dritte Version hingegen reduzierte den ursprünglich eineinhalbseitigen Fliesstext auf sechs Zeilen mit insgesamt elf Wörtern:

> Gott Ewiger Leben und Tod
> Aufgehoben Nomaden sind wir
> wie Sand

Mit den drei Neufassungen eines älteren Gebetes sind sicher nicht die endgültigen Lösungen gefunden worden, aber es sind Versuche, die entstanden sind aus der intensiven Auseinandersetzung mit dem Überlieferten, und damit sind sie Schritte auf dem Weg, so wie dies auch neue Fassungen von Bekenntnissen sind. [13]

Es ist unsere Pflicht, ältere und alte, auch biblische Texte neu zu fassen, in unsere Zeit hinüber zu tragen. Der deutsche Theologe Jörg Zink vermochte als einer der ersten, biblische und religiöse Sprache glaubhaft umzusetzen in modernes Deutsch; er hat mit seiner Übertragung des Neuen Testamentes 1966 eine verständliche und doch anspruchsvolle Sprache gefunden, die rasch grosse Zustimmung fand. Zink hat zu seiner Arbeit gesagt: «Jesus hat auch nie einen komplizierten Satz gesprochen. Freilich muss man, wenn man es ihm nachtun will, an seinen eigenen Gedanken ebenso schaffen wie an seiner Sprache; handwerklich sauber. Wer nicht an seiner Sprache schafft, der schafft auch keine.»[14] Das lässt sich besonders schön nachverfolgen am langen Weg, den das Unservater seit biblischen Zeiten zurückgelegt hat bis in die jüngste Vergangenheit, als u.a. die missverständlich gewordenen Begriffe «Schulden» und «Schuldner» ersetzt worden sind durch «Schuld» und «Schuldige».

Bekenntnisse sind wie andere, auch biblische Texte von Menschen in einer bestimmten Zeit formulierte, von ihrem Gehalt her gültige Glaubensaussagen. Die überlieferten Versionen kann man auslegend und erklärend auch heutigen Kirchengliedern nahe bringen, und man kann sie durchaus singend, sprechend, betend in die Liturgie einbauen. Manchen Kirchengliedern bieten sie Halt und Schutz durch ihre Vertrautheit, und das darf so bleiben. Zeitgemässe Versionen,

13 Liturgie, hg. im Auftrag der Liturgiekonferenz der evangelisch-reformierten Kirchen in der deutschsprachigen Schweiz, Bd. V: Bestattung, Bern 2000; S. 141 f.

14 Allgemeines Deutsches Sonntagsblatt, November 1992.

neue Worte, so Ina Praetorius, «geben mir die Freiheit, die Weisheit meiner Vorfahrinnen und Vorfahren so weiterzusagen, wie ich sie verstanden habe».[15]

Bekenntnisse braucht es, damit die einzelnen Glieder ihre Zugehörigkeit zur Kirche erkennen, anerkennen und kundtun können und damit die Kirche als Gemeinschaft der Gläubigen ein Gesicht bekommt. Aber dazu braucht es kein Einheitsbekenntnis. Vielmehr muss das Gespräch über unseren Glauben wieder in Gang kommen. Was glaube ich? Was verbindet uns in und mit der Kirche? Darüber müssen wir neu reden und auch streiten lernen. Bekenntnisse sind auch Ausdruck von Verpflichtung, und darum sind sie manchmal unbequem, ja geradezu «unanständig» im Sinne von gesellschaftlich anstössig, wie Peter Bichsel in seinem bekenntnishaften Buch «Über Gott und die Welt» schreibt: «Ich jedenfalls wurde es (= fromm) als Kind, unabhängig von meinen Eltern und ohne ihr Zutun. Es war ihnen auch nicht recht, denn ihnen genügte Anständigkeit, und Bekenntnis ist unanständig und stört.»[16]

Zum Schluss: Das Gespräch über den Glauben ist bestimmend für die Zukunft unserer Kirche. Die Referenztexte im Reformierten Gesangbuch und im bereits erwähnten Werkbuch «Reformierte Bekenntnisse» sind notwendige Hilfen, Leitplanken, damit das Gespräch Boden bekommt und neugefasste, neue Bekenntnisse nicht in die Beliebigkeit abgleiten. Und es braucht, wie Jörg Zink sagte, beim Gespräch und beim Formulieren ernsthaftes Mitdenken und sorgfältige Sprachpflege. Darum hat die Initiativgruppe mit dem Werkbuch auch einen neuen Text in die Vernehmlassung geschickt, das «Credo von Kappel».[17] Es wäre schön, wenn diese zeitgemässe Form des Apostolikums Eingang fände in die Reihe der anerkannten Referenztexte. Dass das «Bekenntnis von Kappel» unter den Kirchengliedern bekannt und für eine gewisse Zeitdauer zum viel verwendeten Bekenntnis in der Liturgie wird, das ist mein Wunsch.

Ein gemeinsam im Gottesdienst gesprochenes, gebetetes oder gesungenes Bekenntnis kann die Gemeinschaft stärken und auch die Weitergabe des Glaubens fördern. Welches Bekenntnis dann in einer Gemeindeliturgie allenfalls eingesetzt wird, kann in gut reformierter Tradition der Gemeinde überlassen werden. Ein verbindliches Bekenntnis für alle braucht es nicht. Die reflektierte Bindung ans Bekenntnis zur reformierten Kirche in Freiheit hingegen halte ich für wichtig. Seit frühester Zeit haben Menschen versucht, das Wesentliche unseres Glaubens in Worte zu fassen, und damit sind wir nie am Ende.

Bekennen ist ein Weg zum *Wort*, frei in aller Gebundenheit. So verstehe ich das meinem Text vorangestellte Eingangsmotto von Hilde Domin:

«Ich setzte den Fuss in die Luft, und sie trug.»[18]

15 Vgl. Praetorius, Gott dazwischen. S. 137.

16 Peter Bichsel: Über Gott und die Welt, Frankfurt a. M. 2009, S. 26.

17 Reformierte Bekenntnisse, S. 165.

18 Domin, Gesammelte Gedichte, S. 111.

Plädoyer für die Bekenntnisfreiheit

Ueli Greminger

«Wir brauchen einander.
Wir sind das Salz der Erde.»
Rainer Brambach

Irritation

Hat da jemand etwas verwechselt? Schreibt da tatsächlich jemand aus dem Kreis der interkantonaler Initiativgruppe, die der Meinung ist, dass die Suche nach einem verbindlichen Glaubensbekenntnis für die Identität der reformierten Kirche zentral ist? Einzelne Passagen im Text von Susanne Graf-Brawand erinnern mich an meine eigene liberale Position: «Credo heisst: Ich glaube. Wenn ich Vorgegebenes mitsprechen, beten, singen muss, bin ich nicht ehrlich und nicht innerlich berührt. Nur Nachgesprochenes, unverstanden auswendig Gelerntes oder blind Übernommenes wird sich kaum als Halt bewähren.» Genau das finde ich auch. Oder wenn Susanne Graf-Brawand schreibt, dass es im Grunde kein Einheitsbekenntnis brauche, sondern dass es vielmehr das Gespräch über den christlichen Glauben ist, was die reformierte Kirche in ihrer Suche nach Identität braucht. Genau das ist es doch: Die Schwäche der reformierten Kirche liegt darin begründet, dass sie das Nachdenken und das Gespräch über den Glauben den Fachleuten und den evangelikalen Kreisen überlässt. Oder wenn ich das Wort von Hilde Domin auf mich wirken lasse, das Susanne Graf-Brawand als Motto über ihren Text stellt: «Ich setzte den Fuss in die Luft, und sie trug.» Ein schön gewagtes Wort zu einem ernsthaften kirchlichen Thema, bei dem es ja wohl nicht um Luft, sondern um das christliche Fundament geht. Oder wenn Susanne Graf-Brawand schreibt, dass die Gegenüberstellung von Bekenntnisbindung und Bekenntnisfreiheit falsch ist, dass sich vielmehr gegenüber stehen: Bindung an ein inhaltlich und formal einheitliches, für alle Kirchenglieder gültiges und verbindliches Bekenntnis oder Bekenntnisbindung in Freiheit. Ja, das ist schön formuliert. Es braucht im Gottesdienst alles andere als ein inhaltlich und formal einheitliches, für alle Kirchenglieder gültiges und verbindliches Bekenntnis. Das Freiheitliche am christlichen Glauben, das ist doch unsere Stärke. Aber halt! Wie meint Susanne Graf-Brawand mit Bekenntnisbindung in Freiheit?

Bekenntnisbindung in Freiheit?

Jeder Gottesdienst, in dem wir gemeinsam singen, beten, das Evangelium hören, ist doch schon immer ein Bekenntnis zu Gott, an den wir glauben, an dem wir zweifeln, von dem wir leben. Jeder Dienst, den ein Christ seinem Nächsten tut, ist ein Bekenntnis zu Jesus Christus, der uns in die Nachfolge ruft. Jede Stunde Arbeit, die wir einsetzen für mehr Gerechtigkeit, jeder Franken, den wir einsetzten für mehr Ausgleich zwischen Arm und Reich und für das Wohl aller Geschöpfe ist ein Bekenntnis zum Heiligen Geist, der uns zu tätigen Zeugen der Liebe Gottes macht. Werden wir Reformierte glaubwürdiger, wenn wir dem, was wir bisher schon immer geglaubt und getan haben, mit dem besonderen Akt des Glaubensbekenntnisses mehr Gewicht zu geben versuchen?

Susanne Graf-Brawand plädiert für diesen besonderen Akt des Glaubensbekenntnisses im Gottesdienst: «Ein Bekenntnis ist also etwas, das ich als eigene Überzeugung anerkenne und ausspreche. Im Glaubensbekenntnis anerkenne ich die zentralen Werte der Kirche, zu der ich gehöre, und ich bringe sie den andern Kirchenmitgliedern und der Welt zur Kenntnis.»

Im Folgenden spricht Susanne Graf-Brawand dann von Bekenntnisbindung in Freiheit. Auch für die Reformierten gelte, was in der Gesellschaft momentan im Trend liegt: Wo immer Gruppen sich formieren, da «outen» sie sich. Es gebe bekennende Raucher. Bekennende Vegetarierinnen. Der Einzelne sei ja frei, ob er dazu gehören wolle oder nicht.

Ich erhebe Einspruch: Ich verstehe reformierte Kirche nicht als eine Gruppe und den reformierten Gottesdienst nicht als eine Gruppenveranstaltung, wo man sich als Einzelner oder als Gemeinschaft irgendwie einheitlich «outet». Die Bekenntnisfreiheit, wie sie sich bei uns seit dem 19. Jahrhundert entwickelt hat, betrachte ich als eine Errungenschaft, auf die wir stolz sein dürfen. Diese Freiheit sehe ich durchaus im christlichen Glauben selber begründet. Darum ist die christliche Freiheit ein Merkmal unseres Gottesdienstes. Ich gestalte jeden Gottesdienst auch als Ausdruck christlicher Freiheit. In der Gestaltung der christlichen Freiheit müssen wir Reformierten allerdings klarer und verständlicher werden. Da haben wir ein Problem.

Als Traditionsgemeinschaft leben wir davon, dass wir das gemeinsame Traditionsgut pflegen und wie dies Susanne Graf-Brawand in ihrem Text beschreibt, im Gottesdienst, in der Seelsorge, im Unterricht, in der Erwachsenenbildung und im Alltag an die nächste Generation weitergeben. Nun ist dieses Weitergeben der gemeinsamen Tradition in Gefahr. Irgendwie ist es uns nicht gelungen, den christlichen Glauben den Menschen von heute verständlich zu machen.

Reformierte Verlegenheit

In den letzten Jahren ist es zu einem eigentlichen Traditionsabbruch gekommen, der uns Reformierte in einen Dauerstress geführt hat. Um die Situation zu beschreiben, in der wir uns heute aus meiner Sicht befinden, nehme ich folgenden Vergleich zu Hilfe:

Als Pfarrer am St. Peter gehört es zu meiner Aufgabe, Schulklassen der Stadt Zürich den Turm zu zeigen. Neben der Aussicht auf die Stadt und den mächtigen

Glocken fasziniert die Schulkinder das mechanische Uhrwerk am meisten: Die Gewichtsteine, die Ketten, die deren Schwerkraft auf die Zahnräder weitergeben, die ihrerseits die Kraft in einer ausgeklügelten Mechanik auf die Zeiger der grossen Turmuhr und auf den Stundenschlag übertragen.

Im Jahr 1996 wurde das mechanische Uhrwerk stillgelegt und durch eine moderne elektronische Anlage ersetzt. Das moderne Uhrwerk wird durch Impulse aus Braunschweig gesteuert.

Jedes Mal wenn ich das alte mechanische Uhrwerk für die Schulkinder laufen lasse, muss ich an den Gottesdienst denken. Ist er nicht, wie das alte mechanische Uhrwerk, stillgelegt? Wenn man ihn «laufen lässt», dann funktioniert er zwar immer noch. In Grenzsituationen des Lebens. Bei der Taufe. Beim Begräbnis. Aber im alltäglichen Leben brauchen ihn die Menschen von heute nicht mehr. Sie haben ihn stillgelegt und ersetzt.

Wenn man das alte mechanische Uhrwerk laufen lässt, dann funktioniert es zwar immer noch wie früher. Die Gewichtsteine ziehen in die Tiefe und treiben die Zahnräder an. Aber die Verbindung ist unterbrochen. Das mechanische Uhrwerk ist nicht mehr mit den Glocken und den Zeigern an der grossen Uhr verbunden. Es sind andere Impulse, die diese steuern. Die moderne Elektronik ersetzt das alte mechanische Uhrwerk.

Der alte Glaube erreicht die Seele der Menschen von heute nicht mehr. Die Menschen mit ihren Fragen und ihren Nöten haben sich von ihm entfernt. Die Verbindung ist unterbrochen. Es ist eine andere Mechanik, welche die Menschen antreibt. Es sind andere Impulse, welche die Seele der Menschen von heute steuern.

In dieser Situation ist die reformierte Kirche in einer grosser Verlegenheit. Die Theologen kennen sich bei der Mechanik der christlichen Überlieferung aus. In der Situation, da der alte Glaube stillgelegt ist und die Verbindung zu den Menschen von heute unterbrochen ist, scheinen sie ratlos zu sein.

Wie reagieren wir in dieser Situation angemessen? Welchen Impulsen geben wir das nötige Gewicht, damit die Menschen von heute mit ihren Fragen und ihren Nöten vorkommen, damit der Geist Jesu Christi die Menschen von heute wieder erreicht?

Raum für den Geist Jesu Christi

Im reformierten Gottesdienst geht es darum, diese Verlegenheit, in der wir uns als reformierte Kirche heute befinden mitzubedenken und im Denken und im Herzen Raum zu schaffen für den Geist von Jesus Christus. Die bildhafte Sprache eignet sich dazu am besten. Viele biblische Text sind bildhaft und sprechen das Vorstellungsvermögen an und geben dem Einzelnen Raum, sich selber Gedanken zu machen. Jesus selber sprach in einer bildhaften Sprache, die auch gewagte Vergleiche nicht scheute. Natürlich gibt es poetische Bekenntnisse wie zum Beispiel dieses:

Ich glaube an die Sonne, auch wenn ich sie nicht sehe.
Ich glaube an die Liebe, auch wenn ich sie nicht fühle.
Ich glaube an Gott, auch wenn er schweigt.

Horizonterweiternde Gebete führen aus dem Gefängnis des eigenen Selbst. Gemütvolle Lieder führen zu Gottes grosser Liebe, die weit wie das Meer ist, wie Wind und Wiesen, ewiges Daheim. Beim beherzten, gemeinsamen Gesang ist die Gemeinde aktiv und bekennt ihren Glauben. Im Gebet Jesu Christi betet die Gemeinde gemeinsam. In der Stille, die im Gottesdienst nicht nur bei der Fürbitte, sondern auch schon bei der Sammlung vermehrt zum Zug kommen sollte, bekommt der Einzelne Raum für seine Gedanken und Gebete und für eine neue Art von Aufmerksamkeit und Präsenz des Heiligen. In der Predigt sollen Wege zum christlichen Glauben aufgezeigt werden. Das Evangelium soll dann, wenn es an der Zeit ist, durchaus auch in prophetischer Gestalt angesprochen werden und die Menschen mit der Wahrheit konfrontieren.

Bei alledem genügt die alte Mechanik der Überlieferung des Traditionsgutes nicht mehr, um die Menschen von heute zu erreichen. Sie wollen sich nicht mehr einfach in das christliche Traditionsgut einordnen. Die Menschen von heute denken und glauben eigenständig. Aus den Schafen sind Kunden geworden. Schwierige Kunden.

Abschied vom Einheitsdenken

Jedes Glaubensbekenntnis sucht eine gewisse Einheit im Glauben. Es bestimmt ein Profil. So und nicht anders sind und glauben wir Reformierte. Damit werden die Geister derjenigen gerufen, die sich gerne einer gemeinsamen Doktrin unterziehen und auch die Geister derjenigen, die gerne über die Rechtgläubigkeit wachen. Die Reformationswächter. Ich übertreibe natürlich. Ich unterstelle niemanden, dass er das tatsächlich will. Zuletzt Susanne Graf-Brawand. Ich frage mich allerdings, ob sie nicht verharmlost, wenn sie Bekenntnisse als «Sprachhäuser des gemeinsamen Glaubens» bezeichnet.

Mit Glaubensbekenntnis verbinde ich etwas ganz anderes. Es ist eine Auflistung von Glaubenssätzen. Es grenzt den rechten Glauben ein und schliesst den falschen Glauben aus. Zum Beispiel was man von Seiten der Kirche gern als Beliebigkeit bezeichnet. Es definiert, was für einen Reformierten noch drin liegt und was nicht mehr drin liegt. Praktisch sieht das dann wohl so aus, dass ein gewisser Teil der Reformierten – die Aktiven, die Engagierten, der harte Kern – in einem Prozess ein Glaubensbekenntnis festlegt, an dem sie sich dann mit guten Gründen und in aller Freiheit ausrichten. Und die anderen?

Mein Amtskollege Peter Koller hat mich zu folgender Überlegung angeregt: Wenn die reformierte Kirche nach mehr Profil und Inhalt ruft, so ist ihr mehr geholfen, wenn man frei dem Denken der Kirchenmitglieder vertraut. Denn jedes

Bekenntnis will das Denken doch in eine gewisse, geforderte Richtung zwingen. Es widersetzt sich der Vielfalt des Denkens und kennzeichnet diese als Willkür und Jekami, Wildwuchs und Verflüchtigung eigentlicher Gedanken.

Ich plädiere mit der Initiativgruppe dafür, dass man in der Stresssituation, in der wir uns befinden, mit allen Mitteln das Gespräch über den Glauben fördert. Thema aber soll nicht das Bekenntnis sein, sondern der Kern des christlichen Glaubens. Inwiefern der Glaube Lebenshilfe sein kann zum Beispiel. Darüber müsste man in aller Öffentlichkeit und in aller Freiheit des Denkens austauschen. Wir brauchen mehr Klarheit im Denken und im Glauben. Die Menschen möchten den Glauben verstehen.

Ich betrachte es als eine Errungenschaft, dass die Menschen von heute nicht mehr automatisch den traditionellen kirchlichen Bräuchen und Vorstellungen verpflichtet sind, wie es die Eltern und Grosseltern mehr oder weniger noch waren. Die Freiheit, den Umgang mit der Religion selber bestimmen zu können, lässt man sich nicht mehr nehmen. Und das ist gut so!

Sprachhäuser des gemeinsamen Glaubens

Akzeptieren wir von der reformierten Kirche, dass die Menschen von heute selbstbestimmt leben und selbstbestimmt glauben. Bauen wir in den eigenen Reihen die Angst vor beliebiger und selbstgebastelter Religiosität ab. Trauen wir den Menschen mehr zu! Achten wir mehr darauf, was sie über die Religion und über die Kirche denken. Und suchen wir gemeinsam nach der Verbindung von Glauben und freiem Denken.

Wenn ich mir das schöne Bild «Sprachhäuser des gemeinsamen Glaubens» vorstelle, dann denke ich an Worte, die im Denken und in der Seele Raum bilden für das Göttliche. Ich denke an Worte, bei denen ich mich verstanden fühle. Ich denke an den Psalmvers:

> Und spräche ich: Finsternis breche über mich herein,
> und Nacht sei das Licht um mich her,
> so wäre auch die Finsternis nicht finster für dich,
> und die Nacht wäre licht wie der Tag.
> (Ps 139,11 f.)

Oder ich denke an die wunderschönen Gleichnisse von Jesus. Ich denke an Gebete und Lieder, welche das Gemüt ansprechen. Texte, die weit entfernt sind von kirchlichen Bekenntnistexten. Sie laden ein und werben um Einverständnis und Glauben und gewähren Raum für eigenes Sein und Denken. Sie verbinden den Glauben mit dem freien Denken. Dazu ist mir das Gedicht von Rainer Brambach eingefallen.

Salz

Wir brauchen einander.
Wir sind das Salz der Erde.
Salz, kostbarer als Gold, notwendiger,
einsilbig, weiss im Streufass gefasst,
verloren im Atlantik,
im Brot, in der Träne, im Schweiss
vor der Geburt oder sonstwie, sonstwo
brauchen wir uns, Salz der Erde. Salz.

Ein Sprachhaus des gemeinsamen Glaubens? Aber es ist weit entfernt von einem kirchlichen Bekenntnistext, weil es wie der Vater im Gleichnis vom verlorenen Sohn den Menschen in die Freiheit entlässt, ihm dann, wenn er als Verlorener heimkehrt, entgegengeht, ihn umarmt und wieder als Sohn in sein Haus aufnimmt. Weil es wie der Vater im Gleichnis um den eifersüchtigen Bruder wirbt, dass er sich auch freut und auch am gemeinsamen Festmahl teilnimmt.

Replik auf das Plädoyer von Ueli Greminger

Susanne Graf-Brawand

«Ich glaube an gott, der die welt nicht fertig geschaffen hat.»
Dorothee Sölle[19]

Irritationen führen zu Vertiefungen

Meine Darlegungen haben irritiert, so komme ich mit Ueli Greminger ins Gespräch: Die zwanzig Texte im Werkbuch «Reformierte Bekenntnisse» zeugen alle vom fortgesetzten Bemühen unserer Vorfahren, auf dem Weg zum *Wort* beim Bekennen weiter zu kommen. Und das «Bekenntnis von Kappel» wird als weiterer Schritt auf diesem Weg hoffentlich im Gottesdienst Verbreitung finden.

Und zum irritierenden Bild von Hilde Domin meint Ueli Greminger: «Ein schön gewagtes Wort zu einem ernsthaften kirchlichen Thema, bei dem es ja wohl nicht um Luft, sondern um das christliche Fundament geht.» Mit der allerletzten Aussage bin ich völlig einverstanden: Beim Bekennen geht es wirklich um das christliche Fundament. Damit hat mein Gesprächspartner ein gängiges Bild aus dem Gebiet des Hausbaus gebraucht. Solide sollen unsere Häuser sein, sie sollen auf festen Grundmauern stehen; schier für die Ewigkeit werden sie gebaut. Aber dass es nicht um die Luft gehe beim Thema Bekenntnis, da erhebe ich Einspruch: Ohne Luft keine Leben. Luft ist ein anderes Bild für unseren Glauben, für das Vertrauen in den Geist Gottes, und es lädt uns wie das Bild vom Fundament ein, unseren Glauben zu bedenken und immer wieder auch in Sprache zu fassen.

Die Freiheit, die ich meine

Ich stimme Ueli Gremingers Aussage zu, dass jeder Gottesdienst, jeder Dienst am Nächsten usw. «doch schon immer ein Bekenntnis zu Gott» ist oder – so schränke ich zweifelnd ein – sein kann. Aber was heisst das? Diese Aussage ist und bleibt vage, verschwommen. Sicher werden wir Reformierte nicht automatisch «glaubwürdiger, wenn wir dem, was wir bisher schon immer geglaubt und getan haben, mit dem besonderen Akt des Glaubensbekenntnisses mehr Gewicht zu geben versuchen». Aber der Punkt ist, dass wir – und damit meine ich mich und sicher viele Kirchenmitglieder – ja oft nicht so genau wissen, was wir glauben, oder es uns jedenfalls zu wenig bewusst machen. Ueli Greminger meint wie ich: «In der Gestaltung der christlichen Freiheit müssen wir Reformierte allerdings klarer und verständlicher werden.» Und da verspreche ich mir viel von neu belebten Gesprächen über den Glauben; das haben wir weitgehend verdrängt. Wir können natür-

19 Dorothee Sölle: Credo, in: Ich will nicht auf tausend Messern gehen, München 1986, S. 24.

lich beim Austauschen bleiben. Aber die Glaubensgespräche können durchaus auch zum gemeinsamen Ja zu einem Bekenntnistext führen, vielleicht nur während einer begrenzten Zeit, vielleicht aber überzeugt ein Text und vor allem das gemeinsame Hören, Sprechen oder Singen des Bekenntnisses auch dauerhafter. Das ist die Freiheit, die ich meine: Als christliche Gemeinschaft, d.h. als eine Kirchgemeinde, als eine Gruppe von Gemeinden, als Landeskirche, als die Reformierten der Schweiz sagen wir Ja zu einem neuen Referenztext und brauchen ihn in unseren Gottesdiensten. Bei vorsichtigem Umgang damit wird dadurch keine Gottesdienstbesucherin ausgegrenzt. Es kann und muss jedes Mal klar werden, dass dieses Credo zeitbedingtes, vorläufiges Menschenwerk ist. Ich verstehe zwar die reformierte Kirche und den reformierten Gottesdienst nicht einfach «als eine Gruppenveranstaltung, wo man sich als Einzelner oder als Gemeinschaft irgendwie einheitlich ‹outet›», wie Ueli Greminger es aus meinem Text liest. Aber ich weiss, dass es im menschlichen Zusammenleben, und gerade auch in der Kirche, Formen, Konventionen braucht, sprachliche und solche in Form von Zeichen. Solche Formen stärken die kirchliche Gemeinschaft, sie können dem einzelnen Gottesdienstbesucher Halt und Nothilfe sein, so etwas wie ein Sicherheitsgurt. Sonst erleiden wir in und mit unserer Kirche das Schicksal des alten Mannes in einer der Kindergeschichten von Peter Bichsel, der vereinsamt, verbittert mit letzter Verzweiflung Veränderung und damit Leben dadurch zu finden hofft, dass er allem neue Namen gibt:

> Dem Bett sagte er Bild
> Dem Tisch sagte er Teppich.
> Dem Stuhl sagte er Wecker.[20]

Und was passiert? Der alte Mann lebt auf im Erfinden von immer neuen Veränderungen und freut sich, wenn er die anderen Leute in der alten Sprache reden hört. Aber bald einmal kann er die Leute nicht mehr verstehen, und die Leute können ihn nicht mehr verstehen, und der alte Mann vereinsamt endgültig. Übertragen auf das Bekenntnis im Gottesdienst heisst das, dass es in der Gemeinschaft auch gemeinsame Sprache und Formen braucht. Die Parabel verweist auf die zentrale Bedeutung des Gesprächs, der Kommunikation. In diesem Wort steckt das lateinische *communis*, gemeinschaftlich. Wenn wir gemeinschaftlich in der Kirche Ja sagen zu einem Credo, dann ist das nicht ausgrenzend, sondern der Versuch, eine gemeinsame, vorläufige Sprachform zu finden für das, was wir glauben. Ausgrenzend ist erst die dogmatische Fixierung eines Credos, die keine Fragen mehr zulässt.

20 Peter Bichsel: Ein Tisch ist ein Tisch, in: Kindergeschichten, Neuwied/Berlin 1969, S. 21 f.

Wie erreichen wir die Menschen heute?

Der Gottesdienst sei vergleichbar dem alten mechanischen Uhrwerk, sagt Ueli Greminger; man könne es noch laufen lassen, aber gebraucht werde ein modernes, durch fremde Impulse gesteuertes. Das ist leider so, und wir erleben mehr und mehr, dass sogar in den Grenzsituationen Taufe und Begräbnis die Verbindung zu den Menschen von heute oft nicht mehr hergestellt werden kann.

Ich unterstütze die Erneuerungsvorschläge meines Gesprächspartners: «Horizonterweiternde Gebete», «gemütvolle Lieder», gemeinsames Unservater usw. Aber dass die Gemeinde beim «beherzten, gemeinsamen Gesang» einfach so ihren Glauben bekennt, das scheint mir zu kurz gegriffen, gerade weil die heutigen Menschen als Kirchenglieder nicht mehr Schafe, sondern in Ueli Gremingers Worten «schwierige Kunden» sind. Das ist ein Bild, das mir nicht gefällt: Ich bin keine Kundin der Kirche, sondern ich will als Gegenüber, als Partnerin ernst genommen werden. Liedertexte will ich nicht herzhaft mitsingen, wenn da z. B. Kriegsbilder für christliches Leben gebraucht werden. Solche Texte müssen im Gottesdienst erklärt werden. Dasselbe gilt für Glaubenstexte: Überliefertes, das ich nicht füllen kann, betrifft mich nicht.

Ueli Greminger verbindet mit einem Glaubensbekenntnis «eine Auflistung von Glaubenssätzen», die den rechten Glauben ein- und den falschen ausgrenzen. Das, was ich mit Glaubensbekenntnissen verbinde, ist nicht Doktrin und Rechtgläubigkeit, ist nichts Fertiges, sondern etwas Werdendes. Ein neues Glaubensbekenntnis ist eine Station auf dem Weg. Als Bild bleibe ich beim «Sprachhaus des gemeinsamen Glaubens». Ein reformiertes Sprachhaus ist weit, hat viel Raum und viele Räume; es hat Aussenräume, in denen Reformierte und Christen anderer Konfession, Andersgläubige und Nicht-Gläubige sich begegnen; es hat aber auch Abgrenzungen, jenseits derer die Verbindung nicht mehr möglich ist. Das umzusetzen im offenen, freien Gespräch über «den Kern des christlichen Glaubens», wie Ueli Greminger schreibt, das ist unsere Aufgabe.

Das von Ueli Greminger zitierte Gedicht von Rainer Brambach und dasjenige von Dorothee Sölle, dessen Anfang ich meinem Text vorangestellt habe, das sind Dichtungen, «die im Denken und in der Seele Raum bilden für das Göttliche». Für den Gottesdienst braucht es zudem Bekenntnisse, die gemeinschaftliche Sprachform und individuellen Freiraum verbinden: mit dem «Credo von Kappel»[21] sind wir auf dem Weg dahin.

21 Reformierte Bekenntnisse, S. 165.

Antwort auf die Replik von Susanne Graf-Brawand

Ueli Greminger

«Auf die Güte Gottes vertrauen heisst,
die Wahrheit zulassen und sie sagen, wie man sie denkt.»
Sebastian Castellio

Zum «Credo von Kappel»

Nein, das «Credo von Kappel» möchte ich im Gottesdienst nicht sprechen oder mitsprechen. Ich schätze Kurt Marti als religiösen Dichter. Ich lese hin und wieder eines seiner Gedichte im Gottesdienst. Aber zeigen wir Reformierte der Schweiz Gesicht, wenn wir diesen leicht geschönten Text Kurt Martis als einheitliches Glaubensbekenntnis miteinander sprechen? Sind darin Glaubensaussagen enthalten, die tragfähig in der Sprache und hilfreich für das Verstehen sind? Da bin ich skeptisch. Ich bezweifle, dass sich das «Credo von Kappel» für die Wiederholung eignet, in die man als Einzelperson gern einstimmt. Ich glaube nicht daran, dass wir mit diesem oder einem ähnlichen Referenztext die guten Kräfte in der Reformierten Kirche wecken, an Profil gewinnen und verständlicher werden. Ich bin gegen ein einheitliches Glaubensbekenntnis im Gottesdienst. Ich habe aber nichts gegen das Glaubensbekenntnis an sich. Es ist gut, im Gottesdienst hin und wieder ein altehrwürdiges Bekenntnis zu lesen oder ein aktualisiertes Glaubensbekenntnis zu wagen.

Fragment eines Glaubensbekenntnisses

Wenn ich dieses Glaubensbekenntnis im Gottesdienst lese, dann mit dem Hinweis, dass es nicht den ganzen Glauben enthält und dass es nicht ein Glaubensbekenntnis für alle ist. Es ist ein Fragment. Vor ein paar Jahren habe ich es aufgeschrieben.

Gott:
In den Widersprüchen des Lebens,
in den Gegensätzen der Welt
glauben wir als Christen an eine positive Kraft,
die uns Orientierung gibt und nennen sie Gott.
Jesus:
Wir glauben wie Jesus, dass Gott zu uns
wie ein guter Vater, wie eine gute Mutter ist,
der uns als Lebensgrundlage beides gibt
Geborgenheit und Freiheit.
Heiliger Geist:
der Sinn unseres Lebens liegt
in der Nachfolge Jesu Christi.

Ja, leben wir wie er aus dem Gottvertrauen!
Wirken wir wie er im Geist der Bergpredigt!
Kirche:
Wir glauben, dass uns die Bindung an Gott
aus der Enge der schicksalhaften Mächte führt.
Die Kirche ist der Raum, wo wir diese Bindung einüben
zur Stärkung des eigenen Denkens und Glaubens,
zur Förderung von gegenseitigem Respekt
und des Beachtens der Menschenrechte.

Es ist wie beim Gemeindegesang. Auch wenn wir mit dem neuen Gesangbuch einen bunten Strauss von schönen Liedern haben, erwarte ich nicht, dass alle herzhaft mitsingen. Im Gegenteil: So lieb mir das gemeinsame Singen auch ist, geht es im reformierten Gottesdienst – Susanne Graf-Brawand weist zu Recht darauf hin – doch immer auch um das rechte Gestalten der christlichen Freiheit. Jeder möge auf seine Art mitmachen. Es gibt gute Gründe, bei einem Lied nicht mitzusingen. Es gibt auch Situationen im Leben, da einem das Singen vergangen ist.

Ein Tisch ist ein Tisch

Susanne Graf-Brawand erwähnt die Kindergeschichte von Peter Bichsel «Ein Tisch ist ein Tisch». Sie bezieht die Parabel mit der darin beschriebenen Sprachverwirrung auf unsere Kirche. Wenn ich sie recht verstehe, meint sie mit dem Vergleich, dass sich die Kirche in die Lage des alten Mannes hineinmanövrieren wird, wenn ihr die sprachlichen und die Konventionen des gemeinschaftlichen Lebens in Form von Zeichen abhanden kommen. Wenn es so weit ist, wird sie die Menschen nicht mehr verstehen, und die Menschen können sie nicht mehr verstehen. Wie der alte Mann in der Geschichte würde die Kirche dann endgültig vereinsamen.

In der Geschichte von Peter Bichsel ist dem alten Mann allerdings nicht zu helfen. Er hat sich in seine Welt verstiegen. Am Ende schweigt er, spricht nur noch mit sich selbst, grüsst nicht einmal mehr.

Susanne Graf-Brawand nimmt mit dieser Parabel einen radikalen Vergleich zu Hilfe, um den Traditionsabbruch in der reformierten Kirche zu beschreiben. Im Unterschied zu mir sieht sie den Traditionsabbruch erst in der Zukunft. Das bedeutet, dass er noch zu verhindern ist. Dem Gottesdienst wäre noch zu helfen. Mit einer gemeinsamen Anstrengung, indem man die Kommunikation verstärkt und ein gemeinsamen Glaubensbekenntnisses einführt. «Wenn wir gemeinschaftlich in der Kirche Ja sagen zu einem Credo, dann ist das nicht ausgrenzend, sondern der Versuch, eine gemeinsame, vorläufige Sprachform zu finden für das, was wir glauben.»

Nach meiner Wahrnehmung ist der Traditionsabbruch schon längst im Gang. Mit der restaurativen Abgrenzung gegen den pluralistischen Zeitgeist ist dem Gottesdienst aber nicht zu helfen. Es genügt nicht, die alte Mechanik zu revidieren. Es braucht neue Impulse.

Neue Impulse

Einen neuen Impuls sehe ich in der Stille. Wer von der Stille ergriffen wird, der gewinnt eine neue Art von Aufmerksamkeit für die Präsenz des Heiligen Geistes. Über die Bedeutung und die Gestaltung der Stille im Gottesdienst sollten wir gemeinsam nachdenken. Interessant finde ich, dass Kinder positiv auf die Stille im Gottesdienst reagieren, sich schnell damit zurechtfinden und sie geniessen.

Ein neuer Impuls geht von der Konzentration auf die bildliche Sprache aus, wie ich sie beispielhaft in den Gleichnissen finde, darin uns Jesus sein religiöses Profil hinterlassen hat.

Ein neuer Impuls wird spürbar, wenn ich mich auf Menschen einlasse, die dem Gottesdienst kritisch gegenüberstehen. Wenn es gelingt, die Angst vor der postmodernen Beliebigkeit abzubauen, der Stimme des Einzelnen Wahrhaftigkeit zuzutrauen und in diesem Prozess die Theologie und die Gottesdienstgestaltung wieder und immer wieder und noch einmal von Grund auf neu zu überdenken.

Einen neuen Impuls erlebe ich im Zusammenhang mit dem Reformierten Gesangbuch, das einem mit seiner Vielfalt an Liedern und Texten einen reichen Schatz an Frömmigkeit zur Verfügung stellt.

Neue Impulse erwarte ich von uns Theologen, von Interessierten und von den Expertinnen in Kirche und Wissenschaft. Wem, wenn nicht uns, sollte es gelingen, gemeinsam und in aller christlicher Freiheit Schritte zu wagen in Richtung eines Gottesdienstes, der zeitgemäss, klar und verständlich – eben reformiert ist.

Einen neuen Impuls erhoffe ich mir von meiner Kirche, die neben den grossen auch die besonderen Reformatoren gelten lässt. Zum Beispiel Sebastian Castellio, der bis heute im Schatten von Johannes Calvin steht, weil er es wagte, seine Stimme gegen den grossen Meister zu erheben. «Auf die Güte Gottes vertrauen heisst, die Wahrheit zulassen und sie sagen, wie man sie denkt.»

Kirchenjahr oder Kasus?

Gottesdienst im Jahreszyklus – eine liturgiewissenschaftliche Einladung ins Kirchenjahr

Kristian Fechtner

Die Rückkehr des Themas

Wie «zeitgemäss» sind Gottesdienst und Predigt? Jeder Gottesdienst hat seine kalendarisch ausgewiesene Zeit und bestimmt sie zugleich im Horizont des christlichen Glaubens. Dass Zeiten gottesdienstlich als gemeinschaftlich wie biografisch, kirchlich und lebensweltlich je besondere Zeiten wahrgenommen werden, ist keineswegs selbstverständlich. Homiletisch klingt noch immer Eduard Thurneysens altes Diktum nach, dass «jeden Sonntag alles und darum jeden Sonntag das Gleiche gesagt werden [muss]»[1]. Und unter den «Kriterien der Predigt», die Karl Barth in seiner Homiletik geltend macht, fehlt bezeichnenderweise eine Massgabe, welche die Predigt auf das bezieht, was an der Zeit ist.[2] Auch in der reformiert geprägten Liturgik spielt die gottesdienstliche Zeit als ein bestimmendes Moment des liturgischen Geschehens kaum eine Rolle,[3] was wesentlich damit zusammenhängt, dass in der reformierten Tradition die Orientierung am Kirchenjahr – nachdem es seinerzeit von Zwingli und Calvin aufgegeben worden ist – eher unvertraut ist. Allerdings werden bereits im 16. und 17. Jahrhundert eigene Festtagsgebete in die kirchlichen Gottesdienstbücher aufgenommen und das gegenwärtige Liturgiebuch der evangelisch-reformierten Kirchen in der deutschsprachigen Schweiz enthält einen eigenen zweiten Band zum Festtagsgottesdienst.[4] Im Sinne eines christlichen Festjahres ist das Kirchenjahr durchaus im Blick, in den reformierten Gemeinden in Deutschland etwa hat sich eine Orientierung an des-

1 Eduard Thurneysen: Predigt als Zeugnis von Gott (1921), in: Friedrich Wintzer (Hg.): Predigt. Texte zum Verständnis und zur Praxis der Predigt in der Neuzeit, München 1989, S. 117–121, Zitat S. 119.

2 Karl Barth: Homiletik. Wesen und Vorbereitung der Predigt (1932/33), Zürich ^{3}1986, S. 32–72.

3 So fällt auf, dass Ralph Kunz in seiner weitgespannten und perspektivenreichen Rekonstruktion des evangelisch-reformierten Gottesdienstes die liturgische Zeit und das Kirchenjahr weder in den «Zeichensprachen des Gottesdienstes» noch im Gottesdienst als «Spielraum» und als «Wahrnehmungsfeld» kategorial ausdrücklich thematisiert. Ralph Kunz: Gottesdienst evangelisch reformiert. Liturgik und Liturgie in der Kirche Zwinglis, Zürich 2001.

4 Liturgie, hg. im Auftrag der Liturgiekonferenz der evangelisch-reformierten Kirchen in der deutschsprachigen Schweiz, Bd. II: Festtagsgottesdienst, Bern 1974.

sen «Abfolge [...] weitgehend durchgesetzt».[5] Dass die Bedeutung des Kirchenjahres für das Verständnis, die Gestaltung und das Erleben des Gottesdienstes in jüngster Zeit stärker wahrgenommen wird, hat mehrere Gründe: Zum einen zeigen die empirischen Untersuchungen, dass sich auch in der Schweiz ein «Festzeitchristentum» etabliert hat und der Anteil derjenigen Kirchenmitglieder, die «nur» an den hervorgehobenen Feiertagen in den Gottesdienst gehen, in den letzten Jahren signifikant gewachsen ist.[6] Zum anderen ist das Thema Kirchenjahr in die praktisch-theologische Diskussion zurückgekehrt und – im weiteren Horizont gegenwärtigen Zeitempfindens und aktueller Zeitkonflikte – in den Fokus öffentlicher Aufmerksamkeit gerückt. Was es mit dem Kirchenjahr auf sich hat und inwiefern es liturgisch als «Produktivkraft» unser gottesdienstlichen Kultur fungiert, soll im Folgenden knapp skizziert und mit einer Einladung ins Kirchenjahr verbunden werden.[7]

Kirchenjahr: historisch – agendarisch – lebenspraktisch

Das Kirchenjahr ist ein historisch gewachsener Jahreskalender des Christentums, in dem die Gottesdienste der Festzeiten, der Feiertage und der fortlaufenden Sonntage als eine fortlaufende Folge zusammengefügt und gereiht werden. Konfessionell wie kulturell variierend hat es einen prägnanten Grundrhythmus ausgebildet, der den Jahreskreis insbesondere entlang der grossen Festzeiten und ihrer inneren Dramaturgie von Vorbereitung und Festereignis prägt. In den lutherischen und unierten Kirchen der Reformation hat das Kirchenjahr in den Agenden und Gottesdienstbüchern eine gottesdienstliche Textur, die sich in der Lese- und Perikopenordnung genauso niederschlägt wie im Wochenlied oder den liturgischen Farben. Als agendarisches oder «offizielles» Kirchenjahr ist es in seiner Lebensgestalt aber noch nicht hinreichend bestimmt. Es gestaltet sich vielmehr in der gegenwärtigen Lebenspraxis vielfältig, selektiv und mehrdeutig. Das Kirchenjahr ist eben nicht nur das kirchliche Jahr oder gar das Jahr der Kirche. Es ist vielmehr ein Element – ein Zeitgeber, eine Prägekraft – gesellschaftlicher und kultureller, individueller und familiärer Lebenspraxis. Zu seiner Bedeutung gehört wesentlich, dass es sich als gelebtes Kirchenjahr inkulturiert, ohne dass es dabei vom agendarischen, in den Gottesdiensten gestalteten Kirchenjahr abgekoppelt ist, sondern heute ein Spannungsfeld bildet zwischen kirchlicher Theologie und gelebter Reli-

5 Peter Bukowski (Hg.) u.a.: Reformierte Liturgie. Gebete und Ordnungen für die unter dem Wort versammelte Gemeinde, im Auftrag des Moderamens des Reformierten Bundes, Wuppertal/Neukirchen-Vluyn 1999, S. 563.

6 Vgl. Alfred Dubach; Brigitte Fuchs: Ein neues Modell von Religion. Zweite Schweizer Sonderfallstudie – Herausforderung für die Kirchen, Zürich 2005, S. 121–134.

7 Vgl. dazu ausführlicher Kristian Fechtner: Im Rhythmus des Kirchenjahres. Vom Sinn der Feste und Zeiten, Gütersloh 2007.

gion. In dieser Weise ist es ein lebensweltlicher Resonanzraum für den christlichen Glauben, der im gottesdienstlichen Geschehen zur Darstellung kommt und kommuniziert wird.

Bedeutungen heute

In der Gegenwart hat das Kirchenjahr für das kirchliche und das kulturelle Leben, für gottesdienstliche Praxis wie für biografisches Erleben in mindestens vierfacher Hinsicht besondere Bedeutung:

1. Das Kirchenjahr bildet einen wahrnehmbaren *Rhythmus des Lebens* im Jahreskreis, in dem Menschen Zeitbewusstsein ausbilden. Die Gegenwart tendiert dazu, Zeit durchgängig ökonomisch und numerisch zu bemessen. In den gesellschaftlichen Auseinandersetzungen um die Ausdehnung ökonomisch nutzbarer Zeiten nivellieren sich kulturelle Zeitmuster wie Arbeit und Ruhe, Werktag und Sonntag, Alltag und Festzeit. Gelebte Zeit ist demgegenüber immer mehr als nur formal strukturierte Zeit. Im Horizont des Kirchenjahres wird der Jahreskreis zur erlebten und bewussten Zeit: Zeiten des Jahres gewinnen einen besonderen Charakter, Übergänge werden begangen, unterschiedliche Lebensenergien werden in verschiedenen Zeiten angeregt und freigesetzt. Das Kirchenjahr als Lebensrhythmus ist auch in einer nach-agrarischen Gesellschaft eng verwoben mit jahreszeitlichem Erleben, ohne darin aufzugehen. Als Rhythmus gliedert es festzeitliche Schrittfolgen des Jahres, verdichtet und dehnt Zeit, unterbricht den Zeitfluss und gestaltet den Zeitlauf. Das Kirchenjahr qualifiziert Zeit als je besondere Zeit.
2. Das Kirchenjahr zeichnet in die Lebensgeschichte als fortschreitender Zeit ein *(jahres-)zyklisches Element* ein. Es ist nicht auf eine Saison abgestellt. Das Kirchenjahr stärkt den Sinn dafür, dass Zeiten im Jahreskreis wiederkehren, und ebenso dafür, dass gelebtes Leben angewiesen ist auf die Kraft ritueller Wiederholungen. Solche Wiederholungen sind Akte der Vergegenwärtigung dessen, was das Leben ausmacht und bestimmen soll. Die Wiederkehr verschiedener Zeiten im Kirchenjahr schafft biografische und gemeinschaftliche Orte der Erinnerung. Die christlichen Feste und Feiertage sind herausgehobene Orte des religiös-kulturellen Gedächtnisses, an denen sich Schlüsselszenen[8] festmachen – biblische, persönliche, gesellschaftliche. In den wiederkehrenden Ereignissen des Kirchenjahres kommt Zeit zu Bewusstsein, gegen die Dominanz des vermeintlich immer Neuen wird Gegenwart in ihnen erinnerungsfähig.
3. Das Kirchenjahr bildet einen gemeinsamen symbolischen Horizont, der Zeit als *kollektiv gelebte Zeit* erfahrbar werden lässt. Die Gegenwart tendiert dazu, kollektive Zeit auszudünnen und als etwas anzusehen, was entweder individu-

8 Vgl. zum Begriff David Plüss: Gottesdienst als Textinszenierung. Perspektiven einer performativen Ästhetik des Gottesdienstes, Zürich 2007, S. 123–136.

ell genutzt oder fremdbestimmt wird. Zeit im Kirchenjahr kollektiv zu erleben ist aber ein Drittes. Es bedeutet, dass Menschen in eine Zeitordnung eintreten, die sie nicht selbst hervorbringen und die nicht aus ihrer innerlichen Befindlichkeit heraus erwächst. Das Kirchenjahr umspannt individuelle Zeitmuster. Durchaus im Gegensatz zu einer protestantischen Tradition, die Religion vornehmlich im Inneren eines Menschen verortet hat, steht das Kirchenjahr für die Einsicht, dass Religion auf äussere Formen angewiesen ist, und dass gelebte Religion Gestalt braucht. Diese Einsicht tritt derzeit wieder stärker ins Bewusstsein. So wie der Sinn für (Kirchen-)Räume und Rituale erkennbar gewachsen ist, so auch für äussere Zeiten, die sich aus dem Zyklus des Kirchenjahres heraus bestimmen. Das Kirchenjahr ist mehr und anderes als lediglich ein äusserlicher Rahmen. Die kollektiven Kirchenjahreszeiten prägen vielmehr persönliches Zeiterleben, sie sind äussere «Verbündete für die Seele» (Fulbert Steffensky).

4. Die Symbolik des Kirchenjahres birgt in sich *Lebensthemen im Horizont des christlichen Glaubens* und gibt ihnen einen Zeitraum: Abschied begehen, mit Schuld konfrontiert sein, in Erwartung stehen, mit Treue und Verrat leben und vieles mehr. Dass im Kirchenjahr Feste neu virulent werden oder verblassen, zeugt davon, dass sich Lebensthemen auch entwickeln und umprägen. Das kirchliche Jahr hat durchaus lebensthematische Leerstellen, es ist in dieser Hinsicht kein zeitloses Kompendium. In seiner Grundanlage jedoch ist das Kirchenjahr eine Textur des Jahreskreises, in der zentrale Glaubensinhalte zugänglich werden. Im Kirchenjahr werden Lebensthemen und Glaubensgehalte füreinander transparent. Dabei bilden sich im Kirchenjahr die Themen eines Lebens nicht einfach ab, sondern sie werden im Medium der Glaubensüberlieferungen fokussiert. Die symbolischen Ordnungen des Kirchenjahres bewirken – *ubi et quando visum est Deo* – heilsame lebensgeschichtliche «Umordnungen», weil sie gelebtes Leben in einen weiteren Sinnhorizont stellen. In dieser Weise wird das Kirchenjahr zu einer Lebensgestalt(ung) des Evangeliums.

«Fremde Heimat Kirchenjahr» – als Zeitrhythmus ist das kirchliche Jahr in seiner Grundgestalt als christliches Fest- und Feiertagsjahr (nicht nur reformierten) Zeitgenossen gleichermassen fremd wie vertraut. Es macht heute für gelegentliche Gottesdienstbesucherinnen «Kirche von Zeit zu Zeit» zugänglich. Im Unterwegs des Jahreslaufs markiert es Wegstationen und Durchgangsorte, an denen Menschen heute gottesdienstlich als Gast verweilen (können), um wieder aufzubrechen in den Alltag.

Ein Kirchenjahr als Kasus-Reihe?

Andreas Marti

(Un-)zeitgemässer Gottesdienst

Es könnte ein radikaler Gegensatz sein: Dort, in der lutherischen, katholischen, orthodoxen und anglikanischen Tradition der durchstrukturierte liturgische Kalender, der jeden Gottesdienst bestimmt und auch ein Stück weit trägt – hier, bei den Reformierten (und auch bei den meisten Freikirchen) die Souveränität der biblischen Verkündigung über alle kalendarischen Ordnungen, bis hin zur geradezu trotzigen Missachtung des «Kirchenjahres» etwa in der Abschaffung des Weihnachtsfestes im reformatorischen Genf oder bis zu der von Kristian Fechtner monierten geringen Rolle der Zeitdimension in der reformierten Liturgik auch der neueren Zeit.

Nun liesse sich durchaus ein Plädoyer für eine zumindest relative «Unzeitgemässheit» des Gottesdienstes halten, ausgehend von der eben angeführten Souveränität des gepredigten *verbum divinum*: Seine Chance liegt im Unerwarteten, das in einer fortlaufenden Bibelauslegung begegnen mag, sie liegt in der Intuition des Pfarrers, was aktuell zu hören und zu sagen ist. Nicht der Kalender bestimmt den Gottesdienst, sondern aus dem Gottesdienst erwächst die Ansage, was an der Zeit ist, «was es geschlagen hat». Er beansprucht die Kompetenz des *agenda setting*.

Damit ist aber im Grunde der Übergang zu einer anderen Argumentationsebene schon vollzogen, denn nun ist ja doch wieder von der Zeit die Rede. Auf den radikalen Gegensatz zwischen Zeitgebundenheit und Überzeitlichkeit des Gottesdienstes wollen wir also verzichten, wollen uns vielmehr einlassen auf die «Zeitgemässheit», mit der Kristian Fechtner seine Darstellung eröffnet. Zeitgemässheit hat zunächst mit der Dimension der Zeit zu tun, mit der Einordnung des Gottesdienstes in die ihn umgebende Zeitstruktur, sein Verhältnis zum Kalender, zur Zeitordnung. Aber es geht bei der Zeitgemässheit letztlich um eine substanzielle Sache, die Corinna Dahlgrün so formuliert hat: «Gottesdienste sind zeitgemäss, wenn ihre Gestalt ihren entscheidenden Inhalt wiedergibt und zugleich den Menschen entspricht, die sie feiern, wenn sie von einer ganzen Gemeinde mitgefeiert werden und Ausdruck ihres Glaubens sind».[9] Sie sind zeitgemäss, wenn das Wort – der Überlieferungsgestalt nach aus der Geschichte kommend – zeitgenössisch wird und in die Gegenwart spricht.

Dahin zielt auch Kristian Fechtners Darstellung, wenn er die Verwobenheit des kirchlichen Kalenders mit dem lebensweltlichen Zeitrhythmus betont. Im Widerstand gegen die ökonomische Nivellierung der Zeit liegt zudem ein kritisches

9 Corinna Dahlgrün: Zeitgenössische Kirchenmusik in zeitgemässen Gottesdiensten, in: Musik und Gottesdienst, 64. Jg. (2010), S. 64–78, Zitat S. 67.

Moment, das Zeitgemässheit nicht nur als Anpassung und Integration, sondern auch als Widerspenstigkeit gegen den Zeitgeist und gerade darin als das zur Zeit Angesagte erkennen lässt.

Auf die Beachtung zeitlicher Strukturen wird also auch die reformierte Liturgik nicht verzichten können, wird sich der Rückkehr des Themas in die Diskussion nicht verschliessen dürfen. Aus dem eingangs genannten radikalen Gegensatz wird also nichts. Die Zeitlichkeit wird aber unter dem Blickwinkel einer reformierten Tradition zu bedenken sein, welche Jahrhunderte lang ohne eigentliches «Kirchenjahr» gelebt hat und diesen Mangel doch wohl ganz akzeptabel überlebt hat.

Dimensionen der Zeitlichkeit

Die Frage ist dann, welche Ebenen und Dimensionen der Zeit in Betracht zu ziehen sind. Kristian Fechtner nennt das Kirchenjahr «historisch – agendarisch – lebenspraktisch», wobei die Lebenspraxis «gesellschaftlich und kulturell, individuell und familiär» zu verstehen sei. Hier ist anzusetzen, jedoch – trotz aller Verwobenheit beider Seiten – mit einer grösseren Selbständigkeit der lebensweltlichen Rhythmen. Der Jahreslauf wird erlebt als Rhythmus der Jahreszeiten, ebenso als Rhythmus von Arbeit und Urlaub, Schul- und Ferienzeit, gegliedert durch herausgehobene Einzeldaten, welche gesellschaftlich oder familiär, grossräumig oder lokal, politisch oder kulturell bestimmt sein mögen. Kirchliche Daten erhalten Prägekraft, insofern sie sich in diesen Jahreslauf einfügen und ausserkirchliche Funktionen in sich aufzunehmen vermögen, wie dies in erster Linie beim Weihnachtsfest zu beobachten ist (auch mit charakteristischen Akzent- und Sinnverschiebungen in der das Fest umgebenden Vorbereitungs- und Nachfeierzeit).

Das von Kristian Fechtner zitierte Wachstum des «Festzeitchristentums» auch in der Schweiz passt zu dieser Tendenz sehr gut. Christnacht- und Osternachtfeiern waren vor wenigen Jahrzehnten noch fast unbekannt und sind heute fast flächendeckend eingeführt; stark zugenommen haben auch Wochengottesdienste und Andachten in Advents- und Passionszeit. Das heisst aber noch nicht generell, dass «die Bedeutung des Kirchenjahres […] stärker wahrgenommen wird.» Weihnachten macht noch kein Kirchenjahr, und ausserhalb der geprägten Zeiten – vor allem Advent und Weihnachten, etwas weniger auch Passionszeit und Ostern, noch weniger Pfingsten – spielt ein Kirchenjahresbewusstsein im Sinne einer kontinuierlichen liturgischen Zeitordnung in der reformierten Deutschschweiz so gut wie keine Rolle, mögen sich manche Pfarrerinnen aus eher pragmatischen Gründen auch an die eine oder andere Lese- bzw. Predigttextordnung halten, deren Hintergründe und Reichweite sie in vielen Fällen gar nicht kennen. Relativ wenig Erfolg zeitigten auch neue «Ideenfeste» wie Krankensonntag, Bibelsonntag oder Flüchtlingssonntag, während etwa Gottesdienste zum Schulbeginn oder Erntedankgottesdienste eine grössere Rolle spielen.

Was der Jahresrhythmus leistet

Dass ein wie auch immer strukturiertes liturgisches Jahr heute von Bedeutung ist, kann nicht bestritten werden. Die vier von Kristian Fechtner genannten Bedeutungsdimensionen sind aus der Sicht eines nicht oder nur punktuell vom traditionellen Kirchenjahr ausgehenden Rhythmus nachzuzeichnen:

1. Ein Rhythmus des Lebens, der sich der Nivellierung der Zeit widersetzt und ein Zeitbewusstsein überhaupt erst ermöglicht, ist lebenswichtig. Dass das Kirchenjahr dies zu leisten vermag und die «Zeit als je besondere Zeit» qualifiziert, ist aber möglicherweise eine zu sehr auf die Kirche fokussierte Sicht, die kaum mit dem allgemeinen Bewusstsein in Einklang stehen dürfte (wieder abgesehen in erster Linie von der Weihnachtszeit). Andere Faktoren, wie sie oben aufgezählt wurden, treten zusätzlich zum Kirchenjahr hinzu, teilweise mit ihm verknüpft wie an Weihnachten oder Ostern, teilweise in Konkurrenz wie an Himmelfahrt, teilweise verselbständigt oder säkularisiert wie vielerorts bei der Fastnacht bzw. dem Karneval. Auch diese nicht oder nicht mehr kirchlichen Daten stellen der Liturgie Aufgaben, insofern sie deren Lebensbezug im Licht des Glaubens zu interpretieren hat. Sie stellen gewissermassen «Kasus» dar, die im Jahrestakt wiederkehren.
2. Es ist hilfreich, dass das jahreszyklische Element, «gegen die Dominanz des vermeintlich immer Neuen» eingesetzt wird; doch auch da ist das historisch gewachsene liturgische Kirchenjahr bei weitem nicht die einzige Quelle. Auch gesellschaftliche und kulturelle Daten können sich im Jahrestakt wiederholen und schaffen Gelegenheit zu ritueller Wiederholung, können neue Traditionen bilden, welche lokale, regionale oder weiter reichende Identitäten stützen.
3. Der Hinweis auf die kollektiv gelebte Zeit kann auf eine gewisse Schwäche des oben Genannten verweisen, wenn das lokale Element zu stark und das übergemeindliche oder gar gesamtkirchliche zu schwach ist. Hier liegt umgekehrt die Stärke eines allgemeinen, mehr oder weniger verbindlichen Kirchenjahrs innerhalb eines Kirchentums oder im ökumenischen Raum. Allerdings dürfte dies kaum noch ins Bewusstsein zu bringen sein, mindestens im deutschschweizerisch-reformierten Bereich, in dem die Zugehörigkeit zu dieser Tradition fast von Null aus neu aufgebaut werden müsste. Aber auch allgemeiner gesehen, ist die Erwartung, das durchstrukturierte Kirchenjahr könnte durch kollektiv gelebte Zeit auch eine gemeindebildende Kraft im Rahmen eines grösseren Zusammenhangs entfalten, nicht ohne Probleme. Sie würde eine Kontinuität der Gottesdienstteilnahme voraussetzen, die sehr oft nicht mehr gegeben ist. Für Menschen, die nur gelegentlich am Gottesdienst teilnehmen, wird der Gottesdienst automatisch zum «Kasus», zum Einzelfall, der nicht in Kontinuität mit anderen Gottesdiensten wahrgenommen werden kann.
4. Zeitraum für Lebensthemen im Horizont des christlichen Glaubens: Das ist die Leistung des Kirchenjahrs. Es geht aber auch umgekehrt: Lebensthemen tauchen als «Kasus» auf, sie artikulieren sich in herausragenden Daten und Zeit-

räumen des Jahreslaufes oder der Biografie. Sie fordern die Liturgie heraus, Interpretation zu leisten. Die Dynamik, dass Feste im Kirchenjahr an Bedeutung gewinnen oder verlieren, dass sie ihre Bedeutung verändern können, zeigt die Unabgeschlossenheit des Kalenders und damit die Relevanz jener Faktoren, die nicht aus dem historisch gewachsenen liturgischen Kalender stammen.

Kirchenjahr oder Kasus – Kasus im Kirchenjahr?

Über die Leistungsfähigkeit zeitlicher Ordnungen und liturgischer Rhythmen besteht also wohl weitgehende Einigkeit. Die unterschiedlichen Traditionsvoraussetzungen führen aber zu einer höheren Gewichtung der ausserliturgischen Faktoren gegenüber dem «Kirchenjahr» im spezifischen Sinne.

Die Ausgangsfrage lautete «Kirchenjahr oder Kasus?» Eine völlige Kasualisierung des Gottesdienstes, wie sie vor einiger Zeit diskutiert wurde, ist keine Option. Es reicht schon, dass religionssoziologisch «jeder ein Sonderfall ist», wie eine Schweizer Studie provokativ im Titel formuliert hat.[10] Wenn nun auch noch jeder Gottesdienst ein Kasus, ein Sonderfall ist, droht die «Eventisierung», der Verlust der Kontinuität, der Verlust des Verlässlichkeit signalisierenden Normalfalls.

Nicht zu vernachlässigen ist allerdings die Tatsache, dass viele Menschen den Gottesdienst mehrheitlich oder gar überwiegend über die Kasualien wahrnehmen. Das «Festzeitchristentum» fügt sich verstärkend in diese Tendenz ein: Es braucht einen besonderen Anlass, damit man am Gottesdienst teilnimmt, sei dies nur eine familiäre Situation oder eben Weihnachten, und dieser Anlass prägt natürlich auch die Feier. Im Erleben wird jeder Gottesdienst im Grunde zum Einzelfall.

Diese Gegebenheiten stellen Anforderungen an die Gestaltung der einzelnen Gottesdienste und des gottesdienstlichen Kalenders. So müsste jeder Gottesdienst als Glied in einer Gottesdienstkette erkennbar sein. Dies könnte prinzipiell das traditionelle Kirchenjahr leisten, könnte den ununterbrochenen Kreis bieten, in den sich der einzelne Gottesdienst einordnet. Aber: Wird dies wahrgenommen? Ist ein Bewusstsein für die Kontinuität mit anderen Gottesdiensten auf diesem Weg zu erreichen? Selbst im Raum von Kirchen, die in der Kirchenjahrestradition stehen, erscheint dies heute alles andere als selbstverständlich. Erst recht zweifelhaft wird diese Erwartung, wenn die historische Tradition erst noch wiederbelebt werden müsste.

Die Aufgabe für die Gestaltung des gottesdienstlichen Kalenders muss darin bestehen, einen Jahresrhythmus zu finden, der in sich konsistent und zumindest über einige Zeit hinweg konstant ist. Ein solches Kirchenjahr besteht dann aus einer Reihe von wiederkehrenden Kasus und übernimmt vom traditionellen Kirchenjahr lediglich die Spitzendaten und Schwerpunkte. Ein solcher Jahresrhyth-

10 Alfred Dubach; Roland Campiche: Jede(r) ein Sonderfall? Religion in der Schweiz. Ergebnisse einer Repräsentativbefragung, Zürich/Basel 1993.

mus wird bis zu einem gewissen Grad gemeindespezifisch sein, darin aber auch identitätsbildend wirken und ein Ort des Gemeindeaufbaus sein können, weil er Teilnahme- und Mitgestaltungsrhythmen von Einzelnen und Gruppen definiert.

Kristian Fechtners «Einladung ins Kirchenjahr» könnte ich zwar aus meiner Tradition heraus so nicht annehmen, aber seine Aufforderung, Zeitrhythmen zu gestalten, ist angekommen!

Replik auf das Plädoyer von Andreas Marti

Kristian Fechtner

«Das Zeitgenössische fordert sein Recht; aus dem Kirchenjahr wird das Kasus-Jahr.»[11] Vor drei Jahrzehnten konstatierte Frieder Schulz, dass die gottesdienstliche Kultur im Jahresrund sich immer weniger in den geprägten Bahnen des Kirchenjahres bewegt und mehr und mehr auf besondere Anlässe und die mit ihnen gegebenen Themen ausgerichtet wird. Dies gilt im Blick auf die liturgische Gestaltung ebenso wie für die gottesdienstliche Teilhabe. Was Andreas Marti in seiner Erwiderung heute noch einmal programmatisch einfordert, hat Frieder Schulz als lutherischer Liturgiker vor dreissig Jahren sehr kritisch kommentiert: Die «Kasualisierung» des gottesdienstlichen Lebens – so die wenig elegante Bezeichnung für die Veränderungen, die seit geraumer Zeit im Gange sind – schwächten den Sinn für die Eigenart der «liturgischen Zeit», die in den kontinuierlichen Ordnungen des Kirchenjahres eine geistliche Zeiterfahrung ermöglicht. Wo diese sich auflöst, da «[weicht] die regelmässige Begehung dem spontanen Impuls des Augenblicks; erinnerte Überlieferung verblasst vor dem gestaltenden Griff in die Zukunft».[12] Nun neige ich als evangelischer Theologe, der einer unierten Landeskirche in Deutschland angehört, zum Ausgleich, Kirchenjahr *oder* Kasus scheint mir kaum eine sachgemässe Alternative. Dies ginge meines Erachtens bereits an der Praxis vorbei: Gelebtes Christentum in der Spätmoderne basiert nicht nur in Deutschland und der Schweiz weithin auf einer KuK-Kirchlichkeit, in der sich Teilhabe auf die grossen *K*irchenjahresfeste und die lebenszyklischen *K*asualien konzentriert.

Vor diesem Hintergrund möchte ich allerdings meine Einladung ins Kirchenjahr noch einmal in Reaktion auf Andreas Martis Erwiderung erneuern und akzentuieren:

Das Kirchenjahr und seine Ordnungen bilden ein Widerlager gegen kurzlebige Aktualismen und ebenso gegen manchen subjektivistischen Zugriff auf das, was vermeintlich an der Zeit ist. Andreas Marti schlägt konzeptionell vor, das Kirchenjahr zu einer «Reihe von wiederkehrenden Kasus» umzuformen. Nun lebt das Kirchenjahr davon, dass es einen *Rhythmus* im Jahreskreis ausbildet, der mehr und anderes ist als eine blosse Reihung von Einzelereignissen. Nachhaltig scheinen mir Lebensrhythmen und deren gottesdienstliche und lebensweltliche Gestaltung wesentlicher als thematische Einzelelemente. Hinzu kommt, dass Kasualisierung in sich auf Vervielfältigung angelegt ist; sie erfolgt in einer sich pluralisierenden Kultur nach dem Muster «und ausserdem müsste auf jeden Fall noch ...».

11 Frieder Schulz: Die Ordnung der liturgischen Zeit in den Kirchen der Reformation (1982), in: ders.: Synaxis. Beiträge zur Liturgik, Göttingen 1997, S. 359–383, Zitat S. 383.

12 Ebd.

Liturgisch und praktisch-theologisch gilt es, die Differenz zwischen «agendarischem» (offiziellem) und «gelebtem Kirchenjahr» auszuloten und beides konstruktiv aufeinander zu beziehen. Ausgangspunkt ist deshalb nicht die restaurative Phantasie, ein durchgestaltetes Kirchenjahr der Gottesdienstbücher praktisch durchzusetzen, sondern das Kirchenjahr in der Spannung zwischen dem, was agendarisch vorgezeichnet ist, und dem, was gelebt wird. Das Kirchenjahr wird heute – darauf weist Andreas Marti mit Recht hin – punktuell und partikular wahrgenommen. Aus guten Gründen bemüht man sich deshalb, ein *Elementares Kirchenjahr* auszuweisen.[13] Es gilt, Gottesdienste im Kirchenjahr so zu gestalten, dass sie sich in ihrem Gehalt auch denjenigen erschliessen, die «kasuell», mithin – aus ihrer Sicht – aus gegebenem Anlass teilnehmen. Und schliesslich: Das Kirchenjahr hat seine vitale Seite dort, wo es sich *zeitgenössisch* entfaltet und, wenn auch gerade nicht kurzlebig, verändert, indem es eigene Traditionen neu situiert. Die Wiederentdeckung der Osternacht im Kontext dessen, dass gottesdienstliches Erleben (wieder) einen anderen Stellenwert bekommen hat, ist ebenso ein Beispiel wie das Erntedankfest, das heute Schöpfungsperspektiven mit einem veränderten Sinn für Lebensgrundlagen verknüpft, oder der Totensonntag, der in einer biografisch orientierten Abschieds- und Erinnerungskultur wichtiger geworden ist.

Insofern plädiere ich nicht für eine Überführung des Kirchenjahres in eine Kasus-Reihe, sondern für seine kasus-sensible Ausgestaltung.

Antwort auf die Replik von Kristian Fechtner

Andreas Marti

Von der Reihe zum Rhythmus

Kristian Fechtners erneuerte und akzentuierte «Einladung ins Kirchenjahr» kann ich im Sinne einer Korrektur akzeptieren, dass nämlich aus der Reihe von Einzelereignissen ein Rhythmus werden soll, der mit Lebensrhythmen verknüpft ist. Damit liegen wir im Ergebnis nicht weit auseinander, nähern uns ihm aber von entgegengesetzter Seite, da in der deutschschweizerisch-reformierten Tradition kaum Vorgaben zum Anknüpfen bestehen, nichts oder kaum etwas, das «kasussensibel» ausgestaltet werden könnte. Da gilt es weniger, Traditionen neu zu situieren, als vielmehr, Traditionen überhaupt neu zu etablieren, eine Reihe zuerst, danach einen Rhythmus, der Lebensthemen zeitgenössisch zur Sprache bringt. Vielleicht kann – neben den wenigen klassischen Hauptfestzeiten – das neue «Ele-

13 Vgl. Gottesdienst von Monat zu Monat. Elementares Kirchenjahr, hg. von der Liturgischen Konferenz, Hannover 2009.

mentare Kirchenjahr» der lutherischen und unierten Kirchen dazu etwas beitragen, sicher können es regionale und lokale Daten und Gegebenheiten. Und auch in solchen Rhythmen werden Zeiten offen bleiben müssen und dürfen, die ihre Themensetzung selbst finden: aus Bibellektüre, aus pastoraler Intuition, aus gesellschaftlicher Aktualität.

Ein Konzept in der Diskussion entstehen zu lassen, ist das Eine. Wie es gottesdienstliche Realität wird, ist dann etwas ganz anderes – sicher nicht nur, aber in ganz besonderem Masse in den hiesigen kirchlichen Verhältnissen. Kantonalkirchlicher Föderalismus, kongregationalistische Unterströmungen in den Gemeinden, liturgischer Individualismus bei Pfarrern stellen die Frage, wie aus der Vision Wirklichkeit, aus dem «Soll» ein «Ist» werden kann, wie nicht nur zeitlicher, sondern auch räumlicher Zusammenhang entsteht. Wie viel kann die praktisch-theologische Diskussion überhaupt bewirken, welchen realen Einfluss haben Kirchenleitungen, kirchliche Gremien und Kirchenordnungen? Durchsetzen wird sich letztlich nur, was sich vor Ort als plausibel erweist, was auch über die Punktualität heutiger Gottesdienstteilnahme hinaus auf grössere Kontexte hinweisen kann.

Wie solche Veränderungsprozesse angestossen und gesteuert werden, welche Aufgaben und Möglichkeiten den einzelnen Gemeinden, den liturgisch Gestaltenden und Handelnden, den Kirchen und der Theologie zukommen, wäre aber bereits ein anderes Thema.

Innovation oder Tradition?

Mit Visionen in die Kirche! – Tradition und Innovation aus der Perspektive eines Gemeindepfarrers

Thomas Bornhauser

Innovation im Gottesdienst ist nur möglich, wenn der Entwicklungscharakter von Religion anerkannt wird. Leider ist das zu wenig der Fall. Da in Theologie und Kirche die Bibel zu oft als Norm statt als Wurzel des Glaubens angesehen wird, wird das Christentum immer wieder auf seine archaische Stufe zurückgeworfen. Das zeigt sich insbesondere am archaischen Gottesbild eines ausserweltlichen Herrschers, welcher wie ein Magier in die irdischen Ereignisse eingreifen kann. Dieses Gottesbild dominiert das biblische Denken und darum auch das Christentum bis heute. Selbstverständlich darf das Archaische seinen Platz haben, so wie wir Erwachsene unsere Kindlichkeit bewahren sollen. Es muss aber ergänzt werden durch Entwickeltes. Damit tun wir uns schwer, auch im gottesdienstlichen Bereich. So weit meine Hauptthese.

Mein Beitrag enthält Gedankenanstösse und weitere Thesen zu Tradition, Innovation, Zielen, Kairologie, Theologie, Kirche und am Schluss Vorschläge zur Gottesdienstpraxis. Damit fällt dieser Beitrag wohl etwas aus dem Rahmen. Denn klassischerweise müsste ich die Innovation aus der Tradition begründen. Ich müsste nachweisen, dass sie schon in der Bibel eine wichtige Rolle spielte und dass sich in der theologischen Fachliteratur der Vergangenheit gute Argumente für die Innovation im Gottesdienst finden. Stattdessen formuliere ich Thesen und Anstösse und stelle anschliessend Fragen an die Lesenden. Gewiss sind nicht alle Thesen innovativ, aber einige hoffentlich provokativ. Innovativ sind dann vielleicht Ihre Antworten, liebe Leserinnen und Leser. Und falls Ihnen andere Thesen und Fragen als mir in den Sinn kommen, weil Sie meine nicht relevant finden – Kompliment, dann sind Sie erst recht innovativ!

Tradition

Unter Tradition soll hier generell «das Überlieferte» verstanden werden (Sitten, Bräuche, Normen, Wissen, Texte, Kunstwerke u.a.). Selbstverständlich können wir nicht jeden Tag alles neu erfinden. Tradition ist darum unerlässlich. Die Frage ist: Wie viel Tradition braucht es, wann und an welcher Stelle? Tradition meint weiter auch den Prozess des Überlieferns. Durch das Überliefern geschieht ein Wandel des Tradierten. Eine Tradition braucht, damit sie weiter lebt, ständige «Renovation».

- Tradition ist zwiespältig. Im positiven Sinn kann sie Dinge wie Halt, Gewissheit, Identität, Ordnung, Geborgenheit, Gemeinschaftsgefühl vermitteln.
  Fragen: Es gibt nostalgische Menschen, die aus einer charakterlichen Veranlagung am Alten hängen. Gehören Sie zu diesen «alt-gierigen» Menschen? Decken die Gottesdienste, die Sie besuchen, Ihr Bedürfnis nach Tradition ab?
- Im negativen Sinn kann Tradition unfrei, weltfremd, bequem oder verantwortungslos machen.
  Frage: Erkennen Sie etwas davon in Gottesdiensten?
- Manche meinen, dass man Traditionen bewahren müsse, weil in ihnen Wahrheit aufbewahrt sei: korrekte Aussagen über vergangene oder ewige Tatsachen.
  Frage: Welcher Art muss die Beziehung zwischen einer Aussage und einer Tatsache sein, damit die Aussage als «wahr» gelten kann? Anders gefragt: Wie müssen Worte formuliert sein, damit ihr Verhältnis zur Wirklichkeit als «wahr» bezeichnet werden kann?
- Eine Antwort auf die vorhergehende Frage dürfte Ihnen nicht gelungen sein; sie ist auch der Erkenntnistheorie nie gelungen. Wahrheit ist nicht in der Tradition, weil Wahrheit vor uns liegt, nicht hinter uns. Möglich ist, dass «Wahrheiten» verlässlich, zweckdienlich sind für die, die sie empfangen. Und das im Blick auf eine zukünftige Bewährung der Botschaft.
  Frage: Inwiefern haben sich Wahrheiten, die Ihnen in Gottesdiensten begegneten, in Ihrem Leben bewährt?

Innovation

Genauso wenig wie ohne Tradition geht es ohne Innovation. Was sich nicht verändert, ist tot. Innovation ist aber auch eine moralische Notwendigkeit. Angesichts all der Unzulänglichkeiten dieser Welt sind verantwortungsvolle Menschen dazu verpflichtet, Verbesserungen herbeizuführen. Es lassen sich grundsätzlich drei Arten von Innovation unterscheiden: a) Der innovative Eingriff in die Wirklichkeit von ausserhalb: Da taucht plötzlich und unerklärlich aus dem Jenseits etwas Neues auf. b) Die Erfindung durch einen schöpferischen Menschen: Da legt eine kreative Person einen (mehr oder weniger) genialen Wurf vor. c) Die prozesshafte Entwicklung durch das Zusammenspiel von Beteiligten: Da lässt sich das Neue weder auf eine einzelne ausserweltliche noch eine einzelne innerweltliche Grösse zurückführen, sondern es ist ein kollektives Produkt.

- Wie die Tradition ist auch die Innovation zwiespältig. Im positiven Sinn kann sie eine Entwicklung hin zum Reich Gottes sein, zu einer besseren Welt, zu mehr Glück.
  Frage: Es gibt Menschen, die aus einer charakterlichen Veranlagung heraus nach Neuem streben. Gehören Sie zu diesen neu-gierigen Menschen?

- Im negativ Sinn können Innovationen Verunsicherung, Trennungsschmerz, Störungen bewirken, sie können von Rücksichtslosigkeit und Ahnungslosigkeit zeugen.
  Frage: Haben Sie das in Gottesdiensten erlebt?
- Jede Tradition war, als sie neu war, eine Innovation. Was heute innovativ ist, wird einmal traditionell, sofern es nicht verschwindet.
  Frage: Wie alt muss eine gottesdienstliche Innovation sein, damit Sie sie als Tradition gelten lassen?

Ziele

Wer entscheiden will, wie viel Tradition bzw. Innovation er zulassen will (im Gottesdienst, aber auch sonst), muss sich über seine Ziele im Klaren sein. Denn unser (liturgisches) Handeln hat unterschiedliche Auswirkungen, ob wir es in hergebrachten Formen oder unkonventionell gestalten.

Ich halte es für die Aufgabe der Kirchen, stets aufs Neue zu konkretisieren, wie gelingendes Leben in naher und weiter Zukunft aussehen kann. Innovative Beschreibungen zukünftigen Lebens werden üblicherweise «Utopien» genannt. Das Wort ist etwas unglücklich, es bedeutet «Nicht-Ort». Für den deutschen Sprachgebrauch besser geeignet ist der Begriff «Eutopie» («Guter Ort»). Analog zur Innovation lassen sich bei der Eutopie grundsätzlich drei Formen unterscheiden: a) Die heteronome Eutopie, von ausserhalb gemacht bzw. geschenkt (in religiöser Formulierung: Verheissung bzw. Prophetie). b) Die autonome Eutopie, von einzelnen phantasiebegabten Menschen geschaffen (wie z.B. im Roman «Utopia» von Thomas Morus). c) Die sozionome Eutopie, bei der verschiedene Menschen im Dialog gemeinsam Zukunft entwerfen (dafür gibt es Beispiele etwa aus dem Mönchtum und dem religiösen Sozialismus). Die kirchliche Überlieferung ist reich an Eutopien der Art wie unter a) genannt, welche allerdings ihre Kraft weitgehend verloren haben. Derweil sind b) und c) eher selten.

- Wenn die Tradition das Kriterium für das Christliche ist, dann hat Innovation im Christentum keinen Platz, sondern höchstens «Renovation».
  Frage: Wollen wir die Innovation aus dem Christentum ausschliessen? Können wir das überhaupt? Oder wollen wir sie lediglich aus den Kirchen ausschliessen?
- Versuchen wir in Gedanken einen Perspektivenwechsel: Als christlich soll nicht das gelten, was der hinter uns liegenden Tradition entspricht, sondern das, was den vor uns liegenden Zielen entspricht! Als Globalziel für das Christliche kommen z.B. in Frage: das Gute, der Friede, das Heil, das Reich Gottes.
  Frage: Welche Kriterien muss eine solche Zielgrösse Ihrer Meinung nach erfüllen?

- Je nach gewählten Zielen dürfte viel Traditionelles unseren Zielen entsprechen, anderes nicht.
  Frage: Wären Sie bereit, zu Gunsten guter Ziele auf Hergebrachtes, auch auf Liebgewordenes, zu verzichten?
- Ein Globalziel «Leben» (im Sinn von «gelingendes Leben für alle») scheint mir persönlich die wichtigen Elemente aufzunehmen. Dieser Begriff ist abstrakt genug, so dass zukünftige, innovative Konkretisierungen darin Platz haben, und er ist konkret genug, so dass er nicht nichtssagend ist.
  Fragen: Man könnte nun argumentieren, dass damit kein Perspektivenwechsel geschieht, weil das gelingende Leben auch die Zielgrösse der christlichen Tradition, insbesondere der Bibel, ist. Aber sind es biblische Texte, die uns sagen, wie sinnvoll das Leben ist? Oder ist es nicht eher das Leben, das uns sagt, wie sinnvoll biblische Texte sind? Was hat den Primat?

Kairologie

Wenn wir unsere Ziele geklärt haben, können wir die richtige Mischung von Tradition und Innovation bestimmen, welche hilft, um diese Ziele zu erreichen. Die Kunst, das für eine bestimmte Situation Passende zu finden, heisst Kairologie (das griechische *kairos* meint den «passenden Moment»). Bei der Beerdigung einer frommen alten Frau kann es angemessen sein, den traditionellen Psalm 23 zu beten, während zum Abendmahl mit dem kritischen Lesezirkel der innovative Text von Dorothee Sölle passt, über den jener zuvor diskutiert hatte. Im Moment erleben wir eine «Kasualisierung» des gottesdienstlichen Lebens: Je nach Situation wird Unterschiedliches durchgeführt. Das ist eine Reaktion auf die Pluralisierung des gesellschaftlichen und religiösen Lebens und eine Chance für Innovationen.

- Wenn es denn richtig ist, mit dem kirchlichen Handeln, auch dem liturgischen Handeln, dem Leben zu dienen, dann öffnet das den Raum für vielerlei Gegensätze. Denn Gegensätze gehören zum Leben. In der Gemeindepraxis spielen etwa folgende Gegensätze eine Rolle (wobei es meistens nicht Gegensatzpaare, sondern Triaden sind): Gehorsam – Selbstbestimmung – Mitbestimmung / Gruppenbildung – Individualität – Universalität / Vertrauen – Skepsis – Mitgefühl / Heiligkeit – Profanität – Ganzheitlichkeit.
  Frage: Denken Sie an die Gegensätze, welche in den Beiträgen dieses Buches diskutiert werden. Gibt es darunter etwas, was grundsätzlich nie und in keiner Situation dem Leben dient oder hat alles irgendwann seinen *kairos*?
- In unserer gegenwärtigen Gesellschaft sind viele Menschen überfordert von den technischen, medizinischen, medialen Fortschritten.
  Frage: Ist es in dieser Situation sinnvoll, in den Kirchen vorwiegend Halt anzubieten mit traditionellen Angeboten?

- In der Tradition stecken religiöse Vorstellungen (z. B. das magische Gottesbild), welche die Menschen passiv machen, indem sie Veränderungen zum Positiven lediglich von aussen erwarten. Menschen müssten aber generell aktiver werden, damit es Fortschritte gibt.
  Frage: Wo sehen Sie in der kirchlichen Praxis Menschen, die aktiv und innovativ sind, und welche religiösen Vorstellungen stehen bei ihnen motivierend im Hintergrund?

Theologie

In der evangelischen Theologie wird nicht mit der gleichen Energie Zukunft entworfen wie Vergangenheit erforscht. Man hat nicht einmal einen Namen für das Entwerfen von Zukunft. Was vor Jahrtausenden Divination und Prophetie waren, ist verschwunden, an Orakel glauben wir nicht mehr, unmittelbaren Eingebungen trauen wir nicht, rationale Zukunftsforschung, Science Fiction oder Social Fiction machen wir nicht. Wenn wir aber im gottesdienstlichen Leben die richtige Mischung von Tradition und Innovation bieten wollen, sind wir auf das Handwerkszeug angewiesen, das uns die Theologie bereitstellt. Im Gottesdienst fliessen alle Ströme der Theologie zusammen: Bibelwissenschaft, Historische, Systematische, Praktische Theologie.

- Im evangelischen Lexikon «Religion in Geschichte und Gegenwart» (RGG[4]) umfasst der Artikel «Tradition» sechzehn Spalten, der Artikel «Innovation» knapp eine Spalte. Das Verhältnis 16 : 1 dürfte etwa dem Grad der Aufmerksamkeit entsprechen, welche Tradition bzw. Innovation in Kirche und Theologie geniessen.
  Frage: Entspricht Ihrer Meinung nach das Verhältnis 16 : 1 der Bedeutung, welche Tradition bzw. Innovation haben sollten?
- Um Exzesse in der Kirche zu bekämpfen, machten die Reformatoren die Bibel zur Richtschnur für den Glauben. Das war im damaligen Zeitpunkt wahrscheinlich ein richtiger Schritt. Aber: Wenn ein jahrtausendealtes Buch die Norm des Glaubens ist, hat Innovation es schwer. Diese Hypothek lastet noch heute auf den evangelischen Kirchen.
  Frage: Gehört die Bibellastigkeit so sehr zum Wesen der Evangelischen, dass sie bleibend rückwärtsgewandt sein müssen, wenn sie ihre Identität nicht aufgeben wollen?
- An einer durchschnittlichen theologischen Fakultät zähle ich acht Studienfächer, die sich mit der Tradition befassen. Eher zukunftsgerichtet ist einzig das Fach Ethik. Selbst in der Praktischen Theologie wird kaum gelehrt, innovativ zu sein; man vergleiche etwa mit einer musikalischen Hochschule (Konservatorium), wo es die Fächer Komposition und Improvisation gibt.

Frage: Wäre es vorstellbar, dass Theologiestudierende lernen, eigene Dogmen und Lehrgebäude zu komponieren und über theologische Themen zu improvisieren?

- Es fehlt in der Theologie an sozialen, wirtschaftlichen, militärischen, anthropologischen, biologischen Eutopien. Das Argument, die Theologie sei dafür nicht kompetent, gilt nicht. Die gegenwärtige Theologie wagt sich auch in Gebiete wie Archäologie, Hermeneutik, Philosophie, Philologie, Psychologie, Pädagogik, Soziologie usw. vor.
  Frage: Welcher Art von Forschung könnte konkret einer innovativeren Gottesdienstpraxis nützen?

Kirche

In den Augen einer breiten Öffentlichkeit sind alle Kirchen, auch die reformierte, rückwärtsgewandt und antiquiert. Mag sein, dass das ein Vorurteil ist, welches der Unkenntnis der Dinge entstammt. Denn viele kirchlich engagierte Menschen sehen das anders. Es könnte aber auch sein, dass gerade kirchlich engagierte Menschen das Antiquierte mehr lieben als andere und dass sie es für fortschrittlicher halten, als es ist. Die Kirchen sind wohl offen für eine andere Zukunft, aber weitgehend fixiert auf Innovationen aus dem Bereich a) (siehe oben), wesentliche Neuerungen werden von einem ausserweltlich gedachten Gott erwartet. Die Innovationsbereiche b) und c) werden stiefmütterlich behandelt bzw. argwöhnisch betrachtet. Darum fand und findet solche Innovation meist ausserhalb der Kirchen statt. Als im 17. Jahrhundert der Bereich b) stark wurde (Stichwort Aufklärung) und im 19. Jahrhundert der Bereich c) (Stichwort Idealismus), da standen die Kirchen misstrauisch abseits und grenzten die entsprechenden Bewegungen und ihre Anhänger aus. Die Kirchen erklärten mit solchem Erfolg ihren eigenen Standpunkt als den allein christlichen, dass Andersdenkende bald selber glaubten, keine Christen zu sein.

- Alle Kultur, sei es Literatur, Musik, Malerei, Architektur, ist eine Mischung aus Tradition und Innovation. Eine lebendige Kultur ist kreativ. Wie ist das mit der kirchlichen Kultur, wie mit dem Gottesdienst? Dort werden Texte gelesen (Literatur), es wird gesungen und Orgel gespielt (Musik), das alles in Kirchenräumen (Architektur), die manchmal auch Bilder enthalten (Malerei, Glaskunst).
  Frage: Würden Sie der Behauptung zustimmen, dass die kirchliche Kultur in der Regel der übrigen Kultur hinterherhinkt? Finden Sie das gut oder schlecht?
- Die Säkularität ist eine der wichtigsten Errungenschaften des Christentums, aber das Säkulare wird oft von den Kirchen ausgegrenzt. Christentum findet darum auch ausserhalb der Kirchen statt. Viele (säkulare) wissenschaftliche Erfindungen und künstlerische Kreationen dürfen als christlich bezeichnet werden.

Frage: Sollten die Kirchen versuchen, säkulare Innovationen wieder «einzugemeinden»? Wie könnte das, z.B. im Gottesdienst, geschehen?

- Der christliche Staat (d.h. der auf christlichen Werten gegründete Staat) ist die säkulare Gemeinschaftsform des nachkirchlichen Christentums. Waren z.B. Krankenpflege und Bildung einst kirchliche Domänen und selbstverständliche christliche Anliegen, so sind sie heute weitgehend an den Staat delegiert.
  Frage: Könnte das heissen, dass es in Zukunft weniger kirchliche Liturgien braucht als vielmehr Liturgien für säkulare Gelegenheiten (Schulanfang, Einweihung öffentlicher Gebäude wie Spitäler usw.)?
- Im konfessionellen Quervergleich sind wir Reformierten in der Deutschschweiz arm an Traditionen. Das Tradieren von Überliefertem ist nicht unsere Spezialität. Andererseits haben die innovativsten Kräfte der Gesellschaft, die Kunst und die Wissenschaft, längst ihren Weg aus der Kirche heraus gesucht bzw. sind hinauskomplimentiert worden. Daraus ergibt sich die eigentliche Not der Reformierten: Sie beziehen ihre Daseinsberechtigung kaum mehr aus dem Überliefern von Traditionen. Andererseits gelten sie auch nicht als Spezialisten für Kreativität und Innovation. Resultat ist eine eklatante Unsicherheit.
  Frage: Empfinden Sie diese Unsicherheit auch? Wenn ja, führt sie bei Ihnen zum Wunsch nach mehr Tradition oder mehr Innovation?
- Vergleichen wir die Wurzeln, zu denen bei uns Reformierten zentral die Bibel gehört, und die Früchte, das Reich Gottes, das wir anstreben.
  Frage: Wie sehr müssen bei einem Apfelbaum die Früchte den Wurzeln gleichen? Wie sehr bei der Christenheit?
- Ich schlage eine Aufgabenteilung vor. Das Pflegen von Traditionen überlassen wir unseren Schwesterkirchen, wir Reformierten beschränken uns auf das notwenige Minimum. Als Reformierte setzen wir uns dafür an die Spitze der Vorwärtsentwicklung der Christenheit – mit all den damit verbundenen Risiken und Chancen.
  Frage: Würden sich unsere Gemeindeglieder auf eine solche Vorwärtsstrategie einlassen?
- Wer das Profil eines Kopfes zeichnet, zeichnet seinen Rand. Die reformierte Kirche hat viel Profil, denn sie hat viel Rand. Sie braucht kein Zentrum. Ihre Stärke sollte der Umgang mit Vielfalt, die Vernetzung der Ränder sein. Die reformierte Kirche braucht auch keine Identität. Das Wort «identisch» bedeutet «gleich». Die reformierte Kirche bleibt nicht gleich, sie wandelt sich (*semper reformanda*). Sie braucht keine Identität, sie braucht Orientierung. Gemeinsame Ziele, die gemeinsame Orientierung nach vorne, eint die Reformierten.
  Frage: Teilen Sie die Meinung, dass mehr gemeinsame Ziele den Zusammenhang der Kirche stärken könnten?

Gottesdienstpraxis

Geistesgeschichtlich stehen wir an einer Epochenwende. Wenn sie gelingt, wird die vernunftbestimmte, individualistische Moderne abgelöst von einem Zeitalter, das mehr von Intuition und Verbundenheit bestimmt ist. Die Strömungen aus Altertum und Neuzeit werden aber auch in Zukunft im Untergrund weiter fliessen. Geistesgeschichtliche Fortschritte sind im Gottesdienst zu rezipieren. Wir kommen von einer Vergangenheit her, in der die Leute von der Kirche meist fremdbestimmt wurden. Darum heisst Tradition im Gottesdienst meist auch Fremdbestimmung der Teilnehmerinnen. Daneben braucht der Mensch für ein gelingendes Leben dringend auch Selbstbestimmung und Mitbestimmung. Liturgische Innovationen müssten also dort ansetzen und es ermöglichen, dass die Teilnehmer sich mehr einbringen können.
Im Folgenden formuliere ich einige Vorschläge für die Praxis.

Allgemeines

- In der gegenwärtigen Situation scheint es mir sinnvoll, beim Regelgottesdienst in der Form eher konservativ zu bleiben[1], dafür bei den Inhalten innovativ zu sein.
- Üben wir in unseren Gottesdiensten einen konstruktiv-kritischen Umgang mit der Tradition, indem wir die Kunst der Kairologie demonstrieren. Zeigen wir, was an welchem Ort und zu welcher Zeit passt, wenn konkrete Ziele erreicht werden sollen. Zeigen wir positive und negative Auswirkungen der Tradition. Und machen wir dasselbe auch mit der Innovation!
- Machen wir deutlich, dass Traditionen sich wandeln und dass auch das, was Menschen für ewig gültig halten mögen, einst neu war und sich erneuern muss, um weiterzuleben.
- Begeistern wir die Menschen für gemeinsame Ziele, für Fortschritte im gesellschaftlichen, kulturellen, politischen, wirtschaftlichen Leben. Und setzen wir diese Ziele, soweit möglich, auch gemeinsam um; das Gemeindeleben besteht ja nicht nur aus Gottesdiensten!
- Menschen brauchen Halt. Geben wir ihnen Halt, aber nicht durch immer gleiche Formen und Inhalte, sondern durch verlässliche soziale Beziehungen. Machen wir die Gemeinde, auch den Gottesdienst, zum Ort, wo solche Beziehungen geknüpft und gepflegt werden können.
- Eine der Nöte des Gottesdienstes ist es, dass zahlreiche Pfarrer auf der Kanzel so predigen, wie Professoren auf dem Katheder dozieren. Das ist vielleicht unvermeidlich. Aber es sollte dringend aus der Gemeindepraxis heraus bei der akademischen Theologie darauf bestanden werden, dass diese weniger

1 Nach Nr. 150 in: Gesangbuch der Evangelisch-reformierten Kirchen der deutschsprachigen Schweiz, Basel/Zürich 1998.

«Grundlagenforschung» betreibt und mehr «angewandte Forschung» im Blick auf die Praxis. Denn die weit überwiegende Mehrheit der Studienabgänger und Studienabgängerinnen geht später ins Pfarramt. Das Studium ist also eine Berufsausbildung und die Gemeinden sind angewiesen auf praxisrelevante Forschungsergebnisse aus allen Fächern der Theologie.
- Bereiten wir Gottesdienste häufiger in Gruppen vor, das ist zwar aufwendiger, aber birgt Innovationspotential.

Elemente

- Traditionelle Kirchgänger sind an Traditionelles gewöhnt. Formale Innovationen im Gottesdienst müssen sorgfältig erklärt und eingeführt werden. Inhaltliche Innovationen werden dann akzeptiert, wenn ein Vertrauensverhältnis zwischen Gemeinde und Liturgin besteht. Vertrauen fassen Menschen, wenn sie eine Liturgin als zuverlässig und wohlmeinend erleben. Dann akzeptieren sie auch Dinge, die sie zunächst irritieren.
- Zeigen wir, dass nicht nur dasjenige Wert und Würde hat, was aus einem zeitlichen oder örtlichen Jenseits an uns heran getragen wird, sondern auch das, was wir als Einzelne oder in der Gemeinschaft kreieren.
- Stille gibt Raum für innovative Gedanken bei den Teilnehmern.
- Auch Fragen an die Teilnehmerinnen, vor, während und nach der Predigt, können bei ihnen Innovationen provozieren.
- Wer gelingendes Leben anstrebt, sollte immer wieder auch einen Vorgeschmack davon bekommen. Dem Abendmahl wurde schon nachgesagt, ein solcher Vorgeschmack zu sein. Ich denke, wir müssen unsere Abendmahlspraxis in diesem Sinn tüchtig revidieren.
- Visionen haben etwas mit «Schauen» zu tun. Geben wir den Teilnehmern mehr zu sehen im Gottesdienst!
- Innovationsfördernde dialogische Elemente sind in unserer Gottesdienst-Kultur ungewohnt, wenn auch nicht ganz fremd. Sie sind schwierig zu handhaben, weil der Ausgang von Dialogen unvorhersehbar ist. Dies ist ein Feld für Experimente!
- Ebenfalls ein Experiment ist mehr Bewegung im Gottesdienst. Wenn wir die Menschen geistig in Bewegung bringen wollen, ist es hilfreich, sie auch körperlich in Bewegung zu bringen!
- Geben wir den Teilnehmerinnen im Gottesdienst die Gelegenheit, sich selber einzubringen, und denken wir dabei nicht nur an die, die sich verbal ausdrücken können, sondern auch an die, die singen, tanzen, malen, fotografieren, filmen, layouten, basteln oder kochen können.
- Der Gottesdienst sollte an seinen Rändern offen werden für das umgebende Leben. Das kann heissen, ihn mit einem gemeinsamen Frühstück beginnen zu lassen oder ihn mit einer gemeinsamen Exkursion fortzusetzen. Das fördert den Dialog und holt den Gottesdienst näher an die Lebenswelt.

- Die gottesdienstliche Musik ist ein eigenes Thema. Sie ist in der Regel zu antiquiert. Vielleicht sollten die Kirchen, wie sie es früher taten, eigene Kompositionsaufträge vergeben.

Inhalte

- Um zu verhindern, dass Bibeltexte von der Gottesdienstgemeinde vorschnell für normativ gehalten werden, können solche Texte als Aussagen der jeweiligen biblischen Autoren gekennzeichnet werden.
- Versuchen wir nicht, zu zeigen, dass Bibeltexte wahr sind (das können wir nicht), sondern zeigen wir, wo sie sich bewährt haben – d.h. sprechen wir zeugnishaft von dem, was solche Text bei uns und bei anderen an Positivem ausgelöst haben.
- Die Textpredigt ist eine Themenpredigt. Ihr Thema ist ein Bibeltext. Ob dieses Thema für die Zuhörenden relevant ist, muss von Fall zu Fall geklärt werden. Verheissungsvoller scheint es mir, die Themen in der Lebenswelt der Teilnehmerinnen zu suchen und sie dann auch im Licht der (biblischen) Tradition zu betrachten.
- Wenn ein aktuelles Thema mich als Christ und Liturg sehr beschäftigt, darf ich davon ausgehen, dass dieses Thema für Glauben und Predigt relevant ist.
- Wenn Liturginnen selber als Teilnehmerinnen Gottesdienste besuchen, inspiriert sie das zu eigenen, neuen Ideen.
- Viel Inspiration für Innovationen kann aus der zeitgenössischer Kunst, Musik, futuristischer Literatur und Malerei und Sciene-Fiction-Filmen, der Jugendkultur, dem Theater, aus den Wissenschaften aller Art kommen. Beschäftigen wir uns damit!

Aussen-Beziehungen

- Das Bild der Kirche in der Öffentlichkeit muss besser werden. Die Kirche muss als unerlässliche Kraft auf dem Weg in eine gute Zukunft der Gesellschaft anerkannt werden. Das braucht Reformen in der Kirche. Und dann kann sie selbstbewusst nach aussen treten. Sie kann umgekehrt aber auch Kirchenferne in die Kirche holen, dann lernen diese sie kennen und bauen Vorurteile ab. Ein Weg dazu ist, kreative Kirchenferne in Gottesdienste einzubinden. Ich denke an originelle Politikerinnen und Wissenschafter, an Literatinnen, Musiker, Kunstschaffende aller Art, auch an Chöre, Orchester usw. Damit kann gezeigt werden, dass die Kirche keine Berührungsängste hat gegenüber dem Säkularen, sondern dieses, wenn es denn lebensdienlich ist, wertschätzt und als christlich anerkennt.
- Kirche muss sich stärker in das öffentliche Leben hinauswagen. Gerade liturgisch muss sie sich anbieten bei Gelegenheiten wie Stapelläufen grosser Schiffe, Diplomfeiern, Krisen- und Katastrophensituationen usw. Da gibt es ein grosses

Feld von Möglichkeiten (Internetplattformen können dem Austausch von Ideen dienen).

- Solche öffentlichen liturgischen Handlungen sind auch eine gute Gelegenheit für Kooperationen mit Schwesterkirchen. Kooperationen machen es auch leichter, eine Arbeitsteilung zwischen den Kirchen zu akzeptieren. Das kann die Reformierten dazu befreien, progressiv zu sein, weil sie erleben, wie fast alle anderen Kirchen sehr ausgiebig die Tradition pflegen.
- Frauengottesdienste gehören derzeit zu den innovativsten, was Form und Inhalt betrifft. Formal, weniger inhaltlich, sind auch viele freikirchliche, namentlich charismatische Gottesdienste innovativ. Von diesen Seiten her können Impulse auch in unsere Regelgottesdienste einfliessen.
- Liebhaberinnen des Alten sagen: Würden wir nicht ständig Neues ausprobieren, würde der Gottesdienstbesuch nicht abnehmen. Liebhaber des Neuen sagen: Würde nicht ständig Altes wiederholt, nähme der Gottesdienstbesuch wieder zu. Ich sage: Was ein Gottesdienst ist, ist nicht abschliessend definiert. Menschen versammeln sich an vielen Orten. Bemühen wir uns, jene Versammlungen, auf die wir Einfluss haben, möglichst lebensdienlich zu gestalten!

Innovation und Tradition im Gottesdienst

Georg Vischer

Wenn ich im Folgenden das Element der Tradition im Gottesdienst stark mache, dann geht es mir nicht im Entferntesten darum, irgendwelchen Ewiggestrigen oder nostalgisch Rückwärtsgewandten zuliebe überholte, sinnentleerte, erstarrte Ausdrucksformen in der Kirche zu erhalten. Tradition im Gottesdienst, das hat, wenn der Begriff präzis gebraucht wird, nichts zu tun mit Trachten im Musikantenstadl vom Fernsehen am Samstagabend. Mein Anliegen fasse ich in den folgenden einleitenden Thesen zusammen, die ich anschliessend erläutern will:

- Christlicher Gottesdienst ist die kollektive Inszenierung und Interpretation der konstitutiven Erinnerung des gemeinsamen Glaubens. Dies ist sein wesensnotwendiger Traditionsbezug.
- Liturgische Tradition ist für den Gottesdienst einer versammelten Gemeinde unabdingbar, weil: 1. eine christliche Gemeinde sich bildet, sich konstituiert durch eine gemeinsame Erinnerung, die nicht bei jedem Zusammenkommen neu erfunden wird; 2. eine Gemeinschaft von Menschen nur gemeinsam handeln, etwas ausdrücken, etwas feiern kann, wenn sie über eine gemeinsame Sprache verfügt.

Tradition

Tradition im theologischen Sinn ist am exaktesten zu fassen in dem Traditionsvorgang, den Paulus in 1Kor 11,23 ff. beschreibt:

> Ich habe nämlich vom Herrn empfangen, was ich auch an euch weitergegeben habe: Der Herr, Jesus, nahm in der Nacht, da er ausgeliefert wurde, Brot, dankte, brach es und sprach: Dies ist mein Leib für euch. Das tut zu meinem Gedächtnis. Ebenso nahm er nach dem Essen den Kelch und sprach: Dieser Kelch ist der neue Bund in meinem Blut. Das tut, sooft ihr daraus trinkt, zu meinem Gedächtnis. Denn sooft ihr dieses Brot esst und den Kelch trinkt, verkündigt ihr den Tod des Herrn, bis dass er kommt.

Hier tradiert Paulus einen Akt und eine Erkenntnis, die er selbst nicht erfunden, sondern übernommen hat und jetzt einer Gemeinde weitergibt, die wiederum weitergeben soll. Dabei soll die Gemeinde nicht bloss ein überkommenes Ritual wiederholen, sondern ihr geschwisterliches Verhalten am Tisch und beim Teilen kritisch am Inhalt des Überlieferten prüfen. Aus der tradierten Selbstzusage des Herrn ergibt sich die schlichte Mahnung: «Darum, meine Brüder und Schwestern, wenn ihr zum Essen zusammenkommt, wartet aufeinander!» (V. 33). Die Bessergestellten, die früher da sein und Reichhaltiges zum gemeinsamen Mahl mitbringen können, sollen sich nicht den Bauch vollschlagen, ehe die von der Arbeit kommenden Sklaven dazukommen. Innovativ und situationsbezogen legt Paulus aus:

Wer die überlieferte Erinnerung an die Hingabe des Herrn feiert, kann benachteiligte Schwestern und Brüder nicht beschämen.

Erinnern und Überliefern ist fundamentaler Baustein aller Kultur. Kultur entsteht dort, wo Menschen nicht ausschliesslich spontan aus dem Augenblick heraus leben und handeln, ihre unmittelbaren Bedürfnisse befriedigen, sondern sich erinnern und aus der Erinnerung heraus Erfahrung entwickeln und diese weitergeben, nicht nur synchron ihren Zeitgenossen, sondern auch diachron von Generation zu Generation. So gesehen gibt es keine Sozialisation und keine Zivilisation, damit aber auch keine persönliche Identitätsbildung ohne Rückgriff auf Tradition.

Wie wichtig Tradition und Traditionen, aber auch deren bewusste Interpretation und kritische Revision sind, liegt in unseren Tagen auf der Hand, in denen durch weltweite Bevölkerungsbewegungen Kulturen sich vermischen, insbesondere aber in regionalen Gesellschaften Minderheiten mit unterschiedlichen traditionaler Prägungen zusammenleben müssen, was nicht gelingen kann, wenn sie nicht einerseits ihre eigene Tradition leben und einbringen können, andererseits aber auch gemeinsam eine neue verbindende Erinnerung und Tradition entwickeln.

Damit ist zugleich gesagt, was auch Thomas Bornhauser festhält, dass Tradition und Innovation keine Gegensätze, sondern wechselseitig auf einander bezogen sind. Tradition bleibt nur lebendig, wo sie in ihrer Re-Zitation, in ihrer Vergegenwärtigung aktuell interpretiert wird, in Bezug gesetzt zum Zeitpunkt und zur Situation, in der sie sich präsentiert bzw. in der sie erinnert wird. Erinnerung hilft Gegenwart deuten und Zukunft entwerfen. Zugleich wird erinnertes Erleben, erinnerte Erfahrung revidiert im Licht der Gegenwart.

Ich kann, das wird wohl deutlich, wenig anfangen mit dem Traditionsverständnis Thomas Bornhausers, wenn er Tradition in eins setzt mit überholten Denkmustern und gar dem gesamten «biblischen Denken» (was immer das sein mag) ein «archaisches Gottesbild eines ausserweltlichen Herrschers, welcher wie ein Magier in die irdischen Verhältnisse eingreifen kann» unterstellt. Nach meinem Verständnis geht es im «biblischen Denken» um ein «Eingedenken» (hebräisch: *zakar*), das uns heute stärkt in kritischen Demaskierung der Götzen unserer Zeit und in der Hoffnung auf erfüllte Zeit.[2]

Ausdrücklich widersprechen will ich Thomas Bornhauser, wenn er einleitend Traditionsbezug und «Entwicklungscharakter von Religion» in einen, wie ich ihn verstehe, ausschliessenden Gegensatz bringt. Nein! So wenig ein Mensch sich ohne Erinnerungsvermögen entwickeln kann, so wenig kann eine Gemeinschaft

2 Vgl. Walter Benjamin: Über den Begriff der Geschichte. Gesammelte Schriften I/2, Frankfurt a. M. 1991, S. 704: «Bekanntlich war den Juden untersagt, der Zukunft nachzuforschen. Die Thora und das Gebet unterweisen sie dagegen im Eingedenken. Dieses entzauberte ihnen die Zukunft, der die verfallen sind, die sich bei den Wahrsagern Auskunft holen. Den Juden wurde die Zukunft aber darum doch nicht zur homogenen und leeren Zeit. Denn in ihr war jede Sekunde die kleine Pforte, durch die der Messias treten konnte.»

von Menschen sich entwickeln ohne Erinnerung und kritische Arbeit an ihrem kollektiven Gedächtnis.

Tradition im deutschschweizerischen reformierten Gottesdienst

Nach diesen Vorbemerkungen zur Begriffsklärung nun aber zum Konkreten und Praktischen des christlichen, näherhin des protestantischen Gottesdienstes in unseren deutschschweizerischen Gemeinden. Ist seine schwerwiegende Not sein Verhaftetsein in der Tradition und ist es deshalb notwendig, ihn davon zu befreien? Oder könnte das Gegenteil wahr sein, dass die liturgische Amnesie, die liturgische Traditionsvergessenheit des protestantischen Gottesdienstes eine Not ist und notwendig deshalb wäre, unser liturgisches Erbe neu zu entdecken und fruchtbar zu machen? Ich denke, beides trifft in gewisser Weise zu. Ich will mich im Folgenden für einen bewussteren, sachkundigeren Umgang mit der liturgischen Tradition, nicht nur der reformierten, sondern in ökumenischer Weite auch der katholischen, stark machen. Dabei bringe ich auch mein ganz persönliches Bedürfnis als Gottesdienstteilnehmer zur Sprache. Mir passiert es häufiger, dass mir ob der Traditionsvergessenheit der Liturginnen in einem Gottesdienst unbehaglich zu Mute wird, als ob der fehlenden liturgischen Innovation.

Zunächst eine konkrete Erinnerung: Als ich meine erste Pfarrstelle in einer ländlichen Gemeinde antrat, fragte ich in der ersten Kirchenpflege-Sitzung nach der Gottesdienstordnung, die in der Gemeinde Brauch sei. Die Antwort war: Das wisse man nicht, ich solle es doch so machen, wie es mich recht dünke. Man mache dann schon mit.

Des Pfarrers Sache also, wie er den Ablauf der Feier am Sonntagmorgen gestaltet: Freiraum genug für Innovation und Inspiration. Ich hätte damit zufrieden sein können. Aber mir war nicht wohl dabei, weil ich nicht der sein wollte, der der Gemeinde einen Gottesdienst «vorträgt». Subjekt und Trägerin des Gottesdienstes ist nicht die Pfarrerin, sondern die Gemeinde, die allerdings Sprecher braucht, die vortreten und stellvertretend für die Gemeinschaft oder auch im Gegenüber zur Gemeinschaft verständliche Worte reden. Die Gemeinschaft kann aber auch gemeinsam sprechen, was am harmonischsten, verständlichsten und schönsten im Gesang und in liturgisch vorgegebenen Stücken geschieht.

Wenn ein Wechselspiel von Reden und Hören, von Einzelstimmen und gemeinsamem Gesang geschieht, dann muss das seine Ordnung haben, eine Ordnung, die alle kennen und gutheissen, die nicht im Augenblick entsteht und nur von einigen Wortführenden diktiert wird.

Nach wie vor beneide ich die katholischen, anglikanischen und lutherischen Geschwister um die schöne, traditionelle Weise, in der sie im Gottesdienst von ihren Liturginnen angesprochen werden: «Der Herr sei mit euch!», und antworten: «Und mit deinem Geist», womit sie als Gesegnete ihrerseits segnen und die so Gesegneten ermächtigen, im Namen der Gemeinde ein Gebet zu sprechen.

Reformierte Pfarrer in der Schweiz wurden lange Zeit als Vortragsredner wahrgenommen, die ihre biblischen oder moralischen Abhandlungen mit Lied und Gebet umrahmten, welch beide Elemente oft noch zur weiteren Belehrung dienen mussten. Auch nicht das Amen zu Gebet und Predigt darf die Gemeinde sagen, zum Publikum degradiert, das nicht einmal spontan applaudieren darf. Auch das war und ist bis heute eine Tradition, erwachsen einst aus der Hochschätzung des gepredigten Wortes, geformt aber durch den aufklärerischen Gedanken des volksbildenden Lehrvortrags, eine Tradition, deren kritische Revision unter dem Einfluss der liturgischen Erneuerungsbewegung in der ersten Hälfte des 20. Jahrhunderts und der Brüder von Taizé ich dankbar begrüsse.

Damit ist zugleich gesagt, dass es in liturgischen Dingen nicht einfach «die Tradition» gibt, sondern eine Mehrzahl von Traditionen, und dass wir Schweizer Reformierten, die keine verbindliche liturgische Tradition haben, in der bequemen Lage sind, aus verschiedenen Traditionen auszuwählen, was uns sachdienlich scheint. Um zu solchem Auswählen in der Lage zu sein, müssen wir allerdings verschiedene liturgische Traditionen nicht nur kennen, sondern auch verstehen. Vor allem aber brauchen wir ein Verständnis dessen, was Tradition für eine Gottesdienst feiernde Gemeinde grundsätzlich bedeutet.

Es gibt so etwas wie eine liturgische Sprache, die wie jede Sprache ein Regelwerk ist, eine tradierte Struktur und ein tradiertes Vokabular hat. Das Vokabular besteht nicht bloss aus Vokabeln, sondern auch aus Gesten, Bewegungen, Melodien, Verhaltens- und Begegnungsweisen, Raumgestaltung, Zeiteinteilung.

Im Gottesdienst läuft ein Drama ab, ein heiliges Spiel, nicht mit professionellen Schauspielerinnen eingeübt und vorgeführt, sondern inszeniert mit «Laiendarstellern» im ureigensten Sinn des Wortes, mit Angehörigen des Gottesvolks, die nach persönlicher Vorbereitung in den Akt des Gottesdienstes eintreten und ihr Rollenverständnis mitbringen, das sie darin leben und darstellen wollen. Sie haben als mündige Menschen dieses Rollenverständnis bei ihrem Eintritt in einen protestantischen Gottesdienstraum auch bereits in ein wie auch immer geartetes Verhältnis zu einem christlich-protestantischen Gottesdienst gesetzt.

Wohlgemerkt: Die Begegnung eines Menschen mit Gott gehört zu seinem Intimsten und Persönlichsten: Ich begegne in «Gott» dem Geheimnis, dem Grund und Ziel meines Lebens und damit auch dem verpflichtenden «Jetzt» meiner Lebenszeit. Vor ihm will ich mich öffnen und «darstellen», im Gemeindegottesdienst im Verbund und Chor einer Gemeinde von Schwestern und Brüdern, die mit mir Gott loben und seine Stimme als Zuspruch und Anspruch, als Trost und Weisung hören wollen. Da bin ich dankbar, wenn das heilige Spiel nach vertrauten Regeln abläuft und ich mich nicht herumkommandieren lassen muss von einem Regisseur, der irgendwelche gutgemeinte eigene, möglichst überraschende Regieeinfälle mit mir umsetzen will.

Ein kurzer Blick in gedruckte Liturgien zeigt, dass es im reformierten Bereich keine starre traditionelle Ordnung des Gottesdienstes gibt, jedoch so etwas wie eine traditionelle Grundstruktur, ein Weg, der abgeschritten wird, dessen einzelnen Abschnitte nicht beliebig vertauschbar sind.

In einem traditionell strukturierten Gottesdienst werde ich im Namen Gottes begrüsst, darf ich ankommen, mich vorbereiten zur Begegnung mit Gott, einstimmen ins Gotteslob, Gottes Wort ohne Bevormundung hören, gemeinsam mit mir im Glauben verbundenen Menschen meine und die Nöte und Ängste meiner Mitmenschen vor Gott tragen, wenn es ein vollständiger Gottesdienst ist, Brot und Wein teilen im Gedenken an Jesus Christus; schliesslich werde ich mit einem Segen, einem Zuspruch von Lebenskraft in Gottes Namen auf meinen Weg entlassen.

Das alles ist Tradition und bietet doch auch viel Raum zu zeitgemässer Gestaltung, insbesondere was die Formulierung der Gebete und die Auslegung der Texte betrifft.[3] Die Predigt ist der liturgische Ort par excellence, wo Innovation unabdingbar ist. Hier dürfen keine alten, angelernten Formeln rezitiert werden. Hier muss die Botschaft lebendiges Wort sein, eigenes, aktuelles Zeugnis der Predigerin, gegenwärtiger Zuspruch, die Anwesenden im Heute ansprechend. Hier werden Fragen bewegt, die sich heute stellen, wird Trost gesucht für Leid, das heute beschwert, wird Freude geteilt, die heute leuchtet, wird Hoffnung bezeugt, die heutigen Ausweglosigkeiten widersteht. Da geht es nach dem Wort Jesu Mt 13,52 zu: «Darum ist jeder Schriftgelehrte, der ein Jünger des Himmelreichs geworden ist, einem Hausherrn gleich, der aus seiner Schatzkammer Altes und Neues hervorholt.» «Altes», das sind die Schätze überlieferter Sprache, Sprachkraft und Sprachmittel, die uns helfen, das noch Unfassbare und Unsagbare von Gegenwart und Zukunft zu erschliessen. «Neues», das sind die Widerfahrnisse von Heute, die «Zeichen der Zeit», die beim Namen genannt, besprechbar gemacht werden müssen, mehr aber noch die Hoffnungen für Morgen, die gesichtet und begründet werden müssen in der Erinnerung des Glaubens.

Kurz, Sprache ist nur verständlich, wenn sie Worte braucht, mit denen die Hörer Erinnerungen verbinden können. Was geschieht, wenn Sprache sich von den tradierten Wortbedeutungen löst, hat Peter Bichsel in seinen «Kindergeschichten» veranschaulicht. In der Erzählung «Ein Tisch ist ein Tisch» beschreibt er einen Mann, der eines Morgens beschliesst, die Bedeutung von Worten zu vertauschen. Er verspinnt sich so weit in seine innovativ entwickelte Sprache, dass er sich schliesslich mit seinen Mitmenschen überhaupt nicht mehr verständigen kann.

Arm und kraftlos wird unsere Sprache zudem, wenn sie sich nicht nährt aus erinnerten, tradierten Texten, Melodien, Ausdrucksweisen. Was wären unsere Malerei, unsere Musik, unsere Literatur ohne die tradierten Kunstwerke der Vergangenheit? Man denke nur an Pablo Picasso, dessen unbestreitbar innovative Malkunst von einem stupenden Bildgedächtnis lebt.

3 Man denke nur an anregende Texte wie die Gebete von Huub Oosterhuis oder die Predigten und die «Leichenreden» von Kurt Marti.

Sprache ist aber nur lebendig, wenn sie Gegenwärtiges und Neues erschliessen hilft. Leer und tot sind bedeutungs- und beziehungslos hingestellte Formen und Formeln allemal, ob sie nun vom «Sühntod Christi», von «Gottes Allmacht» oder vom «gelingenden Leben» schwätzen, ohne solche Ausdrücke in Bezug zu setzen zu gegenwärtiger Erfahrung.

Hier ist wirklich «Kairologie» gefragt, wie Thomas Bornhauser sie fordert, das rechte Wort zur rechten Zeit. Den Terminus *kairos* verstehe ich im Neuen Testament freilich eine Nuance anders als Thomas Bornhauser: nicht so sehr als die jeweils gegebene Situation, sondern als reif gewordene Zeit, als Zeitpunkt der Entscheidung, der Erfüllung. *Kairos* meint, mit Walter Benjamin gesprochen: «einen Begriff der Gegenwart als der ‹Jetztzeit›, in welcher Splitter der messianischen eingesprengt sind».[4] «Kairologisch» ausgerichtetes Fragen ist: Was ist jetzt dran? Worauf kommt es jetzt an? Und das heisst nicht unbedingt: Was ist in der gegebenen Situation passend, weil erwartet? Wenn ich, um Bornhausers Beispiel aufzunehmen, Psalm 23 nicht als Herausforderung für junge Menschen heute auszulegen weiss, dann lasse ich ihn lieber auch bei der Abdankungsfeier für ihre Grossmutter weg.

Zum Wort gehört die Antwort. Soll die Gemeinde als solche, nicht nur die in ihr versammelten Einzelpersonen je für sich, in der Lage sein, auf die gehörte Botschaft von Bibel und Predigt zu antworten, sie aufzunehmen und zu bekräftigen, dann sind nochmals vorgegebene, tradierte Formen nötig, die zum Ausdruck bringen, was diese Gemeinschaft im Glauben verbindet. Es erscheint mir nicht machbar, jeweils aus dem Augenblick heraus Formulierungen zu erfinden, denen alle Anwesenden zustimmen können. Genau da sind tradierte Bekenntnisse, wie beispielsweise das Apostolikum, hilfreich. Sie haben historische Dignität, zugleich aber auch historische Distanz, sind als verdichtete kollektive Erinnerung, als Formeln auslegungsbedürftig, lassen Spielraum zur Interpretation, zu Fragen, auch zu Widersprüchen, verweisen aber dennoch auf den Kern des die Gemeinde verbindenden Glaubens. Als Liturg habe ich beispielsweise die Erfahrung gemacht, dass die Verwendung des Apostolikums in Taufgottesdiensten mit konfessionsverbindenden Familien es den nicht-reformierten Familienangehörigen erleichtert, das Geschehen mitzutragen. Dieselbe Funktion wie überlieferte Bekenntnisse haben auch vertraute Choräle, in denen sich Erfahrungen und Erkenntnisse des Glaubens nicht nur rational, sondern auch emotional verdichtet haben. Die Pflege des Kirchengesangs ist deshalb ein wichtiges Traditionselement. Unsere Gemeinden verlieren Entscheidendes, wenn sie keine Lieder mehr *par cœur* kennen und singen können.[5]

4 Benjamin, Über den Begriff der Geschichte, S. 704.

5 Das belegt nicht zuletzt die Wirkkraft der Kantaten von Johann Sebastian Bach wie der Spirituals und Gospelgesänge weit über die Kreise konservativer Kirchenmitglieder hinaus.

Replik auf das Plädoyer von Georg Vischer

Thomas Bornhauser

Es braucht Weisheit

Es ist etwas anderes, ob ich einen originellen Text von Kurt Marti in der Wort-und-Musik-Feier für Kulturinteressierte oder in der Pflegeheim-Andacht vorlese. Die Wirkung ist nicht die gleiche. Wir sind also immer noch bei der Frage: Wann ist die Verwendung eines innovativen liturgischen Elements angebracht, wann die eines traditionellen? Um das zu entscheiden, braucht es Weisheit. Wichtig ist dabei folgender Aspekt: Die Weisheit nimmt darauf Rücksicht, dass die gleiche Sache unter unterschiedlichen Umständen auch unterschiedlichen Gewinn und unterschiedlichen Verlust hervorbringt. Ich erläutere das an zwei Beispielen, die bereits oben ins Spiel gebracht wurden.

Erstes Beispiel: Apostolikum

Im Kontext einer katholischen Messe wirkt das Apostolikum anders als in einem reformierten Predigtgottesdienst. Nehmen wir an, die reformierte Gastpredigerin in einer Messfeier stimme ein, wenn der gastgebende katholische Liturg das Apostolische Glaubensbekenntnis spricht. Die Gastpredigerin kann durch das Mit-Bekennen ihre Verbundenheit mit der Schwestergemeinde ausdrücken, das ist ein Gewinn. Aber sie riskiert, dass kritische Gottesdienstteilnehmer von ihr enttäuscht sind, weil sie finden, sie verrate die reformierte Bekenntnisfreiheit.

Wenn dann die reformierte Pfarrerin in ihrer eigenen Gemeinde das Apostolikum verwendet, liegen Gewinn und Verlust woanders. Einerseits besteht die Chance, mit diesem häufig wiederholten liturgischen Stück auch Reformierten wieder mehr Heimat in ihrem Gottesdienst zu geben. Andererseits droht die Gefahr, dass Aussagen des Apostolikums den Teilnehmern unverständlich, irrelevant oder sogar ärgerlich erscheinen und sie dem Gottesdienst entfremden. Bei der Verwendung des Apostolikums muss darum mit Weisheit von Fall zu Fall zwischen Chancen und Risiken abgewogen werden.

Zweites Beispiel: Einsetzungsworte

Stellen wir uns vor, beim Erntedankgottesdienst setzt der Pfarrer das Abendmahl nicht mit den Worten aus 1Kor 11,23–26 ein, sondern mit Worten, welche Brot und Wein als Schöpfungsgaben bezeichnen, für die wir dankbar sein dürfen. Ein Gewinn dabei ist, dass Abendmahl und Erntedank thematisch eng verbunden sind. Ein Verlust ist es, dass im Blick auf die Einsetzungsworte der rituell-repetitive Charakter des Abendmahls abgeschwächt wird, weil diese nicht die gleichen sind wie bei anderen Abendmahlsfeiern.

Stellen wir uns weiter vor, dieser Pfarrer würde am Karfreitag nochmals die gleichen Einsetzungsworte verwenden wie beim Erntedankgottesdienst. Er würde damit jene Gläubigen entlasten, welche sich von der Opfer-Metaphorik abgestossen fühlen. Das wäre ein Gewinn. Hingegen wäre die Chance vertan, gerade dann, wenn sie thematisch am besten passen würden, mit den paulinischen Einsetzungsworten ein Stück häufig wiederholter Tradition rituell zu nutzen.

Selbstverständlich sind in beiden Beispielen die Chancen und Risiken viel zahlreicher als die erwähnten. Es ist darum anspruchsvoll, den möglichen Gewinn und den möglichen Verlust gegeneinander abzuwägen. Was ich zeigen wollte: Obwohl wir an verschiedenen Orten scheinbar das Gleiche tun (Apostolikum beten bzw. Einsetzungsworte sprechen), ist die Wirkung je nach Kontext eine andere. Es gilt, von Fall zu Fall eine Güterabwägung zu machen. Insgesamt, wenn ich mir die gottesdienstliche Landschaft der reformierten Deutschschweiz vor Augen halte, bleibe ich bei meiner ursprünglichen Einschätzung: Es wäre weise, da und dort mehr Innovation zu wagen. Wir würden mehr gewinnen als verlieren.

Antwort auf die Replik von Thomas Bornhauser

Georg Vischer

Ich will Thomas Bornhauser überhaupt nicht bestreiten, dass dem landläufigen reformierten Gottesdienst mehr Innovation gut täte. Für mich stellt sich auch nicht die Frage: Wann ist die Verwendung eines innovativen liturgischen Elements angebracht, wann die eines traditionellen? Offenkundig verbinden wir beide mit den Begriffen «Tradition» und «Innovation» nicht dasselbe.

«Tradition» heisst für mich nicht die Verwendung herkömmlicher Ausdrucksformen, sondern die Weitergabe der konstitutiven Erinnerung des Glaubens. Und «Innovation» heisst für mich im liturgischen Bereich nicht bloss das Erfinden neuer Ausdrucksformen. Innovation geschieht, wenn die Feiernden im Gottesdienst sich in einem neuen Licht erkennen können, indem das Tradierte neu interpretiert wird, die Erinnerung neue Bedeutung im Heute gewinnt, das Heute aus der Erinnerung neu verstanden und für das Morgen erschlossen wird. Mir geht es bei unserm Fragenkomplex primär um das, *was* wir im Gottesdienst tun, in zweiter Linie dann allerdings auch darum, *wie* wir es tun. In dieser Reihenfolge. Denn die Form allein schafft keinen Inhalt, wohl aber sucht und braucht der Inhalt seine angemessene und fassbare Form.

Nun zu den Beispielen, die mein Kontrahent aufgenommen hat:

1. Das Apostolische Glaubensbekenntnis ist, ob im römisch-katholischen oder im evangelisch-reformierten Gottesdienst rezitiert, unbestritten die jedenfalls in der Westkirche verbreitetste Zusammenfassung des christlichen Glaubens, ein Text von höchster theologischer Dichte, darum auch in hohem Mass inter-

pretationsbedürftig. Eine Gemeinde, die eine intensive Auseinandersetzung mit seinen Inhalten vermeiden will, stellt diesen Text wohl besser in den Giftschrank, würde sich damit aber auch ins ökumenische Abseits begeben. In diesem Text gibt es kein Wort, das auf Anhieb verständlich wäre. Schon das «Ich» von «Ich glaube»: Wer redet denn da? Wer kann so affirmativ und bedingungslos sagen «Ich glaube ...»? Und dann «glaube»: Was heisst das denn? Ganz bestimmt nicht: «Ich weiss zwar nicht sicher, aber ich nehme halt an»! Und dann das unmenschlich grosse Wort «Gott», die patriarchale Metapher «Vater», die man nicht so einseitig stehen lassen kann ...
Kurz: Das Apostolikum ist ein sperriger und schwieriger Text, vor dem man zurückschrecken kann und den man vielleicht auch lieber liturgisch sparsam einsetzt. Aber ganz bestimmt ist es kein Accessoire, mit dem man nach Belieben ein Ritual garniert nach der Weise: «Was darf's denn heute sein, Kaffee oder Tee?» Dieser Text fasst in einzigartiger Weise die Grundstruktur des christlichen Glaubens zusammen und hat, dank seiner historischen Dignität, einen hohen Wiedererkennungswert.
Bei Kurt Marti kann man lernen, wie wir das Apostolikum heute interpretierend aufnehmen und innovativ nachsprechen können. Allerdings machte ich kürzlich in einem Kreis jüngerer Kolleginnen und Kollegen die Feststellung, dass die befreiungstheologische Interpretation Martis für manche bereits wieder passé ist.
2. Die Einsetzungsworte beim Abendmahl stehen nach meiner Überzeugung nicht zur Disposition. Auch wenn unbestritten gilt, dass Brot und Wein als Gaben des Schöpfers gesegnet und verdankt werden – entsprechende Formulierungen finden sich ja in vielen Abendmahlsgebeten und man kann das auch täglich mit Tischgebeten üben –, so feiert auch eine reformierte Gemeinde beim Abendmahl immer das Gedächtnis Jesu Christi, ihres gekreuzigten und auferstandenen Herrn, und ihre Zugehörigkeit zu ihm, dem Messias als Anfänger einer neuen Menschheit, wie immer ihre Glieder das für sich auch auslegen mögen. Alles andere wäre Etikettenschwindel. Genauso übrigens, wie es Etikettenschwindel ist, wenn wir aus der Taufe eine mit Wasser beträufelte Kindersegnung machen.

Trinitarisches Bekenntnis, Taufe und Abendmahl sind Kernelemente der Überlieferung, die das Wesen der christlichen Kirche (im Singular!) beschreibt. Es besteht meinerseits kein Dissens mit Thomas Bornhauser, dass solche Elemente nicht als starre Formeln rezitiert werden sollen, sondern der innovativen Auslegung bedürfen. Genau daran aber wird sich jede Auslegung oder liturgische Inszenierung zu bewähren haben: Ob sie den wesentlichen Kern der Überlieferung in der konkreten heutigen Situation hilfreich und widerständig verstehbar macht.[6]

6 Ich denke hier an Vorgänge wie die Barmer Theologische Erklärung von 1934.

Messe oder reformiertes Abendmahl?

Gottesdienst der Kirche – in Wort und Sakrament

Bruno Bürki

Ich zögere ernsthaft, hier und heute auf die in obenstehender Kapitelüberschrift formulierte Kontroverse einzugehen. Wollen wir uns etwa dazu verleiten lassen, hergebrachte Ressentiments abzureagieren, und uns auf konfessionelle Teilwahrheiten versteifen? Der Weg ist dermassen von Missverständnissen bedroht, dass er zur ausweglosen Sackgasse werden könnte – gegenseitige Unterstellungen sind nahe liegend und bringen uns miteinander auf Abwege. Messe (übrigens eine ausschliesslich abendländische oder lateinische Bezeichnung) steht von alters her für die hauptsächliche Form des christlichen Gottesdienstes, wird aber von vielen mit überholten mittelalterlichen theologischen Vorstellungen belastet und mit obsoleten Formalitäten verbunden. Die reformierte Abendmahlsfeier ist aus spätmittelalterlichen gottesdienstlichen Veranstaltungen mit Volkspredigt und Gemeindekommunion hervorgegangen, einst am Platz einer lateinischen Messe des Klerus im fern abgehobenen Chor der Kirche erfreulich gemeindenah, aber hinter dem vollen Anspruch an den christlichen Gottesdienst doch eindeutig zurückgeblieben.[1]

So möchte ich zunächst festhalten, um was es uns, nicht nur in der reformierten Liturgik der Deutschschweiz, sondern in der gottesdienstlichen Praxis der christlichen Kirche im Raum der Ökumene und in der auf Liturgie bezogenen theologischen Reflexion überhaupt gehen muss: um die ordentliche oder vorab sonntägliche Feier des Gottesdienstes der Kirche Jesu Christi, die mit der Wortverkündigung einsetzt und zur eucharistischen Handlung der gesamten Gemeinde der Getauften führt – im Blick auf ein glaubwürdiges Zeugnis der Gemeinde und der Einzelnen. Gottesdienst als Feier des Ostergeheimnisses in unserer Zeit!

Die Tradition der Messefeier, wie sie sich im katholischen Abendland entwickelt hat, liefert für die Erfüllung solch liturgischer Mission wertvolle Anhaltspunkte. Aus der jüngeren Vergangenheit, die die gegenwärtig wahrzunehmende Situation vorgespurt hat, stelle ich für den reformierten Gottesdienst Anregungen aus den Liturgischen Bewegungen daneben, die uns hierzulande mindestens am Rand berührt haben (seit Ende 19. und dann im 20. Jahrhundert). Ich denke wei-

1 Kennzeichen der evangelischen Abendmahlsfeier aus der Reformationszeit sind einerseits die ausführliche Abendmahlbelehrung – in jener Zeit speziell angebracht! – und andererseits ein längeres Kommunionsgebet. Zu diesen Formen Eberhard Winkler: Der Predigtgottesdienst, in: Hans-Christoph Schmidt-Lauber u. a. (Hg.): Handbuch der Liturgik, Göttingen ^{3}2003, S. 247–267.

ter an die zunächst in Schottland vorgetragenen, weltweit und auch schweizweit einflussreich gewordenen Vorlesungen von Karl Barth zu *Gotteserkenntnis und Gottesdienst nach reformatorischer Lehre,* mit ihrem Doppelthema «Kirchlicher Gottesdienst als göttliches und [danach] als menschliches Handeln», mit der sich daraus ergebenden Ermahnung zur regelmässigen sonntäglichen Feier von Predigt und Abendmahl.[2] Dazu ist der *Einheitliche Abendmahlsgottesdienst* im Baselbieter Kirchenbuch von 1949 zu beachten[3]. Dieses Kirchenbuch wurde durch Schüler von Barth geschaffen. Sein einheitlicher Abendmahlgottesdienst ist zusammengesetzt aus Predigtteil und Mahlfeier; zu letzterer gehört ein Eucharistiegebet mit Präfation, Einsetzungsworten, Anamnese und Epiklese. Die Gemeinde stimmt mit Sanctus und Agnus Dei (in der Volkssprache) ein und macht sich auf zur Gemeindekommunion unter Psalmengesang. In etlichen reformierten Gemeinden, insbesondere der Westschweiz, so in der Reformierten Kirche des Kantons Neuenburg, ist eine solch einfache und doch vollständige Form sonntäglicher Feier inzwischen zum selbstverständlichen Gemeindegottesdienst geworden.[4] Diese Entwicklung ist nicht einfach als «welsche» Besonderheit – bewundernd oder kopfschüttelnd – einzustufen, nachdem der Rat des Schweizerischen Evangelischen Kirchenbundes in seinen Empfehlungen zum Abendmahl entsprechende Aufforderungen zur «Regelmässigkeit der Abendmahlsfeier» mit den genannten Feierelementen an alle Mitgliedkirchen gerichtet hat.[5] In den SEK-eigenen gesamtschweizerischen Gottesdiensten ist diese Ordnung inzwischen ebenfalls selbstverständlich geworden. Sie entspricht reformatorischer Intention (ebenso von Calvin wie von Luther ausgegangen) und dem in den ökumenischen Konvergenzerklärungen anvisierten Standard.[6] Bei unserem «Kirchenvater» Johannes Calvin ist dazu die in der «Institutio Christianae Religionis» vorbildhaft dargestellte Gesamtgottesdienstordnung nachzulesen.[7] Im Reformierten Gesangbuch steht unter den Leitbildern zur Gottesdienstordnung das «Gerüst eines Abendmahlsgottesdienstes» mindestens an zweiter Stelle nach den Gerüsten zum Predigtgottesdienst.[8]

Neben den unbestritten konstitutiven Elementen zum Gottesdienst ist die abendländische Messetradition freilich, wie angedeutet, von etlichen Lasten be-

2 Karl Barth: Gotteserkenntnis und Gottesdienst nach reformatorischer Lehre, Zollikon-Zürich 1938, bes. S. 183–203.

3 Liturgie für die reformierten Kirchgemeinden des Kantons Basel-Landschaft. 1949, S. 175–181.

4 Als Referenz dafür gelte die Liturgie: ... à l'usage des Eglises réformées de la Suisse romande, 2 Bde. 1979–1986.

5 Das Abendmahl in evangelischer Perspektive. Überlegungen und Empfehlungen des Rates des Schweizerischen Evangelischen Kirchenbundes SEK – FEPS, Bern 2004, S. 30–35.

6 Taufe, Eucharistie und Amt. Konvergenzerklärungen (Limadokumente) der Kommission für Glauben und Kirchenverfassung des Ökumenischen Rates der Kirchen, Frankfurt a.M./Paderborn 1982, unter E 27.

7 So in allen Ausgaben seit 1536, in der endgültigen Institutio von 1559 unter IV 17, 43.

8 Gesangbuch der Evangelisch-reformierten Kirchen der deutschsprachigen Schweiz, Basel/Zürich 1998, Nr. 153.

schwert, die wir in unserem reformierten Gottesdienst nicht weiterschleppen möchten. Solche Belastung ist aber nicht unabwendbar, sie kann vielmehr hier und jetzt ausgeglichen werden. Ich denke dabei an den Trend, einseitig den Opfercharakter der Messe zu betonen, und an einen gewissen klerikalen Aspekt dieser Messe. In diesen beiden Bereichen besteht eine speziell reformierte Zurückhaltung, auf die wir Rücksicht nehmen wollen. Die unumgängliche Korrektur darf dann nicht etwa in das Gegenteil des kritisierten Fehlers umkippen.

Die Ausfälle von Martin Luther gegen den Opfercharakter der Messe sind bekannt. Der Reformator unternahm es, die überkommene Messe von allem zu reinigen, was nach Opfer «riechen» könnte. Diese «gereinigte» Messe ist bis in die Gegenwart vorbildlich geblieben für den lutherischen Gottesdienst, der übrigens noch lange einfach «Messe» hiess. Auf reformierter Seite bleibt die Polemik gegen die «päpstliche Messe» im Heidelberger Katechismus in Erinnerung, die in der pathetischen Erklärung gipfelt, es sei die «Messe im Grunde nichts anderes denn eine Verleugnung des einzigen Opfers und Leidens Jesu Christi und eine vermaledeite Abgötterei».[9] In der «Institutio» Calvins wird der Gegensatz zum Messopfer nur wenig gemässigter artikuliert. Nach einem ausgeglichenen Kapitel zu Lehre und rechter Praxis des Abendmahls steht hier ein Kapitel von gut zwanzig Seiten gegen die päpstliche Messe, die das Abendmahl Christi zunichte machte; der Text gipfelt in der Unterscheidung der Messe als «Sühnopfer» vom richtigen Dankopfer der christlichen Kirche. Für letzteres tritt freilich ein eucharistischer Bezug nicht wirklich ins Gesichtsfeld.[10] Für das gegenwärtige Verständnis der katholischen Messe ist auf die Betonung des Zusammenhangs zwischen dem Gedächtnis des Opfers Christi und dem sakramentalen oder liturgischen Opfer der Kirche hinzuweisen. Im nachvatikanischen Katechismus der Katholischen Kirche steht das Kapitel über «das sakramentale Opfer: Danksagung, Gedächtnis, Vergegenwärtigung» mit der zentralen Erklärung: «Die Eucharistie ist das Gedächtnis der Ostern Christi, Vergegenwärtigung und sakramentale Darbringung seines einmaligen Opfers in der Liturgie der Kirche, die sein Leib ist.»[11] Die katholische Messe hat also einen nie aufgegebenen Bezug zum Opfergeschehen, der dem reformierten Dialogpartner nicht nur infolge historischer Reminiszenzen etliche Mühe macht.

Inzwischen ist jedoch bei den einen und den andern aus vertiefter theologischer und nicht zuletzt biblischer Besinnung die Erkenntnis gewachsen, dass das Bekenntnis zur Gnade Gottes, die genügt, und zum einmaligen österlichen Geschehen in Tod und Auferstehung Christi *und* der vergegenwärtigende, anamnetische oder memoriale, heilsgeschichtliche und engagierte Bezug zu Glauben und Handeln der gegenwärtigen Kirche als Darbringung unabdingbar zusammengehören. Miteinander bekennen die Christen in ihrer eucharistischen Feier das Geheimnis

9 Kirchenordnung der Kurpfalz (1563). Frage 80 des «Heidelberger Katechismus».

10 Johannes Calvin: Institutio Christianae Religionis (1559), IV 17 und 18.

11 Katechismus der Katholischen Kirche (1992), Art. 1362.

des Glaubens in den paulinisch-altkirchlichen Worten: «Deinen Tod, o Herr, verkünden wir, und deine Auferstehung preisen wir, bis du kommst in Herrlichkeit.»[12] In Verbindung mit diesem Bekenntnis bringen sie das Brot und den Kelch als Frucht der Erde, des Weinstocks und der menschlichen Arbeit zum Tisch des Herrn.[13] In die eucharistische Anamnese als Vergegenwärtigung des Heils wird die Hingabe des christlichen Lebens in lebendigem Opfer (im Sinn von Röm 12,1) regelmässig eingeschlossen. Darüber hinaus erstreckt sich die heilsgeschichtliche Dimension der Anamnese bis in die eschatologische Bitte des «Maranata, komm, Herr». Damit ist der prophetische und eschatologische Zug jedes christlichen Gottesdienstes angezeigt.[14] Der eschatologische Gebetsruf ist immer auch liturgisch artikulierter Vorbehalt gegenüber einem «vollendeten» Gottesdienst.

Eine Belastung der Messetradition stellt sicher die in der katholischen Kirche lange stark hervorgehobene Stellung des Amtspriestertums und damit verbunden die (für evangelisches Empfinden klerikal anmutende) feierliche Inszenierung des Gottesdienstes dar. Eine reformierte Gemeinde in der deutschsprachigen Schweiz, aber auch die von hugenottischer Tradition geprägte Versammlung von französischen Reformierten oder von Presbyterianern irgendwo in der Welt praktizieren da andere Gebräuche. Stehen wir also im Gottesdienst vor der Alternative zwischen einer hierarchisch gegliederten und in Feierlichkeit auftretenden Kirche und einer brüderlich und schwesterlich unkompliziert und formlos miteinander umgehenden Gemeinschaft? Unterschiedliche sprachliche Formen und Optionen in der Kommunikation können den sich abzeichnenden Hiatus akzentuieren. Sind jedoch respektvolle Distanz einerseits, und mehr oder weniger spontaner Umgang unter Menschen und mit gottesdienstlichen Realitäten andererseits ernsthaft konfessionstrennend? Zweifelsohne sind die genannten liturgischen Eigenheiten keineswegs harmlos für Gestaltung und Inhalt des gottesdienstlichen Geschehens.

Aber inzwischen ist wiederum in erneuerter und vertiefter theologischer Erkenntnis und kirchlicher Einstellung den einen wie den andern in der christlichen Kirche aufgegangen, wie wesentlich und subtil das Zusammenspiel von Trägerschaft der Gesamtgemeinde und Ämterordnung im Gottesdienst ist. Der evangelisch-reformierte Gottesdienst wird, zumindest ordentlicher Weise, von dem zum Dienst an Wort und Sakrament ordinierten Amtsträger geleitet. Das entspricht im Übrigen der ursprünglich reformatorischen Kirchenordnung sowohl der reformierten wie der lutherischen Kirche.[15] Für die katholische Kirche hat das

12 RG 310.

13 Diese im reformierten Raum populär gewordene Gebetswendung geht auf das Missale 1970 von Papst Paul VI. zurück.

14 Vgl. Henry Mottu: Le geste prophétique. Pour une pratique protestante des sacrements, Genève 1998, mit: Liturgiekonstitution des Zweiten Vatikanischen Konzils «Sacrosanctum Concilium» (SC), Nr. 8 – ohne freilich einen Unterschied im Grundton zu verheimlichen.

15 Dazu das Zweite Helvetische Bekenntnis (1566), Kap. 18, insbesondere mit dem Absatz: «Die Amtspflichten der Diener […] können […] auf zwei Dinge zurückgeführt werden […]: nämlich die

Zweite Vatikanische Konzil klargestellt, dass nicht der Priester *seine* Messe zelebriert, sondern die versammelte christliche Gemeinschaft integrales Subjekt der liturgischen Handlung ist.[16] Die priesterliche Vorsteherschaft ist Dienst in der Gemeinde.

So entsteht bezüglich der Feier im Mahl des Herrn ein Grundkonsens, bevor sich die Wege zwischen katholischer Messe und evangelischem Abendmahl trennen (vor allem hinsichtlich der Voraussetzung einer in bischöflich-apostolischer Sukzession in Einheit mit dem Römischen Stuhl erteilten Weihe der Amtsträger). In der Form der Feier kennen und pflegen wir sicher, auch legitimer Weise, konfessionsverschiedene Gewohnheiten. Dann jedoch stehen die einen wie die andern vor der Frage, wie wir heute und in der nächsten Zukunft den *einen* Gottesdienst der Kirche Jesu Christi in glaubwürdiger Weise gestalten können, damit wir und unsere Zeitgenossen, auch unsere Kinder und Nachkommen in liturgischer Ordnung – «würdig und recht», wie das Eucharistiegebet zur Eröffnung anmahnt – dem kommenden Herrn der Kirche entgegengehen.[17]

Ich spreche darum von der Abendmahlsfeier im evangelisch-reformierten Raum nicht eigentlich, wie das für Katholiken und Lutheraner vordem üblich war und weiterhin gängig sein kann, als von einer Messe. Auch Orthodoxe und Anglikaner brauchen hier, wie eingangs angedeutet, andere Bezeichnungen. Doch sollen terminologische und traditionelle Verschiedenheiten kein Problem der Abgrenzung zwischen Jüngern und Jüngerinnen Christi andeuten oder heraufbeschwören; vielmehr bekennen die Christberufenen einen Herrn und einen Glauben und eine gemeinsame Hoffnung – und praktizieren, gezeichnet mit der einen Taufe, *einen* eucharistischen Gottesdienst (Eph 4,4).

Lehre des Evangeliums Christi und die rechtmässige Verwaltung der Sakramente.»

16 Liturgiekonstitution des Zweiten Vatikanischen Konzils «Sacrosanctum Concilium», Nr. 26–32. Grundordnung des Römischen Messbuches. Editio typica tertia 2002, Nr. 16–26.

17 Diesem Anliegen diente gestern der Band von Bruno Bürki u.a. (Hg.): Gottesdienst feiern. Eine Orientierungshilfe für Vorbereitung und Gestaltung, Zürich 1993, und dient heute der von Christoph Ammann; Ralph Kunz; Matthias Krieg (Hg.): Abendmahl, Zürich 2007.

Plädoyer für die Mahlgemeinschaft

Andrea Anker

Es kann in der Tat bei der hier provozierten Kontroverse nicht darum gehen, ein interkonfessionelles Streitgespräch fortzusetzen. Nicht die Abgrenzung von der katholischen Messtradition ist für das reformierte Abendmahlsverständnis entscheidend, sondern die Orientierung an der Schrift. Deren Abendmahlstexte sind als kritische Instanz immer wieder neu und unter Berücksichtigung aller Kontexte so auszulegen, dass ihre entscheidenden Pointen in ihrer Relevanz für die jeweilige Gegenwart offengelegt werden. Reformiert Abendmahl zu feiern, heisst nicht, in einer konfessionellen Verengung Abendmahl zu feiern. Sondern so, dass mit dem Brechen des Brotes auch konfessionelle Verkrustungen aufbrechen und reformiert werden (können).

Aus diesem Grund habe ich an den Text von Bruno Bürki die grundlegende Anfrage, ob die von ihm anvisierte Konvergenz mit den Katholiken ernstlich ein Kriterium sein kann für die Beurteilung von Reformvorschlägen in diesem Bereich. Zumal ja selbst dann, wenn die Reformierten die katholische Abendmahlslehre inklusive Realpräsenz, Transsubstantiation und Lehre vom Messopfer übernähmen, keine gemeinsame Feier der Eucharistie möglich wäre. Die fundamentalen Differenzen im Amts- und Ordinationsverständnis stehen dem entgegen. Nach katholischem Verständnis kann nur ein Priester, d. h. ein von einem Bischof in Apostolischer Sukzession geweihter Mann, die Eucharistie zelebrieren. Allen anderen fehlt schlicht und einfach die gültige Weihe. Und es ist schwer vorstellbar, dass die römisch-katholische Kirche in den nächsten Jahrzehnten grundlegende Modifikationen in ihrer Ämterlehre vornehmen wird.

Der ökumenische Horizont, in dem die Reformierten der Deutschschweiz über das Thema Abendmahl diskutieren, ist aber so oder so weiter zu fassen: Das Gespräch zwischen Reformierten und Katholiken ist hierzulande aus pragmatischen Gründen (dazu zählt v. a. das Bedürfnis nach ökumenischen Trauungen, Taufen, Abdankungs- und Gedenkfeiern aller Art) sicher von bleibender Dringlichkeit. Für prinzipielle Fragen der liturgischen Ausrichtung mindestens ebenso wichtig ist aber der Dialog mit anderen reformierten Kirchen rund um den Globus, mit anderen evangelischen Konfessionen und schliesslich auch mit den Orthodoxen Kirchen oder der einflussreichen Pfingstbewegung.

Gottes Gabe annehmen, nicht darbringen

Bruno Bürki aber lässt sich die Themen – konkret vor allem die Messopfer- und die Amtsfrage – einseitig von der römisch-katholischen Tradition vorgeben. Bevor ich ausgehend von neutestamentlichen Texten kritische Anfragen an die gegenwärtige Abendmahlspraxis richten und ein paar Ideen für eine alternative Liturgie skizzieren werde, möchte ich zwei Thesen von Bruno Bürki aufgreifen, die mich zum Widerspruch reizen.

Irritiert hat mich zunächst einmal, wie Bruno Bürki zwar den Trend, in der römisch-katholischen Messtradition einseitig das Opfer zu betonen, als Belastung identifiziert, aber die reformatorische Kritik an diesem Verständnis als zu radikal beurteilt (er spricht von «Ausfällen Luthers», von der «pathetischen Erklärung» des Heidelberger Katechismus, von Calvins fehlender Mässigung). Es scheint das Prinzip zu gelten, dass jede fundamentale Kritik als solche schon unfair und übertrieben ist und das Heil nur in einer gemässigten und vermittelnden Position liegen kann. Doch um sich Gehör zu verschaffen gegen die übermächtige Institution der römisch-katholischen Kirche im 16. Jahrhundert, waren die Reformatoren gezwungen, rhetorisch scharfes Geschütz aufzufahren – dazu berechtigt waren sie meines Erachtens aber auch um der Sache willen. Ich vermisse bei Bruno Bürki ein klares sachliches Argument gegen den Inhalt der reformatorischen Polemik. Wo konkret haben sie zu Unrecht Kritik geübt?

Dass Bruno Bürki dann sagt, es sei inzwischen bei den einen und den anderen die Erkenntnis gewachsen, dass das Bekenntnis zur Einmaligkeit von Kreuz und Auferweckung Christi (reformiert) und der vergegenwärtigende Bezug zu Glauben und Handeln der Kirche (katholisch) zusammengehören, leuchtet grundsätzlich ein. Nur mit der genaueren Bestimmung dieses vergegenwärtigenden Bezugs als «Darbringung» habe ich Mühe. Wenn ich recht verstehe, referiert Bruno Bürki an dieser Stelle eine in katholischen wie reformierten Eucharistiefeiern oft vorgenommene Neuinterpretation des Opferthemas: In Anknüpfung an Röm 12,1 sowie an die Praxis der Darbringung von Speiseopfern durch einen Tempelpriester in der jüdischen und paganen Tradition werden Brot und Kelch auch (nicht nur!) als Symbole für die «Hingabe des christlichen Lebens» im Sinne eines Dankopfers verstanden. Doch birgt diese den Symbolen und liturgischen Handlungen aufgebürdete Doppeldeutigkeit nicht die Gefahr einer theologisch höchst fragwürdigen Vermischung?[18] Kann so die Einmaligkeit der Hingabe Jesu für uns überhaupt noch deutlich werden? Wird eine entscheidende Pointe der Opfer-Metapher – nämlich die, dass Jesus Christus die Erfüllung und das Ende aller Opfer ist, die Menschen von sich oder anderen einfordern, um Gott gnädig zu stimmen – nicht leichtsinnig verspielt und aufgehoben in und durch die Etablierung eines neuen Opferrituals und einer neuen Priesterklasse? Die fragwürdige Rede von der «Darbringung» im Kontext des Abendmahls wird dadurch, dass sie zusätzlich mit der Selbsthingabe der Christen (nach Röm 12,1) beladen wird, nicht annehmbarer, sondern im Gegenteil doppelt problematisch, weil das «solus Christus» dadurch verdunkelt wird.

18 Vgl. dazu v.a. Bruno Bürkis Aussage: «In die eucharistische Anamnese als Vergegenwärtigung des Heils wird die Hingabe des christlichen Lebens in lebendigem Opfer (im Sinn von Röm 12,1) regelmässig eingeschlossen.» Was heisst hier «eingeschlossen»?

Aus reformierter Sicht ist stattdessen festzuhalten: Brot und Wein sind Gaben Gottes. Sie werden dankbar entgegengenommen, nicht dargebracht! «Im Abendmahl schenkt sich der auferstandene Jesus Christus in seinem für alle dahingegebenen Leib und Blut durch sein verheissenes Wort mit Brot und Wein.»[19] Und mit Röm 12,1 kann im Zusammenhang der Diskussion um das rechte Abendmahlsverständnis höchstens dafür argumentiert werden: Gottesdienstformen, die von der Teilung in profane und sakrale Bereiche leben, also davon dass Priester an bestimmten Tagen, zu bestimmten Zeiten und Orten stellvertretend für andere heilige Handlungen ausführen, sind zutiefst unchristlich. Gottesdienst findet, wenn überhaupt, dann immer und überall statt und lässt sich nicht delegieren, sondern verlangt die Hingabe des eigenen Leibes, des ganzen Menschen.

Real präsent: Leib Christi als nicht-hierarchische Gemeinschaft von Gliedern

Zweitens stellt Bruno Bürki unter dem Blickwinkel der zum Abendmahl gehörenden Amtshandlung(en) die «klerikal anmutende», «hierarchisch gegliederte und in Feierlichkeit auftretende» römisch-katholische Kirche einer «brüderlich und schwesterlich unkompliziert miteinander umgehenden Gemeinschaft», die sich auszeichne durch einen «mehr oder weniger spontanen Umgang unter den Menschen und mit gottesdienstlichen Realitäten», gegenüber. Diese Gegenüberstellung wird zwar auch diesmal wieder durch eine Reihe von Hinweisen entschärft, die das Gemeinsame hervorheben, insbesondere das Vorhandensein von «zum Dienst an Wort und Sakrament ordinierten Amtsträgern» – auch auf reformierter Seite (!). Doch die Wortwahl des Autors lässt vermuten, dass ihm der Mangel an «Feierlichkeit» und «Form», durch den sich seines Erachtens reformierte Abendmahlsfeiern im Vergleich mit den römisch-katholischen auszeichnen, Mühe bereitet und dass er sich an dieser Stelle eine Annäherung der reformierten Liturgie an die römisch-katholische wünschen würde.

Löst man sich aber aus dem Rahmen und dem ganz eigenen Sprachduktus der ökumenischen Einheitsbestrebungen, eröffnen sich andere Perspektiven auf die reformierte Abendmahlsliturgie. Sie ist dann nicht mehr nur «unkompliziert» und «formlos». Sie ist dann z.B. auch schlicht, aufs Wesentliche konzentriert, dabei dennoch deutungsoffen, einladend – für alle. Sie lebt ganz und gar von ihrer im Sichtbaren erinnerten unsichtbaren Mitte: dem Herrn Jesus Christus. Die um diese Mitte versammelte Gemeinde ist Gemeinschaft im Sinne einer Vielzahl von Gliedern eines Leibes. Leib Christi – in Fleisch und Blut – real präsent: Das gilt aus reformierter und paulinischer Sicht nicht vom Brot und vom Kelch auf dem Tisch, sondern von der Gemeinde, die sich um den Tisch versammelt. Mir leuchtet nicht ein, dass eine solche Gemeinschaft (Bruno Bürki spricht von «Brüdern und Schwestern») deshalb, weil sie nicht hierarchisch gegliedert ist, einen «formlosen»

19 Leuenberger Konkordie, Art. 15.

und «unkomplizierten Umgang» untereinander pflegen sollte. Sie hat ihre ganz eignen Formen und Regeln und kann durchaus Momente grosser Feierlichkeit ermöglichen. Dazu ist – auch da bin ich mit Bruno Bürki nicht einig – keineswegs die Leitung durch einen ordinierten Amtsträger notwendig. Es gibt dafür viele gute pragmatische Gründe, aber theologische Gründe im engeren Sinn gibt es aus reformierter Sicht dafür nicht: Jedes Glied am Leib Christi, das kompetent und erfahren genug ist und das Vertrauen der anderen hat, kann die Einsetzungsworte sprechen, das Brot brechen und austeilen. Ein solches Verständnis des Abendmahls nimmt entscheidende Pointen der biblischen Abendmahlsüberlieferungen auf. So werden in den Berichten über das letzte Mahl Jesu die von ihm Angesprochenen nicht unterschieden, geschweige denn mit bestimmten Aufgaben oder Ämtern versehen: «Nehmt den Kelch und teilt ihn unter Euch», heisst es lapidar z. B. in Lk 22,17. Nur der Verräter Judas hat eine Sonderrolle. Von den andern aber hat offenbar keiner eine Leitungsfunktion. Dies ist umso bemerkenswerter, als die Evangelien in anderen Zusammenhängen durchaus den einen mehr Autorität zuschreiben als den anderen, man denke z. B. an die «Schlüsselrolle» die Jesus Petrus in Mt 16 zuweist.

Zwei exegetische Beobachtungen

Um die Kontroverse mit zusätzlichem Stoff noch ein wenig anzuheizen, möchte ich abschliessend zwei weitere exegetische Beobachtungen ins Gespräch bringen. Wenn man die beiden wohl ältesten Traditionen, die markinische (synoptische) und die paulinische, miteinander vergleicht, fällt auf, dass bei allen Unterschieden im Detail der Bezug auf den Tod Jesu für beide zentral ist. Er ist quasi das Spezifikum der christlichen Symbolhandlung im Kontext eines Gemeinschaftsmahls, einer Praxis, die ja in der Antike recht verbreitet war. Wie aber wird auf den Tod Jesu Bezug genommen?

Bei Markus und Matthäus gibt Jesus seinen Jüngern mit den Kommentaren zum Brotbrechen und zum Kelch einen Deutungsschlüssel in die Hand, mit dessen Hilfe sie seinen Tod als Hingabe «für viele» deuten können. Die Aufforderung, diese Handlung zu wiederholen, fehlt. Und entsprechend fehlt auch der Satz: «Dies tut zu meinem Gedächtnis.» Stattdessen sagt Jesus: «Ich werde von dieser Frucht des Weinstocks nicht mehr trinken von nun an bis zu dem Tag, da ich aufs Neue mit euch davon trinken werde im Reich meines Vaters.» (Mk 14,25; Mt 26,29) Diese Abendmahlstradition zwingt einen, für einen Moment innezuhalten und sich zu fragen, ob bei den jahrhundertealten, erbittert geführten Debatten um die Art der Präsenz Jesu Christi im Abendmahl, um die Häufigkeit der Abendmahlsfeier, um die Zulassung dazu usw. nicht ein entscheidender Punkt vergessen gegangen ist. Nämlich der, dass alle Abendmahle, die wir hier feiern, wie feierlich sie auch sein mögen, im Grunde nichts anderes sind als eine sehnsuchts- und hoffnungsvolle Zwischenmahlzeit in der Zwischenzeit des Wartens auf die Wiederkunft des Herrn. Wir zehren, wenn wir den Bissen Brot und den Schluck Wein zu uns nehmen, von der Hoffnung auf eine Gemeinschaft mit Jesus Christus jenseits des Todes, auf eine Feier im Reich Gottes. Und es ist sicher nicht verkehrt, sich diesen Tisch mit Blick auf die Gleichnisse Jesu als einen reich gedeckten Tisch vorzustellen, der zu langem Verweilen in fröhlicher Runde einlädt. Das schönste Abendmahl steht noch aus. So gesehen, haben unsere Feiern den Charakter eines Apéro, der einstimmt und Lust macht, auf das, was noch kommt. Das Abendmahl sättigt nicht. Es hält den Hunger wach.

Gemäss der paulinischen und lukanischen Überlieferung – um damit komme ich zum zweiten Punkt – dient die Abendmahlsfeier dem Gedächtnis Jesu, insbesondere dem Gedächtnis seines Todes für uns. Interessanterweise wird aber nur bei Paulus explizit zur Wiederholung aufgefordert und deutlich gesagt, wann des Todes Jesu für uns gedacht werden soll, nämlich «sooft ihr dieses Brot esst und den Kelch trinkt» (1Kor 11,26). Dieser Überlieferungsstrang wirft wieder andere Fragen auf. Jesu Worte könnten nämlich – wenn man sie historisierend liest – auch so verstanden werden, a) dass jedes Mal, wenn die Jünger zum Seder zusammenkommen, oder b) dass jedes Mal, wenn überhaupt Brot gegessen und Wein getrunken wird, an den Tod des Herrn zu denken sei. Gelöst werden kann dieses exegetische Problem hier nicht. So oder so fordern uns diese biblischen Texte aber heraus, erneut zu überdenken, ob Ort und Zeit unserer Abendmahlsfeiern dem Sinn dieses Tuns überhaupt (noch) entsprechen. Ist der Kirchenraum, ist der einstündige Gottesdienst am Sonntagmorgen ein angemessener Rahmen? Könnte man nicht auch während eines gemeinsamen Nachtessens in grosser Runde zu Hause Abendmahl feiern? Ja, sollte man nicht sogar jeden Abend nach dem Essen das Brot brechen und des Todes Jesu Christi für uns gedenken?

Eine Gemeinschaft von Gästen

Wenn sodann der Leib Christi bei der Feier des Abendmahls nicht nur das Brot auf dem Tisch ist, sondern auch die Menschen, die im Glauben und durch den Glauben miteinander verbunden sind, dann lautet eine auch liturgisch relevante Frage: In welcher Gemeinschaft, in welcher Art von Gemeinschaft kann überhaupt sinnvoll Abendmahl gefeiert werden? Wie viel Anonymität, wie viel Wort- und Anteilnahmslosigkeit verträgt das Abendmahl? Oft wird argumentiert, dass das Abendmahl Gemeinschaft stifte. Aber was heisst das konkret in unseren reformierten Gemeinden? Allzu oft ist es nicht mehr als ein punktuelles Nebeneinandersitzen oder -stehen. Es vernetzt und belebt nicht darüber hinaus, und dient kaum der Auferbauung der Gemeinde.

Um einen Einwand vorwegzunehmen, der bei solchen Überlegungen gern gleich ins Feld geführt wird: Nein, es kann nicht darum gehen, unsere Abendmahlsfeiern mit ein wenig mehr Vereinsgeselligkeit zu «beleben» oder in Richtung einer gemütlichen Kaffeeklatsch-Runde umzugestalten. Kurt Marti hat in einem eindrücklichen Text zum Abendmahl zu Recht betont, dass das Befremdende am Abendmahl – was machen wir da eigentlich: mitten am Tag «symbolisch essen und trinken», Wein und Brot statt Kaffee und Kuchen? – nicht vorschnell aufgegeben, nicht normalisiert und ver-alltäglicht werden sollte.[20] In einer Kirche, die Marti (1979 – aber ist es denn heute anders?) als eine mittelständische «Tee-und-Gebäck-Kirche heimeliger Gemütlichkeit» mit wenig Sinn für die messianische und sozialpolitische Dimension des christlichen Glaubens charakterisiert, halten Brot und Wein als Symbole die Erinnerung wach, dass nicht Friede, Freude, Eierkuchen, sondern «die ungemütlichen Elementarereignisse» Kreuzigung und Auferstehung die Kirche formen sollten. Im Abendmahl kommt ein Fremder zu uns. «Der nicht eingemeindete Herr der Gemeinde! Der messianisch bleibende Messias einer ent-messianisierten Kirche!»[21]

Die Fremdheit von der Marti spricht, liegt allerdings nicht auf derselben Ebene wie die «Feierlichkeit», die sich um klerikale Gewänder und den Duft von Weihrauch ausbreitet. Es ist keine Fremdheit der hierarchischen Distanz, nicht jene zutiefst weltliche, zutiefst menschliche Differenz zwischen verschiedenen Klassen, zwischen oben und unten, vorn und hinten. Die Fremdheit des Abendmahls ist nicht dort besonders präsent, wo sie rituell und institutionell inszeniert und integriert, gezähmt und verzweckt wird, sondern dort, wo etwas gegenwärtig wird, symbolisch angezeigt, das jenseits unserer (auch der kirchlichen) Ordnungen steht.

Befremdlich am Abendmahl ist auch, um über Marti hinaus bzw. zu einer reformatorischen Grundüberzeugung zurückzugehen, dass wir hier eine Gabe empfangen, die uns nicht zusteht, deren Sinn uns nicht unmittelbar einleuchtet. Die Fremdheit des Abendmahls ist auch die Fremdheit der Vergebung ohne Grund, die fremde Gerechtigkeit, der Neuanfang mitten im Alten, die Freude auf das Reich Gottes und am Reich Gottes mitten in der Welt. Unerwartet werden wir zu Gästen.

Eine Gast-Gemeinschaft aber weiss einerseits darum, dass sie ihr Zusammensein der Einladung des Gastgebers verdankt und nicht der gegenseitigen Sympathie, mag sie sich einstellen oder nicht. Andererseits aber macht eine solche Gemeinschaft nur Sinn, wenn sich einer für den anderen interessiert und man bereit ist, aufeinander zuzugehen, Anteil zu nehmen und zu geben. Mindestens diese beiden Aspekte sind bei einer jeden weiteren Bestimmung der Abendmahlsgemeinschaft mitzubedenken und wo nötig dialektisch aufeinander zu beziehen.

20 Vgl. Kurt Marti, in: Reformatio 4 (1979), S. 590–594. Ich danke Klaus Bäumlin für den Hinweis.
21 A. a. O., S. 593.

Replik auf das Plädoyer von Andrea Anker

Bruno Bürki

Ökumene

Richtig ist die Beobachtung, dass meine theologische Argumentation im ökumenischen Kontext verankert ist. Dieser ist freilich multikonfessionell und weltweit. Meine Intentionen sind also nicht einfach auf eine Konvergenz mit dem römischen Katholizismus zu reduzieren.

In ökumenischer Gemeinschaft lernen wir schon einmal, grobe und überholte Verzeichnungen der andern Kirchen zu vermeiden. Die katholische Eucharistiefeier ist Feier der Gemeinde und nicht Zelebration durch einen geweihten Mann, für die klerikale Gewänder und Duft von Weihrauch wesentlich wären (die Frage der Frauenordination ist mit dem Amtsverständnis in apostolischer Nachfolge nicht einfach gleichzusetzen). In der Abendmahllehre haben wir seit einem Jahrhundert in ökumenischer Forschung hinzugelernt – evangelischerseits unter anderem hinsichtlich eines biblisch-theologischen Verständnisses der eucharistischen Anamnese, katholischerseits hinsichtlich des pneumatologisch-epikletischen und eschatologischen Bezugs des sakramentalen Geschehens. Ökumenische Erkenntnis ist aber niemals einfach einseitig!

Eucharistisches Gedächtnis

Im gottesdienstlichen Gedächtnis des gesamthaft zu verstehenden Ostergeschehens von Tod und Auferstehung Jesu Christi hat die Darbringung von Brot und Wein durch die Gemeinde durchaus ihren Platz. Natürlich kommen alle unsere guten Gaben von Gott. Selbstverständlich erwarten wir kein anderes Heil als das durch Christus Jesus in seinem Kreuz und in der Auferstehung vermittelte. Dessen gedenken wir in der eucharistischen Feier. Die Gemeinde verharrt in diesem Gedenken aber keineswegs in passiver Betrachtung. Wie in der Hingabe des Lebens (Röm 12,1), so ist sie auch in der liturgischen Feier zur aktiven Beteiligung aufgerufen.[22] Zum Zeichen dafür bringen wir die eucharistischen Gaben für das grosse Dankgebet zum Tisch des Herrn. Über den Gaben wird dann an Jesus Christus erinnert und der Heilige Geist angerufen, zu kommen, in der Erwartung der Erfüllung aller Dinge. Die Spannung zwischen heilsgeschichtlicher Erinnerung und

22 Der evangelische Theologe Michael Meyer-Blanck spricht vom katabatischen und anabatischen Aspekt des Gottesdienstes. Michael Meyer-Blanck: Inszenierung des Evangeliums, Ein kurzer Gang durch den Sonntagsgottesdienst nach der Erneuerten Agende, Göttingen 1997.

eschatologischer Erfüllung auszuhalten, hilft das schon alttestamentlich-jüdische und dann christliche Konzept der Anamnese.[23]

Verkündigung und Mahlfeier im Sonntagsgottesdienst

In meinem Beitrag geht es mir um den sonntäglichen Gemeindegottesdienst mit Verkündigung des Wortes und Mahlfeier der Christengemeinde, wo immer und wie immer sich diese versammelt – unter der Vorsteherschaft des zu diesem zweifachen Dienst am Tisch des Herrn Jesus Christus ordinierten Dieners oder der Dienerin (*Verbi Divini Minister* in der reformierten Kirchentradition). Sie oder er ist Zeuge des Evangeliums, das die Gemeinde sich nicht selbst sagen kann, sondern vom Herrn schenken lässt. Die Verbindung der Gemeindeversammlung am Tag des Herrn mit der Feier des Brotbrechens geht mindestens auf die Didache[24] und also ins 2. Jahrhundert zurück. In der zweiten Hälfte des 20. Jahrhunderts ist auf einmal – nach fast anderthalb Jahrtausenden aus verschiedensten Gründen andauernder Sonntagsabstinenz – in den verschiedensten Konfessionen rund um die Welt die sonntägliche Kommunion, zu der so verschiedene Kirchenlehrer wie Johannes Calvin und Papst Pius X. (1903–1914) immerzu gemahnt hatten, mit Selbstverständlichkeit üblich geworden.[25] Jüngere und ältere Gemeindeglieder nehmen in grosser Einfachheit und offensichtlich gerne an dem vollen christlichen Gottesdienst teil und sagen dazu mit dem Apostel: «Deinen Tod, o Herr, verkünden wir und deine Auferstehung preisen wir, bis du kommst in Herrlichkeit.» Der nicht eingemeindete (so Kurt Marti) und uns befremdende Herr des Abendmahls wird mit diesem Bekenntnis von den auf seinen Namen Getauften bezeugt.

Ich habe nichts einzuwenden gegen die von Andrea Anker vorgebrachten Ideen für eine alternative Liturgie – vorausgesetzt, dass diese Liturgie nicht wiederum den ordentlichen Gottesdienst der einen heiligen allgemeinen Kirche mit einer ausserordentlichen Form in Frage stellt. Wir haben das in verschiedenen Kontexten mehrfach erlebt. Als Pastor der ganzen Gemeinde ist mir an der gewöhnlichen Form am meisten gelegen.

23 Namhafte Theologen des 20. Jahrhunderts aus verschiedenen Konfessionen haben zu einem neuen Verständnis der eucharistischen Theologie beigetragen, so Oscar Cullmann, der Lutheraner Peter Brunner, mehrere, vorab anglikanische Forscher aus dem anglophonen Bereich, natürlich auch der Katholik Odo Casel OSB mit dem Konzept der Feier des Ostergeheimnisses. Namhafte Beiträge aus dem reformierten Bereich wurden von Max Thurian und dann Jean-Jacques von Allmen eingebracht. Die jahrzehntelangen Bemühungen der Kommission für Glauben und Kirchenverfassung zu diesem Thema wurden fruchtbar.

24 Die Ende des 1.,Anfang des 2. Jahrhunderts in Syrien oder Palästina entstandene Kirchenordnung.

25 Man könnte sich darüber freuen und den Herrn dafür loben – lieber spät als nie! –, anstatt über die mittelständische «Tee-und-Gebäck-Kirche heimeliger Gemütlichkeit» zu spötteln, wie das Kurt Marti mit Poesie meisterhaft tut. Vgl. Kurt Marti, Ein Fremder kommt, in: Reformatio 4 (1979), S. 590–594, hier S. 591 f.

Antwort auf die Replik von Bruno Bürki

Andrea Anker

Einheit im Geist – aber bitte keine Uniformität

Bruno Bürki schreibt am Ende seiner Replik: «Ich habe nichts einzuwenden gegen die von Andrea Anker vorgebrachten Ideen für eine alternative Liturgie – vorausgesetzt, dass diese Liturgie nicht wiederum den ordentlichen Gottesdienst der einen heiligen allgemeinen Kirche mit einer ausserordentlichen Form in Frage stellt. Wir haben das in verschiedenen Kontexten mehrfach erlebt. Als Pastor der ganzen Gemeinde ist mir an der gewöhnlichen Form am meisten gelegen.»

Mit der Rede vom «ordentlichen Gottesdienst» und der «gewöhnlichen Form» lässt Bruno Bürki wohl bewusst einen *Terminus technicus* des *Missale Romanum*, nämlich die *forma ordinaria* des römischen Ritus anklingen. Darunter ist jene Form der Messfeier zu verstehen, die der vom Zweiten Vatikanischen Konzil beschlossenen Liturgiereform entspricht, d. h. in der die Messe in der Volkssprache und *versus populum* zelebriert wird. Daneben durften und dürfen Priester aber weiterhin unter bestimmten Bedingungen auch die *Liturgie von 1962* – nota bene als «ausserordentliche Form» (*forma extraordinaria*) des römischen Ritus – feiern. Wobei diese ausserordentliche Form dank dem Apostolischen Schreiben *Summorum Pontificum* von 2007 nun wieder vermehrt zur Anwendung kommen dürfte und in gewissen Gemeinschaften und Gemeinden wohl de facto bereits wieder Normalform geworden ist.[26]

Es ist keineswegs so, und dies gilt ganz allgemein, dass eine «ausserordentliche Form» zwangsweise die «ordentliche» in Frage stellen muss. Abweichungen von dem als «ordentlich» festgelegten Ritus können vielmehr durch aussergewöhnliche

26 Vgl. die Erläuterungen zu den Bestimmungen dieses Schreibens auf de.wikipedia.org/wiki/Summorum_Pontificum (22. Januar 2011): «Vorbehaltlich der ‹Vermeidung von Zwietracht und der Wahrung der Einheit der Kirche› gestattet *Summorum Pontificum* nunmehr den Priestern für ihre Privatmessen (‹missa sine populo›) die freie Wahl zwischen dem jetzigen und dem älteren Messbuch; Ausnahme sind die drei österlichen Tage. Daneben wird der ältere Brauch auch als Gemeindemesse (‹missa cum populo›) für ‹Institute gottgeweihten Lebens und Gesellschaften des apostolischen Lebens› und Personalpfarreien freigegeben. In Territorialpfarreien setzt die Erlaubtheit einer solchen Feier voraus, dass eine dort heimische Gruppe von Gläubigen, die der alten Messform anhängen, dauerhaft (*stabiliter*) existiert (Art. 5 § 1), und bleibt stets auf Nebengottesdienste, an Sonn- und Festtagen auf eine einzelne Messe, beschränkt. Darüber hinaus erfolgt in dem Motu proprio die kirchenrechtliche Klarstellung, dass die beiden Formen nicht als zwei unterschiedliche Riten, sondern als zwei *unterschiedliche Ausprägungen* (*usus*) des einen Römischen Ritus zu gelten haben. Erlaubt wurde der *ältere Brauch* auch beim Stundengebet sowie aus pastoralen Gründen für die Feier weiterer Sakramente, darunter auch der Firmung, nicht aber der Ordinationen. Gegenüber traditionalistischen Kritikern wird päpstlicherseits erneut die unverkürzte Rechtgläubigkeit des Messbuchs Papst Pauls VI. festgestellt sowie die Anerkennung der ‹Heiligkeit des Ritus in seiner erneuerten Form› verlangt.» Vgl. ferner Albert Gerhards (Hg.): Ein Ritus – zwei Formen. Die Richtlinie Papst Benedikts XVI. zur Liturgie, Freiburg i. Br. 2008.

Situationen notwendig werden. Die römisch-katholische Kirche ist eine Meisterin darin, solche Sonderformen zu finden.[27] Da sollten die reformierten Kirchen erst recht keinem gesetzlichen Liturgieverständnis anhängen. Ich meine: Ein gewisser «liturgischer Wildwuchs», ein Nebeneinander von sonntäglichem Gottesdienst mit Abendmahl und z.B. samstäglicher Mahlfeier in einer Hausgemeinschaft, in der liturgische Elemente frei und spontan eingesetzt werden können, ist bzw. wäre unserer Situation durchaus angemessen, ohne dass das eine das andere in Frage stellen muss. Nach meinem Verständnis ist die «ordentliche Form» eine dynamische, eine lebendige Grösse: Sie muss je und je neu gefunden und definiert oder zumindest neu überdacht, verstanden und bejaht werden. Entscheidende Kriterien in diesem Findungsprozess bleiben die Schriftgemässheit einerseits und die Situationsangemessenheit andererseits: Dient, was wir hier tun, der Verkündigung des Evangeliums? Dient es dem Gedächtnis Christi? Dient es dem Aufrechterhalten der Hoffnung auf den wiederkommenden Herrn? Der Ausrichtung auf das Reich Gottes? Dient es der Erbauung der Gemeinde? Schenkt es Kraft, Mut, Freude? Stärkt es die Einheit des Leibes und den Selbstwert jedes Einzelnen (1Kor 12)?

Gerade um der Einheit der Kirche willen, halte ich es für falsch, auf einer einheitlichen, immergleichen Form zu beharren: Einheit (im Sinne einer integrativen, versöhnlichen, geistlichen Grösse) wird nämlich oft erst dann möglich, wenn einer ohne Angst vor Gesichts- und Profilverlust es wagt, den Juden ein Jude und den Heiden ein Heide zu sein. Einheit der Kirche hat nichts mit Uniformität zu tun. Eine, *una*, ist die Kirche nur, insofern sie vom *einen Gott* Gerufene ist und versucht, diesem Ruf entsprechend Gemeinschaft zu leben. Einzig und allein in der Ausrichtung auf *den einen* kommt es zu einer – geistlichen – Einheit auch der Kirche und der Kirchen. Alle anderen Versuche, Einheit herzustellen, führen unweigerlich in Zwängereien, bis hin zu Unterdrückung und Verfolgung von Andersdenkenden, und wo dies nicht erfolgreich ist bzw. war: in Schismen. Die Vielfalt der Formen dürfte für Gott selbst kaum ein Problem darstellen. Angesichts des unermesslichen Reichtums an Lebewesen und Lebensformen auf dieser Welt kann man diesbezüglich wirklich ganz sorglos werden. Wo liturgische Vielfalt, Freiheit und Kreativität zum Problem werden, liegt deshalb der Verdacht nahe, dass letztlich machtpolitische Interessen im Spiel sind, dass die Differenz zwischen *ekklesia visibilis* und *invisibilis* vergessen ging und die Exklusivansprüche von Institutionen und deren Exponenten mit dem *soli deo gloria* identifiziert werden. Demgegenüber immer wieder an die Souveränität und Freiheit der göttlichen Liebe und Zuwendung zu erinnern, halte ich für eine Kernaufgabe all jener, die sich um reformierte Liturgie und Liturgik bemühen.

27 So gibt es z.B. immer wieder Fälle, in denen verheiratete evangelische oder anglikanische Pfarrer, die zum Katholizismus konvertieren, dank einer sog. Zölibatsdispens zum Priester geweiht werden können – während der Zölibat für alle anderen Kandidaten weiterhin *conditio sine qua non* für den Empfang der Priesterweihe bleibt.

Mann oder Frau?

Geschlechterfragen in der Liturgik – immer noch?

Christian Walti

Sind Geschlechterfragen in der Liturgik nicht längst ausdiskutiert? In der Tat hat sich die Liturgie in westkirchlichen Konfessionen seit den 1960er Jahren stark verändert. Gottesdienste werden in den evangelischen Kirchen unterdessen selbstverständlich auch von Frauen geleitet. Bereits sind etwa ein Drittel aller evangelischen Pfarrstellen in der Schweiz mit Frauen besetzt – eine Zahl, die im Lauf der kommenden Jahre noch ansteigen dürfte.[1] Daneben sind klassische «Frauenthemen» wie häusliche Gewalt und Gleichberechtigung als Predigtthemen keine Seltenheit mehr, «inklusive Sprache» gehört nahezu überall zum guten Ton der Liturgie, und Gottesdienstformen, die spezifisch von und für Frauen angeboten werden, erregen auch in konservativen Gemeinden kaum noch Aufsehen.

Die Anliegen der Geschlechtergerechtigkeit sind in der Liturgie angekommen und haben sich nicht nur in der Sprache, sondern auch in nonverbalen gottesdienstlichen Vollzügen in vielfältiger Weise niedergeschlagen. Eine Vielzahl von liturgischen Performanzen (Aufstellung im Kreis, Gebetstänze, symbolische Tücher u. a.), die direkt oder indirekt Spuren der feministischen Anliegen tragen, hat das Repertoire reformierter Liturginnen bereichert. Mehr noch ist «Gender-Bewusstsein» selbst zu einem Kriterium der Bewertung der Qualität von Gottesdiensten geworden.[2]

Angesichts dieser Veränderungen hat sich meines Erachtens die Fragwürdigkeit von «Gender-Fragen» für die Liturgik verschoben: Es ist nicht mehr «Männlichkeit» oder «Weiblichkeit» im Gottesdienst hervorzuheben, sondern die unbeständige und vielfältige Dynamik der Geschlechtlichkeit im Rahmen der liturgischen

1 In den schweizerischen evangelisch-reformierten Gemeindepfarrämtern der Landeskirchen kamen Ende 2008 auf 1323 Männer 620 Frauen (31.9 %); vgl. Evangelischer Pfarrverein: Kalender 2008 der evangelischen Kirchen der Schweiz, Basel 2009. Den Berner Vikariatskurs absolvierten in den Jahrgängen 2000–2010 198 Personen, davon 105 Frauen (53 %); im Konkordatsgebiet (evangelische Landeskirchen der Deutschweiz ohne Bern, Jura und Solothurn) wurden seit 2004 jeweils mehr Frauen als Männer ordiniert; vgl. Arbeitsstelle für kirchliche Ausbildung im Konkordat: Voraussichtlicher Bedarf an Pfarrpersonen bis 2025. Statistische Unterlagen aufgrund einer schweizweiten Umfrage, unveröffentlicht 2009, 2.4.

2 Die Ausbildungsmappe (das sog. «Kompetenzmanagement»), die im Lernvikariatskurs des Konkordats verwendet wird, führt die «Genderkompetenz» als eine der geforderten Fähigkeiten eines Liturgen im Gottesdienst.

Performanzen. Dazu ist freilich neu zu klären, worum es bei Geschlechtlichkeit geht und wie diese im Gottesdienst zum Vorschein kommt.

Im Folgenden werde ich jüngere theoretische Zugänge zur Geschlechterfrage skizzieren, die gegenwärtig dominierenden Thematisierungsmuster der Geschlechtlichkeit in der Liturgik anhand einiger Beobachtungen problematisieren und zuletzt eine Forschungsfrage zur Geschlechtlichkeit in der Liturgie vorzeichnen.

Theoretische Zugänge zur Geschlechtlichkeit

Wie in jeder menschlichen Versammlung scheinen auch im Gottesdienst nach kürzester Zeit die Verhältnisse klar zu sein: Wer steht und wer sitzt, wer befindet sich wo im Raum und neben wem, wer bewegt sich wohin und auf welche Weise und wer bewegt sich kaum. Diese zwischenmenschlichen Konstellationen werden von Vorahnungen und Projektionen strukturiert, die sich tief ins Körper- und Gemeinschaftserleben eingeschrieben haben. Dabei spielt die Geschlechtlichkeit[3] eine besonders wichtige Rolle. Sie ist zwar nur *eine* körperbezogene Wissenskategorie unter anderen – zu nennen wären z. B. auch noch das Alter oder die Hautfarbe. Geschlechtlichkeit ist aber für unser Selbst- und Fremdverstehen fundamental, weil sie – in westlichen Kulturen zumindest – das Reproduktionsgeschehen (die Zeugung von Nachwuchs und die Erziehung) in soziale Strukturen übersetzt.[4]

Geschlechtlichkeit ist weder einfach «gegeben» noch bloss «angelernt», wie die oft herangezogene Unterscheidung von «kultureller» Geschlechtsidentität («gender») und «biologischem» Geschlecht («sex») nahe legt. Vielmehr hat die Geschlechterforschung der vergangenen zwei Jahrzehnte gezeigt, dass jemand ein Geschlecht nur insofern *hat*, als er es körperlich in immer neuen Situationen für sich und andere *darstellt*. Judith Butler[5] versteht Geschlechtlichkeit als einen Effekt performativer Akte, in denen sich durch Nachahmen und Neuinszenieren bestimmte Verhaltensweisen zu körperlichen Identitäten verdichten. Die Sichtweise von Butler macht es freilich obsolet, von Geschlechtlichkeit als einem «weiten Feld» mit zwei «Polen» – dem «Männlichen» und dem «Weiblichen» – zu

3 Ich bevorzuge mit Ruth Hess den Ausdruck «Geschlechtlichkeit», um den kulturalistischen Ausdruck «gender» in seiner Opposition zu «sex» zu vermeiden. Vgl. Martin Fischer; Ruth Hess: Theologische Männerforschung versus theologische GeschlechterDeKonstruktion. Ein Wortwechsel, in: David Plüss; Heike Walz: Theologie und Geschlecht: Dialoge querbeet, Zürich/Berlin 2008, S. 158–190.

4 Vgl. Raewyn Connell: Short Introductions. Cambridge 2009, S. 11: «Gender is the structure of social relations that centres on the reproductive arena, and the set of practices that bring reproductive distinctions between bodies into social processes.» (Im Original kursiv)

5 Vgl. Judith Butler: Das Unbehagen der Geschlechter, Frankfurt a. M. 1991; dies.: Undoing Gender, Routledge 2004; dies.: Körper von Gewicht. Die diskursiven Grenzen des Geschlechts, Frankfurt a. M. 2009.

sprechen.[6] Vielmehr bieten vorhandene Muster von Geschlechtlichkeit allenfalls Vorlagen, die durch mimetische Vorgänge reproduziert, aber auch überwunden werden können.[7]

Die bipolare «Zweigeschlechtlichkeit» hat das Selbst- und Fremderleben in unserer Gesellschaft jedoch so stark bestimmt, dass es oft schwer fällt, den Gedanken von Butler zu folgen. Gerade in der sich rasch transformierenden Lebenswelt unserer Gegenwart erscheint das Geschlecht als eines der «natürlichsten» oder «ursprünglichsten» Dinge wie ein letzter Orientierungspunkt der Selbstbeschreibung: Wenn es uns schon schwer fällt zu sagen, ob wir Schweizer sind oder Europäer, dann bleibt uns, so die landläufige Behauptung, wenigstens die Gewissheit zum einen oder anderen Geschlecht zu gehören. Es ist angesichts solcher (höchst fragwürdiger!) Behauptungen nicht verwunderlich, dass sich heute auch liturgische Angebote mittels eines bestimmten Geschlechts profilieren wollen.

Problematisierung liturgischer Geschlechtlichkeit

Eine kleine Gruppe von an «Männlichkeitsfragen» interessierten reformiert-landeskirchlichen Theologen hat beispielsweise den «Männeradventsgottesdienst» in Zürich entwickelt. Dieses Ritual enthält als festen Bestandteil zu Beginn Entspannungsübungen, die, so ein Kommentator, Männern helfen sollen in der hektischen Adventszeit «ihren Platz zu finden».[8] Besonders auffällig an diesem Gottesdienst sei überdies – so die Überschrift eines Kommentars –, dass die Männer «für einmal nicht rannten und liefen».[9] Ausserdem zeichne sich das Angebot durch «männlichere Sprache» aus: «Worte wie ‹vielleicht› oder ‹könnte› wurden kaum gebraucht, und beim Schlussritual mache der Leiter den Teilnehmern klar: ‹Niemand läuft davon, bevor ich es sage.›»[10]

Das Beispiel bedient weit verbreitete Vorstellungen davon, was «Männer» ausmacht. Beim Lesen des journalistischen Kommentars zum Ritual fällt aber auch der humoristische Ton auf, der die Sprache der Veranstaltung und ihre Beschreibung bestimmt. Der Stil dieses kurzen Berichtes macht so auf ein grundlegendes Problem der Genderperspektivierung im Gottesdienst aufmerksam: Anstatt die

6 Dem bipolaren Muster verpflichtet sieht sich etwa noch Fischer: Martin Fischer: Männermacht und Männerleid. Kritische theologische Männerforschung im Kontext genderperspektivierter Theologie als Beitrag zu einer Gleichstellung der Geschlechter, Göttingen 2008.; vgl. zur Debatte: Fischer; Hess: Theologische Männerforschung.

7 Butlers bevorzugtes Beispiel für solche Verschiebungen des Geschlechts ist die Travestie, bei der Attribute und Verhaltensweisen der üblichen Muster performativ neu kombiniert werden und so eine neue «trans-geschlechtliche» Identität hervorbringen; vgl. Butler, Das Unbehagen der Geschlechter, S. 251.

8 Vgl. Matthias Herren: «Für einmal rannten und liefen sie nicht», Kirchenbote des Kantons Zürich, 14. Mai 2008.

9 Vgl. ebd.

10 Ebd.

spezifischen Interessen und Anliegen *aller* Männer zu thematisieren (wie dies die Ausschreibung des Gottesdienstes suggeriert), wird «Männlichkeit» im Rahmen dieses Rituals zu einer spezialisierten Gruppenidentität. Diese wiederum ist für alle «anderen» – Frauen *und* Männer – bestenfalls komisch, keinesfalls aber einladend.

Eine ähnliche Problematik lässt sich auf Seiten spezifischer Gottesdienste für und von Frauen beobachten. Anders als auf Männerseite gibt es einen wissenschaftlichen und kirchenpolitischen Diskurs über «Frauenliturgik».[11] Diese möchte Frauen als liturgische Subjekte wahrnehmen – nach Jahrhunderten der Unterdrückung und Vernachlässigung der Frauen eine nötige und wichtige Aufgabe. Sie postuliert daher spezifisch «weibliche» Performanzen für die Liturgie und ein spezifisch «weibliches» Erleben derselben. Viele feministische Liturgikerinnen fokussieren dabei auf den Körper von Frauen. Frauen, so wird behauptet, bringen Körpererfahrungen in den Gottesdienst mit, die Männer nicht teilen können und die besondere Beachtung und Wertschätzung erfordern.[12] Durch diese Fokussierung wird «Weiblichkeit» gegenüber ihrer Bedeutung(-slosigkeit) in der patriarchalisch bestimmten Gesellschaft zwar semantisch stark aufgewertet. Zugleich aber wird sie als stereotype Geschlechtsidentität bestätigt.[13] Inwiefern eine solche, auf den Körper reduzierte Geschlechtsidentität von bestimmten Frauen überhaupt angenommen werden kann, bleibe dahingestellt. Es ist jedenfalls beobachtet (und bedauert) worden, dass feministische Angebote mit dem Rückzug der Gründerinnengeneration zu einer Angelegenheit bestimmter Milieus geworden sind.[14]

11 Einen Überblick über die Entwicklungen im römisch-katholischen Bereich liefern Basilius J. Groen und Peter Ebenbauer: Männerliturgie – Frauenliturgie – und dann? Beobachtungen und Impulse auf dem Weg zu einer geschlechtergerechten Liturgie, in: Sigrid Edler; Irmtraud Fischer: «... männlich und weiblich schuf er sie ...». Zur Brisanz der Geschlechterfrage in Religion und Gesellschaft, Innsbruck 2009, S. 217–256. Die evangelische Frauenliturgiebewegung wird von Brigitte Enzner-Probst umfassend dargestellt: Brigitte Enzner-Probst: Frauenliturgien als Performance. Die Bedeutung von Corporealität in der liturgischen Praxis von Frauen, Neukirchen-Vluyn 2007.

12 Enzner-Probst, Frauenliturgien als Performance, etwa spricht von spezifisch weiblicher «Corporealität». Diese gehe vom «Körper von Frauen» (S. 67) aus und entspricht einem besonderen Horizont des Erlebens, der sich, so Enzner-Probst, «als ein liturgiestrategischer Begriff, der über den Dualismus essentialistischer und konstruktivistischer Oppositionen hinausführen will» (ebd.) erweise.

13 Isolde Karle hat bereits Ende der 1990er-Jahre darauf hingewiesen, dass feministisches Engagement «mit dem Postulat einer genuinen Frauensprache und eindeutig zu identifizierenden Frauenerfahrungen riskiert [...], erneut Identitätszumutungen an Frauen zu formulieren und die Individualität und Pluralität von Frauen nicht ernst zu nehmen». Isolde Karle: Männersprache und Frauensprache in Gottesdienst und Predigt, in: Erich Garhammer; Heinz-Günther Schöttler: Predigt als offenes Kunstwerk. Homiletik und Rezeptionsästhetik, München 1998, S. 131; vgl. auch Andrea Bieler: Das Denken der Zweigeschlechtlichkeit in der Praktischen Theologie, PTh 88 (1997), S. 272–286.

14 Vgl. Enzner-Probst, Frauenliturgien als Performance, S. 397.

Judith Butler[15] hat mit Nachdruck darauf hingewiesen, dass das einmalige Überwinden der patriarchal bestimmten Geschlechtsidentitäten nicht ausreicht, um aus den in der die Geschlechtlichkeit hervortretenden Machtkonstellationen auszubrechen. Die aus Befreiungsbewegungen entstandenen Geschlechtsidentitäten («*die* emanzipierte Frau», «*der* selbstbewusste Schwule» u.a.) sollten nicht in neue feststehende Identitäten überführt werden, sondern immer neu «durchkreuzt» («*queered*») werden, um für einzelne Individuen in ihren jeweiligen Kontexten als Möglichkeitshorizont offen zu bleiben.[16]

Ganz besonders gilt diese Forderung für Liturgien. Christliche Gemeinschaften wollen in ihnen die Zuwendung Gottes zu jedem und jeder Einzelnen rituell begehen. Machtkonstellationen wie diejenige, die sich in der Zweigeschlechtlichkeit ausdrückt, werden in ihnen durch diese Ausrichtung grundsätzlich kritisiert. Die Liturgiewissenschaftlerin und Feministin erster Stunde Teresa Berger hat daher als Reaktion auf die poststrukturalistische Sicht Butlers von der Notwendigkeit einer «*gender elasticity*» im liturgischen Handeln gesprochen.[17] Wenn wir Berger folgen, sollte eine geschlechterperspektivierte Liturgik die Gegebenheit von Geschlechtlichkeit ernst nehmen und *zugleich* ihre Hinfälligkeit darstellen. So öffnet sich die Liturgie der Möglichkeit eines von ihrer eschatologischen Ausrichtung her bestimmten rituellen Schwellenzustands, einer spezifisch christlichen «Liminalität».[18]

Neue liturgische Geschlechterfragen

Eine Liturgik, die auf die christliche «Elastizität» der Geschlechtlichkeit eingeht, kann sich nicht auf herkömmliche Muster beschränken, sondern muss ihre Vielfältigkeit und die performative Dynamik in den Blick nehmen. Dabei interessieren besonders zwei Fragerichtungen: Wie prägt Geschlechtlichkeit das liturgische Geschehen? Und: Wie wird Geschlechtlichkeit durch die Liturgie verändert?

Die *erste* Frage orientiert sich vor allem an der gegebenen Symbolik und ist somit besonders aufmerksam hinsichtlich der vorhandenen Muster der Zweigeschlechtlichkeit. Es gilt vorerst wahrzunehmen, wie sich Frauen als «Frauen» und Männer als «Männer» durch Gestik, Mimik und Sprechweise im Gottes-

15 Judith Butler: Against proper objects. An introduction, in: A Journal of Feminist Cultural Studies (1994), S. 1–26.

16 Vgl. Butler, Against proper objects; Joseph Gelfer: Numen. Old Men: Contemporary Masculine Spiritualities and the Problem of Patriarchy, London 2009, S. 145 f.

17 Vgl. Teresa Berger: Women's Ways of Worship. Gender Analysis and Liturgical History, Collegeville 1999, S. 151–155.

18 Der Begriff «Liminalität» wurde von Victor Turner geprägt. Er beschreibt damit das Phänomen, dass soziale Konstruktionen in einem Ritual für eine gewisse Dauer aufgehoben werden, um sie anschliessend neu aufzubauen. Vgl. ders.: Das Ritual. Struktur und Anti-Struktur, Frankfurt a.M. u.a. 1989.

dienst zu erkennen geben. Dabei muss natürlich auch beachtet werden, wie andere relevante Differenzen, wie etwa die kulturell eingespielten Altersgrenzen (Kindheit, Jugend, Arbeitsleben, Rentenalter, «Altersheim») oder auch Milieus (intellektuell, familienzentriert, erlebnisorientiert) das bipolare Geschlechtsmuster überlagern oder verzerren.[19] Durch detailliertes Beobachten der «hergebrachten» Muster lässt sich nicht einfach nur empirisch *rekonstruieren*, wie es um Frauen und Männer in der gefeierten Liturgie steht, sondern *dekonstruiert* sich auch die Bipolarität, die biologisierende, sexualisierende oder mythologische Denkmuster in unserer Wesen eingeschrieben haben.

Die *zweite* Frage widmet sich den «liminalen» Möglichkeiten der Liturgie. Wenn ein Gottesdienstteilnehmer sich einem vielstimmigen Taizélied hingibt oder eine Lektorin die Tragfähigkeit der eigenen Stimme entdeckt, dann geschieht im «gewöhnlichen» Gottesdienst etwas für den öffentlichen Diskurs höchst Relevantes: Es kommen in der Liturgie Haltungen zum Vorschein, welche Geschlechtlichkeiten verschieben oder gar «ver-queeren». Das Ensemble von Bewegungen, Gestik, Mimik, Interaktion im Raum, Kleidung und Musik zeigt dabei mehr als die Sprache allein.[20] Nur aus der Beobachtung der konkreten Performanzen des Gottesdienstes gewinnen wir Einsichten darüber, wie liturgische Religiosität die Geschlechtlichkeit eines Menschen prägt und verändert.

Da die Dynamik der Geschlechtlichkeit oft nicht direkt sichtbar wird, ja der «erste Blick» meistens bloss zweigeschlechtliche Stereotypen erkennt, ist es nötig, methodisch kontrolliert auf das gottesdienstliche Geschehen zuzugehen. Dazu ist ein qualitativ-empirisches Vorgehen, das eine Befremdung des eigenen liturgischen Erlebens und damit ein über theologisch-normierte Sprache hinausgehendes Verständnis der gottesdienstlichen Wirklichkeiten anstrebt, besonders geeignet. Teilnehmende Beobachtungen, besonders aber videografische Analysen von Gottesdiensten, können neue Einsichten in geschlechtliche Wirklichkeiten gewähren.[21]

19 Soziologische Studien haben für solche Phänomene den Begriff «Intersectionality» geprägt; vgl. Kimberlé W. Crenshaw: Mapping the Margins. Intersectionality, Identity Politics, and Violence against Women of Color, Stanford Law Review 43 (1991), S. 1241–1299. Raewyn Connells empirische Studien zur «Männlichkeit» haben beispielsweise gezeigt, dass zwischen unterschiedlichen «Männlichkeiten» grössere Unterschiede in Bezug auf die Geschlechtlichkeit bestehen können als zwischen «Männern» und «Frauen»; vgl. Raewyn Connell: Der gemachte Mann. Konstruktion und Krise von Männlichkeiten, Wiesbaden [3]2006; ders.; Julian Wood: Globalization and business masculinities. Men and Masculinities 7, Nr. 4 (2005), S. 347.

20 Die Debatte um die «gerechte Sprache» der Liturgie hat die wesentlichen körperlichen und performativen Dimensionen der Geschlechtlichkeit im Gottesdienst nicht erfasst; vgl. Michael Meyer-Blanck: Inszenierung des Evangeliums. Ein kurzer Gang durch den Sonntagsgottesdienst nach der Erneuerten Agende, Göttingen 1997, S. 32f. sowie Plüss in: David Plüss; Andrea Bieler; Brigitte Becker: Liturgie und Geschlecht, in: David Plüss; Heike Walz: Theologie und Geschlecht. Dialoge querbeet, Zürich/Berlin 2008, S. 192–215.

21 Vgl. Bernt Schnettler; Hubert Knoblauch: Videoanalyse, in: Stefan Kühl; Petra Strodtholz; Andreas Taffertshofer: Handbuch der Organisationsforschung. Quantitative und Qualitative Methoden, Wiesbaden 2009, S. 272–297. Videografien sind nicht weniger konstruiert als andere Formen der

Eine solche «ethnografische Liturgik»[22] bleibt aber nicht bei einer unbeteiligten Beschreibung des Vorhandenen stehen. Im Sinne des von Ronald Grimes entwickelten «*Ritual Criticism*»[23] versteht sie sich als wohlwollend-kritische Partnerin der gottesdienstlichen Gemeinschaften, die diese bei ihren eigenen liturgischen Suchprozessen unterstützt.

Gerade in der gegenwärtigen Situation sind neue empirische Beobachtungen in Gottesdiensten im Hinblick auf Geschlechtlichkeit nötig. Die «Gender-Frage» droht zu einer Milieusache zu werden und die dynamische Suche nach befreiender Feierform droht zu versanden. Selbstreflexive Beobachtungen könnten dabei helfen, die liturgische Gestaltungsaufgabe sowohl mit den gegenwärtigen geschlechtlichen Realitäten als auch mit dem eschatologischen Horizont neu zu korrelieren, in welchem «weder Mann noch Frau» (Gal 3,28), sondern die Zuwendung Gottes zu jeder und jedem Einzelnen das gemeinsame Feiern bestimmt.

empirischen Datengewinnung. So muss der Blick eines Videografen als «gegendert» angesehen werden (vgl. Sarah Pink: Doing visual ethnography. Images, media and representation in research, London/Thousand Oaks 2001, S. 27) und die Performanz der Beobachteten verändert sich wesentlich durch die Anwesenheit einer Kamera (vgl. a.a.O., S. 168ff.). Gerade in der Videografie ist daher hohe Selbstreflexivität von den Forschenden gefordert.

22 Vgl. Christoph Morgenthaler: Abendrituale. Umrisse einer ethnografischen Liturgik, Pastoraltheologie 97 (2008), S. 169–186.

23 Ronald L. Grimes: Ritual Criticism. Case Studies in its Practice. Essays on its Theory, Columbia 1990.

Geschlechterfragen im Gottesdienst – auf jeden Fall!

Brigitte Becker

Voller Freude, so erzählen die Mitglieder der Gruppe «Frau sein – Kirche sein» aus der Ökumenischen Frauenbewegung Zürich gerne, voller Vergnügen sei das für sie immer wieder gewesen, gemeinsam einen Gottesdienst vorzubereiten. Von manchem Gelächter berichten sie, das die Nachlese in Kommentaren auslöste, die männliche Wissenschaftler zu dem Bibeltext verfasst hatten, den die Frauen bedenken wollten. Sie schmunzeln heute noch und sagen, schon in der Vorbereitung sei es befreiend gewesen, einen eigenen Zugang zur Bibel mit neuen Möglichkeiten der Gestaltung zusammenzubringen. Diese mir im persönlichen Gespräch berichteten Erfahrungen zeigen mir zuerst: Mit der Gestaltung von Frauengottesdiensten wurde mehr in die gottesdienstliche Landschaft gebracht als die Debatte um das Geschlecht. Mit ihnen haben Menschen ihre Stimme erhoben, die bis dahin, also bis vor etwa fünfundzwanzig Jahren, von der Traditionsbildung und der eigenständigen öffentlichen Äusserung von Glaubensüberzeugungen im Gottesdienst qua ihres Geschlechts weitgehend ausgeschlossen waren. Frauen nutzten von da an den teilöffentlichen Raum ihrer Gottesdienste, um sich selbst eine Stimme und eine Deutungsmacht zu verleihen. Sie formulierten darin ihre Erfahrung und reflektierten sie damit, machten sie zu einer gemeinsamen religiösen Erfahrung, derer sie sich kultisch und gestisch vergewisserten. [24]

Interessanterweise entstand damit eine parallele Kultur, deren eigenständige Qualität, deren Eigenart, das Ritual Gottesdienst zu feiern, Brigitte Enzner-Probst ausführlich dokumentiert und eingeordnet hat.[25] Konzentrieren wir die Frage nach Frauen und Männern in der Liturgie auf diese Art von Gottesdiensten, dann betrachten wir in der Tat gottesdienstliche Phänomene einer «Sonderkultur». Hier ist ganz richtig die Frage zu stellen, die allen Gottesdiensten gestellt werden muss: Wird mit solchen Zuschnitten nur ein bestimmtes Milieu von Menschen angesprochen? Meines Wissens fehlt dazu eine empirische Untersuchung, zumindest für die sogenannten Frauengottesdienste.

Wir wissen aus der gesamten Milieuforschung rund um die Angebote in den Kirchen, dass kirchliche Veranstaltungen immer nur wenige Milieus gleichzeitig erreichen, Gottesdienste generell durch ihre jeweilige Gestaltungsart nur für einen

24 «Menschen versuchen ihrem religiösen Erleben in rituell-kollektiven Formen Ausdruck zu verleihen und es dadurch zu identifizieren und zu reflektieren.» (David Plüss: Gottesdienst als Textinszenierung. Perspektiven einer performativen Ästhetik des Gottesdienstes, Zürich 2007, S. 138) So kann Erfahrung als wesentliches Initial für die Gestaltung von Frauenliturgien verstanden werden.

25 Enzner-Probst, Frauenliturgien als Performance.

Teil von Menschen attraktiv sind.[26] Gehen wir einmal davon aus, dass die bislang in Frauen- und Männergottesdiensten gefundene Form, über das Geschlecht Gemeinschaft herzustellen und zu gestalten, nur in bestimmte Milieus hinein spricht, dann muss das noch kein Hinweis auf die Schwäche dieser Gottesdienste sein. Wenn es stimmt, dass Menschen sich hier milieuspezifisch zusammenfinden, dann kann dies auch als Chance dieser Gottesdienste verstanden werden, mit einem eigenen Angebot in diese Milieus hinein zu sprechen. Gewinnen darum vielleicht am Ende Frauengottesdienste oder Männerfeiern neue Milieus?

Allerdings wird, da gebe ich den Beschreibungen von Christian Walti Recht, was darin über «Geschlecht» ausgesagt und als Grundlage der Gestaltung prägend gehandhabt wird, in jedem dieser Gottesdienste in hohem Masse normiert. Isolde Karle hat diese Zusammenhänge analysiert.[27] Sie ist dabei u.a. zu dem Schluss zu kommen, dass diese Normierungen mit vielen anderen, die durch die Tradition in die Gottesdienste hinein geraten, einhergehen. Würden wir «Ein feste Burg ist unser Gott» miteinander singen, wäre dort an keiner Stelle von einer expliziten Frauen- stattdessen aber eindeutig von einer Männerperspektive die Rede.[28]

Dass Frauen eigene Erfahrung thematisierten und eigene Lieder[29] schrieben, gestaltete vorhandene Tradition um und brachte zugleich neue Festlegungen hervor. Ein Irrtum wäre es dann, diese Feiern als «Frauen»- bzw. «Männer»-Gottesdienste zu bezeichnen und damit den Anspruch zu erheben, dass diese Art, Geschlecht wahrzunehmen und zu formulieren, universal gültig sei.

Wie diese Verengung einzuschätzen, wie ihr zu begegnen und was mit ihr anzufangen ist, dem gehen auch meine Überlegungen nach.[30] Sie nehmen dabei allerdings den Ausgang bei einer anderen Einbindung der Frage nach dem «Geschlecht».

26 Vgl. hierzu z.B. die letzte Kirchenmitgliedschaftsstudie der Evangelischen Kirche in Deutschland, Johannes Friederich; Wolfgang Huber; Peter Steinacker (Hg.): Kirche in der Vielfalt ihrer Lebensbezüge. Die vierte EKD-Erhebung über Kirchenmitgliedschaft, Gütersloh 2006.

27 Vgl. Isolde Karle: «Nicht mehr Mann noch Frau». Die Form «Geschlecht» im Gottesdienst, in: Renate Jost; Ulrike Schweiger (Hg.): Feministische Impulse für den Gottesdienst, Stuttgart/Berlin/Köln 1996, S. 25–35; dies.: Männersprache und Frauensprache in Gottesdienst und Predigt, in: Erich Garhammer; Heinz-Günter Schöttler (Hg.): Predigt als offenes Kunstwerk, Bietigheim-Bissingen 1998, S. 127–135.

28 RG 32, v.a. Strophe 4.

29 Vgl. z.B. Lilo Schmidt; Susanne Kramer-Friedrich: Ökumenisches Frauenliederbuch, hg. für die ökumenische Frauenbewegung Zürich, Zürich 1990.

30 Karles Lösung, darum nun vor allem verschiedene Erfahrungen im Gottesdienst sprechen zu lassen, um diesen Normierungen zu entgehen, scheint mir indes noch nicht weit reichend genug, bleibt sie doch vor allem der sprachlichen Ebene des Feierns verhaftet. Vgl. Isolde Karle, Männersprache, S. 126f.

Von der Überdeterminiertheit der Geschlechter

Grundsätzlich müssen wir wohl davon ausgehen, dass unter Menschen ein erhöhtes Bedürfnis nach Eindeutigkeit besteht, gerade, wenn Situationen komplex und unübersichtlich sind. Geschlechter werden, auch wenn das für uns gar nicht nötig, nicht unmittelbar einsichtig und eher nebensächlich ist, dennoch gerne eindeutig zugeordnet und festgelegt. Dies ist, so hat Uta Pohl-Patalong auf dem Hintergrund verschiedener neurophysiologischer Theorien beschrieben, ein Vorgang, der für uns meist selbst nicht wahrnehmbar ist.[31] Wir «wissen», was Frauen und Männer sind, und wir wissen auch, *wie* Frauen und Männer sind, *trotz* der Vielzahl der Abweichungen von unseren eigenen Vorstellungen, die wir kennen bzw. erleben. Dieser Wahrnehmungsvorgang kann als «Überdeterminiertheit» beschrieben werden, eigentlich wird viel mehr von Frauen und Männern festgelegt, als unbedingt nötig wäre. Dies ist für uns so selbstverständlich, dass wir gar nicht merken, dass wir auch anders könnten, für uns besteht die Welt eindeutig aus eindeutigen Männern und Frauen.

Diese Zweiteilung hat zugleich eine Dualität vieler anderer Begriffe hervorgebracht, die wie Frauen und Männer und mit ihnen zusammen in hierarchische Wertigkeiten aufgeteilt werden. Ina Praetorius formuliert pointiert: «Notorisch operieren wir mit dem, was ich die ‹begrifflichen Ehepaare› nenne, zum Beispiel mit den Dualismen aus Verstand und Gefühl, Kultur und Natur, Okzident und Orient, Gesundheit und Krankheit, so, als hätten wir es dabei mit der Wirklichkeit zu tun, ‹wie sie ist›.»[32] Dabei ist immer das eine tendenziell gut, das andere tendenziell schlecht. Es ist diesen Dualitäten eigen, dass nur der eine Teil benannt werden muss, um damit zugleich «das Andere» aufzurufen. Auch wenn es viele Veränderungen und Entwicklungen gibt, die diese Grenzen unserer Wahrnehmung verwischen, müssen wir wohl davon ausgehen, dass uns unser Festlegungsbedürfnis in hohem Masse bestimmt.

Es erscheint nun verlockend, hier die Liturgie als eine Möglichkeit des Spiels wiederzuentdecken, in dem eine Überwindung dieser Geschlechterzweiteilung erreicht werden könnte. Die von Christian Walti beschriebenen Überlegungen zu neuen Beobachtungen im und am Gottesdienst sind hierfür gute Beispiele. Am Ende könnte es zu performativen Mustern kommen, in denen Frauen- und Männeridentitäten überschritten werden und neue Darstellungsformen entstehen. Die Absicht, diese Möglichkeit aufzufinden, sie gefällt mir sehr gut. Gehe ich doch mit ihm konform in der Annahme, dass wir für unser Denken über die Geschlechter heute prinzipiell von der Herstellung durch Darstellung ausgehen können und

31 Uta Pohl-Patalong: «Geschlecht» wahrnehmen. Auf dem Weg zu einer Methodologie feministischer praktischer Theologie, in: Praktische Theologie als Topographie des Christentums, Reinbach 2000, S. 304 f.

32 Ina Praetorius: Unsere Gegenwart auf der Suche: der Herrgott verblasst, was kommt danach, unveröffentlichter Vortrag, Boldern 2009.

damit von Zuschreibungen, die sich in jeder Aufführung neu verändern werden. Ich lese in dieser Untersuchungsabsicht den Wunsch, für eine offene Geschlechtsidentität Sorge zu tragen, die sich ausprobieren und artikulieren kann im Gottesdienst und so auch religiös zu sich selbst findet. Die Beobachtung soll Spielräume ausweiten, indem sie zeigt, was real schon alles passiert, wo Frauen und Männer sich darstellen, ihre Darstellungen durchkreuzen und wieder verändern, innerhalb eines Gottesdienstes Wandlungen durchmachen usw.[33]

Das «Spiel», die «Aufführung» ist meines Erachtens aber dann noch nicht in ganzer Tragweite begriffen, wenn wir nicht zugleich die Wirkung inhärenter Spielregeln annehmen, die durch die Gewohnheit der Geschlechterdeterminierung in den Gottesdienst hineinwirken und diesen mitbestimmen. Wir Menschen sind nicht nur solche, die uns frei spielen, wir sind auch immer die, die sich Konventionen leihen und Gewohnheiten zitieren. Da Menschen sich zudem nicht nur selbst als Frauen oder Männer oder andere definieren, sondern auch und vielleicht noch viel mehr von anderen so definiert werden, sind die Entstehungsbedingungen für Mann und Frau darum also nicht nur heterogen, sondern immer Ergebnisse von Macht. Darum braucht es «mehr» im Sinne einer ergänzenden Perspektive auf den Gottesdienst, um darin Spielraum zu behalten. Uta Pohl-Patalong mahnt ganz zu Recht: «Die Identifizierung der Kategorie Geschlecht als Konstruktion muss sich [...] mit der Gefahr auseinander setzten, dass sie einer erneuten Nichtthematisierung von Geschlecht Vorschub leisten kann, die sich androzentrisch auswirken würde, so lange nach wie vor patriarchale Strukturen bestehen.»[34] Teresa Berger hat darum für ein Geschlechterspiel im Gottesdienst auch die «*gender elasticity free of domination*»[35] gefordert und damit den Spielraum mit einer ethischen Regel versehen und sich so im Kontext ihrer katholischen «Heimat»-Kirche auch herrschaftskritisch positioniert.[36]

Ein Gottesdienst, der Spielraum sein will und darf, in dem Menschen eigene Formen gestalten, wie sie geschlechtlich agieren, braucht theologische Rahmenbedingungen, die wir neu formulieren. Dies scheint mir angebracht angesichts der komplexen Perspektiven, mit denen gegenwärtig gottesdienstliches Geschehen eingefangen wird. Andersfalls geraten handlungsleitende theologische Grundüberzeugungen – und dazu zähle ich auch die mit Gal 3,28 begründete Absicht,

33 Dabei vermute ich mit Andrea Bieler, dass die Darstellungsformen von Geschlecht im Gottesdienst so heterogen sind, dass eine allgemeine Analyse ohne Befragung der Akteurinnen und Akteure vermutlich kaum zu einem Ergebnis führt. Vgl. dazu Andrea Bieler in: Plüss, Bieler, Becker, Liturgie und Geschlecht, S. 204.

34 Pohl-Patalong, «Geschlecht» wahrnehmen, S. 313.

35 Berger, Women's Ways of Worship, S. 154.

36 Vielleicht ist das eine bleibende Erfahrung der Frauenemanzipation, aus der Perspektive des «anderen» Geschlechtes, die gleichzeitig weiter wirksamen Hierarchisierungen weiter im Blick behalten zu wollen.

dass Freiräume zu einer anderen Form von Mann und Frausein in ihm möglich sind, zu etwas, was nur noch zwischen den Zeilen formuliert wird.[37]

Auf dem Weg zu einer geschlechtersensiblen Theologie des Gottesdienstes

Menschen feiern im Gottesdienst ein gemeinsames Ritual, bei dem sie durch ihre Teilhabe an Orientierung gewinnen. Ihre Beheimatung bringen sie dabei selbst mit. Das überdeterminierte Wissen über Frauen und Männer können wir hier getrost dazu zählen. Im Vollzug des Rituals sind die Feiernden zugleich Menschen, die in Frage gestellt werden: «um Lesen zu können, brauchen wir bestimmte Formen, um lebendig zu bleiben, müssen wir sie beständig überschreiten».[38] Diese Liminalität des Rituals macht den Reiz aus, in diesem Schwellenzustand ist eine Überschreitung von Gewohntem, eine Erweiterung der eigenen Existenz durch Infragestellung und eventuell Neuorientierung möglich. Das Ritual, an dem wir mitgestalten, gestaltet sozusagen uns.

Andrea Bieler hat darauf aufmerksam gemacht, dass es vor allem die Irritationen in den «normal empfundenen» Geschlechterbildern jeder und jedes Einzelnen im Gottesdienst sind, an denen «Geschlecht» als Teil des Feierns sichtbar wird und so deutlich wird, dass wir uns auseinandersetzen können, weil wir in unserer «Normalitätswahrnehmung» irritiert sind.[39] Wenn schwule Partner ihren Sohn taufen lassen und die Beobachterin dabei an ihre eigene Irritation gerät, die Normalfamilie von Frau und Mann zu erwarten, dann wird das Thema «Geschlecht» als Thema einer Rolle sichtbar und verhandelbar. Die am Ritual Teilnehmende erfährt diese Verschiebung in der Darstellung von Familie für sie wahrnehmbar und kann sich damit auseinandersetzen. Wie können wir diese Selbstbeobachtung produktiv verstehen?

Sie erfährt diese Irritation, und darauf kommt es mir hier an, individuell und zugleich im Rahmen eines gemeinschaftlichen Rituals, in dem Geschlechtlichkeit mit einer Darstellung der Integration als «Tauffamilie» verbunden ist. Es muss, so schliesse ich daraus, für uns mehreres passieren, wenn wir als Feiernde Spielräume des Geschlechtlichen im Gottesdienst entdecken wollen: Wir brauchen dazu eine Situation im Ritual, in dem eine selbstverständliche Annahme in Frage gestellt ist, die zugleich einen direkten Bezug zum eschatologischen Gehalt unseres Feierns,

37 Diesen Hinweis verdanke ich aus anderem Kontext Benedikt Kranemann. Benedikt Kranemann: Perspektiven liturgischer Erneuerungsprozesse, in: Michael Meyer-Blanck u. a.: Gottesdienst feiern. Zur Zukunft der Agendenarbeit in den evangelischen Kirchen, Gütersloh 2009, S. 99–109, bes. S. 107f.

38 Thomas Erne: Darstellung der Seligkeit im tätigen Leben. Zur öffentlichen Relevanz der protestantischen Gottesdienstpraxis, in: Thomas Schlag; Thomas Klie; Ralph Kunz (Hg.): Ästhetik und Ethik. Die öffentliche Bedeutung der praktischen Theologie, Zürich 2007, S. 122.

39 Bieler, Plüss, Becker, Liturgie und Geschlecht, S. 206.

zur Gemeinschaft der Glaubenden sichtbar macht und uns die Möglichkeit gibt, diese Irritation wahrzunehmen und zu deuten.

Spielräume in der Liturgie werden entscheidend dort erweitert und wahrgenommen, wo wir sie als Spielräume «eschatologischer Imagination»[40] gestalten und feiern. Das heisst nun nicht, dass wir eine Irritation herbeiführen sollten, damit wir uns verändern. Es heisst, dort besonders nach dem zu sehen, wer wir sind, wo uns die Liturgie zugleich deutet als Menschen, die noch mehr sind als das, was wir von uns wissen. Hier würde ich es als hilfreich empfinden, in einer Theologie des Gottesdienstes z. B. dem gesamten möglichen Gehalt des «Leibes Christi» in seiner Unterschiedlichkeit, Geschlechtlichkeit usw. nach zu gehen und die Frage zu stellen, wie diese Grundmetapher unseres Kirche-seins neue Impulse für die Gottesdienste setzte, in denen Spielräume eröffnet sind für die Performanz ganz verschiedener Menschen. So, glaube ich, sind wir eingebunden in einen Zusammenhang, in dem uns die erwähnte Verheissung von Galater 3, 28 zu einer Deuteperspektive für das eigene Erleben werden kann.

40 Andrea Bieler; Luise Schottroff: Das Abendmahl. Essen, um zu leben, Gütersloh 2007, S. 17.

Replik auf das Plädoyer von Brigitte Becker

Christian Walti

Gottesdienste *sind* provokant!

Aus Brigitte Beckers Replik lese ich *einerseits* viel Verständnis für meine These der Milieuverengung der «Frauen-» und «Männergottesdienste» heraus. Ihre Ergänzung meiner Beobachtung leuchtet mir ein: Tatsächlich könnten Männer- und Frauenangebote gerade durch ihre Profilierung Menschen «gewinnen», die sonst kirchliche Angebote kaum wahrnehmen. Bei einer teilnehmenden Beobachtung eines «Frauenrituals» zur «Herbstzeit» in Bern ist mir aufgefallen, wie faszinierend die gebotene Mischung aus angeblich «keltischer» Hexentradition und dem barocken *Setting* der Heiliggeistkirche auf die Teilnehmerinnen gewirkt hat. Eine gelungene Profilierung – auch wenn Brückenschläge zu anderen Gottesdiensten eher schwierig sein dürften.

Andererseits entdecke ich im weiteren Verlauf des Beitrags eine Unsicherheit. Obwohl Brigitte Becker mir in der Bestimmung der Geschlechtlichkeit als Effekt von Performanzen folgt, scheint sie daran zu zweifeln, dass genaue Beobachtung ausreicht, um die «normativ weiterwirkende Zweiteilung der Welt» in der Geschlechtlichkeit kritisch herauszufordern. Konkret fordert sie «theologische Rahmenbedingungen» ein, die zu neuen «Kriterien» des Gottesdienstes führen sollen. Wenn ich sie recht verstehe, drückt sich darin ihr Wunsch aus, durch rituelle Brechungen in Gottesdiensten bei den Teilnehmern ein Geschlechterbewusstsein hervorzurufen.

Gottesdienste irritieren – nicht nur, indem sie durch Eingriffe zur Provokation *gemacht* werden, sondern indem sie die am Gottesdienst Teilnehmenden durch die ihnen eigene Ritualität *provozieren*. Ich interpretiere das angeführte Beispiel der Taufe eines Kindes homosexueller Eltern daher anders. Die spezifisch liturgische Irritation liegt nicht darin, dass ein *homosexuelles* Paar mit Kind als «Tauffamilie» auftritt. Das wäre je nach Kontext mal mehr und mal weniger ein Skandalon. Sie liegt grundlegender darin, dass der Sohn des Paares durch den Sprechakt, die Berührung mit Wasser durch die Liturgin und die Akklamation der Gemeinde initiiert wird. So wird er – auch ohne theologische Erklärung – von seiner elterlichen Herkunft getrennt zum Individuum erklärt. Nicht die (möglicherweise) auffällige Tauffamilie, sondern *das Kind* wird von Überdeterminierungen freigesprochen – und mit ihm alle, die sich während der Taufe ihres Getauftseins vergewissern.

In meinem Plädoyer habe ich darauf hingewiesen, dass sich in gewöhnlichen Gottesdiensten Infragestellungen der «normalen» Geschlechtlichkeit beobachten lassen. Wenn Liturginnen durch plakative Eingriffe Geschlechtsirritation in Gottesdiensten provozieren möchten, nehmen sie diese Dynamik nicht wahr. Gottesdienste sind für die meisten Menschen in der Gegenwart per se schon provokant.

Ich plädiere deshalb dafür, klassische Vollzüge in den Gottesdiensten genau zu beobachten und auszuführen zu lernen. Liturginnen können sich und ihren Gemeinden rituell vor Augen führen, *dass* im Gottesdienst etwas geschieht, das die etablierten Determinierungen nicht unkritisiert lässt.

Antwort auf die Replik von Christian Walti

Brigitte Becker

Zwei sich verschränkende Blickwinkel?

Die Antwort von Christian Walti hat mich auf eine Leerstelle in meinem Text aufmerksam gemacht. Noch ist nicht deutlich genug geworden, dass es mir auf eine zweite Ebene des Sprechens über Gottesdienste ankommt. Den Ansatz, empirisch mit solcher Geschlechtervorstellung, wie Christian Walti das tut, an den Gottesdienst heranzugehen, finde ich nicht an sich falsch oder nicht schlüssig. Mir reicht die empirische Betrachtung in der Form, wie ich sie zu verstehen meine, aber noch nicht, um damit alles zu sagen über Geschlechter in der Liturgie. Mir kommt es eher so vor, als müssten wir «von zwei Seiten» an dieses Thema herangehen und beide Blickwinkel miteinander verschränken.

An dem erzählten Beispiel von der Taufe war mir vor allem wichtig, wie individuell verschieden die Irritationen bezogen auf Geschlechter und Rollen im Gottesdienst vermutlich sind. Ich glaube und meine, grundsätzlicher, dass wir in grosser Komplexität, während wir einerseits Geschlechter dekonstruieren, zugleich immer auch definieren und festlegen, welche Geschlechter wir wollen, welche Vorstellungen wir von ihnen haben. Das geschieht, darauf macht mich Christian Walti durch seine Kritik aufmerksam, in Bezug auf den Gottesdienst an mehr als einer Stelle und muss darum noch genauer festgestellt werden. Unsere Rituale lassen Menschen nicht nur Neues über sich erfahren, durch die mit ihrer Feier verknüpften Texte der Tradition werden auch Festlegungen getroffen. Unser Hören oder die Art ihrer Einbettung in den Gesamttext des Gottesdienstes bringt eine deutliche Geschlechter- und Rollenmatrix hervor. Um bei dem Beispiel zu bleiben: Die Tauftexte, die wir sprechen, wenn wir im Ritual ein Kind von der Überdeterminiertheit freisprechen, sind in einen Rezeptionskontext eingebettet, aus dem sie sich auch bei der Neuaufführung in einem Gottesdienst meines Erachtens nicht so leicht herauslösen lassen. Wir haben gelernt, Taufe als Taufe in eine Familie hinein für uns abzusichern, sprechen diesen Kindern in der Regel ausserdem das Mädchen- oder Knabe-Sein zu. Wir lernen und erfahren lange Irritationen zu dieser Sicherheit, bis andere Selbstverständlichkeiten beim Hören der Tauftexte an diese Stelle treten.

Noch wichtiger erscheint mir, dass Rituale nicht «an sich», sondern in einem Raum von Definitionsinteressen gefeiert werden, und von daher ist meine Sorge eigentlich die, «nur» in den Gottesdienst hineinzuschauen und nicht auf seine Bedingtheiten. Ein Beispiel dazu zum Schluss: Vor wenigen Jahren habe ich als Liturgin meiner deutschen Landeskirche einen Fernsehgottesdienst zu der Jubiläumsfeier der Protestation von Speyer vorbereitet. Sehr selbstverständlich wurde dabei auf eine geschlechtersensible Verteilung der Rollen geachtet. Der Kirchenpräsident und ich sollten die Liturgie gemeinsam leiten. In einer internen Besprechung entschied das Konsistorium gegen das Drehbuch, dass der Kirchenpräsident den Segen sprechen solle. Die Entscheidung war liturgisch gut begründet. Mein Protest dagegen bezog sich auf das öffentliche Sichtbarmachen von Macht, die Frauen und Männer in der Kirche in ihren verschiedenen Rollen, gerade auch in der Liturgie haben. Keine einfache Debatte war das. Doch diese Dimension ist mir wichtig, weil ich nicht möchte, dass am Ende Frauen zur «Dekoration weiterhin unangetastet patriarchaler Kirchen gebraucht werden».[41]

Seither wird mir der Blick von einer Theologie aus auf den Gottesdienst immer wichtiger – wo ich, was wir feiern, mit der Verheissung verknüpfe, dass wir «alle einzig-einig im Messias Jesus sind» (BigS), ist es auch eine Aufgabe, Spielräume dafür im Gottesdienst durchzusetzen und zu erringen.

41 Reinhild Traitler: Frauenkirche – Gemeinschaft der Befreiung aus dem Patriarchat, in: Evangelische Theologie 1 (1998), S. 26.

Darbietung oder Partizipation?

Darbietung

Babette Mondry

Die Feier des reformierten Gottesdienstes lebt gleichermassen von Darbietung und Partizipation. Die Betrachtung der Frage was, wie, warum im Gottesdienst dargeboten wird, bietet Einsichten in die Gestaltung und Intention einer Liturgie, öffnet den Blick auf die Gemeinde als Empfängerin und scheint besonders lohnend unter zwei Aspekten: Wie bereichert eine Darbietung den Gottesdienst, ohne losgelöst oder in Szene gesetzt zu wirken, und welche Rolle spielt dabei die innere, partizipierende Haltung?

Gottesdienst wird oft doppelt verstanden: als Dienst von Gott an den Menschen, die sich versammeln, und als Dienst der Menschen für Gott. Im ersten Sinn gibt sich Gott zu erkennen, bietet seine Nähe an, die Gemeinde partizipiert an seiner Wahrheit und Liebe. So gesehen ist Gott der eigentlich Darbietende, und alle im Gottesdienst können zu Partizipierenden werden, sofern sie dies möchten.

Beim Gottesdienst im Sinne des Dienstes der Menschen an Gott – und an der Gemeinschaft der gegenwärtig Anwesenden – erlebt die Gemeinde die meisten Teile der Liturgie als eine Form der Darbietung. Gebete und Lesungen werden gesprochen, Musik wird gespielt oder gesungen, die Predigt bietet das Wort dar. Alles sind Darbietungen auch im Sinne eines Angebotes. Man kann etwas mitnehmen oder nicht. Die Gemeinde ist hier in der Position der Hörenden, der Aufnehmenden, sie beteiligt sich, indem sie Anteil nimmt, innerlich nachvollzieht. In diesen Momenten kann viel passieren und sich viel vermitteln, über das Hören und Sehen werden verschiedene Ebenen der Wahrnehmung angesprochen und bewegt, jeder dargebotene Moment wird sowohl individuell als auch als Glied der Gemeinschaft erlebt, aufgenommen und geteilt. Und oft – gewollt oder ungewollt – auch bewertet.

Darbietung ist nicht gleich Darbietung.

Im Folgenden einige Situationen aus meiner Praxis als Organistin an einer innerstädtischen Gemeinde in Basel, in der vor allem traditionelle Gottesdienstformen mit traditionell-zeitloser Chor-, Orgel- und Vokalmusik gefeiert werden.

1. Beispiel: Die Kantorei singt nach der Predigt ein anspruchsvolles Chorwerk. Der Text nimmt das Thema der Predigt auf, in der Predigt wird auf das Chorwerk Bezug genommen, die Gemeinde so vorbereitet. Beide Darbietungen werden verbunden und unmittelbar als Teil der Verkündigung erlebt. Die Gemeinde hat den Kommunikationskreis geschlossen, ein wichtiger Moment des Gottesdienstes

wurde auf diese Art gemeinsam gefeiert. Dass die Verbindung nachvollzogen, das Chorwerk als dargeboten, aber nicht als losgelöste Darbietung empfunden wurde, lag nicht nur am Pfarrer, der es verstand, diese Verbindung zu schaffen, sondern auch an der inneren Haltung der Chorsänger sowie der Chorleiterin. Sie wissen und spüren, dass ihr Beitrag anders klingt, wenn sie den Bezug zur Liturgie selbst erleben.

2. Beispiel: Eine gut ausgebildete Sängerin wartet ihren «Auftritt» im Gottesdienst einfach ab, sie ist auch etwas nervös, möchte oder kann nicht zuhören. Ihr Gesang war technisch und musikalisch gut, aber irgendwie fehlte eine Anknüpfung an die Liturgie. Es war eine gute Darbietung, die aber im liturgischen Zusammenhang doch nicht alle berührt hat, die nicht richtig «rübergekommen» ist. Eine Darbietung im Gottesdienst kann im schlimmsten Fall fremd, abgehoben, künstlich in Szene gesetzt wirken. Darbietung ohne innere Beteiligung an der liturgischen Situation wirkt dann oft wie «daneben», neben dem Gottesdienst stehend.

Jeder dargebotene Teil einer Liturgie hat einen Sinn, eine Funktion, eine Botschaft. Jeder Teil muss nicht nur in sich stimmig sein, sondern auch stimmig im Kontext der Liturgie.

Ein weiteres musikalisches Beispiel: Das Orgel-Eingangsspiel (oder das Chorstück/Instrumentalstück) hat den Sinn, den Gottesdienst zu eröffnen, es schafft einen Übergang zwischen der alltäglichen Welt «draussen» und dem «Innenraum», dem gottesdienstlichen Raum der Kirche, in den man hineingetreten ist. Es ist daher nicht beliebig ausgewählt. In ihm kann bereits das Thema des Gottesdienstes, die Melodie eines der Lieder des Gottesdiensts, eine «Grundstimmung» aufgenommen werden. Das Zwischenspiel hat eine komplett andere Intention, ebenso das Ausgangsspiel. Die reformierte Liturgie sieht in allen Teilen des Gottesdiensts, Sammlung, Anbetung, Verkündigung, Fürbitte und Sendung, jeweils als Ergänzung zu Wort, Gebet, Lesung, Predigt ein Lied vor, wodurch die Gemeinde singend mit der Intention zu antworten, zu verkündigen usw., darbietet. Das Gerüst eines Predigtgottesdiensts, das sich im Reformierten Gesangbuch[1] findet, muss von denen, die den Gottesdienst vorbereiten, ausgefüllt und gestaltet werden, so, dass jeder Gottesdienst von Neuem und erst zusammen mit der Gemeinde in einer unverwechselbaren Gestalt gefeiert werden kann. Durch die im Gegensatz zur katholischen oder lutherischen Liturgie vergleichsweise schlichte Liturgie hat das Füllen und Gestalten hier eine viel grössere Bedeutung. Eine katholische Messe mag zur Not nur durch das Ordinarium und Proprium zusammengehalten und getragen werden, eine reformierte Liturgie wirkt schnell leer, langweilig oder nichtssagend, wenn das Zusammenspiel zwischen Inhalt und Form fehlt. Sie bietet

1 Gesangbuch der Evangelisch-reformierten Kirchen der deutschsprachigen Schweiz, Basel/Zürich 1998, Nr. 150.

durch ihre Schlichtheit auf der anderen Seite viel Raum für Kreativität, hält die Aufmerksamkeit bei der Vorbereitung wach.

Oder diese Situation: Die Gemeinde singt ein Psalmlied. Sie antwortet damit auf den gerade gelesenen Psalm, führt ihn singend weiter. Im Orgelvorspiel wurde die Gemeinde nicht nur auf die Melodie und das Tempo des Liedes vorbereitet, sondern auch auf den Charakter, den Inhalt, die Stimmung des Liedes oder eines einzelnen Elementes daraus, eingestimmt. Das Orgelvorspiel mag dann einige Takte länger gedauert haben, für die Begleitung der einzelnen Strophen wurden unterschiedliche Klangfarben der Orgel gewählt und die Begleitsätze variiert gespielt, aber die Verbindung zum Gemeindegesang, zum unmittelbar Partizipieren der Gemeinde durch das Singen ist so stark, dass alle – Organistin, Pfarrer und Gemeinde – nur hinein genommen werden können in die gemeinsame Darbietung und die gemeinsame Partizipation und der Gedanke an das eine ohne das andere sich erst gar nicht stellt oder einfach unwichtig wird. Eine ganz andere Kraft entsteht in manchen Momenten dieser Gemeinsamkeit, eine Botschaft wird erlebbar, Gemeinschaft fühlbar.

Darbietungen im Gottesdienst müssen nachvollziehbar sein.

Kommt die beabsichtigte Botschaft an? Was braucht es, damit sie ankommt? Was soll ankommen?

Ist mir als Musikerin bewusst, dass das gewählte Musikstück möglicherweise nicht von allen verstanden wird? Wähle ich es trotzdem, weil ich darauf vertraue, dass sich die Botschaft des Werks auch anders vermittelt, auf emotionalem Weg zum Beispiel? Dies sind Fragen, die in eine Gottesdienstvorbereitung einfliessen können.

Der Gottesdienst als «Gesamtdarbietung» sollte bei der Gestaltung, der Auswahl der Texte, Gebete, Lieder, Musik, immer im Blick bleiben.

Jede Liturgie hat eine eigene Ordnung und einen eigenen Rhythmus. Ist dieser Rhythmus stimmig, wird auch der Gottesdienst als stimmig erlebt. Rhythmus meint hier den Aufbau der Liturgie, die Länge von Lesungen, Texten, Gebeten, der Predigt, Liedern und Musikstücken, und ihre Beziehungen zueinander. Alle Darbietungen ordnen sich in die Liturgie ein, tragen so zur Ordnung bei. Die «richtigen» Proportionen zu finden, macht viel aus. Wenn alle Beteiligten den liturgischen Rhythmus spüren, ist es gut möglich, im Gottesdienst spontan vom Vorgesehenen abzuweichen. Es kommt vor, dass sich während des Gottesdiensts ein neuer Akzent bildet, ein Blickwinkel sich verstärkt oder ein vorgesehener Schwerpunkt sich verschiebt. Eine Reaktion darauf, auch wenn sie nur fein und angedeutet geschieht, lässt oft besondere Momente entstehen. Und kann ganz einfach auch ein Gleichgewicht wiederherstellen, wenn ein Teil z. B. zu lang oder zu kurz geraten ist. Flexibilität in Darbietungen, bei denen dies möglich ist, ist eine Qualität.

Nicht nur was dargeboten wird, spielt eine Rolle, auch die Art und Weise des «Auftritts». Ein Gottesdienst wird nicht nur mit dem Verstand aufgenommen und mit dem Geist, er wird mit allen Sinnen aufgenommen. Es spielt eine Rolle, auf welche Art die Darbietenden in Erscheinung treten. Ihre Stimme und ihr Tonfall, ihre Aussprache, ihre Körperhaltung und Körpersprache, ob sie Blickkontakt zur Gemeinde haben oder nicht, und nicht zuletzt auch ihre Kleidung wird wahrgenommen.

Es geht überhaupt nicht um Regeln oder Massstäbe, vielmehr um den bewussten Umgang mit der eigenen Rolle in der gottesdienstlichen Ordnung. Oft sind es Nuancen, die es zu finden gilt und die als entscheidende Unterschiede von der Gemeinde wahrgenommen werden.

Die Musik bietet im Gottesdienst ebenso wie die Wortdarbietungen in Gebeten, Lesungen und der Predigt Wesentliches dar. Sie ist ein Teil der Verkündigung.

Musik bietet etwas dar, was das Wort nicht vermag. Sie spricht eine unaussprechliche Sprache, kann eine Atmosphäre schaffen, eine Stimmung aufnehmen, Aufmerksamkeit erwecken oder diskret bleiben, direkt, unbequem und fordernd sein, Ruhe gebend, Raum schaffend, tröstend, bekräftigend oder freudig. Hoffnung, Freude, Lob, Trauer zum Ausdruck bringen.

Darbietung pur? Orgelmusik, die ohnehin niemand mehr versteht? In meiner früheren Gemeinde erwähnte der Pfarrer immer einen in Basel bekannten, virtuos spielenden Organisten: «Ein fantastischer Organist, wenn er bloss nicht immer so lange Stücke spielen würde! Wir sind doch nicht im Konzert!» Meine Reaktion war immer: Stimmt genau, Gottesdienst ist kein Konzert, aber das heisst noch lange nicht, dass ein längeres Stück tabu sein muss. Der Kollege hat unterschiedliche Reaktionen hervorgerufen. Einige fanden es wunderbar, grosse Orgelwerke zu hören, sie erlebten die Stücke als Bereicherung der Feier. Anderen war es schlicht zu lang, ihre Aufmerksamkeits-Zeit wurde überschritten, sie hockten nur da. Das passiert nicht nur Musikerinnen, Kommentare wie «Die hört sich selber wohl gerne reden», «Die Predigt heute war ja wie eine Vorlesung» lassen aufhorchen. Die Gemeinde quittiert oft treffend und unverblümt.

Darbietung losgelöst von innerer Partizipation ist im Gottesdienst uninteressant, spannungslos, schlicht langweilig.

Beim Gebet, der Lesung, bei der Musik, der Wortverkündigung tritt eine Person auf, liest, spricht, singt etwas. Doch gerade am Beispiel des Gebets wird klar, dass Darbietung nie heissen kann, sich in Szene zu setzen. Ehrliche, erlebte, aus wirklicher Betroffenheit oder glaubhaftem Engagement herausgewachsene Gebete ermöglichen das Mitbeten. Lässt sich dies auf alle Darbietungen im Gottesdienst beziehen? Ausrichtung auf den transzendenten Gott und nicht nur auf die Gemeinde als Empfängerin ist dann ebenso wichtig wie Glaubwürdigkeit, Gefühlsechtheit und Authentizität.

Darbietende erleben sich als eingebunden in die Gemeinde, als – vor Gott – den anderen Gemeindegliedern absolut gleich. Obwohl sie auf ihrem Gebiet, z. B. als Pfarrer oder Kirchenmusikerin, beruflich qualifiziert sind. Das heisst nicht, dass sie ihre Fähigkeiten «dimmen» müssen, um glaubwürdig zu sein, sondern dass sie sich selbst im Dienst im Gottesdienst sehen sollten, um glaubwürdig im Dargebotenen zu sein.

Es stellt sich dann die Frage nicht mehr nach Darbietung und Partizipation. Der Gewinn für alle im Gottesdienst Darbietenden ist übrigens immens. Die eingangs erwähnte Sängerin hat vielleicht eine Chance verpasst, nämlich ihre Musik im Gottesdienst anders singen zu können, unmittelbarer, ihrem Sinn nach authentischer. Manchmal geschieht dann etwas wie eine Wandlung, eröffnet sich gerade dann ein erweitertes Verständnis, eine Erkenntnis, was Text und Musik angeht.

Professionelle Darbietung und Beiträge aus der Gemeinde ergänzen einander, es braucht beides.

Es braucht ein innerstes Team für die Gottesdienstvorbereitung, in dem Pfarrerinnen und Kirchenmusiker eng zusammenarbeiten und allen Mitwirkenden aufmerksam, positiv und engagiert begegnen, auch jenen, die nur selten oder am Rand dabei sind. Das Team integriert alle Beiträge in den Gottesdienst, unterstützt und würdigt das Miteinander. Es schafft Verbindungen zum Beispiel zum Götti, der bei der Taufe eine Geschichte erzählen möchte, zum zehnjährigen Mädchen, das ein Stück auf der Blockflöte spielen möchte, zu Konfirmanden, die Teile des Konfirmationsgottesdienstes selber gestalten möchten. Zum Chor der Medizinstudenten, der einmal im Jahr im Gottesdienst mitwirkt, dessen Sängerinnen und Sänger ganz unterschiedliche Erfahrungen und Erwartungen in den Gottesdienst mitbringen. Wie erleben sie sich wohl? Als Darbietende? Als Partizipierende? Sie alle sind nicht auf der gleichen Ebene mit den von Berufs wegen Darbietenden. Sie können, müssen und sollen es auch nicht sein. Für den Gottesdienst sind sie dennoch wertvoll. Gerade für die eher Kirchendistanzierten ist die Möglichkeit zur Partizipation oft entscheidend. Spezielle Gottesdienstkonzepte setzen hier an. «Die Möglichkeit zu aktiver Beteiligung der Teilnehmenden wird in der Thomasmesse praktiziert.»[2] Die Ausrichtung wird bei den Thomasmessen bewusst verlagert, «die Entscheidung für oder gegen den Glauben fällt nicht auf der intellektuellen, sondern auf der existenziellen Seite.»[3] «Die Thomas-Messe nimmt das Priestertum aller Gläubigen wahr. Sie löst die Behauptung ein, der Gottesdienst sei eine Feier der Gemeinde. Die gottesdienstlichen Aufgaben werden aus der Bindung an das ordinierte Amt gelöst, und die Mitwirkung der Nicht-Ordinierten

2 Christian Schwarke: Gottesdienst für Kirchendistanzierte. Konzepte und Perspektiven, Wuppertal 2006.

3 Tilmann Haberer: Die Thomasmesse. Ein Gottesdienst für Ungläubige, Zweifler und andere gute Christen, Gütersloh 2002.

beschränkt sich nicht länger auf Statistenrollen.»[4] Mit diesem Gedanken soll an die Urgemeinde angeknüpft werden.

Professionelle Beiträge haben eine eigene Qualität. Sie sind nicht wertvoller als die Beiträge der Gemeinde, doch ihr Fehlen wäre ein Verlust.

Aber wieso eigentlich? Wenn alles mit innerer Beteiligung geschieht? Wie wäre es denn, wenn man mehr und mehr auf Darbietung durch Gemeindemitglieder setzte? Die Vorteile liegen auf der Hand: Die Gemeinde übernimmt Verantwortung, trägt etwas Persönliches bei. Nebenbei werden Kosten eingespart ... Also nur ein Gewinn? Ganz so ist es nicht, denn: Man müsste beispielsweise auf den Reichtum der oftmals absolut zeitlosen Kirchenmusik der letzten Jahrhunderte verzichten, von der der weitaus grösste Teil nur von Ausführenden mit professioneller Ausbildung adäquat dargestellt werden kann. Studium, Begabung sowie die Erfahrung aus der jeweiligen Gemeindesituation fliessen ein. Ein langjähriger Kirchenmusiker kann es z. B. ermöglichen, dass die Gemeinde Zugang zu unbekanntem Repertoire bekommt, reagiert auf Tendenzen und Möglichkeiten der Gemeinde.

Gottesdienstliches Feiern heisst Geben und Nehmen.

Im Moment der Darbietung sind die Darbietenden die Gebenden. Kreative Gottesdienstgestaltung bedeutet auch Mut haben zu aussergewöhnlichen Darbietungen. Es spricht nichts dagegen, etwas Ungewohntes darzubieten, sofern es einen plausiblen Beweggrund gibt. Nach dem Gottesdienst dann nicht gleich weglaufen, offen sein für Fragen und Reaktionen, über eigene Beweggründe sprechen, präsent und verbindlich sein. Und auch Mut haben, Gewohntes darzubieten. Es muss nicht um jeden Preis immer innovativ sein, das Gewohnte hat eine wichtige Qualität, gibt Vertrautheit, Möglichkeit zum Wachsenlassen des Verständnisses und des Erleben. Auch das Gewohnte muss immer wieder ausgefüllt werden. So kann jede Darbietung im Gottesdienst als schöpferische und verantwortungsvolle Aufgabe verstanden werden.

4 Christian Münch, www.thomasmesse.ch, unter dem Abschnitt Team.

Partizipation

Anita Zocchi Fischer

Die Gottesdienstgemeinde als passive Empfängerin oder aktive Teilnehmerin?

Reformierte Gottesdienste treten uns auf den ersten Blick manchmal als Ein-Mann- bzw. Eine-Frau-Veranstaltungen entgegen. Der Pfarrer oder die Pfarrerin spricht, begrüsst, betet, segnet usw. und die Gemeinde kann dabei wie ein unbeteiligtes Publikum wirken. Dass dem nicht so ist, zeigt ein zweiter vertiefter Blick, der die Gemeinde singend, mitbetend, aktiv hörend – eben mitfeiernd – wahrnimmt. Vom Gedanken des allgemeinen Priestertums aller Gläubigen her ist der reformierte Gottesdienst ohnehin immer Konzelebration.[5] Wie kann noch vermehrt dahin gewirkt werden, dass der reformierte Gottesdienst schon auf den ersten Blick als partizipatives Geschehen erkannt wird? Wo und wie wird Partizipation erlebbar? Antworten in mindestens zwei Richtungen sind möglich. Wie kann man kybernetisch, gemeindepädagogisch und liturgisch die aktive Beteiligung der Gemeinde erhöhen? Das wäre die eine Fragerichtung. Grundsätzlicher kann aber auch auf die theologischen Implikationen und Vorentscheidungen in Bezug auf Partizipation eingegangen werden. Dabei geht es um die Grundfrage, wie Gemeinde verstanden wird. Ist sie Empfängerin der Verkündigung oder selbst Subjekt der Verkündigung? Bei dieser Fragestellung ist ein ökumenischer Seitenblick auf das im Zweiten Vatikanischen Konzil entwickelte Konzept der *participatio actuosa* hilfreich.

In diesem Beitrag werden beide Fragehorizonte angesprochen, wobei der Schwerpunkt auf dem Verständnis von Gemeinde und dem Miteinander von Pfarrer und Gemeinde liegt. Der Ausblick zeigt beispielartig praktische Umsetzungsmöglichkeiten von Partizipation im Gottesdienst.

Gottesdienst ist immer Partizipation

Nach reformatorischem Verständnis findet in jedem Gottesdienst Partizipation statt. Die verschiedenen Akteure nehmen dabei in unterschiedlicher Weise Rollen ein, jedoch wird dabei niemand als passiver Empfänger oder Zuschauer angesehen. Während des Gottesdienstgeschehens ändern sich die Beteiligungsformen der verschiedenen Menschen, die die versammelte Gemeinde bilden, je nach ihrer Auf-

5 Vgl. Peter Bukowski u.a. (Hg.): Reformierte Liturgie. Gebete und Ordnungen für die unter dem Wort versammelte Gemeinde, im Auftrag des Moderamens des Reformierten Bundes, Wuppertal/Neukirchen-Vluyn 1999, S. 25: «Evangelischer Gottesdienst kann nur als ‹Konzelebration› gestaltet werden: Er kann auf die Gemeinde als erste und wichtigste Liturgin nicht verzichten.»

gabe oder Funktion immer wieder. Es ist aber wichtig, sich dieser verschiedenen Formen von Partizipation bewusst zu sein, nur so können sie auch gestaltet und erfahrbar werden.

Die Idee der tätigen und wirksamen Teilnahme aller Gläubigen am gottesdienstlichen Geschehen ist eine ökumenische Gemeinsamkeit. Hier gibt es Berührungspunkte zwischen reformiertem und römisch-katholischem Verständnis. Das bietet Chancen für gemeinsame Feiern.

Partizipation ist im gottesdienstlichen Geschehen immer mit angelegt, es ist also nicht primär eine Frage der inneren Einstellung, dennoch verhilft eine grundlegend teilnehmende Haltung, das partizipatorische Geschehen wahrzunehmen und zu begreifen.

Es gibt vielfältige gestalterische Möglichkeiten, dass in Gottesdiensten die Partizipation der gesamten versammelten Gemeinde spürbar und erlebbar wird. Ein sorgfältiger und bewusster Umgang mit gottesdienstlichen Elementen, die die aktive Teilnahme fördern und offensichtlicher machen, ist deshalb anzustreben.

Liturgische Beteiligungshorizonte

Partizipatorische Gemeinde[6]

In den meisten Gottesdiensten gibt es zumindest vier verschiedene Akteure: den Pfarrer, die Organistin, den Sigristen und die mitfeiernde Gemeinde. Wenn wir uns in einem Gedankenspiel kurz vergegenwärtigen, wer fehlen kann, ohne dass die Feier des Gottesdienstes verhindert wird, wird offensichtlich, dass nur ein Akteur zwingend notwendig ist. Wenn eine Gemeinde versammelt ist, braucht es weder eine Sigristin, noch einen Organisten und auch keine Pfarrerin. Wo zwei oder drei in Jesu Namen versammelt sind, da kann Gottesdienst gefeiert werden. Umgekehrt findet kein Gottesdienst statt, wenn allein der Pfarrer oder die Organistin oder der Sigrist zugegen ist. Theoretisch könnte ein Gottesdienst gefeiert werden, wo nur zwei oder drei dieser Funktionsträgerinnen präsent sind, denn sie gehören mit zur Gemeinde. In der Praxis würde dann aber wohl eher entschieden, den Gottesdienst mangels Beteiligung nicht zu feiern. Die Partizipation von Gemeinde ist also für den Gottesdienst absolut konstitutiv, ohne sie geht es nicht. Allein schon die Präsenz der Menschen, die in den Gottesdienst kommen, macht sie zu unverzichtbaren Partizipanten.

Weiter ist es absolut müssig, auf dieser grundsätzlichen Ebene zwischen aktiver oder passiver Partizipation unterscheiden zu wollen. Ob eine Gottes-

6 Zum Verständnis des Gottesdienstes als Inszenierung mit seinen verschiedenen Rollen und der konstitutiven Rolle der Gemeinde vgl. Ursula Roth: Die Theatralität des Gottesdienstes (PThK 18), Gütersloh 2006, bes. Kap. 3.5 Liturgische Beteiligungsmuster, S. 251–255; David Plüss: Gottesdienst als Textinszenierung. Perspektiven einer performativen Ästhetik des Gottesdienstes, Zürich 2007, bes. Teil G. Die Rollen der Inszenierung, S. 244–271.

dienstteilnehmerin offensichtlich interessiert, mitsingend und mitbetend da ist oder sichtbar gelangweilt, gähnend oder sogar schlafend in der Kirchenbank sitzt, hat Auswirkungen auf die anderen Gottesdienstteilnehmer und auch auf die Pfarrerin, die selbstverständlich von den Reaktionen und dem Verhalten der Gemeinde beeinflusst wird. Wer schon einmal denselben Gottesdienst an verschiedenen Orten mit unterschiedlichen Gemeinden gefeiert hat, weiss, dass derselbe Gottesdienst nie zweimal gleich ist. Selbst wenn man denselben Gottesdienst ein zweites Mal in derselben Kirche feiert, ergeben sich beträchtliche Unterschiede. So haben auch Theateraufführungen, die stets mit demselben Ensemble gespielt werden, bei jeder Vorführung wieder einen anderen Charakter oder eine andere Note. Wesentlich dabei ist selbstverständlich die Zusammensetzung des Publikums. So wie Schauspieler die Reaktionen des Publikums wahrnehmen, so ist auch für Pfarrerinnen die Wahrnehmung der mitfeiernden Gemeinde wichtig und beeinflusst sie in ihrem Sprechen, Singen, Beten usw. Ob nun die Gottesdienstteilnehmer bewusst oder unbewusst eher eine aktiv mitfeiernde Haltung einnehmen oder eher eine passiv konsumierende: Sie beeinflussen damit den gesamten Gottesdienst und sind somit immer schon partizipierend (selbst wenn sie dies vielleicht gar nicht wollen – ich denke da an bestimmte Pflichtgottesdienste von Konfirmanden ...).

Neben dieser Partizipation durch die Präsenz im Gottesdienst gibt es während des Verlaufs einer Feier sehr verschiedene Möglichkeiten, einmal mehr aktiv, einmal mehr passiv zu partizipieren, denn Partizipation ist es ja in jedem Fall. Je nach Funktion sind dabei die Rollen unterschiedlich. Durch ihre jeweilige Aufgabe haben Pfarrerin, Organist und Sigristin selbstverständlich je ihren Anteil an der Gestaltung des Gottesdienstes und somit auch ihre je eigenen Beteiligungsformen. Aber alle Mitfeiernden beteiligen sich am Gottesdienstgeschehen, sei es im Mitbeten, im Mitsingen, mit ihrer Körperhaltung, im Zuhören oder auch mit besonderen Aufgaben wie dem Lektoren- oder Kelchhalterdienst. Diese Partizipationsformen können noch stärker betont und ausgestaltet werden. In diese Richtung gehen alle Ansätze, die von einer tätigen Teilnahme aller versammelten Gläubigen sprechen. Dies ist ein ökumenisches Postulat.

Ökumenische Perspektiven und Chancen

In der liturgischen Konstitution des Zweiten Vatikanischen Konzils steht die Forderung nach «*plena et actuosa participatio*»[7] der ganzen Gemeinde, also der vollen und tätigen – oder besser wirksamen – Teilnahme.[8] «Die Mutter Kirche

7 Zweites Vatikanisches Konzil, Liturgiekonstitution «Sacrosanctum Concilium» vom 4. Dez. 1963 (SC), Nr. 14. Sowohl die deutschen als auch lateinischen Zitate stammen aus den vatikanischen Online-Dokumenten des Zweiten Vatikanischen Konzils (www.vatican.va).

8 Zur Entstehung und Bedeutung der *participatio actuosa* vgl. Theodor Maas-Ewerd: Art. Actuosa participatio, in: LThK³ 1 (1993), S. 122f.

wünscht sehr, alle Gläubigen möchten zu der vollen, bewussten und tätigen Teilnahme an den liturgischen Feiern geführt werden, wie sie das Wesen der Liturgie selbst verlangt und zu der das christliche Volk, ‹das auserwählte Geschlecht, das königliche Priestertum, der heilige Stamm, das Eigentumsvolk› (1 Petr 2,9; vgl. 2,4–5) kraft der Taufe berechtigt und verpflichtet ist.» (SC 14) Das war im katholischen Kontext eine grosse Reform des Verständnisses der Rolle der Gemeinde im Gottesdienst. Mit dieser Formulierung wurde nichts weniger als die Teilhabe aller Gläubigen am Priestertum Christi herausgestrichen. Hier zeigt sich eine grosse Nähe zum reformatorischen Verständnis des allgemeinen Priestertums aller Gläubigen. Der Gottesdienst wurde so zu einer Feier der ganzen Gemeinde. Die *participatio actuosa* steht dafür, dass der Gemeinde im gottesdienstlichen Geschehen eine tragende Rolle zukommt. Es war das Anliegen der Konzilsväter, die Wichtigkeit des Volkes Gottes herauszustellen, ohne dabei den besonderen priesterlichen Dienst zu schmälern: «Die liturgischen Handlungen sind nicht privater Natur, sondern Feiern der Kirche, die das ‹Sakrament der Einheit› ist; sie ist nämlich das heilige Volk, geeint und geordnet unter den Bischöfen. Daher gehen diese Feiern den ganzen mystischen Leib der Kirche an, machen ihn sichtbar und wirken auf ihn ein; seine einzelnen Glieder aber kommen mit ihnen in verschiedener Weise in Berührung je nach der Verschiedenheit von Stand, Aufgabe und tätiger Teilnahme.» (SC 26)

Die Nähe der *participatio actuosa* zum reformierten Verständnis der Rolle der Gemeinde im Gottesdienst lässt sich beispielsweise in der Gottesdienstordnung von Basel-Stadt erkennen: «Nach reformierter Tradition trägt die gesamte Gemeinde den Gottesdienst. Sie übergibt die Verantwortung für dessen Leitung den hierzu berufenen ordinierten Pfarrern und Pfarrerinnen. Diese beteiligen weitere Gemeindeglieder an der Vorbereitung des Gottesdienstes und lassen sie daran gemäss ihren Befähigungen mitwirken.» (§ 2) Beiden kirchlichen Selbstverständnissen gemeinsam ist somit, dass die Feier des Gottesdienstes eine Sache der ganzen Gemeinde, des Volkes Gottes ist, wobei es Ämter gibt, denen eine besondere Verantwortung für die Gestaltung der Gottesdienste zukommt. Hier sehe ich die Chance zu einer Vielfalt ökumenisch-liturgischer Feiern trotz bestehender Divergenzen im Amts- und Eucharistieverständnis.

Die Liturgiekonstitution des Zweiten Vatikanums unterscheidet weiter zwischen einer inneren und einer äusseren Teilnahme: «*actuosam fidelium participationem, internam et externam*» (SC 19). Jedoch soll diese Teilnahme weder allein äusserlich noch allein innerlich, sondern ganzheitlich sein. Welche Rolle spielt somit die innere Haltung bei der Frage nach der Partizipation?

Eine wirksam-teilnehmende Haltung

Was in der Liturgiekonstitution mit äusserer und innerer Partizipation gemeint ist, findet sich auch kurz und prägnant in der Kirchenordnung des Synodalverbandes Bern-Jura: «Die Gemeinde versammelt sich zum Gottesdienst, um Gottes Wort zu hören und zu verkündigen […].» (Art. 19,1) Die Bereitschaft auf Gottes Wort zu hören, es im eigenen Leben wirksam werden zu lassen und daraus zu leben, schafft erst die Voraussetzung, dieses lebendigmachende Wort dann auch wirklich weiterzutragen, zu verkündigen. Die gesamte Gemeinde ist somit nicht nur hörend, sondern immer auch verkündigend. Aus der inneren Partizipation, dem Hören, Aufnehmen, Reflektieren und Verinnerlichen des Gotteswortes, wächst schliesslich auch die Bereitschaft und vielleicht sogar der Drang nach äusserer Partizipation. Beide Partizipationsformen sind selbstverständlich nicht auf den Gottesdienst beschränkt, doch hier können sie besonders gepflegt und erlebbar werden. Es ist wohl eine allgemeine Erfahrung, dass je schlechter ich dazu disponiert bin, innerlich einem Gottesdienstgeschehen zu folgen, desto schwerer fallen mir auch die äusserlichen Beteiligungsformen, das Mitsingen und Mitbeten oder auch der Gang zum Abendmahl. Oder, andersherum, es hilft, eine Aufgabe im Gottesdienst zu haben, damit sich das Gefühl einstellt, ganz gegenwärtig zu sein, ganz im Geschehen drin zu sein. Oft erfahre ich dann die Gottesdienstgemeinschaft als Ort der Geborgenheit, des gemeinsam Unterwegs-Sein; da fällt es leicht, mit ganzem Herzen zu partizipieren. Die im Zweiten Vatikanum angestrebte ganzheitlich wirksame Partizipation deckt sich also mit dem reformatorischen Ideal von hörender und verkündender Gemeinde.

Partizipatorische Gestaltungsmöglichkeiten

In jedem Gottesdienst partizipieren die anwesenden Menschen in unterschiedlicher Weise. Im reformierten Gottesdienst sind es sicher der Gemeindegesang und das gemeinsame Gebet, die auch die äusserliche Partizipation erlebbar machen. Darüber hinaus gibt es vielfältige Gestaltungsmöglichkeiten, um eine aktive Mitwirkung unterschiedlicher Menschen im Gottesdienst zu fördern. In Gottesdiensten mit Kindern und Jugendlichen erlebe ich immer wieder ihre Gestaltungsfreude und ihren Ideenreichtum. So erhalten beispielsweise Konfirmationen dank der aktiven Beteiligung der Jugendlichen in jedem Jahr wieder ein anderes Gesicht. Überhaupt scheint es bei den Kasualien verbreiteter zu sein, dass sich Familien und Freunde aktiv und mitgestaltend beteiligen. All diesen Feiern gemeinsam ist, dass die Vorbereitung immer auch ein Stück weit gemeinsam geschieht; beim Tauf- oder Trauergespräch oder in der Kirchlichen Unterweisung überlegen alle gemeinsam, wie der Gottesdienst oder einzelne Teile gestaltet werden können. Wo und wie können weitere Gemeindemitglieder in die Vorbereitung von Gottesdiensten einbezogen werden? Warum nicht einen Gottesdienst zusammen mit Personen aus einem Chor gestalten, nicht nur nachfragen, welche Lieder sie denn singen möchten? Örtliche Vereine zur Mitgestaltung einladen, z. B. die Feuerwehr, den Sanitätsverein usw. Oder auch einzelne Personen in die Gestaltung einbinden, so z. B. Politikerinnen, Gewerbetreibende, Schauspieler, Ärztinnen, Sozialarbeiter, Lehrerinnen, Väter und Grossmütter usw. Für die mitfeiernde Gemeinde macht die Mitgestaltung durch andere Personen deutlich: Auch ihr Mittun ist erwünscht und gefragt, auch sie selbst können diese Rolle einnehmen.

Und auch ohne gemeinsame Vorbereitung stehen vielerlei Möglichkeiten partizipativer Gestaltung offen. Das gemeinsame Lesen eines Textes, Gesang oder Lesen im Wechsel, Rituale, sich im Kirchenraum bewegen, Gegenstände holen oder bringen, sich etwas auf einer Karte aufschreiben, ein Bild erhalten und betrachten. All diese Gestaltungsformen ermöglichen nicht erst Partizipation, denn diese ist bereits da, aber sie können eine ganzheitliche Partizipation unterstützen und dabei Hören und Verkündigung erfahrbar machen.

Replik auf das Plädoyer von Anita Zocchi Fischer

Babette Mondry

Sofort wird deutlich, welche Chance Partizipations-Elemente in reformierten Gottesdiensten darstellen.

Der letzte Satz von Anita Zocchi Fischers Text, «All diese Gestaltungsformen ermöglichen nicht erst Partizipation, denn diese ist bereits da, aber sie können eine ganzheitliche Partizipation unterstützen und dabei Hören und Verkündigung erfahrbar machen.», weist meines Erachtens auf zukunftsweisende Gestaltungsformen hin. Inneres Partizipieren ist seit langem im Grundsatzgedanken der Konzelebration verankert und wird gelebt. «Ganzheitliche» Partizipation meint aber auch sichtbares, äusseres Sich-beteiligen-Können, etwas Persönliches einbringen können. Es klingt an, was in Diskussionen über zeitgemässere reformierte Gottesdienste gefordert wird. Oftmals wird in der Argumentation vom Frontalgottesdienst ausgegangen, eine beschämend krasse, meiner Meinung nach nur selten völlig zutreffende Formulierung, die es zu erneuern gilt. «Die Kirche braucht dringend eine zeitgemässe Ästhetik. Der frontale Gottesdienst erreicht nur noch eine kleine Zielgruppe, für die er durchaus noch seine Berechtigung hat. Wir brauchen neue Formen, um unsere Gottesdienste mit kreativer Energie zu füllen.»[9] Kreative Energie braucht es immer, um einen Gottesdienst zu gestalten. Geht es in die Richtung, dass die Kreativität der Gemeindemitglieder in Vorbereitung und Umsetzung viel mehr einbezogen wird, eröffnen sich tatsächlich neue Horizonte. Inwieweit es dann darum geht, in einer Gemeinde eine wirklich neue Gottesdienstform zu finden, oder darum, innerhalb der bestehenden Form Raum für mehr aktive Beteiligung der Gemeinde zu schaffen, ist Entscheidung jeder Gemeinde. Das kreative Potenzial ist in jedem Fall enorm.

Zwischen einem starren und nüchternen Gottesdienst und einem starr und nüchtern erlebten Gottesdienst muss differenziert werden. Veränderte Bedürfnisse, ein Wertewandel geben Hinweise. «Galten früher Disziplin, Gehorsam und Selbstbeherrschung als wichtige Werte, so ist es heute die Suche nach Genuss, Abenteuer, Spannung und Emotionalität. Eine nüchterne Kirche wird es da schwer haben.»[10] Das ist sicher eine Formulierung, die einen grossen Teil der Menschen, aber bestimmt nicht alle betrifft. Vielleicht liegt auch darin eine Perspektive, die Fähigkeit und Bereitschaft zur inneren Auseinandersetzung mit dem Gehörten wieder vermehrt ins Bewusstsein zu rücken, diesen Wert als lebensnah und lebensnotwendig zu erleben? Es entspricht einer Konsumhaltung, sich nicht auf Texte, Predigten, Musikstücke einlassen zu können, die nicht auf Anhieb zu erfassen

9 Thomas Schaufelberger im Interview mit Tilmann Zuber in: Kirchenbote des Kanton Basel-Stadt, Nr. 1 (2011), S. 5.

10 «Megatrends der Zukunft. Warum es die reformierte Kirche schwierig haben wird.» Ebd.

sind, die vielleicht auch unbequem sind. Menschen, die sich dann enttäuscht, genervt oder, wie so oft, gleich ein für alle Mal abwenden, übersehen, dass Texte, Predigten und Musikstücke oft eine Sprache sprechen, die man einfach kennen muss, um ihre Botschaft erfassen und ins eigene Leben integrieren zu können. Wer nur danach urteilt, was schnell und ohne eigenes Zutun «rüber kommt», gerät leicht in eine oberflächliche Konsumhaltung und verpasst Wesentliches. Warum also in Gottesdienstformen mit Raum zur aktiven Beteiligung der Gemeindemitglieder nicht auch ein Element einbeziehen, das gerade eine noch zu entdeckende Sprache spricht, und dadurch das innere partizipierende Erleben neu ermöglicht. Es kann ein Paul-Gerhardt-Lied sein, ein herausfordender Psalmtext, ein zeitgenössisches Chorwerk, ein Orgelwerk von Messiaen oder Bach. Die von Anita Zocchi Fischer beschriebene Vielfalt der gottesdienstlichen Gestaltungsformen ermöglicht dann, in der Gemeinschaft «Hören und Verkündigung erfahrbar zu machen.»

Antwort auf die Replik von Babette Mondry

Anita Zocchi Fischer

Im praxisnahen Text von Babette Mondry, die mehrere Beispiele aus ihrer Erfahrung als Kirchenmusikerin und Organistin anführt, wird deutlich, dass Darbietungen zum gottesdienstlichen Geschehen dazugehören. Der Gottesdienst insgesamt kann als eine Darbietung, ein Angebot wahrgenommen werden. In diesem Sinn versteht sie die Gemeinde als Hörende, deren Mitglieder je etwas für sich mitnehmen können oder nicht. Die Beteiligung geschehe insofern innerlich. Weil aber Gemeinde konstitutiv zum Gottesdienst gehört – ohne Gemeinde kann kein Gottesdienst gefeiert werden, auch die «Darbietenden» sind Teil der Gemeinde – ist die Beteiligung der Gemeinde nicht allein auf das innerliche Mitvollziehen abzustellen. Schon allein die Präsenz der Gottesdienstbesucher, mögen sie noch so uninteressiert oder gelangweilt erscheinen (ob sie es wirklich sind, sollte sich niemand anmassen zu beurteilen), ist eine Form der äusseren Beteiligung, ohne die ein Gottesdienst nicht gefeiert werden kann. Deshalb würde ich der inneren Disposition, sich auf das Geschehen im Gottesdienst einzulassen oder nicht, weniger Gewicht geben. Alle zum Gottesdienst Versammelten bilden gemeinsam die Gemeinde. Es kann zwar vorkommen, dass gewisse Darbietungen, wie im Beispiel der Sängerin beschrieben, als vom Gottesdienst losgelöst und ohne inneren Mitvollzug erscheinen, doch auch hier geschieht – vielleicht ungewollt oder unbewusst – Partizipation im Sinne des Mitfeierns mit der ganzen Gemeinde. Weiter kann ich der These von Babette Mondry nicht zustimmen, dass Darbietungen im Gottesdienst nachvollziehbar sein müssen. Es darf auch einmal ein Teil des Gottesdienstes nicht für alle nachvollziehbar sein. Immer alles für alle nachvollziehbar zu gestalten, ist einerseits eine Überforderung und andererseits auch ein Widerspruch zum grundsätzlich prophetischen Auftrag der Verkündigung – es darf auch einmal etwas quer stehen und herausfordern.

Mit anderen Thesen bin ich hingegen sehr einverstanden: Die einzelnen Teile hätten nicht nur in sich stimmig zu sein, sondern sich auch in den gesamten Gottesdienst einzufügen; der Gottesdienst als «Gesamtdarbietung» sei immer im Blick zu behalten. Es ist wohl eine allgemeine Erfahrung, dass das Mitfeiern leichter fällt, wenn man spürt, dass dem Gottesdienst eine sorgfältige, überlegte Gestaltung zugrunde liegt, bei der die einzelnen Teile sich organisch ineinander fügen. Wenn ein solcher Spannungsbogen aufgebaut werden kann, der über dem gesamten Gottesdienst steht, dann fällt die Partizipation im Sinne des Mitfeierns leichter. Auch für die Gemeindemitglieder mit besonderen Funktionen im Gottesdienst wird eine solche in sich stimmige «Gesamtdarbietung» dann zu einem für sie befriedigenden «Gesamtkunstwerk».

Dabei kommt der Musik, wie Babette Mondry betont, eine sehr wichtige Bedeutung zu. Musik ist Teil der Verkündigung, sei es durch die ausgewählten Lieder, die in ihren Texten Themen des Gottesdienstes aufnehmen und weitertragen, seien es Instrumentalstücke, die die intendierte Stimmung vertiefen. Eine sorgfältige Vorbereitung des Gottesdienstes wird deshalb auch immer darin bestehen, mit den Musikern einvernehmlich zusammenzuarbeiten.

Liturgie oder Diakonie?

Liturgie und Diakonie: komplementär

Peter-Ben Smit

Einführung und Problemskizze*

Liturgie oder Diakonie, wohl verstanden als: «Gottesverehrung oder Praxis der Nächstenliebe»? So lautet das Spannungsfeld, in dem dieser Beitrag seinen Platz hat. Diese Bezeichnung lässt vermuten, dass es sich hier um Alternativen handelt. Diese Vermutung ist ein Teil des Problems, welches hier angesprochen werden soll. Ein anderer Teil des Problems ist, dass es tatsächlich Stimmen gibt, die eine solche Opposition zwischen den beiden vermuten lassen. Vermutlich lassen sich solche Stimmen innerhalb jeder christlichen Tradition finden und auch in der (multilateralen) Ökumene ist dieses Thema ein Dauerbrenner, oder war dies jedenfalls (etwa nach dem Refrain «Doctrine divides, service unites»).[1] In diesem Beitrag soll pointiert Stellung genommen werden und zwar aus der ökumenisch orientierten Perspektive eines christkatholischen Theologen, der sich sehr freut, an einem Band über reformierte Liturgik mitwirken und dabei etwas über die Diakonie schreiben zu dürfen.

Ekklesiologie als Ausgangspunkt: Eine These zu einer unhaltbaren Position

Die Position, die in diesem Beitrag vertreten wird, ist die folgende: Das Leben einer christlichen Gemeinschaft (*koinonia*) umfasst drei komplementäre Dimensionen, die sich gegenseitig im Gleichgewicht halten und befruchten: *leitourgia*, *martyria* und *diakonia*. In einem neueren ökumenischen Dokument heisst es diesbezüglich z. B.:

> Die Grundvollzüge der Kirche als der von Gott in der Sendung Jesu Christi und des Heiligen Geistes eröffnete Heils- und Lebensraum sind *martyria, leitourgia* und *diakonia*. Dies haben wiederum in der Eucharistiefeier ihre Mitte, in der Gott die Getauften immer wieder neu zur Gemeinschaft eint und zum Dienst an den Menschen sendet.[2]

* Herzlichen Dank an die Vikarin Silvianne Bürki, MA, für die sprachliche Korrektur

1 Vgl. z. B. Geoffrey Wainwright: Does Doctrine Still Divide?, in: Ecclesiology 2 (2005), S. 11–34.

2 Kirche und Kirchengemeinschaft. Bericht der Internationalen Römisch-Katholisch-Altkatholischen Dialogkommission, Paderborn/Frankfurt a. M. 2009, 19 (Abschnitt 13). Siehe weiter z. B. Papst Benedict XVI.: Deus Caritas Est, 25a; The Diaconate as Ecumenical Opportunity. The Hanover Report of the Anglican-Lutheran International Commission Anglican Communion Publications 1996, 7.20; Grigorios Larentzakis: Ecclesiology in the Leuenberg Church Fellowship: Remarks

Eine Opposition zwischen diesen drei Grundvollzügen christlicher Gemeinschaft ist demzufolge nicht möglich; eine Gemeinde, die eine dieser Dimensionen vernachlässigt, ist ekklesiologisch defizitär. Geht man davon aus, dass eine christlichen Gemeinschaft den Charakter einer Gemeinschaft hat (*koinonia*), ist es zudem notwendig, dass diese drei Dimensionen aufs Engste miteinander verbunden sind. Diese Position soll im Folgenden begründet werden mit Verweis auf entsprechende repräsentative Positionen aus der Geschichte des Christentums, besonders aus der neueren ökumenischen Theologie.

Begründung: biblische, historische und ökumenische Perspektiven

Diakonia im Neuen Testament

Wie in den letzten Jahrzehnten aufgezeigt worden ist, ist es nicht möglich, zeitgenössische *diakonia*, wenn diese als «tätige Nächstenliebe» verstanden wird, aus dem neutestamentlichen Wortfeld abzuleiten. Beziehungsweise: Es zeigt sich, dass auf der einen Seite diese tätige Nächstenliebe von einem breiteten Wortfeld abgedeckt wird, und dass διακονία, κτλ[3] als solche sich auf eine Vielfalt von Tätigkeiten bezieht. Studien wie jene von Collins[4] oder Hentschel belegen dies ausgiebig.[5] Eine διακονία kann verschiedenes beinhalten und ein διάκονος ist nicht so sehr eine Person, die besonders die tätige Nächstenliebe der Kirche verkörpert – obwohl auch dies eine Möglichkeit ist –, sondern vor allem eine Person, die eine bestimmte Aufgabe im Auftrag der Gemeinschaft übernimmt, wozu z. B. auch die Wortverkündigung gehört.[6] In mancher Hinsicht handelt es sich dabei um ein missionarisches Amt. Hentschel fasst zusammen:

from an Orthodox Point of View, in: Konsultation zwischen der Konferenz Europäischer Kirchen (KEK) und der Leuenberger Kirchengemeinschaft (LKG) zur Frage der Ekklesiologie. Bericht über die Konsultation Referate und Schlusskommunique (Leuenberger Texte Heft 8), Frankfurt a.M. 2002, S. 117–140. 124 f., und für eine spezifisch altkatholische Perspektive, Urs von Arx; Maya Weyermann (Hg.): Statut der Internationalen Altkatholischen Bischofskonferenz (IBK). Offizielle Ausgabe in fünf Sprachen (Beiheft zu IKZ 91), Bern 2001, Abschnitt A.3.3, sowie das Dokument der Kommission für Glauben und Kirchenverfassung, The Nature and Mission of the Church. A Stage on the Way to a Common Statement, Faith and Order Paper 198, Geneva 2005, S. 36. Vgl. für Versuche, die Diakonie von der Ekklesiologie her zu verstehen: Sven-Erik Brodd (Hg.): The Theology of Diaconia, Uppsala 1999.

3 Für einen Überblick des Befundes, siehe z. B. Hermann Wolfgang Beyer: Art. διακονέω, in: ThWNT 2 (1935), S. 81–93.

4 John N. Collins: Diakonia: Re-interpreting the Ancient Sources, Oxford 1990.

5 Anni Hentschel: Diakonia im Neuen Testament: Studien zur Semantik unter besonderer Berücksichtigung der Rolle von Frauen (WUNT 2.226), Tübingen 2007. Hentschels Studie ist etwas ausgeglichener als diejenige von Collins, der mit seiner Arbeit das Bild eines Diakons als «sozialdiakonischer Mitarbeiter» (und des Diakons als eine Art geweihter sozialdiakonischer Mitarbeiter) zu korrigieren beabsichtigte.

6 Für ein Plädoyer für die Berücksichtigung sämtlicher Dimensionen des Diakonats vgl. Bart J. Koet: De diaken ook boodschapper? Exegetische kanttekeningen bij de liturgische rol van diaken in de

> Die Untersuchung der Semantik hat ergeben, dass διακονέω κτλ sehr differenziert verwendet wird. Es bezeichnet in der Regel eine Beauftragung, die den Beauftragten in ein Beziehungsverhältnis zwischen Auftraggeber und Adressaten einordnet, welches hierarchisch strukturiert ist und häufig eine Vermittlungsfunktion dahingehend nach sich zieht, dass der Beauftragte eine Sache oder Nachricht an die Adressaten überbringen muss. Vom Diakonos wird eine rasche und zuverlässige Ausführung der Beauftragung erwartet, und er ist dem Auftraggeber zur Rechenschaft verpflichtet. Andererseits kann er, je nach Situation und Art der Beauftragung, gegenüber den Adressaten mit einer durchaus gewichtigen Autorität auftreten, wenn er im Namen seines Auftraggebers eine Botschaft weiterzugeben oder eine Tätigkeit auszuführen hat.[7]

Wenn es nun um die Frage des Verhältnisses zwischen Diakonie und Liturgie im Neuen Testament geht (und die frühe Kirche weist mit dem Neuen Testament eine Kontinuität auf), ist die Sichtweise Stählins, dem sowohl die Diakonie wie auch die Liturgie von grosser Bedeutung waren, noch immer erhellend:

> Die beiden Begriffe, die die Überschrift (sc. Liturgie und Diakonie, PBS) nebeneinander rückt, bezeichnen in unsrem Sprachgebrauch zwei sehr verschiedenartige Erscheinungsformen der Kirche: hier die feierliche ‹Liturgie›, die in ehrwürdigen alten Formen und Formeln die Stimme der betenden Kirche ist, den heutigen Menschen oft erschütternd fern und fremd; hier die ‹Diakonie›, die praktische Liebesarbeit der Kirche an den Armen, Kranken, Elenden und Alten, der ‹Dienst mit der blauen Schürze›, sehr unfeierlich und sehr praktisch und eben darum auch von solchen geachtet und bewundert, die sonst keinen Zugang zum Leben der Kirche haben. Im Neuen Testament aber sind *leitourgia* und *diakonia* ein unzertrennliches Geschwisterpaar, aus einer und derselben Lebenswurzel entsprossen. *Leitourgia*, ursprünglich überhaupt und ganz allgemein ein im öffentlichen Leben übernommenes Amt, wird in der Sprache der Bibel zum feststehenden Ausdruck für den um Gottes Willen geleisteten Dienst, einerlei ob es sich um ‹Gottes-Dienst› im engeren Sinn (z. B. Luk. 1,23) oder um die Dienste handelt, die Menschen einander leisten (z. B. Phil. 2,30). In dem deutschen Wort ‹Gottesdienst›, so wie Luther von Berufswerk und Liebesarbeit als rechtem Gottesdienst redet, klingt noch diese ganz umfassende Bedeutung des griechischen Wortes ‹Liturgie› nach. *Diakonia* ist all jene Handreichung und Hilfeleistung, in der einer des andern diakonos, einer des anderen dienstwilliger Knecht um Christi willen wird. Beides aber, Liturgie und Diakonie sind in diesem Sinn nicht zwei voneinander unterschiedene Sonderfunktionen der christlichen Kirche, Sonderaufgaben ganz verschiedener Organe, des ‹Liturgen› und des ‹Diakonen›, sondern vielmehr zwei Seiten einer und derselben Sache, beides notwendige, unentbehrliche und unauflöslich miteinander verbundene Lebensfunktionen des Leibes Christi.[8]

liturgie, Communio 31 (2006), S. 453–463.

7 Hentschel, Diakonia, S. 433.

8 Vgl. z. B. die Stellungnahme von Wilhelm Stählin: Liturgie und Diakonie, Gottesjahr 15 (1935), S. 71–74, S. 71 f.

Damit ist es faktisch unmöglich, im Neuen Testament eine Opposition zwischen Diakonie und Liturgie zu sehen.

Die Entwicklung des Diakonats in der Kirchen- und Theologiegeschichte einschliesslich der neueren ökumenischen Tradition

Ganz verkürzt, was hier aus Platzgründen die einzige Möglichkeit ist, kann gesagt werden, dass sich innerhalb der Kirchengeschichte eine Wechselwirkung beobachten lässt zwischen verschiedenen Bewegungen, die sich neu auf das neutestamentliche Zeugnis der διακονία besannen und in der Regel die sozial-karitative Seite der Diakonie bzw. des Diakonats betonen einerseits, und Tendenzen,[9] welche die diakonale Dimension der Kirche, ob sie nun sozial-karitativer oder anderer Art war, vernachlässigten andererseits. Dies gilt für die diakonale Aufgabe der Kirche als ganze wie auch für das Amt, welches eine besondere Verantwortung für diese Dimension der Kirche hat: Das Diakonat war innerhalb der Geschichte grossen Änderungen ausgesetzt. Im westlichen Katholizismus verschwand es fast als eigenständiges Amt[10] und auch im Osten machte es starke Entwicklungen durch,[11] wobei der liturgische Charakter und die Aufgaben innerhalb der kirchlichen Verwaltung betont wurden. Verschiedene Bewegungen kirchlicher Erneuerung – darunter sowohl die theologische Strömungen der Reformation im 16. Jahrhundert wie auch solche, die nicht zur Entstehung separater Konfessionen führten – betonten dabei entweder die diakonale Dimension der Kirche als ganze (meist gleichgesetzt mit der sozial-karitativen Seite der Diakonie), das diakonale Amt oder beide.

Von besonderem Interesse ist dabei die neuere ökumenische Kirchengeschichte, welche, insofern sie zur Herausbildung einer ökumenischen theologischen Tradition geführt hat, für die Behandlung des vorliegenden Themas äusserst relevant ist. Es ist nämlich so, dass die multilaterale Ökumene, so wie sie sich im Laufe des späten 19. Jahrhunderts und des ganzen 20. Jahrhunderts entwickelt hat, ein interessantes Zusammenspiel aufzeigt, wenn es um die Frage geht, wie nun Lehre (inkl. Liturgie) und gelebter Glaube (inkl. Diakonat) zusammenhängen. Der am Anfang zitierte Refrain «*Doctrine divides, service unites*» stammt genau aus diesem Kontext. Als 1948 die beiden grossen Bewegungen der Ökumene der ersten

9 Vgl. dazu (und beispielhaft in dieser Tradition stehend) Paul Philippi: Art. Diakonie I, in: TRE 8 (1993), S. 621–644. Ebenso für die folgenden Ausführungen.

10 Vgl. den Überblicksbeitrag von David R. Holeton: The Liturgical Role of the Deacon in the Past and today, IKZ 95 (2005), S. 214–233 sowie die Beiträge in: Benedikt Kranemann; Thomas Sternberg; Walter Zahner: Die diakonale Dimension der Liturgie (QD 21), Freiburg 2006 sowie Urs von Arx: Die Erneuerung des Diakonats in der altkatholischen Kirche, IKZ 95 (2005), S. 209–213. Vgl. weiter auch die Reflektion auf das permanente Diakonat in der römisch-katholischen Kirche in: Klaus Kiessling (Hg.): Diakonische Spiritualität: Beiträge aus Wissenschaft, Ausbildung und Praxis, Berlin 2009.

11 Vgl. z.B. die Beiträge in: Anne Jensen u.a. (Hg.): Diakonat und Diakonie in frühchristlicher und ostkirchlicher Tradition (GThS 23), Graz 2008.

Hälfte des 20. Jahrhunderts sich zum Ökumenischen Rat der Kirchen (ÖRK) zusammenschlossen, wozu 1961 noch der *World Missionary Council* kam, verbanden sich Bewegungen, deren Vertreter zuweilen recht unterschiedliche Auffassungen über Lehre und Dienst hatten. Dies führte innerhalb des ÖRK zur Suche nach einer kohärenten Theologie, die diese Gegensätze zu überwinden vermochte. Ein wichtiger Punkt war in dieser Hinsicht die Vollversammlung des ÖRK von 1983 (Vancouver). Die dort formulierte und seitdem weiterentwickelte theologische Vision wurde unter dem Stichwort «Eucharistische Vision» bekannt. Eine einprägsame Kernaussage aus dem Bericht der 1983er Vollversammlung beschreibt diese Gesamtschau folgendermassen:

> Christus – das Leben der Welt – eint Himmel und Erde, Gott und Welt, Geistliches und Weltliches. Sein Leib und Blut, die uns in den Elementen Brot und Wein gegeben werden, vereinigen Liturgie und Diakonie, Verkündigung und heilendes Amt ... So schliesst unsere eucharistische Vision die ganze Wirklichkeit des christlichen Gottesdienstes, Lebens und Zeugnisses ein.[12]

Ähnliche Perspektiven kommen zum Ausdruck im sogenannten Lima-Dokument (1982), welches die Ergebnisse multilateraler Ökumene (einschliesslich der ebenfalls ökumenischen liturgischen Bewegung des 20. Jahrhunderts),[13] besonders auch wenn es um diejenige von Amtsträgerinnen und Amtsträger geht, welche das Diakonat innerhalb der Kirche verkörpern, auf den Punkt bringt:

> Diakone stellen der Kirche ihre Berufung als Dienerin in der Welt vor Augen. Indem sie sich in Christi Namen für die unzähligen Bedürfnisse der Gesellschaften und Personen einsetzen, verdeutlichen die Diakone die wechselseitige Abhängigkeit von Gottesdienst und Dienst im Leben der Kirche. Sie üben Verantwortung im Gottesdienst der Gemeinde aus: z. B. indem sie die Schrift lesen, predigen und die Gemeinde im Gebet leiten. Sie helfen bei der Unterweisung der Gemeinde. Sie üben einen Dienst der Liebe innerhalb der Gemeinschaft aus. Sie erfüllen gewisse Verwaltungsaufgaben und können gewählt werden für Verantwortungsbereiche der Leitung. (31)

12 Walter Müller-Römheld: Bericht aus Vancouver. Offizieller Bericht der Sechsten Vollversammlung des Ökumenischen Rates der Kirchen. 23. Juli bis 10. August 1983 in Vancouver/Kanada, Frankfurt a. M. 1983, S. 71.

13 Siehe für einen knappen Überblick z. B. Hans-Christoph Schmidt-Lauber: Art. Liturgische Bewegungen, in: TRE 21 (2000), S. 401–406, ausführlicher: John R. K. Fenwick; Bryan D. Spinks: Worship in Transition: The Liturgical Movement in the Twentieth Century, London 1995. Der theologische Gehalt der liturgischen Bewegung wird herausgestellt von: Mattijs Ploeger: Het «onliturgische» karakter van de Liturgische Beweging, NTT 61 (2007), S. 109–122.

Fazit

Das Fazit dieses Beitrages kann kurz sein: die Alternative «Liturgie oder Diakonie» ist irreführend. Dies lässt sich damit begründen, dass «Diakonie» viel breiter ist als nur die sozial-karitative Seite der Kirche, sowie damit, dass es sich bei Liturgie und Diakonie um komplementäre Dimensionen der Kirche handelt, die sich nicht gegenseitig ausschliessen oder Konkurrenz machen. Dies scheint das Fazit zu sein, welches aufgrund neuerer Arbeiten zur neutestamentliche Ekklesiologie sowie zu entsprechenden Aspekten der Kirchen- und Theologiegeschichte gezogen werden kann.

Liturgie oder Diakonie: doch in Konkurrenz?

Christoph Sigrist

Problem: Dasselbe und doch etwas ganz anderes

Eigentlich gibt es dem Fazit von Peter-Ben Smit nichts beizufügen: Die Alternative «Liturgie» und «Diakonie» ist irreführend, beide sind komplementäre Dimensionen der Kirche, die sich nicht gegenseitig ausschliessen oder Konkurrenz machen. Mit Recht zitiert er kirchliche und wissenschaftliche Texte, die diese Position belegen. Papier ist geduldig und «eigentlich» heisst – eben gerade nicht. Es gibt keine Pfarrerin, keinen Bischof und keine Dozentin, die diese Position nicht unterschreiben würde. Doch die kirchliche Praxis wie auch die praktologische Theorie widersprechen dieser versöhnlichen Haltung bisweilen zutiefst: Im praktischen Vollzug wird wohl ein Unterschied zwischen Liturgie, meist im engen Sinne als Gottesdienst, und Diakonie in der Bedeutung von sozialer Arbeit gemacht: Bei Sparmassnahmen meinen Kirchenleitungen mit dem «Kerngeschäft» meist den liturgisch gottesdienstlichen Aufgabenbereich, der zu Lasten anderer, zwar ekklesiologisch als «gleichwertige Grundvollzüge der Kirche» in Leitbildern und Ordnungen festgehaltenen Aufgaben vielfach diskussionslos budgetiert wird. Zugespitzt und in dieser Pauschalität übertrieben formuliert: Im täglichen Vollzug und bei der Verteilung von Geldern und Stellenprozenten für Berufsgruppen sind «Liturgie» und «Diakonie» harte Konkurrenten – meist mit der «Diakonie» als Verliererin.

Dazu wird in diesem Beitrag bestritten, dass «Diakonie» «viel breiter als nur die sozial-karitative Seite der Kirche» sein soll. Ich wehre mich gegen die Abwertung der «sozial-karitativen Seite», die im Wort «nur» liegt: Diakonie ist ganz und gar soziale Hilfe, nicht mehr und nicht weniger. Die viel breiteren Seiten kirchlichen Lebens ebenfalls mit «Diakonie» zu bezeichnen, macht die Unterscheidungen zwischen den vier Handlungsfeldern der Kirche – Gottesdienst, Bildung, Diakonie und Leitung – gerade schwierig und führt zu Verwirrung und Streit, nicht zur Klärung und Positionierung. Mit Peter Cornehl ist (nach Schleiermacher) Gottesdienst «darstellendes», nicht «wirksames» Handeln: «Im Gottesdienst vollzieht sich das darstellende Handeln der Kirche als öffentliche symbolische Kommunikation.»[14] Liturgie ist Ritual, Kult, Orientierung, Ausdruck. Diakonie ist Hilfe, soziales Handeln, Solidarität, hoffentlich nicht symbolisches, darstellendes, sondern wirksames Handeln in konkreter Situation vor Ort. Mit Ulrike Suhr gilt es in Erweiterung des Gottesdienstes auf das allgemeine liturgische Geschehen festzuhalten: «Die Unterschiede und Trennungen zwischen Gottesdienst und Dia-

14 Peter Cornehl: Theorie des Gottesdienstes – ein Prospekt, ThQ 159 (1979), S. 178–195.186.

konie gilt es zunächst nüchtern zu konstatieren […] Gottesdienst und Diakonie unterscheiden sich in ihren Zielsetzungen und in der Art ihres Wirkens.»[15]

Wird diese grundsätzliche Unterscheidung nicht verdrängt, verschiebt sich das Spannungsfeld: Das Problem bei der Frage «Diakonie oder Liturgie» liegt nicht darin, dass die drei Dimensionen von *martyria*, *leitourgia* und *diakonia* zusammen mit der *koinonia* «aufs Engste miteinander verbunden sind», wie es Peter-Ben Smit positioniert. Diese Frage ist theologisch eine rhetorische Frage, sie ist geklärt. Viel spannender und auch konfliktreicher ist die Frage, welche Bezüge zwischen liturgischem Geschehen und diakonischem Handeln neu zu entdecken sind und welche Gestaltungsmöglichkeiten in diesen Bezügen genutzt werden oder brach liegen.

Position: Liturgische Räume für diakonisches Hilfehandeln

Die Position, die in diesem Beitrag vertreten wird, gründet in Erfahrungen der Stadtkirchenarbeit und lässt sich wie folgt zusammenfassen: Der Kirchenraum ist einerseits konstitutiv für den Vollzug der Liturgie[16], die durch eine schleichende Umnutzung der Kirchenräume je länger je mehr als lebens- und ereignisgottesdienstliches Geschehen ausgestaltet wird.[17] Andererseits werden Kirchenräume von der «anonymen Stadtöffentlichkeit» (Neddens)[18] als «Heterotopien» (Foucault)[19], als «andere Orte» wahrgenommen, Räume, in denen Menschen in Not

15 Ulrike Suhr: Art. Gottesdienst und Diakonie, in: Hans-Christoph Schmidt-Lauber u. a. (Hg.): Handbuch der Liturgik, Göttingen 2003, S. 673–684, Zitat S. 680.

16 Klaus Raschzok hat auf diesen Punkt aufmerksam gemacht: «Der Kirchenraum ist mehr als die äussere Voraussetzung der gottesdienstlichen Feier. Er stellt vielmehr einen wesentlichen Konstitutionsfaktor des Gottesdienstes dar. Raum und Gottesdienst spielen zusammen […] Gottesdienstliches Geschehen ist raumabhängig und raumproduktiv zugleich.» (Klaus Raschzok: Art. Kirchenbau, in: Wilhelm Gräb u. a. (Hg.): Handbuch Praktische Theologie, Gütersloh 2007, S. 575. Vgl. auch zur katholischen Perspektive: Gerard Lukken: Die architektonische Dimension des Rituals, in: Liturgisches Institut (Hg.): Liturgisches Jahrbuch, 39. Jg, (1989), S. 19–36.

17 Klaus Raschzok stellt fest, «dass sich gegenwärtig ein gravierender Nutzungswandel vom ausschliesslich gottesdienstlichen zum touristischen Gebrauch der Kirchengebäude vollzieht und zunehmend mehr Menschen Kirchengebäude ausserhalb ihrer gottesdienstlichen Nutzung als zum Gottesdienst aufsuchen». Diese «kulturwissenschaftliche Perspektive» schliesst nach Raschzok auch eine veränderte Sichtweise des Gottesdienstes mit ein: «Dieser wird weniger als worthaft-inhaltsbestimmtes, sondern zunehmend als komplexes Handlungsgeschehen mit Ereignischarakter wahrgenommen und kann damit angemessener als bisher auch mit der Leistung eines Kirchenraumes verbunden werden.» Klaus Raschzok: Orte der «Begegnung der Gemeinde mit dem lebendigen Gott», in: Hans-Peter Hübner u. a. (Hg.): Evangelischer Kirchenbau in Bayern seit 1945, München 2010, S. 64.

18 Stadtarchitekt Martin C. Neddens unterscheidet bei Citykirchen zwischen den Bedürfnissen von «Kerngemeinde» und der «anonymen Stadtöffentlichkeit», vgl. Martin C. Neddens (Hg.): Die Wiederkehr des genius loci, Wiesbaden/Berlin 1987, S. 272.

19 Michel Foucault führte diesen Begriff in seinem 1967 in Tunesien geschrieben Vortrag «Von anderen Räumen», der erst 1984 nach seiner Genehmigung veröffentlicht wurde, ein: Nach ihm gibt es

Hilfe erwarten. Der Kirchenraum ist konstitutiv für die Proklamation der Diakonie. Daraus folgt: Kirchenräume sind liturgische Räume für diakonisches Hilfehandeln. Als Klangräume von Gottes Wort und menschlichen Stimmen räumen sie den Menschen Orte ein, wo unsagbare Not zur Sprache kommen kann.[20] Diese Position wird im Folgenden mit dem Verweis auf das alttestamentliche Erbe sowie den diakonischen Dimensionen der Liturgie in ihrem Weltbezug und den liturgischen Dimensionen der Diakonie als Einräumungen begründet.

Begründungen

Klageraum: Das alttestamentliche Erbe

Frank Crüsemann ist es zu verdanken, dass im Zusammenhang mit der Diakoniedebatte der auf das Neue Testament fokussierte Uhlhornsche Blick: «denn die Welt vor Christo ist eine Welt ohne Lieb»[21], geweitet wurde. Die Wurzeln der Diakonie als Hilfehandeln liegen nach Crüsemann im Alten Testament, in der Tradition des Rechts, in der Rede Gottes als desjenigen, der sich unbedingt für die Armen einsetzt, und schliesslich in der Klage. In der Klage wird die existenzielle Not des Menschen sagbar. Historisch wurden nach Crüsemann vom gesamten Vorgang des Klagerituals nur die Klagen weitertradiert: «Nicht der Trost, wie immer er aussah, die Möglichkeit der Klage war das Entscheidende. Sie selbst war die wichtigste Hilfe, die die Gesellschaft und Religion anbieten konnten. Die Möglichkeit, Not, Verzweiflung, Hass, aber auch Vertrauen und Hoffnung öffentlich auszusprechen, war wichtiger als jede Antwort. Durch sie wurden die Leidenden zum Subjekt des Geschehens.»[22] Das für die Spannung von Liturgie und Diakonie

Orte, «die ausserhalb aller Orte liegen, obwohl sie sich durchaus lokalisieren lassen. Da diese Orte völlig anders sind als all die Orte, die sie spiegeln und von denen sie sprechen, werde ich sie im Gegensatz zu den Utopien als Heterotopien bezeichnen.» Michel Foucault: Von anderen Räumen, in: Jörg Dünne u. a. (Hg.): Raumtheorie, Frankfurt a. M. 2006, S. 329, S. 320.

20 Rolf Schieder bringt diesen Sachverhalt auf den Punkt: «Gerade die religiöse Sprache braucht einen eigenen Sprach-Raum.» Rolf Schieder: Urbanität und Heterotopie. Die Öffentlichkeit der Religion unter den Bedingungen ihrer Privatisierung, in: Bärbel Mayer-Schärtel u. a. (Hg.): Paradise Now! Festschrift W. Stegemann zum 50. Geburtstag, Neuendettelsau 1995, S. 82–91, Zitat S. 89.

21 Gerhard Uhlhorn: Die Christliche Liebestätigkeit, Stuttgart 1895, S. 7. Die Position Frank Crüsemanns wird von Ulrich Luz verstärkt. Im Zusammenhang mit der These Uhlhorns hält er fest: «Nicht nur in Bezug auf das Liebesgebot ist dies falsch, sondern auch in Bezug auf die ‹diakonische› Entfaltung, und nicht nur in Bezug auf die Antike, sondern vor allem in Bezug auf das Erste Testament. Jesus von Nazaret ist keineswegs der Erfinder des Liebesgebots!» Diese These entfaltet Luz im Kontext der frühjüdischen Tradition, wonach zu den «Liebeswerken» das Engagement der ganzen Person zählte. Stellen wie Micha 6,8 haben diese jüdische Sichtweise stark geprägt, bei der Gott selbst Vorbild für die Liebeswerke ist. Vgl. zum Thema: Ulrich Luz: Biblische Grundlagen der Diakonie, in: Günter Ruddat u. a. (Hg.): Diakonisches Kompendium, Göttingen 2005, S. 17–35, bes. S. 18 f.

22 Frank Crüsemann: Das Alte Testament als Grundlage für die Diakonie, in: Gerhard K. Schäfer u. a. (Hg.): Diakonie – biblische Grundlagen und Orientierungen, Heidelberg 1990, S. 67–93, Zitat S. 76.

wichtige Moment liegt in diesem Öffentlichmachen der Klage. Priester, Propheten, Leviten, Frauen und Männer am Tempel richteten öffentliche Räume für die Klage ein. Neben den persönlichen Zuspruch und den Trost trat die publik gewordene Klage des Kollektivs. Diese vernetzende Tätigkeit zwischen individuellen und öffentlichen Räumen restituierte gesellschaftlichen Zusammenhalt, formulierte Hoffnung, überwand Sprachlosigkeit und ermöglichte die Vermittlung von Klageräumen mit Hilfeeinrichtungen nahe beim Tempel, später bei den Synagogen.

«Der diakonische Bezug des Gottesdienstes wird sich nicht zuletzt darin erweisen, dass gleichsam Klagemauern entstehen, Räume zur Klage eröffnet werden.»[23] Wolf-Eckehard Failing sieht in der Rückgewinnung der «Dimension der *individuellen und kollektiven Klage* und der *öffentlichen* Anklage» einen wesentlichen Aspekt für den Zusammenhang zwischen «dem katastrophischen Moment» und der Nutzung von Kirchenräumen: «Ein Erlebnis ist nie wirklich abgeschlossen, solang es nicht ‹ausgedrückt› ist, d. h. anderen nicht in auffallender Weise, sprachlich und/oder anders mitgeteilt wird. Kultur – auch Kultur der Kirche – ist gerade das Ensemble solcher ausdrücklichen Äusserungen und auf gestaltete Orte expressiver Klage elementar angewiesen».[24] Welche diakonischen Aspekte lassen sich bei ausdrücklichen, liturgischen Äusserungen erkennen? In welcher Art und Weise gehören sie zum Ensemble einer kirchlichen Kultur?

Diakonische Dimensionen der Liturgie

In den letzten Jahren sind die diakonischen Aspekte liturgischer Feiern in dreierlei Hinsicht entdeckt worden. Zum einen werden *diakonische Themen* im gottesdienstlichen Geschehen durch den Einbezug sozialer Aktivitäten in Kirchgemeinden und von Partnerorganisationen, durch die bewusste Einladung von Betroffenen oder mittels spezifisch diakonischer Ausrichtung der Predigt explizit ins Zentrum gesetzt. Was ist eine «diakonische» Predigt? Predigtbände unter dem Titel «Diakonisch predigen» lassen erahnen, dass es vor allem Predigten «aus dem Erfahrungsbereich der Diakonie» sind, die Kommunikation und Dialog zwischen Gott, Mensch und Mitmensch in Not anhand biblischer Erfahrung zur Sprache bringen, nach Johannes Busch «zu einem dialogischen Beziehungsvorgang, in dessen Verlauf im Reden und Hören der Menschen Gott selber wahrgenommen wird und seine aufrichtende, erneuernde, versöhnende *diakonia* an allen Beteiligten vollbringt».[25]

23 Gerhard K. Schäfer: Gottes Bund entsprechen. Studien zur diakonischen Dimension christlicher Gemeindepraxis, Heidelberg 1994, S. 420.

24 Wolf-Eckart Failing: Die eingeraumte Welt und die Transzendenzen Gottes, in: ders. u. a. (Hg.): Gelebte Religion wahrnehmen, Stuttgart 1998, S. 91–122, S. 113.

25 Johannes Busch: Einleitung diakonisch predigen – Predigten aus dem Erfahrungsfeld der Diakonie, in: Jürgen Ghode (Hg.): Diakonisch predigen, Stuttgart 2004, S. 11–17, Zitat S. 17. In der Tat widerspiegeln die mannigfaltigen Predigten die Vielfalt der diakonischen Bezüge aus der Lebenswelt und die zum Teil kreativen Verbindungen mit exegetischen Erkenntnissen.

Zum Zweiten kommen die diakonischen Aspekte *liturgischer Elemente* in den Blick. Dabei zeigt sich, dass die Kollekte, das Fürbittengebet sowie das Abendmahl, durch den impliziten oder expliziten Weltbezug Türöffner für soziale Anliegen und Nöte, vermehrt in Anspruch genommen werden.[26] Die am Abendmahl orientierte liturgische Anbindung der Diakonie mit ihrer Horizonterweiterung hinsichtlich der sozialen Brennpunkte der Welt entspricht einer alten kirchlichen Tradition, die in der Lima-Erklärung zur Eucharistie entfaltet[27] und in neueren Konzeptentwürfen von kirchlicher Diakonie wieder aufgenommen wird.[28]

Schliesslich werden *Anliegen*, die das darstellende und wirksame Handeln des Glaubens *gemeinsam* haben, expliziert. Gemeinsam sind der Liturgie und der Diakonie die Dimension von Heilung, Trost und Versöhnung, die Dimension der Zerbrechlichkeit, Brüchigkeit und Angewiesenheit auf die Gnade Gottes sowie die Dimension der Anwaltschaft, Solidarität und Verbundenheit mit den Benachteiligten und «Opfern» der Gesellschaft. In diesem solidarischen Einstehen spielt in jüngere Zeit die Interpretation der Diakonie als «Dazwischengehen», «Vermittlung» eine wichtige Rolle.[29] Damit wird die in der reformierten Tradition enge Verbindung zwischen dem Abendmahlstisch und dem Tisch in der Welt, wo das tägliche Brot geteilt wird, zur Sprache gebracht.[30] Im Weltbezug liturgischer Elemente bekommt die diakonische Dimension ihren Ausdruck: «In diesem Sinn braucht der Gottesdienst die Diakonie als Weltbezug, als Konkretisierung von Lebenswelten. Die damit verbundene Anforderung an den Gottesdienst lautet: Der Alltag der Menschen in seiner Brüchigkeit und Ambivalenz muss Raum haben

26 Ulrike Suhr beschreibt die konkrete Ausgestaltung dieser drei liturgischen Elemente, vgl. Suhr, Gottesdienst und Diakonie, S. 681 f.

27 «Die Eucharistie nimmt den Gläubigen hinein in das zentrale Geschehen der Welt. Als Teilnehmer an der Eucharistie erweisen wir uns daher als unwürdig, wenn wir uns nicht aktiv an der ständigen Wiederherstellung der Situation der Welt und der menschlichen Lebensbedingungen beteiligen.» Taufe, Eucharistie und Amt. Konvergenzerklärungen der Kommission für Glauben und Kirchenverfassung des Ökumenischen Rates der Kirchen, in: Ursula und Günther Gassmann: Sonderdruck aus: Dokumente wachsender Übereinstimmung. Sämtliche Berichte und Konsenstexte interkonfessioneller Gespräche auf Weltebene, Frankfurt a.M. [8]1984, S. 23.

28 Vgl. Konzept-Entwurf der Evangelisch-reformierte Landeskirche des Kantons Zürich, der die theologische Begründung der Diakonie in Parallelität zur Verankerung des Religionspädagogischen Handelns, das mit der Taufe verbunden wird, im Abendmahl festlegt. «Das Urmodell der diakonischen Kirche ist das Abendmahl. Es ist das Sakrament des Teilens. Diakonie ist für die Kirche so grundlegend wie dieses Sakrament: Sie ist Wesensmerkmal und sichtbares Zeichen der Kirche. Diakonische Kirche lebt aus spiritueller Quelle und in solidarischer Kraft.» Nach dem Konzept sind Merkmale einer diakonischen Kirche als Abendmahlgemeinschaft: spirituelle Verbundenheit mit Jesus Christus, kon-solidarische Gemeinschaft und pro-solidarische Weltoffenheit. Vgl. dazu: Frieder Furler: Entwurf Diakoniekonzept, internes Papier, Manuskript, Zürich 2010.

29 Vgl. dazu die Ausführungen von Peter-Ben Smit.

30 Vgl. zum reformierten Abendmahlsverständnis, auch mit seinem Bezug auf den Kirchenraum: Peter Opitz: Kanzel und Gefletz – theologische und räumliche Verschiebungen zur Einführung des reformierten Abendmahls in Zürich 1525, in: Christoph Sigrist (Hg.): Kirchen – Macht – Raum, Zürich 2010, S. 45–58.

im Gottesdienst, in der Sprache der Gebete und in der Auslegung biblischer Texte.»[31]

Liturgische Dimensionen der Diakonie

«Gottesdienst und Diakonie sind als Wirkungsfelder kirchlichen Lebens miteinander verbunden und voneinander zu unterscheiden. Wichtig sind sie füreinander als Gesprächspartner, um Menschen auf ihre je eigene Weise zu begleiten, das Leben zu stärken und zu feiern.»[32] Zu dieser Begleitung gehört nicht nur der (diakonische) Weltbezug liturgischer Feiern, sondern auch die liturgische Einbettung diakonischer Hilfe. Dass in «katastrophischen» Situationen kirchliche Räume, Moscheen, Synagogen und Tempel aufgesucht werden, lässt gottesdienstliche Feiern am Sonntag als alltägliche, lebensbegleitende Ereignisfeiern sehen und beschreibt verschiedene Aspekte von diakonischen «Einräumungen». Diakonie als soziales Hilfehandeln im Kontext von Kirche und Gesellschaft, motiviert und begründet aus der biblischen Tradition, braucht Raum, um zu helfen. Kirchenräume und Sakralbauten sind Symbole dieser Raumdimension diakonischen Handelns und knüpfen an die Tradition der öffentlichen Räume für individuelle und kollektive Klagen und öffentlichen Anklagen an. Aus meiner Erfahrung am Grossmünster in Zürich sehe ich drei liturgische Dimensionen der Diakonie, die den Kirchenraum in Anspruch nehmen.

Zum Ersten liegen in der Zwölfbotenkapelle des Grossmünsters, die als Ort der Stille, der Einkehr und des Gebets eingerichtet ist, *Kerzen* bereit, die betende Besucher in das Taufbecken aus dem 15. Jahrhundert legen. Das Anzünden von Kerzen ist in den letzten Jahren innerhalb und ausserhalb von Kirchenmauern zum ökumenischen, interkulturellen und interreligiösen Zeichen der individuellen und kollektiven Anteilnahme, Trauer und Ohnmacht geworden. Diakonie als Haltung der expliziten Verbundenheit mit den «Opfern» hat dem Ritual von Kerzen Orte und Stätten einzuräumen, wenn nötig 24 Stunden am Tag, verbunden mit liturgischen Feiern sowie Tag- und Nachtzeitunterbrechungen.

Zum Zweiten ist es in den letzten Jahren nicht nur in Stadtkirchen üblich geworden, *Gästebücher*, Gebets-, und Klagebücher und -wände, -ecken und -mauern in Seitenschiffen und Kapellen, in Nischen und Krypten einzurichten. Wer in das Gebetsbuch persönliche Nöte, Danksagungen und Wünsche schreibt, verbindet explizit persönliche Not mit implizit kollektiver Anteilnahme. Wer als Gast in der Kirche im Buch blättert, wer als Liturgin die während der Woche eingeschriebenen Anliegen in die Fürbitte der Gemeinde einbindet oder selber anonym tabuisierte Themen und Gedanken publik macht, weiss um das Heilende und Bergende des Geheimnisses, im Enthüllen zugleich verdeckt und im Aufdecken zugleich verhüllt zu bleiben. Die aufgeschlagenen Gebetsbücher räumen der Dia-

31 Suhr, Gottesdienst und Diakonie, S. 683.

32 A. a. O., S. 684.

konie Zeit ein, um der Ohnmacht, Hilflosigkeit und Sehnsucht nach Versöhnung und Heilung liturgisch Ausdruck zu geben.

Schliesslich ist der Kirchenraum als *Gebetsraum* für die «anonyme Stadtöffentlichkeit» neu zu entdecken. Das gemeinsame Gebet ist Brücke zum interreligiösen und interkonfessionellen Dialog. Bei Ereignissen, die die Stadtöffentlichkeit oder ein Land kollektiv bewegt, werden Kirchenräume aufgesucht, um dort zu beten. Kirchen in der Stadt wie auch auf dem Land sind Gedächtnis und Gewissen dafür, dass ein Gemeinwesen zur Bewältigung von Not auf öffentliche Räume angewiesen ist.[33] Werden Bewältigungsmechanismen wie Trauerfeiern, Gebetsnächte und Friedensfeuer inszeniert, wird der Kirchenraum als symbolischer Raum «selbst ein untrennbarer Teil des Dramas und seiner Bewältigung. [...] Der Prozess verortet sich.»[34]

Kerzen für die stummen Stimmen, Gebetsbuch für tabuisierte Themen zu Hause und in der Öffentlichkeit, Gebet für die interkonfessionelle, interkulturelle und interreligiöse Begegnung in Zeiten der Not – drei Konkretionen des Prozesses der liturgischen Einräumung der Diakonie, die in Zukunft an Relevanz und Notwendigkeit gewinnen.

Folgerungen

Der Kirchenraum ist konstitutiv für die Liturgie genauso wie für die Proklamation der Diakonie. Daraus folgt: Kirchenräume sind liturgische Räume für diakonisches Hilfehandeln. Das Fazit daraus kann nur sein: Das Augenmerk ist mit Blick auf die Spannung von Liturgie und Diakonie in Zukunft vermehrt auf den Kirchenraum zu legen. Dabei gehen «geistliche Raumerschliessung»[35] der Diakonie und «Weltbezug» der Liturgie Hand in Hand. In der Raumfrage kulminieren zentrale Spannungen des Glaubenshandelns, so sein Verhältnis von darstellendem und wirksamen Handeln, das spannungsreiche Verhältnis von Gott, Mensch und Mitmensch, die Verortung der individuellen und kollektiven Bewältigung von Not und Elend sowie das Problem der Balance zwischen dem, was dem Menschen möglich ist zu tun, und dem, was er «einem Dritten», «einer grösseren Macht», «Gott» zu überlassen hat. Kirchenräume sind Klangräume für die Klagen der Menschen. Die liturgische Verortung der Diakonie und die diakonische Weitung der Liturgie geschehen demnach in der Einräumung und Ausgestaltung von öffentlicher Klage und Danksagung.

33 Vgl. zu Kirchen als Orte des Gedächtnisses und Gewissens: Wolfgang Grünberg: Kirche als Gewissen, Gedächtnis und Hoffnungsort, in: Sebastian Borck u. a. (Hg.): Hamburg als Chance der Kirche (Kirche in der Stadt, Bd. 8), Hamburg 1997, S. 47–51.

34 Failing, Die eingeraumte Welt, S. 113.

35 Vgl. Raschzok, Kirchenbau, S. 574.

Schreiben ist Silber, Reden ist Gold – Replik auf das Plädoyer von Christoph Sigrist

Peter-Ben Smit

Das Andere und doch das Gleiche*

Es freut einen Autor, wenn es heisst, dass gegen sein Fazit nichts einzuwenden ist, zugleich macht es argwöhnisch. Christoph Sigrist schreibt, dass er auf theologischer Ebene mit meiner ekklesiologischen Position einverstanden ist, argumentiert zugleich aber aus kirchlicher Praxis und praktologischer Theorie heraus, dass es in der Wirklichkeit aber anders zu und her geht als in der Ekklesiologie.[36] In dieser Respons werde ich einige Fragen zu seinen Ausführungen stellen (und Antworten andeuten), insbesondere wieder auf der Ebene ekklesiologischer Reflexion.

Ekklesiologische Fragen und eine ökumenisch-praktische Anmerkung

Christoph Sigrist wehrt sich dagegen, die Diakonie als «nur» sozial-karitatives Handeln zu sehen und meint, dass in dieser Formulierung eine Abwertung dieses Handelns zu finden sei. Warum ist mir nicht ganz klar, denn ich führe aus, was ich unter Diakonie verstehe: jener Grundvollzug der Kirche, der die Beziehung zwischen «Kirche und Welt» herstellt. Meines Erachtens ist dies eine theologische und praktische Aufwertung, keine Abwertung. Faktisch ist es zudem genau das, was Christoph Sigrist in seinem Praxisbeispiel vertritt.

1. Christoph Sigrist wehrt sich ebenfalls dagegen, «die» vier Handlungsfelder der Kirche (Leitung, Gottesdienst, Bildung, Diakonie) miteinander zu vermischen. Dies ist nachvollziehbar, auch wenn ich weder von Handlungsfeldern rede noch von Vermischung, sondern von Grundvollzügen und Komplementarität. Meine Rückfrage an diesem Punkt wäre allerdings, ob die vier von Christoph Sigrist genannten Handlungsfelder das kirchliche Leben wirklich genauer umschreiben als die drei von mir vorgeschlagenen Grundvollzüge (*leitourgia,*

* Aus Platzgründen wurde auf einen ausführlichen Anmerkungsapparat verzichtet. Die wichtigste Literatur und eine mit dieser Arbeit kongruente Sichtweise lässt sich aber in der folgenden Publikation finden: Barbara Feichtinger: Liturgie und soziales Handeln: afrikanische Praxis als Inspiration, Praktische Theologie heute 93 (2008), S. 21–104. Für die sprachliche Durchsicht dieses Textes sei Assistentin Sophie Kauz, Bern, herzlich gedankt.

36 Ob dabei tatsächlich die «Diakonie» in der Regel die Verliererin ist, wage ich allerdings zu bezweifeln: Wenn ich die enormen Summen sehe, die in Kirchengebäude investiert werden, um diese eben als Orte der Diakonie einzusetzen und zugleich wahrnehme, welch einen bescheidenen Platz die Liturgie in mir bekannten Pflichtenheften von (reformierten) Pfarrpersonen einnimmt, scheint mir die Wirklichkeit vielseitiger zu sein.

diakonia, martyria). Zwei Konsequenzen wären auf alle Fälle, dass das kirchliche Zeugnis als Handlungsfeld bzw. Grundvollzug verschwindet, und dass Bildung und Leitung an seinen Platz treten. Es lässt sich dabei fragen, ob es wirklich sinnvoll ist, «Leitung» (wenn damit das kirchliche Amt gemeint ist, und nicht etwa die Leitung der Gesellschaft durch die Kirche) als eigenständiges Handlungsfeld der Kirche einzuführen, wodurch meines Erachtens die Gefahr entsteht, dass das Amt eine eigenständige Funktion erhält (auf der gleichen Ebene wie Diakonie oder Liturgie) und seine der Kirche dienende Funktion undeutlich wird.

2. Christoph Sigrist bezieht sich auch auf schleiermachersche Tradition, um Liturgie als «darstellendes» und (damit offenbar) nicht als «wirksames» Handeln zu definieren (für Diakonie trifft das Umgekehrte zu),[37] dann behauptet er mit Suhr: «Gottesdienst und Diakonie unterscheiden sich in ihren Zielsetzungen und in der Art ihres Wirkens.» Die Frage ist, was nun mit «wirksam» bzw. «darstellend» gemeint sein könnte. Es liegt auf der Hand, das alles so zu verstehen, dass weder die Predigt noch die Feier der Sakramente irgendeine Wirkung haben. Was das bedeutet, ist mir schleierhaft, sogar wer Liturgie als blosses Theater betrachtet, wird eingestehen müssen, dass auch dieses Theater eine Wirkung hat. Eine solche Auffassung von Liturgie ist für mich, vor allem auch auf dem Hintergrund aller ökumenischen Verständigung des letzten Jahrhunderts, nicht nachvollziehbar.
3. Zuletzt lässt sich feststellen, dass Christoph Sigrist im zweiten Teil seines Beitrages genau das tut, wovon er im ersten Teil meint, dass er es nicht tun möchte: das Vermischen von zwei «Handlungsfeldern» der Kirche und die Integration der Liturgie in das Handlungsfeld der Diakonie (weitgehend in Einklang mit meiner Definition von *diakonia* als Grundvollzug der Kirche übrigens). Zudem belegen die von Christoph Sigrist angeführten Beispiele nicht gerade, dass Liturgie sehr wohl wirksam und eben nicht ausschliesslich darstellend ist? Wenn dies nicht so wäre, macht es meines Erachtens wenig Sinn zu versuchen, mit nicht-wirksamen Abläufen etwas Wirksames zu bewirken.
4. Schliesslich möchte ich das Ende des Beitrages von Christoph Sigrist aufnehmen, und sagen, dass seinen Ausführungen über den Kirchenraum aus meiner Perspektive und Erfahrung vollkommen selbstverständlich sind. Wer sich eine (einigermassen gepflegte) Kirche aus einer katholischen Tradition (orthodox, römisch-katholisch, anglikanisch, christkatholisch u.a.m.) und das Funktionieren der dazugehörigen Liturgie und Para-Liturgie anschaut, wird leicht feststellen, dass faktisch alles, was Christoph Sigrist auflistet da vorhanden ist. Ich hoffe, dass es ein Zeichen des wachsenden ökumenischen Verständnisses ist,

37 Aus der Feder des gleichen Autors, der von Christoph Sigrist zitiert wird, liess sich 2006 auf alle Fälle vernehmen, dass der Gottesdienst ohne Weiteres das unverzichtbare Zentrum der Gemeinde ist, siehe: Peter Cornehl: Der evangelische Gottesdienst 1, Stuttgart 2006, S. 21.

dass nun auch aus reformierter Perspektive Sakramentalität im kirchlichen Leben wieder eine grössere Rolle spielen darf.[38]

5. Weiterführende Überlegungen: Kirche als Dienstleisterin? Die obigen Anmerkungen sind hauptsächlich Verständnisfragen und Fussnoten zu den Ausführungen von Christoph Sigrist. Einen Gedanken grundsätzlicheren Charakters möchte ich hier noch anfügen. Er geht von der Beobachtung aus, dass bis jetzt zwar von Räumen und Angeboten, nicht jedoch von einer Gemeinde die Rede war, und besteht darin zu fragen, wie nun die Beziehung zwischen Diakonie bzw. Liturgie und der kirchlichen Gemeinschaft zu denken ist. Anders gesagt: Wer trägt nun was oder tut nun was auf welche Art und Weise. Ich glaube, dass dies eine bedeutsame ekklesiologische Frage ist, da schnell das Missverständnis aufkommen kann, dass die Kirche (weitgehend) als Erbringerin bestimmter (diakonaler) Dienstleistungen zu verstehen ist, die vielleicht auch noch andere Angebote macht (z. B. Gottesdienste oder Zeugnis) und deren Charakter als Gemeinschaft weniger bedeutsam ist. Die Spannung zwischen «Dienstleisterin» und «Gemeinschaft» lässt sich an den Begriffen «Handlungsfeld» und «Grundvollzug» aufzeigen; dabei geht es mir weniger um die Begrifflichkeit, die sich auch anders wählen oder definieren lässt, als vielmehr um das ekklesiologische Problem. In meiner Interpretation hat der Begriff «Handlungsfeld» die Bedeutung, dass eine Kirche oder sonst eine Institution irgendeiner Art auf einem bestimmten Gebiet tätig ist, z. B. aufgrund eines Mandates, und deswegen bestimmte Angebote macht. Der Begriff «Grundvollzug» beschreibt dagegen den Umstand, dass eine Gemeinschaft bzw. eine Kirche sich selbst vollzieht oder tut, was sie ist, indem sie z. B. Gottesdienst feiert, Diakonie übt, oder Zeugnis ablegt. Was passiert, darf von aussen sehr ähnlich aussehen, der Unterschied besteht aber darin, dass im einen Fall eine Dienstleistung, die grundsätzlich auch von anderen übernommen werden kann und die nicht wesentlich ist für die erbringende Institution, erbracht wird, und dass im anderen Fall eine Gemeinschaft sich selbst in dem Sinne verwirklicht, dass sie das tut, was wesentlich zu ihrer Existenz gehört und was deswegen nicht anderen delegiert werden kann. Im ersten Fall geht es um etwas, was eine Institution tut, im zweiten Fall um das, was eine Gemeinschaft ist. Für die Liturgie dürfte dies ohne Weiteres deutlich sein: Eine Kirche existiert *par excellence* im Gotteslob, sie kann es nicht delegieren, es ist somit kein «Handlungsfeld» (im obigen Sinne), sondern ihr Leben. Meines Erachtens nach gilt dies aber auch für die Diakonie: Sie ist nicht bloss ein Handlungsfeld der Kirche oder ein Angebot unter anderen, sie ist kirchlicher Selbstvollzug, der nicht von einer

38 Somit wäre die Mischung aus Reformation und Aufklärung, die auch aus der Sicht reformierten Theologen problematisch ist, ein Stück weit überwunden, vgl. z. B. Ralph Kunz: Reformierte Katholizität – eine Leerstelle?, in: Wolfgang W. Müller (Hg.): Katholizität – Eine ökumenische Chance, Zürich 2006, S. 117–146.

anderen Körperschaft übernommen werden kann, ohne dass die Kirche aufhört vollauf Kirche zu sein. Die Kirche ist also *keine* Erbringerin diakonaler (oder sozial-karitativer) Dienstleistungen, ebenso wenig wie sie Erbringerin liturgischer Dienstleistungen ist, denn sie ist Kirche, die in ihrer Diakonie genauso existiert wie in ihrem Gotteslob oder in ihrem Zeugnis. Für die Verortung der Diakonie und Liturgie (sowie des kirchlichen Zeugnisses) bedeutet dies, dass sie mehr als nur eng mit dem Leben der Gemeinschaft verbunden sind; sie sind die Vollzüge des Lebens der Gemeinschaft (und sollen deswegen auch von Mitgliedern dieser Gemeinschaft wahrgenommen werden). Der Abendmahlstisch bzw. der Altar und der Tisch des Alltags bzw. der Altar auf der Strasse[39] sind, wenn diese liturgische Bildsprache funktionieren soll, beide immer Altäre *der Gemeinde*, worauf sie ihr Lobopfer und ihr Opfer des Dienstes darbringt, und sie tut dies in erster Linie (oder sogar nur), weil sie leben will, was sie ist: Gemeinde Jesu Christi.

Antwort auf die Replik von Peter-Ben Smit

Christoph Sigrist

Schreiben ist Silber, Reden ist Gold.

Die Wertschätzung meines «Kontrahenten» meiner Position gegenüber, die sich in der genauen Lektüre und in den richtig hervorgehobenen, kontrovers zu diskutierenden Problemfeldern zeigt, erfreut mich sehr. Beim Lesen der Antwort wurden mir die Grenzen der schriftlichen Kontroverse je länger, je deutlicher. Theologische Debatten – nicht nur ein reformiertes Erbe – sind als Disputationen durchzuführen, in denen man auf Augenhöhe Intonation und Gesichtsausdruck des Gegenübers in die verbalen Aussagen integrieren kann und deshalb besser erkennt, wie genau das zu Kritisierende zu verstehen ist. Deshalb möchte ich die Antwort als fiktives Gespräch gestalten, in der Hoffnung, dass sich daraus ein konkreter, durchaus kontroverser und weiterführender Dialog ergibt.[40]

1. Zur Diakonie als «Verliererin»: Wenn Sie die Unsummen, die in die Restauration von Kirchgebäuden investiert werden, als «diakonische» Investition inter-

39 Eine Bildsprache, die übrigens nicht spezifisch reformiert ist, aber als Ausdruck mindestens auf Johannes Chrysostomos zurückgeht (vgl. z. B. Hom. in Matt. 50), und die mir z. B. in orthodoxen, anglikanischen und römisch-katholischen Stellungnahmen zur Beziehung von Liturgie und Diakonie mindestens so prominent scheint wie in reformierten Beiträgen.

40 Aus dieser Anlage ergibt sich, dass ich den Fliesstext, der mein Gespräch mit dem Autor wiedergibt, ohne einen grossen Anmerkungsapparat setze. Ich bedanke mich beim wissenschaftlichen Assistenten der Dozentur für Diakoniewissenschaft, Simon Hofstetter, für das Lektorat dieses Textes.

pretieren, nehmen Sie zwar einen meiner wichtigen Punkte in der Position auf, die den Raum als konstitutiv für das diakonische Handeln nachzeichnet. Doch ich glaube nicht, dass Sie ernsthaft Kirchenrennovationen als Diakonie bezeichnen wollen. Dasselbe dürfen Sie auch nicht in meine Haltung hinein interpretieren: Diakonie in der Institution Kirche heisst für mich, Budgetposten für Projektarbeit, Stellenprozente für Sozialdiakoninnen, Beiträge für Entwicklungshilfe und diakonische Werke und Institutionen ausserhalb der Kollekten in der Gesamtrechnung einer Kirchgemeinde usw. Aufgrund meiner langjährigen Erfahrung als Pfarrer in Berggemeinden, mittleren Städten und einer Grossstadt in verschiedenen Kantonalkirchen muss ich feststellen, dass ich bei diesen Posten mehrmals «verloren» habe. Recht gebe ich Ihnen im Bezug auf den «bescheidenen» Platz der Liturgie bei uns reformierten Pfarrern. Da sind wir jedoch in der Aus- und Weiterbildung stark am Aufholen.

2. Zum Wörtchen «nur» beim sozial-karitativen Handeln. Sie haben mich da nicht verstanden, und hier sind wohl die Grenzen der schriftlichen Auseinandersetzungen deutlich. Wenn Sie schreiben: «Die Alternative ‹Liturgie oder Diakonie› ist irreführend. Dies lässt sich damit begründen, dass ‹Diakonie› viel breiter ist als nur die sozial-karitative Seite der Kirche […]», so verstehe ich Ihren Satz so: Deshalb, weil Diakonie mehr ist als «nur sozial-karitativ», ist die Alternative irreführend, denn Diakonie und Liturgie als Grundvollzüge der Kirche fliessen ineinander. Wenn ich Sie so richtig verstanden habe, bin ich in zwei Punkten nicht Ihrer Meinung: Erstens ist aus meiner Sicht Diakonie auch als Grundvollzug der Kirche nicht *mehr* als «sozial-karitativ», sondern eben sozial-karitativ. Punkt. Wie anders soll ich das Samaritanergleichnis und das Verhalten des Samaritaners interpretieren? Und zweitens folgt daraus, dass Diakonie als «sozial-karitatives» Geschehen nicht besser, hoffentlich auch nicht schlechter als andere sozial-karitative Hilfe des Gemeinwesens ist. Diakonie ist anders begründet und anders integriert, doch von der Sache her ist Diakonie nicht «*nur*», sondern im Kern soziales Hilfehandeln. Hier geht es mir mit Eberhard Jüngel um die «Würde des Selbstverständlichen», das Gute zu tun.[41] Ihren Einwand gegenüber meiner Interpretation von Kirchesein in vier «Handlungsfeldern» kann ich jedoch sehr gut nachvollziehen und danke Ihnen auch für den Hinweis. Diese Debatte, in welcher Form die «Leitung» als Grundvollzug der Kirche zu positionieren ist, führe ich schon lange in meiner Kirche, sehr kontrovers übrigens.

41 Vgl. dazu: «Was ein Christ für andere tut, das tut er eben. Er würde die Qualität seines Handelns nicht verbessern, sondern verderben, wenn er ihm einen religiösen Mehrwert an Bedeutung zuerkennt. Er würde damit *die Würde des Selbstverständlichen* zerstören, die alles gute Handeln auszeichnet.» Eberhard Jüngel: Das Opfer Jesu Christi als sacramentum et exemplum, in: ders., Wertlose Wahrheit, München 1990, S. 261–282, Zitat S. 280.

3. Zur Unterscheidung zwischen «darstellendem» und «wirksamem» Handeln: Wenn Sie mir sagen, dass «es auf der Hand liegt, das alles so zu verstehen, dass weder die Predigt noch die Feier der Sakramente irgendeine Wirkung haben», dann möchte ich Ihnen erwidern: Diese Meinung liegt – bei mir wenigstens – überhaupt nicht auf der Hand, ist in der Tat nicht nur schleierhaft, sondern falsch. Zudem kann ja – überzeichnet verstanden – bei der reformierten Liturgie wohl überhaupt nicht von «blossem Theater» die Rede sein, weil ja alle Elemente, die der Volksmund unter «Theater» subsumiert, hier verloren gingen ... Ich schreibe nicht, dass der Gottesdienst keine Wirkung hat. Sondern in Anlehnung an Suhr und Schleiermacher bin ich überzeugt, dass die *Zielsetzung* und die *Art der Wirkung* beim Gottesdienst und der Diakonie unterschiedlich sind. Beide Vollzüge wirken, beide wirken nicht als «blosses Theater», doch ein Gebet oder das Anzünden einer Kerze für den Verstorbenen oder den Täufling hat eine andere Zielsetzung und wirkt anders als das Verbinden einer Wunde, die Alltagspflege eines Menschen mit geistiger oder körperlicher Behinderung oder das Mitmarschieren beim Friedensmarsch. Ist Ihre Kritik hier nicht gesucht und liegen wir hier nicht viel näher, als es aufgrund der Kontroverse aussieht?
4. Zu zwei Sprachbildern: Im zweiten Teil meines Beitrags, so schreiben Sie, tue ich das, was ich im ersten Teil nicht möchte: das «Vermischen» der beiden Handlungsfelder oder Grundvollzüge «Liturgie» und «Diakonie». Ich verstehe meine Ausführungen nicht als «Vermischen» in dem Sinne, dass die Gefahr besteht, alles Geschehen nun gleichzeitig als «Liturgie» und «Diakonie» zu bezeichnen, so dass kein Erkenntnisgewinn möglich ist. Ich wehre mich gegen das so verstandene «Vermischen» und sage nur mit Suhr, dass beide Vollzüge «miteinander verbunden und voneinander zu unterscheiden» sind. D.h. für mich, dass die liturgische Dimension in der Diakonie und die diakonischen Perspektiven in der Liturgie explizit und deutlich als liturgische und diakonische Elemente zu bezeichnen und auch zu entfalten sind. Und dies ist meines Erachtens alles andere als ein «Vermischen». Dazu kommt ein weiterer Begriff, den wir diskutieren müssen. Sie freuen sich, dass nun aus reformierter Perspektive die «Sakramentalität im kirchlichen Leben» eine grössere Bedeutung bekommen hat. Ja, da freue ich mich mit, doch meine durch und durch «reformiert» geprägte Seele hört hier beim Wort «Sakramentalität» die konfessionell gebundene «Spiritualität», «Religiosität», «Frömmigkeit» der Schwesterkirchen. Deshalb rede ich hier lieber von der «Heiligkeit» im kirchlichen und nicht nur kirchlichen Leben. Meinen wir trotz verschiedener Wortwahl dasselbe?
5. Noch eine letzte Frage, die ich aufgreifen will: Sie stellen weiterführende Überlegungen zum Thema Kirche als Dienstleisterin an, dich ich sehr spannend finde. Doch ich verstehe nicht immer, wie Sie den Begriff «Kirche» gebrauchen. Was meinen Sie genau, wenn Sie von «Kirche» schreiben? Mein Ein-

druck ist, dass Sie ihn verschieden interpretieren: Natürlich ist diakonisches Handeln nach einer Auffassung von «Kirche» «kirchlicher Selbstvollzug», der singulär zum Kirchesein gehört. Doch selbstverständlich ist «Kirche» auch Erbringerin diakonaler Dienstleistungen, der kirchliche Sozialdienst in der Stadt Zürich ist ein solches Beispiel. Mir hat hier die dreifache Unterscheidung von «Kirche» von Hans-Richard Reuter geholfen, die mir Torsten Meireis nähergebracht hat.[42] Reuter unterscheidet einen *dogmatischen Kirchenbegriff*, bei dem es um das Handeln Gottes, um das durch den Glauben gestaltete und präsente Verhältnis von Glaubenden und Gott geht. Auf der Ebene eines *ethischen Kirchenbegriffs* kommt der Kontext der menschlichen Reaktionen und des gemeinsamen Handelns auf das Wirken Gottes zum Ausdruck. Der dritte Aspekt zeichnet die dauerhafte Koordination der menschlichen Reaktion auf Gottes Handeln in Raum und Zeit nach und beschreibt die *Kirche als Organisation* und Institution. Verstehe ich Sie richtig, dass Sie vor allem den dogmatischen Horizont der Kirche beschreiben, wenn sie meines Erachtens mit Recht festhalten, dass beide Altäre, der Abendmahlstisch wie auch der Altar auf der Strasse, «Altäre der Gemeinde» sind, «worauf sie ihr Lobopfer und ihr Opfer des Dienstes darbringt, und sie tut dies in erster Linie (oder sogar nur), weil sie leben will, was sie ist: Gemeinde Jesu Christi»? Mehr noch: Ist es bezeichnend, dass ich aus meiner reformierten Tradition in meinen Reflexionen wie selbstverständlich die ethische oder organisatorische Bedeutungsebene von «Kirchesein» in den Blick nehme, und Sie den dogmatischen Horizont? Dann wäre hier einmal mehr deutlich geworden, wie wichtig, fruchtbar und spannend der ökumenische Dialog ist, der in Zukunft zu führen ist.

42 Vgl. dazu: Hans-Richard Reuter: Der Begriff der Kirche in theologischer Sicht, in: ders.; Gerhard Rau; Klaus Schlaich (Hg.): Das Recht der Kirche, Bd. 1. Zur Theorie des Kirchenrechts, Gütersloh 1997, S. 23–75; Torsten Meireis: Der Kirchenraum: Gestaltungsmacht und Gestaltungsformen, in: Christoph Sigrist (Hg.): Kirchen – Macht – Raum, Zürich 2010, S. 89–102, bes. S. 95–98.

Feier oder Verkündigung (Schleiermacher oder Barth)?

Der Gottesdienst als Feier kommunikativer Innerlichkeit

Georg Pfleiderer

In der vierten seiner fünf Reden über die Religion malt der junge Schleiermacher seinen intellektuellen Zeitgenossen und imaginären Zuhörern einen idealen christlichen Gottesdienst vor Augen. Um die bei ihnen vermuteten üblen Erfahrungen mit altprotestantisch-orthodoxen Gottesdiensten und zugleich ihren durch solchen Erfahrungen gespeisten aufklärerischen Widerwillen zu überwinden, zeichnet er ihnen das «Bild […] von dem reichen schwelgerischen Leben in dieser Stadt Gottes, wenn ihre Bürger zusammenkommen, jeder voll eigner Kraft, welche ausströmen will ins Freie, und voll heiliger Begierde alles aufzufassen und sich anzueignen, was die Andern ihm darbieten mögen».[1] In den heiligen Hallen der Versammlung freier Geister, die Schleiermacher hier vorschwebt, gibt es den Unterschied von monologisch verkündigender pastoraler Autorität und geduldig und demütig sich belehren lassender Gemeinde nicht mehr. «Jeder ist Priester, indem er die Andern zu sich hinzieht auf das Feld, welches er sich besonders zugeeignet und wo er sich als Virtuosen darstellen kann: Jeder ist Laie, indem er der Kunst und Weisung eines Andern dahin folgt, wo er selbst Fremder ist in der Religion.»[2] «Wenn einer hervortritt vor den Übrigen, ist es nicht ein Amt oder eine Verabredung die ihn berechtigt, nicht Stolz oder Dünkel, der ihm Anmassung einflösst: es ist freie Regung des Geistes, Gleichheit, gemeinschaftliche Vernichtung jedes Zuerst und Zuletzt. […] [D]er geübte Sinn der Gemeine begleitet überall den seinen, und wenn er zurückkehrt von seinen Wanderungen durchs Universum in sich selbst, so ist sein Herz und das eines Jeden nur der gemeinschaftliche Schauplatz desselben Gefühls.»[3]

Der christliche Gottesdienst nicht als steife, autoritäre, belehrende Kanzelverkündigungsveranstaltung, sondern als gemeinschaftliche Feier des je individuellen und einander partnerschaftlich wechselseitig mitgeteilten religiösen Gefühls: Manchen scheint das auch heute noch ein attraktives, modernes Konzept zu sein, jedenfalls solange es noch Menschen gibt, die in ihren Kindheitsgottesdiensten traumatisierende, orthodoxe oder neoorthodoxe Gottesvergiftungen erlitten

1 Friedrich Schleiermacher: Über die Religion. Reden an die Gebildeten unter ihren Verächtern (1799), hg. von Günter Meckenstock, Berlin/New York 1999, S. 101.

2 Friedrich Schleiermacher, Reden über Religion, S. 138.

3 Ebd.

haben. In einem durchschnittlichen volkskirchlichen Sonntagsgottesdienst der Gegenwart dürfte diese Gefahr allerdings kaum noch bestehen. Das Risiko, bei einem zufälligen stichprobenartigen Besuch eines landeskirchlichen Gottesdienstes in xy-Stadt oder -Dorf von oben herab mit autoritärer Wort-Gottes-Theologie oder steifem, lutherischen oder reformiertem Traditionalismus zugepredigt zu werden, ist heute weitaus kleiner, als dasjenige, sich unversehens in eine wohnzimmerartige Atmosphäre versetzt zu finden, in der man mit Floskeln des Austauschs halbprivater Befindlichkeiten begrüsst, mit nachgespielter Fernseh-Eventkultur unterhalten und mit belanglosem Kanzelgeplauder in einen Zustand des geistigen Wegzappens gebracht wird. Schleiermachers freundschaftlich-interaktives, liturgiefreudiges Gottesdienstkonzept hat, so scheint man aus solchen nicht ganz selten zu machenden Erfahrungen folgern zu müssen, in den letzten Jahren gegenüber einem steilen, monologischen Verkündigungsprogramm barthscher Provenienz so viel Boden gut gemacht, dass es an der Zeit sein könnte, wieder einmal ordentlich Gegensteuer zu geben.

Eine Erinnerung an Schleiermachers Verständnis des Gottesdienstes als religiöse Feier dürfte vor diesem Hintergrund gegenüber einem barthianisierenden Verkündigungskonzept nur dann plausibel und produktiv sein, wenn sich zeigen lässt, dass jenes seiner Eigenintention nach geeignet ist, solche Negativeffekte zeittypischer Popularisierungstendenzen zu vermeiden und an deren Stelle eine anderes Konzept gemeinschaftlicher religiöser Sinnvergewisserung zu setzen.

Es könnte geschickt sein, gerade bei demjenigen Begriff anzusetzen, der Schleiermachers Gottesdienstkonzept offen zu machen scheint für das Abgleiten in die Eventkultur populistischer Veralltäglichungen des Heiligen: beim Begriff Fest. Der reifere Schleiermacher hat nämlich die in den «Reden über Religion» noch etwas ins Mystisch-Elitäre tendierende Atmosphäre seines kommunitär-individualistischen Gottesdienstverständnisses durch eine etwas volkstümlichere Betrachtungsweise ersetzt und in die Nähe von «Volksfeste[n]» gerückt, jedoch von solchen, die nicht von den «Regirungen […] zu bestimmtem erziehendem Zwekk» eingesetzt würden, sondern die «von selbst aus dem Volke ausgehen»; denn nur diese seien «wirklich und lebendig».[4]

Die Kirmess, Kirchmess, als soziokulturelles Modell der Messe? Der Gottesdienst als Volksfest höherer Ordnung? Das könnte eine originelle Desäkularisierungsfigur mit einigem kulturanthropologischen Perspektivenreichtum und theologischem Potenzial sein. Die neuere Forschung hat in solchen soziologischen Beschreibungen denn auch gern Schleiermachers eigentliche liturgietheoretische

4 Friedrich Schleiermacher: Die praktische Theologie, nach den Grundsäzen der evangelischen Kirche im Zusammenhange dargestellt. Aus Schleiermachers handschriftlichem Nachlasse und nachgeschriebenen Vorlesungen, hg. v. Jacom Frerichs (Sämtliche Werke. Erste Abtheilung, Zur Theologie, Bd. 13, literarischer Nachlass. Zur Theologie, Bd. 8), Berlin 1850, S. 70 (im Text gesperrt). Im Folgenden zitiert: PT.

Leistung sehen wollen und mit Blick auf sie sein Gottesdienstverständnis insgesamt etwa unter den Titel «Fest der Freiheit»[5] stellen können.

Das Potenzial dieser Deutung erschliesst sich im Rahmen der Modernitätstheorie und -kritik, in den sie bei Schleiermacher gestellt ist. Er hat nämlich das so verstandene Fest als Ausbruchsversuch aus der bürgerlich-kapitalistischen Kommerzkultur gegenseitiger Tauschverhältnisse verstanden wissen wollen: «Wenn die Menschen sich indem sie die Arbeit und das Geschäft sistiren in grösseren Massen zu einer gemeinschaftlichen Thätigkeit vereinen, so ist das ein Fest.»[6] Feste im Allgemeinen sind nach seinem Verständnis «Unterbrechungen des übrigen Lebens und stehen damit in relativem Gegensaz»[7]. Gottesdienste seien «Pausen»[8] vom «Arbeits- und Geschäfts-Leben»[9]; und in eben diesem Unterbrechungscharakter bestehe das Gemeinsame von «öffentlichem Gottesdienst und anderen festlichen Vereinen».[10]

Vor Schleiermachers zeitgenössischem Hintergrund einer heraufziehenden asketischen Arbeits- und Industriegesellschaft, in der die kleinen festiven Vergnügungen für die Mehrzahl der Menschen die einzigen temporären Fluchtmöglichkeiten aus der Mühle eines überaus harten Berufsalltags waren, kann man einen solchen Deutungsversuch verstehen. Angesichts unserer heutigen Erfahrungen mit hochentwickelten Event-, Freizeit- und Tourismusindustrien, die Milliardenumsätze machen, ist der Gedanke, dass das Fest (als soziologischer Typus) per se eine Unterbrechung der den Alltag allgegenwärtig bestimmenden Ökonomik und Konsumkultur bilden würde, eher kontraintuitiv. Darum wiegt schwerer, dass auch theoretische Zweifel an der Ernsthaftigkeit bzw. Wohlbegründetheit jener Unterbrechungsfigur bei Schleiermacher geäussert wurden. So wirft namentlich Falk Wagner zumindest dem jungen Schleiermacher der Reden vor, mit seinem dort entwickelten Konzept potenziell schrankenloser religiöser Kommunikationskultur in Wahrheit zumindest unterschwellig dem bürgerlich-kapitalistischen Verzweckungs- und Tauschprinzip stärker verpflichtet zu sein, als es sein Versuch, die religiöse Versammlung kulturanthropologisch vom zweckfreien Fest-Spiel her zu verstehen, erkennen lasse.[11] Wenn dem (grundsätzlich bzw. auch beim späteren

5 Eberhard Jüngel: Der Gottesdienst als Fest der Freiheit. Der theologische Ort des Gottesdienstes nach Friedrich Schleiermacher (1984), in: ders.: Indikative der Gnade – Imperative der Freiheit (Theologische Erörterungen IV), Tübingen 2000, S. 330–350.

6 PT, S. 70.

7 Ebd.

8 Friedrich Schleiermacher: Die christliche Sitte, nach den Grundsätzen der evangelischen Kirche im Zusammenhange dargestellt. Aus Schleiermachers handschriftlichem Nachlasse und nachgeschriebenen Vorlesungen, hg. von L. Jonas (Sämmtliche Werke, Erste Abtheilung. Zur Theologie, Bd. 12), Berlin ^{2}1884, S. 536. 549. Im Folgenden zitiert: CS.

9 PT, S. 72.

10 Ebd.

11 Vgl.: «Angesichts dieses Prinzips der Mitteil- und Austauschbarkeit sind alle bestimmten Gefühle und Anschauungen gleichgültig. Sie sind auf eine Allgemeinheit bezogen, die sie schliesslich indiffe-

Schleiermacher noch) so wäre, dann bestünde in der Tat die Gefahr, dass die (so verstandene) religiöse Festkommunikation die im heutigen massenmedialen Zeitalter nahezu ubiquitär gewordene «weltliche» Tausch- und Plauderkultur ins Religiöse hinein abbilden und so überhöhen könnte; Schleiermacher wäre dann – unbeschadet besserer Absichten – de facto doch geradezu der Prophet einer verkappt ökonomistischen Banalisierung des Heiligen durch Konsum religiöser Ergüsse und Dauergequassel; und seinem Einfluss würde man sich womöglich doch am besten entziehen, indem man zu einer steilen barthschen Verkündigungsliturgie mit ihren theologisch klar definierten Inhalten zurücklenkte.[12]

Aber dem ist nicht so. Für das Gegebensein solcher untergründiger Banalisierungstendenzen in Schleiermachers Gottesdienstverständnis könnte zwar seine Feststellung sprechen, dass der Gottesdienst keine ihm genuin eigenen ästhetischen Darstellungsmittel zur Verfügung habe, sondern nur die allgemeinen Mittel der Kunst. Denn es gibt nach Schleiermacher in der Tat keine spezifisch religiöse Ästhetik: Orgelmusik, Weihrauch, Gewänder mit vermeintlich genuin religiöser Anmutung, eine eigentümliche Atmosphäre und Aura sakraler Räume – all dies hat Schleiermacher – anders als etwa sein origineller Nachfahre Rudolf Otto – nicht als Proprium des christlichen Gottesdienstes und des dort umkreisten «Heiligen» angesehen. Der Hinweis darauf, dass religiöse Ästhetik unspezifisch ist, soll die Gefahr kultureller Isolation des Religiösen in ein sakrales Getto bannen helfen. In seinem Vorbehalt dagegen ist Schleiermacher sogar so weit gegangen, dass er auch die Bestimmung des Gottesdienstes als Fest oder Feier, und damit die Differenz von Fest und Alltag, bei näherem Hinsehen keineswegs, wie man aus solchen Bestimmungen wie den oben zitierten hat ableiten wollen, als die für sein Gottesdienstverständnis schlechterdings konstitutive soziologische Basisdifferenz verstanden wissen wollte.

Das Charakteristikum der «Festlichkeit» ist (wie oft bei Schleiermacher) vielmehr zu verstehen als ein Grenzbegriff, der sein «Maximum»[13] bei einer besonderen Art von Gottesdiensten erreicht, nämlich bei denjenigen öffentlichen Gottesdiensten, welche die «Hauptpunkte der heiligen christlichen Geschichte»[14] thematisieren: Weihnachten, Karfreitag und Ostern, Pfingsten, dann in abgestufter Weise und mit spezifischer Funktion, das Erntedank- und das Reformationsfest. Alle anderen Gottesdienste, also die überwiegende Menge, sind in seinem Sinne eigentlich gar nicht festliche, sondern «normale» Gottesdienste an «gemei-

rent werden lässt: Alles ist zugelassen, wenn anders es den Kriterien der allgemeinen Austauschbarkeit genügt.» Falk Wagner: Gott oder Geld? Zur Geldbestimmtheit der kulturellen und religiösen Lebenswelt, Stuttgart 1984, S. 107.

12 … was freilich der Intention Wagners noch weniger entspräche als die Schleiermachersche Richtung.

13 CS, S. 547 (im Text gesperrt).

14 PT, S. 204.

nen Sonntagen».[15] Sie sind, wie Schleiermacher auch sagt, nicht (durch einen solchen spezifischen Anlass) «bedingte», sondern «unbedingte» Feiern. Und es ist für Schleiermacher eben auch nicht so, dass an jenen herausgehobenen festlichen Gottesdiensten gewissermassen das normative Zentrum und Eigentliche des christlichen Gottesdienstes zum Vorschein käme, das an den übrigen Sonntagen in abgestufter Form thematisch wäre. Ein solches Gottesdienstkonzept gibt es zwar, aber es ist nicht das protestantische, sondern das römisch-katholische.[16] Denn weniger in jenen herausgehobenen Festgottesdiensten als vielmehr in den «unbedingten», also allsonntäglichen Gottesdiensten komme die Gestaltungskraft des «gemeinsam christlichen Sinnes»[17] «in allen Lebensverhältnissen, und wie in dem äusseren so auch in dem ganzen Gedankenleben und im Verhältniss aller Verzweigungen des religiösen Lebens»[18] zur prägnanten Darstellung. Wo der Gottesdienst soziologisch und theologisch einseitig vom Fest und konkret von den zentralen christlichen Kirchenfesten her zu verstehen versucht würde, drohe dem «christliche[n] Sinn» lebens- und alltagspraktische Isolation.

Auf die Spur des eigentlichen Zentrums von Schleiermachers Liturgietheorie führt meines Erachtens eine Unterscheidung, die der zuletzt angesprochenen von festlichen und gewöhnlichen Gottesdiensten ihrerseits voraus liegt: nämlich die Differenzierung von öffentlichen und häuslich-familiären «Privatgottesdiensten».[19] Unverkennbar scheint mir, dass Schleiermacher den häuslich-familiären Gottesdienst als die eigentliche Grundform des christlichen Gottesdienstes verstanden hat. Zwar postuliert er für die Praxis ausdrücklich Gleichwertigkeit: «[B]eide [...] müssen durcheinander bedingt sein.»[20] Und das Augenmerk des professionellen Praktischen Theologen liegt naturgemäss grossenteils auf der Frage der adäquaten Gestaltung des öffentlichen Gottesdienstes, aber diese wiederum, scheint nach Schleiermacher, kann nur richtig angelegt werden, wenn sie auf die Form des Privatgottesdienstes als ihre lebendige Keimzelle zurückbezogen bleibe. Im Privatgottesdienst kommt nämlich die Einbettung der Religion in die zugleich soziale wie individuelle Lebenswelt und die individuelle Lebensführung – sowie die konstitutive Funktion der Religion für diese – viel deutlicher zum Vorschein als im öffentlichen Gottesdienst, der aufgrund seiner notwendigen Artifizialität und Elaboriertheit unvermeidlicher Weise den Eindruck einer Separiertheit der religiösen Sphäre erwecken kann. In der Intimsphäre des häuslichen Gottesdienstes ist ein Ineinander von wirkendem und darstellendem Handeln denkbar, wie es in der öffentlichen Sphäre gar nicht möglich ist. Denn im privaten, familiären Gottes-

15 A. a. O., S. 143, vgl. S. 184. 193 f. 204.
16 Vgl. auch a. a. O., S. 843 f.
17 A. a. O., S. 145.
18 Ebd.
19 CS, S. 550, vgl. PT, S. 68.
20 A. a. O., Beilage A, 30 § 91, Randbemerkung. Vgl. a. a. O., S. 547. 550.

dienst gehe das darstellende Handeln mehr oder weniger ungebrochen «unmittelbar aus dem Gefühle selbst hervor […]»[21], während im öffentlichen Gottesdienst die religiösen Expressionen in der Regel «durch einen zusammengesetzten inneren Prozess durchgegangen […]» sein und darum «mehr Kunstgehalt haben»[22] müssten. Gerade weil im öffentlichen Gottesdienst das Reflexions- und Kunstniveau, damit zusammenhängend der Professionalisierungsgrad wie auch die Ungleichheit der Rollenverteilung, wesentlich höher sein müssen als im Privatgottesdienst, dürfe der erstere den Bezug zum letzteren nicht ganz verlieren, wenn er nicht einseitig, artifiziell und unauthentisch werden soll; denn: «Zweck der Darstellung des Cultus ist die darstellende Mittheilung des stärker erregten religiösen Bewusstseins.»[23] Darum müsse alle Kunstfertigkeit im Gottesdienst Mittel zum Zweck der Darstellung der «religiösen Erregung» ihrer Protagonisten sein. Gottesdienstliche Inszenierungen müssten mithin von «theatralische[n] Darstellungen»[24] scharf geschieden werden; zwar solle der Pfarrer über künstlerisch-darstellerische Fähigkeiten verfügen und diese auch üben, aber – im Unterschied zum Schauspieler – der «immer ein anderer sein und sich selber verläugnen»[25] müsse, müsse der Pfarrer «immer er selber sein».[26]

Die präsentative Differenz von Authentizität und (notwendig) professionell-artifizieller Darstellungsform verweist ihrerseits auf die ontologische Differenz von individuellem religiösem Gefühl und seiner Kommunikation. Für Schleiermacher ist nämlich klar: Die religiöse «Affection wird vorausgesetzt und nur im Cultus näher bestimmt».[27] Sie kann und soll also nicht «aus dem Gottesdienste […] erst entstehen».[28] Religiöse Kommunikation, wie sie im Gottesdienst geschieht, ist ein intersubjektiver Darstellungsprozess von individuellem religiösem Bewusstsein, bei dem dieses geklärt und dadurch in seiner Kräftigkeit und Bestimmtheit gesteigert werden kann und soll, aber dieses wird in solcher intersubjektiver Kommunikation nicht von Grund auf erzeugt.[29] Genau hier dürfte wahrscheinlich die entscheidende fundamental- und liturgietheoretische Differenz zu Karl Barth liegen, der den Glauben als Produkt der Verkündigung, nämlich letztlich und eigentlich der Selbstverkündigung Gottes, versteht. Demgegenüber ist das Gefühl schlechthinniger Abhängigkeit, wie Schleiermacher es als Grundform jeder Reli-

21 A. a. O., Beilage A, 30, § 91.
22 Ebd.
23 PT, S. 75 (im Text gesperrt).
24 CS, S. 551.
25 PT, S. 316.
26 Ebd.
27 A. a. O., S. 840.
28 Ebd. Vgl. auch: «[D]er Cultus ist die darstellende Mittheilung und mittheilende Darstellung des gemeinsamen christlichen Sinnes.» A. a. O., S. 145, vgl. S. 78.
29 Vgl. CS, S. 549.

gion, auch des christlichen Glaubens annimmt, dem menschlichen Bewusstsein im allgemeinen inhärent; es muss wachgerufen und mitgeteilt werden, um vital zu sein und die Lebensführung insgesamt anregen und bestimmen zu können – aber es kann nicht ex nihilo erzeugt werden.

Der Gottesdienst hat die Aufgabe, dieses religiöse Gefühl in seiner spezifisch christlichen Bestimmtheit kommunikativ zur Darstellung zu bringen und auf diese Weise befreiend fruchtbar zu machen für die gesamte Lebensführung, also für das wirkende, aber auch sonstige künstlerisch-darstellende Handeln des Menschen. Dies kann, darin stimmt Schleiermacher faktisch mit seinem Antipoden Karl Barth überein, wiederum nur gelingen, wenn im darstellenden gottesdienstlichen Handeln nicht ein frommes Lebensgefühl überhaupt, sondern vielmehr das christlich-fromme Selbstbewusstsein in seiner eigentümlichen Struktur zur Darstellung kommt. Dieses ist grundsätzlich als ein Bewusstsein der Freiheit, nämlich der durch den Geist Christi erwirkten Befreiung von der Sünde der Gottesvergessenheit und Selbstbezüglichkeit bestimmt, und insofern ist die Rede vom Gottesdienst als eines «Festes der Freiheit» (mit den erwähnten Einschränkungen) durchaus berechtigt.

Bei einem Theologen des 20. Jahrhunderts wie Karl Barth oder einem des 21. Jahrhunderts ist ein solches Freiheitsbewusstsein zwar auch mit einigermassen bestimmten Bewusstseinszuständen bzw. Gefühlen verbunden, insbesondere mit dem der Freude, aber da alles Gewicht auf der inhaltlich-gegenständlichen Seite liegt, ist faktisch eine grosse Bandbreite individueller Gefühlslagen mit solcher Versöhnungsfreude kombinierbar, und dementsprechend erwachsen aus dieser subjektiven Konditionierung auch kaum Kriterien für die adäquate Gestaltung des Gottesdienstes. Dies ist bei Schleiermacher charakteristisch anders. Er geht davon aus, dass das christliche Freiheitsbewusstsein gerade nicht mit der (von Falk Wagner befürchteten) Beliebigkeit der Inhalte einhergeht, sondern einen ganz bestimmten Zustand des Bewusstseins meint, zu dessen Bezeichnung er auf den klassischen Begriff der Seligkeit zurückgreift. Seligkeit, als deutsches Pendant zu *beatitudo* bzw. *eudaimonia*, bezeichnet den Zustand vollkommener Erfüllung, des Glücks, der Erlösung. Es ist mithin ein eschatologischer Zustand. Als solcher ist er freilich bestimmt als Zustand von Indifferenz, jedoch einer präzise bestimmten, nämlich als «Zustand der Befriedigung […], der Indifferenz von Lust und Unlust».[30] Der Gottesdienst hat die Aufgabe das Bewusstsein der Seligkeit als des «ungetrübte[n] Zustand[es] in der schwebenden Mitte zwischen Lust und Unlust» zur Darstellung zu bringen. Dies genau ist sein Unterbrechungscharakter: Er soll den Menschen ganz vor Gott bringen – und zugleich ganz zu sich selbst.

In dieser Unterbrechung aller irdischen Attraktionen und Zerstreuungen gründet zugleich auch die eingangs erwähnte soziopolitische Funktion des Gottes-

30 A. a. O., S. 52.

dienstes, nämlich die der Unterbrechung aller «Geschäftsthätigkeit»: «In der Geschäftsthätigkeit ist das Selbstbewusstsein des Menschen zurückgedrängt. Der Mensch will immer sich selbst bewusst sein, aber in der äusseren Thätigkeit kann er es nicht. Die Thätigkeit wird unterbrochen, und das Selbstbewusstsein frei gelassen, das innerliche will auch äusserlich in die Erscheinung treten.»[31] Der Gottesdienst ist eine Feier der befreiten Innerlichkeit.

Dieser Innerlichkeitszustand hat nun aber zugleich eine bestimmte zentrierende und strukturierende Wirkung für das Selbstgefühl insgesamt, die Schleiermacher traditionell biblisch in Herrschaftskategorien beschreibt, nämlich als «Zustand der freien Herrschaft des Geistes über das Fleisch»[32]. Allerdings ist die biblische Geist-Fleisch-Semantik bei ihm dann doch unverkennbar von den Tönen einer modernen, cartesisch-kantisch geprägten Asketik durchzogen. Darum sollte der Gottesdienst – unerachtet der Betonung eines gewissen Popularitätsanspruchs gottesdienstlicher Ästhetik[33] – mit dem ästhetischen Arsenal einer bürgerlichen «E-Kultur» gestaltet werden.[34] «[D]as eigenthümliche Grundgesez aller religiösen Composition [ist] das der Simplicität und […] der Keuschheit.»[35] Dabei ist eine «Annäherung an den strengen Stil»[36] vorzunehmen. Die Darstellungsmittel sind dem Geist viel näher als dem Leiblichen.[37] Und auch die protestantisch-theologische Präferenz für das Medium des Wortes wird bei ihm diesem Plädoyer für eine gottesdienstliche Ästhetik der Ernsthaftigkeit eingeordnet. «[I]m Christenthum [ist] das Wort das überwiegende […], weil der christliche Gottesdienst ein geistiger ist und der Geist sich unmittelbar nur durch das Wort verständlich macht».[38] Aus diesem Grund hätten sich die übrigen Darstellungsmittel, insbesondere die Musik, auch die bildende Kunst und Architektur, der Führung durch das Wort als das geistige Medium par excellence zu unterwerfen.

Hier zeigen sich zweifellos zeitbedingte Schranken von Schleiermachers Gottesdienstverständnis – die freilich angesichts mancher heutiger, eingangs beschriebener Übertreibungen in die entgegengesetzte Richtung das Recht einer *particula veri* durchaus haben könnten. Von wegweisender Bedeutung in unserer

31 PT, S. 72.

32 Vgl. die Feststellung: «[B]esteht also das Wesen des darstellenden Handelns in einer solchen Aeusserung des innerlichen, dass dieses als das, was es ist, erkannt werden kann; das innerliche aber, welches dargestellt werden soll, ist für unser besonderes Gebiet der Zustand der freien Herrschaft des Geistes über das Fleisch, das Bewusstsein der Seeligkeit, der ungetrübte Zustand in der schwebenden Mitte zwischen Lust und Unlust.» CS, S. 526 f. (im Text überwiegend gesperrt).

33 Vgl. PT, S. 74.

34 Vgl. CS, S. 664. Vgl.: «So wie das Innere durch das Gottesbewusstsein bewegt ist, den absoluten Ernst in sich schliesst, so ist das Gegentheil das absolute Spiel, das Zurückgehn auf den äusseren Schein.» PT, S. 85.

35 A. a. O., S. 92 (im Text teilweise gesperrt).

36 A. a. O., S. 94, vgl. CS, S. 563.

37 Vgl. PT, S. 108 f.

38 A. a. O., S. 80.

postmodernen Zerstreuungskultur dürfte Schleiermachers Verständnis des christlichen Gottesdienstes als eine gemeinschaftliche Feier befreiter Innerlichkeit sein. In ihr wird das Wunder manifest, dass die Reise in die befreite eigene Innerlichkeit, die der Gottesdienst sein soll, nicht in mystische Einsamkeit führen muss, sondern in kommunikativer Offenheit für andere und mit anderen wirklich werden darf.

Gottesdienst als Kommunikation des Evangeliums

Niklaus Peter

Feier (Schleiermacher) oder Verkündigung (Barth)? – das ist in ihrer theologiepolitischen Zuspitzung eine klärende und hilfreiche Fragestellung im Hinblick auf die Gegenwart und Zukunft des christlichen Gottesdienstes. Allerdings nur dann, wenn dabei keine zu einfachen Duale das gedankliche Feld beherrschen: Hie Schleiermachers «Fest der Freiheit», dort Barths «autoritäre Kanzelverkündigungsveranstaltung», hie die kommunikativ geteilte, kunst- und kultursensible «Reise in die eigene Innerlichkeit», dort traumatisierende dogmatische, calvinistisch-herbe «Gottesvergiftungen» ... Denn beiden, Schleiermacher wie Barth, ging es um einen befreiten und befreienden Glauben, um eine Konzentration auf Wesentliches, um Kommunikation im Geiste des Evangeliums. Und dennoch finden hier wie dort Weichenstellungen statt mit deutlichen Folgen für die Reise, da lohnt es sich, nochmals auf die Fahrkarten zu schauen: Welche Tickets haben wir eigentlich in der Tasche, und wo wäre es klug, das eventuell notwendige Umsteigen nicht zu verpassen?

Not und Verheissung christlicher Verkündigung

Karl Barths theologisches Denken hat seinen Ausgangspunkt und seine Mitte im Gottesdienst. Das macht die fortdauernde, noch heute lebendige Anziehungskraft seiner Theologie aus, die aus einer kritisch reflektierten kirchlichen Praxis herausgewachsen und mit dieser stets verbunden geblieben ist. Der Blickwinkel sollte dabei nicht gleich schon auf ein eng gefasstes Verständnis von «Verkündigung» eingeschränkt werden, denn Gottesdienst meint bei Barth sowohl die Gottesdienstfeier, zu der sich die christliche Gemeinde am Sonntag versammelt, aber immer zugleich auch den «vernünftigen Gottesdienst» der Christen im Alltag der Welt (Röm 12,3). Konzentration nach innen und Wirkung nach aussen bedingen sich für Barth gegenseitig, und deshalb hat sich sein Denken auch zunehmend ekklesiologisch akzentuiert. Von einer Einschränkung der Perspektive auf «Kultisches», auf «Sakrales», auf «religiöses Feiern» hin ist bei ihm – und das ist gut reformierte Tradition – nichts wahrzunehmen.

Mit welch nüchternem Scharfblick, aber zugleich mit welch engagiert konzentrierter Zuwendung Barth vom sonntäglichen Gottesdienst sprechen konnte, das zeigt sein Vortrag «Not und Verheissung der christlichen Verkündigung» von 1922:

> Wenn am Sonntagmorgen die Glocken ertönen, um Gemeinde und Pfarrer zur Kirche zu rufen, dann besteht da offenbar die *Erwartung* eines grossen, bedeutungsvollen, ja entscheidenden *Geschehens*. [...] Da ist eine uralte ehrwürdige *Institution*, oft und schwer angegriffen von aussen und noch öfter und schwerer kompromittiert von innen, aber

> von unverwüstlicher Lebens- oder sagen wir Daseinskraft, wandlungsfähig und beharrlich zugleich, altertümlich und in der Regel auch modern (was jeweilen gerade modern heisst). [...] Da ist ein *Gebäude,* dessen Bauart schon, auch abgesehen von den Symbolen, Bildern und Geräten, mit denen es geschmückt ist, in der Sprache alter oder neuer Architektenkunst verrät, dass es als Schauplatz ausserordentlicher Dinge gedacht ist. Da sind *Menschen,* nur 2–3 vielleicht, wie es ja hierzulande vorkommen soll, aber vielleicht auch einige Hundert, die, von einem merkwürdigen Instinkt oder Willen getrieben, diesem Gebäude zuströmen, wo sie – *was* suchen? Befriedigung einer alten Gewohnheit? Ja, aber woher diese alte Gewohnheit? Unterhaltung und Belehrung? Eine sehr merkwürdige Unterhaltung und Belehrung auf alle Fälle! Erbauung? Ja, so sagt man, aber was heisst Erbauung? Wissen sie es etwa? [...] Und da ist vor allem ein *Mann,* auf dem die Erwartung des da scheinbar bevorstehenden Geschehens in ganz besonderer Weise zu ruhen, zu lasten scheint, nicht nur weil er die Technik dieses Geschehens studiert hat und beherrschen sollte, nicht nur weil er von der Gesellschaft besoldet und angestellt oder doch fast widerspruchslos geduldet ist in der Funktion, deren Sinn offenbar dieses Geschehen wäre – nein, da ist nicht nur Mechanik, da ist Freiheit im Spiel, er selbst hat ja diesen Beruf ergriffen, Gott weiss aus was für Verständnissen und Missverständnissen heraus, aber doch so, dass es seine kurze, seine einzige Lebenszeit nun ganz und gar mit der Erwartung jenes Geschehens verknüpft hat. Und dieser Mann wird nun vor der Gemeinde und für die Gemeinde *beten,* wohlverstanden: beten – zu Gott! Er wird die *Bibel* öffnen und Worte voll unendlicher Tragweite daraus zur Verlesung bringen, Worte, die alle auf Gott sich beziehen. Und dann wird er auf die Kanzel steigen und – welches Wagnis auf alle Fälle! – *predigen,* d.h. aus seinem Kopf und Herzen etwas hinzufügen zu dem, was aus der Bibel verlesen ist, ‹biblische› Gedanken der Eine nach bestem Wissen und Gewissen, kühn oder auch matt an der Bibel vorbeiflatternde Gedanken der Andere: es hat ja der eine eine ‹positive›, der andere eine ‹liberale› Predigt gestern vorbereitet, aber verschlägt es so viel, wenn man den Gegenstand bedenkt? Von Gott scheint ja hier auf alle Fälle, nolens volens vielleicht, die Rede sein zu sollen. Und dann wird er die Gemeinde *singen* lassen, altertümliche Gesänge voll schwerer, unheimlicher Gedankenfracht, seltsame gespenstische Zeugen der Leiden, Kämpfe und Triumphe der längst entschlafenen Väter, alle an den Rand eines unermesslichen Geschehens führend, alle, ob Pfarrer und Gemeinde verstehen, was sie singen, oder nicht, voll Erinnerung an Gott, immer wieder an Gott. ‹Gott ist gegenwärtig!› Ja, Gott *ist* gegenwärtig. Die ganze Situation zeugt, ruft, schreit ja offenbar davon, und wenn sie, vom Pfarrer oder von der Gemeinde aus gesehen, noch so fragwürdig, kümmerlich und trostlos wäre, ja dann vielleicht gerade am meisten, mehr noch als da, wo Fülle und – menschlich geredet – gutes Gelingen das Problem der Situation halb oder ganz verdecken.[39]

Es ist ein eindringlich-emphatischer, aber gleichzeitig fast ethnologisch zu nennender Blick auf den Sonntagsgottesdienst und dessen abenteuerliche Pragmatik. Mit diesem Wort ist der im gottesdienstlichen Sinn- und Handlungszusammenhang immer schon präsente Erwartungshorizont gemeint, den Barth in einer dramatisierten und zugleich fokussierenden Optik sichtbar macht: Die Erwartung näm-

39 Karl Barth: Not und Verheissung der christlichen Verkündigung (1922), in: Vorträge und kleinere Arbeiten 1922–1925 (Karl Barth-Gesamtausgabe [= GA], Bd. 19), Zürich 1990, S. 73–75.

lich, dass Gott selbst in Bibellesung und Predigt, in Gebet und Gesang, in diesen durch und durch von Menschen vorbereiteten und durchgeführten Akten, präsent ist, spricht, sich kundtut, wirkt – und erst so «Verkündigung» möglich macht. Deutlich aber ist unstreitig, dass Verkündigung das Zentrum dieses Geschehens ist, was von der Geschichte wie von der Struktur des Gottesdienstes her auch vollkommen einleuchtend ist.

Die «Not» der im Vortragstitel angesprochenen «Not und Verheissung der christlichen Verkündigung» ist eine doppelte. Einerseits die Krise, in die dieser gottesdienstliche Erwartungshorizont durch die mit dem Begriff Historismus bezeichneten Wissensbedingungen der Moderne[40] geraten ist – andererseits die Krise, die Barth theologischerseits in der Reaktion der liberalen Theologie auf den Historismus ortet – nämlich im Wechsel von einer biblisch-dogmatischen Matrix, die mit den Begriffen «Wort Gottes» und «Offenbarung» verbunden war, zu einer solchen, die religionstheoretisch sich auf Begriffe wie subjektive Religiosität, religiöse Erfahrung und Frömmigkeit stützt. Barth ortet hier einen Paradigmenwechsel, der die obengenannte Pragmatik des Gottesdienstes auf eine tiefgreifende Weise umpolt und stört – eine tiefgreifende Veränderung, die für ihn emblematisch mit dem Namen Schleiermachers[41] verbunden ist. Und genau das ist der springende Punkt in dieser Debatte um Feier und Verkündigung: Geht es letztlich um Kommunikation unter religiös Erregten – oder um Kommunikation des Gotteswortes?

Die Wahrnehmung dieser Krise als «Not» ist nun genau das, was dann unter dem Stichwort der «Predigtnot» in die Literatur eingegangen und diskutiert worden ist, freilich meist auf eine stark simplifizierende Art und Weise.[42] Denn «das spezifische Pfarrerproblem der Predigt», jene «bekannte Situation des Pfarrers am Samstag an seinem Schreibtisch, am Sonntag auf der Kanzel»[43] ist keineswegs das Problem, dass da einer einfallslos und nägelkauend um eine Predigt ringt, ohne dass ihm zündende und einfallsreiche Gedanken kämen (Gedanken und Einfälle hat fast jeder Mensch, wenn der Tag lang ist und er nicht zu viel gegessen hat) – sondern eben jene Frage, ob im Gottesdienst, so zündend und überzeugend die

40 Ich beziehe mich hier auf Otto Gerhard Oexle, der in seinem Aufsatz «Meineckes Historismus. Über Kontext und Folgen einer Definition» überzeugend argumentiert, dass der Historismus nicht nur eine Epoche oder ein Geschichtsverständnis sei, sondern die «zentrale und signifikante Problem-Geschichte der Moderne», in: ders., Geschichtswissenschaft im Zeichen des Historismus. Studien zu Problemgeschichten der Moderne, Göttingen 1996, S. 95.

41 Klar dabei ist für Barth, dass diese Umstellung längst vor Schleiermacher einsetzt und ihre problematischsten Früchte erst nach ihm zeitigt.

42 Die differenzierteste und nicht simplifizierende Analyse des Kontextes hat Georg Pfleiderer in seinem Studie vorgelegt: Karl Barths praktische Theologie. Zu Genese und Kontext eines paradigmatischen Entwurfs systematischer Theologie im 20. Jahrhundert, Tübingen 2000.

43 Barth, Not und Verheissung der christlichen Verkündigung, S. 70 f.

Predigt auch sein möge, wirklich *Gottes Wort* verkündet wird – und nicht etwa spirituelle Allerweltseinfälle oder «irgendwie» religiöse Tagesweisheiten.

Die «Not der christlichen Verkündigung» ist deshalb eine, die sehr viel mit modernitätsspezifischen theologischen Grundlagen zu tun hat, mit der bei Barth schon früh einsetzenden und längst vor 1914 reflektierten Wahrnehmung und Erfahrung nämlich, wie schlecht er mit den Bordmitteln einer akademisch-liberalen Theologie für den Gottesdienst, für die Aufgaben des Pfarramtes, für Seelsorge und Gemeindeaufbau gerüstet war. Wohin steuert das Schiff, das sich Gemeinde oder Kirche nennt, dessen jahrhundertelang identitätsstiftende Definition lautete, sie sei «Creatura Verbi», wenn dieses *Wort* im Kontext einer historistischen Theologie zu einer Treibsandmasse von biblischen und nachbiblischen Wörtern und Dogmatiktrümmern zerfallen ist? Wenn statt Verkündigung des göttlichen Wortes die Kommunikation oder Erwägung subjektiv-religiöser Erfahrung das Feld zu beherrschen beginnen, wenn plötzlich «Religion» und «Frömmigkeit» zu Kern- und Orientierungsbegriffen aufsteigen?

Hinzu kam bei Barth dann als Auslöser und Verschärfung dieser tiefgreifenden theologischen Irritation jene alarmierende Erfahrung, dass ausgerechnet bei seinen hochverehrten, liberalen Theologieprofessoren in Deutschland angesichts des Ersten Weltkrieges «Vaterlandsliebe, Kriegslust und christlicher Glaube in ein hoffnungsloses Durcheinander geraten»[44] waren: Hatte die Theologie womöglich mit der Aufgabe von Kernelementen ihrer biblisch-dogmatischen Grammatik und Semantik auch ihre kritische Kraft verloren?[45] War sie mit ihrer schleiermacherschen Grundorientierung am Religionsbegriff vielleicht wirklich auf falsche Schienen geraten? Zutiefst irritierend für Barth war jedenfalls, dass genau dort, wo *nach Gottes Wort reformierte Theologie*[46] Orientierung sucht, in der biblischen Tradition nämlich, bei dieser Theologie selbst eine methodische und entsprechend auch inhaltliche Orientierungslosigkeit herrschte. Hier ging ein exegetischer Historismus mit der ziemlich arbiträren theologischen Wertung des Exegeten durcheinander, die nur subjektiv begründet und entsprechend ideologieanfällig war. Vor allem aber war das, was oben als biblisch-dogmatische Matrix bezeichnet worden ist, durch die Umstellung auf den Religionsbegriff ihrer Normativität und ihrer bildenden Energie beraubt worden: Die Grammatik christlicher Rede und ihre materiale Semantik, welche die Verkündigung in Liturgie und Predigt zusammengehalten hatten, waren zuerst durch ein individualistisches Religionsverständnis verflüssigt worden und dann zu grossen Teilen verdampft. Bei Schleiermacher ist

44 Aus einem Brief Barths an Martin Rade, 31. August 1914, in: Christoph Schwöbel (Hg.): Karl Barth – Martin Rade. Ein Briefwechsel, Gütersloh 1981, S. 95.

45 Vgl. dazu Niklaus Peter: Karl Barths «Schweizer Stimme», in: Duitse Kroniek, Sonderheft Vivat Helvetia. Die Herausforderung einer nationalen Identität, hg. von J. Enklaar und H. Ester (1998), S. 105–126.

46 Vgl. dazu: Karl Barth: Die Theologie der reformierten Bekenntnisschriften 1923 (GA 30), Zürich 1998, S. 63–103.

diese Verflüssigung inhaltlicher, in den biblischen Schriften und Auslegungstraditionen auskristallisierter Traditionen[47] in den «Reden über Religion» nicht zu übersehen, ja geradezu Programm geworden: «Jede heilige Schrift ist nur ein Mausoleum der Religion, ein Denkmal, dass ein grosser Geist da war, der nicht mehr da ist; denn wenn er noch lebte und wirkte, wie würde er einen so grossen Wert auf den toten Buchstaben legen, der nur ein schwacher Abdruck von ihm sein kann? Nicht der hat Religion, der an eine heilige Schrift glaubt, sondern der welcher keiner bedarf, und wohl selbst eine machen könnte.»[48] Und auch wenn Schleiermacher die frühen provokativen Äusserungen in den Reden später durch Umformulierung und Erklärungen gedämpft hat, so bleibt doch die subjektivitätstheoretisch-religionsphilosophische Grundorientierung der Kern seines Denkens, ebenso wie die Entkernung der materialen Dogmatik als kühle «historische Theologie» und als kirchenleitend-professionelles Wissen fortan die weitere Denkentwicklung bestimmen werden.

Der Gottesdienst primär als göttliches, sekundär als menschliches Handeln

Und genau hier setzten nun die hermeneutischen und theologischen Reflexionen Barths ein, welche in den beiden Römerbriefauslegungen begonnen und dann in der stetig vorangetriebenen Arbeit an einer kohärenten Dogmatik ihren Fortgang nahmen und ihre Methode fanden. Sie kulminieren, was hier nicht en détail auszuführen ist, in der Lehre von der dreifachen Gestalt des Wortes Gottes, welche das geoffenbarte, das in der Bibel geschriebene und im Gottesdienst verkündigte Wort Gottes in dichte gegenseitige Bezüge setzt. Mit dieser Fassung des trinitarischen Gedankens wird Gottes Selbstoffenbarung in der Geschichte Jesu Christi und deren Bezeugung im geschriebenen Wort der Bibel mit dem immer wieder neu und lebendig gepredigten und gehörten Wort im Gottesdienst auf eine faszinie-

47 David Friedrich Strauss hat sowohl den modernen Problemdruck wie auch die Folgen dieser Verflüssigung bei Schleiermacher scharfsichtig beschrieben: Dessen theologisches Denken sei «der ernste Versuch» gewesen, «die Religion, mit Aufopferung der alten Formen, von innen heraus neu zu beleben. Sofern es diese bestimmten Gestaltungen der Religion waren, an welchen die Aufklärung Anstoss nahm: so führte Schleiermacher sie auf ihren ersten noch formlosen Zustand, im Gefühl, zurück, wie man ein altmodisch gewordenes goldenes Gefäss einschmilzt, und es so alle beliebigen neuen Formen anzunehmen befähigt. Die Zeit mochte die christlichen Dogmen nicht mehr: die Dogmen sind nicht die Religion! sagte Schleiermacher; sie sind höchstens ihr Gewand, das sie wechseln kann. An der Bibel war Manches anstössig geworden: keck es ausgeschieden! rief Schleiermacher; ist doch die Bibel nicht das lautere Metall, sondern nur das Erz, in welchem dasselbe mit verunreinigenden Stoffen untermischt erscheint.» David Friedrich Strauss: Charakteristiken und Kritiken, Schleiermacher und Daub in ihrer Bedeutung für die Theologie unserer Zeit, Leipzig ^{2}1844, S. 17.

48 Friedrich Schleiermacher: Über die Religion. Reden an die Gebildeten unter ihren Verächtern. Zweite Rede, in: ders.: Schriften aus der Berliner Zeit, 1796–1799, hg. von G. Meckenstock (Kritische Gesamtausgabe, Bd. 2), Berlin/New York 1984, S. 242.

rend-dichte Weise verbunden. Dies wiederum lässt den gottesdienstlichen Zielpunkt der barthschen Theologie noch einmal klar deutlich werden – und zugleich macht es verständlich, weshalb bei ihm Gottesdienst und religiöses Feiern ohne eine klare biblisch-dogmatische Matrix und ohne Zentrierung auf Gottes Wort hin ein Ausdruck der Krise und ein Programm für die Perpetuierung der Krise sind.

Hatte Barth mit kalkulierter Provokation im Vorwort zum ersten Römerbrief seine anti- oder metahistoristische Hermeneutik in die Aussage münden lassen, wenn er zwischen der landläufigen historisch-kritischen Exegese und der alten Inspirationslehre zu wählen hätte, so würde er entschlossen zur letzteren greifen,[49] hatte er seine Dogmatik danach vom Satz «Deus dixit» – vom sprechenden, Menschen in Vergangenheit wie Gegenwart ansprechenden Gott her aufgebaut,[50] so denkt er nun den Gottesdienst radikal vom gegenwärtigen Gott her und ebenso radikal und konsequent als Dienst: «Der kirchliche Gottesdienst ist zuerst, er ist primär, ursprünglich, substantiell ein göttliches – er ist dann erst, sekundär, abgeleitet, akzidentiell ein menschliches Handeln. [...] Der erste Grund des kirchlichen Handelns liegt ausser uns, in der Gegenwart und im Handeln Christi [...] Der kirchliche Gottesdienst ist das opus Dei, das Werk Gottes, das um seiner selbst willen geschieht. Es dürfte dem armen pragmatistischen Menschen der Gegenwart doch eigentlich heilsam und tröstlich sein, sich das wieder einmal sagen zu lassen: es gibt eine Sache, die hat zwar auch ihren Pragmatismus, die kann man aber nicht pragmatistisch begründen, die hat ihren primären Grund darin, dass sie uns befohlen ist.»[51]

Deutlich dürfte das Anliegen dieser Formulierungen sein, den Gottesdienst nicht vorweg schon als eine religiöse Veranstaltung und damit aus einer religionstheoretischen Aussenperspektive zu konzipieren, sondern als ein Geschehen wahrzunehmen, an dem eine Gemeinschaft von Menschen partizipiert, oder anders gewendet: Gottesdienste sollten theologisch nicht primär handlungstheoretisch oder kultsoziologisch verstanden werden, nicht als selbsterdachte und selbstkonstruierte Festspiele mit religiöser Begleitmusik,[52] sondern als «Räume», die durch

49 Barth hat das selbst folgendermassen kommentiert: «Sie hat das grössere, tiefere, *wichtigere* Recht, weil sie auf die Arbeit des Verstehens selbst hinweist, ohne die alle Zurüstung wertlos ist. Ich bin froh, nicht wählen zu müssen zwischen beiden. Aber meine ganze Aufmerksamkeit war darauf gerichtet, durch das Historische *hindurch* zu sehen in den Geist der Bibel, der der ewige Geist ist.» Karl Barth: Der Römerbrief (Erste Fassung) 1919 (GA 16), Zürich 1985, S. 3.

50 Karl Barth: Unterricht in der christlichen Religion, Bd. I (GA 17), S. 53–82.

51 Karl Barth: Gotteserkenntnis und Gottesdienst nach reformatorischer Lehre, Zollikon-Zürich 1938, S. 185 f.

52 Was natürlich eine Anspielung auf Schleiermacher ist: «Alles eigentliche Handeln soll moralisch sein und kann es auch, aber die religiösen Gefühle sollen wie eine heilige Musik alles Thun des Menschen begleiten; er soll alles mit Religion thun, nichts aus Religion.» Friedrich Schleiermacher, Über die Religion, S. 219.

Gottes lebendiges Wort selbst geöffnet werden. Das liegt auf der grundlegenden Linie dessen, was Barth in seiner theologischen Hermeneutik erarbeitet hat.

Und dennoch ist dazu nun kritisch, mit Blick auf den Gottesdienst zu sagen: Auch wenn der Dual – hie Schleiermachers «Fest der Freiheit», dort Barths «autoritäre Kanzelverkündigungsveranstaltung» – oben als nicht hilfreich bezeichnet worden ist, so bleibt doch das Problem, dass in Karl Barths *Sprache* – nicht in seiner Theologie als ganzer! – eine Überkodierung von Autorität wahrzunehmen ist, eine Übervertretung der Worte «Befehl», «Wille», «Gehör», «Gehorsam», welche dem christlichen Freiheitskern seiner Theologie eigentlich widerspricht. Sie gefährdet auch das, was oben als Pragmatik des sonntäglichen Gottesdienstes bezeichnet worden ist. Diese einseitige Kodierung scheint mir aber korrigierbar zu sein – und sie ist von Barth selbst korrigiert worden. Dort etwa, wo er die «Kunde», die im Wort Verkündigung steckt, nämlich die Botschaft der biblischen Erzähltraditionen als befreiendes Wort Gottes selbst entfaltet. Festzuhalten aber bleibt und wichtiger scheint mir, dass dabei der entscheidende Punkt des Anfangs, mit dem angefangen wird, nicht verfehlt wird – nämlich der theologische und liturgische Ausgangspunkt des Gottesdienstes im «Deus dixit» –, die Wahrnehmung des gesprochenhabenden und zu uns sprechenden Gottes ist.

Verkündigung nicht nur in der Predigt, sondern auch in der Liturgie

Hanno Helbling, der ehemalige Feuilletonchef der Neuen Zürcher Zeitung, soll einmal im Hinblick auf die Gottesdienste der evangelisch-reformierten Kirche[53] seiner Heimatstadt gesagt haben, sie seien so etwas wie Erwachsenenbildungsveranstaltungen, aber «mit dem Nachteil, dass man auch noch singen muss». In diesem boshaft-treffenden Aperçu ist ein Doppeltes angesprochen: einerseits die Langeweile und beelendende Belanglosigkeit, wenn der Kern der Verkündigung – die Predigt – nur wie ein schlechtes Erwachsenenbildungsvorträglein daherkommt, wenn Sonntagsgottesdienste gefeiert werden ohne jene konzentrierte und hohe Erwartung, dass Gott gegenwärtig ist, und zwar nicht als «tieflangweilige […] Transzendenz»[54] oder als ein irgendwie sich anmutendes Universum, sondern als ein Gott, der zu uns spricht, dessen Wort uns zur Klärung unserer selbst verhilft. Angesprochen ist andererseits aber auch die Dürre und Lieblosigkeit, wenn Gottesdiensten das Feierliche, das Schöne einer in sich stimmigen, gut vorbereiteten und gut durchgeführten Liturgie fehlt,[55] die Polyphonie der Verkündigung, die

53 … einer Kirche, deren Kirchenpfleger er immerhin zeitweise gewesen ist …

54 Vgl. dazu Karl Barth: Die Kirchliche Dogmatik III/4, § 55, Zollikon-Zürich 1951, S. 538.

55 Vielleicht ist es symptomatisch, dass in der Vorlesungsnachschrift zu Barths Homiletik jede Reflexion über den liturgischen Kontext der Predigt ausfällt und fehlt. Karl Barth: Homiletik. Wesen und Vorbereitung der Predigt, Zürich 1966. Das ist in den von Barth geprägten, frühen Auflagen der Predigtlehre von Walter Trillhaas anders: Ders.: Evangelische Predigtlehre (Ausgabe 1938), hg. von Christian Möller; Heiner Kücherer, Waltrop 2004, S. 11–25.

durch das Zusammenspiel von Musik, Gesang, Stille und Wortverkündigung erlebbar wird.

Man hat es Karl Barth mit seiner Konzentration auf Theologisch-Prinzipielles, auf den Inhalt der Verkündigung zum Vorwurf gemacht, dass ihm jeder Sinn für Liturgie, für die ästhetische Seite des Gottesdienstes fehle. Und tatsächlich erzählt Barth selbst, mit einer schrägen Art von Stolz, von einem Vorfall liturgischer Grobfahrlässigkeit und davon, dass ihm sein Freund Günther Dehn nach einem Gottesdienst die strenge Zensur erteilt habe «Predigt Note 1, Liturgie Note 5».[56] Von früh an hatte er – aus durchaus nachvollziehbaren Gründen[57] – «eine Abneigung gegen alle kultische Feierlichkeit»[58], gegen alles religiös Gefühlige und gegen ein «naives religiöses Stimmung-Machenwollen»[59] – denn das war bei ihm mit Erfahrungen verbunden: Dass nämlich genau dort, wo die christliche Botschaft und deren spezifische Inhalte unsicher werden und zu versickern drohen, sich Liturgiebewegungen breit machen und Gottesdienstästhetik-Diskussionen die theologischen Problemzonen verdecken. Dennoch halbiert und beschädigt diese Abwehr und Gegenstellung Barths gegen Liturgie etwas von dem, was gottesdienstliche Verkündigung in jedem Fall sein müsste: Keinesfalls eine Erwachsenenbildungsveranstaltung mit unfreudigem Gesang, sondern wirklich eine Gottesdienstfeier, in der die Verkündigung sowohl in der beständigen, den einzelnen Gottesdienst und die einzelne Gemeinde übergreifenden Form der Liturgie wie auch in den zeitbezogenen, situativen und wandelbaren Elementen der Predigt geschieht. Dieser Blick auf das Ganze der Kommunikation im Gottesdienst hätte genau das zu sichern mitgeholfen, was Barths Anliegen war, nämlich jede Entkernung und Aushöhlung des Zentrums der Verkündigung zu verhindern, die er,

56 Karl Barth: Fünfzig Gebete, Vorwort, zitiert nach der 7. Auflage, Zürich 2005, S. 7.

57 Vgl. dazu den köstlichen Bericht Barths im Rundbrief vom 26. Februar 1922 an seine Schweizer Freunde, bei dem man an ähnliches Treiben in unseren Kirchen erinnert ist: «Samstag Abend habe ich einen ‹Michelchen›-Kults mitgemacht und musste wohl oder übel, da ich als Fremdling doch nicht protestieren konnte, auch ‹schweigend anbeten› resp. befremdet dasitzen, gänzlich ohne Kontakt mit dem Numinosum. *Bultmann* leitete den Zauber. Thema: Die Nacht. Die Nacht der Traurigkeit und des Todes, die mystische und die gewöhnliche Nacht, alles was mit Nacht, Dunkelheit, Schlaf, Ruhe, ‹Stille›, Dämmerung, Bett usw. zusammenhängt, wurde in Wort, Lied und Gebet bis zur Erschöpfung behandelt und erwogen. Der gute Bultmann verdarb sich freilich das Spiel dadurch, dass er in seiner Kultrede die Hälfte der Zeit mit der ehrlichen Überlegung zubrachte, wie sehr doch für uns moderne Menschen (im Gegensatz zu Paul Gerhardt) die Nacht den Zauber des ‹Schaurigen› verloren habe; immerhin: ein Gleichnis sei sie auch für uns, wurde man nicht ganz glaubwürdig versichert. Die Jünger von Emmaus mit ihrem verhängnisvollen: ‹... denn es will *Abend* werden› usw. mussten natürlich mehr als einmal als Kronzeugen auftreten, bis schliesslich wirklich nichts übrig blieb als dem Ruf der ‹müden Glieder› (‹der Be-tten ihr be-gehrt!› *gesungen* von unendlicher Komik in der Wirkung) ‹in Gottes Namen› Folge zu leisten und auch die Kerzen der Andacht, die an den Wänden schwelten, erlöschen zu lassen.» Karl Barth – Eduard Thurneysen, Briefwechsel, Bd. 2, 1921–1930, bearb. und hg. von Eduard Thurneysen (GA 5), Zürich 1974, S. 48.

58 Karl Barth, Fünfzig Gebete, S. 7.

59 Karl Barth, Not und Verheissung der christlichen Verkündigung, S. 93.

sicher drastisch, aber nicht zu Unrecht mit dem Namen Schleiermachers verbunden hat. Gerade auch im Hinblick auf die heutige Gottesdienstkultur scheint mir Barths theologisches Anliegen in seiner Priorisierung plausibel – unsere Kirche krankt an zu wenig überzeugender Verkündigung, nicht an einem Zuviel. Unsere Predigtkultur ist geschwächt und gefährdet[60] – und damit auch die Kirche als «creatura verbi». Aber dieses Wort ist mehr als die zeitbezogene Verkündigung in der Predigt – es handelt sich um ein Geschehen, bei dem das Wort den Raum bildet, in dem man wirklich Besinnung, Trost und Hoffnungen finden und frei atmen kann, ein Raum, den Gott in jedem Gottesdienst für uns öffnet.

60 Vgl. dazu etwa: Evelyn Finger: *«Schluss mit dem Geschwätz! Früher war die Predigt eine Kunst. Heute liefern die meisten Pfarrer nur Seelenwellness.* Wenn die Weihnachtschristen in die Kirche strömen und die oberste Empore bis auf den letzten Platz besetzen, […] – dann werden strenge Pfarrer milde. Dann sprechen sie zu ihrem Festtagspublikum wie zu verlorenen Söhnen oder Töchtern, die eben erst glücklich heimgekehrt sind und die man keinesfalls verprellen darf. ‹Wie geht es Ihnen jetzt? Sind Sie auch so erschöpft?›, lautet der Anfang einer typischen profanen Heiligabend-Predigt. Oder alternativ: ‹Ich habe ein Schaf mitgebracht. Ein Schaf von den Hirten auf dem Feld.› Oder ganz lässig: ‹In der letzten Ausgabe der Kirchenzeitung habe ich etwas gelesen, das mich auf Anhieb angesprochen hat.› Diese harmlosen, unverbindlichen, kindischen, fast schon blasphemischen Wohlfühlsätze wurden am 24. Dezember 2006, irgendwo zwischen Flensburg und Karlsruhe, tatsächlich gepredigt. Schlägt man die betreffenden Pfarreien im Atlas nach, erkennt man: Das Problem ist gleichmässig und konfessionsunabhängig übers ganze Land verteilt. Im Norden wird seitenlang aus der Kirchenzeitung zitiert und über Fernsehpastor Fliege philosophiert. Im Osten werden Bibelschafe mit Versuchskaninchen verglichen. Im Südwesten wird die Schätzung Judäas in einem Atemzug mit der Erhöhung der Mehrwertsteuer genannt, wird die Weihnachtsfreude als eine Art Börsengewinn betrachtet und gemutmasst, Maria und Joseph seien vor Heiligabend ‹auch sehr im Stress› gewesen. Wer das nicht glaubt, kann es im Internet unter www.predigten.de nachprüfen: Moderne Pfarrer als Vermarkter ihrer selbst verbreiten beinah jeden pseudotheologischen Unsinn, um ihren gottesdienstentwöhnten Zuhörern zu imponieren.» DIE ZEIT, 13. Dezember 2007, Nr. 51.

Replik auf das Plädoyer von Niklaus Peter

Georg Pfleiderer

Als Ratgeber in theologischen Grundsatzfragen scheint Barth im Gegenüber zu Schleiermacher den Vorteil der Konzentration auf die Kernfrage des Glaubens, nämlich das Gewissheitsproblem, und der Anverwandlung der theoretischen Form der Antwort auf diese Kernfrage an die Perspektive des konkreten, praktischen Glaubensvollzugs zu haben: Spricht Gott jetzt zu uns? Ist er wahrhaftig gegenwärtig, wenn wir ihn anrufen und wendet er sich uns gnädig zu? Jene Konzentration und diese theologische Wendung sind, wie der Beitrag von Niklaus Peter schön zeigt, ohne Zweifel auch für aktuelle Problemlagen der Liturgie, für die Frage, wie wir heute sinnvoll und besser Gottesdienst feiern können, von Belang. «Gott ist gegenwärtig» ist die Behauptung, besser die Hoffnung jedes Gottesdienstes, und was wäre – gerade in der Moderne – theologisch und liturgietheologisch wichtiger als die Klärung der Frage, ob bzw. inwiefern das stimmt, ob bzw. inwiefern solche Hoffnung berechtigt ist?

Ich bin mit Niklaus Peter ausserdem auch darin ganz einig, dass intellektuelle Belanglosigkeit, in gewisser Weise auch inhaltliche Beliebigkeit und Konturlosigkeit, aber eben auch ein Mangel an Sinn für echte Feierlichkeit grosse Gefahrentrends heutiger (und vermutlich nicht nur heutiger) volkskirchlicher Gottesdienste sind – und ich stimme ihm gerne darin zu, dass man aus Barths Theologie insbesondere, was die erstgenannten jener Trends angeht, auch – und gerade heute – wieder vieles lernen kann.

Ebenfalls unverkennbar sind freilich, wie Niklaus Peter auch andeutet, die strukturellen Grenzen barthscher Ratschläge zur Liturgieverbesserung. Bedingt sind diese Grenzen durch den bekannten Logozentrismus Barths und die dadurch bedingte einseitige verifikationstheoretische Konzentration auf den Offenbarungsbegriff und die Metaphorik des Wortes Gottes (bzw. der «Verkündigung»), worin der ebenfalls wohlbekannte Hang Barths zu einem gewissen Autoritarismus gründet.

Sowohl fundamental- wie liturgietheologisch scheint mir nun aber die Einsicht wichtig zu sein, dass dieser barthsche Logozentrismus auf der einseitigen Fixierung auf ein adäquanztheoretisches Wahrheitsmodell basiert. Theologische Wahrheit funktioniert für Barth ausschliesslich nach dem Modell der Entsprechung von Begriff und Gegenstand: Ist wirklich Gott (als nicht-gegenständlicher Gegenstand) in unserem Denken bzw. Reden präsent? Ausserdem, und auf dieser Basis, wird religiöse Gewissheit von Barth strikt erzeugungstheoretisch, mithin hic et nunc als Funktion göttlicher Erschliessungshandlung gedacht. Auf diesen Ton stimmt Barth (s. o.) alle theologischen Fragen, auch die liturgischen.

Aber damit wird die theologische Dichte und der Aspektreichtum der liturgischen Zentral- und Grundfrage nach der Gegenwärtigkeit Gottes in unseren Gottes-Diensten ebenso wenig in ihrer Fülle erfasst, wie die mit ihr verbundene

Sinn-Gewissheitsfrage des religiösen Bewusstseins. Das für die Theologie, wie insbesondere auch für die Liturgie, wahrheitstheoretisch produktivere Modell als das adäquanztheoretische dürfte ein kohärenztheoretisches sein. Es fragt nicht nach Entsprechung, sondern nach Stimmigkeit. Sinn, religiös-theologischer Wahrheitssinn, aber auch liturgische Sinn(lichkeit), stellt sich ein, wenn der Gottesdienst in seiner Gesamtgestalt (Inhalt und Form) unser Lebensgefühl und unsere Lebensführung stimmig erhellt. Zu solcher Stimmigkeit gehört nach protestantischem Verständnis zuvorderst, dass wir im Gottesdienst aus unseren alltäglichen Stimmungen und Harmoniesehnsüchten herausgerissen und auf eine sich hinter unserem Rücken, uns von Gott her unserem Leben zukommende Stimmigkeit aufmerksam gemacht werden. In solcher Stimmigkeitserfahrung ist Gott Ursprung und Grund – aber der Mensch muss sie ganzheitlich machen. Eine dialektisch-theologische Aufstockung Schleiermacherscher Theologie dürfte dieser Sachlage am besten gerecht werden.

Antwort auf die Replik von Georg Pfleiderer

Niklaus Peter

Georg Pfleiderer zu widersprechen, das tut man auf eigenes und nicht geringes Risiko hin. Denn er ist durch Münchner Schulung und eigenen Geist nicht nur im Grossraum Schleiermacher, d.h. in Sachen Modernediskurse und theologische Subjektivitätstheorien höchst versiert, sondern auch ein profunder Kenner, Interpret und Kritiker Karl Barths – wie seine Habilitationsschrift[61] ausweist. Dennoch möchte ich's wagen und im Widerspruch zu Georg Pfleiderer an meiner These festhalten, dass für einen sachgemässen Zugang zum Thema Gottesdienst *nicht* der Gegensatz «Feier» oder «Verkündigung» hilfreich ist, *geschweige denn* der Gegensatz «Fest der Freiheit» oder «autoritäre Kanzelverkündigungsveranstaltung», sehr wohl aber die theologiepolitisch zugespitzte Alternative Schleiermacher oder Barth![62]

Denn diese Alternative führt vor die klärende Frage, ob Gottesdienste nach einer schleiermacherschen, subjektivitätstheoretischen und bewusstseinstheologischen Wende zuerst und zuletzt von menschlichen Erfahrungen und Kommunikationsleistungen her konzipiert werden oder eben ganz grundlegend und grundsätzlich von der Gotteserfahrung und von Gottes Kommunikation her, wie Barths Theologie diese zeitlebens nachzubuchstabieren versucht hat. Oder anders formu-

61 Siehe Georg Pfleiderer, Karl Barths praktische Theologie.

62 Und deshalb sehe ich auch keine Remedur oder sinnvolle Vermittlung in einer «dialektisch-theologischen Aufstockung Schleiermacherscher Theologie» …

liert, ob der primäre Zugang zum Thema Gottesdienst religionsästhetisch-anthropologisch und kultursoziologisch oder aber emphatisch theologisch, und das heisst von den Inhalten der christlichen Botschaft her gesucht wird.

Karl Barth hatte ein geschärftes Wahrnehmungsorgan dafür, was in Theologie und Kirche verloren geht, wenn statt der spezifischen christlichen Glaubenssemantik und -grammatik, die vom biblisch vermittelten Gotteswort ihren Ausgang nimmt – und das heisst vom Gegenüber eines uns ansprechenden Gottes –, nun plötzlich der gottesdienstliche Ausgangspunkt in allgemein-menschlichen Erfahrungen, in individuell-universell-religiösen Gefühlen, Zuständen und Stimmungen gesucht wird; wenn gleichsam das Betriebssystem ausgewechselt und statt mit Wort-Gottes-Theologie mit einer Religionstheologie «gefahren» wird.

Kraftvoll polemisch, aber eben auch klar in Aussage und Stossrichtung hat Barth sein Anliegen und seine «Rückwendung», die keineswegs eine konservative war, folgendermassen formuliert: «Ich kann das Wort ‹Religion› nicht mehr hören oder aussprechen ohne die widerwärtige Erinnerung, dass es nun einmal tatsächlich in der neueren Geistesgeschichte die Flagge ist, die den Zufluchtsort anzeigt, wohin sich die protestantische, zum Teil auch die katholische Theologie mehr oder weniger fluchtartig zurückzuziehen begann, als sie nicht mehr den Mut hatte, vom Objekt, d. h. vom Worte Gottes aus zu denken, sondern heilfroh war, eben an dem Ort, wo das Fähnlein ‹Religion› wehte, ein Äckerlein zu finden, eine historisch-psychologische Wirklichkeit, der sie sich, auf Weiteres verzichtend, als rechte Als-ob-Theologie im Frieden mit dem modernen Wissenschaftsbegriff zuwenden konnte. Hinter dem Fremdwort ‹Religion› und Allem, was damit anfängt, aber auch hinter dem deutschen Wort ‹Frömmigkeit›, das manche lieber brauchen, verbirgt sich mehr oder weniger verschämt oder unverschämt das Bekenntnis, dass man es als moderner Mensch nicht mehr wagt, prinzipiell und primär und mit erhobener Stimme von Gott zu reden.»[63]

Ist diese Alternative um der Klärung willen mit einer gewissen Grobheit formuliert, dann wird es freilich dringend geboten sein, bei der Konzipierung des christlichen Gottesdienstes Differenzierungen einzuführen. Dann werden Schleiermachers religionstheoretische, ästhetische, kommunikationsspezifische und pädagogische Kompetenzen und Hinweise sehr wohl bedacht werden müssen, und zwar bei allen im Detail so wichtigen Fragen: wie es um die Gemeinde bestellt ist, wer die konkreten Hörer und Hörerinnen des Wortes sind, welches ihre milieu- und kulturspezifischen Kommunikationshorizonte sind, welches der liturgische Rahmen, mit welcher Musik und mit welchen Rede- und Spiritualitätsformen eine Gottesdienstfeier wirklich zu einer Feier vor und mit Gott, zu einem Fest der Freiheit werden kann. Zu einem Fest nämlich, das Herzen und Köpfe, innere geistige und seelische Räume zu öffnen vermag, zu einer Feier, über der das Wort *soli Deo gloria* mit vollem Recht und einigem Glanz stehen kann.

63 Karl Barth, Unterricht in der christlichen Religion, S. 224 f.

Seelsorglicher oder politischer Gottesdienst?

Seelsorglich predigen – Beflügeln der Menschen

Pascale Käser-Huber

Die Predigt beginnt im Gespräch …

Montagabend, der Pfarrer eilt in die Bäckerei. Noch schnell ein Brot kaufen, ehe sie schliesst. Auf dem Heimweg geht er gemächlicher und bleibt irgendwann einfach stehen. Er schaut in den Himmel und vergisst sich und die Welt. Frau B. grüsst freundlich und er erwidert etwas von «rotem Schimmer am Himmel» und «wahnsinnig schön», und sie schaut auch hinauf. Zauberhaft. Sie wünschen einander einen schönen Abend unter eben diesem Himmel.

Szenenwechsel: Dienstagmorgen, die Pfarrerin besucht Herrn F. Der erzählt ihr von dem wunderschönen Buch, das ihm seine Enkelin gebracht habe, einem Atlas der besonderen Art: «Atlas der abgelegenen Inseln – fünfzig Inseln, auf denen ich nie war und niemals sein werde.» Auf eine Insel, die Osterinsel heisst, würde er gern mal reisen … davon träume er. Die Pfarrerin speichert das Bild der Inseln im Meer innerlich ab …

Und dann … am Mittwoch sitzen die beiden Pfarrpersonen je an ihrem Computer, starren auf das leere Word-Dokument und denken über die Predigt für ihren Sonntag nach … Er sieht «Himmel», sie «Inseln im Meer» … Und dann lesen sie den Losungstext für diesen Predigtsonntag und landen bei dem Vers: Seine Macht ist ewig und vergeht nicht.

Ewig … die Pfarrerin bleibt bei diesem Wort hängen und ruft ihren Kollegen an. Sie erzählen einander in einem langen Gespräch von Himmel und Meer und Augenblicken der Ewigkeit und wie man manchmal sich und die Welt vergessen kann und wie Menschen dann wieder in die Welt zurückkommen müssen. Und im Dialog entwickeln sie Gedanken, die für Frau B. und Herrn F. gemeint sein könnten …

Klischiert, vielleicht. Predigtvorbereitungen können auch ganz anders anfangen. Aber im Hinblick darauf, dass Predigen kommunizieren bedeutet, dass wir Pfarrer am Sonntagmorgen Menschen gegenüberstehen, die kommen, weil sie etwas zu hören bekommen möchten … Im Hinblick darauf ist für mich das Entstehen einer Predigt im Gespräch sinnvoll. Es gibt ein Ich in der Predigt und ein Du. Ein Gegenüber, von der, die spricht, und dem, der zuhört. Wie im Gespräch, nur anders. Und was im Vorbereiten angelegt wird, ist dann auch in der Predigt wahrnehmbar, wenn sie «gehalten» und «gehört» wird.

Von der Seele zur Seelsorge zum Seelsorglichen

Um zu verstehen, was Seelsorge sein kann, frage ich zuerst nach der *Seele*. In der Welt des Ersten Testaments ist die Seele kein vom Körper abgespaltenes Etwas. Der Mensch *hat* keine Seele, er *ist* eine lebendige Seele.

Das, was wir heute Seele nennen, liegt wohl in der Schnittmenge all der Begriffe, die in den Übersetzungen im Bereich des Wortes Seele verwendet werden: Atem, Leben, Herz, Psyche, Selbst, Mitte, Person ... und auch wenn wir heute in der Tradition der westlich-abendländischen Kultur davon sprechen eine Seele zu *haben*, schwingen diese Bilder doch mit und haben unseren Begriff von der Seele geprägt.

Es gehört existenziell zum Menschen, eine Seele zu haben, und das kann einfach heissen: menschlich zu sein. Nicht mehr, aber auch nicht weniger. Sensibilität und Offenheit gehören zum «Seelischen» und immer klingt auch ihre Gefährdung an, denn Seele hat etwas mit Werden und lebendigem Leben zu tun. Und wir Menschen bleiben in unserem Sein, in unserem Seele-Sein verletzlich.

So hergeleitet bedeutet *Seelsorge* Sorge um das Mensch-Sein des Menschen. Ganz grundlegend. Und das heisst für die christliche Seelsorge mit dem Anspruch, den ganzen Menschen zu sehen, dass sie ihn auch mit seinen noch nicht ausgeschöpften Möglichkeiten meint. Seelsorge sieht den Menschen mit all dem, was in ihm schon angelegt und noch nicht entfaltet ist. Das was für ihn noch aussteht, das was in ihm verletzlich am Werden ist.

Ich sehe in der Seelsorge eine kommunikative Struktur. Seelsorge geschieht vom Ich zum Du und vom Du zum Ich. Es geht um Dialog. Um ein Hin und Her. Und da erscheint mir ein Seelsorgemodell, das prinzipiell von Defiziten der Adressaten ausgeht, hinderlich. Es geht nicht um ein Von-oben-nach-Unten, in dem sich Starke, Gesunde, Lebende helfend den Schwachen, Kranken, Sterbenden zuwenden.[1]

Wir sind als Menschen alle in der Welt gefährdet und verletzlich – und in Alltägliches verstrickt, das uns von unseren Möglichkeiten und Träumen, vom «Mehr als alles» ablenken kann. Einander die Sehnsucht nach mehr zu erhalten, Zukunftsräume ermutigend zu erschliessen, das bedeutet Seelsorge.

So brauche ich gern den Begriff vom *seelsorglichen* Predigen[2] und nicht vom seelsorg*er*lichen Predigen. Es geht nicht um die starke, gesunde, mächtige Seelsorgerin, die der schwachen, hilfsbedürftigen Gemeinde mit fürsorglichen Worten und Gesten etwas zugute kommen lässt. Sondern es geht darum, was im Gottesdienst geschehen kann, wenn der Seelsorger und die Gemeinde besorgt sind um das Menschsein der Menschen, wenn es um die Intention und die Art der Predigt

1 Vgl. Henning Luther: Religion und Alltag. Bausteine zu einer Praktischen Theologie des Subjekts, Stuttgart 1992, S. 234.

2 Vgl. Christian Möller: Seelsorglich predigen. Die parakletische Dimension von Predigt, Seelsorge und Gemeinde, Göttingen 1983.

geht und eben nicht um die Person, die für Seelsorge steht. Das hat Tradition: Auch die Verben aus dem biblischen Kontext sind nicht einfach besonderen Menschen vorbehalten: Stärken, trösten, barmherzig sein, helfen usw. stehen nicht für amtliches, sondern für menschliches Handeln.

Von Seelsorge als Haltung im Gespräch und in der Predigt

Was ich als Seelsorge im Sinne eines Arbeitsgebietes bezeichne, ist womöglich etwas anderes als das, was Menschen als Seelsorge erfahren. Hans van der Geest[3] unterscheidet Seelsorge im allgemeinen Sinn – da gehört alles Einander-Zuhören, Mitfühlen, Verstehen, Einander-Ermutigen und Trösten dazu – von Seelsorge im engeren Sinn: Hier geht es darum, was vom Empfänger als Seelsorge der Pfarrerin wahrgenommen wird. Und diesbezüglich spielt der kirchliche Kontext der Seelsorgerin ebenso eine Rolle wie der religiöse Inhalt des Gesprächs und dessen geistliche Dimension. Vordergründig geht es um Kirche, Glaube und Gott. Hintergründig um Transzendenz, Sinngebung des Lebens, um den letzten Halt oder darum, was uns als Menschen unbedingt angeht. Im Gespräch mit dem Seelsorger ist das Geistliche durch seine Rolle schon präsent. Aus seinem Mund klingt «Himmel» anders – und steht für mehr als fürs «Abendrot». Ebenso klingt in den «Inseln, auf denen ich nie war und niemals sein werde» eine andere Dimension an, wenn die Seelsorgerin darüber redet.

Das hat Auswirkung auf das seelsorgliche Gespräch. Van der Geest: «Wer meint, dass nur sein persönliches Auftreten für die Menschen ins Gewicht fällt, übersieht die Wirkung seiner Rolle als beruflicher Seelsorger. Wer aber meint, dass diese Rolle genügt, und sich nicht um sein Verhalten kümmert, der fällt ins pfarrherrliche Missverständnis.»[4] Übertragen auf das Predigen: Wer den Anspruch hat, Menschen mit einer Predigt seelsorglich zu erreichen, muss sich fragen: Was nehmen Predigthörerinnen als seelsorgliche Predigt wahr?

Meine deutsche Kollegin Angelika Obert (Berlin)[5] war kurz nach der Wende im äussersten Ost-Berlin bei einem «gestrandeten» Psychologen zum Geburtstag eingeladen. Ausser ihr waren vor allem seine Kneipenfreunde da – alle erwerbslos. Als sie erfuhren, dass meine Kollegin im Rundfunk Andachten spreche, fanden sie das ausgesprochen putzig: «Ihr Pfarrer kommt einem so vor, als ob ihr durchs Radio Händchen halten wollt.» – Mit einem Schlag waren alle möglichen Überlegenheitsgefühle weg und die Frage begleitet sie seitdem: «Wie komme ich Leuten, die einiges durchgemacht haben, wohl vor, wenn ich sie mit meinen Worten betuttele?»

3 Hans van der Geest: Unter vier Augen. Beispiele gelungener Seelsorge, Zürich [3]1986, S. 223–227.

4 A. a. O., S. 226 f.

5 Angelika Obert hat dieses Erlebnis am Evangelischen Medienkongress «Bad news are good news? Medial trösten und seriös informieren» vom 20./21. Oktober 2010 in Köln erzählt.

Es ist schneller geschrieben, dass Seelsorge etwas gegenseitig Menschliches ist, als das dann als Haltung auch so gelebt. Weder in der Rolle der Radiopredigerin wenn ich ins Mikrofon spreche noch als Gemeindepfarrerin, wenn ich den Menschen in der Kirche gegenüberstehe. Mein Ton soll nicht Händchen-halten-wollend sein, ist es manchmal aber trotzdem. Seelsorglich predigen, vom Ich zum Du auf Augenhöhe ist in der Rolle der Pfarrerin gar nicht so einfach. Da gibt es viel Antrainiertes, Übernommenes in den traditionellen Rollenbildern.

Eine Klärung der Voraussetzungen für seelsorgliches Predigen kann weiterführen. Was Jürgen Ziemer als Grundhaltungen für die Seelsorge formuliert, halte ich für hilfreich:[6]

1. Empathisch sein: Ich will mich in konkrete Lebenssituationen von Hörern einfühlen können, sie wahrnehmen. Aber ich muss auch das Fremde aushalten, d. h. ich muss nicht alles verstehen, geschweige denn alle Probleme lösen können, die mir entgegenkommen.
2. Annehmen können: Ich sehe Menschen als Gegenüber (nicht als arme Sünder …) und möchte weder von oben herab klingen noch Menschen vereinnahmen.
3. Ermutigen können: Ich möchte die Hörerinnen auf ihre Möglichkeiten hin ansehen, vom Potenzial ausgehen, das sie in sich tragen.
4. Authentisch sein: Ich möchte als predigende Seelsorgerin oder als seelsorgliche Predigerin so echt als möglich sein, in dem was ich bin und sage und tue und in dem, was im Dialog mit der Gemeinde geschieht.

Von Merkmalen seelsorglicher Predigt

Ich denke an einen Kirchgemeinderat, der gesagt hat, eine Predigt sei wie ein Treppengeländer, an dem er sich festhalten könne, aber nicht müsse.

Das ist in meiner Erinnerung die erste Hörer-Definition für eine seelsorgliche Predigt.

Und um etwas zu sagen, das sich unter Umständen wie ein *Halt* anhört oder anfühlt, brauche ich selber Halt. Und das gilt nicht erst für den gefeierten Gottesdienst oder die Radiopredigt-Aufnahme im Studio, sondern bereits für die Vorbereitung. Das heisst, Gott als Du und als meinen Halt wahrnehmen gehört in die Erarbeitung der Predigt und wirkt in den Moment hinein, wo sie im Dialog mit den Hörenden dann klingt.

Eine seelsorgliche Predigt ist auf *Beziehung* angelegt und darum entsteht sie sinnvollerweise in Beziehung, im Gespräch, im *Dialog*. Es ist unabdingbar, die Lebenswirklichkeit der Hörer ernst zu nehmen. Fragen und Erfahrungen, die Menschen bewegen, sollen zur Sprache kommen.

6 Vgl. Jürgen Ziemer: Seelsorge. Grundfragen zu einem kirchlichen Handlungsumfeld, www.theologie-online.uni-goettingen.de/pt/ziemer.htm.

Und diese Erfahrungen sollen in einer *Sprache* formuliert werden, die allen zugänglich ist, die verständlich, klar und auch schön ist.

Ich bin einig mit Dorothee Sölle: «Die Sprache, die wir meistens benutzen, ist ungeeignet, das Eis in uns zu spalten: [...] Wir suchen eine Sprache, die das immer dickere Eis der Seele spaltet.»[7]

Und wir werden in poetischen Texten fündig, in der Bibel und in der Gegenwartsliteratur. Wichtig ist, dass die Wörter – wie sie gesagt und gehört werden – die Menschen erreichen. Entscheidend ist, dass die Predigt beim Du ankommt.

Die *Themenwahl* für eine intendiert seelsorgliche Predigt sehe ich an sich nicht eingeschränkt.

Wilfried Engemann[8] erstellt anhand Jürgen Ziemers Lebensthemen der Seelsorge einen homiletischen Themenleitfaden: «Seelsorgerische» Predigt soll helfen «in Beziehungen zu leben», «mit eigener Schuld zu leben» oder «auf der Suche nach Sinn» ein Stück voranzukommen.

Engemann definiert «seelsorgerische» Predigt als Predigt gegen die Angst, und zwar Angst als Grundsituation des unruhigen zweifelnden Menschen, der fürchtet, am eigenen Dasein scheitern zu können. Dieser Angst ist nun «Trost» entgegenzusetzen.

Aber auch im Wissen um dieses grundsätzliche Bedürfnis nach Ermutigung gegen die Angst, nach Befreiung von Furcht und nach Trost im weitesten Sinn, will ich nicht klingen wie eine, die Händchen halten möchte – weder am Sonntagmorgen in der Kirche noch durchs Radio.

Hier ist Arbeit an der *Stimme* gefordert. Seelsorgliche Predigt soll sich anhören wie ein Gegenüber im guten Gespräch klingt. Nicht «betuttelnd» aber auch nicht abgeklärt und distanziert. Die richtige Tonlage in dieser Balance zu finden ist zugleich anspruchsvoll und notwendig.

Von Mensch zu Mensch seelsorglich predigen

Das Kernmerkmal einer seelsorglichen Predigt ist aus meiner Sicht das dialogische Geschehen: Die Zuwendung von Mensch zu Mensch – von Seele zu Seele – macht eine Predigt zu einer seelsorglichen. Dass Menschen berührt werden, dass sie in ihren existenziellen Fragen ernst genommen und in ihrer Angst und Verletzlichkeit gesehen werden, daran erkenne ich seelsorgliche Predigt ebenso wie daran, dass die Welt von hier und heute, die Alltagserfahrungen der Menschen zu Wort und Bild kommen und mit biblischen Texten verknüpft werden. Die Menschen mögen ermutigt, gestärkt und getrost – vielleicht sogar beflügelt – in die Woche gehen. Sowohl die Gottesdienstbesucherin wie auch der Pfarrer.

7 Dorothee Sölle: Das Eis der Seele spalten. Theologie und Literatur in sprachloser Zeit, Mainz 1996, S. 76.

8 Wilfried Engemann: Einführung in die Homiletik, Tübingen/Basel 2002, S. 395 (vgl. S. 392 f.).

Das Menschenbild, das einer seelsorglichen Predigt zugrunde liegt, ist das des angewiesenen Menschen.

Was fehlt nun einer Predigt, die nicht seelsorglich, sondern politisch ausgerichtet ist? Ich meine, dass das eine das andere grundsätzlich nicht ausschliesst. Wo politische Predigt, das Du des Gegenübers wahrnimmt und der Mensch nicht einfach in gesellschaftspolitischen Überbegriffen untergeht oder unter bestimmte Gruppen subsumiert wird, kann sie durchaus auch in seelsorglicher Haltung geschehen. Wenn politische Predigt heisst, das Zusammenleben von Menschen zu betrachten, nach dem Miteinander und den Regeln dieses Miteinanders zu fragen, Menschen in ihrem Sinn für Gerechtigkeit und ihrer Sehnsucht nach Frieden zu stärken, dann kann sie durchaus seelsorglich sein.

Wo politische Predigt allerdings ausschliesslich Forderungen stellt, Anweisungen erteilt oder sich auf Appelle beschränkt, fehlt ihr meines Erachtens die Dimension der Zuwendung zum Menschen als Seele, als bedürftigem Wesen, das aus Gnade ist, was es ist.

Mein Votum für die seelsorgliche Predigt mache ich an meiner Erfahrung als Dorfpfarrerin und Radiopredigerin fest. Es entsteht Gemeinde, ein Wir von Menschen in einem Gottesdienst, wo Menschen Mut gegen ihre Angst bekommen, und Hoffnung gegen Verzweiflung gesetzt wird. Wenn inneres Eis schmilzt, können Menschen sich einander zuwenden und weitergeben, was sie bekommen haben. So bleibt eine seelsorgliche Predigt nicht stehen, sondern führt wieder und weiter ins Gespräch. Beflügelte Menschen können andere beflügeln.

Und nach der Predigt vielleicht ein Gespräch …

Mittwochmorgen, Frau Z. trifft Herrn S. auf dem Spaziergang.

Herr S.: «Oh, ich hab dich gar nicht gesehen …»

Frau Z. (lächelnd): «Ich dich schon von weitem, du sahst so gedankenversunken aus. Drum hab ich ich hier auf dich gewartet. Bald geht die Sonne auf. Schau, der Himmel … In der Kirche, am Sonntag, da war auch vom Himmel die Rede …»

Herr S.: «Von welchem Himmel meinst du jetzt?»

Frau Z.: «Ah ja, da gibt's verschiedene … Ich hab mehr etwas vom Himmel gespürt, als ich da so sass und zuhörte, weisst du … etwas Ewiges hab ich gespürt. Es gibt doch so Momente … – schau, jetzt geht sie dann grad auf, die Sonne …»

Herr: S.: «Ewig …»

Frau Z.: «Es hat mir so gut getan zu hören, dass etwas einfach so hereinbrechen kann, mitten hinein, etwas Ewiges …»

Herr S.: «Hm …»

Sagt um Gottes willen etwas Tapferes!

Ralph Kunz

Zeit, Steine zu werfen

Pascale Käser-Huber weist der Predigt die Aufgabe zu, der Seelsorge zu dienen. Das ist genauso einsichtig wie die Umkehrung: Das seelsorgliche Gespräch soll nicht zu einer Predigt ausarten. Ich stimme ihrer sorgfältigen Bestimmung der seelsorglichen Funktion der Predigt zu und sehe keinen Anlass, eine künstliche Kontroverse darüber vom Zaun zu reissen, ob es besser sei, seelsorglich *oder* politisch zu predigen. Zumal wenn man Seelsorge so weit versteht, wie sie es tut. Die Attribute «seelsorglich» und «politisch» stehen nicht für alternative homiletische Konzepte.

Wenn aber Seelsorge so weit gefasst wird, kann vielleicht aus dem Blick geraten, dass die Predigt nicht nur zu Herzen gehen, sondern auch einmal vor den Kopf stossen soll. Pascale Käser-Huber tritt ihre Fürsprache für die seelsorgliche Predigt mit einer Abendrotszene an. Ich setze die Akzente in meiner Antwort etwas anders und schaue auf den anbrechenden Tag. Schliesslich hat «Trittst im Morgenrot daher» und nicht «Luegit vo Berge und Tal» den Weg ins Gesangbuch der Reformierten gefunden.[9]

Der Gottesdienst ist ja nicht *telquel* mit der seelsorglichen Situation gleichzusetzen. Die *seelsorgliche Begegnung* im engeren Sinne zeichnet sich dadurch aus, dass Dinge unter vier Augen besprochen werden. Die *homiletische Situation* überschreitet diesen Horizont und lässt umfassender nach der öffentlichen Kommunikation des Evangeliums fragen. Die Auslegung der Bibel hat darum immer auch eine politische Dimension. Der Dienst am göttlichen Wort sucht das «Wohl der Stadt» (Jer 29,7) und nicht nur das Seelenheil von Herrn S. und Frau Z. «Seelsorglich» oder «politisch» sind zwar keine Gegensätze. Aber unter Umständen ist es wichtig und richtig, dass der seelsorgliche Klang der Predigt in den Hintergrund tritt. Was homiletisch zur Debatte steht, ist die Entscheidung für das passende Wort zur richtigen Zeit. Nikolaus Ludwig von Zinzendorf sagte es schöner, «ob's etwa Zeit zu streiten, ob's Rasttag sei»[10], und Kohelet (Koh 3,1.5), auch Prediger genannt, sagte es poetischer: «Für alles gibt es eine Stunde […] Zeit, Steine zu werfen, und Zeit, Steine zu sammeln.»

Mein Plädoyer für die Beachtung der politischen Dimension der Verkündigung wirft keine Steine und zielt nicht *gegen* das seelsorgliche Predigen. Ich votiere vielmehr dafür, eine unbequeme Seite der Kanzelrede nicht vorschnell zu denun-

9 Gesangbuch der Evangelisch-reformierten Kirchen der deutschsprachigen Schweiz, Basel/Zürich 1998, Nr. 519.

10 Vgl. RG 811,2: «Wir wolln uns gerne wagen».

zieren und falschen Tröstern oder Politikern, die von kirchlichen Predigern *nur* Trost erwarten, genau aufs Maul zu schauen. Es ist ja durchaus möglich, dass mit der Fixierung und der Reduktion auf das seelsorgliche Programm die Wahrheit mundtot gemacht werden soll, eine Wahrheit, die manchmal mit Worten daherkommt, die so angenehm sind wie «Treibstacheln für Ochsen» (Koh 12,11).

Was heisst «politisch» predigen?

So, wie meine Gesprächspartnerin das «Seelsorgliche», will auch ich vorweg mein Verständnis des «Politischen» in der Predigt klären. Grundlegend sind die biblischen Schriften. In ihnen bringt sich ein Gott zu Gehör, der menschliche Macht kritisch observiert. Im Exodus offenbart Gott sein Interesse am politischen Schicksal seines Volkes. «Politisch» ist die Richtung der Predigt, die dieser Bewegung des Wortes Gottes folgt.

Interessant finde ich, dass die politische Predigt in der Regel einem Lager zugerechnet wird. Wenn man die Literatur studiert und die Debatten verfolgt, die sich um das Politische in Kirche und Theologie drehen, wird offensichtlich, dass die Politik in der politischen Predigt einen Linksdrall hat. Die Gründe dafür sind in der zeitgeschichtlichen Verortung der sogenannten «neuen politischen Theologie» zu finden. Sie setzte sich nach dem Zweiten Weltkrieg von der «alten politischen Theologie» ab und verstand sich u. a. in Anschluss an die Frankfurter Schule als herrschafts- und gesellschaftskritische oder «linke» Opposition. Auf römisch-katholischer Seite ist Johann Baptist Metz ein bekannter Vertreter dieses Programms.[11] Im protestantischen Lager vertraten u. a. die linken Barth-Schüler wie Helmut Gollwitzer, Jürgen Moltmann oder Dorothee Sölle eine ähnliche Linie.

Die Tatsache, dass sich einige Vertreter der Kirche in dieser programmatischen Weise zu politischen Themen äusserten, war und ist ein Thema, das innerhalb und ausserhalb der Kirche kontrovers verhandelt wird. Ob mit Links- oder Rechtsdrall – klar ist, dass Politisches sich mit Parteinahme verbindet. Das wiederum ruft Befürworter und Kritiker auf den Plan. Das herrschafts- und gesellschaftskritische Engagement motiviert einige Zeitgenossen, wieder in die Kirche einzutreten. Anderen lässt es die Galle hoch kommen.[12]

Als aktuelles Beispiel für eine politische Kontroverse zur politischen Theologie mit Linksdrall verweise ich auf das Parteiprogramm der Schweizerischen Volkspartei 2011–2015. Dort heisst es: «Aufgabe der Kirchen ist es, den Menschen durch Verkündigung und Seelsorge Halt und echte Lebenshilfe zu bieten. Sowenig

11 Vgl. dazu Johann Baptist Metz: Zum Begriff der neuen Politischen Theologie 1967–1997, Mainz 1997.

12 Gret Haller, SP-Nationalrätin, liess zu ihrem Wiedereintritt in die Kirche verlauten: «So wie ich damals aus politischen Gründen ausgetreten bin, haben mich auch politische Gründe zum Wiedereintritt bewogen.» NZZ am Sonntag, 19. Dezember 2010, S. 76 f.

Politiker von den Kanzeln predigen sollen, sollen Prediger von den Kanzeln politisieren. Die SVP lehnt einseitige, linksideologische Stellungnahmen von Kirchenfunktionären ab, denn sie spalten damit unsere Volkskirchen.» Weiter fordert die SVP die Kirchen auf, «sich der Seelsorge und der Verkündigung der christlichen Botschaft zu widmen statt der Tagespolitik».[13]

Das Beispiel wirft Licht auf die Herausforderungen der politischen Predigt, gerade weil das eigentliche Anliegen im Parteiprogramm verkannt bzw. «verpolitisiert» wird! Die programmatische Formulierung «Verkündigung statt Tagespolitik» und der Hinweis auf den «politisierenden Prediger» bringen zwar Bedenken zum Ausdruck, die – unabhängig von der eigenen politischen Position – ernst genommen werden müssen. Die Gefahr, dass die Kanzelrede für ideologische Kämpfe missbraucht werden kann, ist in der Tat nicht von der Hand zu weisen. Nur ist dieser Gefahr nicht mit einem Links-rechts-Schema beizukommen. Das Programm gegen die politisierenden Prediger hat einen Rechtsdrall. Mit anderen Worten: Man kann sich schon bei der Definition der politischen Predigt im Kreis drehen – einmal rechts und einmal links. Da liegt es nahe, der Seelsorge und einer reinen Verkündigung das Wort zu reden. Aber wer so argumentiert, verdrängt, dass die meisten biblischen Begriffe und Konzepte wie «Christus/Messias» oder «Reich Gottes» unabdingbare soziale und politische Implikationen haben. Man lese dazu Kurt Martis Notizen in der Zeitschrift *Reformatio* zur einseitigen und rechtsideologischen Lektüre des geistigen Vaters des SVP-Parteiprogramms. Das Pikante daran: Kurt Marti und Christoph Blocher berufen sich auf denselben theologischen Lehrer. Marti kommentiert: «Merkwürdig, wie gut Blocher den politischen Barth verdrängen kann.»[14]

Die verpolitisierte Kanzelrede

Natürlich ist Marti ein Linker. Um nicht im Kreis zu drehen, gehe ich einen Schritt weiter und nehme die Kritik an der verpolitisierten Kanzelrede auf. Die politische Predigt kann als eine Frage des Stils betrachtet werden. In der klassischen Rhetorik werden drei Grundzwecke einer Rede unterschieden und daraus drei Genera abgeleitet. Eine gute Rede belehrt (*docere*), bewegt (*movere*) und unterhält (*delectare*) die Hörerschaft.[15] Je nach Anlass bestimmt das eine oder das andere Genus die Rede. Der gute Redner beherrscht die Kunst, den richtigen Ton zu finden und die einfühlsame Rednerin kann sich den Erwartungen ihrer Hörerschaft anpassen.

13 Das Parteiprogramm ist abrufbar unter www.svp.ch/g3.cms/s_page/78310/s_name/wahlplattform, Zitate S. 121 und S. 123.

14 Vgl. Kurt Marti: Das Lachen des Delphins. Notizen und Details aus der ZEITschrift Reformatio, Zürich 2001, hier: S. 103–108 und S. 106.

15 Die antike Rhetorik bildete die Grundlage der christlichen Predigt in der alten Kirche. Vgl. dazu Barbara Kursawe: Docere – delectare – movere. Die *officia oratoris* bei Augustin in Rhetorik und Gnadenlehre, Paderborn/München/Wien/Zürich 2000.

Deshalb gilt die Rede, die bewegt, auch als *genus grande*.[16] Die gute politische Predigt hat mit guter Rhetorik insofern zu tun, als die Redekunst ein Licht auf eben jene Zerrformen zu werfen vermag, die im zitierten Parteiprogramm kritisiert werden. Eine schlechte politische Predigt vergreift sich im Ton. Wenn Pascale Käser-Huber zur politischen Predigt notiert, dass dieser die Dimension der Zuwendung zum Menschen als Seele fehle, wo sie «ausschliesslich Forderungen stellt, Anweisungen erteilt oder sich auf Appelle beschränkt», ist ihr beizupflichten. Aber sie kritisiert nicht die politische Predigt, sondern den schlechten Stil einer gesetzlichen Schimpfrede.

Im Kirchenraum haben parteipolitisches Gepolter und Gezänk nichts verloren. «C'est le ton qui fait la musique.» Im politischen Geschäft herrschte mitunter eine Hitze, die auch einmal zur Hetze gegen den politischen Feind werden kann. Politisch predigen heisst also nicht, den (schlechten) Stil der politischen Rede kopieren. Das wäre die verpolitisierte oder politisierende Predigt. (Es sei nur in Klammern vermerkt, dass es auch der wissenschaftliche Jargon, die Gossensprache oder lustiges Geplauder der gottesdienstlichen Rede nicht angemessen sind.)

«Abusus non tollit usus!» Die politische Predigt konfrontiert die «Polis» mit der göttlichen Wahrheit und «sendet» Evangelium in Welt, Gesellschaft und Kultur hinaus. Natürlich sind die Konsequenzen dieser Konfrontation immer strittig. Aber eine Predigerin, die sich nicht getraut, Verirrungen und Verwirrungen anzugreifen und zu Missständen schweigt, verkündigt nicht die ganze christliche Botschaft. Es muss genügen, hier an die «Rede der Reden» zu erinnern und die rhetorische Frage zu stellen, ob sich aus der Bergpredigt Jesu nicht doch etwas für die Tagespolitik lernen lasse. Ist man «linksideologisch», wenn man sich im Namen des Bergpredigers gegen die Verhetzung Andersdenkender wendet? Ist Jesus am Ende ein Linker? Und ist es so falsch, wenn eine Politikerin oder ein Politiker einmal predigt?[17] Das *Zeugnis* der Wahrheit ist ja keineswegs den kirchlichen Berufsrednern vorbehalten.

Das entschiedene Wort

Im öffentlichen Raum, in dem Machtträger Entscheidungen treffen, werden Meinungen gemacht und Entscheidungen getroffen. Es gibt eine ganze Reihe von guten Gründen, komplexe ethische Fragen nicht im Gottesdienst zu erörtern und für Strittiges geeignetere Foren zu nutzen. Wenn Meinungen ausgetauscht werden,

16 Vgl. das Plädoyer von Matthias Krieg, S. 324–327.

17 Um einen Politiker als Beispiel zu nennen: Barack Obama hat – nach Meinung vieler politischen Beobachter – nach dem Attentat auf die Kongressabgeordnete Giffords in Tucson den richtigen Ton getroffen: Er hat eine Rede gehalten, die Trost spendete *und* politisch war, weil er die Situation der Trauer nicht für eine Abrechnung ausnutzte, sondern die Gelegenheit ergriff, die Nation zur Einheit aufzurufen. Vgl. nation.foxnews.com/arizona-shooting-rampage/2011/01/12 /read-text-obamas-speech-tucson.

sollen alle reden dürfen. Wer die Bibel zeitgemäss und sachgerecht auslegt, vertritt aber nicht in erster Linie eine *Meinung*, sondern legt durch die Verkündigung des Evangeliums Grundlagen für eine politische Kultur, in der Meinungen fair und respektvoll ausgetauscht werden.

Neben dem orientierenden und klärenden gibt es nun auch das entschiedene *Wort*. Die Situation, in der ein solches Wort von der Predigt erwartet und gefürchtet wird, ist als *status confessionis* näher zu bestimmen. In einer Kampfsituation steht die Wahrheit auf dem Spiel. Dann muss die Predigt im Gegenuhrzeigersinn zum Zeitgeist ein Wort wagen, das die Geister scheidet. Vielleicht weil die Machthaber eine Politik vertreten, der in Gottes Namen widersprochen werden muss, weil sie die Grundrechte von Menschen verletzt. *Das* Beispiel für eine solche Situation ist in unserem Kulturkreis die Zeit der Bekennenden Kirche. Als die Deutschen Christen den Führerkult zur religiösen Sache erklärten, kam der *Kairos* der Entscheidung. Die Verkündigung des Evangeliums war eine politische Angelegenheit geworden.[18]

Nun mahnt gerade das Schulbeispiel auch zur Vorsicht. Denn so eindeutig im Nachhinein entschieden werden kann, wer damals die Bösen und die Guten waren, so verworren war in den Kampfjahren die Lage. Waren die Bekennenden im Blick auf die Judenverfolgung mutig genug? War es richtig, dass die Prediger erst dann politisch aktiv wurden, als die Freiheit der Verkündigung in Frage gestellt wurde? Wie weit soll – im Notfall – der Widerstand gegen die Staatsgewalt gehen? Wer hat die Autorität, einen *status confessionis* auszurufen?

Es gab seit dem Krieg etliche politische Auseinandersetzungen, die man als Entscheidungssituationen interpretieren konnte. So stand einmal zur Debatte, dass die Schweiz sich Atomwaffen anschaffen sollte. Das «verleitete» Karl Barth dazu, in einer durchgehend, aber eben nicht ausschliesslich seelsorglichen Predigt, vom Teufelszeug zu reden.[19] Barth war sowieso ein Meckerer erster Güte und wurde schon während der Kriegsjahre überwacht, fichiert und zensuriert.[20] Es gab also auch nach dem Kalten Krieg Gelegenheiten, eindeutige(re) Stellungnahmen der Kirche zu fordern. Den «Elchtest» besteht die politische Predigt wohl erst im Nachhinein. War es richtig, das Apartheidregime von der Kanzel anzugreifen?

18 Vgl. dazu: Die Barmer Theologische Erklärung (Wuppertal 1930), in: Reformierte Bekenntnisse. Ein Werkbuch, hg. von einer interkantonalen Initiativgruppe unter Leitung von Matthias Krieg, Zürich 2009, S. 115–121.

19 Karl Barth: Aber seid getrost! (Johannes 16,33), in: ders.: Predigten 1954–1967, hg. von Hinrich Stoevesandt, Zürich 1979, S. 242–251, hier S. 246.

20 Zum Atomstreit noch einmal Kurt Marti, Notizen und Details. 1964–2007, Zürich 2010, S. 1230: «Von der ‹Mitte› und ‹Sache Gottes› her ist es deshalb schlechtweg undenkbar, dass die Verkündigung die Existenzbedrohung ganzer Völker, wenn nicht sogar der ganzen Menschheit, durch die Atomenergie […] mit Schweigen übergeht. Auch Karl Barth, Blochers theologischer ‹Lehrer›, hat dazu nicht geschwiegen.»

Natürlich war es das! Gott sei Dank gab es in den heissen Jahren ein paar linke Pfarrerinnen und Pfarrer. Wir müssten uns sonst schämen.

Das Wort bleibt aus

Was aus der sicheren historischen Distanz leicht fällt, ist in der Gegenwart höchst anspruchsvoll. Bleiben wir einen Moment bei der Scham. Statt die Schuld anzuprangern, die die Kirche auf sich geladen hat, ist es vielleicht angemessener, von der *Blösse* zu sprechen, die sich die Kirche gibt, wenn sie im falschen Moment schweigt. Den Anspruch, dass die Diener des göttlichen Wortes das richtige Wort nicht verpassen, verbindet sich mit dem *Prophetischen* am Predigtamt.[21] Das seelsorgliche Anliegen darf die verantwortungsvolle Aufgabe der prophetischen Rede nicht verdecken. Es wäre das sprichwörtliche Feigenblatt. Es geht weniger darum, was man Falsches sagen könnte, als vielmehr darum, was man sich nicht zu sagen getraut. Ein Prophetisches Wort von Zwingli paraphrasierend wäre den Predigern zuzurufen: «Sagt um Gottes willen etwas Tapferes.»[22]

Oben war vom Stil die Rede. Ich will zum Schluss der Bewegung zur Wahrheit das Wort reden. Kein Stilgefühl und kein Kunstmundwerk kann sie ersetzen. Die Frage nach der guten Predigt lässt sich nicht darauf reduzieren, ob einer geschickt das Wort ergreifen kann. Kurt Marti bringt es in seiner unnachahmlichen Weise unter dem Titel «predigtnot» auf den Punkt:

> der ort versammelt
> die lieder klingen
> die wörter fallen
> das wort bleibt aus.[23]

Das Wort, dessen Ausbleiben Marti als Predigtnot empfindet, ereignet sich. Oder ereignet sich nicht. Die politische wie die seelsorgliche Predigt *werden* in der Bewegung zum Wort, das kommt, zum Zeugnis für die Wahrheit, die einmal näht und einmal zerreisst, ein andermal klagt und dann zum Tanz lädt.

In der Geschichte der Predigtlehre wurde die «Wort Gottes»-Theologie eine Zeitlang überhöht und in letzter Zeit unterschätzt. Für meinen homiletischen Kompass bleibt sie grundlegend. Ihre Orientierungskraft gründet darin, dass sie Religion weder auf ihre emanzipierende noch auf ihre integrierende Funktion fest-

21 Das seelsorgliche Anliegen, wie es Pascale Käser-Huber beschreibt, ist der *priesterlichen* Dimension zuzuordnen. Ein Vergleich der Spannung von Seelsorge und Politik mit der Spannung der Ämter wäre reizvoll, aber sprengt den Rahmen dieses Aufsatzes. Vgl. den Beitrag «Prophet oder Priester?»von Matthias D. Wüthrich und Isabelle Noth, S. 207–218.

22 Huldrych Zwingli an Bürgermeister und Rat von Zürich, Kappel, 16. Juni 1529, in: Huldreich Zwinglis sämtliche Werke, Bd. 10, hg. von Emil Egli u. a., Leipzig 1929, S. 165,4 f.: «Tůnd umb gotzwillen etwas dapfers.»

23 Kurt Marti: gott gerneklein, Stuttgart 1995, S. 64.

legen will.[24] Die Formel «Wort unter Wörtern» zeigt die Richtung an und nicht einen Standort. Die kritische Distanz gegenüber der Ideologisierung wie der Privatisierung wahrt ja auch nicht die Balance, sondern lässt sich einmal mit Rechtsdrall und einmal mit Linksdrall auf das Leben in seiner verwirrend schönen Fülle und seinen verstörenden Abgründigkeiten ein.

Ist es ein Zufall, dass die Wiederentdeckung der Wortdimension in die Zeit nach dem Ersten Weltkrieg fiel und Karl Barth unter dem Eindruck von Kriegspredigten und Kanonen segnenden Priestern in einem ersten Anlauf stramm gegen die Verpolitisierung der Verkündigung wetterte? Ist es so erstaunlich, dass eben diese Verkündigungsprediger, die sich so vehement vom Politischen abwandten, wieder politisiert wurden, als die Politik das freie Wort zu behindern begann? Man kann den Pendelschlag der Predigtgeschichte und ihrer begleitenden wissenschaftlichen Reflexion als Abfolge von Korrekturen verstehen.[25] Ohne Seitenblick auf die politischen Kontexte kann man sie nicht nachvollziehen.

Sei es Trost, sei es scharfer Widerspruch – gesucht ist das rechte Wort zur rechten Zeit.[26] Wenn es ausfällt, bleibt im Gottesdienst eine Leerstelle. Ich will mein Credo für die politische Predigt aber nicht mit der Klage enden. Das wäre ein ganz und gar unevangelisches letztes Wort und letztlich auch in seelsorglicher Hinsicht falsch! Solange Verlust noch empfunden wird, lebt auch die Erwartung. Sind wir froh um alle, die sich nicht zu schnell vertrösten lassen.

24 Vgl. dazu Hans-Eckehard Bahr: Ohne Gewalt, ohne Tränen? Religion 1, Religion 2. Integrierende und emanzipierende Funktionen religiöser Sinnvergewisserung, in: Dorothee Sölle u. a. (Hg.): Religionsgespräche. Zur gesellschaftlichen Rolle der Religion, Darmstadt/Neuwies 1975, S. 31–64.

25 Zur Homiletikgeschichte als Problemgeschichte vgl. Ralph Kunz: «Was bei den Menschen unmöglich ist …» Überlegungen zum Menschenbild der homiletischen Anthropologie, in: Ingolf Dalferth; Andreas Hunziker (Hg.): Seinkönnen. Der Mensch zwischen Möglichkeit und Wirklichkeit, Tübingen 2011, S. 285–305, bes. S. 298–304.

26 Vgl. das Plädoyer von Susanne Graf-Brawand, S. 31–38.

Replik auf das Plädoyer von Ralph Kunz

Pascale Käser-Huber

Auf dass Gerechtigkeit und Frieden sich küssen

Genauso, wie meinem Gesprächspartner Ralph Kunz, liegt mir das Entweder-Oder bezüglich dem seelsorglichen und politischen Predigen fern. Im Gegenteil. Erst recht nach der Lektüre seiner Gedanken zur politischen Predigt, die mich mehr als überzeugen. «Die Attribute ‹seelsorglich› und ‹politisch› stehen nicht für alternative homiletische Konzepte.»

Wie Abend und Morgen nicht ohne einander sein können, welche Lieder auch immer wir ihnen singen.

Ich meine, dass eine Predigt, die sich nur aufs Seelenheil von Frau X. oder Herrn A. ausrichtet und dabei aus dem Blick verliert, dass diese Menschen in Systemen leben, in denen Unrecht verurteilt und Gerechtigkeit gelebt werden soll, nicht genügen kann. Ebenso wenig taugt eine Predigt, die nicht sorgsam den Menschen in seinem Menschsein ernst nimmt und nicht dialogisch gedacht ist. Eine Pfarrerin, die in ihrer Predigt keine Haltung von Respekt und Achtsamkeit zeigt, erreicht ihre Hörer wohl ebenso wenig, wie ein Pfarrer, der in seiner Predigt den Eindruck erweckt, er könne nur Steine sammeln und nie welche werfen.

«Die politische Predigt konfrontiert die ‹Polis› mit der göttlichen Wahrheit und ‹sendet› Evangelium in die Welt, Gesellschaft und Kultur hinaus», schreibt Ralph Kunz. Und sie tut dies hoffnungsvollerweise mit ebenso rechten Worten, wie die seelsorgliche Predigt den Menschen Flügeln verleihen will, damit sie miteinander auf den Kuss von Gerechtigkeit und Frieden hin hoffen. Und das Ihrige dazu tun, ergänzt die politische …

Wenn «das rechte Wort» gesucht ist, dann kommt die politische Predigt nicht ohne Seelsorge aus und genauso wenig die seelsorgliche ohne politisches Denken und Engagement.

Das Wesentliche erscheint mir der Dialog zu sein: zwischen Predigenden und Hörenden und denen, die auch zur Gemeinde im Weiten Sinn gehören. Denn wir beziehen uns auf eine «gesellige Gottheit»:[27]

Am Anfang also: Beziehung.
Am Anfang: Rhythmus.
Am Anfang: Geselligkeit.
Und weil Geselligkeit: Wort.
Und im Werk, das sie schuf,
suchte die gesellige Gottheit sich
neue Geselligkeiten.

27 Kurt Marti: Die gesellige Gottheit. Ein Diskurs, Stuttgart ^{2}1993, S. 8 f.

Weder Berührungsängste
noch hierarchische Attitüden.
Eine Gottheit, die vibriert
vor Lust, vor Leben.
Die überspringen will
Auf alles,
auf alle.

Kurt Marti

Antwort auf die Replik von Pascale Käser-Huber

Ralph Kunz

Nach dieser Antwort von Pascale Käser-Huber heisst das rechte Wort zur rechten Zeit: Amen.

Öffentlicher Gottesdienst oder Milieugottesdienst?

Weltgewandte Liturgie – Gottesdienst und Öffentlichkeit

Katrin Kusmierz

Der Gottesdienst reformierter Tradition versteht sich nicht als Privatveranstaltung eines exklusiven Kreises Eingeweihter, sondern als «öffentlicher» Anlass, der im mehrfachen Sinne «weltgewandt» ist: Erstens orientiert sich im Gottesdienst die Gemeinde zu Gott hin, vollzieht aber zugleich die Bewegung Gottes hin zu den Menschen nach. Der Gottesdienst ist also auch «zur Welt hin gewandt». Zweitens ist das Grundmotiv des Gottesdienstes ein einladendes: Gott wendet sich hin zur Welt und ermutigt ihre Bewohner in einer einladenden Geste zur Nachfolge. Der Gottesdienst steht deshalb grundsätzlich allen offen. Daraus ergibt sich drittens für die Gestaltung des Gottesdienstes, dass die Liturgin, der Liturg «weltgewandt» sein muss (im übertragenen Sinne), d.h. gewandt im kommunikativen Umgang mit den Menschen der Gegenwart und ihrer Lebenswelt, kurz: Das Geschehen im Gottesdienst muss nachvollziehbar sein, damit das Geheimnis Gottes durchscheinen kann. Diese drei Punkte möchte ich im folgenden näher ausführen.

Der Welt zugewandt

Die Kirche, bzw. das Evangelium haben einen Öffentlichkeitsanspruch; die Botschaft des Evangeliums ist auf Öffentlichkeit hin angelegt und richtet sich prinzipiell an alle Menschen.[1] Die Kirche folgt damit der *Bewegung Gottes hin zum Menschen*: Im Gottesdienst wird – unter anderem – diese Bewegung inszeniert und nachvollzogen. Die Kirche orientiert sich damit an der Praxis Jesu, «(a) Gott in aller Öffentlichkeit verbindlich zu bezeugen, (b) das Kommen der Herrschaft Gottes auch gegen bestehende Herrschaftsverhältnisse anzusagen und (c) für andere – nicht nur für seine Anhänger – einzutreten».[2] Das Bezeugen der Botschaft Jesu impliziert eine Mitverantwortung für die Gestaltung der Gesellschaft, im Wissen um die eschatologische Dialektik des «schon jetzt» und «noch nicht» der Verheissungen des Reiches Gottes.

1 Dass mit diesem Öffentlichkeitsanspruch durchaus auch ein problematischer Machtanspruch verbunden sein kann und konnte, und dass dieser Öffentlichkeitsanspruch in einer multi-religiösen bzw. säkularen Gesellschaft nur unter Berücksichtigung der Rechte und Würde anderer (religiöser) Gemeinschaften eingefordert werden kann, muss erwähnt sein, kann an dieser Stelle jedoch nicht weiter ausgeführt werden.

2 Wilfried Engemann: Einführung in die Homiletik, Tübingen/Basel 2002, S. 104.

Der Öffentlichkeitsbezug der Kirche kommt in verschiedenen Formen zum Tragen: vom Religionsunterricht in öffentlichen Schulen, über die Seelsorge in Spitälern bis hin zu kirchlichen Stellungnahmen und Verlautbarungen zu gesellschaftlichen Fragestellungen. Diese werden zu Orten «öffentlicher Theologie».[3] Öffentliche Theologie findet jedoch gerade auch im Gottesdienst ihren Ausdruck.

Jeder Gottesdienst inszeniert – wie schon erwähnt – eine zweifache Orientierung: hin auf Gott, bzw. nach innen und hin auf die Welt, bzw. nach aussen. Diese Bewegung wird in der Liturgie graduell nachvollzogen: Die ersten liturgischen Elemente (die musikalische und liturgische Eröffnung, das Eingangsgebet, das Schuldbekenntnis usw.) ermöglichen das Ankommen, die Verinnerlichung, die Hinwendung zu Gott. In der Predigt kommt stärker beides in den Blick: Die Lebenswelt wird in das Licht der Verheissung Gottes gerückt. In den letzten liturgischen Schritten, der Fürbitte, dem Unservater (in dem sich die Gemeinde mit der weltweiten Christenheit verbindet), den Mitteilungen, besonders im Segen und begleitet durch das Ausgangsspiel wendet sich die Gemeinde wieder der Welt zu.

Gottesdienste können also einen Raum eröffnen, in dem Fragen der Gestaltung gesellschaftlichen Lebens zur Sprache kommen. Dies geschieht schon allein dadurch, dass zentrale biblische Themen wie Gerechtigkeit, Frieden, Heilung oder Versöhnung per se von gesellschaftspolitischer Relevanz sind. Im Feiern des Gottesdienstes partizipiert die Gemeinde also an einem gesellschaftlichen Gesamtdiskurs.[4] Im Gottesdienst sind Christen zwar primär als solche aber auch als Mitglieder einer Gesellschaft angesprochen.

3 Zum Verhältnis Kirche und Öffentlichkeit hat sich grundlegend Wolfgang Huber in seiner Habilitationsschrift «Kirche und Öffentlichkeit» geäussert (München ^{2}1991); siehe auch Wolfgang Lienemann: Kirche und Öffentlichkeit in Transformationsgesellschaften. Voraussetzungen, Bezugsrahmen, Leitfragen, in: ders.; Christine Lienemann-Perrin: Kirche und Öffentlichkeit in Transformationsgesellschaften, Stuttgart 2006, S. 21–50, insbesondere S. 24–33. Jüngst wird der Begriff *public theology* weltweit verstärkt diskutiert, z. B. im «Global Network for Public Theology» (www.csu.edu.au/special/accc/about/gnpt/) und im «International Journal of Public Theology». Er steht in einem engen Diskurszusammengang zu (neueren) politischen Theologien und zu Befreiungstheologien und versucht diese in demokratischen Kontexten weiter zu entwickeln. Öffentliche Theologie steht für das Anliegen, zu konkreten gesellschaftspolitisch relevanten Themen Stellung zu nehmen und sich in die entsprechenden öffentliche Debatten einzubringen. Gleichzeitig reflektiert sie die spezifischen Bedingungen unter denen religiöse Gemeinschaften in demokratischen Gesellschaften an der Öffentlichkeit als Diskursgemeinschaft partizipieren können. Siehe auch: Katrin Kusmierz: Theology in Transition. Public Theologies in Post-Apartheid South Africa, Doktorarbeit, eingereicht an der Theologischen Fakultät der Universität Basel (2009). Aufgrund meiner eingehenden Beschäftigung mit der südafrikanischen theologischen Diskussion zur Thematik von Kirche und Öffentlichkeit fliessen Beiträge südafrikanischer Theologen zur Öffentlichkeit des Gottesdienstes auch in den vorliegenden Artikel ein.

4 Dass der Gottesdienst bzw. die Kirche ebenso sehr (und über weite Strecken der Kirchengeschichte überwiegend) Teil einer repräsentativen Öffentlichkeit ist, darauf weist Karl-Fritz Daiber zu Recht hin; siehe Karl-Fritz Daiber: Gottesdienst und Öffentlichkeit, in: Hans-Christoph Schmidt-Lauber u. a.: Handbuch der Liturgik, Göttingen 2003, S. 583. Gottesdienste bieten deshalb sowohl Poten-

Eine solche Thematisierung gesellschaftlicher Fragestellungen kann zum einen auf direkte Weise geschehen, indem die Predigerin bzw. der Liturg diese explizit aufgreift; Predigt und Fürbitte sind dafür der vornehmliche Ort. Der «öffentliche Gottesdienst» rückt damit in die Nähe zum politischen Gottesdienst, der gesellschaftliche und politische Probleme thematisiert und gegebenenfalls kritisiert. Unter bestimmten Umständen – z. B. im Kontext von Unrechtsregimen – wird somit die Predigt zur prophetischen Rede. So stellten im Apartheid-Südafrika Gottesdienste und vor allem Beerdigungen zwei der wenigen verbleibenden Räume dar, in denen biblische, und zugleich eminent politische Themen wie Gerechtigkeit und Frieden aufgegriffen und im Blick auf die aktuelle Situation hin gedeutet werden konnten. In einem demokratischen Kontext kann eine solche prophetische Rede unter Umständen ebenfalls notwendig werden. Wann der Zeitpunkt dafür reif ist und aufgrund welcher Kriterien diese Einschätzung erfolgt, ist je in der konkreten Situation zu entscheiden und wird immer auch umstritten sein.

Neben einer solchen mehr oder weniger expliziten Bearbeitung von gesellschaftspolitischen Fragestellungen, entfaltet der Gottesdienst seine «öffentliche» Wirkung auch auf indirekte,[5] aber darum nicht weniger relevante Weise: Gottesdienste, so schreibt der reformierte südafrikanische Theologe Nico Koopman, «have the potential to transform people into just people, who can enhance the social and economic transformation of society».[6] Im Gottesdienst werden Menschen neu und werden ermutigt, erneuernd und verändernd in einer Gesellschaft zu wirken.[7] In den verschiedenen liturgischen Elementen kommen die in den biblischen Schriften begründeten alternativen (Lebens-)Realitäten zur Aufführung. Im Gottesdienst kann die Lebenswelt der Menschen nicht nur aufgegriffen, sondern im Licht der biblischen Verheissungen transformiert werden. Was im Licht der Verheissung als möglich aufscheint, wird der Gebrochenheit menschlicher Lebensrealität entgegengestellt. So inszeniert das Abendmahl in der Vorwegnahme und Feier der Mahlgemeinschaft auf eindrückliche Weise das Zukünftige im Gegenwärtigen. Der Gottesdienst ermöglicht Menschen, die Welt in einem anderen Licht zu sehen, «*sub specie* Christi» (Dietrich Bonhoeffer).[8] «Christian worship has ethical implications for public life because the worshippers learn to see *the world* in a different way.»[9] Insofern findet im Gottesdienst auch Wahrnehmungsschulung, Bewusstseinsbildung und Wertevermittlung statt, womit ein

zial zur Erneuerung wie auch zur Systemstabilisierung (Engemann, Einführung in die Homiletik, S. 102).

5 Siehe auch Engemann, Einführung in die Homiletik, S. 102.

6 Nico Koopman, Public Theology in South Africa. A Trinitarian Approach, in: International Journal of Public Theology 1 (2007), S. 188–209, hier S. 202.

7 Vgl. auch Engemann, Einführung in die Homiletik, S. 102.

8 Zur Wichtigkeit des «Sehens» als Voraussetzung ethischen Handelns siehe z. B. Dirkie Smit: Liturgy and Life? On the importance of worship for Christian ethics, in: Scriptura 62 (1997), S. 259–280.

9 Smit, Liturgy and Life, S. 267.

wichtiger Grundstein zu ethischem Handeln überhaupt gelegt ist.[10] Der Gottesdienst rüstet die Teilnehmenden aus zum Gottes-Dienst in und an der Welt.[11]

Der Gottesdienst als offene Einladung

Der Gottesdienst steht prinzipiell allen Menschen offen, die daran Interesse zeigen, Zulassungsbestimmungen gibt es keine.[12] Gottesdienste werden in Tageszeitungen publiziert, die Glocken laden öffentlich zum Gottesdienstbesuch ein. Diese Offenheit hängt im deutschsprachigen Kontext auch mit den volkskirchlichen Wurzeln der protestantischen (und katholischen) Kirchen zusammen. Die reformierte Kirche sollte meiner Ansicht nach diese ihre eigenen engeren Grenzen überschreitende Orientierung auch im Zuge der Wandlung zur «Mitgliederkirche» nicht vernachlässigen.

Mit dieser Offenheit geht einher, dass die Zusammensetzung der Gemeinden sehr vielfältig ist, sie lässt sich weder auf ein bestimmtes Milieu, eine bestimmte Bildungsschicht noch auf eine bestimmte Altersgruppe reduzieren. Beides – die prinzipielle Offenheit und die Diversität der Gemeinde – hat Konsequenzen für die Gestaltung des Gottesdienstes, wie im letzten Punkt ausgeführt werden soll.

Weltgewandt

Wenn wir nun davon ausgehen, dass der reformierte (Sonntags-)Gottesdienst prinzipiell allen offen steht und auch Menschen unterschiedlichster Provenienz ansprechen soll, so stellt dies eine erhebliche Herausforderung für die Gestaltung des Gottesdienstes dar. Zwei Gestaltungsaufgaben sind unter anderem damit verbunden:

Erstens muss die Liturgie des Gottesdienstes so gestaltet sein, dass sie (auch für Aussenstehende) nachvollziehbar und «offen» bleibt, freilich ohne ihren Geheimnischarakter gänzlich aufzugeben. Sie sollte – im Sinne eines «offenen Kunstwerkes» – Menschen dazu verhelfen, zu eigenen Deutungen und Beheimatungen zu finden. Dieses Anliegen hat seine historischen Wurzeln in der Einführung der

10 Siehe auch den «Blackwell Companion to Christian Ethics» (Malden/Oxford/Victoria, 2004), herausgegeben von Stanley Hauerwas und Samuel Wells, in dem christliche Ethik und Liturgie in einem direkten Zusammenhang entfaltet werden.

11 Smit, Liturgy and Life, S. 270. Dirkie Smit zitiert die Kirchenordnung der *Uniting Reformed Church in Southern Africa,* Artikel 4: «The congregation forms a community of believers in a particular place to serve God, each other and the world.» Die Ordnung führt dies aus: «The heart of this service of God is to be found in the coming together of the congregation round the Word of God and the sacraments. [...] His word is listened to, the sacraments are received and all needs are brought to God in order to strenghten the believers in their faith and to prepare them for their service to each other and the world.»

12 Vgl. beispielsweise Alfred Ehrensperger: Der Öffentlichkeitscharakter des Gottesdienstes, abrufbar unter www.liturgiekommission.ch/ Orientierung/ II_A_03_Oeffentlichkeit.pdf.

deutschsprachigen Liturgie mit der Reformation. Nun beruht jedoch die Liturgie, wie Rituale überhaupt, auf der Einübung, der Wiederholung. Sie ist zunächst tatsächlich fremd und nicht immer leicht zugänglich.

Nachvollziehbarkeit kann in diesem Zusammenhang heissen, dass das, was im Gottesdienst geschieht und gesagt wird, verständlich sein soll. Dies schliesst zunächst ein, dass eine entsprechende Sprachform gewählt wird, die auf Hörende (und nicht auf Lesende) ausgerichtet ist und ermöglicht, dass die Hörenden «angesprochen» werden. Dazu gehört auch, dass der konkrete Sprechakt Verständlichkeit fördert und nicht behindert, indem zu leise oder zu monoton vorgetragen wird. Es schliesst ebenfalls ein, dass bis zu einem gewissen Grad verstanden wird, warum was in der Liturgie geschieht. Dies bedingt jedoch nur teilweise intellektuelles Verstehen bzw. religiöses Vorwissen, sondern vielmehr eine Schlüssigkeit der Handlung in sich, die wiederum nicht nur von dem abhängt, was gesagt oder intellektuell nachvollzogen wird, sondern auch von dem, was getan, gesungen, gespielt bzw. erfahren wird.

Nachvollziehbarkeit heisst aber auch, dass die Liturgie nicht völlig abgekoppelt sein kann von der aktuellen Lebenswelt der Hörenden. In Anlehnung an Ernst Langes vielzitiertes Diktum über die Predigt könnte dies auf die ganze Liturgie bezogen heissen: Im Gottesdienst kommen das Leben, die Erfahrungen, die Anschauungen, die Hoffnungen, die Enttäuschungen, die Erfolge, das Versagen, die Aufgabe und das Schicksal des Hörers zur Darstellung.[13] Im übertragenen Sinne des Wortes sollte die Liturgin also weltgewandt sein, d. h. gewandt im Umgang mit Gegenwartskultur, denn «der gesellschaftliche Diskurs» bildet den «Horizont der Predigt»[14] wie auch der Liturgie. Ein Liturg muss wissen, was kulturell und politisch um ihn herum im Schwange ist. Ohne die Kenntnis der Lebenswelt der Hörenden, also der «liturgischen Situation» kann das, was im Gottesdienst geschieht, für den Einzelnen nicht relevant werden. Der gemeinsam geteilte gesellschaftliche Diskurs ermöglicht, dass die Liturgie zum Spiegel, zur Projektionsfläche und zum Identifikationsraum[15] für die Teilnehmenden werden kann. Eine solche Zeitgenossenschaft sollte allerdings auf dem Boden der historisch gewachsenen liturgischen Traditionen stehen. Die Kunst der Liturgie ist, diese beiden Dimensionen zusammenzuhalten. Liturgie darf also auch ein Stück weit «fremde Heimat»[16] bleiben.

13 Vgl. Ernst Lange: Zur Aufgabe christlicher Rede, in: ders.: Predigen als Beruf. Aufsätze zu Homiletik, Liturgik und Predigtamt (hg. v. R. Schloz), München ^{2}1987, S. 58.

14 Ursula Roth: Die Kasualansprache als rezeptionslogisches Paradigma der Predigt. Oder: Die Predigt zwischen individueller Lebenswirklichkeit und gesellschaftlicher Lebenswelt, in: Uta Pohl-Patalong; Frank Muchlinsky: Predigen im Plural. Homiletische Perspektiven, Hamburg 2001, S. 68–80, hier S. 75–77.

15 Roth, Die Kasualansprache, S. 74–75.

16 Vgl. Thomas Klie: Fremde Heimat Liturgie, Stuttgart 2010.

Ein «Mann von Welt», eine «Frau von Welt» zu sein ist in Anbetracht der Vielfältigkeit der kulturellen Lebensäusserungen allerdings keine leichte Aufgabe. Ohne alle «Sprachen» gleich fliessend sprechen zu müssen, bleibt doch die Forderung nach einer Sensibilität für kulturelle (und politische) Entwicklungen, nach einer Zeitgenossenschaft also, in die die Gestaltung der Liturgie – selbst immer auch «Produkt» einer bestimmten Zeit – gekonnt eingebettet sein soll.

Eine Herausforderung stellt *zweitens* die Diversität der Gottesdienstgemeinde dar. Kann ein Sonntagmorgen-Gottesdienst die verschiedenen Besucherinnen in ihrer je besonderen Situation ansprechen? Zu Recht kann gefragt werden, ob Sonntagsgottesdienste im reformierten Rahmen de facto nicht doch nur eine sehr spezifische Gruppe von Menschen versammeln. Eine «offen» gehaltene Liturgie, die Menschen Räume eröffnet, in denen sie sich in der «Fremde» zu Hause fühlen können, kann dies meiner Ansicht nach jedoch leisten. Gleichwohl wäre die faktische landeskirchliche liturgische Vielfalt zu nutzen und verantwortet zu gestalten, um möglichst vielen Menschen eine «Heimat» bieten zu können.

Schluss

Der Öffentlichkeitsbezug ist also ein wesentlicher Charakterzug des Gottesdienstes und zugleich eine Gestaltungsaufgabe für den Liturgen. Die Spannungsfelder sind benannt und werden in der nachfolgenden Diskussion sicherlich weitergeführt werden müssen: Wie kann die Offenheit und Zugänglichkeit des Gottesdienstes für Menschen in ihrer Unterschiedlichkeit gewährleistet werden? Oder wäre es tatsächlich sinnvoller, Gottesdienste auf spezielle Bedürfnisse einzelner Gruppen hin zu gestalten? Wenn letzteres der Fall ist: Wie wird innerhalb der reformierten Tradition das Gemeinsame sichtbar? Ist dies überhaupt notwendig? Was heisst dabei Verständlichkeit und Nachvollziehbarkeit? Was ermöglicht, dass Menschen sich angesprochen und mithineingenommen fühlen?

«Allen alles werden» – milieugeprägte Gottesdienste als Orte des Christusgeschehens

Markus Giger

Landauf, landab nichts anderes als Milieugottesdienste

An Silvester nahm ich am «öffentlichen» Gottesdienst der reformierten Kirchgemeinde in Grindelwald teil. Geboten wurde ein traditioneller Gottesdienst, in bester reformierter Manier liturgisch schnörkellos, sieht man von der musikalischen Bereicherung durch ein Jodelduett ab. Wohl gut vierzig Personen waren an diesem Abend in der Kirche anwesend. Die meisten ganz offensichtlich miteinander bekannt – erkennbar an den vertrauten Begrüssungen –, um die fünfzig Jahre und älter, dazu einige wenige Touristen. Ein klassischer reformierter Milieugottesdienst. Und das ist es, was wir Reformierten landauf, landab, Sonntag für Sonntag zelebrieren: «öffentliche Gottesdienste», von denen die Öffentlichkeit weitgehend fern bleibt. Veranstaltungen, die vorwiegend von einer treuen Gruppe kirchlich sozialisierter Menschen im dritten Lebensabschnitt besucht werden. Weder die sporadisch oder auch regelmässig stattfindenden Familiengottesdienste, weder die Kasualgottesdienste noch die zwölfmalige Präsenz der zwangsrekrutierten Konfirmanden können darüber hinwegtäuschen, dass sich in unseren Sonntagsgottesdiensten ein äusserst beschränkter Ausschnitt unserer Gesellschaft zum Feiern trifft. Der sogenannt öffentliche, traditionell liturgisch gestaltete Gottesdienst spricht nur eine Minderheit aus einem Milieu an, das man relativ gut eingrenzen kann, dies zu tun aber den Rahmen meiner Ausführungen sprengen würde. Daher eine Klarstellung vorweg: In der reformierten Kirchenlandschaft gibt es nichts anderes als Milieugottesdienste. Die Frage ist einzig, für welches Milieu wir unsere Gottesdienste gestalten.

Worum es im Gottesdienst geht

Warum feiern wir Gottesdienst? Diese Frage impliziert eine ausführliche theologische Auseinandersetzung, die hier seriös nicht geleistet werden kann. Und doch wage ich eine skizzenhafte Antwort, um das Nachfolgende verständlicher zu machen, jedoch ohne Anspruch, damit umfassend die Frage zu behandeln.

Seit den ersten nachösterlichen Zusammentreffen der Gemeinde ging es den ersten Christen um das Christusgeschehen: Wenn die Herausgerufenen sich trafen, dann deshalb, weil sie darauf vertrauten, dass der auferstandene Jesus, ihr Christus, unter ihnen anwesend war. Wenn er der Kyrios, der Herr dieser Welt war, dann konnte es nur noch um ihn gehen: Ihn verkündigten sie, ihn lobten sie, ihn beteten sie an. Und von ihm aus begannen sie ihr Leben neu zu interpretieren und ihre Beziehung zur Welt zu gestalten. Dass Jesus der Christus ist, das Heil der Welt, dies sich selbst und einander zu versichern, zu verstehen, zu bezeugen und zu verkünden, um das ging es in den Gottesdiensten der ersten Christen. Und um nichts anderes geht es auch im reformierten Gottesdienst von heute, so wie es in jedem christlichen Gottesdienst nur um dieses umfassende, das ganze Leben betreffende Christusgeschehen gehen kann. Weil das Christusgeschehen das ganze Leben, ja die ganze Welt betrifft, darum kann und soll – auch im reformierten Gottesdienst – jedes nur erdenkliche, lebensrelevante Thema zur Sprache kommen, doch geschieht dieses Reden immer in der Gegenwart des Auferstandenen. Weil aber nicht nur das Predigen im Gottesdienst in der Gegenwart des auferstandenen Christus geschieht, sondern auch alles Singen, jeder musikalische Beitrag, alles Nachdenken, Schweigen und Beten, darum ist der christliche Gottesdienst ein Ort des Christusgeschehens.

Die Liturgie dient dem Menschen und nicht der Mensch der Liturgie

Aus diesen grundsätzlichen Überlegungen zum christlichen Gottesdienst lässt sich die Aufgabe der Liturgie (was und wie etwas im Gottesdienst passiert) einfach definieren: Sie hat zu dienen. Die Liturgie hat dem Christusgeschehen zu dienen. Sie soll Menschen helfen, dem auferstandenen Christus im Gottesdienst zu begegnen. Aber wenn Menschen in den Gottesdienst kommen, dann kommen sie als Menschen ihrer Zeit, geprägt von unzähligen Einflüssen und geformt vom Milieu – oder auch von verschiedenen Milieus –, in dem oder in denen sie sich bewegen. Diese Milieus waren wohl schon immer heterogen, vielleicht sind sie heute zahlreicher. Auf jeden Fall präsentieren sie sich äusserst divergent und haben einen bestimmenden Einfluss auf die Art und Weise, wie wir leben, uns geben, wie und auf welche Weise wir Inhalte rezipieren und verarbeiten. Heute bewegt sich die Mehrheit der Bevölkerung in Milieus, die die optionale Freizeit- und Unterhaltungs- und Kommunikationskultur als gemeinsamen Nenner kennen. Die schier grenzenlosen Möglichkeiten in der realen und virtuellen Welt prägen massgeblich das Denken, Fühlen und Handeln dieser «Optionalisten».

Ich wage nun die These, dass die traditionelle Liturgie des öffentlichen reformierten Gottesdienstes den so geprägten Menschen unserer Zeit mehrheitlich nicht mehr erreicht. Anders formuliert: Unserem Optionalisten, der sich virtuell und real und vor allem selbstbestimmt in ständig bewegten Welten bewegt, fehlen die Rezeptoren für eine Liturgie, die sich ihm als bedächtige, bildlose und wortlastige Veranstaltung präsentiert. Leider bestätigen das Orgelspiel und der vierhundertjährige Liedschatz unseren Optionalisten, der ansonsten oft und gerne Musik ab i-pod konsumiert, in seinem Gefühl, in diesem Gottesdienst fehl am Platz zu sein. Mag sein, dass die Botschaft des Gottesdienstes durchaus in seine aktuelle Lebenssituation hineinreden würde, doch diese Botschaft kommt nicht an, weil sie für ihn in einer irrelevanten, fremden und befremdenden Weise dargeboten wird.

Damit ich nicht falsch verstanden werde: Ich bin davon überzeugt, dass es auch in unserer Zeit ein Milieu gibt, aus dem sich Menschen dankbar in den traditionellen liturgischen Gottesdienst begeben. Aber ich sehe beim besten Willen nicht ein, warum wir daran festhalten sollten, die überwältigende Mehrheit der Menschen für eine Liturgie zu gewinnen, die ihnen nichts sagt, weil sie die «Sprache» dieser Liturgie nicht mehr verstehen.

Wenn die Liturgie den Menschen dienen soll, dann sind wir frei, Gottesdienste so zu gestalten, dass sie milieugeprägten Menschen entsprechen oder besser: dass sie Menschen mit den oben beschriebenen Prägungen ermöglichen, im Gottesdienstgeschehen Christus zu begegnen oder ihn überhaupt erst zu entdecken.

«Allen alles werden»: Warum das Milieu die Liturgie prägen soll

Ich glaube nicht daran, dass die Liturgie das Milieu zu gestalten vermag. Es ist schlicht und einfach naiv anzunehmen, dass die Menschen sich irgendwann schon wieder an die überkommene Liturgie gewöhnen werden. Nicht nur naiv, sondern ignorant wäre es, den traditionellen Gottesdienst als «öffentlich» zu bezeichnen und den sogenannten Milieugottesdienst als «nicht öffentlichen», weil nur für eine spezielle Gruppe angebotenen Gottesdienst zu marginalisieren. Es steht ausser Zweifel, dass jeder reformierte Gottesdienst öffentlich in dem Sinne zu sein hat, dass die Teilnahme jeder interessierten Person offen steht. Tatsache ist aber auch, dass jeder Gottesdienst mehr oder weniger Öffentlichkeit in dem Sinne hat, dass er mehr oder weniger Personen anzusprechen vermag. Als Landeskirche sind wir angehalten, mit unseren Gottesdiensten eine möglichst breite Öffentlichkeit anzusprechen. Ich bin davon überzeugt, dass uns dies nur dann gelingt, wenn wir bereit sind, unsere Gottesdienste und die entsprechenden Liturgien von den Milieus, in denen die Menschen leben, prägen zu lassen. Solcherweise weltgewandte Gottesdienste, die in der Liturgie die Denk- und Rezeptionsformen der Welt berücksichtigen und auch übernehmen, werden dem Öffentlichkeitsanspruch des reformierten Gottesdienstes gerecht.

Die Haltung, die uns meines Erachtens in der Gestaltung der Gottesdienste leiten soll, ist die Haltung des Paulus, wie er sie eindrücklich in 1Kor 9,19–23 beschreibt: Um Menschen für Christus zu gewinnen, ist er bereit, «allen alles» zu werden. Er ist bereit, die Prägungen der diversen Milieus anzunehmen bzw. aufzunehmen. Paulus berücksichtigt für die Form seiner Verkündigung die Voraussetzungen seiner Zuhörer, die sich durch die verschiedenen Milieus auch verschieden ausgeprägt hatten. Wenn ich diese Haltung nun auf das Gestalten der Liturgie übertrage, dann heisst das für mich: Ich bin bereit, für die Liturgie die Elemente des Gottesdienstes so zu gestalten, dass die Teilnehmenden dem Christusgeschehen in ihnen vertrauten Formen begegnen können. Sind für die anwesenden Menschen die liturgischen Elemente formal als zu ihrem Milieu gehörig identifizierbar, ist dies ein starkes Signal der Nähe und Verbundenheit des Göttlichen mit ihrer

Lebenswelt und wirkt als Einladung sich dem Inhalt der Verkündigung, bzw. dem Christusgeschehen im Gottesdienst unbefangen zu öffnen.

Folgerungen für die Gestaltung reformierter Gottesdienste

Wenn die Milieus der Menschen unsere Liturgien prägen sollen, dann kommt keine Liturgin und kein Liturg an der Aufgabe vorbei, die Menschen seiner bzw. ihrer Umgebung möglichst genau in ihrem Denken, Fühlen und Handeln zu verstehen: Einige der Fragen werden wohl wie die folgenden lauten: «Wie funktionieren die Menschen in meiner Gemeinde? Was beschäftigt sie? Auf welchen Wegen und mit welchen Medien nehmen sie Informationen auf? Wie verarbeiten sie diese Informationen? Welche Musikstile werden bevorzugt gehört?»

Die Antworten können einen erheblichen Einfluss auf die Gestaltung von Gottesdiensten haben. Es ist mir bewusst, dass keine Kirchgemeinde den zahlreichen Milieus je einen eigenen Gottesdienst anbieten kann. Dies ist meines Erachtens auch gar nicht nötig. Es wäre schon viel gewonnen, wenn die Liturgie des sonntäglichen Gottesdienstes die Prägungen der oben genannten «Optionalisten», die sich in den meisten heutigen Milieus finden, berücksichtigen würde.

Um zu verdeutlichen, wie eine solche Berücksichtigung der prägenden Milieumerkmale in der Liturgie aussehen kann, führe ich das Beispiel eines urbanen Jugendmilieus an, wie es uns in der *streetchurch* begegnet:

Urbane Jugendliche leben in hohem Masse den vorgängig beschriebenen optionalen Lebensstil. Sie verfügen über eine unüberschaubare Auswahl an Möglichkeiten, sich in der realen und virtuellen Welt darzustellen, zu vernetzen und zu bewegen. Was sie mögen, was sie wollen, was sie glauben, wie sie leben; sie bestimmen es selbst. Gut oder richtig ist, was sie selbst als gut oder richtig erkennen oder erfahren. Ähnlich optional verfahren sie auch mit Fragen des Glaubens: Sie glauben, was sie als einsichtig erleben. Der ungezwungene Austausch über Sinn- und Glaubensfragen ist durchaus möglich, zumindest temporär, und auch da gilt: Grundsätzlich ist jede Haltung möglich, nichts ist zwingend, das Meiste relativ. Wichtig ist: Menschen, die Werte und Haltungen vermitteln wollen, müssen authentisch und durch die Art und Weise, wie sie kommunizieren, als ein Teil des eigenen urbanen Milieus identifizierbar sein.

Diese milieubedingten Prägungen urbaner Jugendkultur werden in der Liturgie der *streetchurch* sowohl inhaltlich als auch formal berücksichtigt. Ohne an dieser Stelle die Überlegungen in extenso ausführen zu können, sei exemplarisch auf einige wesentliche Elemente hingewiesen. Inwieweit diese Punkte für jeden weltgewandten Gottesdienst eine gewisse Relevanz enthalten, überlasse ich dem Urteil der Lesenden.

1. Der Rahmen: In einer Kirche und trotzdem gut

Wer in den Gottesdienst kommt, soll sich willkommen fühlen. Der junge Mensch soll merken: Was da läuft, ist ja ein Teil meiner Welt. Die mehrheitsfähige Musik aus dem breiten Genre *Black Music* gefällt und stimmt in den Abend ein. Licht und Ambiente erinnern an andere *locations,* in denen er oder sie sich bewegt. So dass sich das Gefühl einstellt: «Ok, ich bin zwar in einer Kirche aber ich fühle mich trotzdem gut.»

2. Die Mittel: Generation Youtube macht die Vorgaben und setzt die Limiten

Junge Menschen klicken sich durchs Leben. Die Clips auf *youtube* dauern kaum länger als einige Minuten und auch fürs Lesen von Google-Einträgen nehmen sie sich höchstens fünf Minuten Zeit: «*Facebook*-Einträge sind dann spannend, wenn sie kurz und knackig sind, aber am interessantesten sind die geposteten Links zu witzigen oder auch nachdenklich stimmenden Clips.»

Weil junge Menschen auf diese Art und Weise Inhalte aufnehmen, sind die Beiträge in den Gottesdiensten abwechslungsreich, relativ kurz (dies gilt auch für die Predigt), multimedial, sprich visuell unterstützt, und sie werden flüssig aneinander gereiht.

3. Die «Botschafter»: Jugendliche schaffen Aufmerksamkeit und Glaubwürdigkeit

Weil da vorne auf der Bühne junge Menschen beten, *rappen* und singen und von sich, ihrem Glauben, ihren Zweifeln und Schwierigkeiten erzählen, darum hören junge Menschen zu. «Vieles kommt so oder ähnlich bei mir auch vor. Es berührt mich, darum höre ich zu und mach mir meine eigenen Gedanken, wie ich das sehe.»

Wir überlassen bewusst jungen Freiwilligen viel Raum beim Gestalten und Prägen des Gottesdienstes. Ihre Themen und Ideen für die inhaltliche und musikalische Umsetzung finden immer wieder Eingang in die konkreten Beiträge. Wie ein Thema einleiten, wie dafür beten, wie darüber in einem selbstgeschriebenen Rap reden, das wissen sie meist besser als der Pfarrer und treffen so den Nerv ihres Milieus. Dieser aktive Miteinbezug von Freiwilligen ist aufwendig und gerade auch mit jungen Menschen kostet dieses liturgische Arbeiten oft Zeit und Nerven. Und doch lohnt es sich. Seit Jahren machen wir die Erfahrung, dass gerade von jenen liturgischen Elementen (sei dies ein Gebet, ein Lied, eine Fürbitte oder auch ein zeugnishafter Beitrag), die von den Freiwilligen gestaltet und verantwortet werden, eine hohe Authentizität und Glaubwürdigkeit ausgehen.

4. *Die Botschaft: Die Verkündigung des Christusgeschehens als Exegese des Lebens*

«Die Bibel interessiert mich nicht so. Aber wenn da vorne über Sachen geredet wird, die auch in meinem Leben passieren, dann können sie mir schon sagen, was Gott und Jesus damit zu tun haben.»

Die Themen für die Gottesdienste ergeben sich oft direkt aus dem Milieu, in dem sich die jungen Menschen bewegen und von dem sie mir in den Seelsorgegesprächen, die ich unter der Woche im *streetchurch*-Zentrum führe, berichten. Viele Themen, die Jugendliche in dieser Stadt beschäftigen, spiegeln sich auch in den Texten, die begabte Rapper mir zusenden.

Meine Aufgabe ist es dann, diese Themen aufzunehmen und sie mittels der verschiedenen musikalischen und medialen Zugänge aus der Sicht des Evangeliums zu beleuchten. Letztlich geht es darum, dass die Teilnehmenden verstehen dürfen, dass das Christusgeschehen auch ihr Leben betrifft. Wenn Menschen in der Verkündigung dieses Christusgeschehens (und dazu dienen letztlich sämtliche Elemente der Liturgie) erleben, wie die Gegenwart des Auferstandenen ihnen eine neue Sicht auf ihr Leben gibt, ihr Leben sozusagen neu interpretiert und sie so zum selbstgewollten Glauben führt, ist die innerste Intention eines Gottesdienstes erfüllt.

Schluss: Mut zum Milieugottesdienst

Jeder reformierte Gottesdienst ist ein öffentlicher Gottesdienst und jeder Gottesdienst ist auch ein Milieugottesdienst. Ich wünsche uns Reformierten, dass wir gerade als Volkskirche den Mut bekommen, unsere Liturgien von den Merkmalen der Milieus prägen zu lassen, in denen wir uns und die Menschen unserer Gemeinden sich bewegen. Wenn wir Form und Inhalt der Liturgie konsequent in den Dienst am Menschen stellen, werden unsere Gottesdienste im besten Sinn weltgewandt und öffentlich sein. Lasst uns in unseren Gottesdiensten «für alle alles» tun, damit möglichst viele Christus entdecken und mit ihm verbunden bleiben. Um das geht es im Gottesdienst und um nichts anderes.

Replik auf das Plädoyer von Markus Giger

Katrin Kusmierz

Weit liegen unsere Ansichten nicht auseinander: Weder plädiere ich für eine Alleinherrschaft des traditionellen reformierten Gottesdienstes noch wäre wohl Markus Giger für eine komplette Abschaffung desselben zugunsten von milieuspezifischeren Gottesdiensten. Diese verschiedenen Gottesdienstformen als sich ausschliessende Alternativen zu konstruieren, ist grundsätzlich falsch. Ebenso falsch ist es, den einen mit «öffentlich», den anderen mit – ja was eigentlich: geheimbündlerisch? privat? – gleichzusetzen. (Hier wäre auch die Anlage unserer Kontroverse in diesem Band zu hinterfragen.) Mit meiner Definition von «öffentlichem», weltgewandtem Gottesdienst wollte ich eigentlich vermeiden, sogenannt traditionelle Gottesdienste und Milieugottesdienst als Antipoden zu konstruieren. Dass Gottesdienste im mehrfachen Sinne (auch) weltgewandt sein sollen, gilt unabhängig davon, ob sie mehr oder weniger spezifisch auf ein Milieu ausgerichtet sind. Weltgewandtheit, das heisst Liturgie, die verständlich sein will, ansprechen will, Menschen Beheimatung bieten möchte, Liturgie, die für das Christusgeschehen transparent wird, muss ein Kriterium für alle Gottesdienste sein. Jeder Gottesdienst hat so eine doppelte Balance zu halten und zu gestalten: zwischen der Hinwendung zu Gott (nach innen) und der Hinwendung zur Welt, zwischen der Offenheit für Gegenwartskultur und dem Bezug auf eine historische gewordene (reformierte, aber auch ökumenische) Gottesdiensttradition.

Die reformierten Kirchen, zumal im städtischen Rahmen, befinden sich eigentlich in einer privilegierten Situation: Sie haben eine Vielfalt an Gottesdiensten zu bieten. Das ist, wie ich meine, als eine Chance zu begreifen und nicht als ein Problem. Dem Ruf nach einer stärkeren Profilierung der reformierten Kirche, wenn damit Vereinheitlichung gemeint ist, stehe auch ich skeptisch gegenüber, auch wenn die Frage nach dem Verbindenden gestellt werden sollte (s. u.). Eine weltgewandte Kirche muss – da bin ich mit meinem Gesprächspartner völlig einig – verstärkt auch dorthin gehen, wo die Menschen sind (auf die Strasse, in den Bahnhof usw.) und nach neuen Formen suchen, wie sie diese ansprechen kann. Sie muss sich Menschen der Gegenwart verständlich machen können. Gottesdienstgestaltung verlangt deshalb nach Kreativität und Innovation. Dies gilt ganz besonders in Bezug auf Jugendliche. Selbstverständlich kenne und teile auch ich den Frust darüber, dass der traditionelle Gottesdienst vielerorts (aber längst nicht überall!) nur wenige Leute anzusprechen vermag.

Ist er deshalb ein Milieugottesdienst? Um diese Frage zu klären, müsste man tatsächlich genauer hinschauen. Ohne dies tun zu können, vermute ich, dass die Einheit des Milieus nur eine vermeintliche ist, finden sich in den traditionellen Sonntagsgottesdiensten – mehr noch bei Beerdigungen, Hochzeiten, Taufen – doch Menschen aus sehr unterschiedlichen sozialen Schichten und Milieus, je nachdem ob der Gottesdienst in einem Arbeiterquartier, in einer Innenstadtgemeinde oder auf dem Dorf stattfindet. Dennoch sind es sicherlich Menschen, denen bestimmte kulturelle Ausdrucksformen (wie klassische Musik, längere Texte, Poesie, Stille) nicht gänzlich verschlossen bleiben. Dass es daneben auch Menschen gibt, die kaum Zugang zu diesen Ausdrucksformen finden, ist sicherlich richtig, dass darunter viele Jugendliche sind, ebenso (und das ist tatsächlich ein Problem, das die Kirchen beschäftigen sollte). Deshalb ist die Frage, welche Milieus reformierte Gottesdienste ansprechen und welche eben gerade nicht, eine sehr wichtige.

Trotzdem bzw. gerade deswegen, plädiere ich für ein Nebeneinander verschiedener Gottesdienstformen und meine, dass darin dem traditionellen Gottesdienst weiterhin eine tragende Rolle zukommt. Was mit «traditionellem Gottesdienst» gemeint ist, müsste noch näher bestimmt werden, denn auch hier findet sich eine Vielfalt der Formen.

Welche bestimmte Funktion erfüllt nun der «traditionelle» Gottesdienst? Der christliche Glaube per se übersteigt das, was wir kennen. Er bleibt immer auch Geheimnis, zugleich von dieser Welt und doch nicht von dieser Welt. Der Gottesdienst ist deshalb auch immer ein Raum jenseits aktueller kultureller Strömungen. Der «traditionelle» Gottesdienst betont diese Fremdheit stärker – ohne den Bezug zur gegenwärtigen Lebenswelt der Menschen aufgeben zu dürfen – und manchen Menschen mag genau dies attraktiv erscheinen: Eine überkommene Form, die sich dem Zeitgeist bis zu einem gewissen Grad auch entzieht. Auch darin können Menschen verschiedener Milieus Heimat finden. Viele erwarten von einem Gottesdienst etwas anderes als von einer Fernsehshow oder einem Konzert. Und ja, ich meine, Menschen können lernen, sich in dieser fremden Heimat zu bewegen und zurechtzufinden.

Zudem stehen wir mit unseren Gottesdiensten in einer bestimmten liturgischen Tradition. Selbstverständlich war und ist diese immer wandelbar. «Traditionelle» liturgische Formen, auch Lieder, ermöglichen uns mit der Gemeinde derer, die vor uns reformierte Kirche waren, in Verbindung zu stehen. Dieser Traditionsbezug ist sicherlich im «normalen» Sonntagsgottesdienst stärker, aber auch ein Gottesdienst, der sich neuerer Formen bedient, nimmt immer solche Elemente auf: Fürbitte, Segen, Predigt, Abendmahl. Liturgisches Handeln steht immer in der Spannung zwischen Bewahren und Erneuern. Für viele ist dieser Traditionsbezug, die Beständigkeit jedoch ein wichtiger Grundstein für eine «reformierte» Identität.

Gerade wenn man die Vielfalt der reformierten Gottesdienstlandschaft begrüsst, ja sogar für notwendig hält, stellt sich die Frage nach dem, was diese Vielfalt zusammenhält. Es ist primär der Inhalt, der dies gewährleistet, nämlich das Anliegen Gottesbegegnung und damit auch Weltbegegnung zu ermöglichen, zu ermöglichen, dass Menschen andere werden. Es sind aber auch gut protestantische Eigenheiten wie das Anliegen, die feiernde Gemeinde und nicht den Liturgen als Hauptakteur im Gottesdienstgeschehen zu sehen. Das Verbindende wird aber auch sichtbar in einzelnen liturgischen Elementen, ungeachtet dessen, in welcher Sprache und Form sie ihren Ausdruck finden: Lob, Klage, Bitte, Schuldbekenntnis, Bezug auf das biblische Wort, Segen.

Letztendlich kommt es wohl darauf an, die Spannung zwischen Traditionskontinuität und Kontextbezug auszuhalten und fruchtbar zu machen, dabei die Bedürfnisse der Gemeinde (der sichtbaren, wie auch der unsichtbaren) sensibel wahrzunehmen und sich immer wieder von der Frage aus der Ruhe bringen zu lassen, warum welche Menschen zum Gottesdienst kommen – oder eben nicht.

Antwort auf die Replik von Katrin Kusmierz

Markus Giger

Katrin Kusmierz hat recht: Unsere Positionen liegen wohl nicht weit auseinander. Die heterogenen Milieus unserer Zeit fordern liturgisch unterschiedlich gestaltete Gottesdienste. In reformierter Offenheit sollten diese nicht konkurrenzierend sondern ergänzend verstanden werden. Doch in der landeskirchlichen Praxis gilt der traditionell liturgische Gottesdienst nach wie vor als die Norm des öffentlichen Gottesdienstes, andere Formen hingegen als der Spezial- und daher Ausnahmefall. In meiner Replik will ich dieses Paradigma reformierter Gottesdienst-Identität in bewusst zugespitzter Form hinterfragen und damit für einen dringend notwendigen Paradigmenwechsel plädieren.

Wer sich die Mühe macht und Menschen unserer Zeit nach ihrer Befindlichkeit in traditionellen Gottesdiensten[17] befragt, wird zur Einsicht gelangen, dass quer durch die Generationen und Milieus hindurch eine distanzierte Haltung zu dieser Form des Gottesdienstes besteht. Diese «Fremdheit» bewirkt jedoch nicht etwa Interesse oder Offenheit für das «fremde» Geschehen in der Liturgie, sondern führt dazu, dass diese Gottesdienste gemieden werden. Dass dem so ist, bestätigt die zwar nicht empirisch untersuchte, aber zumindest durch subjektive Beobachtung erhärtete Erfahrung, dass sich sowohl in landeskirchlichen wie auch in freikirchlichen Gemeinden jene Gottesdienste eines grösseren Zuspruchs erfreuen, die Elemente der Alltagskultur[18] in die Liturgie aufnehmen. Wie schon einleitend erwähnt sind dies, zumindest in landeskirchlichen Verhältnissen, die Ausnahmen. Mein Verdacht nun ist, dass vor allem auch darum am liturgisch

17 Katrin Kusmierz nennt in ihrer Replik als mögliche Elemente dieser Form «klassische Musik, längere Texte, Poesie, Stille».

18 Was unter «Alltagskultur» zu verstehen ist, Bedarf einer ausführlichen Diskussion. Ich nenne an dieser Stelle Elemente wie modernes Liedgut aus der Pop- und R 'n' B-Musikkultur, Filmausschnitte und selbstproduzierte Clips, Interviews mit Menschen zum Gottesdienstthema u. a.

traditionell gestalteten Gottesdienst als Normgottesdienst und somit auch als Referenzgrösse festgehalten wird, weil die genannten milieubeeinflussten Gottesdienste sich sowohl in der Vorbereitung, als auch in der Durchführung zeit- und personalintensiver erweisen. Dazu kommt ein weiteres Problem, von dem viele meiner Kolleginnen und Kollegen ein Lied singen könnten (und es im geschützten Rahmen auch singen): In vielen Gemeinden gibt es eine Fraktion der «Hochkirchlichen», die gegenüber solchen Neuerungen in den offenen oder auch verdeckten Widerstand tritt. Die oft sakrosankten und nicht zu hinterfragenden Positionen des teuer bezahlten Kantors oder Organisten erschweren das Etablieren von modernen Gottesdienstformen zusätzlich. Man sehe mir die ketzerische Frage nach: Was wohl würde geschehen, wenn eine Gemeinde anstelle des Organisten – oder auch ergänzend zu diesem – einen Musiker einstellen würde, der sich in jenen Musikstilrichtungen ausbilden liess, die von der überwältigenden Mehrheit unserer Gesellschaft tagein-, tagaus auf den Lokalradiosendern gehört werden?[19] Was würde geschehen, wenn so Ressourcen frei würden, um den modernen Gottesdienst als Normgottesdienst zu gestalten? Wäre diese liturgische Neuorientierung im Bereich der musikalischen Elemente nicht eine hervorragende Voraussetzung – und gleichzeitig eine nötige Bedingung –, um zumindest einen Teil der über neunzig Prozent[20] reformierten Personen anzusprechen, die sich vom Besuch der traditionell liturgischen Gottesdienste verabschiedet haben?

Auf jeden Fall ist es offensichtlich: Gemeindeaufbau in unserer Zeit kommt um eine Klärung des Verhältnisses von traditionellem und modernem Gottesdienst nicht herum. Dabei bin ich gegenüber der Haltung äusserst skeptisch, die die traditionelle Liturgie allein schon wegen ihrer ehrwürdigen Geschichte erhaltenswert erachtet und es daher als eine vorrangige Aufgabe der Gottesdienstverantwortlichen sieht, die Vorzüge des traditionell liturgischen Geschehens dem modernen Menschen schmackhaft zu machen. Dieses Vorhaben scheitert an der Mündigkeit des heutigen Menschen, der nicht mehr einfach still akzeptiert, was ihm liturgisch vorgesetzt wird, und sei es noch so gut begründet. Genauso wenig ist er bereit, Lieder ergeben mitzusingen, die ihn schon allein von der Sprache her befremden und emotional unberührt dasitzen lassen. Im Klartext – und ich bin mir des provokativen Potenzials dieser These durchaus bewusst: Gerade die tragende Säule des traditionell liturgischen Gottesdienstes, das Gesangbuch, wankt und mit ihm auch die traditionelle Liturgie. Noch werden diese Lieder allsonntäglich in unseren Gottesdiensten gesungen,[21] aber in der nächsten Generation wird dies so nicht mehr praktikabel sein, weil dann schlicht die Leute fehlen werden, denen dieses

19 Die Arbeitsstelle populäre Musik der Evangelisch-reformierten Kirche des Kantons St. Gallen (www.ref-sg.ch/musik/index.php) zeigt eindrücklich, dass Popularmusik in Gottesdiensten hohen theologischen und musikalischen Qualitätsansprüchen genügen kann.

20 Siehe www.landeskirchenforum.ch/zukunft-studie.

21 Ich beobachte, dass weit verbreitet nur ein Bruchteil der Lieder aus dem Kirchengesangbuch gesungen wird.

Liedgut vertraut ist. Dem Vorwurf, dass es sich bei dieser These lediglich um eine unbegründete Behauptung handle, möchte ich mit folgenden beiden Hinweisen begegnen, Hinweise, die die vorgängig skizzierte mögliche Entwicklung als realistisches Szenario der Zukunft bestätigen: Schon heute ist es im urbanen Umfeld gängige Praxis, bei Abdankungen – dann also, wenn sich nicht nur die Kerngemeinde aus dem Kirchenmilieu trifft – auf den Gemeindegesang zu verzichten. In meiner Erfahrung wurde dies oft von den Hinterbliebenen so gewünscht oder aber ich habe dies aufgrund der offensichtlichen Kirchenferne der Trauernden ihnen selber vorgeschlagen. Eine ebenso bedenkliche Entwicklung aus liturgisch konservativer Sicht ist folgende Tatsache: Konfirmanden aber auch Menschen mittleren Alters finden grossmehrheitlich keinerlei Zugang zum Liedgut des Reformierten Gesangbuchs. Die schon fast heroische Hoffnung, dass eine namhafte Anzahl dieser Menschen mit zunehmendem Alter doch noch einen emotionalen Bezug zu diesen Liedern entwickeln wird ist meines Erachtens blauäugig. Dabei stelle ich nicht in Abrede, dass es auch in Zukunft ein Milieu geben wird, das die Schätze des altehrwürdigen Liedgutes pflegen und hegen und somit die Säule der traditionellen Liturgie stützen wird. Doch braucht es keine prophetische Gabe um vorauszusagen, dass diese Gruppe weiter schrumpfen und an Kraft verlieren wird. Die Anhängerschaft des traditionell liturgischen Gottesdienstes wird unaufhaltsam zu einer noch marginaleren Gruppe schrumpfen, als dass sie es heute schon ist. Spätestens dann wird sich die Frage noch drängender stellen, wie wir Gottesdienste gestalten wollen, die jene vielen Menschen ansprechen, die heute lieber vor der Kirchentür bleiben. Ist es wirklich noch sinnvoll, weiterhin am traditionell liturgisch gestalteten Gottesdienst als «Normalfall» festzuhalten, obwohl diese Form schon längst ein «Spezialfall» für eingeweihte Liebhaber ist? Dienen wir den Menschen wirklich, wenn wir die gute Botschaft weiterhin mit liturgischen Elementen feiern, mit denen neunzig Prozent der Menschen nichts anfangen können? Ich wünsche uns den Mut und die Kraft zu einer fundamentalen Erneuerung der Gottesdienste. Ich wünsche uns Gottesdienste, in denen die liturgischen Elemente die Ausdrucksformen der heutigen Lebensmilieus aufnehmen, mit ihnen kommunizieren und so den Menschen dienen.

Prophet oder Priester?

Plädoyer für den Propheten

Matthias D. Wüthrich

Die Pfarrerin ist anders. Und das bedeutet: Sie ist *anders* anders. Sie ist nämlich nicht so anders wie «der Zauberer, der Priester, der Geistbegabte» es durch seine religiöse Rollenspezialisierung in früheren Gesellschaften war. Sie ist vielmehr so anders wie die «Propheten in Israel».[1] – Mit dieser Unterscheidung von Prophet und Priester in «Der Pfarrer ist anders» hat Manfred Josuttis den Finger auf einen wunden Punkt gelegt. Untersucht man diesen wunden Punkt anhand jüngerer pastoraltheologischer Verhältnisbestimmungen von Prophetin und Priesterin, so stösst man auf ein Defizit im Verständnis des Prophetischen, das es im Blick auf den Gottesdienst zu bearbeiten gilt.

Der andere Pfarrer – die Führerin

Die Unterscheidung von Priester und Prophet in Josuttis' früher Pastoraltheologie ist nicht etwa eine ökumenische, sondern eine religionssoziologische. Der Pfarrer «will Prophet sein, obwohl er als Priester lebt. Er ist nicht von Gott berufen, sondern von der Gemeinde, wenn auch im Namen Gottes. Er tritt nicht privat auf, sondern im Rahmen einer Institution. [...] Vor allem: Er wird von der Institution Kirche für die Erfüllung des Auftrages, im Namen Gottes zu reden bezahlt.»[2] Der «Widerspruch» zwischen Prophetin und Priesterin durchzieht also die Existenz und das Selbstverständnis der Pfarrerin, ist aber als solcher verankert in Kirche und Gesellschaft.[3] Dass der Pfarrer Prophet ist, ist zwar höchst ambivalent und sogar gefährlich, gehört aber zu seiner Andersheit – vielleicht nicht normativ, aber faktisch.[4]

Vom erwähnten Widerspruch ist in Josuttis' «Die Einführung in das Leben» nichts mehr wahrzunehmen. Er wird zugedeckt durch die dominante Vorstellung, dass die Pfarrerin diejenige ist, die Menschen in die verborgene und verbotene Zone des «Heiligen» führt. Der Pfarrer ist *Führer* und *Mystagoge*, er führt ein in

1 Manfred Josuttis: Der Pfarrer ist anders. Aspekte einer zeitgenössischen Pastoraltheologie, München [4]1991, S. 34f.

2 A.a.O., S. 38.

3 A.a.O., S. 47–49.

4 Gegen Ende des Buches heisst es dann freilich: «Er [sc. der Pfarrer] ist nicht Schamane, Zauberer, Medizinmann, Priester oder Prophet, aber er hat mit diesen Berufen, so sehr man seine Eigenart auch unterstreichen mag, vieles gemeinsam.» A.a.O., S. 227.

das Geheimnis Gottes – oder zumindest in die Weise, wie der Mensch daran teilhat. In religionssoziologischer Hinsicht unterscheidet Josuttis die Führerin als Mystagogin einerseits von der Priesterin und Prophetin, versteht sie andererseits aber doch so, dass sie alle Formen religiöser Autorität gleichermassen umfasst, «Führer» steht für «Religionsstifter, Reformatoren, Propheten, Seher, Zauberer, Priester, Heilige und Wahrsager».[5] Die Pfarrerin ist als Führerin zwar noch Predigerin. Doch geht es dabei weniger um den Inhalt des Wortes, das sie predigt, als um die atmosphärische Macht und Kraft des Wortes, die den Menschen als leibseelische Ganzheit erfüllt.[6] Auf dem Boden der Phänomenologie von Hermann Schmitz verabschiedet sich Josuttis zu guten Stücken von einer Theorie, die den Gottesdienst als ein religiöses Ritual versteht, das mit seinen Symbolen und Zeichen hermeneutisch entschlüsselt, gelesen und verstanden werden kann.[7] Damit einher muss auch die Verabschiedung des Pfarrers als eines Propheten, als eines Zeugen und Verkündigers gehen.[8]

Das prophetische und priesterliche Amt

Etliche Jahre vor Josuttis hat Robert Leuenberger eine ganz anders gelagerte «Pastoraltheologie» unter dem Titel «Berufung und Dienst»[9] vorgelegt. Leuenberger weiss wohl, dass in der evangelischen Tradition dem Pfarrer meist die Kennzeichnung «Priester» verweigert wurde – nicht nur weil sie im Neuen Testament in diesem Bezug nicht direkt vorkommt, sondern auch, weil sie sich am sakramentalen Opfergeschehen der Eucharistie entwickelt hat und daher aus evangelischer Sicht stets Gefahr lief, in eine «heidnische» Religionspraxis zurückzufallen. Doch Leuenberger geht es nicht um den Begriff, «sondern um die Sache».[10] In seinem Buch unterscheidet er darum im Blick auf den Pfarrdienst zwei Typen von Ämtern: das prophetische und das priesterliche Amt.[11] Beide sind im prophetischen und priesterlichen Dienst aller Glaubenden verortet und gründen in den Ämtern Jesu Christi selbst[12], so dass Leuenberger sagen kann: «Durch die Einheit der beiden ‹Typen› in Jesus Christus ist es unmöglich gemacht, dass […] der Prophet wider

5 Manfred Josuttis: Die Einführung in das Leben. Pastoraltheologie zwischen Phänomenologie und Spiritualität, Gütersloh 1996, S. 26, vgl. S. 25.

6 Vgl. a. a. O., S. 102–118 und S. 97. Zum Verhältnis von Wort und Geist vgl. S. 113.

7 A. a. O., S. 95.

8 A. a. O., S. 12–15.

9 Robert Leuenberger: Berufung und Dienst. Beitrag zu einer Theologie des evangelischen Pfarrberufes, Zürich 1966.

10 Vgl. a. a. O., S. 159–162.

11 A. a. O., S. 81–153. 153–199.

12 Leuenberger geht zwar von der calvinischen Erweiterung auf drei Ämter Christi aus, integriert aber das königliche Amt ins priesterliche, bei dem er vom Pfarrer als Hirten/Pastor spricht, a. a. O., S. 166, vgl. S. 81.

den Priester stehe.»[13] Die Pfarrerin ist Prophetin und Priesterin zugleich, und das heisst für Leuenberger: Sie ist Predigerin, Theologin, Lehrerin und zugleich Seelsorgerin, Ärztin, Diakonin. Zudem setzt er diesen Dual gleich mit dem Dual von Wort und Tat und meint, die römisch-katholische Kirche, die Ostkirche und die anglikanische Kirche hätten stärker den priesterlichen Typus ausgebildet, während die protestantischen Kirchen den prophetischen Typus betont hätten.[14] Die Konfessionen sind also nicht allein auf einen Typus fixiert. Leuenberger schliesst sich der protestantischen Position an, kritisiert aber, dass diese «den ‹prophetischen› Pfarrer in einer gefährlichen Überbetonung gegenüber dem ‹priesterlichen›» zur Geltung gebracht habe.[15] Entsprechend breit wird nun der priesterliche Dienst der Pfarrerin entfaltet: Er kreist vor allem um die Themen Abendmahl, Stellvertretung, Fürbitte, Seelsorge, Leidensnachfolge, Gemeindeaufbau und -leitung, Sündenvergebung.

Die Verarbeitung der Folgen der barthschen Theologie

Im 20. Jahrhundert hat die Prophetie vor allem durch die Theologie Karl Barths eine wirkmächtige Aufwertung erlangt.[16] Seine Theologie wollte Theologie des Wortes Gottes sein und knüpfte dabei auch an die Tradition alttestamentlicher Prophetie an, für die der Begriff des Wortes Gottes konstitutiv ist. Die Transformationen, die er in seiner Versöhnungslehre vornahm, verliehen dem prophetischen Amt Christi – gegenüber dem königlichen und priesterlichen – ein besonderes Gewicht, er leitete daraus auch den Gedanken eines prophetischen Auftrags und einer prophetischen Existenz der Gemeinde ab.[17] Die Betonung der Prophetie geht einher mit einer intensiven Betonung der Verkündigung als einer Gestalt des Wortes Gottes – wobei Barth zur Verkündigung die Predigt und die Sakramente rechnete.[18] Prophetie und Verkündigung im Gottesdienst sind aufeinander bezogen. Barth hat dabei aber der *erfahrungsmässigen* Bedeutung der vielschichtigen Metapher «Wort Gottes» zu wenig Beachtung geschenkt.

Im Gefolge seiner Rezeption hat sich dieses theologische Erfahrungsdefizit auch und vielleicht bevorzugt im Verständnis des Pfarrdienstes manifestiert.

13 A. a. O., S. 78.

14 A. a. O., S. 77 f.

15 A. a. O., S. 78.

16 Theologische Bedeutung erlangte sie auch im religiösen Sozialismus, bei Paul Tillich und später in der Befreiungstheologie.

17 Karl Barth: Die Kirchliche Dogmatik I/1–IV/4, Zürich 1932–1967, vgl. v. a. die Ausführungen in IV/4 sowie III/4, S. 583–588.

18 Barth, KD I/1, 56 f. 59. Barth identifiziert Wort Gottes und Verkündigung nicht einfach, sondern denkt sie aktualistisch zusammen, KD I/1, § 4, S. 89–128. In KD IV werden Wort Gottes und Verkündigung dann nur noch analogisch verknüpft.

Genau an diesem Punkt setzen die zwei oben referierten exemplarischen Entwürfe von Josuttis und Leuenberger an. In ihrer grossen Verschiedenheit verbindet sie, dass sie sich an Schieflagen und Erfahrungsdefiziten einer prophetischen Deutung des Pfarrdienstes abarbeiten, wie sie sich im Zuge der sogenannten dialektischen Theologie ausgebildet haben. Bei beiden Entwürfen nimmt dabei der Begriff des Priesters die Funktion ein, jene Schieflagen und Defizite aufzudecken und zu benennen. Beim späten Josuttis geschieht das sogar so, dass die Begriffe «Prophet» und «Priester» religionsphänomenologisch verschwimmen und kritisch durch den Führerbegriff überboten werden. Die Kritik ist bei Josuttis expliziter als bei Leuenberger, so oder so ist das *Anliegen* ihrer pastoraltheologischen Aufarbeitung berechtigt.

Dennoch hat die Aufarbeitung meines Erachtens anderswo anzusetzen: Als religionssoziologische oder – phänomenologische Kategorie mag der Priesterbegriff analytisch wertvoll sein, aus *theologischer* Sicht aber ist er ökumenisch verwirrend und verdeckt nur, was wirklich not tut. *Nötig ist, in neuer, undogmatistischer Offenheit zu dechiffrieren, was die vielschichtige Metapher «Wort Gottes» bedeutet und ihre Erfahrungsbezüge aufzudecken.* Was das im Blick auf den *Gottesdienst* heissen könnte, sei kurz angedeutet.

Prophetischer Gottesdienst

Im Segen sei die Spaltung zwischen Wort und Leiblichkeit aufgehoben, da er sich nie als rein verbaler Vorgang, sondern immer als Gebärde vollziehe und Erfahrungen leibhafter Materialität einschliesse.[19] Der frühe Josuttis (der der barthschen Theologie noch näher stand) sieht darum in der Unfähigkeit der Pfarrerin zu segnen, eine «Entleerung des Wortes».[20] Die Gefahr solcher Entleerung des Wortes betrifft faktisch alle liturgischen Elemente des Gottesdienstes. Nötig ist darum ein Verständnis des Wortes Gottes, das «die Grenzen verbaler Kommunikation in den Bereich des Nonverbalen, des Leiblichen im weitesten Sinne [...] hinein überschreitet».[21] Nachzudenken wäre beispielsweise darüber, wie sich das Wort Gottes (vermittelt!) in Musik, in Kunst erschliesst und in die Konstitution und Erfahrung des Kirchenraumes einfliesst.

In dieser Richtung sind schon vielfältige Anstrengungen unternommen worden. Noch weniger bedacht scheint der Versuch, ein vertieftes und ganzheitlicheres Verständnis des Wortes Gottes gerade aus den *prophetischen Traditionen der Bibel* selbst zu gewinnen. Es ist immerhin beachtenswert, dass die Übermittlung des Wortes Gottes in den prophetischen Traditionen nicht nur durch Audition,

19 Josuttis, Der Pfarrer ist anders, S. 105.

20 A.a.O., S. 106.

21 Ulrich H.J. Körtner: Theologie des Wortes Gottes. Positionen – Probleme – Perspektiven, Göttingen 2001, S. 24.

sondern auch durch Vision, z.T. auch durch den Traum geschieht.[22] Kommt hinzu, dass das Wort Gottes in diesen Traditionen durch Zeichenhandlungen nicht nur illustriert, sondern auch symbolisch realisiert wird.[23] Selbst wenn Jesus in nachösterlicher Sicht mehr ist als ein Prophet, steht auch er durchaus in diesen Traditionen, wenn er zeichenhaft handelt, wenn er das Brot bricht, wenn er die Verkäufer aus dem Tempel treibt, wenn er seinen Jüngern die Füsse wäscht.

Henry Mottu plädiert vor diesem Hintergrund dafür, Predigt, Taufe und Abendmahl (und sekundär auch weitere liturgische Akte) als «gestes prophétiques» zu verstehen, als ritualisierte Gesten, die in der Weise der Propheten das Heil vergegenwärtigen.[24] Eine Geste ist für ihn mehr als nur ein Hinweis auf das Wort Gottes. «Le geste incarne la parole»[25] – die Geste kommuniziert das Wort in den Codes der kulturellen Kontexte, sie schreibt sich ein in Körperlichkeit, Emotionalität und Bewusstsein. Wobei die Geste sich nicht verselbständigt, sondern im Bedeutungshorizont des Wortes steht, das sie inkarniert.[26] Bemerkenswert ist unter anderem, dass bei Mottu die Sakramente so nicht als priesterlicher, sondern prophetischer Akt gedeutet werden. Wenn Predigt und Sakramente wirklich als prophetische Gesten zu interpretieren sind, dann eignet ihnen auch ein gesellschaftskritisches Element. Dann sind sie Gesten, die kritisch Gottes Gerechtigkeit, Frieden vergegenwärtigen, dann sind sie als integraler Teil des prophetischen Wächteramtes der reformierten Kirchen zu vollziehen. – Mottus Vorschlag ist bedenkenswert, zumal sein Ansatz anschlussfähig ist für neue performative Gottesdiensttheorien.[27]

Eine Frage bleibt: Wird durch die prophetische Geste nicht der Pfarrer zum Propheten und so die schwierige Rollenerwartung reproduziert, die schon Josuttis problematisiert hat?

Zumindest in theologischer Hinsicht bietet da die reformierte Tradition eine Entlastungsmöglichkeit: Während für Zwingli klar ist, dass jeder Pfarrer ein Prophet und «das Amt der Prophetie» von grösster Bedeutung ist,[28] setzt Calvin die Akzente anders. Er erweitert die traditionelle Rede vom zweifachen Amt Christi als Priester und König um das dritte Amt des Propheten. Damit verbunden ist bei Calvin die Vorstellung, dass durch Christus und seine vollkommene Lehre des

22 Vgl. etwa Jes 6; Am 7,1 ff.; Jer 4,23–26; 24. Zu den Traumgesichten vgl. Joel 3,1–5 – es gibt freilich auch eine prophetische Kritik an den Propheten, die sich auf Träume berufen (vgl. Jer 23,25–28). Dazu: Körtner, Theologie des Wortes Gottes, S. 126–128.

23 A.a.O., S. 130.

24 Henry Mottu: Le geste prophétique. Pour une pratique protestante des sacrements, Genève 1998. Zur Definition von *geste prophétique* vgl. S. 164.

25 A.a.O., S. 14.

26 A.a.O., S. 248.

27 Vgl. David Plüss: Gottesdienst als Textinszenierung. Perspektiven einer performativen Ästhetik des Gottesdienstes, Zürich 2007, S. 99 f. 174–195.

28 Vgl. Huldrych Zwingli: Rechenschaft über den Glauben (Fidei Ratio), in: ders.: Schriften IV, S. 93–131. 125.

Evangeliums «aller Prophetie ein Ende gemacht ist».[29] In Calvins christologischer Absorption und in seiner doktrinalen Verengung der Prophetie spiegelt sich die kritische Abgrenzung der Reformatoren gegenüber dem schwärmerischen Prophetismus des linken Flügels der Reformation.

Hilfreich an dieser Position ist nicht ihre doktrinale Verengung, aber ihre christologische Zuspitzung. Sie entlastet die Pfarrerin theologisch von der Erwartung, im Gottesdienst «Prophetin» sein zu müssen, selbst wenn sie prophetische Gesten vornimmt. Prophetin wird sie, in dem sie teilhat am prophetischen Amt *Jesu Christi* – diese Gabe ist aber unverfügbar und institutionell nicht zu sichern, höchstens zu bestärken.

29 Johannes Calvin: Institutio Christianae Religionis (1559), übers. u. bearb. v. O. Weber, Neukirchen-Vluyn [6]1997, II,15,2. Eine gewisse Ähnlichkeit besteht jedoch zwischen dem Amt des Lehrers/ Doktors und dem früherer Propheten, vgl. IV, 3,5.

Plädoyer für die Priesterin

Isabelle Noth

In Aufnahme des theologischen Bestseller-Titels von Manfred Josuttis «Der Pfarrer ist anders» beginnt der zu replizierende Beitrag von Matthias Wüthrich mit der apodiktischen Feststellung: «Die Pfarrerin ist anders.» Der gleich im Einleitungssatz vollzogene Genuswechsel und auch der ihm folgende Satz – «Sie ist *anders* anders» – lenken meine Aufmerksamkeit in eine genderspezifische Richtung und führen mich damit zuerst einmal gleich auf eine falsche Fährte. Matthias Wüthrichs Plädoyer handelt nämlich nicht – wie sich vermuten liesse – von nach wie vor ungelösten Fragen rund ums Frau- oder Mannsein im Pfarramt;[30] nein, er handelt von den Spätfolgen der Theologie Karl Barths und ihres «theologischen Erfahrungsdefizits» für das «Verständnis des Pfarrdienstes». Mit seiner «Betonung der Prophetie» habe Barth auf die «Verkündigung als einer Gestalt des Wortes Gottes» besonderes Gewicht gelegt. Nun zeige jedoch gerade Barths Verwendung dieser «vielschichtigen Metapher», dass er ihre «erfahrungsmässige Bedeutung» zu wenig wahrzunehmen vermochte. Der in dialektisch-theologischer Tradition stehenden «prophetischen Deutung des Pfarrdienstes» liege schliesslich «ein Defizit im Verständnis des Prophetischen» selber zugrunde, das Matthias Wüthrich «anhand jüngerer pastoraltheologischer Verhältnisbestimmungen» aufzeigen will. Zur Sprache kommen Manfred Josuttis[31] und Robert Leuenberger, die beide anhand des Priesterbegriffs «jene Schieflagen und Defizite aufzudecken und zu benennen» versuchen, deren Wurzeln in Barths Theologie zu verorten seien. Auch wenn Matthias Wüthrich Josuttis und Leuenbergers exemplarisches Bemühen um eine «pastoraltheologische Aufarbeitung» dialektisch-theologischer Schwächen anerkennt, so lautet seine These, dass der Priesterbegriff aus theologischer Perspektive gerade dazu wenig dienlich sei; er sei vielmehr «ökumenisch verwirrend» und kaschiere das eigentlich Notwendige. Nötig sei nämlich, die Vielschichtigkeit mitsamt den «Erfahrungsbezügen» der Metapher vom Wort Gottes zu eruieren. Um diese These einer näheren Betrachtung zu unterziehen, soll ein kurzer Blick auf die ihr zugrunde liegende Vorannahme von der pastoralen Andersartigkeit gerichtet werden. Sie gilt es zunächst zu verstehen.

30 Vgl. dazu v. a. Elisabeth Wagner-Rau: Zwischen Vaterwelt und Feminismus. Eine Studie zur pastoralen Identität von Frauen, Gütersloh 1992; Brigitte Enzner-Probst: Pfarrerin. Als Frau in einem Männerberuf, Stuttgart/Berlin/Köln 1995; Uta Pohl-Patalong: Wie anders ist die Pfarrerin?, in: Deutsches Pfarrblatt 100 (2000), S. 298–302.

31 Interessant wäre es gewesen, gerade «im Blick auf den Gottesdienst», Manfred Josuttis miteinzubeziehen: Manfred Josuttis: Der Weg in das Leben. Eine Einführung in den Gottesdienst auf verhaltenswissenschaftlicher Grundlage, München ³2000.

Zur Andersartigkeit des Pfarrers

Der Pfarrer ist Josuttis zufolge tatsächlich anders, jedoch ist er dies insbesondere in kirchensoziologischer Hinsicht bzw. «in einem objektiv soziologischen Sinn».[32] Nur teilweise zutreffend ist es daher, Josuttis meine, die Andersartigkeit der Pfarrerin bestehe nicht in derselben Andersartigkeit des Priesters, sondern in jener der israelitischen Propheten. Der Pfarrer – und Matthias Wüthrich zufolge auch die Pfarrerin – ist nach Josuttis eben gerade nicht «so anders» wie die israelitischen Propheten, sondern er ist anders, weil er anders sein will, als er ist. Insofern hält Josuttis fest, dass «der Zauberer, der Priester, der Geistbegabte» so anders sind, dass sich ihre Andersartigkeit «von der *intendierten* Andersartigkeit des Pfarrers charakteristisch unterscheidet».[33] Der sogenannte «wunde Punkt» ist nicht primär das Sein, sondern das in Spannung zu diesem stehenden Wollen des Pfarrers. Nicht dass der Pfarrer etwa Prophet sei, gehöre zu seiner Andersheit – auch nicht «faktisch» –, sondern dass er gerne Prophet *wäre*.[34] Der Pfarrer will anders sein, nämlich Prophet, während er eher dem Priester gleiche, und es ist nicht etwa sein prophetisches Sein, sondern sein Prophet-sein-Wollen, das ihn, Josuttis zufolge, anders sein lässt.

Matthias Wüthrich macht sich stark für ein «vertieftes und ganzheitlicheres Verständnis des Wortes Gottes», das sich «gerade aus den prophetischen Traditionen der Bibel selbst [...] gewinnen» lasse. In diesem eigentlich urfeministisch-theologischen Anliegen will ich mich voll und ganz auf seine Seite stellen und ihn unterstützen. Ich frage mich jedoch, ob die Kategorie des Priesters, die Matthias Wüthrich über Bord zu werfen müssen meint, nicht eventuell doch etwas beizutragen hätte, und ob Matthias Wüthrich eher intuitiv noch in eine andere verheissungsvolle Richtung weist, die er jedoch selber nicht weiterverfolgt. Böte nicht gerade eine genderspezifische Perspektive auf die Unterscheidung zwischen Prophetin und Priester Matthias Wüthrichs Anliegen Unterstützung?

Eine genderspezifische Perspektive

Um dies aufzuzeigen, ist der Rekurs auf die oben nochmals herausgearbeitete Differenz zwischen Priester und Prophet hilfreich: Während Ersterer dazugehört, *weil* er anders ist, so Letzterer, *obwohl* er anders ist.[35] Der Prophet steht nämlich in einem antagonistisch zu beschreibenden Verhältnis zum Sozialsystem.[36] Er ist widerständig, gesellschaftskritisch bis der Gesellschaft abgeneigt und verschafft

32 Josuttis, Der Weg in das Leben, S. 12.

33 A.a.O., S. 34.

34 So müsste der Satz: «Dass der Pfarrer Prophet ist [...] gehört zu seiner Andersheit [...]» geändert werden in: Dass der Pfarrer Prophet sein möchte [...] gehört zu seiner Andersheit [...].

35 A.a.O.,S. 34.

36 A.a.O.,S. 35.

sich Gehör, wo andere lieber die Ohren verschliessen. Demgegenüber ist der Priester eher «Exekutivorgan religiöser Potenzen in einem gesellschaftlichen System», in welchem er «oberhalb, teilweise auch ausserhalb der Stammesgemeinschaft» steht,[37] doch auch in letzterem Falle «in das soziale System integriert» ist.[38] Die Integration in das soziale System Kirche in der pastoralen Funktion blieb nun jedoch im reformierten Kontext bis vor einigen Jahrzehnten ausschliesslich an das Genus Mann gebunden. Sie bleibt dies im katholischen und orthodoxen Kontext nach wie vor, und sie verursacht im anglikanischen Kontext gegenwärtig einen heftig wütenden, kirchentrennenden Streit. Nun waren und sind es gerade auch Frauen, die die Diskussion um ein ganzheitlicheres, erfahrungsorientiertes Verständnis des Wortes Gottes mit Verve (wieder) anstiessen und neue Impulse setzten. Gerade feministische Theologinnen strichen die Notwendigkeit hervor, die Vielfalt menschlicher Lebenserfahrungen – vor allem auch jene von Frauen – spürbar, sichtbar, fühlbar, schmeckbar werden zu lassen, und theologische Entwürfe daran zu messen, inwiefern sie Ausdruck gelebten Lebens sind, einverleibter Erfahrung und engagierten Handelns für Gerechtigkeit.[39] Eine Vielzahl neuer Gottesdienstformen, die «alle Ebenen menschlicher Existenz ansprechen» sollen, die Suche nach Ritualen, die Neuentdeckung und Gestaltung von liturgischen Feiern und eine beträchtliche Zahl neuer theologischer Perspektiven waren die Folge.[40] Feministische Theologinnen haben das von Matthias Wüthrich formulierte Anliegen schon vor Jahrzehnten aufs Tapet gebracht. Sie taten dies u. a. in Aufnahme kirchenhistorischen Wissens darum, dass gerade die Bezeichnung Priester als Ausschlusskategorie diente und nach wie vor dient und Frauen sich nur in der Rolle als Prophetinnen wirkmächtig Gehör zu verschaffen vermochten – mit zum Teil dramatischen Folgen. Priesterinnen sind von daher auch Sinnbild überwundener Diskriminierung.

Gerade ein genderspezifischer Blick auf die Differenz zwischen Prophet und Priester in kirchengeschichtlicher Vergangenheit und Gegenwart liessen die von Matthias Wüthrich propagierte Andersartigkeit der Pfarrerin, die über Jahrhunderte nur als Prophetin das Wort Gottes verkündigen konnte, plausibilisieren. Und gerade ein solcher, bei mir dank Matthias Wüthrich in Gang gesetzter Denkprozess liesse letztlich Prophet/Prophetin und Priester/Priesterin so wieder zusammendenken, dass nicht bloss deren, sondern vor allem die Andersartigkeit des Wortes Gottes selbst aufzuscheinen begänne. Und vielleicht zeigte sich dann, dass

37 S. 35.

38 S. 34.

39 So sei «in der feministischen Theologie […] Ganzheit zu einer Schlüsselvorstellung geworden.» Elisabeth Moltmann-Wendel: Art. Ganzheit, in: Elisabeth Gössmann u. a.: Wörterbuch der Feministischen Theologie, Gütersloh ²2002, S. 190–192, hier S. 190.

40 Ulrike Wagner-Rau: Art. Ritual/Gottesdienst, in: Elisabeth Gössmann u. a.: Wörterbuch der Feministischen, Gütersloh ²2002, S. 476–478, hier S. 476.

Josuttis Konzentration auf «seine atmosphärische Macht und Kraft, die den Menschen als leibseelische Ganzheit erfüllt», von Matthias Wüthrichs Anliegen eigentlich gar nicht so weit entfernt ist.

Replik auf das Plädoyer von Isabelle Noth

Matthias D. Wüthrich

Zum Plädoyer von Isabelle Noth möchte ich zwei Punkte anmerken:

1. Mein Plädoyer setzt ganz bewusst mit einer Irritation ein, indem er durch den steten sprachlichen Wechsel des Geschlechts mit der Andersartigkeit der Pfarrerin beginnt. Mit dem (so gut als möglich durchgehaltenen) Wechsel wird von Anfang an eine Art Hintergrundstörung im Text etabliert, die dazu anregen soll, Geschlechterstereotypisierungen zu verflüssigen.
Eine solche Verflüssigung ist ambivalent. Einerseits zielt sie auf eine durchaus nötige kritische Dekonstruktion von herkömmlichen Geschlechterverhältnissen. Andererseits ist sie aber auch gefährlich. Denn wenn nunmehr nicht nur vom Priester, sondern auch von der Priesterin die Rede ist, so werden sprachlich diejenigen Diskriminierungen verdeckt, die Isabelle Noth hilfreich anmahnt: Die Tatsache nämlich, dass Frauen in der Geschichte der Kirchen und z. T. in der Gegenwart die Rolle der Priesterin verwehrt wurde und wird.
Isabelle Noth führt den Aufweis dieser Diskriminierungen anhand von Josuttis' Verwendung der Begriffe Prophet und Priester durch, der sie in einem religionssoziologischen Sinne versteht. Es zeigt sich dabei, dass der Priesterbegriff eine wichtige heuristische Funktion für die Aufarbeitung der pastoralen Diskriminierungsgeschichte einnimmt. Seine Notwendigkeit dafür finde ich ebenso einsichtig wie Isabelle Noths Grundanliegen, diese Diskriminierungen zu überwinden. Zu fragen bleibt aber: Ist mit der heuristischen Nützlichkeit eines religionssoziologischen Begriffes auch schon gewährleistet, dass er *theologisch* – und das heisst auch ekklesiologisch und ökumenisch – Sinn ergibt? Braucht es im Protestantismus wirklich die Rolle der Priesterin (und damit auch des Priesters) um Isabelle Noths berechtigte Grundanliegen zu realisieren?
2. Meines Erachtens besteht kein Bedarf, die Notwendigkeit des Erfahrungsbezugs der Theologie *als solchen* erneut herauszustellen. Das ist in der Theologie in der zweiten Hälfte des 20. Jahrhunderts (in Kritik an der dialektischen Theologie) schon in sehr vielfältiger Weise geschehen – auch in der feministischen Theologie. Meine Absicht bestand darin, den damals eingeforderten Erfahrungsbezug auf die Metapher des *Wortes Gottes* zu beziehen und ihn von dort her zu erschliessen. Es geht dabei um den Versuch einer kritischen Neuinterpretation der deutlich aus der Mode gekommenen Theologie des Wortes Gottes, der sie z. B. anschlussfähig machen könnte für gegenwärtig diskutierte Fragen «gelebter Religion». Der theologische Sinn des Begriffes der Prophetie hängt letztlich daran, ob es noch gelingt, eine solche Theologie des Wortes Gottes weiterzudenken!

Antwort auf die Replik von Matthias D. Wüthrich

Isabelle Noth

Die Wahl des Genus zu Beginn hat nicht irritiert, sondern freudig überrascht und Hoffnungen geweckt! Irritiert hat nicht die Wahl des Geschlechts, sondern dass sie inhaltlich ohne Folgen blieb. Dadurch konnte der Eindruck entstehen, es handle sich um nichts weiter als um eine realitätsverschleiernde Stilblüte. Ein kleiner Hinweis auf ein kirchenhistorisches oder praktisch-theologisches Problembewusstsein im Hinblick auf diese Wahl und auf die weiteren Ausführungen wäre hilfreich gewesen.

Wenn Matthias Wüthrich meint, es bestehe «kein Bedarf, die Notwendigkeit des Erfahrungsbezugs der Theologie *als solchen* erneut herauszustellen», dann befindet er sich in guter Gesellschaft mit den meisten – zumindest westeuropäischen – Theologinnen und Theologen – so auch mit mir. Wenn Matthias Wüthrich jedoch glaubt, den Priesterbegriff fallen lassen zu müssen mit dem Hinweis: «aus *theologischer* Sicht [...] ist er ökumenisch verwirrend und verdeckt nur, was wirklich not tut», so genügt dies nach meinem Dafürhalten als Begründung nicht. Hier entledigt sich Matthias Wüthrich meines Erachtens etwas allzu schnell eines Problems, um sich dann ausschliesslich auf den Begriff des Prophetischen konzentrieren zu können. Demgegenüber halte ich es für sinnvoll und geboten, womöglich brachliegende theologische Potenzen *beider* Begriffe zu reflektieren – nicht zuletzt aus dem Bewusstsein um die zentrale Bedeutung von Prophetie *und* Priestertum in der Hebräischen Bibel und im Neuen Testament und für die gesamte Religions-, Kirchen- und Theologiegeschichte! Anders als Matthias Wüthrich halte ich den «Versuch einer kritischen Neuinterpretation» der Theologie des Wortes Gottes nur dann für erfolgversprechend, wenn der theologische Sinn sowohl des Begriffs der Prophetie *als auch des Priestertums* gehoben und gewürdigt werden. Beiden biblisch so fest verankerten Begriffen ist ein Beitrag zu einem «vertieften und ganzheitlicheren Verständnis des Wortes Gottes» zuzutrauen. Vielleicht gehört es ja zur Andersartigkeit des Wortes Gottes selbst, ökumenisch etwas zu verwirren und theologisch zu verstören – auf dass wir auch gar nicht mehr so ganz sicher sein können zu wissen, was wirklich not tut?

Funktionaler oder sakraler Raum?

Kirche als funktionaler Raum

Johannes Stückelberger

Kirche als sakraler oder als funktionaler Raum? Die Alternative bedarf einer einleitenden Begriffsklärung. Nach reformierter Auffassung ist die Kirche kein Haus, in dem Gott wirklich wohnt. Sakral in einem reformierten Kontext meint, dass die Kirche durch die in ihr versammelte Gemeinde zu einem Gotteshaus wird. Dem protestantischen Kirchengebäude kommt ausserhalb der Versammlungs- und Verkündigungsfunktion keine besondere religiöse Potenz oder Sakralität zu. So gesehen kann man jeden reformierten Kirchenraum, in dem sich die Gemeinde versammelt, gleich wie er gestaltet und ausgestattet ist, als Sakralraum bezeichnen. Und doch zögert man, diesen Begriff zum Beispiel auf eine Turnhalle, in der Gottesdienste gefeiert werden, anzuwenden. Mit Sakralität im reformierten Kirchenbau verbindet sich die Vorstellung einer gewissen Weihe und Würde, die Erwartung einer besonderen, einer «heiligen» Atmosphäre. Statt von Sakralbau spricht man bei reformierten Kirchen besser von Bauten mit sakraler Atmosphäre.

Was ist im Unterschied dazu ein funktionaler Raum? Jeder Raum, ob sakral oder profan, erfüllt eine Funktion. Insofern ist der Begriff «funktional» als Gegensatz zu «sakral» wenig aussagekräftig. Mehr Profil erhält er vor dem Hintergrund der Architekturgeschichte. Hier meint Funktionalismus eine Stilrichtung, die die Erscheinungsform ganz aus der Funktion eines Bauwerks abzuleiten versucht oder diese besonders betont. Sätze wie «form follows function» oder «Ornament ist Verbrechen» brachten diese neue Ästhetik, die sich vor allem als Abwendung vom Historismus verstand, auf den Begriff. Es war die Ästhetik des Deutschen Werkbundes, des Bauhauses, des Neuen Bauens. Nach dem Zweiten Weltkrieg wurde der Funktionalismus zum Inbegriff moderner Architektur. Auch die Kirchenarchitektur blieb davon nicht unbeeinflusst. Mit Funktionalität im Kirchenbau verbindet sich die Vorstellung von Schlichtheit, Schmucklosigkeit, Sachlichkeit und Zweckorientierheit.

Ob eine reformierte Kirche eine sakrale Atmosphäre ausstrahlen oder aber ein schlichter Versammlungsraum für die Gemeinde sein soll, diese Frage wurde im Laufe der Geschichte immer wieder gestellt und unterschiedlich beantwortet. Die in der Reformation übernommenen mittelalterlichen Gotteshäuser, die lediglich ihrer Altäre und ihres Figurenschmucks entledigt und bezüglich Bestuhlung leicht umgestaltet wurden, strahlten als Gebäude natürlich weiterhin eine sakrale Atmosphäre aus. Dem gegenüber wurden die reformierten Neubauten des 17. und 18. Jahrhunderts als reine Gemeinderäume konzipiert, als schmucklose Saalbauten, mit einer Ausrichtung der Gottesdienstbesucher auf Kanzel und Abendmahlstisch. Im 19. Jahrhundert erhielt der reformierte Kirchenbau wieder stärker eine sakralisierende Tendenz, indem Kirchen entstanden, die wie die mittelalterlichen Kirchen Chöre haben, die auf eine an diesem Ort vergegenwärtigte andere Wirklichkeit verweisen sollten. Im 20. Jahrhundert schliesslich fand man wieder zu einem funktionalen Bauen zurück, insbesondere nach dem Zweiten Weltkrieg. Ein neuer Typus von Kirche entstand, das sogenannte Kirchgemeindezentrum, das von 1950 bis 1980 der dominante Kirchenbautypus wurde. Das Kirchgemeindezentrum vereinigt unter einem Dach oder im gleichen Baukomplex verschiedene Räume: einen Raum für den Gottesdienst, einen Gemeindesaal, Räume für den Unterricht, Jugendräume, eine Küche, oft auch noch Büros, das Pfarrhaus und die Sigristenwohnung.

Die Frage, die mir gestellt ist, lautet, ob für einen reformierten Gottesdienst ein sakraler oder ein funktionaler Raum adäquater sei, wobei ich den Part zugespielt bekommen habe, Argumente für den funktionalen Raum ins Feld zu führen. Ich komme dieser Aufgabe gerne nach, muss aber gleich sagen, dass für mich als Historiker bzw. Kunsthistoriker schon im Voraus klar ist, dass die Antwort nicht auf ein Entweder-oder, sondern auf ein Sowohl-als-auch hinauslaufen wird. Die Reformierten haben im Laufe ihrer 500-jährigen Geschichte, wie es der kurze historische Rückblick gezeigt hat, sowohl Bauten mit einer sakralen Atmosphäre als auch funktionale Bauten errichtet. Beide Bauformen sind mit reformiertem Selbstverständnis vereinbar.

Wie löse ich die Aufgabe? Als Kunsthistoriker kann ich nicht wie die Theologen eine systematische Antwort geben, ich bleibe vielmehr bei der mir zur Verfügung stehenden historischen Methodik. Welche Argumente für die Kirche als funktionalem Raum sprechen, diese Frage versuche ich gestützt auf historisches Material zu beantworten. Als besonders geeignet erscheinen mir dafür die Debatten, die in den 1950er bis 1970er Jahren geführt wurden. Die Wende von den im 19. und frühen 20. Jahrhundert dominanten historisierenden Kirchen hin zu den Kirchgemeindezentren der Nachkriegszeit, die Wende vom Sakralbau zum funktionalen Bau, war von heftigen Diskussionen begleitet. Wie nie zuvor wurde in Kirchenkreisen, aber auch in Architektenkreisen und in der Öffentlichkeit über den für die zeitgenössische reformierte Kirche adäquaten Kirchenbau nachgedacht und debattiert. Galt es, in einer Gemeinde eine neue Kirche zu bauen – und in dem besagten Zeitraum wurden im Zuge der Bevölkerungsexplosion und der rasanten Ausdehnung der Städte viele neue Kirchen gebaut – so musste zuerst die im Raum stehende Alternative geklärt werden: Kirche oder Gemeindezentrum? Die Diskussionen wurden in den Gemeinden geführt, es gab Tagungen, an denen die Fragen unter Theologen und Architekten debattiert wurden, es erschienen Bücher zu dem Thema, und auch die Zeitungen und Fachzeitschriften waren voll davon.

Das Quellenmaterial, das ich referieren und analysieren könnte, ist riesig, ich beschränke mich deshalb auf ein kleines Konvolut, das für die damaligen Diskussionen aber durchaus repräsentativ ist. Mein Vater, der von den 1940er Jahren bis in die frühen 1980er Jahre Pfarrer zunächst im Elsass, dann im Kanton Schaffhausen und zuletzt im Aargau war, hat in seiner Amtszeit alles, was ihm in den Zeitungen und Zeitschriften zum Thema Kirchenbau in die Hände kam, gesammelt und in einem Umschlag abgelegt. Dieser Umschlag ist auf mich gekommen, und mit dem darin befindlichen Quellenmaterial will ich im Folgenden arbeiten.[1]

Was zeichnet eine funktionale Kirche aus? Was heisst es im Zusammenhang mit einer Kirche, funktional zu bauen? Welche Argumente gibt es dafür? Ob ein Raum sakral oder funktional wirkt, hängt mit ganz konkreten baulichen Entscheidungen und Massnahmen zusammen, über die in der Nachkriegszeit gestritten wurde. Es wurde gefragt: Was ist angemessener: eine Kirche oder ein Kirchgemeindezentrum? Darf die Kirche nur für den Gottesdienst benutzt werden, oder soll sie auch anderen Zwecken dienen? Was ist besser: ein Längsbau oder ein Zentralbau? Soll die Kirche einen Chor haben oder nicht? Sollen Kanzel und Abendmahlstisch hintereinander oder nebeneinander angeordnet werden? Ist Kunst im Raum angemessen oder nicht? Solche konkreten Fragen standen zur Debatte. Hinter jeder Alternative stand dabei ein je anderes Verständnis von Gottesdienst und Kirche.

Dass jede Gemeinde sich neu mit den Fragen auseinandersetzen und sich für diese oder jene Alternative entscheiden musste, hängt damit zusammen, dass Richtlinien von Seiten des Schweizerischen Evangelischen Kirchenbundes oder der Kantonalkirchen fehlten. Zwar hat die Berner Synode 1936 Kirchenbaurichtlinien beschlossen, doch galten diese nur für die Berner Kirche und wurden nach dem Krieg kaum mehr befolgt.[2] 1959 fand in Bossey eine Internationale ökumenische Tagung für Kirchenbau statt, die Empfehlungen formulierte, die jedoch sehr allgemeiner Natur waren.[3] Und 1965 gab die Aargauer Kirche eine Art Leitfaden über heutigen Kirchenbau heraus, als Anregung für die Kirchgemeinden.[4] Auf die bisweilen zu vernehmende Klage, dass es für die Reformierten – anders als für die Katholiken – keine klaren Richtlinien gebe, antwortete der Architekt Benedikt Huber, das gehöre zum Protestantismus: «Die reformierte Kirche ist eine Kirche des Wortes und nicht eine solche der Form. Sie müsste mit formalen Anweisungen

1 Die in diesem Beitrag zitierten Artikel stammen ausnahmslos aus dem genannten Konvolut. Sie sind jedoch mit Hilfe der bibliografischen Angaben auch in öffentlichen Bibliotheken zu finden. Es handelt sich im Wesentlichen um Zeitungen und Zeitschriften wie «Kirchenbote für den Kanton Zürich», «Kirchenbote für den Kanton Aargau», «Werk», «Evangelische Woche», «Kirchenblatt für die reformierte Schweiz», «Kontakt».

2 Die Berner Richtlinien sind zusammengefasst in: W. Tanner: Evangelischer Kirchenbau in der Schweiz, in: Handbuch der reformierten Schweiz, hg. vom Schweizerischen protestantischen Volksbund, Zürich 1962, S. 333–335, Zusammenfassung S. 334.

3 «Die Richtlinien von Bossey», publiziert u. a. in: Kirchenbote für den Kanton Zürich, Jg. 47, Mai 1961, Nr. 5, S. 4.

4 Zusammengefasst in: Kontakt. Die Taschenzeitschrift der Jungen, 6. September 1966, S. 12.

bereits ihrer Aufgabe untreu werden.»[5] Einig war man sich darüber, dass der Kirchenbau grundsätzlich mit unserer Zeit gehen solle.[6] Das bedeutete, dass man in der Nachkriegszeit dem funktionalen Bauen von vornherein den Vorzug gab. Gleichwohl gab es noch genug Alternativen, über die entschieden werden musste.

Kirche oder Kirchgemeindezentrum? Eine erste Alternative war: Bauen wir eine Kirche oder ein Kirchgemeindezentrum? In dem Zeitraum unserer Untersuchung überwogen die Stimmen, die sich für das Kirchgemeindezentrum aussprachen. Es wurden kaum noch Kirchen gebaut. Begründet wurde dies mit Argumenten wie: «Die Zeiten sind vorbei, in welchen die Kirche mittels grossartiger Kirchenbauten ihre Macht demonstrieren wollte. Heute soll die Kirche dem Menschen dienen. Die Alternative zum herkömmlichen Kirchenbau kann darum nicht darin liegen, dass man auf jeglichen Neubau verzichtet, sondern darin, dass man mehr funktionell baut.»[7] Mehr funktionell hiess, neben einem Gottesdienstraum für die Predigt- und Abendmahlgottesdienste auch Räume für Teeabende, Vorträge, Altersnachmittage, Jugendtreffen und vieles mehr, was in den Kirchgemeinden stattfindet, anzubieten. In den Kirchgemeindezentren wurde der Gestaltung der Nebenräume und des Foyers oft ebenso viel Aufmerksamkeit geschenkt wie der Gestaltung des Gottesdienstraumes, entsprechend der Auffassung, dass das, was in den Nebenräumen stattfinde, für das Gemeindeleben ebenso wichtig sei wie die gottesdienstliche Feier im Kirchenraum. Dem Kirchgemeindezentrum liegt die Auffassung von Kirche als Ort der Gemeinschaft, als Ort der Begegnung zugrunde. Im Zusammenhang mit dem Bau der Kornfeldkirche in Riehen prägte der Architekt Werner Max Moser den Begriff der Kirche als «Wohnstube der Gläubigen».[8]

Die Gemeindezentren wurden in der Regel nicht an städtebaulich markanten Plätzen, sondern inmitten der Quartiere gebaut. In Zürich-Seebach diskutierte man sogar die Idee, statt einer Kirche ein Hochhaus zu bauen, mit den Gemeinschaftsräumen im Erdgeschoss, darüber Büros für verschiedene Gemeindedienststellen und in den oberen Stockwerken Wohnungen. Statt einer Teeküche sah man

5 Kirchenbote für den Kanton Zürich, Jg. 47 (1961), Nr. 5, S. 1 (zitiert nach dem Artikel «Die Aufgabe eine Kirche zu bauen» von Benedikt Huber, veröffentlicht in: Werk, Jg. 46 (1959), Heft 9, S. 263).

6 Kirchenbote für den Kanton Zürich, Jg. 47 (1961), Nr. 5, S. 3 f: «Ein Rundgespräch über drei wesentliche Fragen des Kirchenbaus». Frage 1: Soll der Kirchenbau grundsätzlich mit unserer Zeit gehen? Am Rundgespräch beteiligten sich u. a. die Architekten Ernst Gisel und Werner Max Moser, der Kunsthistoriker und Kunstkritiker Adolf Max Vogt und der Theologe Eduard Schweizer.

7 Kirchenbote für das reformierte Volk des Aargaus, Jg. 83, Juli 1973, S. 2 (Zitat von Heinrich Baltensweiler aus dessen Buch «Kirchgemeinde in der Vorstadt [Das Binninger Modell]», Zürich 1971).

8 Werner Max Moser: Wandlungen im reformierten Kirchenbau in den letzten hundert Jahren, in: z'Rieche, 1965, S. 45–50, Zitat S. 49. – Vgl. Johannes Stückelberger: Die Kornfeldkirche in Riehen (Schweizerische Kunstführer GSK), Bern 2004.

ein Foyer-Restaurant vor.[9] Argumentiert wurde, die Kirche müsse ihre Bauten in die Lebenszentren der menschlichen Gesellschaft integrieren. Die Kritiker dieser Auffassung gaben zu bedenken, der Kirchenbau habe städtebauliche Bedeutung: «Wenn wir ‹Kirche für andere› sein wollen, kann das uns nicht gleichgültig sein. Darum die Frage: Werden unsere neuen Quartiere nicht noch langweiliger, wenn auch noch die Kirche so integriert wird, dass man ihr die Kirche nicht mehr ansieht?»[10] Ein anderes Argument gegen die Gemeindezentren lautete, es sei verfänglich, in einer Zeit abstrakter Realität die Kirche nur noch als Zweckbau zu propagieren. Wenn Leute, die der Kirche fernstehen, doch einmal in die Kirche kämen, dann wollten sie eine echte Kirche.[11]

Reiner Gottesdienstraum oder Mehrzweckraum? Eine weitere Frage war, ob der Gottesdienstraum ausschliesslich für Gottesdienste oder auch für andere Anlässe benutzt werden dürfe. Diese Frage stellte sich insbesondere dort, wo keine Nebenräume zur Verfügung standen oder wo die Gottesdienste in Gemeindesälen gefeiert wurden. Die Stimmen, die für den Kirchenraum als Mehrzweckraum optierten, begründeten dies mit dem Argument: «Eine neue Gastlichkeit in kirchlichen Räumen tut not!»[12] Aus dieser Ecke kam auch die Forderung nach einer flexiblen Bestuhlung: «Die kirchlichen Bauten müssen der Gemeinde in allen Teilen dienen. Die Räume müssen in allen Teilen beweglich sein und sich den ständig wechselnden Bedürfnissen der Gemeinde anpassen können.»[13]

Interessanterweise waren die Befürworter der Kirche als Mehrzweckraum jedoch in der Minderheit. Die Gottesdiensträume in den Kirchgemeindezentren wurden in der Regel nicht als Mehrzweckräume, sondern als reine Gottesdiensträume konzipiert und oft mit Bänken ausgestattet. Ausführlich begründete dies 1967 Willi Keller: In Mehrzweckräumen, die die Gemeinden angemietet hätten, sei zu beobachten, dass der Gottesdienstbesuch zurückgehe. Die Leute wollten in eine richtige Kirche gehen. «Wir haben den Kirchenraum als einen Mehrzweckraum im Geschäftshaus integriert und haben das Gegenteil unserer Absicht erreicht. Anstatt die christliche Gemeinde weltoffener zu machen, haben wir sie noch mehr ins Getto hineingesteuert. Wir haben bei vielen das Gefühl verstärkt, was hier getrieben werde, sei Sache einer kleinen, abgeschlossenen Gruppe, zu der man nicht gehöre. Daraus müssen wir lernen! Wir möchten damit nicht den ‹Sakralraum› fordern, wohl aber zeigen, dass es praktische Gründe gibt, am Gottes-

9 Neue Perspektiven für kirchliches Bauen, in: Kirchenbote für den Kanton Zürich, 16. Oktober 1967, S. 5.

10 Kirchenblatt für die reformierte Schweiz, Jg. 124 (1968), Heft 8, S. 120 f.

11 «Kirche oder Kirchenbau», Leserbrief von J. U. H. in: Evangelische Woche. Wochenzeitung für evangelisches Denken und Handeln, Jg. 50, 28. Februar 1969, Nr. 9, S. 3.

12 Aus dem Leitfaden über heutigen Kirchenbau, den der Kirchenrat des Kantons Aargau Ende 1965 auf dem Rügel mehr als 180 Kirchenpflegern vorstellte. Zusammengefasst in: Kontakt. Die Taschenzeitschrift der Jungen, 6. September 1966, S. 12.

13 Kontakt. Die Taschenzeitschrift der Jungen, 6. September 1966, S. 11.

dienstraum festzuhalten. [...] Es gibt Menschen, die für die gottesdienstliche Feier einen besonderen Raum haben wollen.» Und er fährt fort: Zur Begründung der «Integration» werde gesagt, Jesus habe sich meist in den Lebenszentren der damaligen Zeit bewegt. Aber: «Das Neue Testament betont auch die Distanz Jesu und der christlichen Gemeinde zur Welt. Diese Spannung zwischen Weltoffenheit und Distanz zur Welt müssen wir aushalten, wenn wir unsere Aufgabe erfüllen wollen. [...] Passen wir auf, dass wir aus der theologischen Erkenntnis, dass die christliche Gemeinde ihren Dienst mitten in der Welt habe, keine falschen Folgerungen für den Kirchenbau ziehen.»[14]

Längsbau oder Zentralbau? Sehr beliebt war es in der Nachkriegszeit, Kirchen nicht mehr als Längsbauten oder Wegkirchen mit einer Ausrichtung nach Osten oder auf einen Chor zu konzipieren, sondern als Zentralbauten mit einer Gruppierung der Gemeinde um den Abendmahlstisch und die Kanzel. Die Befürworter des Zentralbauprinzips beriefen sich auf die Tradition des reformierten Kirchenbaus. In der Tat wurden nach der Reformation die mittelalterlichen Kirchen in der Weise umgestaltet, dass die Bänke um Kanzel und Abendmahlstisch herum angeordnet wurden. Nachdem im 19. Jahrhundert ausschliesslich Wegkirchen gebaut worden waren und die katholischen und die reformierten Kirchenbauten sich einander fast bis zur Ununterscheidbarkeit angenähert hatten, begrüsste man im 20. Jahrhundert den Zentralbau wieder als einen typisch reformierten Kirchenbautypus.[15]

In der Frage, ob Längsbau oder Zentralbau, wurden wiederholt Umfragen veröffentlicht. An einer, die 1959 in der Architekturzeitschrift «Werk» erschien, nahmen unter anderen Karl Barth und Fritz Buri teil. Karl Barth stellte knapp fest: «Das Zentralraumprinzip halte ich, weil es die Bestimmung des Kirchengebäudes als Ort der zur Verkündigung des Wortes Gottes und zum Gebet versammelten Gemeinde sichtbar macht, für richtig. Ich hoffe, dass es sich fernerhin durchsetzen wird.»[16] Dem hielt Fritz Buri, Münsterpfarrer in Basel, entgegen, allein die Ausrichtung auf den leeren Chor sei die der evangelischen Predigt wahrhaft entsprechende Gestaltung des kirchlichen Raumes. «Gerade der – abgesehen von seiner

14 Willi Keller: Kirchenbau zwischen gestern und morgen, in: Kirchenblatt für die reformierte Schweiz, Jg. 124, Nr. 8, 11. April 1968, S. 119–121, die Zitate S. 119 f.

15 Vom Architekten Otto H. Senn wurde mit viel argumentativem Aufwand unter Rückbesinnung auf die Tradition des reformierten Kirchenbaus der Zentralbau in exklusiver Weise als *die* protestantische Lösung empfohlen, erstmals in dem Artikel: Otto H. Senn: Protestantischer Kirchenbau. Besinnung auf die Grundlagen, in: Werk, Jg. 39 (1952), Heft 2, S. 33–40. – Vgl. Otto H. Senn: Evangelischer Kirchenbau im ökumenischen Kontext. Identität und Variabilität – Tradition und Freiheit (Schriftenreihe des Instituts für Geschichte und Theorie der Architektur an der Eidgenössischen Technischen Hochschule Zürich, 26), Basel 1983.

16 Karl Barth: Zum Problem des protestantischen Kirchenbaus, in: Werk, Jg. 46 (1959), Heft 8, S. 271. An der in diesem Heft, S. 271–280, veröffentlichten «Rundfrage über den protestantischen Kirchenbau» nahmen – neben Karl Barth und Fritz Buri – Gottfried W. Locher, Bern, Werner Tanner, St. Gallen, Jean-Louis Leuba, Neuchâtel, Gabriel Widmer, St.-Cergue, Hermann Heer, Zürich, Julius Schweizer, Allschwil und Walter Bernet, Volketswil, teil.

zeichenhaften Ausstattung – leere Chor vermag durch seine Leere der Gemeinde die ganz andere Dimension, die Dimension des Wortes Gottes, darzustellen, um deren Aufbrechen und Innewerden es doch gehen muss, wenn das, was auf der Kanzel verkündigt wird, nicht bloss das Menschenwort der Bibel und das Menschenwort der Predigt bleiben soll, sondern im Vernehmen dieses Wortes durch den Heiligen Geist Gottes Wort für den Einzelnen Ereignis wird und eine anbetende und antwortende Gemeinde schafft.»[17]

In einer Umfrage von 1961 befürwortete Eduard Schweizer das Zentralbauprinzip mit den Argumenten: «Grundsätzlich meine ich also, dass man nur so bauen darf, dass die Gemeinde zu einem ‹Leib› werden kann, der zusammengehört, also so, dass man auch das Gesicht des andern sieht und nicht nur seinen Rücken oder nur seinen Kragen und Haarschopf. Dass die Gemeinde sich, etwa im Halbkreis sitzend, zugleich öffnet zu dem hin, was ihr vom Abendmahlstisch und von der offenen Schrift her zukommt, muss sicher mitberücksichtigt werden.»[18] Und 1966 formulierte Julius Schweizer: «Es ist für die Gemeindeglieder ein wohltätiger Schock, mit der Anwesenheit des ‹Nächsten› im Gottesdienst anschaulich konfrontiert zu werden.»[19] Der Zentralbau wurde begrüsst als adäquater Ausdruck der Gemeinschaft.

Chor oder kein Chor? Bei einem Zentralbau, bei dem die Gemeinde um den Abendmahlstisch und die Kanzel versammelt ist, erübrigt sich ein Chor. Diejenigen, die einen Chor als notwendig zu einer Kirche gehörig forderten, fanden sich konsequenterweise vor allem im Lager der Befürworter des Längsbaus. Die wesentlichsten Argumente für einen Chor waren die von Fritz Buri, die in der im vorigen Abschnitt zitierten Stellungnahme bereits genannt wurden. Ein anderer Befürworter argumentierte: «Der ‹runde› Raum ist in sich abgeschlossen, fertig, bleibt bei sich selbst. Der Kirchenraum mit Chor ist nicht abgeschlossen, sondern bleibt in seiner Weise offen, weist über sich selbst hinaus in die Zukunft, auf das Reich Gottes. Die Rundkirche hat etwas Statisches, die ‹Chorkirche› etwas Bewegtes.»[20] Die Chorgegner hielten dem entgegen, eine Kirche mit Chor sei ein teilweiser «Rückfall in den Katholizismus».[21]

Einheit oder Trennung von Abendmahlstisch und Kanzel? Kontrovers wurde auch diskutiert, wie Kanzel und Abendmahlstisch zueinander stehen sollen. In

17 Fritz Buri: Wider den Zentralbau – für die Kirche mit Chor, in: Werk, Jg. 46 (1959), Heft 8, S. 277 f, Zitat S. 277.

18 Kirchenbote für den Kanton Zürich, Jg. 47 (1961), Nr. 5, S. 3 f.: «Ein Rundgespräch über drei wesentliche Fragen des Kirchenbaus». Frage 3: «Was halten Sie vom heute oft verwirklichten Zentralprinzip?». Das Zitat von Eduard Schweizer S. 4.

19 Kontakt. Die Taschenzeitschrift der Jungen, 6. September 1966, S. 5.

20 W. Tanner: Wieder einmal evangelischer Kirchenbau, in: Kirchenblatt für die reformierte Schweiz, Jg. 108 (1952), Nr. 8, S. 119–122, Zitat S. 120.

21 Eine Formulierung von Ernst Hurter in: Ernst Hurter: Die Markuskirche in Zürich-Seebach. Die theologischen Gesichtspunkte, in: Werk, Jg. 39 (1952), Heft 2, S. 48–52, Zitat S. 49.

vielen Zentralbauten wurden Kanzel und Abendmahlstisch hintereinander angeordnet, ähnlich, wie es in den meisten reformierten Kirchen bis zum Ende des 18. Jahrhunderts üblich war. Nach der Reformation kam ein reformiertes Bestuhlungsschema auf, nach dem die Bänke in drei Blöcken, d.h. hufeisenförmig, um den Abendmahlstisch bzw. den Taufstein herum angeordnet waren. Auf der vierten Seite befanden sich die Kanzel und die Stühle der Gemeindevorsteher. Nachdem man im 19. Jahrhundert Kanzel und Abendmahlstisch auseinandergerückt hatte, kam man um 1900 auf das alte reformierte Schema zurück und ordnete sie wieder hintereinander an. In den von der Berner Synode 1936 herausgegebenen kirchenbaulichen Richtlinien wurde dieses Schema wiederum verboten, mit dem Argument, die evangelische Kirche diene dem evangelischen Gottesdienst, und dieser bestehe wesentlich in der Versammlung der Gemeinde zum Wort und zum Sakrament (Taufe und Abendmahl). Kanzel, Taufstein und Abendmahlstisch seien die konstituierenden Elemente einer reformierten Kirche. Die beiden letzteren hätten ihren Ort im Chor. Eine Hintereinanderplatzierung von Kanzel und Abendmahlstisch sei zu unterlassen aus der Überlegung heraus, dass beide Elemente nicht ineinander übergehen, sondern als Zweiheit dastehen sollten. In die Mitte gehöre allein der Abendmahlstisch als Hinweis auf die letzte Gemeinschaft der Christen mit Christus, auf die wir zugehen.[22]

Die Rückkehr zum reformierten Schema wurde in den 1950er und 1960er Jahren in vielen Kirchen umgesetzt und begrüsst, es gab aber auch Kritiker. Diese argumentierten, das Wiederauftauchen des Kanzel-Altars hänge mit der gegenwärtigen theologischen Situation zusammen. «Wo man an Jesus im Grunde nur sein Kerygma gelten lässt, wo seine Auferstehung, aber voraus schon seine Heilungen und anderen Wunder einem Mühe machen, da wird man eben auch die Zeichen und Sakramente der Kirche unter die Predigt subsumieren und folglich den Abendmahlstisch unter die Kanzel stellen. Das gehört in den Zusammenhang der ‹Entmythisierung›, der Rationalisierung und Systematisierung, im 18. und 20. Jahrhundert.»[23]

Eine ganz andere, in ihrer Pragmatik erfrischende, gleichsam funktionale Lösung schlug in dieser Frage Karl Barth vor: «Die ideale Lösung des Problems der Gestaltung der Mitte jenes Raumes [des Zentralraumes] sehe ich in der Aufstellung eines markanten, aber von einem ‹Altar› deutlich unterschiedenen hölzernen und leicht erhöhten *Tisches*. Er hätte – dazu mit einem beweglichen Pultaufsatz zu versehen – zugleich als Predigtstätte *und* als Abendmahlstisch *und* an Stelle eines ‹Taufsteins› zu dienen. (Die Trennung von ‹Kanzel›, Abendmahlstisch und

22 Nach der Zusammenfassung der Berner Richtlinien, in: W. Tanner, Evangelischer Kirchenbau in der Schweiz, S. 334.

23 W. Tanner: Der schweizerische protestantische Kirchenbau von der Reformation bis zur Romantik, in: Kirchenblatt für die reformierte Schweiz, Jg. 120 (1964), Heft 18, S. 278–281, Zitat S. 281.

‹Taufstein› kann in jeder denkbaren Variation ihrer Anordnung nur zerstreuen und verwirren, wie sie denn auch theologisch nicht zu begründen ist.)»[24]

Kunst in der Kirche? Die funktionalistischen Kirchgemeindezentren der Nachkriegszeit wurden kaum mit Kunst ausgestattet. Zum Konzept der «Wohnstube der Gläubigen» passte es nicht, die Räume mit grossen Bildern zu schmücken oder mit Glasfenstern zu schliessen. Man suchte vielmehr eine möglichst grosse Offenheit und Transparenz, die Verbindung des Drinnen mit dem Draussen. Bevorzugt wurde eine schlichte, sachliche Ästhetik. Werner Max Moser schrieb dazu in Bezug auf die von ihm errichtete Kornfeldkirche in Riehen: «Eine würdevolle einheitliche Raumwirkung ist angestrebt, jedoch ist eine ‹sakrale› Stimmung vermieden. Die Verantwortung für das Erlebnis des Gottesdienstes liegt in jedem Einzelnen. Allzu geheimnisvolle Lichtführung oder dekorative bildliche und figurale Darstellungen, die mystische Bezüge einführen wollen, lenken oft mehr ab, als dass sie die Mitverantwortung des Kirchenbesuchers fühlbar machen.»[25]

Auch Karl Barth äusserte sich kurz zur Frage der Bilder in reformierten Kirchen: «Bildliche und symbolische Darstellungen sind an *keiner* Stelle des protestantischen Kirchenraums am Platze. (Auch sie können nur zerstreuen und verwirren. Der Wirklichkeit der Person und des Werkes Jesu Christi kann nur die in Gebet, Predigt, Taufe und Abendmahl und also im ‹Gottesdienst› im engeren Sinn des Begriffs, dann aber und vor allem die im Leben handelnde Gemeinde selbst entsprechen: kein Bild und kein Symbol.»[26]

Ob für eine reformierte Kirche ein sakraler oder ein funktionaler Raum adäquater sei, diese Frage beantwortet der vorliegende Artikel nicht. Als Historiker beschränke ich mich auf eine phänomenologische Darstellung dessen, was eine «funktionale» Kirche auszeichnet. Und ich referiere darüber hinaus die Argumente, die in den 1950er bis 1970er Jahren für den damals dominierenden Typus des Kirchgemeindezentrums und gegen den Typus des Sakralbaus ins Feld geführt wurden. Ob eine Kirche sakral oder funktional wirkt, hängt mit konkreten baulichen Massnahmen zusammen: Damit, ob der Bau als alleinstehende Kirche oder als Kirchgemeindezentrum konzipiert ist, ob es sich um einen Längsbau oder einen Zentralbau handelt, ob der Raum einen Chor oder keinen Chor hat und anderem mehr. Hinter den unterschiedlichen Bautypen stehen unterschiedliche theologische Konzepte von Kirche, die in den hier dargestellten Debatten sichtbar werden.

Weshalb man in der Nachkriegszeit den Typus des Kirchgemeindezentrums, die Kirche als funktionalen Bau, bevorzugte, hat viele Gründe, die zeitgebunden sind und die man im Einzelnen analysieren müsste. Gleichzeitig ist das Modell der Kirche als funktionaler Raum aber auch ein überzeitliches Konzept, dem wir in

24 Karl Barth, Zum Problem des protestantischen Kirchenbaus, S. 271.

25 Werner Max Moser, Wandlungen im reformierten Kirchenbau, S. 45–50, das Zitat S. 49 f.

26 Karl Barth, Zum Problem des protestantischen Kirchenbaus, S. 271.

der Geschichte des protestantischen Kirchenbaus nicht erst im 20. Jahrhundert begegnen. Es wechselt sich ab mit dem Modell der Kirche als Bau mit sakraler Atmosphäre. Aus einer historischen Perspektive kann man nicht sagen, das eine Modell sei reformierter als das andere, wenngleich wir feststellen können, dass in der 500-jährigen Geschichte des reformierten Kirchenbaus das Verständnis der Kirche als funktionalem Raum, als Haus der Gemeinde, überwiegt. Heute ist bei Kirchen-Neubauten und Umgestaltungen von Kirchen wieder stärker eine Tendenz zum Sakralen festzustellen. Die Gemeindezentren, wie sie in den 1950er bis 1970er Jahren gebaut wurden, sprechen mit ihrer Wohnstubenatmosphäre die Gemeinde als Kollektiv an. Damit, dass man den Kirchen heute wieder eine stärker sakrale Atmosphäre verleiht, kommt man dem Bedürfnis nach einer mehr individuellen Auseinandersetzung mit Religion entgegen.

Ein Kirchenraum, der seine Funktion bestmöglich erfüllt, ist sakral

Asha De

Funktionaler oder sakraler Gottesdienstraum – was ist adäquat, was gilt, was ist der Fall im reformierten Kontext? Mit Vergnügen gehe ich auf die Ausführungen Johannes Stückelbergers ein, der der von ihm zu vertretenden funktionalen Position eine Quellenauswahl aus den 1940er bis 1970er Jahren zugrunde legt – einem für Interessierte faszinierenden Zeitraum intensiver Bautätigkeit in der Schweiz und insbesondere in den vom Krieg verwüsteten Ländern. Die Argumente der «Funktionalen», hier von Schweizer Architekten und Theologen vorgebracht, stehen klar in der Tradition der Reformatoren. Entfaltet man aber den vorausgesetzten reformierten Standpunkt, ergibt sich – mit den Reformatoren gegen die Reformatoren – eine sakrale Position gegen die genannte Traditionslinie. Der reformierte Standpunkt birgt grössere Freiheit in der Wahrnehmung von Kirchenräumen, als es Luther und Zwingli zugestanden haben – gerade aufgrund dessen, was in protestantischer Sicht sakrale Bedeutung hat, nämlich, so Johannes Stückelberger, die gottesdienstliche Versammlung der Gemeinde unter Wort und Sakrament. Aus eben dieser Bestimmung des Sakralen entwickle ich unter Hinzuziehung des neutestamentlichen Kontextes die sakrale Position. Damit komme ich auch zu einem anderen Ergebnis als Horst Schwebel, der in seinem Text «Heilige Räume»[27] für authentische Räume im Unterschied zu heiligen plädiert. Ich teile Schwebels Ausführungen zwar weitestgehend, insbesondere auch seine Distanznahme zur Vorstellung eines Gottesdienstraums als eines Kraftraumes und dessen Aufladung durch eine Macht[28], gelange aber mit Schwebels Verständnis von Kirchen als «Ausdrucksformen» nicht zu einer Ablehnung des Begriffs des heiligen Raums.[29]

27 Horst Schwebel: Kirchenbau, heiliger Raum und architektonische Gestalt, in: Kunst und Kirche 3/2005, S. 150.

28 Vgl. Manfred Josuttis: Vom Umgang mit heiligen Räumen, in: Thomas Klie: Der Religion Raum geben, Münster 1998, S. 34–43.

29 Wen folgendes Zitat überzeugt, der muss es auch auf die funktionale Gestalt als Ausdrucksform anwenden: «Es gibt Formen, die einstmals wirkungskräftig waren, irgendwann aber ihre Kraft eingebüsst haben […] Evangelium und Kirche auf nur eine kulturelle Verwirklichungsform festzulegen widerspräche – sofern man dies tatsächlich wollte – dem Geschichtsprozess als Prozess permanenten Wandels. Verliert eine innerhalb der Kirche vorhandene Ausdrucksform ihre Kraft, weil sich Weltbild und Kultur verändert haben, wird man Formen wählen, die noch ausdrucksstark und bedeutungsgeladen sind. Es ist eine Kairologie einzufordern, die in der jeweiligen Gegenwart nach wirkungsmächtigen Ausdrucksformen in Architektur, Kunst und Sprache Ausschau hält. Leopold von Rankes Feststellung aus dem 19. Jahrhundert, dass eine jede Zeit ‹unmittelbar zu Gott› sei, trifft auch auf den Kirchenbau zu.» Schwebel, Kirchenbau, S. 150.

Zur Wahrnehmung *heiligen Raums* innerhalb eines reformierten Rahmens haben u.a. Klaus Raschzok[30], Fulbert Steffensky[31], Helmut Umbach[32] Ansätze geliefert. In meinen Ausführungen wird dieser Rahmen beleuchtet. Was dieser Text nicht liefern kann, ist eine Liste von etwaigen Stilelementen für sakrale Räume – ebenso wenig wie es eine solche Liste für das gibt, was ein Kunstwerk ausmacht, und ebenso wenig wie der funktionale Standpunkt eindeutige Stilelemente liefern kann.

Der Ausgangspunkt: Die Alternative

Die Entfaltung des reformierten Standpunktes ergibt sich zum einen mit den von Johannes Stückelberger formulierten Begriffsbestimmungen, zum anderen mit der Setzung einer Alternative zwischen *funktionalem oder sakralem Raum*. Es stellt sich die Frage, welche Funktion die so gestellte Alternative hat. Dabei muss geklärt werden, ob es sich bei den Alternativen um Forderungen oder Behauptungen handelt. Geht es um die Wirklichkeit gottesdienstlicher Praxis oder um Forderungen nach notwendigen oder möglichen Gestalten kirchlicher Architektur? Und schliesslich: Handelt es sich um eine echte Alternative? Steht sie nicht in der Traditionslinie der funktionalen Position, und mehr noch, kann die funktionale Position ihre Funktion erfüllen?

Mit der Klärung dieser Fragen wird sich zeigen: Ein Kirchenraum, der seine Funktion optimal erfüllt, ist sakral.

Sakraler Raum

Johannes Stückelberger beginnt mit einer Abgrenzung. Für den reformierten Glauben sei das Kirchgebäude «kein Haus, in dem Gott wirklich wohnt». Verstehbar ist das als Abgrenzung zum alttestamentlichen Bedeutungsfeld des *Heiligen*.[33] Hier gilt: Erstens ist das Heilige eine Bezeichnung für Gott selbst.[34] Zweitens ist es eine Bezeichnung für das, was Gott zugewandt oder zugeordnet ist, ihm gehört. Für Letzteres wird im heutigen alltäglichen Sprachgebrauch der Begriff *sakral* verwendet. Gott wird nie als *sakral* bezeichnet. Hingegen kann *sakral* «dem Heiligen

30 Klaus Raschzok: Der Feier Raum geben, in: Thomas Klie, Der Religion Raum geben, S. 112–135.

31 Fulbert Steffensky: Der Heilige Raum, der die Sehnsucht birgt, in: Rainer Bürgel; Andreas Nohr: Spuren hinterlassen … 25 Kirchenbautage seit 1946, Hamburg 2005.

32 Helmut Umbach: Heilige Räume – Pforten des Himmels, Göttingen 2005.

33 Aufgrund der Kürze des Textes ist eine Auseinandersetzung mit einer modernen katholischen Position nicht möglich. Vgl. z.B. die Positionen von Romano Guardini, Rudolf Schwarz, Thomas Sternberg, ausserdem den Überblickstext zu evangelischen und katholischen Vorstellungen von Barbara Kahle: Zum Verhältnis des Sakralen und Profanen, in: dies., Deutsche Kirchenbaukunst des 20. Jahrhunderts, Darmstadt 1990, S. 214–229.

34 Vgl. Jes 6,3.

zugewandt bzw. zugehörig» bedeuten, wenn mit dem *Heiligen* Gott bzw. das Göttliche gemeint ist. In diesem Sinne schwingen die Bedeutungsfelder des Numinosen mit, welche Rudolf Otto in seinem Werk «Das Heilige»[35] erörtert hat.

Daraus ist zu schliessen: Ein Haus, in dem Gott wirklich wohnt, ist ein sakrales Gebäude. Doch diesen bestimmten Ort gibt es für den reformierten Glauben nicht. Das gilt unbedingt und eindeutig, denn für diesen Glauben ist zentral, dass in einem Moment der Geschichte offensichtlich wurde, dass es heilige von der sonstigen Welt abgrenzte Bezirke (*fanum* und *pro-fanum*) nicht gibt, «weil Gott die Welt gehört und weil die Welt der Ort ist, an dem man Gott preisen und Gott Dank erweisen soll».[36] Davon erzählt das Neue Testament zeichenhaft: Der Vorhang im Tempel, der *pro-fanum* und *fanum* trennt, reisst im Moment von Jesu Tod. Das bedeutet: Einerseits gibt es keine heiligen Bezirke, denn es steht alles unter der Gnade Gottes und ist somit heilig. Andererseits ist alles pro-fan und harrt der Erlösung. Diese universale doppelte Tatsache findet in neutestamentlichen Sätzen ihren Ausdruck, die als Behauptung (des Gnadengeschehens) und Forderung oder Hoffnung (dem Gnadengeschehen zu entsprechen) verstehbar sind, so – in ihrer Prägnanz nicht zu übertreffen – die Verse: «Eurer Leib ist ein Tempel des heiligen Geistes.»[37] Und: «Ihr seid der Leib des Christus, als einzelne aber Glieder.»[38] In diesem Sinne gibt Jesu Versprechen christlicher Hoffnung Raum: «Wo zwei oder drei in meinem Namen versammelt sind, da bin ich mitten unter ihnen.»[39] Damit liegt eine eindeutige, positive Bestimmung des sakralen Raums vor, der sich aus der Gemeinschaft der Gläubigen – eines jeden in seiner leiblichen und geistigen Individualität – ergibt. In diesem Sinne lässt sich eine Kirche nach Johannes Stückelberger allenfalls *sakral* nennen, wenn sie zu einem Gottesdienstraum, d. h. «durch die in ihr versammelte Gemeinde zu einem Gotteshaus wird».

Daneben steht das Erfahrungsurteil, dass es durchaus – auch für Protestanten – Räume gibt, die *Sakralität* ausstrahlen, eine «gewisse Weihe und Würde, die Erwartung einer besonderen, einer ‹heiligen› Atmosphäre», wie es Johannes Stückelberger beschreibt. *Sakralität* – das ist ein Begriff für eine vieldeutige Erfahrung eines undeutlichen Abglanzes oder einer Illusion des Sakralen. Diffuses schwingt mit. Ein Gebäude kann gemäss obigen Ausführungen höchstens das bieten, allenfalls eine Spur.

Es lässt sich zusammenfassen: Grundsätzliches in der Stellungnahme zur gestellten Alternative *funktionaler oder sakraler Raum* hängt davon ab, *ob* der Unterschied zwischen dem Göttlichen und dem «dem Göttlichen zugewandten»

35 Rudolf Otto: Das Heilige. Über das Irrationale in der Idee des Göttlichen und sein Verhältnis zum Rationalen, München 1963.

36 Eduard Schweizer nach Horst Schwebel, Kirchenbau, S. 151.

37 1Kor 6,12. 19.

38 1Kor 12,27 (bzw. 12,12–31)

39 Mt 18,20; zu «in meinem Namen» vgl. auch Mt 28,19.

gedacht wird und *wie* dieser Unterschied gedacht wird. Viel hängt also davon ab, *ob* bei der Verwendung des Begriffes *sakraler Raum* der Unterschied zwischen Gott und dem *sakralen Raum* gedacht wird, und wenn, *wie* dieser Unterschied gedacht wird. Da einerseits im reformierten Kontext die Kirche kein Haus ist, in dem Gott wirklich wohnt, ist klar, dass der Unterschied zwischen Gott und Kirchgebäude gedacht wird. Es wird andererseits auch unterschieden zwischen Gott und dem Gotteshaus, welches sich durch die in ihr versammelte Gemeinde *sakral* nennen lässt, weil dieser versammelten Gemeinde die Zusage gilt: «[...] da bin ich mitten unter ihnen.» Damit scheint eigentlich alles gesagt zu sein: Der dem gottesdienstlichen Geschehen zur Verfügung stehende gebaute Raum ist für dieses – einmal abgesehen vom Witterungsschutz – irrelevant. Umgekehrt kann jeder Raum durch die Versammlung der Gemeinde sakral werden. Das gilt unbedingt und ist eindeutig – eine etwaige diffuse Sakralität hin oder her. So hat es Luther in seiner Torgauer Predigt zur Einweihung der Schlosskappelle ausführlich vertreten. Es geht um die Gemeinde, die sich zu Predigt und Sakrament versammelt, nicht um das Gebäude. Luther argumentiert: So wie der Sabbat für den Menschen da ist und nicht der Mensch für den Sabbat, so ist auch die Kapelle für den Menschen da und nicht der Mensch für die Kapelle. Genau das ist der reformierte Standpunkt.

Damit ist die Funktion des Kirchgebäudes scheinbar geklärt. Dieses hat den Zweck, der Gemeinde, welche sich zu Wort und Sakrament versammelt, zu dienen. Das ist die «Versammlungs- und Verkündigungsfunktion» des Gebäudes, um die es der funktionalen Position geht. Johannes Stückelberger entwickelt diese, indem er dem genannten Zweck gemässe architektonische Aspekte ins Feld führt. Sicher ist: Diffuse Sakralität ist zu meiden.

Doch die Funktion des Kirchengebäudes ist noch nicht geklärt, denn der bisherige Gedankengang beruht auf drei Voraussetzungen, die nicht ohne Weiteres plausibel sind.

Erstens, die Eindeutigkeit des Gottesdienstgeschehens, welches *sakral* genannt werden kann: Wie eindeutig ist die Gottesdienstpraxis, für die das reformierte Kriterium gilt, nämlich die Versammlung der Gemeinde im Namen Jesu Christi unter Predigt und Sakrament? Mit anderen Worten: Inwiefern eignet der Predigt weniger Atmosphärisches und damit mehr Eindeutigkeit als der Architektur? Kann die Versammlung der Gemeinde im Namen Jesu Christi nur unter Predigt und Sakrament geschehen? Anders gefragt: Findet das neutestamentliche Geschehen seine Ausdrucksform nur in Predigtwort und Sakrament und nicht auch in Architektur und Kunst?

Zweitens, die Aufhebung der Grenzen zwischen profanen und sakralen Orten: Sind ihre Konsequenzen dadurch ausgeschöpft, dass alles sakral oder alles profan genannt werden kann?

Drittens, die Funktion der funktionalen Position: Die Funktion der funktionalen Position ist es, dem Zweck der Gemeindeversammlung, also dem Gottesdienst, beste Realisierungsbedingungen zu schaffen und zwar gemäss den von Johannes Stückelberger ausgeführten Aspekten. Kann die funktionale Position nach Betrachtung der ersten beiden Voraussetzungen ihre Funktion noch erfüllen? Ist es nicht vielmehr so, dass ein Gottesdienstraum seine Funktion optimal erfüllt, nur wenn er auch eine sakrale Atmosphäre ausstrahlt?[40] Im Folgenden werde ich diese drei Voraussetzungen genauer ausführen.

Erstens: Die Eindeutigkeit des Gottesdienstgeschehens, welches sakral genannt werden kann.

Ausdruck für ein Verständnis des Gottesdienstes als Versammlung der Gemeinde im Namen Jesu Christi ist die Kirchbaudiskussion um die Stellung von Kanzel und Abendmahlstisch. Gleichgültig ob eine Vorrangstellung der Predigt (reformiertes Schema) oder eine Gleichwertigkeit[41] von Predigt und Sakramenten vertreten wird, es geht um das Wort, sei es der Predigt, sei es des mit den Sakramenten gesprochenen.

Nehmen wir an, dieses Kriterium der Wortzentriertheit sei theologisch eindeutig – eine Näherbestimmung dessen, was überhaupt mit Wort, Gottesdienst, Versammlung, Gemeinde, dem Namens Jesu Christi gemeint ist, ausser Acht gelassen. In der sonntäglichen Praxis, erhält diese Eindeutigkeit in jeder einzelnen Person eine Brechung. Das ist keine Neuheit für die praktische Theologie. Die Vielschichtigkeit individueller Wahrnehmung – sei es der Gemeinschaft, der Predigt, der Liturgie – einer jeden Gottesdienstbesucherin lässt sich bekanntlich nicht auf eine Wahrnehmung reduzieren. Gewissheit des Geschehens liegt vielmehr in der einzelnen Glaubenserfahrung geschehener göttlicher Zusage. Die Praxis des gepredigten Wortes und der Liturgie kann in der Wahrnehmung der Versammlung gar nicht anders als diffus sein, selbst bei brilliantester Predigt und gewandtester Liturgie. Ihrer Praxis eignet nicht weniger Atmosphärisches als einer etwaigen Sakralität des Gottesdienstraumes. Gottesdienstpraxis ist höchst diffus, denn ihre Struktur ist vielschichtig. Dahingestellt sei, ob das ein Problem ist oder gerade die Fülle des Predigtwortes ausmacht. Nicht anders verhält es sich also als bei einem Gebäude, dem nach Johannes Stückelbergers Ausführungen etwas Atmosphärisches anhaftet und welches sakralen Charakter haben kann. Atmosphäre ist selten eindeutig, das Diffuse ist für sie typisch. Dahingestellt sei, ob das tatsächlich ein Problem ist oder gerade die Fülle des Kirchenraumes ausmacht.[42] Eine Versammlung im Namen Jesu Christi – das kann auch in der Stille angesichts eines gebauten Raumes der Fall sein.

40 Ohne hiermit schon eine Theorie der Atmosphäre das Wort zu reden.

41 Johannes Stückelberger, Anm. 23 und 24.

42 Betont sei: *Diffus* ist hier kein wertender Begriff. An dieser Stelle hätte auch die Theorie des offenen Kunstwerkes Platz, vgl. Klaus Raschzok: Der Feier Raum geben, in: Thomas Klie, Der Religion Raum geben, 130f.

Zugegeben, die Diffusität sprachlicher Bedeutungsfelder lässt sich insofern nicht mit der Diffusität einer Raumatmosphäre vergleichen, als Sprache auf Grammatik basiert, der gebaute Raum hingegen auf seiner Konstruktion. Ein Gebäude ist keine Predigt. Sprache spielt innerhalb ihrer Regeln mit der unauslotbaren Tiefe ihrer Worte und Sätze. Ihre Bedeutungen entstehen im Zusammenspiel mit dem Erfahrungsschatz und der Bildung der Hörerschaft. Gemeint ist hier Erfahrung und Bildung im umfassenden religiösen, ästhetischen, ethischen, kognitiven Sinne. Im Vergleich hierzu spielt Architektur innerhalb ihrer Regeln mit der uneinholbaren Widerständigkeit von formalem Entwurf und materieller Ausgestaltung. Ihr räumlicher Eindruck entsteht im Zusammenspiel mit dem sinnlich-kulturellen Erfahrungsschatz und Wissen der Besucher. Der Vergleich lässt sich weiterziehen und entsprechende Parallelen liessen sich für Musik nennen. Auf Bildern und Symbolik bauen alle drei – Wort, Raum, Musik – auf. Karl Barth verlangte somit Unmögliches.[43]

Nun existiert bezüglich Wort und Musik ein Vorurteil, welches sich wie ein Missverständnis von 2Kor 4,18ff. ausnimmt. Wort und Musik scheinen dem Transzendenten doch etwas näher zu sein als die Architektur: «Denn das Sichtbare gehört dem Augenblick, das Unsichtbare aber ist ewig. Denn wir wissen: Wenn unser irdisches Haus, das Zelt, abgebrochen wird, dann haben wir eine Wohnstatt von Gott, ein nicht von Menschenhand gemachtes, unvergängliches Haus im Himmel. […] Denn solange wir noch im Zelt sind, seufzen wir […] solange wir im Leib zu Hause sind, fern vom Herrn […]»

Das eigentliche Tabu des Protestantismus, der mit der Aufhebung von profan – sakral ernst machen wollte, ist, dass er eine neue Ausgrenzung hervorgebracht hat, nämlich die Ausgrenzung materieller und damit auch architektonischer Ausdrucksformen für das, was er seine Glaubenserfahrung nennt. Stattdessen erhebt er das gepredigte Wort und später die Kirchenmusik in einen quasi sakralen Stand. Architektonischer Raum als Ausdrucksform von Glaubenserfahrung gehört nicht zum reformierten Repertoire. Damit widerspricht der Protestantismus seinem eigenen grenzüberschreitenden und Grenzen wahrnehmenden radikalen Verständnis des Neuen Testaments, welchem es um den ganzen Menschen geht – den inneren und den äusseren.[44]

Sinnesphysiologisch lässt sich diese Ausgrenzung nicht begründen. Denn das gesprochene Wort nimmt als Schall- und Klangerlebnis eine vergängliche Zeitspanne in einem abgegrenzten Raum ein, genauso wie das Kirchgebäude, nur dass für dieses andere Grössenordnungen gelten.

Die historisch bedingte Sorge der Reformatoren vor stabilen Materialisierungen gottesdienstlicher Ausdrucksformen findet ihre Entsprechung in Vorschlägen

43 Vgl. Johannes Stückelberger, Anm. 26.

44 1Kor 6,12: «Alles ist mir erlaubt, aber nicht alles ist zuträglich. Alles ist mir erlaubt, aber nichts soll Macht haben über mich.»

wie denjenigen Karl Barths zur flexiblen Handhabe von Räumen und liturgischem Gerät (Pultaufsatz). Sie entspricht der Sorge, dass Stabilität in der Zeit mit ewigem Wert gleichgesetzt wird, wie es tatsächlich in der Geschichte immer wieder geschehen ist und geschieht. Doch zum heutigen Zeitpunkt ist diese Sorge nicht angebracht. Die heutige Gesellschaft huldigt der Flexibilisierung und Virtualisierung, nicht der stabilen Materialisierung. Flexibilisierung heisst Austauschbarkeit von Räumen, Zeiten und Dingen in Bezug auf ihre Funktion, ermöglicht durch standardisierte Ausdrucksformen für beliebige Inhalte. Wenn es so weit ist, dass die Flexibilisierung nicht für den Menschen da ist, sondern der Mensch für die Flexibilisierung, dann wird es Zeit, dass der reformierte Standpunkt zum Zuge kommt und Kirche den Raum bietet, den der Mensch braucht: unverwechselbare, gut alternde, identitätsstiftende Orte. Im Sinne des protestantischen Prinzips muss Kirche auch robusten, materiellen Raum geben, wenn im virtuellen Raum Halt fehlt.

Zweitens: Sind die Konsequenzen der neutestamentlichen Aufhebung der Grenzen zwischen profanen und sakralen Bezirken erschöpfend bedacht?

Worum es beim Kirchenraum geht, ist, dass es sich um einen aus dem Alltag ausgegrenzten Raum handelt – um einen ausgezeichneten Bezirk, um eine Tabuzone in Zeit und Raum, wenn er auch nicht Selbstzweck ist. Nach Johannes Stückelberger war der Wunsch nach einem Gottesdienstraum selbst zu den hohen Zeiten des Gemeindezentrumbaus herrschend. Auch wenn Gottesdienst immer und überall stattfinden kann, wird im Moment seiner Durchführung ein bestimmter Raum und eine bestimmte Zeit aus dem Alltag ausgegrenzt, selbst wenn er nachmittags auf dem freien Feld gefeiert und per Satellit auf die andere Seite des Erdballs übertragen wird.

Die Hinwendung zum befreienden Wort, fort von materieller Enge, hatte in der Reformationszeit historische Brisanz. In ihr geborgen ist das jedoch reformatorische Prinzip. Dieses kann keine leere Wiederholung historischen Handelns bedeuten. Dieses Prinzip beinhaltet vielmehr, dass auch für die Hinwendung zum Wort gilt: Die Hinwendung zum Wort ist für den Menschen da und nicht der Mensch für die Hinwendung zum Wort. Die Hinwendung zum Wort hat eine befreiende Wirkung, wenn sie für den Menschen da ist. Und das heisst insbesonders: Hinwendung zum fleischgewordenen Wort, welches nicht anders kann, als seine Grenzen ziehen. Der Mensch ist ein Wesen, das Grenzen zieht.

Der Mensch ist und bleibt ein Wesen, das Grenzen zieht. Inkarniert sein heisst immer auch, Grenzen zu ziehen. Mit jeder unserer Körperzellen – so der Philosoph und Biologe Helmuth Plessner[45] – finden ständige Grenzüberschreitungen von

45 Vgl. Helmuth Plessner: Anthropologie der Sinne, Gesammelte Schriften, III, Stuttgart 1980. Ansatzweise auch Hans Jonas mit seinem Versuch einer philosophischen Biologie: Hans Jonas: Das Prinzip Leben, Stuttgart 1997.

innen nach aussen und umgekehrt statt. Auf der steten Suche nach seiner Mitte erfährt der Mensch als Wesen, das Grenzen zieht, Nähe und Distanz zu seiner Umwelt. Unsere Sinne sind Wächter unseres Inneren und Tore nach aussen.

Eine Form der Grenzüberschreitung ist der Laut, das Wort, die Sprache, mit der der Mensch Kontakt aufnimmt, Bedeutung vermittelt. Kontakt und Bedeutung ergeben sich nicht nur aus dem lexikalischen Feld des Wortes, sondern Tonfall, Satzmelodie und Situation geben gleichermassen Kontur. So werden Worte Ausdruck bestimmter Erfahrungen. Der Mensch ist auch ein haptisches und visuelles Wesen. Als solches ist er stets ein Teil eines grösseren Raumes und erfährt Räume durch seine Bewegung in ihnen. So wie Worte können Räume Ausdruck bestimmter innerer und äusserer Erfahrungen des Menschen werden. Das Grenzen ziehende Wesen Mensch nimmt seine Leiblichkeit als Räumlichkeit wahr, die er mit der Kleidung als nächster Grenze umgibt. Als nächstes kommt die Behausung. Sie bietet Schutz, Gastlichkeit und Unterstützung privater Erfahrung.[46]

Es gibt keine Rechtfertigung für die Hierarchie der Sinne. Es gibt auch keine Rechtfertigung für eine Hierarchie der ihr prinzipiell zuzuordnenden Ausdrucksformen. Visuelle, haptische, auditive, gustatorische, olfaktorische Ausdrucksformen lassen sich nicht ersetzen. Ausdrucksformen für Erfahrungen sind aber immer auch Grenzziehungen. Denn ob ich Worte wähle oder eine Raumform, ich grenze andere aus. Nur so erhalten Worte und Räume ihre besonderen Bedeutungen. Der Mensch kann nicht anders, als Grenzen zu ziehen. Selbst wenn er unbegrenzte Flexibilität erreichen würde, würde er eines ausgrenzen: das Bedeutungsvolle.

Drittens: Die Funktion der funktionalen Position ist es, dem Zweck der Gemeindeversammlung – also dem Gottesdienst – beste Realisierungsbedingungen zu schaffen und zwar gemäss den von Johannes Stückelberger ausgeführten Aspekten. Kann die funktionale Position nach der Betrachtung der ersten beiden Voraussetzungen ihre Funktion noch erfüllen?

Funktional heisst, so Johannes Stückelberger, innerhalb der Architekturgeschichte ein Stil, der die Erscheinungsform ganz aus der Funktion eines Bauwerks abzuleiten versucht. Unabhängig von der Funktion eines Gebäudes wird im Sinne dieser Stilrichtung ein schlichter, schmuckloser, sachlicher, zweckorientierter Bau vorgestellt.

Was den Zweck eines Kirchgebäudes angeht, seine «Versammlungs- und Verkündigungsfunktion», entwickelt Johannes Stückelberger folgende Aspekte:[47] Er hat die Versammlung der Gemeinde zu beherbergen (Gastlichkeit), zu schützen (Gemeinschaft statt Machtdemonstration), zu konzentrieren (keine Ablenkung

46 Vgl. Joachim Fischer: Exzentrische Positionalität. Der Potsdamer Platz in der Perspektive der philosophischen Anthropologie, in: Joachim Fischer; Michael Makropoulos (Hg.): Potsdamer Platz. Soziologische Theorien zu einem Ort der Moderne, S. 13–15.

47 Vgl. Johannes Stückelberger: Anm. 12, Anm. 7 Anm. 26, Anm. 25.

durch Bilder und Symbole), die Individualität der einzelnen Glaubenserfahrung zu unterstützen (Verantwortung des Einzelnen). Damit hat das Kirchgebäude aus der Sicht der «Funktionalen» eine anspruchsvolle Funktion. Es hat nicht lediglich den Zweck, vor schlechter Witterung zu schützen. Wenn Funktion allgemein heisst, einem Zweck zu dienen, dann sind es die genannten Teilzwecke, dem das Gotteshaus zu dienen hat. In diesem Sinne hat es dem Menschen und dessen Gottesdienst zu dienen. Der funktionale Kirchenraum kann mit dem Gottesdienst der Gemeinde zum sakralen Raum werden.

Angemerkt sei: Das von Louis Sullivan kreierte Motto «form follows function» lässt sich heute nur noch als Motto für einen gescheiterten Versuch, eindeutige Bauformen hervorzubringen, lesen.[48] Das hat sich auch für den Kirchenbau erwiesen. Vielmehr noch beinhaltete das Motto bei Sullivan selbst in keiner Weise das mit dem Funktionalismus verbundene Urteil «Ornament ist Verbrechen». Im Gegenteil, Sullivan war in der Gestaltung des Ornamentalen, welches von ihm nicht mit Ablenkung und Unsachlichkeit gleichgesetzt wurde, äusserst kreativ. In diesem Sinne haben sich keine eindeutigen Kriterien für den modernen, reformierten Kirchenbau ergeben, weder für einen funktionalen noch für einen anderen Stil. Dies hatte zwar innerhalb der Tradition nie Beliebigkeit zur Folge, aber die einzelnen typologischen Merkmale durchliefen eine wechselvolle Geschichte in ihrer Zuordnung sei es zum reformierten oder katholischen Kirchenbau, sei es zu einem sogenannt funktionalen oder sogenannt sakralen Typus – ob Längs- oder Zentralbau, ob mit oder ohne Chor, ob als Gemeindezentrum usw.[49] Bei der Sakralität eines Gebäudes geht es nicht um solche Merkmale und ihre vermeintliche Darstellungskraft, wie Fritz Buri[50] es in seiner Forderung nach einem Chor auch für den funktionalen Bau implizierte, sondern um die mit Worten nicht einholbare gelungene Gestalt, um die berührende Widerständigkeit der Materialisierung, um die Spuren des Handwerks, welche als gebaute Ausdrucksform von Glaubenserfahrung erscheinen.

Schluss

Wenn nun die Alternative *funktionaler Raum oder sakraler Raum* gestellt wird, dann ist festzuhalten, dass die architektonischen Kriterien für den funktionalen Gottesdienstraum genauso diffus sind wie für einen Raum, der sakrale Atmosphäre ausstrahlt, oder wie für eine Predigt, die gelingt oder nicht gelingt. Aus funktionaler Perspektive wird unter Ausschluss der Tatsache, dass auch Predigtworte und Musik atmosphärischen Gehalt besitzen, die diffuse, manipulierende

48 Vgl. David Chipperfield, Neue Zürcher Zeitung, 20. November 2011.

49 Vgl. Wilfried Koch: Baustilkunde, München [27]2006, sowie Barbara Kahle, Zum Verhältnis des Sakralen und Profanen, S. 214–229.

50 Vgl. Johannes Stückelberger, Anm. 17.

Sakralität eines Baus im Unterschied zur Klarheit des befreienden Wortes gesetzt.[51] Dies hat seinen historischen Grund in der Zeit der Reformation, in der Kirchgebäude Ausdrucksformen einer mächtigen Institution waren. Dass Worte ebenso diffus und sogar machtausübend sein können, das hat nicht nur das Dritte Reich gezeigt, dessen in nächster Vergangenheit der von Johannes Stückelberger angeführten Quellentexte liegende Propagandamaschine bis heute Wirkung zeigt – mehr als die überdimensionalen Bauten dieses Reiches, die heute verfallen.

Ist deshalb nicht vielmehr für den Zweck eines Kirchenraums – Gastlichkeit, Schutz vor bestimmenden Mächten, Unterstützung der Konzentration, Berücksichtigung von Individualität für das gelingende Gottesdienstgeschehen – adäquat, wenn Rücksicht auf die Konstitution des sinnlichen, Grenzen ziehenden Wesens Mensch genommen wird? Dieses Wesen sucht und findet Ausdrucksformen seines Glaubens auch im besonderen, gesonderten Raum, der so zum *sakralen Raum* werden kann und damit seine Funktion bestmöglich erfüllt. Denn die reformatorische Hinwendung zum Wort ist nicht mit der Hinwendung zum menschlichen Predigtwort zu verwechseln und schon gar nicht mit dem Ausschluss anderer menschlicher Ausdrucksformen. Für die *funktionale Position* sind Gebäude mit *sakraler* Atmosphäre entweder trügerisch, dass heisst nicht eigentlich *sakral*, und deshalb zu unterbinden, oder es gilt liberaler: Die *sakrale* Atmosphäre tut nichts zur Sache und ist gleichgültig für das gottesdienstliche Geschehen. Hingegen ist für die *sakrale Position* die Wahrnehmung von Räumen nicht minder existenziell als das Hören von Worten. Diese Wahrnehmung kennt so etwas wie die Erfahrung von Weihe in dem Sinne, dass ein Raum dem Pro-fanen entzogen erscheint und für das Heilige durchsichtig. Menschliche Wahrnehmung kennt so etwas wie die würdige Ausstrahlung eines Raumes. Warum sollte diese Wahrnehmungsform weniger wahr sein als diejenige, die beim Hören eines Predigtwortes gegeben ist? Je nachdem werden Eindrücke als uneigentlich beziehungsweise trügerisch oder als wahrhafter Ausdruck interpretiert. Warum und wie etwas zum wahrhaften Ausdruck von Glaubenserfahrung wird, lässt sich theoretisch nicht einholen.

51 Gegen Benedikt Huber. Vgl. Johannes Stückelberger, Anm. 5.

Replik auf das Plädoyer von Asha De

Johannes Stückelberger

Was unterscheidet den Raum einer immanenten von dem einer transzendenten Gotteserfahrung?

Kirche als sakraler oder als funktionaler Raum? Das Begriffspaar – so habe ich in meinem Beitrag angedeutet, und Asha De begründet es theologisch – eignet sich für die Bestimmung einer reformierten Auffassung von Kirche nur bedingt. Das Hauptargument: Auch ein «funktionaler» Kirchenraum, der von sich aus zwar keine sakrale Atmosphäre ausstrahlt, wird in dem Moment zum Sakralraum, da sich in ihm die Gemeinde zum Gottesdienst versammelt und im Hören auf Gottes Wort Gott begegnet. Gibt es alternative und bessere Begriffe? Zum Beispiel Haus Gottes (*oikos kyriakou*, von dem die Begriffe Kirche oder *church* abgeleitet sind) versus Haus der Gemeinde (*domus ecclesiae*, dem die *église* oder die *chiesa* entsprechen)? Auch dieses Begriffspaar ist unscharf, insofern das Haus Gottes ja nicht nur Gott vorbehalten ist und im Haus der Gemeinde – wie ich soeben ausgeführt habe – ebenso Gott erfahren wird und somit präsent ist. Um diesen begrifflichen Schwierigkeiten zu entrinnen, schlage ich vor, zwischen Räumen einer immanenten und Räumen einer transzendenten Gotteserfahrung zu unterscheiden. In den einen wird Gott im Mitmenschen, im Endlichen, im Diesseits erfahren, in den anderen in der Hinwendung zum Fremden, Unendlichen, Jenseitigen. Indem hier wie dort Gottesbegegnungen stattfinden, sind beide Raumtypen Sakralräume.

Doch lassen wir die Begrifflichkeit und wenden wir uns einer pragmatischeren Fragestellung zu, die im Rahmen des hier Debattierten nicht vergessen gehen soll. Wenn eine Kirchgemeinde mich um Rat beizieht und von mir wissen möchte, wie sie ihre Kirche bauen, umbauen oder umgestalten soll, so spiele ich den Ball zurück und frage, welchen Charakter denn die Kirche bekommen solle. Soll sie eine Wohnstubenatmosphäre oder eine mehr sakrale Atmosphäre ausstrahlen? Soll es – mit der obigen Unterscheidung gefragt – ein Ort der immanenten oder ein Ort der transzendenten Gotteserfahrung werden? In den 1950er bis 1970er Jahren wünschte man Wohnstuben, heute wünscht man wieder vermehrt Räume mit einer sakralen Atmosphäre. Manchmal und nicht selten möchten die Gemeinden auch beides, und da weiss ich dann, was mich erwartet: die liturgische Quadratur des Kreises.

Ist der allgemeine Charakter bestimmt, geht es an die Details. Welche Formen und Materialisierungen tragen dazu bei, dass wir die einen Kirchen als Räume erfahren, die dazu einladen, uns einem jenseitigen Heiligen zuzuwenden, während wir in den anderen Gott in den Mitmenschen begegnen? Was unterscheidet die Sakralräume von den «Wohnstuben» der Gemeinde? Dem ersten Raumtypus entspricht der Längsbau, in dem die Gemeinde auf einen Chor ausgerichtet ist. Der Chor ist ursprünglich der Ort des Allerheiligsten. Als solcher hat er in der reformierten Kirche zwar keine Funktion mehr, gleichwohl hat man an ihm oft auch in reformierten Neubauten festgehalten. Der Chor übernimmt die Funktion des Verweises auf eine andere Wirklichkeit. Dem zweiten Raumtypus entspricht der Zentralbau, in dem die Gemeinde einander zugewandt ist. Die «Wohnstuben» sind eher klein und intim, Sakralräume hingegen gross und öffentlich. Die ersteren sind von der Atmosphäre her warm, viel Holz und warme Farben finden darin Anwendung, die Sakralräume weisen eher eine kalte Atmosphäre auf, mit weissen Wänden aus Stein, Marmor oder Gips. Die einen Materialien absorbieren das Licht, die anderen reflektieren es, was gleichsam einer optischen Erfahrung von Immanenz beziehungsweise Transzendenz entspricht. Hier wird das Licht als Eigenschaft des Materials wahrgenommen, dort empfindet man es als etwas Eigenes, von aussen Kommendes, das von den Oberflächen des Raumes gespiegelt wird.

Das Gleiche lässt sich hinsichtlich der Akustik beobachten: Holzkirchen haben eine gedämpfte Akustik, das Material absorbiert die Töne. Steinkirchen hingegen haben eine Echoakustik, das Material wirft die Töne zurück. Immanenzkirchen – um diesen Begriff mal auszuprobieren – sind oft Mehrzweckräume mit einer flexiblen Bestuhlung, Transzendenzkirchen hingegen reine Gottesdiensträume mit einer statischen Ausstattung. Die einen sind oft in ein Kirchgemeindezentrum integriert, die andern als freistehende Kirchen konzipiert. Zur Wohnstubenatmosphäre passt eine wohnliche Ausstattung mit Pflanzen und warmem Licht, in Sakralbauten hingegen erwartet man eine distanziertere und «kühlere» Atmosphäre. In den einen findet man kaum Kunstwerke, in den anderen tragen oft Glasfenster zu einer geheimnisvollen und sakralen Stimmung bei. Das Haus der Gemeinde, die «Wohnstubenkirche», vermittelt eine Stimmung, die bekannt ist, und die einem ein Gefühl von Heimat gibt. Das Haus Gottes, der Sakralbau, zeichnet sich durch eine fremde, eine deutlich andere Atmosphäre aus.

Zum Schluss noch einmal die Feststellung: Beiden Kirchentypen, sowohl dem Raum, der eine immanente, wie auch dem, der eine transzendente Gotteserfahrung vermittelt, begegnen wir in der Geschichte des Kirchenbaus. Als Historiker schliesse ich daraus, dass beide mit einem reformierten Verständnis von Liturgie und Kirche vereinbar sind.

Antwort auf die Replik von Johannes Stückelberger

Asha De

Interviewbefunde

Das Verhältnis der reformierten Kirche zu ihren Bauten ist genuin zwiespältig. Denn der blinde Fleck des reformierten Glaubens liegt in seinen visuellen, mithin sinnlichen Ausdrucksformen, die selbstverständlich auch räumlich sind. Ein enges Verständnis des *solus christus, sola fide, sola scriptura* verwechselt das fleischgewordene Wort mit der Vielzahl flüchtiger Worte[52] und zieht selbst den Begriff der Erfahrung in Zweifel, da dieser nicht ohne unsere Sinne gedacht werden kann. Doch ohne Erfahrung geht es nicht. Glaube ohne Erfahrung ist blind.

Glaubenserfahrung ist immer Gotteserfahrung. Sie findet ihre Ausdrucksformen, ob sie flüchtig sind oder über einen längeren Zeitraum stabil. Nun lautet der Vorschlag Johannes Stückelbergers, Kirchen als Räume immanenter und transzendenter Gotteserfahrung zu verstehen. «In den einen wird Gott im Mitmenschen, im Endlichen, im Diesseits erfahren, in den anderen in der Hinwendung zum Fremden, Unendlichen, Jenseitigen. Indem hier wie dort Gottesbegegnungen stattfinden, sind beide Raumtypen Sakralräume.» Das ist ein gangbarer Ansatz, solange die Unterscheidung zwischen beiden Raumtypen nicht strikt ist und die jeweilige Gotteserfahrung eine mögliche und nicht eine notwendige. Ich möchte diesen Ansatz hinsichtlich jener Räume, die Ausdruck einer Hinwendung «zum Fremden, Unendlichen, Jenseitigen» sein können, mit den Ergebnissen zweier Interviewreihen ergänzen.[53] Es folgt die Essenz des sakralen oder profanen Eindrucks, den ein Flughafenterminal und eine Kirche zwanzig interviewten Personen vermittelt haben. Man stelle sich Deckenhöhen von mindestens zwölf Metern vor.

52 Wobei die Ästhetik der Worte übergangen wird.

53 Es handelt sich um ein Kondensat aus zwanzig Interviews, die ich vor sieben Jahren zur «Sakralen Atmosphäre öffentlicher Gebäude» durchgeführt habe. Sie wurden im Dock E des Flughafens Zürich (Einweihung 2003) und in der Kirche St. Pius in Hohenstein-Ernsttahl bei Chemnitz (Weihe 1998) geführt. Beide Gebäude sind in ihren Dimensionen und in ihrer Materialität vergleichbar. Interviewt wurden leitende und in anderen Funktionen tätige Mitarbeitende des Flughafens und der Kirche (z. B. Angestellte eines Reisebüros, Organist) sowie Personen, die den beiden Institutionen fern standen, zu denen auch die Architekten gehörten. Die Interviewten wurden zu Beginn aufgefordert, den Raum, in dem man sich befand, mit dem Etikett «profan» oder «sakral» zu belegen, sofern sie mit dieser Unterscheidung etwas anfangen konnten, was allgemein der Fall war. War eine der Etiketten gewählt – und beide Räume erhielten beide Etiketten – wurde das Bedeutungsfeld, mit welchem «sakral» oder «profan» individuell besetzt wurden, näher bestimmt. Grundlage für das semi-strukturierte Gespräch war ein Fragenkatalog zum Eindruck, den die Dimensionen, Proportionen und Materialien des Raums auf die fünf Sinne machten. Dem Gefühl von Distanz und Nähe einerseits, von Privatheit und Öffentlichkeit andererseits und der Wahrnehmung von Einheit und Grenzen wurde besondere Aufmerksamkeit geschenkt.

Dimensionen, Proportionen – Einheit und Grenze

Ein hoher Raum wird als sakral empfunden und so genannt, wenn die Decke Volumen gibt und eine gewisse Ruhe ausstrahlt. Ist der Raum nicht nur hoch, sondern weit und lang, dann strebt der Blick in die Tiefe dieser Richtungen. Dabei geht er nicht ins Leere, sondern ins Unendliche, z. B. von Pfeilergruppe zu Pfeilergruppe zu Pfeilergruppe und verliert sich. Die Decke und die Wände, welche senkrecht zur Hauptachse des Raumes stehen, schliessen nicht einfach ab oder zu. Sie leiten vielmehr in die Weite. Keineswegs lässt sich das in beliebig kleinen Dimensionen nachahmen. Die Grösse des Raumes «soll ja auch die Grösse des Inhalts dessen darstellen, was der Kern ist. Es wirkt auf mich angemessen.»[54]

Andererseits: Ein sakraler Raum hat nichts mit der Grösse zu tun. «Eine Kathedrale hat etwas mit Grösse zu tun, sie kann nicht klein sein und hat immer etwas Sakrales.» Wichtig ist vielmehr: Man kommt in einem sakralen Raum zu sich, in einem Sinne, der einen beruhigt. Inmitten der grossen Welt, «in der man nie weiss, was wann eintritt, strahlt dieser Raum Sicherheit aus». Vielleicht liegt das daran, dass der sakrale Raum eine in sich abgeschlossene Einheit bildet, und «ein starker Raum ist, weil er dem Druck von aussen standhält». Wenn es dennoch visuelle, fliessende Grenzen nach draussen gibt, dann muss der Aussenraum als zum Innenraum gehörig empfunden werden, wie zum Beispiel eine weite Landschaft, die vom Kirchhügel aus überblickt wird, oder das Rollfeld, von dem aus die Flugzeuge in den Himmel abheben und der menschlichen Sehnsucht Flügel verleihen. Dann bildet das Ganze – der überblickbare Aussenraum und der teilhabende Innenraum – eine Einheit, die von keiner fremden Funktion oder Ästhetik gestört wird. So kann es auch sein, dass jemand sagt: «Ich möchte durch das Kreuz hindurch hinaus ins Grüne blicken.»

Der Raum bildet auch in dem Sinne ein Ganzes, dass man sich durch die gute Akustik dazugehörig fühlt, egal, wo man steht. In diesem Raum ergibt sich die Einheit der Gemeinschaft insbesondere dadurch, dass «ich mich hier verbunden aber nicht vereinnahmt fühle». So bestehen auch räumlich klare Trennungen, Tabuzonen. «Da darf ich sein, da darf ich nicht sein.» Das tue ich hier, das tue ich hier nicht, und ich bewege mich verhalten. «Eine Grundeinstellung, wenn ich in einer Kirche bin, dann bin ich leise, andächtig.»

Welches Material, welches Licht darf das Sakrale haben?

Der sakrale Bau lebt von den natürlichen Materialen, dazu gehört je nachdem auch Beton. Vielleicht ist das im Staunen und im Respekt vor den Grundbausteinen und -gesetzen des Kosmos begründet. Wichtig ist auch das Asketische und das gut Alternde, «das Ungeschminkte, wie das Gesicht von Giacometti». Denn die

54 Dieses und die folgenden Zitate entstammen den Interviewreihen. Namen werden nicht genannt, da Anonymität garantiert wurde.

Reinheit der Materialien erlaubt, dass die Emotionen im Mittelpunkt stehen und nicht die Vorhänge. «Das Sakrale wirft zurück auf die eigene Emotion. Darum sind die Materialien so entscheidend. Dieses eher Kühlere, das einem die Angstmomente eher wegnimmt, die Klarheit. Etwa vom Schlimmsten sind Teppichböden, nicht nur weil es grauenhaft unhygienisch ist, aber Teppichböden vermitteln grundsätzlich nicht diese Ruhe, die es braucht.»

Harte Materialien und eine spezielle Lautsprecheranlage sorgen dafür, dass der Schall sich in einer Richtung gebündelt ausbreitet und nicht an die Decke und an den Boden geht. Sie nehmen ausserdem den Umgebungslärm auf, «so kann man sich gut hinsetzen und so ein bisschen in sich versinken, auch wenn wahrscheinlich relativ viele Leute da sind». Dazu passt: «Was hingegen nicht sehr sakral ist, dass man bequem sitzen kann [...] Aber man spürt eine Zugluft, das passt eigentlich auch in ältere Sakralbauten – irgendwie bewegte Innenluft.»

Das Licht ist im hohen sakralen Raum nicht einfach hell. Im Profanen ist das Licht erhellend, sachlich oder schummrig, aber es fehlt etwas Mystisches, ein Mysterium, das Gefühl von Erhabenheit, welche das Lichtspiel der Sonne gewähren lässt. Das Licht des sakralen Raums kann man auf sich wirken lassen, zu jeder Tageszeit.

Ausseralltägliches

Der hohe sakrale Raum hat etwas Erhebendes für jeden und jede. Der Raum wirkt auf einen, in welcher Stimmung auch immer man ist. Er ist ein Extraraum, «eine Extrastätte, zu der man hochkommt». Das Erscheinungsbild ist von aussen schön, auch im Unterschied zu anderen öffentlichen Gebäuden. Die Zeit fühlt sich anders an, es ist eine besondere Zeit, «wenn ich hier bin, nicht nur im Gottesdienst. Eine Auszeit. Anders vergehend, nicht in Zeitwerten fassbar.» Vielleicht ist es die Zeit der Kindheit. «Die Lehrer sagen, sie kämen hierher, weil dieser Raum die Kinder fasziniert. Also muss dieser Raum ja etwas an sich haben.»

Dabei ist der sakrale Bau robust und verträgt die unterschiedlichsten Nutzungen, wenn auch nicht alle. «Der Kölner Dom bleibt sakral, auch wenn Touristen laut sind und fotografieren. Er kann sehr besinnlich sein, wenn er leer ist. Man kann sich in einem Raum sehr verloren vorkommen. Aber das ist in einem sakralen Raum nicht der Fall.» Es wäre denkbar, dass Einheitlichkeit zum Sakralen gehört, auch Konzentration. Das gilt auch für den Kölner Dom mit seinen Touristen. Gewisse Nebenfunktionen, z. B. ein Kiosk dürfen nicht sein, wenn es sakral ist. «Wenn es in diesem Terminal nur eine Funktion gäbe, z. B. nur Abfertigung oder nur Konsum, dann wäre es vielleicht weniger profan.» So passt das Nicht-Erwartete nicht in das Sakrale: «Ich will in der Kirche keine Kreditkarte sehen.» Zum Sakralen gehört hingegen das Warten, das Erwartende, Erwartungsvolle.

Öffentlichkeit und Existenz

Der sakrale Raum wird als öffentlich empfunden. Gleichzeitig ist es ein Schutzraum, in dem der Einzelne seiner Existenz gewahr wird. Seine privatesten Gefühle sind an diesem Ort aufgehoben und werden in den grossen Dimensionen, denen sie anvertraut werden – unbedeutend in einem positiven Sinne. Damit sich auf das eigene Innere horchen lässt, ist es im Unterschied zu anderen öffentlichen Gebäuden still. Dieser Raum verhindert, dass sich Einzelne in Szene setzen. «Im Unterschied zum Potsdamer Platz. Auch der Raum nimmt sich zurück, da er nicht plakativ inszeniert ist. Er ist nicht modisch. Man muss ihn nicht beachten, wenn man nicht will.»

So liegt – wie es der Architekt Rudolf Schwarz prägnant formulierte – im Kirchenbau die Essenz des Bauens, weil die Existenz des Menschen hier in besonderer Weise zu sich kommt.[55] Aus diesem Grunde ist auch die je spezielle Raumfolge, die «promenade d'architecture» (Le Corbusier), des sakralen Raumes wesentlich. Sie ist Ausdruck für den Weg des Lebens und seine Phasen. Doch im Unterschied zum Lebensweg ist der sakrale Raum eine Ausdrucksgestalt, zu der man zurückkehren kann. «Wenn Sie das als junger Mensch sehen, können Sie zurückkommen.»

55 Vgl. Rudolf Schwarz an Paul Schmitthenner, 8. März 1961, in: Thomas Hasler: Architektur als Ausdruck – Rudolf Schwarz, Zürich 2000, S. 18.

Anhänger gewinnen oder Kunden befriedigen?

Reformierte Gottesdienste anziehend gestalten

Alfred Aeppli

Gottesdienste als Markenzeichen der Kirche

Wird in der breiten Bevölkerung von der Kirche gesprochen, so ist damit vor allem der Gottesdienst gemeint. Die Lebendigkeit einer Gemeinde wird in der öffentlichen Wahrnehmung daran abgelesen, wie gut ihre Gottesdienste besucht sind. Wenn die Medien über den Bedeutungsschwund der Volkskirchen berichten, so weisen sie meistens auf leere Kirchenbänke hin. Der Gottesdienst gehört zu den sichtbarsten Zeichen christlich-kirchlicher Identität. Doch genau dieses Hauptereignis steckt – nimmt man einen gewöhnlichen Sonntag als Massstab – in mancher reformierten Kirche in einer Krise. Die jüngste Studie über die Zukunft der Reformierten in der Schweiz[1] weist auf eine weitere Schrumpfung der Teilnehmerzahlen hin.

Die Krise des Gottesdienstes führt zu einer grundsätzlichen Besinnung über das Wesen der Kirche. Was wäre eine fassbare und zukunftsweisende Profilierung? Als *semper reformanda* sollten die reformierten Kirchen Spezialisten der Erneuerung sein. Eine erste Strategie versucht, den volkskirchlichen Status durch eine weite Öffnung zu erhalten. Dem religiösen Pluralismus wird begegnet, indem möglichst wenig Grenzen gezogen werden. Dabei wird vieles, was sich wie Religion anfühlt, in das Programm der Kirche integriert. Diese Offenheit erlaubt kreative Experimente auf neuen Wegen der Spiritualität. Die Konturen der Volkskirche als öffentliche Institution bleiben zwar erhalten, doch das christliche Profil wird dabei unleserlich.[2] Man weiss nicht mehr, was von der Kirche zu erwarten ist, wenn sie für alles offen ist.

Ein anderer Weg besteht darin, die zentralen Inhalte des christlichen Glaubens in verdichteter Form, verständlicher Sprache und ansprechenden Bildern neu aufzuarbeiten.[3] Für eine zeitgemässe Vermittlung des Evangeliums ist viel geistige

1 Jörg Stolz; Edmée Ballif: Die Zukunft der Reformierten. Gesellschaftliche Megatrends – kirchliche Reaktionen, Zürich 2010, S. 67: «An vielen Orten der Schweiz kommt es zum Schrumpfen und manchmal gar zum Verlust der reformierten Kerngemeinde.»

2 Roland J. Campiche: Die zwei Gesichter der Religion. Faszination und Entzauberung, Zürich 2004, S. 280: «Die beiden für die Geschichte der Schweiz prägenden Grosskirchen haben den Marsch in die Unleserlichkeit angetreten.»

3 Alex Kurz: Zeitgemäss Kirche denken. Analysen und Reflexionen zu einer postmodernen kirchlichen Erwachsenenbildung, Stuttgart 2007, S. 276. Kurz fordert von einer zeitgemässen Kirche: «Es

und kreative Vorarbeit zu leisten. Die Umsetzung der Inhalte hat so zu erfolgen, dass die Botschaft Herzen berührt und erfahrbar wird. Der Gottesdienst zielt dabei auf eine Gottesbegegnung der Teilnehmer. Er hat einen evangelistischen Zug und lädt ein zum Glauben.[4] Die Pfarrerinnen vermitteln die christliche Lehre immer wieder neu und ansprechend. Sie sind dabei keine Solisten, sondern arbeiten zusammen mit Gemeindegliedern, die Einblick in das eigene Suchen, ihre Erfahrungen und ihren Glauben gewähren.

Eine kreative Erneuerung des Gottesdienstes ist notwendig. Frischer Wind und ein Freiraum für Experimente sind hilfreich. Doch die Innovation kann sich nicht ohne Schaden von der Tradition lösen. Wir müssen uns Rechenschaft geben über das Wesen der Kirche im Allgemeinen und das reformierte Profil im Speziellen. Wie sehen wir die reformierte Kirche? Wie könnten ihre Gottesdienste als Markenzeichen anziehend gestaltet werden?

Anziehungskraft der Kirche als Leib Christi

Um das Wesen der Kirche zu erfassen, müssen wir am Anfang beginnen, also bei Jesus Christus selbst. Er hatte zur Zeit seines Auftretens eine unvergleichliche Ausstrahlung. Wo er hinkam, waren die Leute erstaunt über die Vollmacht seiner Lehre.[5] Er trat mit grosser Weisheit auf und konnte die Hörer in ihrer persönlichen Lebenslage ansprechen. Er hat geheilt und Wunder gewirkt. Davon erzählte man überall in der umliegenden Gegend.[6] Als er am See predigen wollte, musste er in ein Boot steigen, weil die vielen Leute ihn bedrängten.[7] In Jericho gab es ein so grosses Gedränge, dass der kleingewachsene Zachäus ihn nicht sehen konnte.[8] Die Leute wollten Jesus sehen und hören, ihm begegnen und von ihm berührt werden.

Das steigerte sich noch nach Karfreitag, Ostern und Pfingsten. Am Pfingstfest liefen Tausende zusammen um die erstaunliche Nachricht zuhören, dass Christus auferstanden sei.[9] Nun wurde die Kirche schon bald als «Leib Christi» bezeichnet.[10] Das ist bis heute der umfassende Begriff zur Beschreibung der weltweiten Kirche. Die verbindende Substanz dieses Leibes ist der Glaube. Jesus Christus ist

ist notwendig, dass Kirche im Umfeld des Marktes ihr christliches Profil behält (oder wieder findet) und Wege erschliesst, ihre Wahrheit verständlich und plausibel werden zu lassen.»

4 Dazu Paul Zulehner in: Wolfgang Nethöfel; Klaus-Dieter Grundwald (Hg.): Kirchenreform jetzt! Projekte, Analysen, Perspektiven, Hamburg 2008, S. 531: «Wer sich heute christlichen Glauben nicht persönlich aneignet, verliert die letzten Reste oder gewinnt ihn nicht.»

5 Mt 7,28 f.

6 Lk 4,37; 7,17.

7 Mt 13,2; Mk 3,9.

8 Lk 19,3.

9 Apg 2,41.

10 Kol 1,18: «Er ist das Haupt des Leibes, der Kirche.» vgl. Eph 1,22; Eph 5,23; Kol 1,24.

der Anfänger und Vollender dieses Glaubens und damit auch der Anfänger und Vollender der Kirche.[11]

Wäre es zu verwegen, die Anziehungskraft von Jesus Christus auch von seinem gegenwärtigen Leib – also von der heute existierenden Kirche – zu erwarten? Die Erfahrung lehrt, dass uns die geistlichen Schätze nur in menschlichen Gefässen, gebrochen und begrenzt zur Verfügung stehen. Doch die Vision, dass Christus in der Kirche mit seiner Kraft anwesend ist, wird auch die Ausstrahlung der Gottesdienste beeinflussen.[12] Christus lebte in innerster Einheit mit dem Vater im Himmel. Was er tat, hatte göttliche Qualität. Wer mit ihm in Berührung kam, hatte Anschluss an eine erfrischende Quelle der Weisheit und Kraft, des Trostes und der Hoffnung. Werden unsere Gottesdienste von dieser Dynamik belebt, so wird davon eine anziehende Wirkung ausgehen. Diese Einsicht hat Konsequenzen für die Form der Liturgie. Wer Gottesdienste anziehend gestalten will, muss sich am Evangelium von Jesus Christus orientieren und jene Lebensformen der Kirche fördern, welche dem Glauben an ihn und der Gemeinschaft der Glaubenden dienen.

Was heisst das für den reformierten Gottesdienst im Speziellen? Oft steht ein Bibelwort an der reformierten Kirchenwand, häufig das Zitat: «Ein anderes Fundament kann niemand legen als das, welches gelegt ist: Jesus Christus.»[13] Es weist hin auf Christus als das fleischgewordene Wort Gottes und dessen Verkündigung in der Predigt.[14] Die neue Zürcher Kirchenordnung von 2009 nimmt diese Tradition auf, wenn sie in Artikel 1 schreibt: «Kirche ist überall, wo Gottes Wort aufgrund der heiligen Schrift Alten und Neuen Testamentes verkündigt und gehört wird.»[15] Die Verkündigung und was daraus hervorgeht – Glaube, Gebet, Taufe, Abendmahl, christlicher Lebenswandel –, ist das reformierte Urgestein. Reformierte Gottesdienste werden bei aller Innovation diese Kerninhalte bewahren. Dabei stellt sich die Frage, in welcher Form diese Inhalte zu vermitteln sind. Ein

11 Mostert beschreibt in seiner Ekklesiologie das Wesen der Kirche ausgehend von Hebr 12,2. Vgl. Walter Mostert: Jesus Christus – Anfänger und Vollender der Kirche. Eine evangelische Lehre von der Kirche, Zürich 2006.

12 Alfred Aeppli; Iwan Schulthess: Kirche mit Anziehungskraft – das Beispiel Jegenstorf, in: Hans Schmid (Hg.), Angebot der Volkskirchen und Nachfrage des Kirchenvolks, Berlin/Zürich 2009, S. 203–215. Sie beschreiben am Beispiel Jegenstorf die Vision und praktische Schritte einer Kirche mit Anziehungskraft.

13 1Kor 3,11.

14 Gerhard Johann (1582–1637), zitiert bei Mostert, Jesus Christus, S. 57, schreibt in der wichtigsten Dogmatik der lutherischen Orthodoxie: «Durch Gottes Wort und den Gebrauch der Sakramente wird die Kirche begründet, versammelt, genährt und bewahrt. Also sind das Wort Gottes und der Gebrauch der Sakramente die eigentlichen, wesensmässigen und untrüglichen Kennzeichen der Kirche.» Auf derselben Linie liegen auch die Definitionen der Kirche bei Zwingli und Calvin.

15 Art. 1 der Zürcher Kirchenordnung lautet weiter: «Kirche ist überall, wo Menschen Gott als den Schöpfer anerkennen, wo sie Jesus Christus als das Haupt der Gemeinde und als den Herrn und Versöhner der Welt bekennen und wo Menschen durch den Heiligen Geist zum Glauben gerufen und so zu lebendiger Gemeinschaft verbunden werden. Kirche ist überall, wo Menschen durch Glaube, Hoffnung und Liebe das Reich Gottes in Wort und Tat bezeugen.»

Blick auf das gesellschaftliche Umfeld ist unerlässlich, um diese Frage zu beantworten.

Gottesdienste als Teil des religiösen Marktes

Die Kirchen sind Teil eines offenen religiösen Marktes geworden. Ihre Gottesdienste werden als Angebote unter vielen wahrgenommen. Der postmoderne Mensch entscheidet selbständig und unabhängig, welches Angebot er nutzen will. Die persönlichen und momentanen Bedürfnisse geben den Ausschlag, welches «Produkt» der «Kunde» auf dem Markt der spirituellen Güter auswählt. Dabei ist Erfahrung wichtiger als Dogmatik, Berührung wichtiger als Tradition, der persönliche Nutzen wichtiger als die konfessionelle Zugehörigkeit. Oft tritt das religiöse Gefühl an die Stelle der Glaubensinhalte.

Alex Kurz[16] hat aufgezeigt, wie sehr die postmoderne Lebenswelt in jeder Hinsicht vom Denken des Marktes geprägt wird. Die Regeln des Marktes sind nicht nur für den Handel mit materiellen Gütern gültig. Sie lassen sich auch auf soziale und kirchliche Angebote anwenden. Erkenntnisse aus dem Nonprofit-Management lassen sich durchaus in die Planung, Kommunikation und Gestaltung von Gottesdiensten einbauen. Dabei ist allerdings die Tatsache zu beachten, dass die Kirchen von aussen gesehen zwar «auf dem Markt» sind, von der inneren Identität her jedoch «nicht vom Markt» sind. Die Logik des Evangeliums wird durch den Glauben, die Liebe und die Hoffnung bestimmt. Das ist nicht die Logik des Marktes. Die Herausforderung besteht darin, marktfähig zu sein, ohne marktförmig zu werden. Oder anders gesagt: Die Kirchen müssen profiliert auf dem Markt auftreten, ohne den Inhalt des Evangeliums an die Denkweise des globalen Marktes anzupassen.

Die Kirchen sind also herausgefordert, den Glauben nicht nur denkend zu vermitteln, sondern ihn auch auf Erlebnis und Betroffenheit auszurichten. Brigitte Fuchs zieht die Folgerung: «Die Lebendigkeit und Lebensdienlichkeit der christlichen Botschaft muss im Raum der Kirchen wieder deutlicher fühlbar werden. Wo immer Lebendigkeit und Lebensdienlichkeit zu spüren sind, [...] ist Kirche nach wie vor attraktiv.»[17] Das Kunststück besteht darin, das Bedürfnis nach gefühlsmässiger Betroffenheit aufzugreifen, ohne den christlichen Inhalt zu verlieren. Elisabeth Hurth folgert dazu: «Eine Kirche, die ihre Religionsfähigkeit behaupten will, muss an die heutigen Heilssehnsüchte des Menschen anknüpfen und die lebensdienliche Bedeutung der Botschaft vom Heil in Christus herausstellen. Sie muss die christliche Botschaft so weitersagen, dass Menschen zu ahnen beginnen,

16 Kurz analysiert in seiner Dissertation «Zeitgemäss Kirche denken» den gesellschaftlicheren Kontext von Kirche, Glauben und Theologie. Alex Kurz: Zeitgemäss Kirche denken, Stuttgart 2007.

17 Alfred Dubach; Brigitte Fuchs: Ein neues Modell von Religion. Zweite Schweizer Sonderfallstudie – Herausforderung für die Kirchen, Zürich 2005, S. 235.

dass diese Botschaft ihr Leben verändert.»[18] Die neuere Literatur zur Gestaltung von Gottesdiensten versucht den Spagat zwischen marktfähiger Liturgie und Treue zum Evangelium, um gangbare Wege aufzuzeigen.[19]

Wege zur Innovation des Gottesdienstes

Anziehende Gottesdienste stehen in einer engen Wechselbeziehung zum übrigen Gemeindeleben. Sie sind das Ergebnis dessen, was die Gemeinde während der Woche lebt und haben umgekehrt auch eine Ausstrahlung in den Alltag der Gemeindeglieder hinein. Die gleichen Faktoren fördern das Aufblühen der Gemeinde am Werktag und am Sonntag.[20] In wachsenden Gemeinden ist der Gottesdienst meistens das Zentrum und Herzstück des Gemeindelebens. Veränderungen beginnen an manchem Ort durch ein neues Gottesdienstkonzept. Das Gemeindewachstum wird im Gottesdienst gefördert durch eine liebevolle und den Teilnehmenden zugewandte Liturgie. Sie muss nicht neu erfunden, aber von der Gemeinde wirklich gefeiert werden. Dazu gehört viel Gesang und Musik, die Beteiligung von Freiwilligen, berührende Emotionen und eine gut vorbereitete und ansprechende Predigt.

Die Anforderungen an einen ansprechenden Gottesdienst sind vielfältig. Nur schon bei der Wahl des Musikstils scheiden sich die Geister. Es gibt kaum mehr jene Feier, in welcher sich alle Gemeindeglieder daheim fühlen. Darum werden an manchem Ort mehrere Gottesdienste für verschieden Zielgruppen entwickelt. Dabei ist es wichtig, Tradition und Innovation in einem ansprechenden Gleichgewicht zu verbinden.[21] Eine wesentliche Entscheidung ist dabei, innovative Formen nicht in einem Zweitgottesdienst zu einer anderen Zeit, sondern im Hauptgottesdienst am Sonntag einzuführen. Damit wird gezeigt, dass neue Stilrichtungen eine ebenso hohe Priorität haben wie die traditionelle Liturgie. Umgekehrt profitiert auch die traditionelle Liturgie von den erprobten Neuerungen. Zum Beispiel finden Liederblöcke mit Lobpreisliedern oder Interviews, die zur Predigt hinführen, auch im traditionellen Gottesdienst einen angemessenen Platz.

18 Elisabeth Hurth: Religion im Trend. Oder Inszenierung der Quote?, Düsseldorf 2008, S. 193.

19 Ein Beispiel dafür ist Christian Schwarz; Michael Herbst (Hg.): Praxisbuch neue Gottesdienste, Gütersloh 2010.

20 Wilfried Härle u.a. nennen in der Untersuchung «Wachsen gegen den Trend» als Kennzeichen von wachsenden Gemeinden unter anderem: Klima der gegenseitigen Wertschätzung / hohe Qualität der Veranstaltungen / Arbeit in Teams / Förderung von Freiwilligen / auf eine Gottesbegegnung zielende Arbeitsweise / Gliederung der Gemeinde in Kleingruppen und Dienstgruppen / Leitung als Team mit gegenseitiger Unterstützung. Vgl. Wilfried Härle u.a. (Hg.): Wachsen gegen den Trend. Analysen von Gemeinden, mit denen es aufwärts geht, Leipzig 2008.

21 Der Verfasser zeigt am Beispiel Jegenstorf, wie Innovation und Tradition verbunden werden können. Download unter www.kirche-jegenstorf.ch/bericht/377.

Neben der Ausrichtung auf verschiedene Zielgruppen mit einer vielfältigen Gestaltung ist auch die Beteiligung von Gemeindegliedern ein wichtiges Element der Erneuerung. Das bedeutet für die Angestellten auch, Verantwortung und Kompetenzen an die Freiwilligen abzugeben. Diese Entwicklung hat eine starke Wirkung auf die traditionellen Gottesdienstformen. Die herkömmliche Pfarrerzentriertheit wird ersetzt durch das Bewusstsein, dass jeder Gottesdienst eine Feier der ganzen Gemeinde ist. Auch wenn die Pfarrerin im Wortgottesdienst die Hauptakteurin bleibt, bildet die Mitarbeit von Freiwilligen oft eine Brücke zum Alltag aller Teilnehmer.

Ein Grundmuster des reformierten Gottesdienstes

Ein offenes Experimentierfeld ist hilfreich, um neue Formen des Gottesdienstes zu erproben.[22] Doch es besteht auch die Gefahr, dass die Reformer über das Ziel hinausschiessen und der Gottesdienst keine Geborgenheit mehr vermittelt. Wie kann der Gottesdienst mit frischem Wind gestaltet werden und ein erkennbares Profil bewahren? Ein liturgischer Aufbau auf der Grundlage von bewährten Traditionen kann als Grundmuster dienen. Die Gestaltung der einzelnen Teile ist dann durchaus frei, aber die einzelnen Schritte im Verlauf der Feier folgen einer inneren Logik. Die Orientierung an den folgenden vier Schritten dient dieser Zielsetzung. Die Tradition der reformierten Liturgie[23] kann dabei aufgenommen und zugleich offen gestaltet werden.

1. Bereit für Gott

Eine trinitarisch formulierte Eröffnung kennzeichnet die Feier als Gottesdienst und führt die Teilnehmerinnen aus dem Alltag in den Raum der Gottesbegegnung hinein. Die leitende Person wird ihren Redestil dem jeweiligen Anlass anpassen. Im gemeinsamen Eingangslied – je nach Zielgruppe im passenden Musikstil – konstituiert sich die Gemeinde innerlich und äusserlich als Gemeinschaft. Ein Gebet dient der inneren Sammlung. Auch ein Schuldbekenntnis, Bussgebet oder Glaubensbekenntnis kann hier seinen Platz finden. Dann folgen musikalisch und vom Stil der Lieder her verschiedene Möglichkeiten der Anbetung mit dem Ziel, das Herz für Gott zu öffnen. Auch die Taufe passt gut in diesen Teil, da jede Taufe bezeugt, dass wir als Gemeinde bereit sind vor Gott, mit Gott und für Gott zu leben.

22 Kurz, Zeitgemäss Kirche denken, S. 14, plädiert für die Offenheit für neue Formen, ohne die Tradition aufzugeben.

23 Traditionelle Gottesdienstordnungen siehe Gesangbuch der Evangelisch-reformierten Kirchen der deutschsprachigen Schweiz, Basel/Zürich 1998, Nr. 150–153.

2. Berührt vom Wort

Das Kernstück des zweiten Teils ist die Verkündigung von Gottes Wort. Traditionell wird sie eingeleitet durch eine Schriftlesung. Die Einstimmung kann aber auch durch ein Interview zum Predigtthema oder eine künstlerische Aufführung wie beispielsweise Drama, Videoclip oder Ausdruckstanz erfolgen. Dabei soll eine Brücke zur Hauptaussage der Verkündigung hergestellt werden. In der reformierten Tradition ist die Predigt die Auslegung eines Bibelwortes. Die Deutung des Wortes kann auch als Bildmeditation oder Erzählpredigt erfolgen. Auch andere Texte wie Gedichte oder Liedverse können beigezogen werden, doch diese sollten nicht als einzige Grundlage der Predigt dienen. In jeder Form der Verkündigung gehört die lebensdienliche Umsetzung eines Bibelwortes zum reformierten Urgestein. Besinnung bei ruhiger Musik, Lied und Stille können diesen Teil ergänzen.

3. Bewegt zur Antwort

Die erste Antwort auf die Verkündigung erfolgt im Gebet und in der Fürbitte. Der Schritt in den Alltag hinein wird vorbereitet. Eine Stille im Gebet ermöglicht den Gemeindegliedern je ihre persönliche Antwort zu geben. Ein Bericht von einem Gemeindeglied über Erfahrungen im Glauben kann Mut zu eigenen Schritten machen, ein passendes Lied die Antwort der Gemeinde bekräftigen. In der Kollekte kommt die Verbundenheit der feiernden Gemeinde mit der weltweiten Kirche und ihre Solidarität zum Ausdruck. Auch das Abendmahl gehört in diesen Teil hinein. Die Feier der Gemeinschaft untereinander und mit Christus ist eine verbindliche und verbindende Antwort auf Gottes Einladung.

4. Begleitet von Segen

Der Gottesdienst wurde trinitarisch eröffnet und wird mit dem Innehalten vor dem dreieinigen Gott abgeschlossen. Damit wird die Klammer geschlossen, welche diese Feier aus dem Alltag heraus hebt. Wurde im Antwortteil das Unservater noch nicht gesprochen, so gehört es hier in den Sendungsteil. Mitteilungen, Schlusslied und ein musikalischer Abschluss können eingefügt werden. Der Zuspruch des Segens verdient besondere Sorgfalt. Es gibt Gemeindeglieder, die vor allem wegen des Segens gekommen sind. Alle Anwesenden sollen als Gesegnete die Feier verlassen.

Mit dem ersten Teil «Bereit für Gott» hebt sich die Feier von einem säkularen Event ab und bekommt den Charakter eines Gottesdienstes. Im Teil «Berührt vom Wort» wird die typisch reformierte Konzentration auf das Wort Gottes und dessen Lebensrelevanz betont. Ausgehend von einem Bibelwort wird dessen Anwendung beleuchtet, oder ausgehend von einer Lebensfrage wird die biblische Antwort gesucht. Der folgende Teil «Bewegt zur Antwort» öffnet den Blick für die Umsetzung dieses Wortes in der Lebenswelt eines jeden Gemeindegliedes. Hier konzentriert sich der typisch reformierte Weltbezug mit der ethischen Verantwortung. Der

Abschluss «Begleitet vom Segen» markiert den Übergang zurück in das tägliche Leben und weist hin auf die Wirklichkeit Gottes im normalen Alltag.

Diese vier liturgischen Teile ermöglichen eine vielseitige Gestaltung, worin traditionelle und innovative Formen ihren Platz finden. Diese Gliederung kann auch beibehalten werden, wenn der Gottesdienst auf eine bestimmte Zielgruppe konzentriert oder auf das Elementare reduziert wird.[24] Kirchlich beheimatete Gemeindeglieder werden die gesuchte Geborgenheit finden. Distanzierte Teilnehmer nehmen die Feier als Gottesdienst wahr, sind aber durch die zeitgemässe Gestaltung mehrheitlich positiv angesprochen.

Will die reformierte Kirche mit ihren Gottesdiensten öffentlich präsent bleiben, so kann nicht alles bleiben, wie es ist. In der liturgischen Gestaltung dürfen wir uns weit auf die Äste hinaus wagen. Doch bei aller Veränderung sollten wir uns nicht von den Wurzeln lösen, die uns tragen. Die Grundlage des Bibelwortes, das Evangelium von Jesus Christus, der Glaube an den dreieinigen Gott, die Taufe und das Abendmahl, das Gebet und der christliche Lebenswandel gehören bei aller Erneuerung zu den unaufgebbaren Elementen einer zukunftsfähigen Kirche. In der Spannung zwischen Tradition und Innovation sind die Gottesdienste so zu gestalten, dass Menschen Gott begegnen können und ermutigt in den Alltag hinaus gehen.

24 Ein solches Beispiel ist das «Fyre mit de Chlyne», eine halbstündige Feier für Kinder von drei bis fünf Jahren und ihre Angehörigen. Die vier Schritte sind dann die folgenden: *1. Bereit für Gott:* Musikalisch einstimmen, Kerze anzünden, Gruss und Eröffnungslied. *2. Berührt vom Wort:* Geschichte mit Bildern und kleinen Szenen erzählen, die ein Element des Glaubens hervorheben und den Kindern nahe bringen. *3. Bewegt zur Antwort:* Kinder basteln ein kleines «Bhaltis» mit Bezug zur Geschichte. Hier oder schon bei der Geschichte ist ein Gebet harmonisch eingefügt. *4. Begleitet von Segen:* Schlusslied, Abschiedsritual, kindergerechter Segen in Mundart.

Bedürfnisorientierung im Gottesdienst – Anmerkungen zum Potenzial des Nonprofit-Managements für die Liturgik

Cla Reto Famos

Sonntag, 26. Dezember 2010: Es ist Stephanstag und in der evangelisch-reformierten Kirche in Zürich-Enge findet ein Gottesdienst statt, der von mehreren Hundert Personen besucht wird. Es erklingt der zweite Teil des Weihnachtsoratoriums von Johann Sebastian Bach. Die Kantorei der Kirchgemeinde Enge und das Bach-Ensemble Zürich haben sich in intensiven Proben auf den Aufführungszyklus vorbereitet, welcher sich über die ganze Weihnachtszeit erstreckt und das ganze Werk integriert in die Gottesdienste aufführt.

In einer Kirchgemeinde von gut zweitausend Mitgliedern ist ein so guter Gottesdienstbesuch bemerkenswert. Was sind die Gründe dafür? Die Musik ist hervorragend vorgetragen und passt sich bewusst in die Liturgie des reformierten Gottesdienstes ein. Zudem ist für die Gottesdienstreihe, welche vom 24. Dezember 2010 bis zum 9. Januar 2011 reicht, breit und über verschiedene Kanäle auf professionelle Weise geworben worden. Aber zugleich ist dieser Gottesdienst die Frucht einer konsequenten Aufbauarbeit: In der Kirchgemeinde wird seit Jahren mit einem herausragenden musikalischen Angebot Gemeindeaufbau betrieben. Es fand eine bewusste Spezialisierung statt und die Bedürfnisse einer urbanen, gut ausgebildeten und international durchmischten Bevölkerung, speziell von jungen Familien werden gezielt aufgenommen. Die Kantorei, welche sowohl aus einem ständigen Chor als auch aus einem Projektchor mit ausgezeichneten Sängerinnen und Sängern besteht, umfasst nicht nur Erwachsene, sondern bietet auch Kindern und Jugendlichen attraktive Angebote. So werden im Minichor die neuen Sängerinnen und Sänger der Zukunft herangezogen und mit ihren Auftritten in das Leben der Kirchgemeinde integriert. Eltern schätzen das kirchliche Angebot an musikalischer Förderung. Jedes Jahr verbringen gegen hundert Personen eine gemeinsame Singwoche im Tessin, wo soziale Kontakte geknüpft und vertieft werden können.

Die Krise des Gottesdienstes als Krise der Kirche

Dieses Beispiel dynamischer Entwicklung könnte einen Weg aufzeigen, wie der reformierte Gottesdienst aus seiner Krise findet. Seit Jahren leiden die evangelisch-reformierten Kirchen der Schweiz unter der sinkenden Teilnahme an ihren Gottesdiensten. Es ist ein Leiden mit verschiedenen Aspekten. Die Kirchgemeinden leiden darunter, dass ihr Gemeindeleben sich nicht mehr wie früher entfaltet. Die Pfarrerinnen und die weiteren an den Gottesdiensten Mitwirkenden leiden darunter, dass ihre Arbeit und ihr grosser Vorbereitungsaufwand so offensichtlich wenig

Anklang findet. Die Kirchen insgesamt leiden unter der Situation, weil sie immer stärker und nachhaltiger als «Kirchen» wahrgenommen werden, was die latente Austrittsneigung weiter verstärkt und innerhalb der Kirchen vielerorts eine Stimmung der Hoffnungs- und Zukunftslosigkeit aufkommen lässt.

Der Gottesdienstbesuch hat sich auf einem im Vergleich zu früheren Jahrzehnten sehr niedrigen Niveau eingependelt. Dies wird aber auch als Ausdruck eines Schrumpfungsprozesses wahrgenommen, der die reformierten Kirchen der Schweiz nach einer Auftragsstudie des Schweizerischen Evangelischen Kirchenbundes in den nächsten Jahrzehnten noch weiter prägen wird.[25]

Wirft man einen Blick auf Gottesdienste, welche diesem Trend entgegenstehen und sich eines grösseren Interesses erfreuen, so handelt es sich in der Regel um solche Gottesdienste, die auf spezifische Bedürfnisse von Zielgruppen zugeschnitten sind und mit einem gezielten Marketing begleitet werden. In solchen räumlich, zeitlich, thematisch oder sozial spezialisierten Gottesdiensten liegt heute vielerorts eine erhebliche Dynamik.

Man kann mit gutem Recht von einer Phase der Umorientierung des reformierten Gottesdiensts sprechen. Seine früher unangefochtene Stellung ist längst erodiert. Wegen der institutionell abgesicherten Stellung der Landeskirchen ist der Veränderungsdruck aber über Jahrzehnte von den Verantwortlichen nicht genügend wahrgenommen worden. Heute investieren deshalb die Kirchen im Bereich der Gottesdienste einen erheblichen Teil ihrer Mittel in Veranstaltungen, welche oft weniger als ein Prozent ihrer Mitglieder ansprechen. Neben dem enormen Ressourcenverbrauch ist das eigentliche Problem allerdings primär in der Distanz zwischen Intention und Realität zu sehen. Der Gottesdienst gilt nach reformiertem Verständnis – trotz berechtigter Kritik an einer kerngemeindlichen Orientierung – zweifellos immer noch als ein, wenn nicht als das Zentrum der Gemeinde. In der Realität ist er allerdings allzu oft eine kleine Randveranstaltung, welche sich faktisch nur an eine ganz kleine Minderheit wendet und deren Bedürfnissen zum Teil recht unreflektiert entgegenkommt.

Die heutige Situation ist paradoxerweise Ausdruck der institutionell und finanziell immer noch sehr stark abgesicherten Situation der Landeskirchen, welche es ihnen erlaubt, überholte Strukturen aufrecht zu erhalten. Mit dem erhöhten Konkurrenzdruck nimmt aber – wenn auch verzögert – die Bereitschaft zu, sich mit der veränderten Situation auseinander zu setzen.[26] Wegen der Erosion ihrer landeskirchlichen Stellung muss sich die Kirche zunehmend auf einem offenen

25 Jörg Stolz; Edmée Ballif: Die Zukunft der Reformierten. Gesellschaftliche Megatrends – kirchliche Reaktionen, Zürich 2010.

26 Zum Dialog zwischen Theologie und Marketing siehe: Cla Reto Famos: Management-Konzepte in der Kirche, in: ThLZ 128/2003, S. 991–1012; ders.: Kirchliches Marketing als Thema der Praktischen Theologie, in: Cla Reto Famos; Ralph Kunz (Hg.): Kirche und Marketing. Beiträge zu einer Verhältnisbestimmung, Zürich 2006, S. 13–18.

Religionsmarkt bewegen und ist zudem nicht nur inner-, sondern auch ausserhalb des religiösen Feldes mit starker Konkurrenz konfrontiert.[27]

Die Kirchen sind allerdings bei weitem nicht die einzigen Organisationen, welche sich mit solchen Problemen auseinandersetzen müssen. Die Betriebswirtschaftslehre beschäftigt sich im Bereich des Nonprofit-Managements schon seit vielen Jahren mit diesen Fragen.[28] Die entwickelten Modelle sind in vielen Fällen sehr gut auf Kirchgemeinden und kirchliche Organisationen anwendbar.[29] Gerade im Bereich der Liturgik herrscht aber eine grosse Zurückhaltung, sich auf diesen Dialog einzulassen. Einerseits ist der Bedürfnisbegriff und damit die Grundlage einer ökonomischen Perspektive seit den Zeiten der dialektischen Theologie – sehr zu Unrecht – in Verruf geraten.[30] Andererseits definiert sich gerade die reformierte Kirche stark über die Positionsnahme gegen eine als ethisch verwerflich wahrgenommene Wirtschaft, weshalb sich tiefer liegende Vorbehalte gegen die Managementlehre bemerkbar machen, auch wenn es sich um den Nonprofit-Bereich handelt.

Gottesdienst unter Berücksichtigung menschlicher Bedürfnisse

Der Verlust der Monopolstellung führt auch in den Kirchen dazu, dass der Trend zur Ökonomisierung der Lebensbereiche weiter ausgebildet wird. Trotz zum Teil ideologisch motivierter Kritik in der praktisch-theologischen Diskussion hat der Einbezug von Modellen des Nonprofit-Managements in der Praxis der Kirche stark zugenommen. In den letzten Jahren sind angesichts rückläufiger Studierendenzahlen sogar für das Theologiestudium Marketingkampagnen lanciert worden – was auch ein Schlaglicht auf die innere Widersprüchlichkeit der Diskussion wirft.

Um in der neuen Konkurrenzsituation Bestand zu haben, wird die Kirche das Spannungsverhältnis zwischen ihrem Auftrag und den Bedürfnissen der Menschen in den nächsten Jahren intensiv bearbeiten müssen.[31] Sie wird die Frage nach ihrer Identität und nach ihren Zielen beantworten müssen. Und sie wird sich in

27 Pierre Bourdieu: Das religiöse Feld. Texte zur Ökonomie des Heilsgeschehens, Konstanz 2000.

28 Statt vieler: Peter Schwarz u. a.: Das Freiburger Management-Modell für Nonprofit-Organisationen (NPO), Bern [6]2009.

29 Siehe dazu jüngst: Hanns-Stephan Haas: Theologie und Ökonomie. Management-Modell – Theologisch-ökonomische Grundlegung – Diskurspartnerschaft, Stuttgart 2010; Rut von Giesen: Ökonomie der Kirche? Zum Verhältnis von theologischer und betriebswirtschaftlicher Rationalität in praktisch-theologischer Perspektive, Stuttgart 2009.

30 Exemplarisch Eduard Thurneysens Warnung «vor dem Eingehen auf das sogenannte Bedürfnis des Hörers», in: ders.: Das Wort Gottes und die Kirche, München 1971, S. 102. Siehe dazu Cla Reto Famos: Kirche zwischen Auftrag und Bedürfnis. Ein Beitrag zur ökonomischen Reflexionsperspektive in der Praktischen Theologie, Münster 2005, S. 231–235.

31 Famos, Kirche zwischen Auftrag und Bedürfnis; ders.: Auftragsbestimmte Bedürfnisorientierung, Pastoraltheologie 92/2003, S. 385–402.

einem Such- und Gestaltungsprozess mit den Bedürfnissen der Menschen, die sie erreichen will, noch intensiver auseinandersetzen.

Die Kirche steht deshalb auch in der Gestaltung ihrer Gottesdienste in diesem Spannungsverhältnis zwischen Auftrag und Erwartung.[32] Ohne die Wahrnehmung und Berücksichtigung der berechtigten Bedürfnisse der Menschen, die man erreichen will, wird es heute nicht mehr gelingen, Gottesdienste mit Ausstrahlung zu gestalten. Die Suche nach immer neuen Gottesdienstformen in den letzten Jahren zeugt von diesem Bemühen, die Bedürfnisse stärker zu berücksichtigen und zeigt zugleich, wie komplex dieser Prozess ist. Das Nonprofit-Management gibt gerade hier eine Fülle von Instrumenten an die Hand. Andererseits zeigt sich am Gottesdienst als zentralem Ort von Kirche auch besonders deutlich, wie wichtig eine klare Bestimmung des Auftrags ist, um nicht in die Beliebigkeit abzudriften. Was ist der Gottesdienst und was soll in ihm passieren? Bevor diese Fragen theologisch nicht beantwortet werden und damit der Auftrag nicht geklärt ist, führt eine reine Bedürfnis- oder gar eine Kundenorientierung in die Irre und wird zur reinen Anbiederung.

Es braucht natürlich nicht eine Kundenbefriedigung, wie das den Vertretern des Kirchenmanagements oft zu Unrecht vorgeworfen wird – das wäre ein Zerrbild von Gottesdienst und Kirche. Denn im Gottesdienst versammelt sich nach evangelischem Verständnis die Gemeinde – als Gemeinschaft vor Gott und nicht als eine Gruppe von Kunden. Auch wenn in einigen religionssoziologischen Untersuchungen der Kundenbegriff in einem übertragenen Sinn als Mitgliederkategorie gebraucht wurde,[33] ist die Rede von Kunden in der Kirche – wie übrigens in den meisten Nonprofit-Bereichen – nicht adäquat.[34]

Deshalb braucht es auch im Gottesdienst eben gerade keine Kundenorientierung. Wohl aber ist es in einer Marktsituation nötig, auf die Bedürfnisse der Menschen, die man ansprechen will, stärker einzugehen. Andernfalls wird der Gottesdienstbesuch wohl noch weiter zurückgehen. Es ist erstaunlich, dass man sich in einer aufgeklärten Theologie, die sich seit zweihundert Jahren mit Hilfe der historisch-kritischen Methode mit ihren eigenen geschichtlichen Wurzeln auseinandersetzt, diese Zusammenhänge nicht stärker klarmacht. Die Nonprofit-Managementlehre kann hier wertvolle Hinweise und Konzepte liefern. Es sind in ökonomische Begrifflichkeiten gefasste Handlungsanweisungen, welche sich auch aus einer theologischen Perspektive aufdrängen und legitimieren. Im Gewand historischer Erforschung des Erfolgs der christlichen Kirche der ersten drei Jahrhunderte sind

32 Zur Frage der alternativen Gottesdienste siehe Famos, Kirche zwischen Auftrag und Bedürfnis, S. 257–262.

33 Für die Schweiz einflussreich war diesbezüglich: Alfred Dubach; Roland Campiche (Hg.): Jede(r) ein Sonderfall? Religion in der Schweiz. Ergebnisse einer Repräsentativbefragung, Zürich/Basel 1993.

34 Siehe schon Cla Reto Famos, Kirchen zwischen Auftrag und Bedürfnis, S. 145–147.

solche Zusammenhänge schon längst aufgearbeitet worden.[35] Vielerorts sträubt man sich aber dagegen, daraus konkrete Schlüsse für das heutige kirchliche Handeln zu ziehen. Dabei sind angesichts der neuen religiösen Marktsituation die Parallelen zur Zeit des römischen Reiches deutlich. Auch damals standen die jungen Kirchen in Konkurrenz zu anderen religiösen Anbietern und zu dem grossen Angebotsfächer des damaligen sozialen Lebens. Ein wesentlicher Grund dafür, dass sich die christlichen Kirchen gegenüber der Konkurrenz durchgesetzt haben, lag in der Art, wie diese christlichen Gemeinschaften auf die Bedürfnisse ihrer Mitglieder und die von Aussenstehenden eingingen und ihnen damit einen sozialen Raum schufen.

Gottesdienst als liturgischer Dienst am Menschen

Die Orientierung des kirchlichen Handelns an den Bedürfnissen der Menschen ergibt sich aus dem Verkündigungsauftrag selbst.[36] Wie Jesus von Nazaret in seinem Wirken auf die konkreten Bedürfnisse der Menschen eingegangen ist, so ist auch die Kirche beauftragt, mit dem Evangelium zu den Menschen zu gehen und ihnen zu dienen. Denn nicht allein auf Umkehr zielt die Verkündigung ab, sondern auf den umfassenden *schalom*, der in der Hinwendung zu den Bedürfnissen der Menschen schon hier und jetzt angedeutet wird. Mit dem Auftrag «Gebt ihr ihnen zu essen!», schickt Jesus seine Jünger zu der wartenden Menge.[37] Im Heiligungsdienst und in der Diakonie soll die Kirche nahe zu den Menschen kommen. Und auch Paulus integriert bei seinen Anweisungen zur Gestaltung des Abendmahls ganz praktische Überlegungen zu Fragen von Ernährungsbedürfnissen.[38]

Die Bedeutung von Bedürfnissen ist so offensichtlich überall in den biblischen Schriften präsent, dass man sich fragen muss, wie man sie theologisch so systematisch ausklammern konnte. Wie könnte dem Verkündigungsauftrag entsprochen werden, wenn die Kirche die Bedürfnisse der Menschen, die sie erreichen soll, aus grundsätzlichen Überlegungen ausklammern würde? Insofern wäre eine Gegenüberstellung von Bedürfnisorientierung und Gewinnung von Anhängern künstlich. Denn um die Menschen in die Freiheit des Evangeliums zu führen, braucht es das – durchaus kritische – Wahrnehmen dessen, was sie brauchen, ihrer Erwartungen und Bedürfnisse, seien diese nun berechtigt oder nicht.

35 Christoph Markschies: Warum hat das Christentum die Antike überlebt?, Leipzig 2004. Aber auch schon: Adolf von Harnack: Die Mission und Ausbreitung des Christentums in den ersten drei Jahrhunderten, Wiesbaden ^{4}1924.

36 Siehe dazu Cla Reto Famos, Kirche zwischen Auftrag und Bedürfnis, S. 207–218.

37 Mt 14,16; Mk 6,37; Lk 9,13. Siehe zum Ganzen: A. a. O., S. 200–204.

38 1Kor 11,33 f.

Folgen für die Liturgik

Wenn die grundlegende Einsicht der Bedeutung einer Orientierung an den Bedürfnissen der Menschen für die Gestaltung von Gottesdiensten wieder Raum greift, ergeben sich verschiedene grundlegende Konsequenzen, die hier nur kurz skizziert werden können.

Ausgehend von der Erkenntnis der zentralen Bedeutung einer Bedürfnisorientierung benötigt die Praktische Theologie auch in der Liturgik einen intensiven Dialog mit dem Nonprofit-Management. Denn hier wurden in den letzten Jahren Forschungsergebnisse zum sogenannten Dritten Sektor – des Nonprofit-Bereichs – erarbeitet, die in vielen Teilen auch für das gottesdienstliche Handeln der Kirche von eminenter Bedeutung sind.

In der Auseinandersetzung mit dem Nonprofit-Management werden Motive der Gottesdienstbesucher klarer, die es den Verantwortlichen einfacher machen, sich mit möglichen Alternativen zum Status quo auseinander zu setzen. Der Gottesdienst wird wieder als zentraler Ort eines sozialen Geschehens greif- und gestaltbar. Es können die wesentlichen Interaktionen inner- und ausserhalb des Gottesdienstes analysiert werden. Das Nonprofit-Management stellt einen theoretischen Rahmen zur Verfügung, mit dem verschiedene Zielgruppen identifiziert und eine aktive, auf Gegenseitigkeit beruhende Kommunikation aufgebaut werden kann. Fragen des Mitteleinsatzes, der Ablauf- und Aufbauorganisation können bearbeitet werden. Sie führen zu klareren Strukturen und der bewussteren Regelung von Zuständigkeiten. Die Notwendigkeit der Begleitung des Gottesdienstes durch ein umfassendes Marketing, das weit mehr als nur Werbemassnahmen umfasst, wird deutlich und kann dem Gottesdienst wieder zu mehr Ausstrahlung und sozialer Akzeptanz verhelfen. Es hilft den Verantwortlichen, ihre Arbeit sichtbarer zu machen. Im Bereich des Personalmanagements kann das Nonprofit-Management wertvolle Hinweise für die Motivation und den Umgang mit Freiwilligen oder für die konstruktive Bearbeitung von Teamkonflikten geben. Strategisches Management kann den zuständigen Kirchenpflegen und Pfarrämtern helfen, überprüfbare Ziele auch für den Bereich der Gottesdienste zu setzen und diese mit den anderen Tätigkeiten im Rahmen der Gemeindearbeit und der kantonalen Angebote zu verzahnen. Das Qualitätsmanagement kann helfen, einen kritischen Blick auf die eigenen gottesdienstlichen Angebote zu werfen und mögliches Optimierungspotenzial zu erheben.

Die Anwendungsbereiche des Nonprofit-Managements sind so vielfältig wie die Organisationen des Dritten Sektors, auf die es ausgerichtet ist. Neben dem Reflexionspotenzial und den Hilfestellungen für konkrete Verbesserungen scheint mir aber einer der grössten Vorzüge darin zu liegen, dass eine Lage, die von vielen kirchlichen Mitarbeitern als aussichtslos und unabänderlich wahrgenommen wird, mit Hilfe dieser Perspektive des Nonprofit-Managements in eine Situation verwandelt wird, die nicht nur durch Schwächen, Gefahren und Risiken, sondern auch durch Potenziale, Chancen und Visionen gezeichnet ist.

Dabei ist allerdings vor übertriebenen Erwartungen zu warnen. Weder gibt es ein Patentrezept gegen den Mitgliederschwund der Kirchen noch werden hier alle Fragen beantwortet. Es lohnt sich aber für die Kirchen durchaus, sich mit dieser auf der ökonomischen Analyse fussenden Perspektive auseinanderzusetzen und diese für sich fruchtbar zu machen.

Es braucht deshalb nicht unbedingt eine stärkere Vereinheitlichung der Liturgie. Vielmehr genügen wohl einige markante Leitlinien, wie sie in den letzten Jahren zum Beispiel über das gemeinsame Gesangbuch entworfen worden sind. Denn es sind letztlich nicht wesentlich neue Formen und auch nicht veränderte Inhalte, sondern es ist eine am kirchlichen Auftrag ausgerichtete Bedürfnisorientierung, welche in den vergangenen Jahren einen Wandel und eine neue Dynamik gebracht hat, auch wenn sie vorerst erst schlaglichtartig aufscheint.

Was es heute braucht, ist deshalb mehr strategische Umsetzung dieser Prinzipien durch die Kirchenleitungen, damit die Kirchgemeinden einen Handlungsspielraum erhalten. Die Kirchgemeinden und Pfarrämter brauchen Visionen und Instrumentarien, damit sie vor Ort aktiv werden können. Es braucht mehr Anreize und Unterstützung für die Gemeinden und Pfarrerinnen, damit sie mit ihren Gottesdiensten wieder näher bei den Leuten sind und ihren Arbeitsalltag diesbezüglich wieder mit Befriedigung erleben können.

Die Praktische Theologie kann, wenn sie ihre Forschung in diesem Feld intensiviert und auch die Ausbildung entsprechend anpasst, dazu einen wesentlichen Beitrag leisten. Der Gottesdienst zum Stephanstag 2010 in der reformierten Kirche Zürich-Enge und viele weitere Beispiele gelingender und ansprechender Gottesdienstgestaltung können und müssen nicht einfach kopiert werden. Aber sie könnten – im Rahmen eines Best-Practice-Prozesses ausgewertet – als Grundlage dienen für eine Gottesdienstgestaltung, welche die Bedürfnisse der Menschen noch stärker aufnimmt.

Hochkultur oder Popularkultur?

Plädoyer für die Hochkultur

Andreas Marti

Hochkultur: Was ist das?

Fast jede Ausschreibung einer Organistenstelle enthält heute Passagen wie «Offenheit für verschiedene Stilrichtungen» oder weniger verbrämt «Vertrautheit mit Popularmusik». Vielfalt ist sicher nicht vom Übel, eine stilistisch breite Tätigkeit ein sinnvolles kirchenmusikalisches Berufsbild, das in der konkreten Arbeit grosse Chancen bietet. Aber manchmal lässt sich der Verdacht nicht ganz verdrängen, die ausschreibenden Kirchgemeindebehörden und Pfarrer fürchteten sich insgeheim vor zu hohen künstlerischen Ansprüchen, vor den Massstäben einer «Hochkultur», in der sie sich selbst nicht heimisch fühlen, oder von der sie annehmen, ihre Gemeinde habe zu ihr keinen Zugang.

«Hochkultur» hat ja spätestens seit Gerhard Schulzes Beschreibung von kulturellen Schemata und alltagsästhetischen Milieus – an ihr kommt man angesichts der Themenformulierung nicht vorbei – einen leichten Beigeschmack des Spiessigen, Gestrigen, Weltfremden, Bildungsbürgerlichen, Arroganten. Im «Hochkulturschema» gehe es um «Ambitioniertheit, Überheblichkeit, Gepflegtheit, aber auch Antiquiertheit, Harmlosigkeit und Nutzlosigkeit», wenn auch mit der latenten Möglichkeit zur Selbsttranszendierung, zur ironischen Distanz oder zur Integration von zunächst Abgelehntem. Als wesentliches Element wird die Zurücknahme des Körperlichen zugunsten des Geistigen, des Physischen zugunsten des Psychischen beschrieben.[1]

Wenn dagegen in der Kulturgeschichte von Hochkulturen die Rede ist, dann ist die Grundtonart eine andere. Da werden die ersten Leistungen in Schrift, Architektur, Literatur und Religion beschrieben, ermöglicht durch eine Ökonomie der fortschreitenden Arbeitsteilung und Spezialisierung, durch die Möglichkeit, dass sich Einzelne und Gruppen nicht mehr mit den Elementaria des physischen Überlebens beschäftigen mussten. Beschäftigungen wurden möglich, die im unmittelbaren Sinne «zweckfrei» waren und eine geistige Welt von Gedanken, Vorstellungen und Ideen entstehen liessen, welche bis zu einem gewissen Grad unabhängig von der materiellen Welt und ohne direkte ökonomische Relevanz war. Wenn wir heute von der «Welt der Musik», von der «Welt des Theaters» und ähnlichen

1 Gerhard Schulze: Die Erlebnisgesellschaft. Kultursoziologie der Gegenwart, Frankfurt a.M. 1992, S. 142–144.

«Welten» sprechen, so ist darin dieser schöpferische Akt sprachlich immer noch präsent, und Kultur als «Hochkultur» findet ihren Ausdruck im Besonderen in den Künsten der verschiedenen Sparten.

Kunst

«Kunst» zu definieren ist kontrovers und in diesem Rahmen unmöglich, aber von dem genannten Aspekt der Unabhängigkeit vom Materiellen aus lassen sich Beschreibungen finden:

- Kunst ist Ausdruck wider den Anschein. Sie bricht vordergründige Schein-Objektivitäten auf, etwa wenn der Fotograf als Künstler seine Wahrnehmung darstellt, mit seinen inneren Bildern arbeitet, statt ein Objekt einfach abzuknipsen – noch mehr wird der Maler die im Bild dargestellte Wirklichkeit durch seine Person hindurch erst eigentlich erschaffen. Der Verzicht auf scheinbare Objektivität, das Bekenntnis zur Subjektivität führt zu Vorläufigkeit, zu Dynamik und verlangt nach Kommunikation.
- Kunst heisst Misstrauen gegen Selbstverständliches, erzeugt Verfremdung, auch eine Verfremdung des Ichs gegenüber sich selbst, eine Infragestellung der Befindlichkeit. Gegen platte Identifikationen wird eine «ästhetische Dialektik»[2] gesetzt, die Engagement und Distanz gleichermassen in sich schliesst.
- Das Kunstwerk – von welcher Sparte auch immer – tritt dem Rezipienten als eine eigene Grösse gegenüber. Mag und soll es für ihn auch existenzielle Relevanz entfalten, bleibt doch eine distanzlose Identifikation aus und die Persönlichkeit des Rezipienten gewahrt.
- Kunst weist über ihre eigene Gestalt hinaus, bedeutet eine Selbsttranszendierung in Richtung auf das nicht Eindeutige, das Unabgeschlossene, nicht direkt Wahrnehmbare. Sie bringt das Nicht-Sagbare zur Anschauung, indem sie seine Nicht-Sagbarkeit wahrt.
- Wenn auch gemäss dem Diktum von Arnold Schönberg Musik nicht schmücken, sondern wahr sein soll,[3] ist doch auch die Sehnsucht nach dem Schönen (wie immer es verstanden werden mag) nicht einfach als Flucht zu sehen, sondern als die Kehrseite des Leidens am Übel, vorausgesetzt, dass das Schöne die Erinnerung an die Unvollkommenheit und das Leiden mit sich trägt und nicht zu vordergründig-selbstverständlicher Harmonie verflacht. Zeitgenössische Kunst wird manchmal beschrieben als Reflex der Gebrochenheit und Zerrissenheit unserer Zeit. Das ist vordergründig plausibel, verkennt aber, dass schon in der Tatsache der künstlerischen Transformation ein nächster Schritt liegt, der jenseits des Negativen, Unheilen etwas Anderes setzt, sei es auch nur

2 Vgl. Albrecht Grözinger: Praktische Theologie und Ästhetik, München 1987, v.a. S. 125–128.

3 Zitiert bei Klaus Röhring: Neue Musik in der Welt des Christentums, München 1975, S. 9 (dort nach Eberhard Freitag, Schönberg/Reinbek 1975, S. 25).

als dessen unausgesprochene oder lediglich erahnte Kehrseite und ohne den Anspruch auf eine Manifestation in gegenwärtiger oder zukünftiger Realität.

Kunst und Religion

Die Entsprechungen der Kunst zum Bereich der Religion liegen auf der Hand:

- Glauben ist definitionsgemäss Glauben wider den Anschein, ist ein Erkenntnisvorgang im Innersten der Person, somit zwar von radikaler Subjektivität, aber zugleich auf Kommunikation angelegt und angewiesen. Kunst schaffen und Kunst wahrnehmen: Dies sind Vorgänge, die ebenso radikal im Zentrum der Person angesiedelt sind, wie sie in der Intersubjektivität zum Tragen kommen.
- Die Selbstverständlichkeit alltäglicher Wahrnehmung ist aus religiöser Sicht interpretationsbedürftig, verlangt nach der Nachfrage, ist «frag-würdig» im Wortsinn. Die Frage macht vor der eigenen Person nicht halt, kommt hier vielmehr zu ihrer vollen Schärfe, wie sie sich etwa in der lutherschen Formel des «simul iustus et peccator» zeigt, in der Gleichzeitigkeit von letzter Infragestellung und unüberholbarer Lebensberechtigung. Auch der Verfremdungsaspekt von Kunst bildet diese Paradoxien ab und macht sie existenziell erfahrbar.
- Dem Werkcharakter in der Kunst entspricht die Beschreibung des Gottesdienstes als eines «offenen Kunstwerks», das nicht einfache Botschaften und Anweisungen transportiert, sondern einen Rezeptionsraum eröffnet, in dem die am Gottesdienst Teilnehmenden zugleich mitgestaltende Akteure und rezipierendes «Publikum» sind – beides «ungemischt und ungesondert» ineinander verwoben. Gegenüber einer Partizipationsweise mit hohem Identifizierungsgrad – charismatisch-enthusiastischer Art oder unter hohem kognitivem Zustimmungsanspruch – ergibt sich eine für das Hochkulturschema bezeichnende Partizipationsweise, die auch Distanz zulässt. Nicht zuletzt manifestiert sich dies im unterschiedlichen Umgang mit körperlicher Präsenz und Aktivität, deren Reduktion in der protestantischen Liturgietradition heute zu einseitig negativ qualifiziert wird.
- Religiöse Erkenntnis erfährt und interpretiert die mit menschlichen Sinnen wahrnehmbare Wirklichkeit als durchscheinend für eine dahinterliegende, sieht in den Dingen und Vorstellungen dieser Welt den Hinweis auf etwas Anderes, Grösseres, Letztgültiges. Das Hinausweisen des Symbols über sich selbst, die Nicht-Identität des Zeichens – auch und gerade des sprachlichen – mit dem letztlich Gemeinten, ist grundlegend und unaufgebbar. Kunst führt zwar entgegen dem romantischen Konzept nicht selber in die Transzendenz, wohl aber bildet sie die Unabgeschlossenheit der Immanenz, ihr Angelegtsein auf Transzendenz ab.
- Die Überschreitung der Immanenz hat auch eine zeitliche Dimension, indem Gegenwart als offen für eine Zukunft interpretiert wird, die nicht lediglich als

> Verlängerung dieser Gegenwart verstanden werden kann, sondern eine grundlegend andere Qualität haben soll. In der Vorläufigkeit gegenwärtiger Erfahrung sieht religiöse Interpretation Vorausnahme künftiger Vollendung, Präfigurationen eines Anderen. Die in der Kunst verborgenen Ahnungen von Vollkommenheit, auch und gerade wenn sie durch die Gebrochenheit der Oberfläche durchscheinen, können als Analogie solcher Präfiguration wahrgenommen und interpretiert werden.

In solcher Argumentation wird von «Kunst» durchaus in einem emphatischen Sinn gesprochen. Sie setzt voraus, dass das «Kunstwerk», wie immer es definiert wird und welcher Kunstsparte es entstammt, beim Rezipienten Prozesse auslöst, die anders nicht ausgelöst werden können. Seine Gestalt weist über seinen unmittelbaren Gehalt hinaus: Ein Gedicht ist mehr als die direkte Aussage seiner Wörter; im Gestaltungsüberschuss verbirgt sich auch ein Bedeutungsüberschuss, der im Rezeptionsprozess manifest werden kann. Ein musikalisches Einzelphänomen lässt sich melodisch, harmonisch, rhythmisch, formal und gegebenenfalls textbezogen interpretieren und erweist so im optimalen Fall eine Mehrfachdetermination, welche die Rezeption nicht zu einem Abschluss kommen lässt, sondern sie als Prozess offen hält. Versteht man die Wahrnehmung von Kunst als Zeichenprozess, so verweist das Kunstwerk zunächst einmal auf sich selbst als gestaltete Form. Es relativiert so die Beziehung zwischen Zeichen und Sache (bzw. dem Begriff von der Sache) und öffnet stattdessen einen Bedeutungsraum, in dem sich der Rezipient autonom bewegen kann. Wahrheit ist nicht durch Definitionen und Gleichsetzungen zu erreichen, sondern bleibt ein offener Prozess – Kunst ist darum gleichzeitig auch das Gegenteil von Manipulation, wohl der tiefere Grund, weshalb Diktaturen und Fundamentalismen jeglicher Couleur in aller Regel der Kunst mit Misstrauen begegnen.

«Elite» und «Basis»

Das ist freilich ein «elitäres» Konzept, das mit einer geforderten Orientierung an der «Basis» im Widerspruch zu stehen scheint. Die Frage ist allerdings, ob «elitär» ein Schimpfwort sein kann, so wie heutiger Sprachgebrauch es meist wahrnimmt. Interpretiert man Norm-Worte wie «Basis» oder «Demokratie» von ihrem neuzeitlichen Ursprung her, kann ihre von der Aufklärung gesetzte Verknüpfung mit dem Anspruch auf Mündigkeit nicht ausgeblendet werden: Sie impliziert die Forderung nach kritischem und selbstkritischem Urteilen, nach der Fähigkeit, bei allem Engagement auch Abstand zu halten oder zu gewinnen, der ein denkendes Abwägen erlaubt. Das ist freilich meist nicht die Realität an der sogenannten «Basis», aber die real existierende Befindlichkeit einer Mehrheit kann nur ein vorläufiges Kriterium sein, muss vielmehr nach fortschreitender Erkenntnis rufen, nach Bildung, nach dem Mut von «Eliten», für sich und für andere mehr zu wollen als das jeweils Vorhandene.

Verknüpft mit dem Schlagwort der «Hochkultur» ist nach dem schulzeschen Schema das des «Niveaumilieus», auch dieses ein Stück weit unter dem Verdacht weltfremder Schöngeisterei und dünkelhafter Arroganz eines Bildungsbürgertums. Es kann aber auch bedeuten, dass Menschen an sich Ansprüche stellen, mit dem Vorhandenen nicht zufrieden sind, persönlich weiterkommen wollen und auch die Hoffnung nicht aufgegeben haben, dass die Gesellschaft und die Welt weiterkommen könnten.

Bildung heisst in diesem Zusammenhang Erziehung und Selbst-Erziehung zu kritischem, also unterscheidendem und differenzierendem Denken und Wahrnehmen. Differenzierung ist ein zentrale Voraussetzung und zugleich Leistung der Hochkultur. Es ist zwar heute Mode, im Zeichen einer Art Ursprungsromantik den Verlust einer «Ganzheit» zu beklagen, die man etwa in der engen Einheit von Sprache, Musik und Bewegung in urtümlichen Kulturen findet (oder zu finden glaubt). Aber gerade die Emanzipation der Instrumental- von der Vokal- und von der Tanzmusik zu Beginn der Neuzeit hat eine musikalische Entwicklung ausgelöst, die man ja wohl kaum unter dem Stichwort der «Entkörperlichung» als defizitär wird bewerten dürfen. Kunst tritt der Alltagsrealität distanziert gegenüber, auch in der ungegenständlichen Malerei und Skulptur, auch in der zerbrochenen Sprache seit der Dichtung des 20. Jahrhunderts. In dieser Distanz ermöglicht sie neue Sicht, kritische Wahrnehmung, Bewegung.

Gestalt und Gehalt

Es gibt keine Theologie und schon gar keinen Glauben ohne Gestalt. Die Vorstellung ist ein Kurzschluss, es liessen sich Inhalte herauspräparieren, die sich gegenüber ihrer gestalthaften Realisierung und Kommunikation neutral verhielten, so dass das einzige Gestaltungskriterium das «Ankommen» bei den Adressaten wäre, ohne dass diese Inhalte von der Darbietungsform berührt und beeinflusst würden. Auch ein vermeintlich rein herausgeschälter Inhalt müsste eine minimale Gestalt haben, sonst wäre er nicht kommunizierbar – eine solche Minimalgestalt müsste aber zwangsläufig zur undifferenzierten, platten Banalität führen. Die Gestalt der Darstellung wird unausweichlich das Wesen des Dargestellten selbst prägen.

Der Gottesdienst darf sich gewiss nicht in der Hochkultur und den darauf ausgerichteten Milieus einschliessen, sonst wird er zum andere ausschliessenden Zielgruppengottesdienst. Aber Glaube, der auf die Differenzierungsleistung hochkultureller Ausdrucksformen verzichten zu können meint, verfehlt sein eigenes Wesen, wird defizitär: vordergründig und banal, fundamentalistisch und autoritär oder beides zusammen.

Plädoyer für die Popularkultur

Harald Schroeter-Wittke

Andreas Martis Positionierung widerspreche ich nur ungern. Sie ist ohne Falsch und Tadel, geradeaus, beeindruckend. Sie unterhält mich, so dass ich alles unterschreiben kann, mit einer Ausnahme: Mir scheint in ihr implizit eine Abgrenzung zur Popkultur hindurchzuscheinen. Damit bin ich bei meinen zentralen Stichworten, um die herum ich meine paradoxen Überlegungen gruppiere: 1. Die Unterhaltung als bestimmende Zugangsweise zur populären Kultur. 2. Die Oberfläche als Wahrung des Scheins. Doch vorweg die Klärung einer Frage, die nicht zu beantworten ist.

Popkultur: Was ist das?

«Populäre Kultur macht Spass! Das ist so ungefähr das einzige, in dem Forschung über und Teilnehmer an der Populären Kultur übereinstimmen. Worin dieser Spass besteht, wie er hergestellt wird, welche kulturelle Bedeutung und sozialen oder psychologischen Funktionen er hat und bei welchen Gelegenheiten – besonders wichtig bei der Rezeption welcher Art von Texten – der Spass zustande kommt, darüber hat die Forschung keine gesicherten Auskünfte zur Verfügung.»[4] Daran hat sich wenig geändert, auch wenn die Popkultur mittlerweile auch in der theologischen Reflexion Spuren hinterlassen hat.[5] Hans-Otto Hügel benennt allerdings noch einen weiteren Konsens der Forschung, dass einerseits das Verhältnis zwischen Hoch- und Popkultur noch einer Klärung bedarf, weil die dichotomische Auffassung einer hierarchischen Trennung falsch sei.

Popkultur im engeren Sinne wird im deutschsprachigen Raum seit Mitte des 19. Jahrhunderts sichtbar. Am 1. Januar 1853 erscheinen die Periodika «Daheim» und «Die Gartenlaube», die in ihrer Langlebigkeit und überregionalen Massenbedeutung ihresgleichen suchen. In ihnen wird das gesamte Leben unter dem Blickwinkel der Unterhaltung veröffentlicht. Die vielen seitdem sich verbreitenden Massenmedien nehmen diese Grundstruktur auf. Damit lassen sie sich auf Alltagsästhetik ein, die sich zunehmend differenziert und dem doppelten Gesetz von Globalisierung und Regionalisierung[6] unterliegt.

4 Hans-Otto Hügel: Einführung, in: ders. (Hg.): Handbuch Populäre Kultur. Begriffe, Theorien und Diskussionen, Stuttgart 2003, S. 1.

5 Vgl. dazu Kristian Fechtner; Gotthard Fermor; Uta Pohl-Patalong; Harald Schroeter-Wittke (Hg.): Handbuch Religion und Populäre Kultur, Stuttgart 2005; Harald Schroeter-Wittke (Hg.): Popkultur und Religion. Best of ..., Jena 2009; sowie Joachim Kunstmann; Ingo Reuter (Hg.): Sinnspiegel. Theologische Hermeneutik populärer Kultur, Paderborn 2009.

6 Vgl. dazu Eberhard Hauschildt: Die Globalisierung und Regionalisierung der Praktischen Theologie; in: PrTh 29 (1994), S. 175–193.

Unterhaltung

Hügel versteht Popkultur als unterhaltende Kultur. Dies erlaubt, Popkultur als eigenständiges System zu begreifen, das zugleich mit der Gesamtkultur in einem Zusammenhang steht. Dabei meint Unterhaltung keinesfalls jede Form von *amusement*, sondern wird «als Teilhabe an sowohl ästhetisch zweideutig produzierten als auch zweideutig rezipierten, medial vermittelten [...] Ereignissen und Artefakten aufgefasst».[7] Unterhaltung stellt somit ein eigenes «Sinnsystem» dar, das als jüngster Diskurs zu den grossen Sinnsystemen Religion, Wissenschaft, Kunst und Pädagogik dazu gekommen ist und als «das komplizierteste Sinnsystem unserer Gesellschaft»[8] gilt.

Popkultur als Unterhaltung lebt von der ästhetischen Zweideutigkeit. «Das beständige Sowohl-als-auch von Ernst und Unernst im Angebot, das das Artefakt macht und die Rezeption realisiert, befreit die Teilnehmer an der Populären Kultur vom Odium, minderwertig zu sein.»[9] Diese ästhetische Zweideutigkeit stellt nicht in die Entscheidung, sondern eröffnet Freiräume für die rezipierenden Subjekte, die gleichwohl immer dem Rezeptionsstoff unterliegen (*sub-iectum*). Mit solcher ästhetischen Zweideutigkeit tut sich insbesondere die protestantische Kirche mit ihrem prophetischen Gestus schwer.

Unterhaltung hat bis heute keinen guten Ruf bei den Gebildeten unter ihren Verächtern. Immer noch wirken die mentale Trennung von E- und U-Kultur bei der gebildeten Elite sowie die übliche intellektuelle Schelte massenmedialer Produktionen nach. Dazu kommt eine spezifisch deutsche Schwierigkeit, die in der Tatsache begründet liegt, dass Unterhaltung von den Diktaturen und Unrechtregimes im Deutschland des 20. Jahrhunderts missbraucht worden ist. Schliesslich gilt Unterhaltung auch theologisch als fragwürdig. Bis heute hält sich das Vorurteil des Johannes Chrysostomos, Jesus habe nicht gelacht, in dessen Gefolge die meisten Christen auch wenig zu lachen hatten. Und erst im 19. Jahrhundert ist diese Frage wohl endgültig geklärt worden, als es an prominenter Stelle in der gebotenen popkulturellen Massenwirksamkeit hiess: «Stille Nacht, heilige Nacht, Gottes Sohn, o wie lacht [...]» Dabei hat Unterhaltung eine lange positive theologische Karriere hinter sich. Denn gute Unterhaltung führt ihre drei Dimensionen zusammen: ihre ernährende (nutritive), ihre gesellige (kommunikative) und ihre geniessende (delektarische) Dimension.

Unterhaltung hat es in der deutschen Sprache mit drei Dimensionen zu tun. Von seiner physischen Bedeutung – jemandem etwas unterhalten, jemanden unterstützen – herkommend entwickelt sich zunächst das nutritive Verständnis von Unterhaltung – jemanden erhalten, ernähren, unterstützen. Das Nutritive stellt bis

7 Hügel, Einführung, S. 17.

8 Georg Seeßlen: Sinnsystem Unterhaltung. Zur Struktur und gesellschaftlichen Funktion des Unterhaltungsfilms; in: medien praktisch 17 (1993), Heft 1, S. 49.

9 Hügel, Einführung, S. 17.

ins 18. Jahrhundert die Hauptverwendung dar und bezeichnet nach den Gebrüder Grimm alles, «was der mensch zu seiner nahrung, kleidung und auferziehung von nöthen hat'» (DWb 24, 1595). Mit dem Aufkommen einer bürgerlichen Gesprächskultur im 18. Jahrhundert gewinnt das kommunikative Verständnis von Unterhaltung – ein Gespräch führen – immer grössere Bedeutung. Aus dieser Gemengelage entwickelt sich der heute übliche Gebrauch von Unterhaltung als *amusement*. Im 19. Jahrhundert entfernen sich durch das Auseinanderdriften von E- und U-Kultur die drei Dimensionen von Unterhaltung immer weiter voneinander bis zur Unkenntlichkeit ihres Zusammenhangs. Dadurch jedoch, dass die Unterscheidung von E- und U-Kultur angesichts der neuen Medienwirklichkeit ihre Plausibilität verloren hat, wird Unterhaltung in der Zusammengehörigkeit ihrer drei Dimensionen auch theologisch wieder interessant.

Unterhaltung ist nutritiv

Unterhaltung gewährt Unterhalt. Dieser Aspekt ist insbesondere in der protestantischen Orthodoxie theologisch als Lehre von der *conservatio* bedacht worden. Paul Gerhardt z. B. kann davon ein Lied singen: «Was sorgst du für dein armes Leben, Wie du's halten wollst und nähren? Der dir das Leben hat gegeben, Wird auch Unterhalt bescherehren. Er hat ein Hand voll aller Gaben, Da See und Land sich muss von laben. Gib dich zufrieden.»[10] Gott unterhält die Welt: «He's got the whole world in his hands.» Indem Gott aber die Welt unterhält, unterhält er auch sich mit der Welt. Das heisst, «Gott liebt diese Welt.»[11] Er hat Wohlgefallen an ihr. Sie bereitet ihm Lust. Und: Gott redet mit der Welt, wenn er sich mit ihr unterhält. Nach protestantischem Verständnis geschieht dies vor allem im Gottesdienst, wo nach Luthers berühmter Definition Gott mit uns redet und wir ihm antworten durch Gebet und Lobgesang. Gute Unterhaltung gewährt uns Unterhalt. Schlechte Unterhaltung hingegen ist nutritiver Betrug. Gottesdienst als gute Unterhaltung bedeutet daher, den Menschen in ihren Geschichten mit göttlichen Geschichten so Unterhalt zu gewähren, dass sie vorübergehend Halt gewinnen. Gute Unterhaltung heisst theologisch daher aber auch: Halt gibt es immer nur vorübergehend, en passant, im Übergang. Der Halt, den ein unterhaltsamer Gottesdienst gewährt, vergeht auch wieder, ist vergänglich. Dies wird besonders deutlich im Modus der Musik, des Singens und Hörens, denn Klänge sind die ästhetische Ausdrucksgestalt, die verklingen, am schnellsten vergehen, verschwinden.

10 Paul Gerhardt: «Gib dich zufrieden» (1667), zitiert nach: Albert Fischer; Wilhelm Tümpel: Das deutsche evangelische Kirchenlied des siebzehnten Jahrhunderts, 3. Bd., Gütersloh 1906, Nr. 474. – Evangelisches Gesangbuch, Ausgabe für die Evangelisch-reformierte Kirche (EG), Gütersloh/Bielefeld/ Neukirchen-Vluyn 1996, Nr. 371, RG 683.

11 Walter Schulz: «Gott liebt diese Welt». EG 409, RG 279.

Unterhaltung ist kommunikativ

Zwei oder mehr Menschen unterhalten sich miteinander, oft frei assoziierend. Gute Unterhaltungen sind meist lose, oft eignet ihnen eine lockere Atmosphäre. Gute Unterhaltung sucht das partnerschaftliche Gespräch unter Gleichberechtigten. Als erster hat der Pietismus die aufkommende bürgerliche Gesprächskultur als Konversation auch zu einer kirchlichen Kultur gemacht. Jedoch verfolgte er dabei von Anfang an, also schon in Speners Frankfurter «Collegium pietatis», das Interesse einer Verkirchlichung und damit einer Hierarchisierung der Gespräche vom Predigtamt bzw. von der Bibel her. Erst Schleiermacher hat mit seiner Theorie der freien Geselligkeit, die in der liberalen Salonkultur Berlins um 1800 wurzelt, der kommunikativen Dimension von Unterhaltung auch in der Kirche den gebührenden Raum bereitgestellt. Unterhaltsame «Theologie als Gespräch» (David Tracy) schafft eine Atmosphäre der Partnerschaft unter Gleichberechtigten, was auch für den Gottesdienst gilt.[12]

Unterhaltung ist delektarisch

Sie macht Spass. Sie amüsiert uns. Sie berührt uns. Sie ist rührend. Sie erheitert und erleichtert. Das *delectare* (das Unterhalten) spielt in der antiken Rhetorik eine grosse Rolle. *Delectare* gehört neben dem *docere*, dem Lehren, und dem *movere*, dem Bewegen, zu den drei Grundaufgaben einer jeden Rede in der Antike. Jede Rede hat zu lehren, zu unterhalten und zu bewegen: *docere – delectare – movere*. Während das *docere* als Lehre auf die intellektuelle Einsicht zielt, sprechen das *delectare* als Unterhaltung und das *movere* als Pathos die Affekte an. Dabei bedient das *delectare* die sanften Affektstufen, denn es soll der Übermüdung durch Lehre und Pathos vorbeugen. Das *delectare* berührt die Menschen und erleichtert sie so. Manchmal beschwingt sie sogar oder rührt zu Tränen. Das wäre im Übrigen nicht das schlechteste Qualitätskriterium für liturgische Wirkungen, insbesondere bei den Kasualien.

Den Schein wahren: Biblische und liturgische Oberflächenkunde

Mit meinem zweiten popkulturellen Paradigma für den Gottesdienst spreche ich ein Lob aus für die Oberflächlichkeit. Ebenso wie für uns die Sonne immer noch auf- und untergeht, so trauen wir auch nicht der Oberfläche, sondern vermuten Wahrheit in der Tiefe.[13] Die Oberfläche gilt uns eher als schöner Schein, als Verblendungszusammenhang. Sie muss durchschaut oder auch durchstossen werden,

12 Vgl. dazu exemplarisch Harald Schroeter-Wittke: Liturgische Moderation. Praktisch-theologische Erwägungen zu einem exemplarischen Modus zeitgenössischer Verkündigung, in: PTh 99 (2010), 449–463.

13 Das wohl berühmteste Beispiel dafür ist der erste Band der religiösen Reden von Paul Tillich: In der Tiefe ist Wahrheit, Stuttgart 1952.

damit wir zu dem vordringen, was uns angeblich trägt. Doch in der Tiefe[14] ist es finster. Dort herrscht Dunkelheit. Und wenn einmal Licht dort hineindringt, z.B. in Form von Aufklärung, dann hat sich die Tiefe schon wieder zur Oberfläche gewandelt und die Seh(n)sucht beginnt von Neuem.

Biblische Oberflächenkunde

Im Alten Testament tritt die Tiefe vor allem als eine ganz und gar lebensbedrohliche Welt in Erscheinung, aus der nur Gott retten kann (z.B. Ps 130,1). Und auch im Neuen Testament bezeichnen die positiv konnotierten Tiefen der Gottheit allein die räumliche Ausdehnung und Weite (Röm 11,33; 1Kor 2,10), während niemand freiwillig in die bedrohliche Tiefe des Abyss hinab gehen möchte (Röm 10,7). Auch Jesus wird als eher oberflächlicher Mensch geschildert. Er bleibt beharrlich auf der Oberfläche, während Petrus unwillkürlich in die Tiefe geht und dabei fast ertrinkt (Mt 14,22–33). Es ist schon ziemlich schlagfertig, wie er sich mit einer intensiven Betrachtung von Oberflächen aus der Affäre zu ziehen vermag bei der tiefgründigen Frage nach der Steuer (Mt 22,15–22). Und selbst als es um Tod und Leben geht, geht Jesus nicht in die Tiefe, sondern bleibt vor der Höhle stehen und ruft Lazarus aus tödlichen Tiefen heraus ins Leben. Natürlich gibt es auch bei Jesus einen Tiefpunkt, aber die Höllenfahrt Christi ist in den biblischen Texten zumindest umstritten (vgl. z.B. 1Petr 3,19). Wenn es sie gegeben hat, dann hat Christus es dort in der Tiefe aber auch keine drei Tage ausgehalten. Ein Mann, der ständig irgendwelche Geschichten erzählt, wenn er tiefschürfende Fragen gestellt bekommt, gilt zu Recht als oberflächlich. Das ist das Geniale an diesen Gleichnissen mit ihrer ästhetischen Zweideutigkeit und dem Odium jahrhundertelanger Popkultur, dass ihre Auslegungen an kein Ende kommen, auch wenn schon früh versucht wurde, diese Oberflächlichkeit tiefgründig zu sistieren.[15] Vor diesem Hintergrund will ich in aller gebotenen jesuanischen Oberflächlichkeit ein paar Stichworte und Fragestellungen zur praktisch-theologischen Oberflächenforschung nennen:

14 Einer «meiner» ersten Filme, die mich im Kino mit Haut und Haaren mitgenommen haben, war der Thriller «Die Tiefe» (Peter Yates 1977, mit Robert Shaw, der unvergessenen Jacqueline Bisset und Nick Nolte). Demgegenüber heisst es im Lexikon des Internationen Films (www.filmevonabisz.de), er sei ein «lediglich in den Unterwasser-Sequenzen fesselnder Unterhaltungsfilm», der durch ein «dünnes Drehbuch», «schwache schauspielerische Leistungen» und «einfallslose Regie» langweile. So unterschiedlich können Rezeptionen sein!

15 Vgl. z.B. den markinischen Domestizierungsversuch in Mk 4,13–20 gegenüber der Weite des jesuanischen Gleichnisses in Mk 4,1–9.

Von der Bodenlosigkeit unserer Welt

Der erste Band der Schriften Vilém Flussers (1920–1991) trägt den schönen Titel: «Lob der Oberflächlichkeit».[16] Darin sind Aufsätze und Essays zu lesen, die der in Prag geborene, vor den Nazis nach Brasilien exilierte und später in Frankreich lebende Flusser zur Medienkultur geschrieben hat. Seiner Autobiografie gibt er den Titel «Bodenlos».[17] Diese Bodenlosigkeit kennzeichnet auch seine medienphilosophischen Gedankengänge, die insbesondere der «Welt als Oberfläche»[18] gewidmet sind. Flusser sieht diese Welt auf dem Weg vom Ding zum Unding und die Menschen, deren Menschwerdung in eine neue Phase tritt, auf dem Weg vom Subjekt zu einem Projekt, das Objekte obsolet macht. Die Welt, die wir entwerfen, wird zunehmend ununterscheidbar von einer Welt, der wir unterworfen sind. Wir stehen damit vor einer Herausforderung, die unser gesamtes abendländisches Denken auf den Kopf stellt: Der Schein trügt nicht etwa, sondern der Schein trägt. Vor diesem Hintergrund bestreitet Flusser die Rede von Hintergründen und versucht, die Welt konsequent als Oberfläche zu denken.

Haut

Bei diesen Gedankengängen wird mir zwar immer schwindelig, aber ich ahne in ihnen eine spannende Wahrnehmung von Lebenswelten, die mich zunehmend umgeben. Die Oberflächen werden immer wichtiger. Die Haut als Grenze und als Verbindung wird zunehmend zu einem Gestaltungsprojekt. Die Fragen nach dem Verschwinden der Subjekte, weil es aufgrund unserer Projekte eben keine Objekte mehr geben kann, stellen sich mir anhand der Körper voller Piercings und Tattoos:[19] Wer oder was ist da Subjekt und wer oder was ist da Objekt? Wo finden diese Projekte bzw. Oberflächlichkeiten religiöse Heimat in unseren kirchlichen Räumen? Vor über zehn Jahren habe ich einen Werbespot gesehen, der sehr schnell wieder verschwand, meines Erachtens aber richtungsweisend war: Die Kamera zeigt eine männliche Brust in Grossaufnahme. Von links nähert sich plötzlich eine Nadel, die die Brustwarze durchsticht. An einem Ring, der durch dieses Piercing gezogen wird, hängt ein Kreuz. Unten rechts erscheint das Schriftbild: Evangelische Kirche in Kassel.

Die Kirche sieht alt aus

Ich will ein paar weitere Stichworte nennen, die praktisch-theologisch zu erforschen wären. Schon Ende der 1990er Jahre hat Dieter Baacke in seinen Jugendfor-

16 Vilém Flusser: Lob der Oberflächlichkeit. Für eine Phänomenologie der Medien. Schriften, Bd. 1, Mannheim ²1995.

17 Vilém Flusser: Bodenlos. Eine philosophische Autobiographie, Frankfurt a. M. 1999.

18 Vilém Flusser: Die Welt als Oberfläche, in: ders.: Medienkultur, Frankfurt a. M. 1997, S. 183–236.

19 Vgl. dazu Marcus Ansgar Friedrich: Gezeichnete Körper – Tattoo und Piercing und ihre Leibeigenschaften, in: Harald Schroeter-Wittke (Hg.): Popkultur und Religion. Best of …, Jena 2009, S. 359–371.

schungen plausibilisiert, dass, wie und warum Mode, Konsum und Oberfläche zu den Zeichen gegenwärtiger Jugendkulturen gehören, die als Stil und Bricolage einen hohen Grad an ausdrücklicher Selbstreflexivität zeigen.[20] Diese Beobachtungen scheinen mir für die Gestaltungsformen der Volkskirchen bislang nicht stilbildend geworden zu sein. Wenn es, was die gegenwärtige kirchliche Beschäftigungspolitik in Deutschland nahe legt, dazu kommt, dass nur noch sehr wenige junge Theologinnen und Theologen eingestellt werden, dann verlieren die Kirchen immer stärker den Kontakt zu diesen Jugendkulturen und ihren existenziellen Beweggründen und kulturellen Ausdrucksformen. Ich frage daher ganz oberflächlich: Was bedeutet es für eine Kirche und deren Gottesdienste, wenn in vielen Kirchenkreisen in Deutschland die jüngsten Pfarrerinnen und Pfarrer die Altersgrenze von vierzig Jahren längst überschritten haben?

Den Schein wahren: Praktisch-theologische Milieuforschung

Die Oberflächen sind für unsere Kultur in den letzten Jahrzehnten immer wichtiger geworden. Ein gestaltloses Eigentliches hinter den Dingen ist für immer weniger Menschen von immer geringerer Bedeutung. Dem entspricht, dass von Religion nicht mehr in erster Linie Erlösung, sondern «Erleichterung als Erlösung von der Erlösung»[21] erwartet wird. Diese Bedürfnisse sind in ihrer Oberflächlichkeit zu würdigen. Es kommt auf den Schein an – und diesen gilt es zu wahren, d. h. wahrzunehmen, wirken zu lassen, seine implizite Religion zu würdigen und theologisch anschlussfähig zu halten. Diese Oberflächen, das, was scheint und glänzend aussieht, sieht in unterschiedlichen Kulturen jeweils anders aus. Die jeweiligen Sprachen sowie religiösen Gestaltungen und Kulturen für das zu finden, was es dort an Schein zu wahren gilt, ist eine Aufgabe, der sich seit einigen Jahren die praktisch-theologische Milieuforschung vielversprechend angenommen hat.[22] In der Formel von Eberhard Hauschildt «Interpretation statt Konfrontation»[23] kommen Ansätze einer zeitgerechten oberflächlichen Theologie zur Geltung, die weiterführt, ohne es den Leuten in allem recht machen zu wollen. Es geht hier vielmehr darum, Reibungsflächen für möglicherweise allzu glatte Oberflächen zu finden, die automatisch schmutz- und damit lebensabweisend sind.

20 Dieter Baacke: Jugend und Jugendkulturen. Darstellung und Deutung, Weinheim/München ^{3}1999, bes. S. 206–226.

21 Uwe Gerber: Religiosität in der Erlebnis-Gesellschaft, in: Bernd Beuscher; Harald Schroeter; Rolf Sistermann (Hg.): Prozesse postmoderner Wahrnehmung. Kunst – Religion – Pädagogik, Wien 1996, S. 208.

22 Vgl. dazu jüngst Claudia Schulz; Eberhard Hauschildt; Eike Kohler: Milieus praktisch. 2 Bde., Göttingen 2008/2010.

23 Vgl. Eberhard Hauschildt: Unterhaltungsmusik in der Kirche. Der Streit um die Musik bei Kasualien, in: Gotthard Fermor; Hans-Martin Gutmann; Harald Schroeter (Hg.): Theophonie. Grenzgänge zwischen Musik und Theologie, Rheinbach 2000, S. 295.

Ansehen geniessen

Rechtfertigung lässt sich heute z. B. nicht mehr in erster Linie in juristischen (Gerechtfertigt-Sein) oder fiskalischen Begrifflichkeiten (Schulden bezahlen) verkündigen und zusagen, sondern in oberflächlichen Begrifflichkeiten, die das mitschwingen lassen, was etwa die Neuen Medien ausmacht, z. B.: Wir geniessen Ansehen bei Gott (Magnificat – Lk 1,48a). Bekanntlich ist die Aufmerksamkeit eines der knappsten Güter der Gegenwart.[24] Natürlich gibt es hinter, unter, vor und über allen Oberflächen, in, mit und unter denen wir uns unhintergehbar ausdrücken, etwas, was wir nicht ergründen können, was uns aber gleichwohl ausmacht, etwas, was wir mit den Werten Menschenwürde und Menschenrechte für schützenswert halten. Aber genau an diesem Punkt ist wörtlich zu nehmen, was Samuel in seinem prophetischen Amt widerfährt: «Denn nicht, wie der Mensch urteilt – denn der Mensch urteilt nach den Augen, der herr aber urteilt nach dem Herzen.» (1Sam 16,7)

(Para-)Doxologie als praktisch-theologische Disziplin

Die theologische Sprache des Neuen Testaments hat für diesen Schein, für diese Oberfläche, für den damit verbundenen Glanz und das damit verbundene Bewusstsein von Erhabenheit einen Begriff, den es praktisch-theologisch neu zu deklinieren gilt: Es geht um die *doxa tou theou*. Vor diesem Hintergrund wäre ein praktisch-theologische Doxologie zu entwerfen, die den Schein von gelebter Religion, Lebensstil und Alltagskultur wahrt und darin Gott die Ehre gibt. So gilt es auch liturgisch, an den Oberflächen zu arbeiten, sie nicht gleich zu verteufeln und sie gleichwohl in ihrer impliziten Ambivalenz und Zweideutigkeit wahrzunehmen. Solche doxologische Arbeit freilich kommt nicht ohne die Kategorie des Paradoxen aus.[25]

24 Vgl. dazu Jochen Hörisch: Gott, Geld, Medien. Studien zu den Medien, die die Welt im Innersten zusammenhalten, Frankfurt a. M. 2004.

25 Vgl. dazu Kurt Wuchterl; Henning Schröer: Art. Paradox, in: TRE 25 (1995), S. 726–737.

Replik auf das Plädoyer von Harald Schroeter-Wittke

Andreas Marti

Harald Schroeter-Wittke bringt die Kategorien von Oberfläche und Tiefe ins Spiel und wertet die Oberfläche zu Lasten der Tiefe auf. Die «Anschlussfähigkeit» dieser Akzentverschiebung gegenüber dem aktuellen gesellschaftlichen und kulturellen Diskurs fasziniert mich, und zugleich löst sie heftigen Widerstand aus – er mag durch meine theologische Biografie bedingt sein, ist subjektiv aber kaum zu überwinden. Ob das schon eine Generationenfrage ist?

Als Organist mit sechzig bis siebzig Trauerfeiern und einem Dutzend Hochzeiten jährlich ist mir die Formel «Interpretation statt Konfrontation» in Theorie und Praxis vertraut. Und gerade von ihr aus komme ich zu einem anderen Schluss. Sicher, es kann nicht darum gehen, die «Oberfläche» mit der «Tiefe» zu konfrontieren. Aber es genügt mir nicht, diese Oberfläche nur aufzurauen, wenn sie allzu glatt ist. «Interpretation» verstehe ich so, dass Phänomene der Oberfläche für Befindlichkeiten in der Tiefe transparent gemacht, dass sie als deren Symptome wahrgenommen werden. So können sie in der Gestalt, in der sie mir begegnen, keine normative Rolle spielen. Interpretation heisst Reflexion, Relativierung, Distanzierung, Dialektik im Sinne der grözingerschen «ästhetischen Dialektik» von Distanz und Engagement.[26] Dies alles gehört aber ins hochkulturelle Verhaltensrepertoire, und so hätte ich denn, wenn ich mich auf Popularkultur einlasse, selber einen Standpunkt ausserhalb derselben einzunehmen, um einen theologisch und pastoral verantworteten Umgang mit ihr zu erreichen.

Ein solches Verhalten kann ich nun aber nicht nur bei mir selber beobachten, sondern auch bei manchen Kollegen, die durchaus der Popularmusikszene zuzurechnen sind. Sie reagieren – als Künstler von der «andern Fakultät» – ebenso kritisch auf ein distanzloses Sich-Einlassen auf «Hörgewohnheiten», fordern differenzierte und differenzierende musikalische Qualität und angemessene Reflexion ein.

Das führt zu einem keineswegs halbherzigen, aber doch gebrochenen Einbezug des popularkulturellen Repertoires bei gleichzeitiger kritischer Distanz zu ihren kontextuellen und verhaltensmässigen Implikationen.

Entsprechend sind auch an die Aufwertung des Unterhaltungsparadigmas Rückfragen zu stellen. Populäre Erwartungen in dieser Richtung entsprechen ja eventuell nicht dem differenzierten Begriff von «Unterhaltung», wie ihn Harald-Schroeter-Wittke darlegt, so dass wir hier wieder einmal die Menschen besser verstehen müssten, als sie sich selbst verstehen.

Und schliesslich: «Populäre Kultur macht Spass.» Spass darf und soll sein. Ich komme selber mit meinem (sehr) weltlichen Chor hier voll auf die Rechnung und

26 Vgl. Albrecht Grözinger: Praktische Theologie und Ästhetik, München 1987.

geniesse dies, spüre dann aber, wenn ich wieder vor dem Kirchenchor stehe, dass es hier noch um ganz Anderes geht – unbeschadet dessen, dass wir auch da unseren Spass am Singen haben. Das, was oft unausgesprochen und letztlich unaussprechbar hinter unserem Singen und Feiern steht, ist unverzichtbar, und es setzt sich auch immer durch. Musik ist nicht Transzendenz, aber sie kann deren symbolische Repräsentanz sein. Mit der Tiefe ist nicht zu spassen.

Antwort auf die Replik von Andreas Marti

Harald Schroeter-Wittke

Andreas Marti fragt nach Symptomen. Das ist klug. «Ich ist ein Symptom», hat Jacques Lacan deutlich gemacht.[27] Mein Oberflächendiskurs ist von daher natürlich symptomatisch, denn meine These lautet, dass wir um dieses Symptom eben nicht herumkommen. Hier geht es mitnichten um die Abschaffung des Subjekts, wie viele befürchten. Nein, hier geht es um die Verortung des Subjekts als Unterworfenes (*sub-iectum*), als Getriebenes, als Symptom. Wir brauchen «Ich», um in dieser Welt leben zu können – und dennoch ist da Röm 7, jenes Geschütteltsein des Ich von Mächten und Gewalten, die es unterhalten und denen es zugleich unterliegt. «Ich elender Mensch! Wer wird mich erretten aus diesem Todesleib?» (Röm 7,24) Billiger ist Popkultur bzw. Oberfläche nicht zu haben. Und daher fährt Paulus in der gebotenen Oberflächlichkeit fort, völlig ohne Entwicklungs- oder Fortschrittparadigmen, einfach so: «Dank sei Gott durch Jesus Christus, unsern Herrn!» (Röm 7,25) Und dann kommt der ganze Spass mit Röm 8. Da kommt Freude auf. Diese Bodenlosigkeit (mitsamt ihren Absturz- und Hochjubelqualitäten) vermag ich in der Popkultur zu entdecken, ohne Wenn und Aber.

Natürlich kommt bei dieser Wahrnehmung auch ein gerüttelt Mass an Distanz ins Spiel, jedoch gepaart mit jener Nähe, die Distanz nicht leblos werden lässt. Die Frage nach Distanz und Nähe ist mitnichten eine Frage von Hoch- oder Popkultur. Denn auch die Hochkultur kennt die Verführung der Distanzlosigkeit und die Verheissung der Ekstase.[28]

Seit einigen Wochen höre ich wieder intensiv Mahler, der genau diese Ambivalenz akustisch in Szene setzt, der die Grenzen zwischen Hoch- und Popkultur auf seine Weise eingerissen hat. Bei Mahler bin ich hin und weg, er ist mitreissend –

27 Vgl. dazu Bernd Beuscher: Positives Paradox. Entwurf einer neostrukturalistischen Religionspädagogik, Wien 1993.

28 Vgl. dazu Gotthard Fermor: Ekstasis. Das religiöse Erbe in der Popmusik als Herausforderung an die Kirche, Stuttgart u. a. 1999.

und gerade darin brüchig, fragmentarisch. Welch eine hohe Kunst! Welch geile Popkultur!

Was wäre ich froh, wenn ich genau diesen doppelten Satz auch von den schönen Gottesdiensten des Herrn singen und sagen könnte, die es doch nicht erst im Himmel zu feiern geben soll, sondern auch schon in der reformierten Schweiz, im unierten Westfalen oder im lutherischen Sachsen. Dazu gehört die Zumutung, dass andere anders Gottesdienst feiern als ich – und dies mit Recht und guten Gründen und der Bibel auf ihrer Seite.[29] Dabei geht es liturgisch nicht um eine Aufwertung der Oberfläche, der Unterhaltung oder anderer kultureller Phänomene, das wäre Anbiederung. Stattdessen geht es um den Mut, diese kulturellen Phänomene nicht abzuwerten, sie nicht zu Feindbildern zu machen, die ich zur Abgrenzung meiner (liturgischen) Identität feststelle. Der Gottesdienst braucht keine potemkinschen Dörfer. Wahrheit liegt in der Tiefe – geschenkt. Doch die Tiefe kann der Oberfläche nicht entkommen. Die Popkultur bietet (insbesondere an der Oberfläche) genug Brüche, um in ihr auch theologisch und liturgisch heimisch werden zu können.

Es gibt für mich diesbezüglich eine liturgieästhetische Regel: Rede immer von dem, was dich – im wahrsten Sinne des Wortes – begeistert. Rede davon so, dass du niemanden schlecht machen musst dabei. Und schweige darüber, was du hasst. Du würdest sonst andere Menschen unnötig verletzen. Betrachte das, was du (auch liturgisch) hasst, mit liebenden Augen. Vielleicht wirst du dann dessen Spass verstehen lernen. Du bist deshalb ja noch nicht gleich zum Mitlachen gezwungen. Aber vielleicht huscht dir ein verstohlenes Lächeln über die Lippen. In diesem Sinne: Viel Spass!

29 Vgl. dazu Gregor Etzelmüller: … zu schauen die schönen Gottesdienste des Herrn. Eine biblische Theologie der christlichen Liturgiefamilien, Frankfurt a. M. 2010.

Genfer Psalter oder *Praise and Worship*?

Plädoyer für den Genfer Psalter

Hans-Jürg Stefan

«Der Genfer Psalter ist ein Gesamtkunstwerk von eindrücklicher Geschlossenheit und ein reformiertes Erfolgs- und Exportprodukt erster Klasse».[1]

«[E]in Gesamtkunstwerk» – oder gar ein Monument vergangener Zeiten? Wenn Reformierte aus der Schweiz Schwesterkirchen im Ausland besuchen, wird ihnen auffallen, dass dort der biblische Psalter in seiner Ganzheit respektiert wird und dementsprechend im Gottesdienst die Genfer Psalmen eine wichtige Rolle spielen. Haben die Besucher das Glück, dass eine ihnen vertraute Genfer Melodie angestimmt wird und sie den dazu gehörenden Psalmtext gar *par cœur* kennen, so wird es ihnen möglich sein, die Sprachbarriere zu überwinden und sich singend am Gemeindegesang zu beteiligen. Es kann jedoch auch geschehen, dass ein für sie ganz unbekannter Genfer Psalm gesungen wird. Denn die reformierten Gesangbücher anderer Länder sind in der Regel echte «Psalmenbücher» mit allen 150 in die Volkssprache übertragenen, in Liedstrophen geformten Psalmen der Hebräischen Bibel und den Melodien der Genfer Kantoren – so beispielsweise in Deutschland, in Frankreich und in der Romandie, in Friesland, Italien, Japan, Ungarn, in den USA, den Niederlanden, der Tschechischen Republik usw.[2] So war es über

1 Peter E. Bernoulli; Frieder Furler: Der Genfer Psalter. Eine Entdeckungsreise, rev. Auflage, Zürich 2005, S. 9; Matthias Krieg (Hg.): Die Reformierten. Suchbilder einer Identität, Zürich, 2002; Essays zu Johannes Calvin, Marie Durand, Matthias Jorissen, Claude Le Jeune, Clément Marot, Théodore de Bèze, Jan Pieterszoon Sweelinck, Lili Wieruszowski u. a.; Barbara Lange: Kirchenlied und Gesangbuch, in: dies. (Hg.): Basiswissen Kirchenmusik, Stuttgart 2009, S. 103–131; Andreas Marti: Sachreferenz C2 «Genfer Psalter», in: Peter E. Bernoulli, u. a.: Ökumenischer Liederkommentar (mit Literaturangaben); ders.: Singen, Feiern, Glauben. Hymnologisches, Liturgisches und Theologisches zum Gesangbuch der Evangelisch-reformierten Kirchen der Schweiz, Basel 2001, S. 14–40.

2 Darüber hinaus gehört eine Auswahl von Genfer Psalmen zum «ökumenischen Liedgut», findet sich, in Text und Melodie übereinstimmend, gleichsam als «Spurenelement» in Gesangbüchern anderer Konfessionen. Reformierte Gesangbücher umfassen an erster Stelle oder gar ausschliesslich den kompletten Genfer Psalter, z. B.: «Liedboek voor de Kerken», ’s Gravenhage 1973; «Lieteboek foar de Tsjerken», Den Haach (friesisch) 1977; «Book of Praise. Anglo-Genevan Psalter», Winnipeg, MB 1984; «Evangeklicky Zpevnik», Praha 1979; «Le Psautier français. Les 150 Psaumes de la Réforme», Lyon 1995; «Énekeskönyv, Magyar Reformátusok használatára», Budapest 1948/1988; «Evangelisches Gesangbuch, Ausgabe für die Evangelisch-reformierte Kirche», Gütersloh/Bielefeld/Neukirchen-Vluyn 1996; «I Salmi della Riforma», Torino 1999; «Alléluja. Un receuil de chants au service des églises francophones», Lyon 2005; Die Psalmen Davids in Reime gesetzt durch Matthias

200 Jahre auch in der Schweiz: Der komplette, in französischer Sprache gereimte Liedpsalter und die deutsche Übertragung durch Ambrosius Lobwasser bildeten den Kernbestand der kantonalen Gesangbücher. Noch heute nennen Reformierte im Bernbiet ihr Reformiertes Gesangbuch «Psalmebuech», obschon es seit wiederum etwa 200 Jahren längst nicht mehr alle 150 Psalmen beinhaltet – ein Kuriosum: Ausgerechnet im Herkunftsland des Genfer Psalters verzichten die Reformierten seit langem auf ihr über zwei Jahrhunderte gepflegtes Grundrepertoire, den kompletten Genfer Psalter![3]

Trotzdem überbringe ich anlässlich von Besuchen bei Reformierten in andern Ländern meinen Gastgebern «als Visitenkarte» gerne das Gesangbuch der Evangelisch-reformierten Kirchen der deutschsprachigen Schweiz (RG 1998/^{3}2006) als ein Zeichen der Verbundenheit über nationale und konfessionelle Grenzen und als Dokument einer Gesangbucherneuerung, die das Repertoire der Sing-, Lese- und Feiermöglichkeiten im Blick auf die Gemeinderealität breit auffächert, den bisherigen Bestand an Genfer Psalmen und anderer Psalmlieder wesentlich vergrössert, den Gesamtumfang des Gesangbuchs jedoch auf ein vernünftig erachtetes Mass beschränkt.[4] Gelegentlich werde ich mit der Frage konfrontiert: Warum habt ihr in eurem Schweizer Gesangbuch eine so kleine Auswahl von Genfer Psalmen? Besteht bei euch kein Interesse am kostbaren Vermächtnis der Reformation?

Kein Interesse? Ganz im Gegenteil: Im Gedenkjahr «Calvin 1509–2009» begegnete mir auf einer Tournee mit Offenem Singen in zwanzig Gemeinden der Wunsch, über die Entstehungs- und Wirkungsgeschichte des Genfer Psalters informiert zu werden und singenderweise exemplarische Psalmen näher kennen zu lernen. An vielen Orten unterstützten Chöre und Instrumente den Gesang mit den vierstimmigen Sätzen nach Goudimel, ab und zu auch im originalen Tenor-cantus-

Jorissen, nach der Ausgabe von 1818, hg. von Michael Lohrer, Rödingen 2006; «Mikotobawo utau/Singen wir Das Wort», Tokio 2006; «Die Psalmen», nachgedichtet von Matthias Jorissen, neu bearbeitet von Peter Karner und Josef Dirnbeck, Wien 2009.

3 Dies gilt seit dem ausgehenden 18. Jahrhundert in den Gesangbuchgenerationen der viersprachigen Schweiz, zuletzt: Reformiertes Kirchengesangbuch, 1952. Psaumes & Cantiques, 1976. Salmi e Cantici 1961. Canzuns Choralas 1965. Il Coral 1977.

4 Die evangelisch-reformierten Kirchen der deutschsprachigen Schweiz hatten sich frühzeitig bewusst und aufgrund gründlicher Überlegungen für den Verzicht auf den kompletten Genfer Psalter entschieden. In diesem Entscheidungsprozess wurden vorab alle 150 Psalmen bewertet, bereits vorliegenden Psalmlieder gesichtet, weitere Quellen beigebracht und wichtige Vorentscheide gefällt: Beschränkung auf eine Auswahl wichtiger Psalmen und Cantica, die in unterschiedlichen Liedtypen, Singformen, Stilen, auch als Lesepsalmen im ersten Gesangbuchkapitel eingeordnet werden sollten. Zur Schliessung bestehender Lücken wurden einzelne Psalmen ausgeschrieben, das ökumenische Liedgut besonders gewichtet und Brücken zum Liedgut der Freikirchen und Gemeinschaften gebaut. Insgesamt wurde der Bestand der typisch reformierten Liedpsalmen stark vermehrt, vor allem durch Neufassungen von Hans Bernoulli, Jürgen Henkys u. a. Neu gewonnen wurden Psalmlieder von Detlev Block, Hans Hauzenberger, Sigisbert Kraft, Helmut Lampartner, Johannes Petzold, Kurt Rose, Georg Schmid, Edith Stein u. a.

firmus-Satz,[5] so dass sich für den Ausnahmezustand des Jubiläumsjahres festliche Singabende mit informativen und besinnlichen Akzenten ergaben.

Wie aber steht es *post festum* um den Psalmengesang, speziell um die lebendige Pflege des «Genfer Psalters» im *courant normal* reformierter Gemeinden, in Gottesdienst, Unterricht, in der Aus- und Weiterbildung der in Pfarramt, kirchenmusikalischen Diensten, Unterricht und Erwachsenenbildung Mitarbeitenden? Welcher Stellenwert kommt dem über Jahrhunderte als Grundrepertoire, gleichsam als «Reformiertes Ordinarium» etablierten Genfer Psalter heute zu? Inwiefern ist er in den beschleunigt sich wandelnden Umbrüchen unserer Zeit noch von Bedeutung? Hat er angesichts radikal veränderter Hör- und Singgewohnheiten bei Jung und Alt, im Konzert unterschiedlichster Sing- und Musizierformen, im globalen Crossover der Stile eine Chance? Wann und wo hat die heranwachsende Jugend, der Calvin ursprünglich die Funktion des zum Psalmensingen motivierenden Vorsingchores zugedacht hatte,[6] heute überhaupt Gelegenheit, Genfer Psalmen zu entdecken, persönlich anzueignen und gemeinsam zu praktizieren? Vielleicht ergibt ein Blick auf den Entstehungsprozess und die damit verbundenen Intentionen zumindest Ansätze zu Antworten auf die vorhin gestellten Fragen.

Planmässiger Aufbau des Gesamtkunstwerks

Den Genfer Psalter als «Gesamtkunstwerk» zu bezeichnen, mag verfänglich klingen, erinnert doch der Begriff zunächst an eine Idee der Romantik, die autonomen Künste, Poesie, Musik, Malerei, Architektur, Tanz usw., etwa im Musikdrama von Richard Wagner, zu einem sinnvollen, in sich stimmigen Ganzen zu vereinen. Hier jedoch ist gemeint, dass es Calvin und seinen Mitarbeitern gelang, den gesamten Hebräischen Psalter, der selber als «Gesamtkunstwerk» bezeichnet wird,[7] ohne

5 Die Notiz «Satz nach Claude Goudimel» bei den Herkunftsangaben im Gesangbuch zeigt an, dass die Melodie beim vorliegenden Satz ursprünglich dem Tenor zugewiesen war, nun aber dem Sopran anvertraut ist. Aus der überaus reichen Schatz reformierter Chormusik wurden in jüngster Zeit Stücke unterschiedlicher Schwierigkeitsgrade neu ediert: Peter E. Bernoulli (Hg.), Genfer Psalmen 1–3, Chorhefte 2004/2006/2008, Schweizerischer Kirchengesangsbund/SKGB; ders.: Cantica, Chorheft 2002, SKGB. Herbert Hildebrandt (Hg.), Chormusik zum Genfer Psalter, fünf Hefte, München 2007–2008 (Edition 6377, 6385,6407, 6415, 6511).

6 Schon während seines ersten Aufenthalts in Genf formulierten die Genfer Prediger, vermutlich unter massgeblicher Beteiligung von Calvin, zuhanden des Genfer Rates programmatisch: «[…] scheint es uns gut, so vorzugehen, dass einige Kinder, denen man vorher ein schlichtes geistliches Lied auswendig beigebracht hat, mit lauter Stimme und deutlich vorsingen. Das Volk aber soll aufmerksam zuhören, und mit dem Herzen dem Gesungenen folgen, bis dass Schritt für Schritt jeder sich daran gewöhnt hat, gemeinsam zu singen.» Artikel zur Ordnung der Kirche und des Gottesdienstes in Genf, dem Rat vorgelegt von den Predigern (16.1.1537), in: CStA Bd. 1.1, Reformatorische Anfänge, 1533–1541, hg. von Eberhard Busch u.a., S. 125.

7 Erich Zenger: Der Psalter als Lebensbuch Israels und der Kirche – ein Gesamtkunstwerk, in: Werkheft 3: Psalmen. Arbeitshilfen zum KG, RG, CG, Gossau/Basel/Zürich 2000, S. 5.

Auslassungen und ohne Hinzufügungen als kunstvolles Ganzes für den Gemeindegesang umzusetzen.

Martin Luther gilt als Erfinder des deutschsprachigen Psalmlieds, regte er doch mit eigenen Beispielen zur Erschaffung von Psalmliedern an. In der Folge wuchsen nach und nach vollständige deutsche Liedpsalter heran. Deren zwei lagen während Calvins Aufenthalt in Strassburg 1538 zeitgleich in Augsburg und Strassburg vor! Wichtiger noch: Als Johannes Calvin von Genf nach Strassburg floh, konnte er dort (wie zuvor als Asylant in Basel) den über zehn Jahre erprobten deutschsprachigen Psalmengesang beobachten,[8] der ihn in der 1537 in Genf formulierten Projektidee bestätigte: «Weiter ist es zur Auferbauung der Kirche eine überaus nützliche Sache, einige Psalmen als öffentliche Gebete zu singen, und so Bitten an Gott zu richten, oder ihn singend zu loben. Damit sollen die Herzen aller dazu ermuntert werden, ähnliche Gebete zu formulieren [...] [E]s ist unser Wunsch, dass sie in der Kirche gesungen werden. Hier nehmen wir uns die alte Kirche zum Vorbild, und wir haben sogar das Zeugnis des heiligen Paulus, der es für eine gute Sache erklärt, in der Versammlung mit Herz und Mund zu singen (Eph 5,19). Wir können den Nutzen und die Auferbauung, die uns daraus erwachsen, erst ermessen, wenn wir es versucht haben.»[9] In der Folge beginnt Calvin im Dienst der Flüchtlingsgemeinde in Strassburg die Idee eines «Französischen Psalters» im Zuge eines von ihm initiierten und über zweieinhalb Jahrzehnte aufmerksam begleiteten Aufbauprojekts umzusetzen:

25 Jahre dauerte der Arbeitsprozess, der in kurzer Zeit von der anfänglichen Idee 1537 zum ersten französischen Psalmenbüchlein 1539 führte, danach über die schubweise wachsenden Ausgaben von 1542/43 und 1551 bis zur Erstausgabe des kompletten Genfer Psalters 1562.[10] Wird das Ergebnis dieses von Calvin

8 Markus Jenny: Luther, Zwingli, Calvin in ihren Liedern, Zürich 1983, S. 217–225; Beat A. Föllmi: Calvin und das Psalmensingen. Die Vorgeschichte des Genfer Psalters, in: Zwingliana XXXVI (2009), S. 59–84; Robert Weeda: L'Eglise des Français de Strasbourg (1538–1563). Rayonnement européen de sa Liturgie et de ses Psautiers, Baden-Baden/Bouxwiller 2004; ders.: Itinéraires du Psautier huguenot à la Renaissance, Turnhout/Brepols 2009.

9 Dauantage cest vne chose bien expediente a ledification de lesglise de chanter ailcungs pseaumes en forme doraysons publicqs par lesquels on face prieres a Dieu ou que on chante ses louanges affin que les cueurs de tous soent emeuz et jncites a former pareilles oraysons [...] Laultre part est des peaulmes, que nous desirons estre chantes en leglise comme nous en auons lexemple de lesglise ancienne et mesme le tesmoingnage de S. Paul, qui dict estre bon de chanter en la congregation de bouche et de coeur.» Pierre Pidoux (Hg.); Le Psautier Huguenot II: Documents et Bibliographie, 1962, S. 1, übers. v. Peter Opitz, in: CStA Bd. 1.1, S. 115, 125.

10 Avlcvns Pseaulmes et Cantiques mys en Chant, a Strasburg 1539. Faksimile mit Einführung von Jan R. Luth, Braschaat 2003, Boekmakerij Gert-Jan Buitink: La forme des prières et chantz ecclesiastiques ..., Genève 1542. Facsimile de l'édition originale, ed. Pierre Pidoux, Bâle 1959; Pseaulmes cinquante de David, Lyon 1543 (nur Text) / La forme des prières ..., Strasbourg 1545; Octantetrois pseaumes, Genève 1551; Clément Marot et Théodore de Bèze, Les Psaumes en vers français avec leur mélodies. Fac-similé de l'édition genevoise de Michel Blanchier 1562. Publiés avec une introduction de Pierre Pidoux (1986) Genève ^{2}2008:.

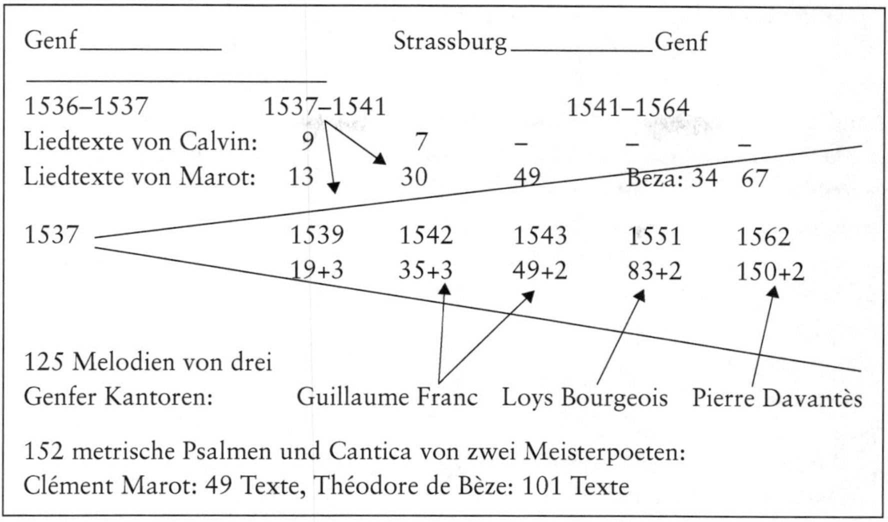

beharrlich geförderten Projektes als «Gesamtkunstwerk» bezeichnet, so ist damit nicht bloss gemeint, dass hier erstmals alle 150 biblischen Psalmen, das Zehngebotelied und der Lobgesang Simeons metrisch gefasst, in französischer Sprache in 125 Strophenformen gereimt und vertont, als Gesamtwerk zusammengestellt wurden. Vielmehr ist die gerne überlesene Mitte der Begriffskomposition zu beachten: «Gesamt-*Kunst*-Werk»! Zwei herausragende Poeten zeichnen für die Texte, der französische Hofdichter Clément Marot (1496–1544) und der aus Vézeley (Burgund) stammende Theologe Théodore de Bèze (1519–1605).[11] Drei bedeutende Musiktheoretiker, Komponisten, Musiklehrer und Kantoren schufen oder bearbeiteten die 125 Genfer Melodien:[12] Guillaume Franc (um 1515–1570),

11 Anfänglich hatte Calvin für sein erstes französisches Psalmenbüchlein in Strassburg 1539 neun Liedtexte zu bereits vorliegenden Strassburger Melodien geschaffen, u. a. Psalm 36 zu der Strassburger Melodie Ps 119 (mit 92 Noten die längste Melodie des Genfer Psalters, bekannt auch durch das Passionslied «O Mensch, bewein dein Sünde gross»). Ein Jahr nach seiner Rückkehr nach Genf gab Calvin das erste Genfer Psalmenbüchlein heraus, das jedoch viel mehr beinhaltet als bloss ein Gesangbuch, handelt es sich doch um ein klar konzipiertes Liturgiewerk: «La forme des prières et chants ecclesiastiques» (Genf 1542). Schon vom ein Jahr später vorliegenden zweiten Genfer Psalmenbuch an «Cinquante psaumes» (Genf 1543) zog Calvin seine Texte aus dem Genfer Repertoire zurück und überliess das Feld ganz den Meisterpoeten Marot und Beza. Vgl. Édith Weber: Clément Marot (1496–1544), in: Peter E. Bernoulli, Der Genfer Psalter, S. 19–24; Alain Dufour: Thèodore de Bèze. Poète et Théologien, Genève 2009; Hans-Jürg Stefan: Clément Marot/Théodore de Bèze. Der Genfer Psalter (1562), in: Matthias Krieg, Die Reformierten, S. 284–286.

12 Pierre Pidoux: Le Psautier huguenot, I/II, Bâle 1962, ders.: Vom Ursprung der Genfer Psalmenweisen, in: Musik und Gottesdienst 2/1984, S. 45–63; Separatdruck Zürich 1986; Calvin, Genf und der Psalmengesang, in: Musik und Gottesdienst 3/2003, S. 94–107; ders.: Franc, Bourgeois, Davantès. Leur contribution a la création des mélodies du Psautier de Genève, Genève 1993 (Typoskript). Entgegen der seit dem 19. Jahrhundert herumgeisternden Behauptung, manche Genfer Melodien

Loys Bourgeois (um 1510 – um 1560) und Pierre Davantès (um 1525–1561).[13] Die fünf am Projekt beteiligten Künstler waren kein Projektteam im modernen Sinn – und garantierten doch kraft ihrer Professionalität einen hohen Qualitätsstandard und eine beeindruckende Geschlossenheit des gesamten Werks:

Als Hauptkriterium der Genfer Psalmliedtexte gilt die grösstmögliche Texttreue gegenüber der hebräischen Vorlage, die sogenannte «hebräische Wahrheit» *(vérité hébraïque)*: Der alttestamentliche Psalter wird in seiner kanonischen Gesamtheit ohne geringste Auslassung oder Hinzufügung in gereimte Liedstrophen umgegossen. Dies geschieht derart genau, dass in einigen Fällen die letzte Strophe präzis dort abbricht, wo es die hebräische Vorlage erfordert. Die so verstandene Texttreue erlaubt auch keinerlei Zusätze oder Eintragungen, etwa neutestamentliche Deutungen oder dem ursprünglichen Psalmtext fremde Anhängsel, beispielsweise die in christlichen Liturgien zum Abschluss von Psalmgebeten übliche Kleine Doxologie (Lobpreisung des dreieinigen Gottes).

Die den 150 Psalmbereimungen zugeteilten unterschiedlichen 125 Melodien des Genfer Psalters dienen der Identifizierung der einzelnen Psalmen und erleichtern zusammen mit den Reimen das Memorieren. Einige typische Merkmale der Genfer Melodien:

- *Generelle Beschränkung auf zwei Notenwerte:* Brevis/Semibrevis, in unserer Notation: Halbe/Viertel (nach dem Vorbild der Odenkompositionen des Humanismus).
- *Klare Struktur:* Jede Melodiezeile beginnt und endet mit einer Halben- und einer Zeilenendpause.
- *Mehrheitlich kleine Tonschritte, insgesamt grosser Ambitus.*
- *Syllabische Zuordnung:* In der Regel sind die einzelnen Noten den einzelnen Silben des gereimten Psalmtextes zugeordnet; auf Ligaturen wird verzichtet; ebenso werden Punktierungen und Dreierrhythmen vermieden.
- *Antizipationen* (Vorwegnahmen, Akzentverschiebungen): Sofern es der Text nahe legt, werden in manchen Psalmen durch Rückung der Halben sinnvolle Schwerpunkte gesetzt, beispielsweise in der Mitte jeder Melodiezeile in Psalm 47.

seien aus dem Material gängiger Volksweisen geformt worden, weist Pidoux u.a. in Auseinandersetzung mit Orentin Douen: Clément Marot et le Psautier huguenot (Paris 1878–1879), einige Zusammenhänge zwischen vorreformatorischen Kirchengesängen und Genfer Psalmmelodien nach, siehe: Pidoux, I, Einleitung V–XXII, und bei den einzelnen Psalmen: Ps 17a (S. 24), 20a (S. 28), 31a (S. 40), 80a (S. 81), Ps 104d (S. 96), Ps 124c (S. 113), Ps 129a (S. 117), Ps 141a (S. 126). Lediglich in einem einzigen Fall bestehen mögliche Zusammenhänge zwischen einer Genfer Melodie und einem geistlichen Volkslied: Ps 138c (S. 124) «Il faut que de tous mes esprits» sieht dem in Frankreich seinerzeit beliebten Weihnachtsgesang (Noël) «Une pastourelle gentille» (S. 240) auffallend ähnlich!

13 Édith Weber: Die Melodisten des Genfer Psalters: Franc, Bourgeois, Davantès, in: Peter E. Bernoulli, Der Genfer Psalter, S. 25–35.

Monumentales Gesamtkunstwerk als Provokation

Die Pointe des vollendeten Genfer Psalters: Der grosse Respekt vor dem Hebräischen Psalter als einem Ganzen, das als «Kleine Biblia» (Luther) das Wesentliche der biblischen Botschaft umfasst. Anlässlich des Calvin-Jubiläums wurde oft daran erinnert, dass sich der Reformator über Jahrzehnte im Spannungsfeld Gotteserkenntnis – Selbsterkenntnis intensiv mit allen Psalmen und deren Übersetzung befasste, sonntäglich darüber predigte, sie in Vorlesungen auslegte, als Frucht dieser Arbeiten einem umfassenden Psalmenkommentar vorlegte, und *last but not least* den Psalmen sowohl in der Genfer Kirchenordnung als auch in der Gottesdienstordnung besondere Aufmerksamkeit widmete.[14] Der Reformator lebte mit den Psalmen, erkannte sich in ihnen wie in einem Spiegel, rang in steter Auseinandersetzung um die persönliche Klärung seiner inneren Spannungen. Nahe liegend, dass er sich mit der zwiespältigen Persönlichkeit des Psalmensängers David identifizierte. Keinesfalls aus Überheblichkeit, sondern weil er sich mit ihm zutiefst verbunden wusste, als innerlich widersprüchlicher Gott-Sucher, auf der Flucht vor sich selbst, als verfolgter Verfolger, als fehlerhafter und reumütiger, auf Gottes Güte angewiesener Mensch ... Insbesondere erfuhr er sich zeit seines Lebens selber als Pilger, Fremder und Asylant ...[15]

«Die Psalmen sind das Judentum von unten mit dem Blick zu den Bergen hinauf», schreibt der jüdische Aphoristiker Elazar Benyoëtz.[16] Könnte denn auch der Genfer Psalter als «Christentum von unten mit Blick auf das kommende Reich Gottes» gelesen und gesungen werden? Als Lob- und Dankgesang, Aufschrei, Klage und Bitte aus angefochtener Existenz; als untrüglicher Spiegel unserer blinden Flecken in uns selbst, die offengelegt, nicht schöngeredet werden sollen![17]

Im Anschluss an einen einleitenden Satz aus Kurt Martis «Annäherungen an die Psalmen» liesse sich formulieren: Der Genfer Psalter ist «Theopoesie [...] Gottesdichtung, die nicht ins Übersinnliche abhebt, sondern voll praller Diesseitigkeit ist»[18] – eine unerhörte Herausforderung! Unter Umständen überlesen wir beim gemeinsamen Sprechen oder Singen der Psalmen brisante Aussagen, die wir von

14 Beide Ordnungen 1542, in: CStA 2, 137–225; 263, 1–6.

15 Johannes Calvin: Der Psalmenkommentar. Eine Auswahl. CStA Bd. 6, hg. von Eberhard Busch u.a.: Calvin als Ausleger der Psalmen, S. 1–16; Herman J. Selderhuis: Gott in der Mitte. Calvins Theologie der Psalmen, Leipzig 2004, S. 19–42; ders.: Singende Asylanten: Calvins Theologie der Psalmen, in: Eckhard. Grunewald; Henning P. Jürgens; Jan R. Luth (Hg.): Der Genfer Psalter und seine Rezeption in Deutschland, der Schweiz und den Niederlanden, 16.–18. Jh., Tübingen 2004: Tübingen, Niemeyer, S: 79–95; auch in dem von Hermann J. Selderhuis herausgegebenen Sammelband, ders.: Johannes Calvin. Neue Wege der Forschung, Darmstadt 2010, S. 65–83; ders.: Johannes Calvin. Mensch zwischen Zuversicht und Zweifel. Eine Biografie, Gütersloh 2009, S. 45–133 (Der Pilger, Fremdling, Flüchtling).

16 Elazar Benyoëtz: Scheinhellig. Variationen über ein verlorenes Thema, Wien 2009, S. 138.

17 Johannes Calvin: Der Psalmenkommentar. Eine Auswahl, S. 21 (Spiegel-Motiv), S. 25 (David und Spiegel-Motiv).

18 Kurt Marti: Die Psalmen. Annäherungen, Stuttgart 2004, S. 5.

uns aus niemals verantworten würden. Darum gilt es bei allem Singen und Sagen die Warnung von Arnim Juhre ernst zu nehmen: «Ihr Menschen auf der Erde, / jubelt nicht unbedacht / heute dem und morgen jenem zu! / Der Herr aller Herren hat euch geschaffen, es ist Zeit, ihn zu rühmen.»[19] Oder mit den Worten aus Calvins Vorrede zum ersten Genfer Psalmenbuch: «Und so ist es auch nützlich und vernünftig, dass alle wissen und verstehen, was im Gotteshaus gesagt und getan wird, um daraus Frucht und Erbauung zu gewinnen.»[20]

19 Armin Juhre: Jubelt nicht unbedacht, Paraphrase zu Psalm 98, in: ders.: Die Ungeborenen schlagen Alarm. Gedichte, Psalmen, Lieder, München 2003, S. 52.

20 «[…] aussi est-il expedient, et raisonnable, que tous congnoissent et entendent ce qui se dict, et fait au Temple, pour en recevoir fruict et edification.» Aus der Genfer Gottesdienstordnung von 1542 / La forme des prières et chantz ecclesiastiques, bearb. von Andreas Marti, in: Gestalt und Ordnung der Kirche, CStA 2, S. 151 f.

Plädoyer für *Praise and Worship*

Andreas Hausammann

Worship

Vor einigen Monaten wurden meine Frau Natasha und ich eingeladen, in einer ländlichen evangelisch-reformierten Ostschweizer Kirchgemeinde einen Gottesdienst musikalisch mitzugestalten. Wir sind als Duo mit Stimme und Klavier seit Jahren auch im kirchlichen Kontext unterwegs, und Engagements wie dieses sind Teil unseres Berufslebens. Unsere Musik nennen wir «Kammer-Pop» – schlichte, schnörkellose, «groovige» Musik mit Wurzeln in westlicher Pop-Musik, Gospel und Jazz. Auch in Sachen Gemeindegesang orientieren wir uns primär an modernem Kirchenliedgut, was der anfragenden Gemeinde bekannt war. Wir sagten also gerne zu. Der Gottesdienst wurde zu einer wunderbaren Erfahrung für allen Beteiligten. Wir sangen und spielten als Eingangsspiel ein Vortragslied, füllten damit die vollbesetzte Kirche und hiessen die Anwesenden musikalisch willkommen. Nach dem Vorspiel zum ersten gemeinsamen Lied setzte der Gesang der Gemeinde wie eine Antwort derart engagiert, kräftig und *schön* ein, dass wir als «Begleitband» einen Moment lang beinahe unterzugehen drohten. Es erhob sich ein gemeinsames Lob Gottes in zeitgemässer Sprache (textlich wie musikalisch), das alle Anwesenden erfasste und ihnen gleichzeitig alle persönliche Freiheit liess, in dem Mass und in der Art mitzusingen, wie es ihnen entsprach. Wir sangen im Verlauf des Gottesdienstes nebst einem kurzen konzertanten Teil von uns als Duo viele weitere Lieder mit der Gemeinde, und der Klang und die Stimmung, die dabei die kleine Kirche erfüllte, kam einer Vision von Gemeindegesang sehr nahe, die mich seit 25 Jahren antreibt – in meinem Schaffen als freiberuflicher (Kirchen-)Musiker und als Beauftragter für populäre Musik der Evangelisch-reformierten Kirche des Kantons St. Gallen, einer Funktion, in der ich mich quasi von Amtes wegen mit den Schnittstellen von Pop- und Kirchenmusik befasse.

Es mag seltsam erscheinen, wenn ich diese kleine Sternstunde in der ländlichen Ostschweizer Gemeinde als Muster von gelungenem *Worship* in einem evangelisch-reformierten Gottesdienst heranziehe – erstens war ich schliesslich als Pianist an diesem Gelingen beteiligt. Zweitens war da kein Schlagzeug, kein Bass, keine Gitarre, keine Lichtshow, keine 45-minütige Anbetungszeit mit fünf oder sieben aneinander gereihten *Worship-Songs* (womöglich vornehmlich in Englisch) – alles Aspekte, an denen sich oft die Diskussionen über Pop-Musik in der Kirche entzünden und die an jenem Morgen quasi gar nicht zum Tragen kamen. Noch nicht einmal einen Beamer für die Liedtexte benutzten wir, sondern es wurde aus Liederbüchern und auf Deutsch gesungen. Dennoch möchte ich genau dies wagen. Erstens habe ich als direkt Mitverantwortlicher eine Innensicht des Entstehungsprozesses und des Geschehens an jenem Sonntagmorgen. Zweitens gehen die Prinzipien, die ich hier anhand jenes Gottesdienstes diskutieren möchte, und die sich in meiner gesamten Erfahrung in der Umsetzung von Pop-Musik in der Kirche als entscheidend wichtig erwiesen haben, über sekundäre Fragen zu Besetzungen, technischen Hilfsmitteln und Stilrichtungen hinaus.[21] Ich fasse also den Begriff *Worship* weniger als Bezeichnung für eine gegenwärtig hauptsächlich angelsächsisch geprägte, vornehmlich weisse[22] Stilrichtung von «mainstreamiger» Popmusik und für die oben skizzierte Aufführungspraxis mit Anbetungszeiten und Bands und Projektionen auf,[23] sondern eher im traditionellen, britischen Sinn von *this is the church where I worship* – dies ist die Kirche/Gemeinde, zu der ich gehöre/wo ich zum Gottesdienst gehe, also als Begriff für das gemeinsame und persönliche Feiern im Gottesdienst – hier natürlich mit Fokus auf das musikalische Geschehen.

Ich bin der festen Überzeugung, dass sich zeitgemässe, poppige Kirchenlieder hervorragend dazu eignen, diese Art von *Worship* einem grossen Teil unseres Kirchenvolks zu ermöglichen, d. h. ihm eine Möglichkeit zum Ausdruck seines gemeinsamen Glaubens in einer zugänglichen, persönlich relevanten Form zu bieten. Ein grosser Teil dieser Lieder wird den jahrhundertelangen *test of time* nicht so glänzend bestehen wie der Genfer Psalter. Trotzdem sind sie ihm und einer Vielzahl alter, wertvoller Choräle hier und heute in der gottesdienstlichen Praxis aufgrund der oben angesprochenen Eigenschaften oftmals vorzuziehen. Damit sie im Gottesdienst in diesem Sinn aber wirklich «funktionieren», ist verschiedenen Aspekten grosse Sorge zu tragen, auf die ich im Folgenden eingehen möchte:

Eine «geübte» Gemeinde

Moderne Kirchenlieder sind, rein musikalisch gesehen, oft schwieriger zu singen als alte Choräle. Die Rhythmik der von alltäglicher Popmusik geprägten Melodien ist typischerweise synkopiert und individualisiert, d. h. sie lehnt sich oft an die Phrasierung eines Solisten, einer Solistin an, die ein Lied als erste gesungen, häufig auch selber komponiert hat.[24] Diese Art von Rhythmik hört sich in Fall von guten Kompositionen sehr natürlich und einfach an, stellt sich aber immer wieder als

21 Drittens basieren meine Äusserungen hier natürlich nicht nur auf dieser Erfahrung, sondern auf meiner Tätigkeit als Pop-Kirchenmusiker in allen möglichen Formationen und Umständen.

22 Der Begriff «weiss» bezieht sich hier auf musikhistorische Klassifikationen von populären Musikstilen seit Anfang des 20. Jahrhunderts. Er erklärt sich am einfachsten mit dem Hinweis auf klassische «schwarze», d. h. vornehmlich von schwarzen Musikerinnen und Musikern geprägte Musikstile wie Spirituals, Gospel, Blues, Funk, Soul, Rap und Hip-Hop. Als weisse Stilrichtungen gelten demnach z. B. Bluegrass, Country, Folk, Chanson, Schlager, Rock und eben mehr dem Mainstream entsprechender, sprich: radiotauglicher Pop. Als Amalgam aus beiden Hintergründen darf u. a. Jazz gesehen werden.

23 Damit soll in keiner Weise grundsätzliche Kritik an diesen Formen des gemeinsamen Singens geübt sein. Es erscheint für diese Diskussion einfach produktiver, den Begriff weiter zu fassen.

24 Mehr zu diesem Zusammenfallen von Komponist und Interpret im Abschnitt «Repertoire».

schwer zu singen heraus. Für Nicht-Musiker in der Gemeinde stellen getreu transkribierte Noten solcher Lieder ein fast unüberwindliches Hindernis zum Singen aus dem Stand dar. Solche Lieder müssen also übers Gehör gelernt, d. h. singenderweise vermittelt und immer wieder repetiert werden, bis sie sich im kollektiven Gedächtnis der Gemeinde einnisten. Dies gilt vor allem für die Melodien. Texte brauchen länger, bis sie auswendig gesungen werden können. Aus dieser Erkenntnis wächst die immer häufiger werdende und sich bewährende Praxis des gemeinsamen Singens mit Unterstützung von projizierten Texten. Unsere ländliche Gemeinde war in dieser Art des Singens eindeutig sehr geübt, weil sie vor Ort seit Jahren praktiziert wird und ein Repertoire an gemeinsam bekannten und geschätzten Liedern entstanden ist.[25] Wie alles andere Gute auch lässt sich so eine Gesangskultur nicht verordnen oder herbeiplanen, sondern wächst langsam heran.[26]

Dienende Gemeindemusikerinnen

Das Verständnis von modernen Kirchenliedern als zu vermittelndes Rohmaterial für das Wachstum einer gemeindespezifischen Gesangskultur bringt mit sich ein neues Rollenverständnis der Kirchenmusikerin. Sie tritt hinter dem Spieltisch der Orgel hervor, setzt sich ans Klavier oder stellt sich vor die Gemeinde und lädt sie zum Mitsingen ein, indem sie diese mit hineinnimmt in die Lieder, die gemeinsam gelernt und gesungen werden sollen. Sie denkt viel eher «wir singen und musizieren zusammen» als «ich begleite euch beim Singen», sie sieht sich nicht ausschliesslich als Musikerin, sondern – im besten Sinn des Wortes – auch als Animatorin. Ihr Ziel ist eher die befreit singende Gemeinde, weniger das perfekt vorgetragene Eingangs- und Ausgangsspiel. Diese Art des gemeinsamen Singens erfordert eine neue Generation von «Gemeindemusikern»[27] – ein Ausdruck, den wir in unserer Arbeit in St. Gallen darum verwenden, weil er ebenso eine dienende Haltung bei den Musikerinnen impliziert wie eine Sicht der Musikern als aktiv am Gemeindebau beteiligte Schlüsselpersonen im kirchlichen Leben.[28] In vielen Fällen agieren solche Musikerinnen nicht alleine, sondern bauen in der Gemeinde eigent-

25 Von dieser Erfahrung berichtet auch Hans-Jürg Stefan – sie ist grundsätzlich unabhängig von der Herkunft und Natur der gemeinsam gesungenen Lieder. Allerdings stelle ich in meiner Praxis fest, dass moderne, poppige Kirchenlieder die Singenden im Schnitt emotional direkter ansprechen, damit u. a. mehr Lust aufs Lernen machen und leichter haften bleiben (Stichwort «Ohrwurm»).

26 Am jenem Sonntag «ernteten» wir als Gäste also lediglich, was vor und nach unserem Besuch in der Gemeinde wuchs.

27 In den seit vier Jahren bestehenden Studiengängen C und B mit Schwerpunkt populäre Musik an der St. Galler Kirchenmusikschule werden diesen Anforderungen explizit Rechnung getragen, d. h. diese neue Generation von Kirchenmusikern wird gezielt ausgebildet. Im Rahmen von dreijährigen Innovationsprojekten ermöglicht die Kantonalkirche einem grossen Teil der Absolventen den Einstieg in die praktische Arbeit in einer Kirchgemeinde.

28 Im hiesigen freikirchlichen und im angelsächsischen Bereich ist hierfür der Begriff *worship leader* gebräuchlich – er meint im Wesentlichen dasselbe.

liche Begleit-Formationen auf: Bands in unterschiedlichsten, vom lokalen «Musiker-Angebot» abhängigen Besetzungen, Chöre, Ansing-Gruppen. In unserer ländlichen Kirchgemeinde besteht eine Gruppe von gegen zehn Frauen aus dem Dorf, die treu seit Jahren in Gottesdiensten mit modernen Liedern vorne stehen und mit der Gemeinde singen – eine riesige Hilfe in der Vermittlung und für das Gemeinschaftserlebnis. Begleitet wird die Gruppe von einem E-Piano, einer Flöte und sporadisch eingesetzten Perkussionsinstrumenten.

Befähigte Handwerker

Das Vermitteln und Begleiten von Pop-Musik im Gottesdienst erfordert – wie bereits angesprochen – andere Fähigkeiten als die traditionelle Kirchenmusik-Praxis. Dies gilt natürlich insbesondere auch in rein musikalisch-handwerklicher Hinsicht. Meine Frau und ich sangen und spielten an jenem Morgen die Musik, mit der wir selber aufgewachsen waren, und die ich professionell studiert hatte, d.h. wir waren in einem einfachen Sinn musikalisch authentisch, und wir spielten Musik, die uns selber persönlich berührte. Pop-Musik sollte, wenn immer möglich, von Musikerinnen praktiziert und vermittelt werden, die entsprechend sozialisiert und ausgebildet wurden.[29] Sie brauchen spezialisierte Fähigkeiten vorab in den Gebieten von Groove (körperliches Puls-Verständnis), Gehörbildung, Improvisation und Arrangement. Aus diesem Grund plädiere ich für ein respektvolles und neugieriges Miteinander von unterschiedlich geprägten und ausgebildeten Musikern innerhalb einzelner Kirchgemeinden oder einzelner Gemeindeverbunde.

Gemeinsame Vorbereitung

Gemeindemusikerinnen sehen den Gottesdienst als geistliches und künstlerisches Ganzes, an dessen Gestaltung sie sich aktiv beteiligen. Sie stehen im Dialog mit den anderen am Gottesdienst Beteiligten, übernehmen Verantwortung bei der Liedauswahl und bringen sich ein in die Diskussion über die gesamte Form des Gottesdienstes. Dies bedingt eine etwas längerfristige Planung, als sie vielerorts üblich ist. Der Pfarrer unserer ländlichen Gemeinde stieg zwei Wochen vor dem gemeinsamen Gottesdienst mit uns in die Planung ein, indem er uns per Mail nach unseren Vorschlägen für Lieder und Abläufe fragte. Das Thema stand bereits fest, und wir legten wie immer grossen Wert auf die Suche nach inhaltlich und musika-

29 Im Umkehrschluss bedeutet das, dass klassisch ausgebildete Musikerinnen und Musiker möglichst nicht mit der Aufgabe konfrontiert, potenziell überfordert bzw. frustriert werden sollten, plötzlich Pop-Musik zu spielen (ein Pop-Pianist kann auch nicht plötzlich eine Bach-Fuge auf der Orgel spielen).

lisch passenden Liedern und Vortragsstücken.[30] Der Aufbau unserer Instrumente wurde sorgfältig geplant, damit keine Kollisionen mit dem Herrichten des Kirchenraums entstanden. Alle Beteiligten waren frühzeitig vor Ort, um einander zu begrüssen und letzte Details zu besprechen. Statt *Last-minute*-Stress entstand so ein gutes Team-Bewusstsein, das sich auf die Gottesdienst-Gemeinde übertrug – auch beim Singen.

Repertoire

In meiner beratenden Tätigkeit mit Kirchgemeinden im musikalischen Wandel begegne ich immer wieder einer gewissen Unsicherheit im Bezug auf die sehr unterschiedliche Qualität moderner Kirchenlieder. Unter den Hunderten von neuen Liedern, die jährlich erscheinen, gibt es viele, die sich aufgrund mangelnder kompositorischer und textlicher Qualitäten nie im allgemeinen Repertoire unserer Gemeinden etablieren werden – das ist normal und gut so. Es wurden seit jeher viel mehr Kirchenlieder komponiert als letztendlich von einer breiten Masse gesungen, und nur ein kleiner Teil der Lieder besteht den bereits erwähnten *test of time*. Aber ich bin überzeugt, dass ein Teil der gegenwärtig geschriebenen Lieder ihn bestehen und sich über längere Zeit im kirchlichen Leben bewähren werden. Neu an unserer Zeit ist die rasende Verbreitung von Neukompositionen durch die elektronischen Medien. Ein *hipper* neuer Song, der vielleicht an einem Sonntag zum ersten Mal bei Hillsong, Australien, gesungen wurde, wird am nächsten Sonntag unter Umständen bereits in einer hiesigen Gemeinde mit einem besonders akuten Anliegen nach musikalischer Aktualität gesungen (womöglich in einer schnellen Eigenübersetzung auf Deutsch) und erscheint ein paar Monate später in der nächsten Ausgabe einer Sammlung von *Worship-Songs*. Das alles sagt noch nichts aus über seine Qualitäten, aber Zeit, diese zu diskutieren, bleibt da oft wenig. Dazu kommt, dass die in der Pop-Kultur verbreitete Figur des Singer-Songwriter auch in der kirchlichen Landschaft häufig geworden ist, also des Musikers, der in Personalunion zu seinen Melodien auch gleich Texte schreibt und die eigenen Lieder selber interpretiert. In vielen Fällen bleibt dabei die textliche Qualität eines Liedes hinter der musikalischen zurück. Hier sind Gemeindemusiker gefordert, in der Liedauswahl kritisch zu bleiben und den Dialog mit den Liturginnen und Gemeindegliedern vor Ort zu pflegen.[31]

30 Für die Früchte dieser Mühe erhalten wir immer wieder dankbare Rückmeldungen, die uns einerseits freuen, uns andererseits nachdenklich stimmen: Offenbar gehen Musik und Wort im Gottesdienst eher selten wirklich sinnvoll zusammen …

31 Dies gilt vor allem auch im Bezug auf den «Frömmigkeitsstil» der Lieder. Zwischen den Polen «liberal» und «evangelikal» besteht eine grosse Bandbreite an Liedern, aus denen es gemeindespezifisch sorgfältig auszuwählen gilt. Weiter kann ich hier aus Platzgründen nicht auf das spannende Thema eingehen.

Seit zwei Jahren betreibt die St. Galler Kantonalkirche ein Repertoire-Projekt, in dem eine Gruppe von Gemeindemusikern Bewertungskriterien für moderne Kirchenlieder entwickelt und auf Lieder anwendet, die im Kanton gesungen werden. Jedes Jahr wählt die Gruppe zwölf Lieder aus, die sie den Gemeinden offiziell empfiehlt und vermittelt, d. h. aufbereitet und in einheitlicher Form als Liedblätter, Klaviersätze, PowerPoint-Folien und Demo-Aufnahmen zur Verfügung stellt. An einem «Kantonalen Singtag» werden die Lieder gemeinsam mit allen Interessierten aus dem ganzen Kanton kennen gelernt und gesungen. Das Interesse an den Liedern ist gross und gibt Anlass zur Hoffnung, dass mit der Zeit ein gemeindeübergreifendes Repertoire an bewährten modernen Kirchenliedern entsteht.[32]

Bei unserem Besuch in der ländlichen Gemeinde konzentrierten wir uns auf Lieder, die zwar modern, aber nicht brandneu waren, und von denen wir annahmen, dass sie in der Gemeinde bekannt waren. Diesen letzten Punkt klärten wir mit dem zuständigen Pfarrer im Vorfeld ab. Gemeinsam bekannte Lieder verbanden Gäste und Gemeinde im Nu.

Infrastruktur

An jenem Sonntag reisten meine Frau und ich anderthalb Stunden vor Beginn des Gottesdienstes an, um unsere Mikrofone, unser E-Piano und unser kleines PA[33] aufzubauen und sorgfältig zu checken, d. h. den akustischen Verhältnissen der Kirche anzupassen, bevor die Gottesdienst-Besucher diese betraten. Unsere Boxen sind klein, haben es aber in sich, und wir versuchen, sie so aufzubauen, dass sie optisch und funktional die Atmosphäre und den Ablauf des Gottesdienstes so wenig wie möglich stören.

Zur adäquaten Aufführungspraxis von modernen, poppigen Kirchenliedern gehören diese Geräte und ihre kompetente Bedienung standardmässig dazu. Sie dienen nicht in erster Linie einer grösseren Lautstärke, sondern einer nahen, intimen Klang-Ästhetik, die sich von den Idealen klassischer Kirchenmusik grundlegend unterscheidet.[34] Für diese Ästhetik sind viele Kirchen nicht gebaut. Die Umsetzung von Pop-Musik in diesen Räumen ist und bleibt damit in musikali-

32 Beispiele von Singtag-Liedern 2009 und 2010 sind z. B. «Anker in der Zeit» von Albert Frey, «Ob ich sitze oder stehe» von Eugen Eckert/Torsten Hampel oder «Da berühren sich Himmel und Erde» von Thomas Laubach/Christoph Lehmann. Weiteres zum Kantonalen Singtag: www.ref-sg.ch/v/singtag.
In eine ähnliche – wenn auch nicht die gleiche – Richtung zielt die von der Liturgie- und Gesangbuchkonferenz der evangelisch-reformierten Kirchen der deutschsprachigen Schweiz herausgegebene «Kernliederliste» zum Reformierten Gesangbuch: www.liturgiekommission.ch/RG/Listen/Kernliederliste.

33 PA steht für *Public Address* und bezeichnet als Fachbegriff eine Beschallungsanlage mit Frontboxen, Bühnen-Monitoren, Verstärkern und einem Mischpult.

34 Sängerinnen, die ein Mikro benutzen, singen nicht weniger gut als andere Sängerinnen – sie singen einfach anders.

scher und technischer Hinsicht schwierig (vor allem, wenn E-Bass und Schlagzeug ins Spiel kommen), ist aber möglich. Der Schlüssel zum Gelingen liegt hier oft nicht in leisem, übervorsichtigem, sondern in *schlankem* und rhythmisch sehr präzisem Spiel: wenige Töne, aber mit voller Überzeugung und viel Groove. Das alles will geübt sein und sich entwickeln können – ich bitte im Namen aller Pop-Kirchenmusikern um passendes Instrumentarium und Vertrauen. Die Investition lohnt sich ganz bestimmt.

Vielklang[35] versus Monotonie – Replik auf das Plädoyer von Andreas Hausammann

Hans-Jürg Stefan

ohr an der kirche

wo aber bleibt das Lob das exorbitante
wo ist der dank geprüft und hart wie metall
vom betenden tanzsprung zu schweigen
des partisanenchefs des gesalbten
wo sind die münder
verwegen geduldig genug
das leben des schöpfers und seiner geschöpfe
närrisch zu preisen in dieser närrischen welt
zu rühmen die torheit des kreuzes
den stern aus juda im blinken der satelliten
zu singen die jugend des sohnes
und seine zukunft im nachtwind der zeit?

es ist ein ohr an der kirche
urohr wer weiss
es ist ein ohr an der kirche
und horcht

Kurt Marti[36]

In einer seiner hintergründigen Nachtgeschichten – «Gesang im Haus» – erzählt Kurt Marti: «Immer erst nachts, dann aber hob er volltönend an: der Gesang [...]

35 «Vielklang» hiess das «Fest der Kirchenmusik», das der Konvent der Winterthurer Kirchenmusikerinnen zum dritten Mal im Advent 2010 in der Stadtkirche Winterthur durchführte. Die stündlich beginnenden Anlässe dauerten von 14.15 Uhr bis um Mitternacht und fanden grossen Zuspruch. Der weit gespannte Bogen des Programms reichte von Improvisationen (Saxophon, Orgel), der mit Advents- und Weihnachtsliedern gestalteten «Musikalischen Weihnachtsgeschichte», Chor und Orchestermusik zum Magnificat, der bolivianischen Weihnachtsmesse «Navidad Andina», Songs aus dem ökumenischen Jugendgesangbuch «rise up» «in neuen, groovigen Arrangements», Weihnachtsoratorium von Camille Saint-Saëns, Magnificat von Johann Sebastian Bach, Willy Burkhards a-cappella-Psalmen «auf improvisierten Pfaden», zu einem von den Kantorinnen und Kantoren gestalteten Nachtgebet.

36 Kurt Marti: Gedichte am Rand, Köln 1963, S. 46. Anm. S. 82: der kirche aufgetragen ist das lob gottes in der welt / partisanenchef der gesalbte: david. In der Neuausgabe Kurt Marti: Geduld und Revolte. Die Gedichte am Rand, Stuttgart 1984, wird auf Seite 92 auf die beiden neutestamentlichen Bezüge verwiesen, an deren Rand das vorliegende Gedicht entstanden ist: Lk 24,53; Joh 16,22. Marti hat im Laufe der Jahrzehnte zahlreiche Anbetungstexte verfasst. Kurt Marti: DU. Eine Rühmung, Stuttgart 2007; 2008, ergänzt um eine Reihe weiterer Preisungen aus früheren Publikationen.

Plötzlich war der Gesang dagewesen. [...] Niemand schien sich der eigentümlichen Schönheit und Kraft der nächtlichen Stimme entziehen zu können. Schliesslich vermochte man sich im Haus, in der Stadt und, dank der Medien, auch weit darüber hinaus, das Leben ohne den Gesang kaum noch vorzustellen. Um so bestürzender das abrupte Ende. Eines Nachts blieb der Gesang so plötzlich aus, wie er einst eingesetzt hatte. [...] Kehrte nicht wieder zurück. Nachts blieb es still im Haus»![37] Die ganze Erzählung liest sich als Gleichnis für die heilsame Wirkung des Gesangs im Zusammenleben der Menschen, zugleich für dessen folgenreiches Verschwinden: Erst noch war das Menschenhaus von eigentümlich schöner, kräftiger, alle Grenzen überwindender Musik erfüllt – und nun das abrupte Ende, das Ausbleiben des bisher allen vertrauten Gesangs ... Der Ausgang dieser Nachtgeschichte erinnert daran, dass der Berner Musikwissenschaftler Gerhard Aeschbacher schon vor über zwanzig Jahren nüchtern festgestellt hatte: «Spontanes, gemeinsames Singen ist zur kulturellen Anomalie geworden.»[38]

Heute differieren die Vorstellungen von dem, was Kirchengesang im Menschenhaus zu suchen und zum Wohl seiner Bewohner beizutragen habe, weit. Der Spannungsbogen reicht vom bewährten Kernliederbestand der bibelnahen Genfer Psalmen, den Chorälen von Martin Luther und andern Meistern bis zu den «Simplesongs» unserer Gegenwart.[39] Genau in jenem Jahr, da der damals heftig umstrittene Schlager «Danke für diesen guten Morgen» die Gemüter zu erhitzen begann (1963)[40], hatte Kurt Marti die Vision von einem über den ganzen Erdkreis sich erhebenden Gotteslob in den Text «ohr an der kirche» gefasst und zeitgleich mit einem andern «gedicht am rand» die Grundlage für das 1971 erschienene zukunftsweisende Reich-Gottes-Lied «Der Himmel, der ist, ist nicht der Himmel, der kommt» gelegt.[41] Ein Jahr später nahm er in seiner ersten und dritten Kolumne in der Zeitschrift «Reformatio» unter dem Titel «Fromme Schnulze» pointiert Stellung zum «Danke»-Schlager.[42] Seither sind die Auseinandersetzungen mit den unterschiedlichen Inhalten, Stilen und Formen des «Neuen Geistlichen Liedes»

37 Kurt Marti: Nachtgeschichten, Darmstadt/Neuwied 1987, S. 59–66, Zitate S. 59 und S. 63.

38 Gerhard Aeschbacher: Musik im Kontext musikalischer Wirklichkeit, in: Musik in der Evangelisch-reformierten Kirche. Eine Standortbestimmung, hg. vom Institut für Kirchenmusik Zürich, in Zusammenarbeit mit dem Schweizerischen Arbeitskreis für evangelische Kirchenmusik, 1989: Zürich, S. 87–99, Zitat S. 98.

39 Britta Martini: Zwischen Lutherlied und Simplesong, in: Klage – Lob – Verkündigung. Gottesdienstliche Musik in einer pluralen Kultur, Leipzig 2004, S. 201–208.

40 Musik und Kirche Jg. 81 (2011), Heft1: Danke «Danke»? – 50 Jahre NGL.

41 Kurt Marti, Gedichte am Rand, S. 21. Das Lied wurde mittlerweile mit Melodien von Rolf Schweizer (1971/77) oder Winfried Heurich (1980) breit rezipiert: EG 153/H, RG 867/S, KG 507/S, CG 926/S, ES 457/H, EM 671/H, MN 403/H, BG 1024/H.

42 Kurt Marti: Notizen und Details 1964–2007. Beiträge aus der Zeitschrift Reformatio, hg. von Hektor Leibundgut; Klaus Bäumlin; Bernhard Schlup, Zürich 2010, S. 13–15; S. 22–24 (1964).

nicht mehr abgebrochen.[43] Damit setzen sich im Kontext der tief greifenden Traditionsabbrüche, des durch Massenmedien veränderten Umgangs mit Musik, der Allgegenwart reproduzierter Musik, der grundsätzlich differierenden Ziel- und Wertevorstellungen, Kirchenmusikerinnen, Theologen, Chöre, Chor- und Musikverbände, Kirchenleitungen, Kirchentagsforen, ja ganze Kirchenmusikkongresse auseinander[44] – erstaunlich, dass es den evangelisch-reformierten Kirchen der deutschsprachigen Schweiz im letzten Jahrzehnt des 20. Jahrhunderts gelungen ist, sich aufgrund einer breit abgestützten Zusammenarbeit auf ein vielgestaltiges und gehaltvolles Repertoire[45] zu einigen (RG 1998/³2006).[46] Seither ist eine Vertiefung der rasch erfolgten Gesangbucheinführung zu beobachten:

- Kontinuierliche Pflege des Gesangbuch-Repertoires: Die offizielle Kernliederliste zum Reformierten Gesangbuch[47] bildet einen praktikablen Ansatzpunkt für den Aufbau und die Konsolidierung eines die Generationen, Gemeinden und Kantonalkirchen verbindenden Repertoires. Sie eröffnet in der Kirche, die sich als Lerngemeinschaft versteht und dem pädagogischen Handeln einen hohen Stellenwert beimisst, einen notwendigen Lernprozess. Dieser setzt beim jeweiligen Gesangbuch-Repertoire der Gemeinde an, führt von bekannten zur Entdeckung bisher unbekannter Gesänge. In diesem Lernprozess kann der Gemeinde durchaus mehr zugemutet werden, als üblicherweise gewagt wird. Professionell angeleitet, ist sie durchaus bereit und fähig, sich auf Anspruchsvolles einzulassen, bis hin zu Gesängen, die in Text, Melodie und Satz tatsächlich neue Klänge wagen![48]
- Jüngeren und Älteren neue Zugänge zum Lied eröffnen: Grosse Bedeutung kommt der umsichtigen und situationsgerechten Lieder-Wahl und -Vermittlung zu. Diese soll in kollegialer Absprache zwischen Liturgen und Kirchen-

43 Annette Albert-Zerlik; Siri Fuhrmann (Hg.): Auf der Suche nach dem neuen geistlichen Lied. Sichtung – Würdigung – Kritik (Mainzer Hymnologische Studien, Bd. 19), Tübingen 2006.

44 Aktuelle Dokumentationen finden sich in den einschlägigen Periodika: Liturgie und Kultur, Musik & Kirche, Forum Kirchenmusik, Musik & Liturgie, Musik und Gottesdienst u. a.

45 Stephan Klarer: Vielfalt der Formen und ihre praktische Verwendung, in: Werkheft 1, mit CD, «Vielfalt der Formen», Arbeitshilfen zum KG, RG, CG, Gossau/Basel/Zürich 1998, S. 31–79.

46 Das Erstaunen darüber findet ein Echo auch bei Kurt Marti: Eine kleine Zeitrevue. Erzählgedichte, Zürich 1999, S. 63, im Erzählgedicht «laudate dominum», in dessen vierter Strophe Marti lapidar feststellt: «in den neunziger jahren / stimmten die kirchen / mit neuen kirchengesangbüchern* / das alte gotteslob an–//* neue katholische und evangelische gesangbücher in deutschland, in der deutschen schweiz und in luxemburg.»

47 www.liturgiekommission.ch/RG/RG_Home.htm – Andreas Marti: Eine weitere Kernliederliste. Die Kernliederliste zum Reformierten Gesangbuch, in: Jahrbuch für Liturgik und Hymnologie 47 (2010), S. 140–150.

48 Zwei mehrfach erprobte Beispiele: «Der Du uns weit voraus ins Reich der Ängste gingst» (RG 830, T: Olov Hartmann; Jürgen Henkys, M/S: Sven-Erik Bäck) und «Der Himmel, der ist, ist nicht der Himmel, der kommt» (RG 867, T: Kurt Marti; M: Rolf Schweizer).

musikerinnen erfolgen.[49] Zur Förderung des vertieften Verständnisses von Kernliedern bieten sich mannigfaltige Möglichkeiten der Liedbetrachtungen oder Liedpredigten an – an praktischen Hilfsmitteln fehlt es nicht.[50]

– Die breite Palette des ökumenischen Liedgutes nutzen: Die drei landeskirchlichen Gesangbücher, römisch-katholisch (KG), evangelisch-reformiert (RG), christkatholisch (CG), sind durch ein gemeinsames Repertoire von 238 Gesängen (153 Liedern, dazu Kanons, Leitversen u. a. liturgischen Gesängen in freien Formen) eng miteinander verbunden. Mit diesem Repertoire lassen sich alle möglichen Gelegenheiten gemeinsamen Singens gestalten: Ökumenische Chorarbeit, Offene Singen, Tagzeitengebete, Seniorenanlässe usw.[51]

Vielklang mit Substanz: Um unterschiedliche Milieus musikalisch anzusprechen, ist heute eine wache Aufmerksamkeit gegenüber neueren Entwicklungen unabdingbar. Parallel zu der über Jahrzehnte anhaltenden Entstehung «Neuer Geistlicher Lieder» hat sich mittlerweile die aus charismatischen Bewegungen herkommende *Worship Music* auch in landeskirchlichen Gemeinden etabliert – für Kirchenmusiker, Gemeindepfarrerinnen und Gemeindeleitungen eine echte Herausforderung.[52] Denn es wird nicht darum gehen, reformierte Gemeinden künftig dazu zu motivieren, sich exklusiv auf das rasch wechselnde Repertoire der «Lobpreislieder» einzulassen. Kritische Sichtung und Prüfung ist auch hier, wie grundsätzlich bei jeder Liedwahl angesagt. Gewisse Vorbehalte gegenüber der ganzen *Worship*-Bewegung und ihrer Lieder-Produktion werden in der einschlägigen Fachliteratur gründlich erörtert und an exemplarischen Texten und Musikbeispielen konkret festgemacht.[53]

49 Andreas Marti: Lieder wählen. Angewandte Hymnologie im Dienst der Liturgie, in: Musik und Gottesdienst, Jg. 63 (2009), Heft 3, S. 111–120.

50 Peter E. Bernoulli (Hg.) u. a.: Ökumenischer Liederkommentar: Freiburg/Basel/Zürich 2001–2009. Zur «Praxis der Liedpredigt» stellt der Autor dieses Beitrags auf Anfrage eine aktualisierte Literaturliste zur Verfügung.

51 Hans-Jürg Stefan: Einstimmen in das gemeinsame Lied, in: Werkheft 1 mit CD, «Vielfalt der Formen», S. 7–27.

52 Reinhard Hempelmann: Evangelikale Bewegungen. Beiträge zur Resonanz des konservativen Protestantismus, Berlin 2009. Peter Zimmerling: Evangelische Spiritualität. Wurzeln und Zugänge, Göttingen ^{2}2010.

53 Guido Baltes: «Worship Songs»: exklusiv – uniform – international? Beobachtungen eines Tatbeteiligten, in: IAH-Bulletin Nr. 33 (2005), 63–96; Thomas Feist: Musik als Kulturfaktor. Beobachtungen zur Theorie und Empirie christlicher Popularmusik, Frankfurt a. M. 2005; Hartmut Handt: «Keiner ist wie du ...» – Lobpreis anders. Lieder aus der charismatischen Bewegung, in: GAGF, Jg. 17 (2003), Nr. 2, «Doxologie: gesungene Theologie», S. 43–55. Wolfgang Kabus (Hg.): Popularmusik und Kirche – Kein Widerspruch, Frankfurt a. M. 2001; ders.: Popularmusik und Kirche – Positionen, Ansprüche, Widersprüche, Frankfurt a. M. 2003; ders.: Popularmusik und Kirche – Ist es Liebe – Das Verhältnis von Wort und Ton, Frankfurt a. M. 2006; ders.: Popularmusik und Kirche. Geistreiche Klänge – Sinnliche Orte, Frankfurt a. M. 2008; Nick Page; Andreas Malessa: Lobpreis wie Popcorn? Warum so viele Anbetungslieder so wenig Sinn ergeben, Witten 2008.

Eben! Scheuklappen ablegen – Antwort auf die Replik von Hans-Jürg Stefan

Andreas Hausammann

Ich kann mich dem Plädoyer von Hans-Jürg Stefan nur anschliessen: gehaltvoll und vielgestaltig soll das gemeinsame Singen in unserer Liturgie sein! Allerdings, wenn ich das vorangestellte Gedicht von Kurt Marti lese, entstehen in mir eher Bilder von authentischer, qualitativer, tiefgründiger und doch niederschwelliger, «grooviger» Popmusik als vom Genfer Psalter. Und wenn ich Martis Nachtgeschichte lese, finde ich das «abrupte Ende, das Ausbleiben des bisher allen vertrauten Gesangs» genauso schrecklich – nur kann ich mir viel leichter vorstellen, und habe es schon x-fach so erlebt, dass sich dieser Gesang in Liedern aus der Gegenwart wieder erhebt als in solchen von anno dazumal.[54] Diese Einschätzung hat nicht in erster Linie mit einer fachlichen Bewertung zu tun, sondern mit meiner eigenen Sozialisation und meinem eigenen kulturellen Hintergrund. Dessen bewusst, würde ich mir nie anmassen zu verlangen, die Lieder des Genfer Psalters gehörten aus unseren Gottesdiensten oder die Orgeln aus unseren Kirchen verbannt. Sondern ich werde mein Feld – das der Popularmusik – beackern im Wissen, dass auf den Feldern rundherum andere Früchte angebaut werden, die zu einer gehaltvollen, ausgewogenen Ernährung genauso gehören wie meine. Also Scheuklappen ablegen! Frei umherschauen: Was baut meine Nachbarin an, wie macht sie's? Was züchtet der Übernächste da genau, und wie schmeckt das? Echte Vielgestalt und echter Gehalt wächst aus Offenheit, Gelassenheit und gegenseitigem Respekt. Offenheit erlaubt mir, in die Welt von fremden Liedern einzutauchen und dort ungeahnte, neue Erfahrungen zu machen – mit der Musik, mit dem Text, mit mir selbst, in der Gemeinschaft, mit Gott. Das heisst noch lange nicht, dass ich dabei nicht bei meinen persönlichen Vorlieben bleiben könnte! Gelassenheit fusst im Vertrauen darauf, dass Lieder, die mir nichts sagen und mich nicht erreichen, meinen Glauben nicht sofort gefährden, sondern in der Auseinandersetzung damit eher in seiner einzigartigen Ausprägung stärken werden. Respekt bedeutet ein Ernstnehmen und Hinhören bei Liedern, die mir fremd sind, aber denen ich Authentizität und Relevanz nicht abspreche, weil ich weiss, dass mein

54 Ich erlebe immer wieder, dass in Gruppen spontan gesungen wird (dies auch als Anmerkung zur von Hans-Jürg Stefan zitierten Feststellung von Gerhard Aeschbacher). Dabei werden aber ausschliesslich Lieder gesungen, die eindeutig populären Gattungen zugeordnet werden. Am häufigsten, lautesten und inbrünstigsten wird ja im Fussballstadion gesungen – übrigens grossmehrheitlich von Männern und in Tenor-Lagen, gegen die diese sich in einer Chorprobe mit Händen und Füssen wehren würden – oder aber im Popkonzert, unterstützt von professionell gespielter und verstärkter Musik. Hier werden auch leichterhand Lieder von einer rhythmischen Komplexität gesungen, die Liedauswahlkommissionen landauf, landab als für die Gemeinde unsingbar abstempeln würden …

Horizont nur einer von unendlich vielen möglichen Horizonten ist. Was ist «Simplesongs» nur für ein unsäglich herablassender Begriff! Er kommt bei mir etwa so an, wie wenn ich den Genfer Psalter als «Umständlichgesänge» oder «Verstaubtlieder» betiteln würde oder die Gerhardt-Lied als «Endloslitaneien» oder Neue Geistliche Lieder aus den 1970er Jahren als «Verquersongs um jeden Preis» – Respektlosigkeit führt zu Gesprächsabbruch und zeugt vom Scheuklappenblick. Damit wir uns richtig verstehen: In allen Kategorien (selbstverständlich einschliesslich des zeitgenössischen Liedschaffens in allen popularmusikalischen Genres) gibt es hervorragende, gute, mittelmässige und schlechte Kirchenlieder, und ich erachte es als unsere verantwortungsvolle Aufgabe als Kirchenmusikerinnen, hohe kulturelle Massstäbe an die Lieder zu legen, die wir unseren Gemeinden zum Singen vorlegen. Offenheit, Gelassenheit und Respekt erlauben es uns dabei, die kulturellen Prägungen und Neigungen unserer Gemeinden ernst zu nehmen, und nicht nur *top-down* gute Lieder zu «verordnen», sondern ausdrücklich auch *bottom-up* ein Liedgut wahrzunehmen, aufzunehmen und zu pflegen, das quasi aus dem Volk kommt. Populäre Kirchenlieder! Trotz aller Bedenken, sich hier auch noch einmal in die ebenso end- wie fruchtlose Diskussion über die beiden Lieder einzubringen, sei's kurz angemerkt: fromme Schnulze hin oder her, «Danke für diesen guten Morgen» bringt bis heute immer wieder die singende Gemeinde dazu, sich in Form einer einfachen Liste Gedanken zu machen über das, wofür sie in ihrem täglichen Leben dankbar sein kann, und Siegfried Fietz' «Von guten Mächten» mag nicht die kunstvollste Vertonung sein, aber sie hat dem Text dank ihrer eingängigen, intuitiven Melodie erst zu seiner Bekanntheit verholfen. Und Bekanntheit ist – als individuelle und globale Grösse – für den Aufbau eines gehaltvollen und vielgestaltigen Repertoires schliesslich von entscheidender Wichtigkeit. Befreit und persönlich kann ich das singen, was ich kenne, und was wir alle kennen. Dabei ist der Zugangsweg zu einem Genfer Psalm für Menschen von heute mehrfach länger und steiniger als zu einem Albert-Frey-Lied.[55] Aber in beiden Fällen braucht es professionelle Begleitung – sie ist unsere Aufgabe als Kirchenmusikverantwortliche. Aufgrund eigener Erfahrung und vielfacher Beobachtung bin ich der Überzeugung, dass sich in der Szene der kirchlichen Popularmusik gerade an diesem Punkt eine wichtige und notwendige Entwicklung abzeichnet: Die Zeit der relativ unkritischen Rezeption und Reproduktion von Lobpreisliedern aus dem Aus- und Inland ist vorbei. Es wird kritischer hingeschaut – auf Melodie und Text. Die Bands und Chöre und Ansing-Gruppen werden besser – sie werden immer flächendeckender von spezialisierten Musikern mit entsprechender Sozialisation und Ausbildung geleitet. Der Ruf nach popularmusikalischen Kirchenliedern mit liturgischen Funktionen jenseits der Anbetung wird lauter, und

55 Damit sei in keiner Weise gesagt, dass sich dieser Weg darum nicht lohnt. Doch die Bergwanderung ist nicht a priori wertvoller als der Spaziergang.

zunehmend wird ihm kompositorisch und textlich nachgekommen.[56] Ab 1900 wurde die Kirchenmusik in unseren Breitengraden immer elitärer und konzertanter und distanzierter, und der Gesang verstummte. Jetzt sind wir auf dem Weg zurück zum persönlich relevanten, authentischen Gemeindegesang. Wir suchen, wir machen Fehler, wir probieren aus, wir finden manchmal den Weg nach Hause erst nach ein paar Umwegen, aber wir sind unterwegs – möglichst ohne Scheuklappen, den Blick nach vorn gerichtet.

56 Der St. Galler Kantonale Singtag 2011 etwa wird sich ausschliesslich um populäre Kirchenlieder mit entsprechender Ausrichtung drehen.

Dialekt oder Standardsprache?

Plädoyer für den Dialekt

André Urwyler

Seit 1976 predige ich fast ausschliesslich in meiner Mundart, und in dieser doch schon langen Zeit habe ich diesbezüglich kaum je Vorwürfe oder abschätzige Bemerkungen erlebt. Ganz am Anfang kam mir gelegentlich zu Ohren, dass das Mundart-Predigen eine Anbiederung an das etwas wenig intellektualisierte Publikum sei, dass dieses «Bauerndeutsch» höchstens auf dem Land geduldet werden könne. Doch solche oder ähnliche Bemerkungen blieben in den über 30 Jahren immer nur seltene Randerscheinungen. Das Gegenteil war viel häufiger: «Wir haben Sie nicht nur phonetisch verstanden, sondern ebenso sehr hat uns Ihre Sprache berührt.»

Es geht mir im vorliegenden Plädoyer für den Dialekt nicht um ein Ausspielen zwischen Standardsprache und Dialekt, nein, ich möchte die Chance, ja, ich meine sogar das Privileg, hervorheben, dass ich mich in meinem geografischen Gefüge im Grunde genommen mit zwei Sprachen bzw. mit zwei Ausdrucksformen verständlich machen kann. Für mich als reformierter Pfarrer steht nach wie vor das Wort im Zentrum meiner Verkündigungsaufgabe, und dies verdeutliche ich hier mit einem Gedicht von Kurt Marti – bewusst in der Schriftsprache:

gottesdienst

keim wort – keim!
klimm in köpfe
kriech durch körper
knet den kummer
kitt was klafft
kämpf wos klemmt
klär das kreuz
krön mit kraft![1]

So wie das sorgfältige Pflegen der schönen Standardsprache – bei uns besser bekannt unter dem Namen Schriftsprache – gepflegt werden muss, so gilt dasselbe auch für unseren Dialekt – besser umschrieben mit Muttersprache. Beide haben ihre Bedeutung, beide ihren Sitz im Leben. Dass unser Dialekt jedoch der Kleinheit seines geografischen Rahmens wegen sich der Schriftsprache unterzuordnen hätte, lasse ich nicht gelten. Natürlich gibt es einleuchtende Argumente, welche für eine

1 Kurt Marti: gott gerneklein, Stuttgart 1995, S. 61.

Verkündigung in der Schriftsprache sprechen: Wenn eine klare Anzahl aus der Zuhörerschaft unseren Dialekt nicht versteht, wohl aber die Schriftsprache, ist es für mich selbstverständlich, dass ich die letztere wähle. Gerade in Touristenorten wie auch in zentralen Kirchen mit grossem Ausländerbesuch ist keine Diskussion Dialekt versus Standardsprache zu führen. Trotzdem habe ich die Erfahrung gemacht (insbesondere bei Kasualhandlungen), dass Anderssprachige auch unserer Schriftsprache sehr oft nicht mächtig waren. Auch das Argument, in unserem kleinen Land verstünden sich bereits die verschiedenen Dialekte nur sehr mühsam, was für die Wahl der Schriftsprache spreche (analog der Debatten in Bundesbern), kann mich nicht überzeugen. Ich gebe zwar zu, dass ich als Berner überall im Deutschschweizer Raum verstanden werde, eine Oberwalliserin aber beispielsweise nicht unbedingt in Basel.

Ärgern kann ich mich über die Disziplinlosigkeit eines Redners, wenn sein Dialekt nicht aus seinem Herzen kommt, sondern anbiedernd wirkt, weil man die Schludrigkeit seiner Muttersprache gegenüber sofort heraushört. Für mich ist unabdingbar, dass ich als Dialekt-Prediger meine Muttersprache pflege, indem ich diese ständig überprüfe auf Richtigkeit und Feinheit, aber auch im genauen Hinhören auf Volkes Stimme, was immer eine grosse Anstrengung bedeutet. Zudem verlange ich vom Dialektprediger, dass er über eine gute Kenntnis und gepflegte Aussprache auch in der Schriftsprache verfügt. Damit wird ersichtlich, dass es sich im Grunde genommen um zwei Sprachen handelt, die je ihr eigenes «Innenleben» haben. Deshalb ist es für mich ein Greuel, wenn ich in Regionalradio oder -fernsehen mir eine Dialektrede anhören muss, welche direkt von einer schriftdeutschen Vorlage simultan in Dialekt übersetzt wird – ein Ding der Unmöglichkeit.

Biografische Argumentation

Dass ich ein Verfechter des Dialektpredigens bin, hat seinen Ursprung im Umfeld meines Aufwachsens und meiner Ausbildung. In den 1960er Jahren besuchte ich das städtische Gymnasium in Bern, sass in der selben Bank wie der spätere Drummer der Mundartrockgruppe «Span», hielt mich öfters in Kellertheatern auf, wo ich den Werdegang von Mani Matter und seiner Troubadours verfolgen konnte. Unsere Jugendunruhen, unsere Demos verarbeiteten wir in Protestsongs, die von Woodstock durchaus bis zu einigen Berner Chansons reichten. Dass unsere Muttersprache in Büchern (Guido Schmetzer, Ernst Balzli, Ernst Eggimann, Ernst Burren, Walter Vogt u.a.) über die Lyrik von Kurt Marti zu Chansons bis hin zur Rockmusik mit Polo Hofers Schmetterband vorkam, war eine unerhörte Befreiung und ein Bewusstwerden unserer eigenen kulturellen Wurzeln mit unseren eigenen Ausdruckformen, die sich plötzlich anschickten, gesellschafts- und salonfähig zu werden. Ja, auch in der Politik kam mit den «Härdlüttli» neue Bewegung auf, und sogar die Wissenschaftler Hans und Ruth Bietenhard ernteten mit ihrem Berndeutschen Wörterbuch (1976) und den ersten berndeutschen Bibelübersetzungen grosse Beachtung. Gerade die berndeutschen Psalmen, später das gesamte Neue Testament und eine Auswahl aus dem Alten Testament hatten einen ungeahnten Erfolg – nicht nur bei Theologinnen. Was war ich froh, dass die Abnahme der Prüfungspredigt nun nicht mehr im sterilen Hörsaal auf Hochdeutsch erfolgte, sondern fast revolutionär anlässlich eines Gottesdienstes in der Vikariatsgemeinde! Dass ausgerechnet die beiden Bietenhards meine Experten waren, ist reiner Zufall.

Als erster Junger seit langem begann ich in meiner Landgemeinde den Dienst als Pfarrer. Bereits am ersten Abend hatte ich in Sachen Dialekt ein einschneidendes Erlebnis: Ich durfte beim Pfrundbauern unsere «eigene» Milch holen, wurde von der Bauersfrau jedoch aufmerksam gemacht, dass es sich an diesem Abend um «Brieschmilch» handle. Sie sah mir meine Unkenntnis an und wunderte sich mit folgenden Worten: «Da lernen Sie an der Uni gestochenes Deutsch, Latein, Griechisch und Hebräisch, aber unsere Sprache verstehen Sie nicht. Und so wollen Sie uns die gute Botschaft verkünden?» Seither weiss ich erstens, was «Brieschmilch» ist, jedoch auch, dass die gute Botschaft in der Sprache des Herzens, also der Muttersprache, die Seelen öffnen kann. Gerade im Hinhören auf des Volkes Sprache in den verschiedenen Ställen, auf Trittöfen, im Singen des Volksliedes lernte ich als junger Pfarrer sehr viel. Auch wenn die Volksmusik nicht mein Ding ist, habe ich hier doch Zugang zu vielen Gemeindegliedern gefunden. Seit jeher waren die zahlreichen Jodlervereine wegen ihrer «gemeinen» Sprache aus dem gottesdienstlichen Geschehen ausgeschlossen. Als ich dies änderte, war das ein ähnlicher Einschnitt in die Tradition wie die damalige Zulassung der Kinder zum Abendmahl – beides heute Selbstverständlichkeiten. Die Organistin schrieb eigens religiöse Stücke für Orgel und Solojodler, und solches berührt die Gemeinde in einem Masse, wie es auch eine gute Predigt kaum vermag.

Etwas zu weit ging ich wohl in meiner zweiten Gemeinde am Rande des Berner Oberlandes, als ich bewusst die Weihnachtsgottesdienst-Übertragung durch die Eurovision auf Berndeutsch hielt (zwar in Absprache mit der Fernsehregie), weil alle Stationen eine eigene Übersetzung anboten. Trotzdem schrieb eine Zeitung aus der Westschweiz anderntags, der Röstigraben sei um einen Meter tiefer geworden – ich fühlte mich noch lange ein bisschen schuldig …

Theologische Argumentation

«Petrus leugnete abermals und schwor: Ich kenne den Menschen nicht. Kurz darauf kamen die Leute, die dort standen zu Petrus und sagten: Wirklich, auch du gehörst zu ihnen, deine Mundart verrät dich.» (Mt 26,72 f.). Man erkannte den Galiläer an seiner Sprache. Auch Jesus selbst hat Dialekt gesprochen, den galiläischen Dialekt des Aramäischen. Einzelne Wörter in den Evangelien sind laut Hans Bietenhard galiläisch-aramäisch erhalten, und die ganze syntaktische Struktur der Evangelien zeigt deutlich semitischen Hintergrund. Die Worte Jesu haben einmal in der Überlieferung einen Sprachwandel durchgemacht, sind also übersetzt worden. Palästina zur Zeit Jesu war mehrsprachig: Neben der alten Sprache der Juden, dem Hebräischen, wurde Aramäisch gesprochen, eine nordwestsemitische Sprache, die sich rasch verbreitete und im Reich der Perser gar Amtssprache wurde. Einige Kapitel in den Büchern Esra und Daniel sind in dieser Sprache verfasst. Das bedeutete, dass im Synagogengottesdienst der Bibeltext verlesen und übersetzt werden musste – entweder von der aramäischen Mundart ins Hebräische oder vermehrt umgekehrt, vom Hebräischen in die aramäische Muttersprache. Dass in Palästina noch die griechische Sprache sowie teilweise die Sprache der Usurpatoren, das Lateinische, gesprochen wurde, kommt noch dazu. Die Sprache jedoch war immer Mittel, dessen man sich für die Verkündigung bediente – mehr nicht.

Martin Luther schrieb 1521 an Johann Lange: «O dass doch jede einzelne Stadt ihren eigenen Dolmetscher hätte und dieses Buch allein in aller Sprachen, Händen, Augen, Ohren und Herzen wäre!» Und Erasmus von Rotterdam verlangte eine neue Bibelübersetzung in die Volkssprache. Dass nach Gutenberg und Luther die Bibel nun auch von «gewöhnlich Sterblichen» gelesen werden konnte, kann nicht genug hoch eingeschätzt werden. Trotzdem aber war in vielen Gegenden des deutschsprachigen Raumes die Sprache der Bibel nicht die Sprache des Herzens, sondern des Intellekts. Dass mit der sogenannten «Mundartwelle» im zweiten Teil des 20. Jahrhunderts ein neuer Zugang zur guten Botschaft geöffnet wurde, ist bemerkenswert, man darf ruhig höher greifen: ist historisch bemerkenswert. Dieser Vorgang geschah nicht etwa nur in der Deutschschweiz, sondern ebenso in Deutschland – etwa mit der Bibelübersetzung ins Plattdeutsche. Reaktionen aus dem Volk zeigen, dass grosses Verlangen nach der biblischen Botschaft in Mundart vorliegt und grosse Dankbarkeit, wenn dieses Verlangen auf niveaumässig hoher Stufe erfüllt wird. Auch hier klingt wieder die Einsicht an, dass Sprache als Vehikel gebraucht wird – mehr nicht. Es ist die grosse Herausforderung an die modernen Dialektübersetzer, dass alles auch im Dialekt gesagt werden kann, selbst die schwierigen theologischen Gedankengänge etwa der Briefe des Apostels Paulus oder des Hebräerbriefes.

Was heisst das nun für mich als Dialekt-Prediger? Eine Predigt entsteht einerseits aus dem Dialog zwischen der Bibel und mir und andererseits aus dem Dialog zwischen der Gemeinde und mir. Diese Gemeinde ist schliesslich der Adressat meiner Verkündigungsrede. Als Prediger suche ich in den Wörtern Bilder, Ausdrücke, ja Musik, um die gute Botschaft, deren Vermittler bzw. Ausleger oder Übertrager ich bin, möglichst anschaulich und verständlich anzubringen. Im nächsten Kapitel werde ich einige Beispiele anführen von Dialektwörtern, die unmittelbar Assoziationen auszulösen im Stande sind. Die Auslegung der guten Botschaft ist jedoch immer verbunden mit der Bitte an den Heiligen Geist, den Verstand der Zuhörerschaft öffnen zu wollen.

Als Prediger bin ich dem Wort Gottes verpflichtet, höre auf dieses und versuche, es durch mein eigenes Verständnis und Fühlen hindurch in das Verständnis und Fühlen meiner Zuhörerschaft, sprich versammelter Gemeinde wortwörtlich zu über-tragen. Das jedoch ist in seiner Tiefe nur möglich, wenn ich die Gemeinde kenne bzw. wahrnehme, ja, ich gehe sogar so weit, dass ich behaupte, dass ich mit den Jahren und der Erfahrung spüren muss, in welcher Sprache die Gemeinde träumt. Dazu verhelfen die mannigfaltigen Formen der persönlichen Begegnungen in Besuchen, Veranstaltungen, auf der Strasse, in Einkaufsläden, bei Festlichkeiten usw. – und durchaus auch in konkreten Konfliktsituationen. «Dem Volk aufs Maul schauen» (Luther) heisst aber nicht, nach dem Maul des Volkes reden! Das Wissen um das, was die Menschen bewegt, ist für einen Prediger ein Muss, deshalb das bekannte Bild: In der einen Hand die Bibel, in der anderen die Zeitung («Brattig» im Berndeutschen).

«Der Prediger ist Prediger, weil er, wie alle Christen, glaubt, dass Jesus Christus Gottes Wort für uns Menschen ist.»[2] Diesem Wort wird nun zugetraut, dass es Wirkung zeugt, dass es sich in die Seele nistet und zu wachsen beginnt – mit Folgen. Um ein solches Einnisten zu ermöglichen, bin ich als Prediger gefordert, all meine möglichen Register zu ziehen, um ein Öffnen der Seele zu erwirken und das Wort auf guten und fruchtbaren Boden fallen zu lassen. Ich versuche, Gottes Wort zu artikulieren – aber in der Sprache, in welcher ich selber Gottes Wort zu verstehen versuche und der Gemeinde weitervermitteln soll. Bei Einzelheiten ist es in der Vorbereitung durchaus meine Aufgabe, mich in die Ursprache oder die Standardsprache zu begeben, um Verständnisprobleme besser und fundierter und vergleichender herausschälen zu können.

Ein kleines Beispiel sei hier angeführt mit dem ersten Vers aus dem dreizehnten Kapitel des ersten Korintherbriefes (zur Weltliteratur gehörend):

In der interlinearen Übersetzung aus dem Griechischen: «Wenn mit den Zungen der Menschen ich rede und sogar der Engel, Liebe aber nicht habe, bin ich geworden tönendes Erz oder eine gellende Zimbel.»

Einheitsübersetzung: «Wenn ich in den Sprachen der Menschen und Engel redete, hätte aber der Liebe nicht, wäre ich dröhnendes Erz oder eine lärmende Pauke.»

Was machen nun Herr und Frau Bietenhard daraus? Sich genau am Originaltext orientierend lautet ihre Übersetzung ins Berndeutsche: «Wen ig i de Sprache vo de Mönsche oder vo den Ängle rede, aber i ha ke Liebi, so bin ig ä Treichle, wo dröhnt, oder äs möschigs Bläch, wo tschäderet.» Wenn eine Bernerin einen solchen Satz hört und genau versteht, was «Treichle», «möschig», «Bläch» und «tschädere» bedeuten, dann versteht sie nicht nur, sondern es prägen sich in ihr sofort Bilder ein, die weit länger wirken als jegliche schönen Worte.

2 Kurt Marti: Grenzverkehr. Ein Christ im Umgang mit Kultur, Literatur und Kunst, Neukirchen-Vluyn 1976, S. 57.

Wortbeispiele

Eingangs habe ich erwähnt, dass es mir nicht darum geht, die Standardsprache gegen den Dialekt auszuspielen oder zu klassifizieren. Beide haben ihr «Innenleben», haben ihre speziellen Ausdrucksmöglichkeiten. Dazu möchte ich je zwei Bespiele von Aphorismen anführen – bewusst vom selben Verfasser, nämlich von Kurt Marti.

Standardsprache:

2-fel

aus mir – dem einen – machen zweifel 2
gäbs dreifel, würdens gar noch 3
doch ohne 2- und 3-fel, wärs doch erst recht vom teufel![3]

lobpreis

der ohne ende: er beendet!
der nie begann: er schafft beginn!
der nicht bedeutet: er schenkt bedeutung!
der ohne notwendigkeit: er wendet not![4]

Berndeutsch:

wie geits?
äs chunnt, äs geit
ganz zersch chunnt meh, als geit
doch gly chunnts so, wies geit
und bald geit meh, als chunnt
bis alles geit – und nüt meh chunnt.[5]

wo chiemte mer hi?
wo chiemte mer hi,
wenn alli seite:
wo chimete mer hi?
und niemer giengti,
für einisch z'luege,
wohi dass me chiem,
we me gieng.[6]

3 Marti, gott gerneklein, S. 13.

4 A. a. O., S. 47.

5 Kurt Marti: Wo chiemte mer hi? Gedicht und Schtückli ir bärner Umgangssprach, Münsingen 1984, S. 7.

6 A. a. O., S. 23.

Ich führe diese Beispiele auch an, um meine Behauptung zu untermauern, dass wer sich als Lyriker oder Predigerin fundiert im Dialekt bewegen will, sich genauso fundiert in der Standardsprache bewegen muss.

Lassen Sie mich nur ein paar wenige weitere Wortbeispiele anführen, welche aus dem Dialekt kaum oder nur mangelhaft übersetzbar sind, höchstens zu übertragen oder zu umschreiben:

– göisse	schreien
– hübscheli	sachte, behutsam
– süferli	sachte, behutsam
– töipele	grollen
– drdurchwille	deswegen

Worte mit zwei unterschiedlichen Bedeutungen:

– Schabe	Motte und Freundin
– schabe	rasieren und raffeln
– schnadig	ä schnadige Giel: ein schneller Knabe, äs schnadigs Modi: ein schönes Mädchen
– stogle	stolpern und stottern
– Stogli	Unbeholfener und Stotterer
– stögele	auf hohen Absätzen gehen und überheblich sein
– giechtig	eitrig und gereizt
– dänne tue	wegräumen und vergeben
– Tüpfi	Brattopf und dumme Frau
– hudle	starke Luftstösse und Emotionen zeigen
– rätsche	Lärm machen und verraten

Worte mit Nuancen:

– ärvele	umarmen Ich umarme viele Menschen, aber wenn ich jemanden «ärvele», dann liegt Zärtlichkeit in meiner Bewegung.
– düüssele	schleichen, mehr noch: rücksichtsvoll auf Zehenspitzen gehen
– schnädere/chädere/chifle	Steigerung von tratschen bis zu streiten
– söifere/südere	Speichel rinnen lassen bis zur Wundsickerung

All diese Finessen lösen nicht nur sofort Bilder, Assoziationen aus, sondern zeigen auf, dass der Dialekt nicht etwa eine grobschlächtige Sprache ist, sondern eine äusserst zarte, ja zärtliche. Was wir Städter als grob empfinden, ist der Einfluss der

Land- bzw. Bauernsprache und die in letzter Zeit überall grassierende Anglisierung des Dialekts. Bekannt ist, dass das Berndeutsch auch Ausdrücke aus der Quartiersprache «Matteänglisch» aufgenommen hat. Einige Ausdrücke sind geblieben (z.B. «Modi» für Mädchen, «Giel» für Knabe), die meisten jedoch sind bedingt durch die Vermischung der Bevölkerung nur noch für Liebhaberinnen und Sprachforscher interessant. Dass auch hebräische Ausdrücke in das Mattenenglisch einflossen, ist dadurch zu erklären, dass die Matte ursprünglich das Judenquartier Berns war. (Bekanntestes Beispiel: «Dunns mer ä Ligu Lehm!»: Gib mir ein Stück Brot!) Wenn ich nun als Prediger in diese «Kiste» greifen würde, hätte ich mich als Exotiker vertan, da diese Sparte des Dialekts keinen Sitz im Leben der Zuhörerschaft mehr hat.

Folgerungen

Falls ich davon ausgehen kann, dass die grosse Mehrheit der Zuhörerschaft meinen Dialekt versteht, geniesse ich es, in zwei Sprachen den Gottesdienst abzuhalten: der Standardsprache, die ich gezielt einsetze für liturgische Zwecke und dem Dialekt, den ich einsetze für die Wortverkündigung in Predigt, Taufansprache und Gebet.

Liturgische Elemente, die ich gern in der Standardsprache formuliere (steht da auch ein gewisser Hang zum Abheben und «Feierlichkeit» Pate?) sind:

- Biblische Eröffnung des Gottesdienstes (jedes Mal dieselbe)
- Lesung des Taufbefehls (Mt 28) bei Taufen
- Unter Umständen: Lesungen aus Altem und Neuem Testatment
- Predigttext, wobei ich je nach Exegese auch die berndeutsche Übersetzung beiziehe
- Unservater
- Einsetzungsworte beim Abendmahl
- Segen (jedes Mal ein anderer, jedoch immer endend mit trinitarischer Segensformel)

Zum Unservater eine Zusatzbemerkung: Ich gehöre zu denjenigen, die behaupten, das Unservater könne man nicht in den Dialekt über-setzen. Obschon ich viele Übersetzungen und Übertragungen des Herrengebets kenne, die mich faszinieren, empfinde ich hier so etwas wie eine «heilige Scheu», die ich im Moment nur damit begründen kann, dass ich das zentrale Gebet gerne weltweit-ökumenisch verstehen möchte, welches unsere begrenzenden (und trotzdem schützenden) Kirchenmauern sprengen. Deshalb lasse ich jeweils beim Beten des Unservaters während des Sonntaggottesdienstes eine Glocke läuten, um die Verbundenheit mit der weltweiten Gemeinde ins Bewusstsein rufen zu lassen. Gefreut hat mich, dass Gemeindeglieder, die nicht in den Gottesdienst kommen (v.a. Altersheimbewohner) am offenen Fenster mitbeten.

Dass ich in der Predigt Zitate in der Standardsprache nicht nur anführen, sondern sprachlich auch sehr schön zur Geltung bringen kann, erleichtert der Gemeinde das fliessende Zuhören und ergibt zusätzlich ein farbiges Klangbild ab. Auch hierzu sei ein Bespiel von Kurt Marti angeführt:

Alles i allem

I mynen erinnerige a gott chunnt gott nid vor
I mynen erläbnis mit gott chunnt gott nid vor
I myne tröim vo gott chunnt gott nid vor
I myne hoffnige uf gott chunnt gott nid vor
Du kannst dir kein Gottesbild machen
I mynen erinnerige a gott chunnt alles vor, nume nid gott
I mynen erläbnis mit gott chunnt alles vor, nume nid gott
I myne tröim vo gott chunnt alles vor, nume nid gott
I myne hoffnige uf gott chunnt alles vor, nume nid gott
Der alles in allem sein wird[7]

Ich halte mich eisern daran, dass mein Predigtmanuskript von A bis Z in Dialekt geschrieben ist (ausser den erwähnten Zitaten). Sogar ein geübter Dialektsprecher kann nicht simultan von der Standardsprache in den Dialekt übersetzen, auch wenn es seine eigene Muttersprache ist. Germanisierte Worte, Sätze im Imperfekt, den unser Dialekt nicht kennt, Direktsätze u. a. schmerzen das Ohr der Dialektliebhaberin. Der Dialekt übt einen heilsamen Zwang aus, die Gedanken in Verbalsätzen auszudrücken. Dadurch werden hohle Phrasen tunlichst vermieden, und ich kann mich nicht hinter hochdeutschen Floskeln verstecken. Dadurch, dass ich mich an das Manuskript halte, wird gleichzeitig die Gefahr gebannt, in einen allgemeinen und unverbindlichen Plauderton zu verfallen. Nein, Verkündigung im Dialekt verlangt geistige Disziplin und strenges Überlegen und darf nie zu einem musealen Gebaren führen. Zudem muss ich immer wieder der Tatsache Rechnung tragen, dass nicht nur wir uns, sondern auch unsere Sprache sich wandelt und durchaus fähig ist, sich den Zeiterscheinungen anzupassen. Wie haben wir's im Gymnasium in einem Hexameter gelernt: «Tempora mutantur nos et mutamur in illis!»

Die ganze Mentalität des im Dialekt Lebenden wird nicht erfasst, wenn die notwendigen Hilfsverben umgangen werden. Der Berner braucht immer einen Umweg: «I luege use» ist nicht bernisch; der Berner sagt: «I ga go useluege.» Und wenn dann noch jemand sagt «I liebe di», dann ist das für jede Bernerin schlicht unzumutbar. Wenn schon: «I ha di gärn» – aber auch das geht nicht so schnell …

Weil sich die Kirche auch als Kulturgutträgerin versteht, liegt es auf der Hand, dass sie zur Sprache, einem der wichtigsten Kulturgüter, Sorge trägt. Dazu gehören sowohl die Standardsprache, aber ebenso sehr die Sprache des Herzens, die Muttersprache, der Dialekt. Und dieser hat nun einmal den Sitz im Leben in unse-

7 Marti, Wo chiemte mer hi?, S. 105.

rer feiernd anwesenden Gemeinde, zu der ich als Prediger mit der guten Botschaft vordringen soll, will und muss. Wenn ich damit nicht nur das Verstehen bewirken kann, sondern auch noch erreiche, dass dieses Verstehen sich mit Gefühlen verbindet, dann habe ich viel erreicht.

Liebe Frau Kontrahentin Irene Gysel, so weit mein Mich-stark-Machen für den Dialekt in gottesdienstlichen Anlässen. Ich bin gespannt auf Ihre Entgegnungen. Wie sagt Jeremias Gotthelf jeweils am Ende einer Kontroverse: «Zürnet nüt!»

Plädoyer für die Standardsprache

Irene Gysel

«Mundart und Standardsprache haben beide ihren Sitz im Leben», schreibt André Urwyler in seinem Plädoyer. Dem kann ich zustimmen. Eine Zuhörerschaft muss verstehen können, was ihr mitgeteilt wird. Touristen erwarten Standardsprache. Kinder brauchen Mundart. Dem muss entsprochen werden.

Dennoch ziehe ich einen anderen Schluss: Beide haben ihren Sitz im Leben, aber nicht beide haben ihren Sitz im Gottesdienst. Auch zum Thema sprachlicher Anbiederung und der Gegenüberstellung von Sprache des Intellekts und Sprache des Herzens denke ich anders als André Urwyler. Zusätzlich möchte ich zwei Aspekte der Mundart erwähnen, die meines Erachtens für die Auflösung von Grundformen der Liturgie mitverantwortlich sind.

Biografischer Zugang

Warum gehe ich eigentlich in die Kirche? Weshalb besuche ich einen Gottesdienst?

Diese Fragen habe ich mir früher nie gestellt. Es gab immer einen plausiblen Grund. Als Kind einer überzeugten Baptistin und eines urreformierten Vaters war der Gottesdienstbesuch am Sonntag für mich selbstverständlich, später als Konfirmandin ebenfalls. Ich war sowohl in der Jungen Kirche aktiv als auch als Helferin in der Sonntagschule. Später, als Frau eines Pfarrers, gehörte er einfach dazu. Im Hintergrund fieberte ich mit bei der Vorbereitung spezieller Feiern und freute mich über gut besuchte Gottesdienste. Hin und wieder sprang ich als Lektorin ein, und in seltenen Ausnahmen spielte ich die Orgel.

Dann kam die Zeit, in der ich mich als Delegierte bei der Schweizerischen Evangelischen Synode und bei der Zürcher «Disputation 84» für spezielle Gottesdienstformen und für das Umsetzen feministisch-theologischer Erkenntnisse in den Kirchenstrukturen engagierte. In der Folge war ich 25 Jahre lang für die Durchführung der monatlichen Frauengottesdienste verantwortlich. Viele habe ich mitgestaltet, die meisten in Mundart. Wir suchten eine neue Sprache, neue Lieder, neue Rituale, waren bewegt vom neuen Zugang zum Evangelium, von seiner befreienden Wirkung und vom überraschenden Glücksgefühl, das es auslöste. Es war ein leidenschaftliches Suchen nach einer liturgischen Form für diese Erfahrung, für diesen Inhalt. Wir haben die Form nicht gefunden.

Heute schliesslich sind es die Gottesdienstübertragungen des Schweizer Fernsehens, für die ich als Redaktorin und Produzentin zuständig bin, und die Verpflichtungen als Kirchenrätin der Zürcher Landeskirche, die mich am Sonntagmorgen in immer neue Gemeinden führen.

Aber wenn ich einmal frei habe, wenn ich ausschlafen könnte und mich entscheiden kann, ob ich den Gottesdienst besuchen möchte oder nicht, dann frage ich mich, was mich in die Kirche zieht.

Zuerst fiel mir auf, dass ich anfing, Spezialgottesdienste zu bestimmten Anlässen eher zu meiden: Familiengottesdienste, Waldgottesdienste und vor allem Gottesdienste mit Taufe. – Taufen werden neuerdings an einigen Orten als eigentliche Familienfeiern gestaltet. Man hört Ansprachen von Gotte und Götti, oft in Mundart. Man erfährt Intimes, das an jeder familiären Tischrunde Freude machen könnte. Fotografen schwirren herum, es wird arrangiert, es blitzt, es klickt, und als Gemeindeglied wird man zum Zaungast, zum Publikum eines Events, wenn nicht gar zur Voyeurin. Oft spürt man dabei, dass sich die Tauffamilie eigentlich fremd fühlt in der Kirche, und dass das Verhalten des Pfarrers anbiedernd wirkt.

Wenn ich schliesslich im Kirchenzettel der Tagespresse oder im Internet nach einigem Suchen einen einfachen Gemeindegottesdienst gefunden habe, in der entsprechenden Kirche sitze, und den Kanzelgruss in Mundart höre, dann würde ich am liebsten wieder gehen.

Mundart wirkt anbiedernd

André Urwyler schreibt, dass ihm Anbiederung nur zu Beginn seiner Tätigkeit vorgehalten worden sei. Auf mich wirkt Mundart im Gottesdienst immer anbiedernd. Der Gebrauch der Mundart ist eine deutliche Bewegung zu mir hin. Man sucht die Nähe zu mir, will etwas für mich oder mit mir. Ich werde umworben. Man begibt sich auf meine Ebene und setzt diese ziemlich tief an. Zu tief. Mein Gegenüber will, dass ich verstehe und traut mir dabei wenig zu. Ich soll «meine Seele öffnen», wie es André Urwyler nennt. Ob ich das grundsätzlich möchte, werde ich nicht gefragt. Ich behalte mir vor, dies im Laufe einer Liturgie selber zu entscheiden.

Man rechnet nicht damit, dass ich gerne in den Gottesdienst komme und etwas erwarte, sondern meint, dass man mich zuerst noch dafür gewinnen müsse. Was erwarte ich von einem Gottesdienst? Was muss geschehen, damit ich gerne bleibe, damit ich mich darauf einlasse und nachher leicht, verwandelt und bereichert wieder nach Hause gehe, im Wissen, dass ich am richtigen Ort war?

Im Gottesdienst wird Gott eingeladen, anwesend zu sein. Nichts weniger und nichts mehr als diese «Gottesbegegnung» suche ich. Aber bitte kein spektakuläres Erlebnis! Das würde mich eher skeptisch machen. Zunächst mir selbst gegenüber. Und ich würde mich sofort fragen, ob ich irgendwie manipuliert werde. Mir genügt eine leise Ahnung der anderen, unverfügbaren Dimension. Ich bin glücklich und zufrieden, wenn ich in einem Gottesdienst für einen Augenblick die Gewissheit finde, dass es die Botschaft vom Reich Gottes wirklich gibt, dass hinter unserer verwirrenden und für viele so traurigen Welt eine andere Wirklichkeit möglich ist. Ich brauche keine Beweise, aber Hinweise. Ich brauche manchmal, dann wenn ich es selber nicht schaffe, andere Menschen, die von ihrer Gewissheit reden und eine ermutigende Kraft und Heiterkeit ausstrahlen.

Die andere Dimension erfahren

Um diese andere Dimension erfahren oder wenigsten erahnen zu können, braucht es Vorbereitung. Während der Olympischen Spiele konnte man von den Sportlern hören, wie sie sich auf ihre Höchstleistungen vorbereiten. Jeder hat dafür sein bestimmtes Ritual: Bestimmte Dinge tun, bestimmte Dinge denken, immer gleich, vor jedem Kampf haargenau gleich. Und sich dabei ja nicht stören lassen. Aberglaube? Möglich. Aber viel eher ist es eine Technik, Körper, Seele und Geist in die Verfassung zu bringen, die es für eine Höchstleistung braucht. Es muss immer gleich ablaufen, damit der Körper mitkommt. Der Körper lernt bekanntlich langsam, aber was er einmal kann, vergisst er nicht. Darauf kann man zurückgreifen.

Im Gottesdienst übernimmt die Liturgie diese Funktion. Sie soll mich langsam und behutsam aus meinem Alltag hinausführen. Ich brauche Distanz zum Alltag. Darum gehe ich ja auch in eine Kirche. Nicht etwa, weil Gott nur dort sein könnte, Gott kann überall sein, wo sie will. Aber ich habe mich daran gewöhnt, im Gotteshaus jene Ruhe und Distanz zum Alltag zu finden, die es mir möglich macht, für diese andere Dimension offen zu werden.

Und genau das verhindert Mundart. Sie will das Gegenteil. Sie verhindert die Distanz zum Alltag, zu «merci» und «äxcüsi», zu dem, wie mir der Schnabel gewachsen ist. Sie wirft mich sprachlich auf den Alltag zurück. Anstatt mich mit den leicht fremden und als solche vertrauten liturgischen Formeln ins Geschehen des Gottesdienstes mit hineinzunehmen, bedeutet sie mir, dass ich gleichsam zu Hause sein könnte, oder bei der Arbeit, oder beim Altersnachmittag, im Kindergarten, oder bei einer gemütlichen Runde in der guten Stube. Dies besonders dann, wenn eine Kirche vollgestellt ist mit Gummibäumen und anderen Zimmerpflanzen, wenn der Liturg in Jeans vor mir steht und schon bei der Begrüssung über etwas Belangloses plaudert, das ihm während der Woche begegnet ist.

Gott einzuladen ist nichts Harmloses. Es ist jedes Mal ein Wagnis. Die Liturgie ist eine über Jahrtausende erprobte Form, dieses Wagnis gemeinsam einzugehen. Die traditionelle Liturgie fängt damit an, darüber nachzudenken, wer ich bin, wem gegenüber ich Verantwortung zu tragen habe, und wenn ja: welche. Was habe ich gut gemacht, was ist mir misslungen? Wo habe ich gar Schaden angerichtet? Ich versuche, mich selber von aussen zu betrachten, nehme somit behutsam Distanz zu meiner Person. Dann kommen Lob und Dank, die Freude darüber, dass es Gottes Verheissung vom Reich der Himmel gibt, dass uns Befreiung aus Unterdrückung und Erlösung von dem Bösen zugesagt ist. Das will ich nicht mit denselben Worten hören, mit denen ich beim Frühstück plaudere. Die Sprache soll mir helfen, das Gewicht des Augenblicks wahrzunehmen. Sie soll mir helfen, Distanz zu gewinnen zum Alltag, Distanz zu mir selbst.

Angelpunkt dafür ist die Predigt. Wenn mir ein Wort des Evangeliums neu ausgelegt wird, wenn ich mich vergewissern kann, dass die Botschaft vom Reich Gottes als solche überzeugt, dass das, was Jesus sagte und tat, eine Botschaft dieser anderen unverfügbaren Dimension an die Menschen enthält, dann kann ich meinen Alltag neu sehen. Wenn man etwas neu sehen will, muss man es aus Distanz betrachten und aus einem neuen Blickwinkel. Wenn ich im Gottesdienst meinen Alltag und den Alltag meiner Mitmenschen im Lichte des Evangeliums neu sehe, dann kann ich gestärkt und verwandelt wieder in diesen Alltag zurückkehren. Standardsprache, liturgisch gebundene Sprache, verhilft zu dieser Distanz. Sie hat hier bei uns in der Schweiz etwas Objektivierendes. Dies ist die Chance, die unsere Zweisprachigkeit mit sich bringt.

Exkurs: Mundart verführt zum Moderieren

Dem Liturgen vertraue ich mich an in der Hoffnung, dass er mich durch die Liturgie führt und dass er mich nicht dauernd wieder hinauskatapultiert aus der Dramaturgie, indem er zu moderieren beginnt. Auch dies ist ein Aspekt, der zum Gebrauch der Mundart gehört: Sie verführt die Pfarrerin dazu, zu moderieren, so wie sie es auch an anderen Anlässen zu tun gewohnt ist. Viele kennen nicht einmal den Unterschied zwischen Moderator und Liturg, sind sich nicht bewusst, dass der Liturg immer innerhalb des Geschehens bleiben muss. Er führt durch das Geschehen hindurch, er leitet das Ritual. Er darf die Dramaturgie nicht unterbrechen. Es ist wie bei einem Theaterstück, dessen Spieler immer innerhalb ihrer Rolle bleiben müssen. Wenn sie plötzlich auf Distanz gehen, ihr eigenes Spiel oder die Zuschauerinnen von aussen betrachten und kommentieren, werfen sie diese aus der Geschichte, stören das Erleben. Wenn sie das gegen alle Regeln trotzdem tun, muss die Regie des Theaters genau wissen, was sie damit erreichen will und was sie gleichzeitig zerstört.

Anders eine Moderatorin. Ihre Aufgabe ist es, immer ausserhalb des Geschehens zu bleiben. Sie muss den Überblick behalten, muss das Geschehen kommentieren, zusammenfassen, ergänzen, neue Personen einführen und vorstellen, Anweisungen geben und am Schluss alle Mitwirkenden verdanken. Bei einem professionellen Feedback wird einer Moderatorin sofort mitgeteilt, wo sie sich ins Geschehen hineinziehen liess und ihre Moderatorenrolle verliess. Einem Liturgen sollte ebenfalls sofort mitgeteilt werden, wenn er anfängt zu moderieren. Dann stellt er Distanz her zur Liturgie, zum Geschehen im Gottesdienst. Diese Distanz ist aber gerade nicht gefragt.

Eine liturgische Sprache

Die Liturgie soll durch ihren immer gleich bleibenden Ablauf und durch ihre Sprache Distanz herstellen zum Alltag. Die Gebete, Lieder und Lesungen, die die Liturgin und die Gemeinde in einen rituellen Dialog zueinander bringen, sind fremd und vertraut zugleich. Das ist nur in Standardsprache möglich. Viele Texte sind über Jahrhunderte erprobt, von jeder Generation überarbeitet, haben einen einprägsamen Duktus, sind lyrisch gesetzt. Sie wurden tausendfach in Notsituationen gemeinsam gebetet, bei Festen gemeinsam gesungen, auswendig gelernt. Sie sind ein Schatz, der uns anvertraut ist. Die Gefahr, dass sie veralten oder dass durch sie starre Dogmen zementiert werden, heisst es zu erkennen. Die Arbeit an den Texten darf nicht aufhören, sie bleibt eine ständige Herausforderung. Es geht darum, jederzeit über eine einfache liturgische Sprache zu verfügen, eine «Ritualsprache», die vertraut ist und zugleich fremd bleibt, die hinausführt aus dem Alltag, die Distanz ermöglicht, die verdichtete «Formeln» enthält, jedoch frei ist von leeren Stehsätzen und längst abgelegten Dogmen.

André Urwyler bekennt, dass er viele liturgische Teile des Gottesdienstes in Standardsprache spricht. Somit unterscheiden wir uns in diesem Punkt nicht.

Verständlichkeit

Ich stimme mit André Urwyler auch darin überein, dass des Predigers Hauptaufgabe das Übersetzen ist. Der Prediger muss schlicht so sprechen, dass seine Gemeinde ihn versteht. Viele der Mundartwörter, die André Urwyler anführt, verstehen jedoch nur noch wenige Menschen, vor allem die älteren. Ich kenne seine Wortbeispiele in der Tat ausschliesslich von Altersnachmittagen, aus Kinderreimen und aus Vorträgen über das schweizerische Idiotikon. Wenn ich sie höre, wähne ich mich dort. Für Jugendliche zum Beispiel bräuchte es ganz andere Ausdrücke. Gerade die Mundart ist einem ständigen und grossen Wandel unterworfen. Verschiedene Bevölkerungsgruppen brauchen verschiedene Wörter. Der Prediger kann spezielle Ausdrücke gebrauchen, wenn er seine Gemeinde genau kennt und sozusagen ihre Sprache spricht. Wenn er aber betonen will, dass alle zusammengehören, muss er eine Sprache wählen, die alle verstehen, und das ist heute die Standardsprache.

Ich befürchte, dass dem eigentlichen Übersetzen, dem Verständlichmachen des Inhaltes, dem Dialog mit dem Bibelwort und mit der Gemeinde, wie es André Urwyler beschreibt, dadurch ausgewichen wird, dass man Mundart spricht und meint, die Übersetzung sei damit geschehen. Das ist in meinen Augen eine Illusion. Wenn einzig das Ausweichen auf die Mundart eine Pfarrerin davon abhalten kann, eine konservative und komplexe Theologensprache zu sprechen, dann traue ich auch ihrer Theologie nicht. Es gibt durchaus eine Standardsprache, die einfach und undogmatisch ist und eine aufgeklärte und innige Theologie vermitteln, erläutern, lebendig machen kann. Allerdings muss ich zugeben, dass es auch möglich ist, in Standardsprache daherzuplaudern. Aber für Schweizer ist diese Gefahr vielleicht kleiner. Sie sind es gewohnt, grundsätzlich bewusster zu formulieren, wenn sie Standardsprache sprechen.

Sprache des Intellekts – Sprache des Herzens

Die Sprache der Bibel und damit die Standardsprache sei im deutschsprachigen Raum eine Sprache des Intellektes und nicht eine Sprache des Herzens, schreibt André Urwyler. Was ist eine Sprache des Intellekts? Intellekt ist nach Duden das Vermögen, unter Einsatz des Denkens Erkenntnisse und Einsichten zu gewinnen. Wenn Sprache das kann: Was ist daran falsch? Ich staune immer wieder über die negative Konnotation des Wortes «Intellekt». Reformierte sagen oft etwas beschämt, ihre Kirche sei eben zu «verkopft» und zu intellektuell. Wenn sie das wenigstens wirklich wäre! Ich würde mich hin und wieder freuen über etwas mehr davon.

Landläufig meint man natürlich mit «verkopft» etwas anderes. Man denkt an komplizierte Satzkonstruktionen mit mehrteiligen Nebensätzen und mehrsilbigen Fremdwörtern. Leider trifft das für Predigten oft zu. Für die Bibel jedoch nicht. Die Sprache der Bibel kann ganz einfach sein. Man muss nicht immer an die anspruchsvollen Formulierungen von Paulus denken, es gibt die einfach erzählten Geschichten, die Psalmen, das Markusevangelium.

Man kann in Standardsprache ganz einfache Sätze machen, Fremdwörter meiden, die Rede klar und logisch durchdacht aufbauen, sich überhaupt an die Regeln der mündlichen Rede und des Sprechdenkens halten. Das ist das eigentliche Handwerkszeug für jeden Prediger.

Und was ist eine Sprache des Herzens? Wenn damit eine überschwänglich gefühlsbetonte Diktion gemeint ist oder eine intime Wortwahl, kann ich darauf verzichten. Was ich mir aber in der Tat wünsche, ist, dass eine Rede von Herzen kommt. Ich will spüren, dass die Rednerin von dem überzeugt ist, was sie sagt, dass es sie bewegt. Denn während Predigten – ob in Mundart oder in Standardsprache – frage ich mich oft, ob die Rednerin wohl selbst glaubt, was sie predigt.

Etwas mehr echte intellektuelle Herausforderung, die nicht mittels langer Sätze übermittelt wird, sondern mittels Anregung etwas neu zu denken, würde Predigten attraktiver machen. Hin und wieder eine Überraschung, wie ein Text auch noch ausgelegt werden kann, was man in der Forschung Neues über den biblischen Kontext herausgefunden hat, was es bedeuten könnte, im Zusammenhang mit dem, was heute in der Wissenschaft gelehrt wird, und: zu welchen neuen Perspektiven es mir in meinem Alltag verhilft. Die Predigt ist der Ort, wo die Botschaft, das Evangelium in den Kontext meines Alltags gesetzt wird. Und ich möchte spüren, dass es dem Prediger ein Herzensanliegen ist, mir genau das zum jetzigen Zeitpunkt zu vermitteln.

Ich erinnere mich gerne an Eberhard Jüngel, der vor gut vierzig Jahren hin und wieder in der Kirche meines Wohnortes predigte, als er in Zürich Professor war. Unsere Putzfrau, die nicht wusste, wer er war, kam einmal nach dem Gottesdienst ganz begeistert zurück und sagte: Diesen jungen Vikar möchte ich noch öfters hören, der hat so einfach gesprochen, dass auch ich es verstanden habe. Er sprach selbstverständlich Hochdeutsch und seine Predigt war mitnichten «unintellektuell». Er selber nannte das Hineingenommenwerden in eine gute Predigt eine «heilsame Unterbrechung».[8]

Einfach und berührend predigen heisst, dass man genau weiss, was man sagen will, dass man überhaupt etwas zu sagen hat und es selber glaubt, und dass man so lange daran arbeitet, bis es einfach und verständlich wird, ohne Stehsätze und ohne Allgemeinplätze.

Exkurs: Mundart verführt zu Auftritten

Der Gottesdienst wird von der ganzen Gemeinde gefeiert. Das soll auch dadurch zum Ausdruck kommen, dass verschiedene Gemeindeglieder mitwirken. Mundartgottesdienste laden dazu ein, Mitwirkende frei sprechen zu lassen und mit etwas selber Formuliertem aufzutreten. Sie sind dann nicht mehr nur Lektorinnen oder Beter bei den Fürbitten, sondern sie haben ihre Auftritte. Oft werden Dialoge eingebaut, die fast immer quälend künstlich wirken, es werden Statements abgegeben, Szenen gespielt.

Nun habe ich selber immer wieder erfahren, dass dies eine integrierende Wirkung haben kann, dass es Menschen ermöglicht, mit dem Gottesdienst vertraut zu werden und sich zugehörig zu fühlen. Es ist jedoch eine Gratwanderung. Der Gottesdienst gerät in Gefahr, zum Event oder gar zur Show zu werden.

Jeder Gottesdienst ist eine Inszenierung, davon gehen wir aus. Aber die, die auftreten, inszenieren nicht sich selber. Sobald sie dies tun, ist es kein Gottesdienst mehr. Das gilt ganz besonders für die Professionellen. Ein beunruhigendes Zeichen in diese Richtung ist, dass viele von ihnen heute erwarten, jeweils dankend erwähnt zu werden, und zwar namentlich. Die Sigristen, die Solistinnen, die Chöre. Und die Organisten erwarten, dass die Gemeinde am Schluss sitzen bleibt, um ihre Musik zu würdigen und dann möglichst auch noch zu klatschen. Früher begleitete einen das Ausgangsspiel hinaus, man durfte es als klingenden Segen mit auf den Weg nehmen. Heute nicht mehr. Wie ich es vermisse! An dieser scheinbar kleinen Veränderung wird der ganze Paradigmenwechsel sichtbar, der unsere Gottesdienste aushöhlt.

Es gibt viele Aspekte, die einen Gottesdienst zum Konzert, zum Event, zum Theater machen. Der Gebrauch der Mundart ist ein erster Schritt in diese Rich-

8 Eberhard Jüngel: Ganz werden. Theologische Erörterungen V, Tübingen 2003, S. 105.

tung. Er verführt dazu, Formen von entsprechenden Anlässen zu übernehmen, besonders von solchen aus dem Fernsehen.

Fazit

Der reformierte Gottesdienst hat an Profil verloren. Jede Pfarrerin erfindet ihn neu und investiert dafür unendlich viel Zeit und Kraft. Die Formen zerfallen, und ich bin der Überzeugung, dass der Gebrauch der Mundart wesentlich dazu beiträgt. Was mich am meisten beunruhigt, ist die Vermutung, dass alles Suchen die Folge einer inhaltlichen Leere sein könnte. Was haben wir als Kirche noch zu sagen? Welches ist unsere Botschaft? Wo sind unsere Überzeugungen, wo ist unsere Leidenschaft?

Oft erscheinen mir die Predigten harmlos, altbekannt. Die Redner sind heute gut geschult, reden laut und deutlich, ohne Pathos, sie denken mit beim Sprechen. Was den Rednern von den neuen Ausbildnern beigebracht wird, lernen sie. Sie bauen Interviews ein und spielen Szenen, sie reden Mundart. Aber wenn ich mich am Ende frage, was die Botschaft war, weiss ich es nicht.

Ein Regisseur sagte mir einmal nach einer Gottesdienstübertragung: Überlasst doch bitte das Inszenieren der Unterhaltung, dort gehört es hin und die können das. Macht gute Liturgien und Predigten, macht Gottesdienste, das könnt nur ihr. Können wir es noch?

Replik auf das Plädoyer von Irene Gysel

André Urwyler

Mir wurde die Aufgabe übertragen, eine kurze Replik auf das Plädoyer von Irene Gysel zu verfassen. Obschon die Überschrift «Plädoyer für die Standardsprache» lautet, stelle ich mit Erstaunen fest, wie stark Irene Gysel die Abgrenzung zur Mundart gewichtet und Pauschalitäten gebraucht wie: «Mundart wirkt anbiedernd, verführt zum Moderieren und zu Auftritten, ja trägt wesentlich dazu bei, dass der reformierte Gottesdienst an Profil verloren hat.» Etwas anmassend empfinde ich Irene Gysels Meinung, dass beim Ausweichen auf Mundart gegenüber einer komplexen Theologensprache der in Mundart predigenden Pfarrerin nicht zu trauen sei.

Der vorgeschriebenen Kürze wegen beschränke ich mich auf drei Punkte:

Erstens: Den grössten Unterschied sehe ich im Gottesdienstverständnis. Irene Gysel schreibt, im Gottesdienst werde Gott eingeladen, anwesend zu sein, und ihn einzuladen, sei nichts Harmloses. Ich sage nicht, das sei falsch, jedoch gewichte ich mehr, dass Gott *uns* einlädt, auf seine gute Botschaft zu hören, diese in unsere Alltagssituation übertragen zu wollen, ihn als feiernde Gemeinde zu loben, ihm zu danken, neue Kraft und neues Vertrauen für unser nächstes Wegstück zu erbitten – und das alles in der uns eigenen Sprache, der Muttersprache bzw. der Erstsprache, wie man heute sagen muss. Diese Sprache, in welcher ich denke, in welcher ich spreche und diskutiere, in welcher ich träumen kann.

Zweitens: Nicht anbiedernd sein, denn es ist meine ureigene Sprache. Bestimmt, wenn ich als Pfarrer der anwesenden Konfirmanden wegen in einen Jargon von beispielweise «huere geil» verfallen würde, dann ist der Begriff «Anbiederung» am Platz.

Drittens: Irene Gysel schreibt, dass viele Mundartausdrücke, die ich in meinem Plädoyer angeführt habe, nur noch an Altersnachmittagen zu hören bzw. im Idiotikon nachzulesen seien. Ganz unrecht hat sie nicht, zeigt dies doch, dass unsere Mundart- bzw. Erstsprachen sich verflachen und angepasst werden, ja langsam aussterben. Dass bereits Vierjährige im Kindergarten in der Standardsprache sprechen sollten (meine Frau ist aktive Kindergärtnerin), unterstreicht obige Aussage. Der Verlust der eigenen Sprache führt zum Verlust der eigenen Heimat bis hin zur eigenen Identität. Ich denke dabei beispielsweise auch an Situationen, bei denen ich im Tram, im Bus, im Einkaufszentrum oftmals nicht mehr verstehen kann, was die Menschen um mich herum reden, was sie wollen, was sie beschäftigt …

Seit bald 35 Jahren halte ich mich bei meinen Gottesdiensten jeweils an eine klar strukturierte Liturgie, je nach Umstand in Standard- oder in Mundartsprache, ohne dass diese bei der Mundartwahl zu einer «Show oder zu einem Event» wird, wie Irene Gysel befürchtet. Meine Erfahrung zeigt, dass ich bei der intensiven Vorbereitung oftmals wesentlich länger brauche, ein «träfes» Mundartwort zu finden, welches das Verständnis für das Gemeinte besser ausdrückt, als ein zwar schön und etwas exotisch-fremd tönendes Wort aus der Standardsprache. Die Reaktionen von den immer noch zahlreich am Gottesdienst Teilnehmenden ist entsprechend positiv.

Antwort auf die Replik von André Urwyler

Irene Gysel

Es mag sein, dass meine Formulierungen etwas spitz sind. Aber Zuspitzung gehörte zur Aufgabenstellung.

Ich stimme André Urwyler zu, dass meine Aussage, im Gottesdienst werde Gott eingeladen, anwesend zu sein, auf ein unterschiedliches Gottesdienstverständnis hinweisen könnte. Selbstverständlich gehe ich aber wie er davon aus, dass es zuerst Gott ist, der uns einlädt und dass unser Feiern eine Antwort auf diese Einladung ist. Wir sind es ja auch, die hingehen, weil wir gerufen werden. Aber dann fehlt mir in den Gottesdiensten oft das Bewusstsein dafür. Man sitzt da und hört zu, wenn es gut geht, kann man einmal aufstehen für ein Lied und das Unservater mitbeten. Auf dem Heimweg beurteilt man den Pfarrer, ob er gut gepredigt hat.

Aber dafür, dass es nicht einfach beim musikalisch umrahmten Vortrag bleibt, sondern eben ein Gottesdienst wird, braucht es mehr als das theoretische Wissen darum, dass Gott einlädt. Es braucht einen Akt auch auf Seiten der Gemeinde und dann auf Seiten jedes Einzelnen. Es braucht die bewusste Bereitschaft, der anderen Dimension zu begegnen. Und das bedarf eines aktiven Tuns. Die Gemeinde lädt ihrerseits Gott ein, da zu sein und spricht es aus. Und dann kann ich nur wiederholen, was André Urwyler in seiner Replik schreibt: Wir hören auf Gottes Botschaft, wir loben ihn und danken und erbitten Kraft für unser nächstes Wegstück.

Dass der Gebrauch der Mundart im Gottesdienst auf mich anbiedernd wirkt hat mit Nähe und Distanz zu tun. Ich möchte auf Distanz bleiben zur Pfarrerin, da ich die Nähe Gottes suche. Die Pfarrerin soll mich zu dieser Nähe führen, mich dahin begleiten, aber nicht dazwischenstehen. Sie ist nicht die Hauptperson, sie weist auf sie hin. Die ureigenste Sprache der Pfarrerin ist etwas sehr Persönliches und kommt mir vielleicht oft zu nahe. Anbiederung hat mit erzwungener Nähe zu tun. Ich will nicht, dass die Pfarrerin meine Nähe sucht, sondern dass sie mich auf das Geheimnis der Nähe Gottes hinweist.

Vielleicht zeigt sich hier wirklich ein anderes Gottesdienstverständnis. Vielleicht gehen ja tatsächlich viele Menschen in den Gottesdienst, weil sie Nähe suchen, zum Pfarrer oder zur Gemeinde. Da hat dann der Gottesdienst eine seelsorgerliche Seite. Das ist sicher gut so. Aber mir fehlt dann oft das Andere. Davon habe ich geschrieben.

Laienhaft oder professionell?

Oder eher: professionell oder unprofessionell?

Christoph Müller

Worum geht es?

Beispiel 1: Gemeinsam mit Katechetinnen und Kindern der Kirchlichen Unterweisung (KUW) aus zwei Klassen gestaltet eine Pfarrerin einen Taufgottesdienst für Gross und Klein. Im Taufgespräch haben die Eltern davon erzählt, wie stark die Geburt ihre Lebenseinstellung und -gestaltung verändert hat – und welche Herausforderungen damit für sie verbunden sind; gemeinsam entdecken sie einen neuen Zugang zur Tauftradition. Die Katechetinnen bereiten mit den Schülerinnen und Schülern ihren Part vor. Die Kinder beteiligten sich mit vielen Ideen. Spannend ist die Begegnung mit der Mutter des Täuflings, bei der auch die Pfarrerin dabei ist. Die Kinder stellen viele Fragen; die Mutter erzählt, weshalb sie die Taufe feiern möchte.

Mit dem Organisten und den Katechetinnen bespricht die Pfarrerin die Liturgie und Choreografie des Gottesdienstes. Die Kinder üben das Sprechen vor dem Mikrofon.

Im Gottesdienst fallen gerade auch die Kinder mit einer geistigen Behinderung durch ihre Kreativität, die Lebensnähe und einen ungekünstelten Ausdruck auf. Die Schülerinnen und Schüler freuen sich, dass der Organist Variationen eines ihrer Lieblingslieder spielt.

Beispiel 2: Eine Lektorin hat den von der Kirchgemeinde organisierten Kurs mit einer Sprecherzieherin besucht. Der Kurs eröffnet ihr überraschende Zugänge zu biblischen Texten und gibt ihr Sicherheit beim Auftreten im Gottesdienst. Sie schätzt es, dass der Pfarrer mit ihr die zu lesenden Texte bespricht und ihr unterschiedliche Übersetzungen zeigt. Der Lektorin fällt als Gottesdienstteilnehmerin nach ihrem Kurs noch deutlicher auf, wenn Pfarrer in Gottesdiensten, gerade auch bei Kasualien, der sprecherischen Gestaltung ihrer Texte wenig Beachtung schenken und deshalb nur schwer oder fast gar nicht verstanden werden können. Sie fragt, ob es nicht sinnvoll wäre, dass auch Pfarrerinnen an den Kursen mit der Sprecherzieherin teilnehmen.

Was erscheint in diesen skizzierten Beispielen als «professionell»? Was könnte als «laienhaft» bezeichnet werden?

Im ersten Beispiel sind alle am *Gottesdienst* direkt Beteiligten auch an der *Vorbereitung* beteiligt. Die gottesdienstliche Gestaltung wird gemeinsam gesucht und erprobt. Um überhaupt «Dienerin am göttlichen Wort» (VDM) sein zu können, ist die Pfarrerin auf die anderen Beteiligten angewiesen, gerade auch in inhaltlicher und theologischer Hinsicht. Die verschiedenen Beiträge werden erst im Zusammenspiel zur «Verkündigung» des Evangeliums. Die gemeinsam vorbereitete und gestaltete Liturgie und Choreografie sind aussagekräftige christliche Botschaften. Die Pfarrerin, der Organist, die Sigristin und die Katechetinnen bringen ihr spezifisches Know-how ein, die Taufeltern und die Schülerinnen und Schüler ihre besonderen Kompetenzen. An der Professionalität sind die Gottesdienst-Professionellen ebenso beteiligt wie die Laien.

Ist etwas «laienhaft»? Dass einige Kinder sich vor dem Mikrofon verhaspelten: War es laienhaft? Wenn die Pfarrerin nicht daran dachte, das Singen des Kanons anzuleiten: War es unprofessionell? War es laienhaft (weil sie nicht auch noch Kantorin ist)?

Im zweiten Beispiel erwirbt sich die Lektorin durch ihre Weiterbildung Professionalität für ihren Teilauftrag im Gottesdienst. Wenn sie beobachtet, dass bei manchen Professionellen in Bezug auf eine ihrer Hauptaufgaben im Gottesdienst, nämlich beim Sprechen, empfindliche Mankos vorliegen: Sind dann die Professionellen in dieser Hinsicht nicht unprofessionell? Und ist sie als Laiin nicht professioneller?

Die Beispiele können deutlich machen:

- dass der Gegensatz zu «professionell» nicht «laienhaft», sondern «unprofessionell» ist;
- dass Professionelle nicht eo ipso professionell arbeiten, sondern sich auch als unprofessionell erweisen können;
- dass Laiinnen sehr wohl in Bezug auf bestimmte Aspekte des Gottesdienstes professioneller sein können als Professionelle;
- dass Professionelle, die ihre Begrenztheit und ihr Angewiesensein auf andere Professionelle und die Laien nicht wahrnehmen – und dies durch eine hierarchische Autorität (oder gar ihren «Dienst») rechtfertigen, ein Beispiel für Klerikalismus abgeben.

Begriffsklärung

Als *«Professionelle»* (immer in Bezug auf Gottesdienst) bezeichne ich hier liturgisch Ausgebildete. Es sind Beauftragte, die für die Leitung des Gottesdienstes verantwortlich sind. Das sind in den reformierten Kirchen in der Regel ordinierte Pfarrer oder auch für KUW-Gottesdienste entsprechend ausgebildete Katechetinnen.

In Bezug auf die musikalische Gestaltung der Gottesdienste müssten auch ausgebildete Organisten als «Professionelle» bezeichnet werden.

Als (liturgische) *«Laiinnen»* können diejenigen Leute bezeichnet werden, die keine liturgische bzw. (kirchen-)musikalische Ausbildung vorweisen können.

Es wird sofort komplizierter, wenn nach der *«Professionalität»* gefragt wird. Es zeigt sich dann rasch (wie die Beispiele deutlich machen), dass Professionelle nicht schon an sich «professionell» sind, und dass sie es auch immer nur in Bezug auf bestimmte Bereiche oder Dimensionen des Gottesdienstes sein können. Pfarrer sind auf andere angewiesen, die *ihre* Professionalität einbringen (z. B. auf die Kirchenmusikerinnen, auf die katechetisch Ausgebildeten usw.) – und sie sind, wie sich gleich zeigen wird, immer auch auf die spezifischen Kompetenzen angewiesen, welche die Laien auszeichnen.

Was zeichnet eine «professionelle» Gottesdienstgestaltung aus?

Ich nenne aus meiner Sicht einige Eckpunkte. Liturgische Professionalität bezieht sich auf

- theologische Kompetenzen in Hinsicht auf biblische Quellen: Gott feiern, erinnern und entdecken als schöpferische Hoffnung, als befreiende Liebe, als Segens- und Geistkraft, die jedem Menschen eine unverlierbare Würde schenkt: Erwachsenen und Kindern, unabhängig von Hierarchien, von sozialem Status, Geschlecht, Bildungsniveau und Ethnie; Antizipieren der Vision einer gerechten und solidarischen Menschen- und Schöpfungsgemeinschaft (mit ihrem herrschaftskritischen Potenzial);
- theologische Kompetenzen in Hinsicht auf die (ökumenische) Liturgiegeschichte mit ihren lebensbezogenen und erfahrungsgesättigten Perspektiven wie auch den Zeugnissen von abgeschnittenen liturgischen Sonderwelten und klerikalem Machtmissbrauch; auf Stärken und Schwächen unterschiedlicher Gottesdienstgestalten;
- kommunikative Kompetenzen: Mit anderen Gottesdienste vorbereiten und gestalten, aufeinander hören, die besonderen Gaben (z. B. von Kindern und Menschen mit Behinderung) entdecken und einbringen; Kenntnisse und Gespür hinsichtlich dessen, was Kommunikation ermöglicht, erschwert, verhindert;
- Feedback-Kultur: Gottesdienste sind immer auch dadurch konstituiert, dass die Teilnehmerinnen den Gottesdienst auf ihre Weise wahrnehmen und erfahren – nur sie können auch darüber Auskunft geben; Videoaufnahmen und evaluative Gespräche nach dem Gottesdienst können dabei erhellend sein;
- Ritualkompetenzen: Sie ermöglichen es, Gottesdienste als strukturierte, mehrdimensionale Prozesse (mit Wort, Musik, Stille, Gesten, Symbolen usw.) bzw. als spezifische Inszenierungen von Ritual-Leitenden und Beteiligten gestalten zu können;
- personale Präsenz in Vorbereitung und Durchführung des Gottesdienstes;
- Umgang mit Sprache und Sprechen, mit Stimme und Schweigen, mit Rhythmus und Bewegung usw.;

- Kooperationsbereitschaft und -fähigkeit in Bezug auf die direkt Mitverantwortlichen und die Teilnehmer;
- Sachkompetenz: Bei Kasualien (wie der Taufe) und gottesdienstlichen Feiern zu bestimmten Themen bzw. mit bestimmten Zielgruppen bringen Betroffene Kompetenzen ein, welche nicht direkt betroffene Professionelle gar nicht haben können. Sachkompetenz zeigt sich in der gemeinsamen Vorbereitung und Durchführung mit betroffenen Laiinnen (und das Lernen von und mit ihnen);
- *Empowerment* – Ermächtigung: Die Professionellen sind im evangelischen Bereich durch die Gemeinde Beauftragte und können aus ihrer Aufgabe kein Deutungsmonopol ableiten; sie würden ihren Auftrag verfehlen, wenn sie die Teilnehmer als Unmündige behandeln und sie von sich abhängig machen – und ihnen nicht vielmehr ermöglichen würden, mitzudenken, mitzugestalten, selbst zu deuten und Antworten zu finden;
- Raum eröffnen für unterschiedliche Frömmigkeitsstile und Weisen von «Spiritualität»;
- Verantwortung für die diakonische Dimension des Gottesdienstes;
- Offenheit für «Aussenstehende» (1Kor 14,23 ff.) und Fähigkeit zu Perspektivenwechseln;
- Supervision und liturgische Aus- und Weiterbildung für die direkt für die Gottesdienste Verantwortlichen.

Vieles kann gelernt und eingeübt werden. Dass «Handwerkliches» nicht unterschätzt wird, ist ein Kennzeichen professionellen Handelns. Gerade wenn Lernen nicht mechanisch erfolgt, sondern als lebendiger Prozess geschieht, und wenn das «Handwerk» sorgfältig und achtsam eingeübt wird, erfahren die für Gottesdienste Verantwortlichen, dass sie – Gott sei Dank – nicht alles *machen* können (und sollen), seien sie nun Professionelle oder Laienliturginnen. Es wird spürbar, was «Heiliger Geist» bedeuten könnte.

Professionalität wird damit relativiert. Das wertet sie nicht ab; vielmehr wird Machtmissbrauch, Überheblichkeit, Selbstgenügsamkeit und Klerikalisierung in Frage gestellt.

Folgerungen

Wenn die genannten Eckpunkte liturgischer Professionalität beachtet werden, ist offensichtlich, dass es keine Professionelle geben kann, die rundum professionell sind oder die sich selbst genügen könnten.

Laienliturgen können sich Professionalität in bestimmten Bereichen aneignen, wie das Beispiel der Lektorin zeigte. Als Rezipierende und als Sachverständige in bestimmten Erfahrungs- und Lebensbereichen haben Laienliturginnen Kompetenzen und bringen Perspektiven ein, die den Professionellen so gar nicht möglich sind.

Professionelle sind deshalb auf Kooperation, Rückmeldungen und Kritik von Laien angewiesen. Perspektivenwechsel sind unersetzlich. Umgekehrt sind auch Laienliturginnen auf die Zusammenarbeit mit Professionellen und auf deren Kompetenzen und Know-how angewiesen. Die Kommunikation des Evangeliums kann durch keine Gruppe monopolisiert werden.

Die Professionellen erweisen gerade darin ihre Professionalität, dass sie sich der Begrenztheit ihrer Professionalität (und ihres «Dienstes») bewusst sind und mit anderen Professionellen und mit den Laien kooperieren.

Zusammenfassung

- Professionelle sind nicht selbstverständlich professionell in Sachen Gottesdienst.
- Laiinnen sind nicht, weil sie Laiinnen sind, unprofessionell in Sachen Gottesdienst.
- «Laienhaft» ist kein sinnvoller Gegensatz zu «professionell», weil dadurch implizit der Laie abgewertet und ignoriert würde, dass ein Laie professioneller sein kann als die Professionellen.
- Der Gegensatz zu «professionell» ist nicht «laienhaft» sondern «unprofessionell».
- Professionelle und Laiinnen sind aufeinander angewiesen und bewegen sich, wenn Professionalität zum Zuge kommt, in einem kreativen Spannungsverhältnis.
- Professionelle handeln unprofessionell, wenn sie das genannte Spannungsverhältnis nicht respektieren.
- Gottesbegegnungen sind weder durch Professionelle noch durch Laien machbar. Das ermöglicht beiden, die (begrenzte) Verantwortung auch wirklich wahrzunehmen, die ihnen zukommt.

Hinweise auf weiterführende Literatur

Peter Cornehl: «Die Welt ist voll von Liturgie». Studien zu einer integrativen Gottesdienstpraxis, Praktische Theologie heute 71 (2005).

Brigitte Enzner-Probst: Frauenliturgien als Performance. Die Bedeutung von Corporealität in der liturgischen Praxis von Frauen, Neukirchen-Vluyn 2008.

Lutz Friedrichs (Hg.): Alternative Gottesdienste (gemeinsam gottesdienst gestalten 7), Hannover 2007.

Christian Grethlein: Grundfragen der Liturgik. Ein Studienbuch zur zeitgemässen Gottesdienstgestaltung, Gütersloh 2001.

Christoph Müller: Taufe als Lebensperspektive. Empirisch-theologische Erkundungen eines Schlüsselrituals, Praktische Theologie heute 102 (2010).

Gottesdienst professionell

Matthias Krieg

Worum es geht?

Um Professionalität und ihre Erkennbarkeit: Was ist Professionalität im Fall des Gottesdienstes? Woran erkenne ich sie? Christoph Müller schildert in zwei Beispielen *Fertigkeiten*: Die Pfarrerin versteht es, gute Gespräche zu führen, unterschiedliche Gruppen zusammenzubringen, einzelne Menschen zu Protagonisten zu machen und alle Beiträge unter die Dramaturgie eines Gottesdienstes zu stellen. Die Lektorin versteht es, erworbene Kenntnisse einzusetzen und gewonnene Urteilskraft anzuwenden, pikanterweise auch gegenüber einem Professionellen. Die Fertigkeiten selbst sind es aber nicht, an denen die Professionalität der einen und die Laienhaftigkeit der anderen erkennbar und unterscheidbar wären, im Gegenteil: Mancher Professionelle setzt Fertigkeiten laienhaft ein, und mancher Laie hebt sich durch professionellen Einsatz seiner Fertigkeit wohltuend ab.

Fertigkeiten, die angewendet werden, sind nur *möglicherweise* ein Ausdruck von *Kompetenz*, die durch berufliche Ausbildung erworben wird. Mir scheint es hilfreich, den Begriff der Kompetenz eher basal und reduktiv zu definieren. Professionalität zeichnet sich nicht durch eine redundante Fülle von Kompetenzen aus, sondern im Gegenteil durch Reduktion auf wenige mit klarem Profil. So sind es also, professionell gesehen, wenige Kompetenzen, aber viele Fertigkeiten. Unter *Kompetenz* verstehe ich den *kreativen Einsatz von Fertigkeiten*. Beim Professionellen sind die Fertigkeiten allerdings *kompetenzgeleitet*, bei der Laiin nicht.

So komme ich zwar wie Christoph Müller zu einem anderen Gegenüber als dem vorgeschlagenen, aber noch mal zu einem anderen als er: Das Gegenstück zum Professionellen ist in meinen Augen weder der Laie noch der Unprofessionelle, sondern der *Amateur*. Beide haben Fertigkeiten und setzen sie ein. Der Professionelle tut dies aber systemisch und kompetenzgeleitet, der Amateur nicht. Dass der Liebhaber seine Fertigkeit liebt und *aus reiner Liebe* zu ihr einsetzt, macht ja gerade den Charme der Liebhaberei aus. Die Liebe zur Fertigkeit treibt ihn um. Er handelt *emotional*. Die Liebe ist sein Trumpf, gelegentlich so sehr, dass Fehler aus mangelnder Kompetenz ebenso liebevoll toleriert werden. Der Professionelle hingegen wendet seine Fertigkeit *aus professioneller Kompetenz* an. Er handelt *rational*. Die Kompetenz ist sein Trumpf, vielleicht auch mal so sehr, dass Fehler aus mangelnder Liebe bei ihm gerade *nicht* toleriert werden. Kompetenz selbst ist kalt, Liebe aber ist immer warm. Kreativ sind dabei beide, hoffentlich und möglicherweise.

Welche Kompetenz?

Christoph Müller entwirft eine Liste von Teilkompetenzen. Aus ihr ergebe sich die Grundkompetenz, die den Gottesdienst professionell mache. Er nennt sie *liturgische Professionalität.* Anders als er gehe ich davon aus, dass ein reformierter Gottesdienst reformiertes Profil zu zeigen habe. Was drauf steht, muss auch drin sein. Um *Reformierte Liturgik* geht hier die Debatte. Die Summe der von Christoph Müller aufgezählten und beschriebenen Fertigkeiten ergibt für sich noch keinen reformierten Gottesdienst. Welche Kompetenz leitet den kreativen Einsatz der Fertigkeiten? Und zwar so, dass nicht nur deren Addition wahrnehmbar wird, gewissermassen als liebenswürdige Palette schöner Liebhaberei, sondern dass die Kompetenz, welche die Fertigkeiten leitet, professionell ein Surplus erzeugt? Dieser müsste so reformiert sein, wie die ihm zugrunde gelegene Kompetenz. Welche Kompetenz also?

Reformierte Pfarrerinnen sind ordiniert als VDM, als *Verbi Divini Ministra.* Ihr Amt ist *Predigtamt*, ihr Gottesdienst ist *Wortgottesdienst.* Das hat guten reformierten Grund, war doch der Beitrag der reformierten Bewegung zur Kultur der Renaissance die Wiedergeburt des Worts: als die ganze Bibel, als das Wort unter ihren Wörtern, als die für alle zugängliche und lesbare Schrift. Das ergibt Sinn, bilden doch die Reformierten, wenn sie erkennbar sind, *die nach Gottes Wort reformierte Kirche.* Reformierte Pfarrer versehen also sinnvollerweise die professionelle Grundfunktion, *Diener des göttlichen Worts* zu sein, auf allen Handlungsfeldern, zuerst aber im Gottesdienst. Sonst nichts. Alle weiteren Funktionen sind, reformiert gedacht, aus dieser Grundfunktion abzuleiten und bleiben auch stets abgeleitete Funktionen.

Daraus ergibt sich in meinen Augen die eine Kompetenz, die für den professionellen reformierten Gottesdienst grundlegend ist und für den kreativen Einsatz jeder nur denkbaren Fertigkeit kritisch leitend wird: die Kompetenz der *Interpretation.* Eine reformierte Berufsperson interpretiert *das Wort gegenüber dem Leben und das Leben gegenüber dem Wort.* Erst beide Bewegungen zusammen bilden die *Spirale des Verstehens*, in die gerät, wer Ohren hat zu hören. *Ihr* ist die Berufsperson professionell verpflichtet. *Sie* ist das kompetent erarbeitete Surplus. *Das* ist die Berufsperson Gott und der Gemeinde schuldig. Sonst nichts. Die Pfarrerin ist im Gottesdienst Interpretin des Worts und Interpretin des Lebens, hin und her, her und hin: Gott zur Ehre und den Menschen zuliebe.

Welche Fertigkeiten?

Anders als Christoph Müller möchte ich also nicht von *liturgischer* Professionalität sprechen und das Liturgische nicht in die Mitte des reformierten Gottesdienstes rücken. Das würde meines Erachtens zwangsläufig zu einer latenten Rekatholisierung des reformierten Gottesdienstes führen. Unter den sechs Fertigkeiten, durch die sich das Handwerk der Interpretation meines Erachtens kompetent manifestieren sollte, nimmt die liturgische Fertigkeit aber den zweiten Platz ein: sinnvollerweise *nach* der exegetischen und *vor* der milieusensiblen, der hermeneutischen, der rhetorischen und der mobilisierenden Fertigkeit.

Exegese (1) benennt die *Fertigkeit, das Wort unter den Wörtern zu vernehmen*, und legt damit den Boden für alle weiteren. Sie fehlt bei Christoph Müller. Liturgie eine *Fertigkeit* zu nennen, spielt ihr bereits eine ganz andere Rolle zu, als sie in römisch-katholischer Tradition hat: Sie ist sich nicht mehr selbst genug wie beim Messopfer, das stets zeitliches Abbild eines ewigen Urbilds ist, *causa secunda* also, sondern steht dem Wort zu Dienste, das stets das Erste ist, *causa prima* also. – *Liturgie* (2) benennt, reformiert gedacht, die *Fertigkeit, die Empfänglichkeit für das Wort zu bereiten*: Der Gottesdienst der Reformierten ist ja gerade kein Fall von *leitourgia*, kein *munus religiosum*, sondern ein Fall von *martyria*, ein *munus propheticum*! Die Reformierten haben die Liturgie zur Empfängnis des Worts in der Predigt umgenutzt. Sie lässt nicht mehr dienen, sondern dient nun selbst. Was Christoph Müller *liturgische Professionalität* nennt, charakterisiert eher den Priester als den *Verbi Divini Minister*.

Milieusensibilität (3) benennt die *Fertigkeit, Lebenswelten zu(m) Wort kommen zu lassen*: Je mehr man freilich von der *Kerngemeinde* spricht, die sich zum traditionellen Gottesdienst versammelt, desto weniger ist diese Fertigkeit vorhanden. Sie ist auch nicht nötig, denn Gesunde brauchen keinen Arzt. Was unkompetent *Kerngemeinde* genannt wird, ist, kompetent betrachtet, in der Regel eine *Milieuverengung*. Diese dritte Fähigkeit ist derzeit, denke ich, am wenigsten vorhanden. Christoph Müller deutet sie an, wenn er *Raum für unterschiedliche Frömmigkeitsstile* fordert. – *Hermeneutik* (4) benennt die *Fertigkeit, Leben und Wort in den Clinch zu bringen*: Als Hermeneut setzt der Pfarrer über, überschreitet er Grenzen, nimmt er Hörerinnen mit auf Grenzgängerei. In der Spirale des Verstehens verändern sich die Verstehenden. Christoph Müller berührt diese Fähigkeit mit dem Aspekt der *Ermächtigung*. – *Rhetorik* (5) benennt die *Fertigkeit, zu bewegen*: Nimmt man die Dreistufenvorstellung der klassischen Rhetorik, so ist eine gute Predigt weder Belehrung im Sinne des *docere* noch Unterhaltung im Sinne des *delectare*. Auch wenn beide gelegentlich einfliessen, werden weder exegetische Sachverhalte unterrichtet noch wird spirituelles Entertainment geboten. Die Predigt und mit ihr der ganze Gottesdienst soll im Sinne des *movere* ansprechen, ergreifen, bewegen. Wer Ohren hat, wer hört und versteht, der gerät durch Gottes Geist über sich hinaus. Er wird begeistert und transzendiert. Das Verhältnis zwischen der Person des Predigers und der Sache der Predigt wird dabei derart eng, dass der Prediger sich mit dem ganzen Wesen in die Bresche wirft, in der die Sache gefragt ist, um danach sofort wieder ganz zurückzutreten. Christoph Müller meint dies wohl, wenn er von *personaler Präsenz* spricht. – *Mobilität* (6) benennt die *Fertigkeit, zu beflügeln*: Eine gelungene Predigt bringt auf den Weg. Dem Gottesdienst am Sonntag, der ein Hören des Worts ist, folgt der Gottesdienst im Alltag, der ein Tun des Worts ist. Dient Gott dem Menschen durch sein Wort, so der

Mensch Gott mit seiner Arbeit. Der *causa prima* folgt die *causa secunda*, aber *soli Deo gloria*. Christoph Müller deutet dies an mit der *diakonischen Dimension des Gottesdienstes*.

Keine Frage, dass die Amateurin sich eine dieser Fertigkeiten aneignen kann! Keine Frage, dass sie in eine dieser Fähigkeiten spürbar mehr Liebe stecken kann als der Professionelle! Aber ebenso keine Frage, dass deswegen keine Amateurin jemals einem wirklich Professionellen zur Bedrohung wird, denn dessen Professionalität ist curricular und systemisch gebildet und wird kompetent und kritisch eingesetzt. So wird es umgekehrt zum Erweis echter Professionalität, dass er der Kreativität einer echten Amateurin kompetent den richtigen Ort im Gottesdienst vermittelt.

Welcher Amateur?

Was mir an Christoph Müllers Beitrag am eindrücklichsten ist? Sein Eintreten für die *Beteiligung* und die individuelle *Würde* jedes Beteiligten. Um dies zu unterstreichen, plädiere ich für eine reformierte Abschaffung und Tabuisierung des mittelalterlichen Worts *Laie*: Es war das Verdienst der reformierten Bewegung, die *communio* als *Kommunikationsgemeinschaft des Glaubens* neu definiert zu haben. Damit ist aber auch die mittelalterliche Gegensätzlichkeit von *laicus* und *clericus* überwunden. Keine zwei Stände stehen sich heute ontologisch gegenüber. Keine Chorschranken oder Lettner markieren heute unüberschreitbare Grenzen. Keine gottverliehenen und unverlierbaren Privilegien unterscheiden den *Verbi Divini Minister* vom Gemeindeglied. Im Gegenteil: Wie alle ist er *citoyen* und *quotidien*. Die reformierte Gemeinde trägt Zivil. Deshalb braucht sie den Professionellen, deshalb liebt und pflegt sie die Amateurinnen.

Replik auf das Plädoyer von Matthias Krieg

Christoph Müller

Matthias Krieg geht aus von einem Axiom, aus dem er seine Argumentation «ableitet». Axiom ist sein Verständnis des «reformierten Profils». Es ist, wenn ich ihn richtig verstehe, gekennzeichnet durch die *Verbi Divini Ministri*; sie sind *die* Amtsträger der reformierten Schlüsselkompetenz.

In meiner Darstellung setze ich bei reformierten Gottesdiensten ein, frage, was hier geschieht und konkretisiere, wie ich (anders als Matthias Krieg) die Begriffe «professionell» (im Unterschied zu «nicht-professionell») und kirchlich beauftragte (und bezahlte) «Professionelle» (im Unterschied zu «Laien») verwende. Im Blick auf eine professionelle Gottesdienstgestaltung nenne ich «Eckpunkte»; dabei gehe ich davon aus, dass diese nicht von den *Verbi Divini Ministri* allein, sondern nur gemeinsam mit anderen Professionellen und den Nicht-Professionellen kompetent realisiert werden können.

Leitend ist auch in meinen Überlegungen ein bestimmtes Verständnis von «reformiert»: Dass nämlich Christinnen und Christen in ihrem Denken und Glauben nicht von geweihten (und mit entsprechenden Machtbefugnissen ausgestatteten) *Mittlerautoritäten abhängig* sind. Diese grundlegende Option teilt auch Matthias Krieg. Nach meiner Sicht bedeutet dies aber (und da trennen sich anscheinend unsere Wege), dass der Zugang zu den biblischen Traditionen *allen* offen steht; alle sollen in den biblischen Traditionen befreiende und orientierende Wegweisungen finden können. Dabei wird «Wort Gottes» vielfältig erfahrbar: in einer zum eigenen Suchen, Denken und Glauben ermächtigenden Sprache, im Teilen des Lebens, gerade auch mit denen «im Dunkel», in denen Christus wortlos an-spricht (Mt 25), im gemeinsamen, ebenso kognitiv wie sinnlich-leiblich und in manchem auch rituell geprägten Feiern, Erinnern, Entdecken und Einklagen der göttlichen Zuwendung.[1]

Dieses Verständnis von «Wort Gottes» kommt auch in Gottesdiensten zum Ausdruck. Wenn Matthias Krieg diese Sicht von «Liturgie», in der die verbalen Sequenzen *eine* wichtige Dimension in einer *Polyphonie mit anderen* darstellen,

1 Ich gehe also aus von einem Verständnis von «Wort Gottes», wie es in vielen biblischen Texten begegnet: als gesprochenes Wort *und* als umfassende Begegnung, als Ereignis, als weltumspannende Christus-Präsenz (Joh 1), als sinnlich-leibliches Geschehen. Matthias Krieg hat die verbal-sprachliche Dimension (und die Predigt als «Hauptmarker») im Blick – mit entsprechenden Konsequenzen für das Verständnis von Interpretation und Gottesdienst. Für mich ist Interpretation *auch*, aber *nicht nur* verbale und diskursive Rede: Z. B. kann auch eine Orgelimprovisation als intensive Interpretation eines biblischen Textes wahrgenommen werden. Ich verstehe also «Kompetenz der Interpretation» umfassender als Matthias Krieg.

als (latent) «rekatholisierend» bezeichnet, scheint er mir historisch verständliche Frontstellungen (und Reduktionen) aus der Reformationszeit zu fixieren.[2]

Wenn der Zugang zu den biblischen Traditionen, ihre gegenwartsrelevante und lebensbezogene Deutung und das gemeinsame Feiern dieses Glaubens *allen* offen stehen und von allen eigenständig mitvollzogen werden sollen, kann es im reformierten Bereich kein Interpretationsmonopol geben. Die «Kompetenz der Interpretation» (und insofern das *Ministerium Verbi Divini*) darf nicht exklusives Privileg einer Sondergruppe sein, auch nicht der *Verbi Divini Ministri*. Hier sehe ich die Hauptdifferenz zur Sicht von Matthias Krieg.

Mein Beitrag zielte darauf zu skizzieren, was es bedeutet, diese *gemeinsame Kompetenz* im Blick auf den Gottesdienst professionell zu erfüllen – und welche Aufgabe dabei den Professionellen, den *Verbi Divini Ministri* (wie auch anderen Professionellen, z. B. den Kirchenmusikerinnen, Katecheten, Sozialdiakoninnen, Sigristen) und den Nicht-Professionellen, zukommt.

Ein elementares Surplus der *Verbi Divini Ministri* liegt darin, dass sie sich in ihrem Studium intensiv über viele Jahre mit der wissenschaftlichen Interpretation biblischer Texte, ihrer befreienden und oft auch brutalen Wirkungs- und Auslegungsgeschichte und ihrer heutigen Relevanz und herausfordernden Sperrigkeit beschäftigen können. Es zeigen sich dabei sehr unterschiedliche Modelle der wechselseitigen Deutung von biblischen Überlieferungen und jeweiligen Lebenswirklichkeiten. Ein zentrales Lernziel ist die Einsicht in differenzierende und kritisch-reflektierende Zugänge zu biblischen, kirchlichen und nicht-kirchlichen Traditionen und Lebenswirklichkeiten.[3]

Wenn die *Verbi Divini Ministri* in den reformierten Kirchen mit der Verantwortung für die Gottesdienste (auch die Kasualgottesdienste) beauftragt werden, bedeutet das auch, dass sie *ihre* in ihrem Studium erworbene (Teil-)Kompetenz der Interpretation verbunden mit anderen Kompetenzen professionell einbringen – und spürbar und manchmal auch sichtbar wird, dass ihre wissenschaftlich-exegetischen «Fertigkeiten» in gemeinsamen Interpretationsprozessen mit den Nicht-Professionellen und *ihren* interpretatorischen Fähigkeiten zu einer «Kompetenz der Interpretation» werden. Es ist dieVorbereitung, Durchführung und Auswertung von Gottesdiensten ein Zusammenspiel aller Beteiligten (wie ich in meinen

2 Ich sehe deshalb auch nicht, weshalb «priesterlich» nicht eine Dimension des reformierten Gottesdienstes bezeichnen kann, sofern Priesterschaft nicht – im Widerspruch zu biblischen Traditionen – auf «Geweihte» (Männer) limitiert wird. Jede Christin kann zur «Priesterin» für einen anderen Menschen werden, z. B. in einer Segenshandlung (alltäglich und gottesdienstlich).

3 Beim ersten Eckpunkt liturgischer Professionalität («theologische Kompetenzen in Hinsicht auf biblische Quellen») habe ich die wissenschaftliche Exegese als *einen* wichtigen Aspekt selbstverständlich vorausgesetzt. Darin sind Matthias Krieg und ich uns wohl einig, dass die Perspektiven, die durch eine wissenschaftliche Exegese gewonnen werden könnten, in reformierten Gottesdiensten leider allzu oft nicht sichtbar werden.

Beispielen andeute[4]). Die *Verbi Divini Ministri* tragen die Verantwortung für dieses Zusammenspiel.

Pfarrerinnen sehen sich dann nicht «bedroht» (?!), sondern von unmöglichen Anforderungen entlastet, getragen von der «Kommunikationsgemeinschaft des Glaubens», wie ich es gerne mit Matthias Krieg nennen möchte – und immer wieder auf ein gemeinsames Suchen und Finden angewiesen: *liturgia semper reformanda*.

Antwort auf die Replik von Christoph Müller

Matthias Krieg

Zwei Zuspitzungen stechen mir in die Augen. Ich will sie rhetorisch in Frageform kleiden. Die erste: Schliesse ich die biblischen Traditionen, die in der Reformation ja gerade für alle geöffnet worden sind, faktisch nicht doch wieder vor den Amateuren weg, wenn ich die Professionalität des reformierten Gottesdiensts darin erkennen will, dass der *Verbi Divini Minister* seine Kompetenz der Interpretation anwendet und die Fertigkeiten aller kompetenzgeleitet spielen lässt? Ein Hauch von Orthodoxie scheint von mir auszugehen. Die zweite: Fordere ich, nachdem hierarchisch sanktionierte Monopole ja gerade gefallen sind, faktisch nicht doch wieder ein Interpretationsmonopol, wenn ich das ordinierte Amt als Predigtamt und den reformierten Gottesdienst als Wortgottesdienst verstehe und einfordere? Ein Schimmer von Klerikalismus scheint auf mir zu liegen. Ist es also orthodox und klerikal, die Profilierung des reformierten Gottesdienstes durch Professionalisierung seiner Verantwortlichen zu reklamieren?

Um für den Vergleich ein ganz anderes Gebiet zu nehmen: Im Klavierspiel bin ich ein Amateur. Meine Fertigkeiten habe ich bis zu einem gewissen Grad vorangetrieben. Aus Liebe zu manchen Stücken kann ich ins Schwitzen kommen. Zu kompetenzgeleitetem Einsatz meiner Fertigkeiten kommt es aber nie. Ein Glück für erfahrene Ohren! Ein Unglück für meine Hände? Liegt es etwa an den anderen, dass meinen Händen ein grosser Teil der musikalischen Traditionen nicht zugänglich geworden ist? Sollte ich nun etwa bei einer professionellen Pianistin ein Chopin-Monopol ausmachen, weil ihre Hände mit dessen Arabesken unerreichbar geschwind und leicht umzugehen wissen, meine aber chancenlos bleiben? Habe ich Mühe, ihre Autorität in Sachen Chopin anzuerkennen?

Ich vermute hier eher ein uraltes Problem der Kirche: ihren selten geklärten Umgang mit Macht. Wäre der professionelle Prediger nur professionell, um Macht

4 Ich verstehe nicht, weshalb Matthias Krieg in meinen Beispielen nur «Fertigkeiten» wahrzunehmen scheint.

auszuüben, so wäre er nicht *minister*, was *Diener* heisst, und nicht *Herr*. Würde seine Autorität nur auf Macht beruhen, der seine Professionalität zu dienen hätte, so ginge es nicht um das *verbum*, was *Wort* heisst und nicht *Verdikt*. Weder ist aber das biblische Wort abzuschliessen, dass keiner mehr Zugang hätte, noch gibt es je eine abschliessende Interpretation, dass keine bessere mehr denkbar wäre. Überhaupt ist das *Abschliessen* nicht der Modus, in dem Professionalität sich bewegt, sondern umgekehrt das *Erschliessen*! Professionalität ist komparativisch. Im Superlativ entgleist sie. Die professionelle Pianistin erschliesst mir Chopins Musik und beflügelt mich, meine Fertigkeiten zu pflegen, ohne an ihre Stelle im Konzertsaal treten zu wollen. Warum sollte dergleichen in einem professionell geleiteten reformierten Gottesdienst nicht möglich werden? Der Komparativ des Verstehens, Gott zur Ehre und den Menschen zu Liebe.

Authentizität oder Inszenierung?

Authentizität im Gottesdienst

Martin Peier

Authentisch in den Gottesdienst hinein

«Guten Morgen, liebe Mitmenschen hier in der Kirche». Eine klangvolle Stimme füllt das gesamte Kirchenschiff. Der Hall klingt nach – vier endlos wirkende Sekunden. Die Augen der schwarz gekleideten Pfarrerin schweifen quer über die Gemeinde hinweg, bahnen sich unbeirrbar einen Weg durch die Reihen hinauf zur Empore, wohin sie – begleitet von einem bedeutsamen Nicken – die Orgelintonation zum ersten Gemeindelied auszulösen drängen.

Authentisch den Gottesdienst eröffnen? Worum geht es? Die Gemeinde – im Grunde genommen sind sie «Am-Gottesdienst-Teilnehmende» wie auch «Sich-am-Gottesdienst-Beteiligende» – treten aus dem Alltag heraus und bringen ihre Lebensgeschichten in den Gottesdienst mit, auch ihre *Erfahrungen* der vergangenen Tage. Was sie für sich erfahren haben – ihre eigenen Geschichten, Bilder und Stimmungen – verknüpfen sie nun mit allem, was sie im Gottesdienst an Inhalt und Gehalt bekommen, um aus dem gemeinsam Erlebten wiederum jene Impulse für ihren Alltag mitzunehmen, die für sie bedeutsam sind.

So bringen die Teilnehmer auch bestimmte (manchmal vielleicht auch unbestimmte) *Erwartungen* an den Gottesdienst mit. So unterschiedlich diese auch sein mögen, als «Erwartungs-Ensemble» haben die Teilnehmer Erwartungen an die Worte, die an sie gerichtet werden, an die Musik, die für sie vorgetragen wird, an die Art, wie die Gemeinde beten soll, singt und zuhört; sie haben Erwartungen an den Gehalt dessen, was in Predigt und Gebet zur Sprache kommt und an das persönliche Engagement der Pfarrerin oder des Pfarrers. Die sich Beteiligenden erwarten gleichermassen Erbauliches wie Reflexives, Emotionales wie Verständliches. Und sie lassen sich auf den Gottesdienst ein, indem sie von allen andern erwarten, dies in einer ähnlichen Haltung zu tun: ebenso ernsthaft, ebenso aufrichtig und echt: eben authentisch.

Die antizipierbaren Erfahrungen und Erwartungen der Teilnehmerinnen können in den Entstehungsprozess des Gottesdienstes einfliessen. Dies hat für die Vorbereitenden zur Folge: Sie wählen die Musik mit Bedacht aus; sie bestimmen die inhaltliche Intention für den Gottesdienst im Ganzen und für die liturgischen Sequenzen im Einzelnen. Sie bestimmen ihre eigene Funktion als liturgisch Verantwortliche (möglicherweise unterschiedlich für verschiedene liturgische Teile). Sie strukturieren die Voten in Hinblick auf einen klaren Fokus (woraus sich eine Dramaturgie für den Gottesdienst erkennen lässt). Sie planen die Rede als Sprech-Denk-Vorgang (mit allen sinnvollen, zur Verfügung stehenden dramaturgischen und rhetorischen Mitteln). Sie setzen sich intensiv mit den anstehenden theologischen Fragestellungen auseinander, verbunden mit Überlegungen, was für die Teilnehmenden, als Teil der Gesellschaft, relevant sein mag. Und sie entscheiden gezielt, was in den ersten Worten des Gottesdienstes bereits zur Sprache kommen soll (und was noch nicht).

Wenn nun für die Vorbereitung eines authentisch gefeierten Gottesdienstes wesentlich ist, was die Teilnehmer an Erfahrungen mitbringen und – daraus ableitend – was sie sich für den Gottesdienst erwarten, dann beginnt aufzuscheinen, worauf Authentizität im Gottesdienst basiert: auf einem (non)verbalen Dialog bzw. auf mehreren unterschiedlichen Dialogen und auf einem wechselseitigen Prozess, bei dem die sich daran Beteiligenden erkennen können, wie sich gemachte Erfahrungen und mitgebrachte Erwartungen verbinden lassen zu einer gemeinsamen Erfahrung im Gottesdienst.

Zwischen Haltung und Handlung

Doch zunächst ist zu klären, was «Authentizität» hier meint. Auf einen Menschen bezogen lässt der Begriff sich in etwa so definieren: Authentizität steht für den Menschen, für sein Selbst, für seine Glaubwürdigkeit, Eigentlichkeit und Echtheit, kurz: für seine *Haltung*. Und in seiner Haltung stimmt der Mensch überein mit seinen Erfahrungen, mit seinen Absichten und mit seinen Zielen. Dies alles wird sichtbar in seinen *Handlungen*. Ein Mensch argumentiert redlich, logisch und nachvollziehbar; er stimmt insofern «mit sich überein», als verbale, nonverbale und paraverbale Signale kongruent wirken.

Doch dies ist lediglich eine erste Perspektive, denn Authentizität stellt sich nicht einfach ein, wenn Haltung und Handlung eines Menschen kongruent zu sein scheinen. Auch haftet Authentizität einem Menschen nicht einfach a priori an. Authentizität muss in eine Situation hinein entwickelt werden. Und sollte sie sich – wie auch immer – für einmal eingestellt haben, so bleibt sie flüchtig und muss wiederholt erarbeitet werden – arrangiert, ohne arrangiert zu wirken.

Die Pfarrerin muss quasi mit Text und Performanz wiederholt die Hürde des Theatralischen überspringen, um wieder und wieder echt und glaubwürdig zu sein; Text und Performanz verbinden sich unabdingbar mit ihr als Mensch, mit ihrem Ethos, mit ihren Grundwerten und ihrer Beziehungsfähigkeit. Haltung und Handlung ist demzufolge nicht einfach ein einziges Wertepaar, das für den Verlauf eines ganzen Gottesdienstes steht, sondern es braucht für jeden liturgischen Teil von Neuem eine entsprechende Klärung, inwiefern welche Haltung mit welcher Handlung übereinstimmen soll.

Hohes Gut mit Ursachen und Wirkungen

Authentizität wird heute als hohes Gut angesehen und in der Öffentlichkeit weit herum gefordert, in politischen, kulturellen, kirchlichen, wirtschaftlichen, sportlichen oder in medialen, zuweilen auch boulevardesken Milieus. Selbst im Theater erwarten die Besuchenden von den Protagonisten auf der Bühne einen Auftritt, dass man vergessen möchte, in einer Aufführung zu sitzen. Die weit herum geforderte Authentizität steht in Kontrast zu einer medial inszenierten Gesellschaft und scheint dieser einen Ausweg aus den zahlreichen zu inszenierenden Rollen anzubieten, um das Echte und das Verbürgte darzustellen.

Nur: Das eingangs skizzierte Beispiel zeigt, wie schwierig es ist, Authentizität zu erkennen, auch in einem Gottesdienst. Die Performance kann echt, glaubwürdig und persönlich sein; der Mensch selbst kann aber ebenso gut alles inszeniert haben und aufgesetzt, unecht, einstudiert, angelernt oder gar trügerisch handeln. Die Authentizität eines Menschen kann man nicht an seinem Verhalten in einzelnen liturgischen Sequenzen erkennen, denn Authentizität ist *ursächlich* keine Performance. Sie stellt sich weder dadurch ein, wie Menschen den Gottesdienst gestalten, noch erschliesst sie sich durch eine wie auch immer stimmig einstudierte Performance. Authentizität ist primär eine Wirkung und erst sekundär Ursache; sie wirkt als Antwort darauf, wie Menschen zuvor gedacht, geredet und gehandelt haben (Haltung und Handlung). Und diese Wirkung wird dann ersichtlich. Was nämlich Authentizität auslöst und womöglich in Gang setzt, das wirkt in der damit verknüpften Performance. Authentizität benötigt Ausdrucksformen, gewissermassen «kommunikative Transportsysteme», über die sie wahrgenommen werden kann: Authentizität benötigt Sprache und Reden, Handlung und Haltung, Liturgie und Gestaltung, Menschen und deren gelebten Glauben. Authentizität steht dadurch in einem zeitlichen Verlauf, sozusagen zwischen der Haltung und der Handlung eines Menschen (als Voraussetzung für ihre spätere, verkündigende Leistung) und den kommunikativen Transportsystemen (als performative Vermittlung von Erfahrungen und Erwartungen), derer sie sich bedienen muss.

Text und Kon-Text

Authentizität kann ein einzelner Mensch weder erwirken noch sich selbst zuschreiben. Zwei Überlegungen hierzu: Authentizität als «Echtheit» verstanden besteht nicht darin, dass man «einfach sich selber» ist, ungeachtet von anderen Anwesenden und ungeachtet einer situativ zu erfüllenden Funktion. Und: Authentizität als «Eigentlichkeit» verstanden, ist nicht einfach dann gegeben, wenn man «ganz bei sich» ist. *Eigentlich* kann man *im Grunde genommen* nicht sein angesichts anderer Leute im Gottesdienst und ungeachtet der situativ zu erfüllenden Funktion. «Echt» und «eigentlich» können im Gottesdienst nur jene Menschen sein, die sich auf den Kontext mit anderen einlassen. Der Pfarrer kann nur vorbetend oder stellvertretend bittend reden, weil es den Kontext mit den sich am Gottesdienst Beteiligenden gibt. Und er wird sein Vorbeten oder sein stellvertretendes Bitten so gestalten, dass die Gemeinde sich in den Äusserungen wiedererkennen kann, obwohl diese zwar nicht die (göttlich) Angesprochene, aber oft sehr wohl die (menschlich) Gemeinte ist. In dieser kommunikativen Situation müssen Haltung und Handlung, Sprache und Rede einander entsprechen.

Offensichtlich greift «Authentizität» in einen kommunikativen Kontext, wo das «je Eigene», das «Echte», das «Eigentliche» erst durch das «je Andere» eine «echte und eigentliche» Kontur bekommt. Und offensichtlich stellt sich Authentizität erst dadurch ein, dass das «je Andere» und das «je Eigene» miteinander in einen Dialog treten: als Text und als Mit-Text – *Kon-Text*. Mehr noch: Offensichtlich entsteht Authentizität gerade erst dadurch, dass sie unverfügbar bleibt und von andern zugesprochen werden muss. Dadurch erhält «Authentizität» eine ähnliche Qualität wie «Vertrauen»: Beides kann man nur geschenkt bekommen.

Daraus folgernd kann Authentizität nur von den gottesdienstlichen Partnern zugesprochen werden, als «Kon-Text» zum «Text» und als «Re-Aktion» auf die «Aktion». Dieser Zuspruch ist wechselseitig und kann den Musikern ebenso gelten wie der Pfarrerin, den Lektoren oder der singenden Gemeinde.

Authentizität geschieht also erstens zwischen *Haltung und Handlung*, zweitens zwischen *Reden und Auftreten*, drittens als Dialog zwischen *Redenden und Hörenden* und viertens zwischen *Text und Kon-Text*.

Daraus ergibt sich ein weiterer, kommunikativer Aspekt. Einerseits steht da der Pfarrer, wie er (aus der Perspektive der Teilnehmerinnen) der Gemeinde erscheint, ihr entgegenkommt, auftritt, den Blick senkt, das Wort erhebt, zum Nachdenken auffordert und zum Beten einlädt; dies entspricht der Perspektive des Auftretenden, des *Erscheinenden*. Andererseits steht da die Pfarrerin, die (aus ihrer Perspektive) die Gedanken gesammelt hat, nun ein Wort an die Anwesenden richtet, also zur Gemeinde geht, hinsteht, sich zeigt, zum Mitdenken einlädt und gemeinsam beten möchte; dies entspricht der Perspektive des Reflektierenden, des *Seienden*. Oder – etwas weniger philosophisch: «*Erscheinend*» steht für die «*Wirkung*», «*seiend*» für die «*Ursache*». Und auch hier gilt: Es gibt eine Wechselwirkung bezüglich der Frage, was Ursache und was Wirkung ist. Dies beschränkt sich nicht auf eine fixe Zuweisung von Rollen und Funktionen, sondern verändert sich im Verlauf des Gottesdienstes, so wie «Text» und «Kon-Text» unterschiedlich verortet und unterschiedlichen Funktionen zugeordnet werden, während der Gottesdienst weiter voranschreitet.

Fortwährende Synchronisation

Vom Grusswort bis zum Segen werden unterschiedliche Dialogformen eingesetzt – redend, hörend, gemeinsam redend, gemeinsam singend, gemeinsam (laut oder lautlos) betend usw. –, und im Verlauf des Gottesdienstes werden sie mehrfach neu gestaltet. Es gibt keine einzelne Dialogform, die sich durch den gesamten

Gottesdienst hindurchzieht, sondern eine wird von anderen Dialogformen abgelöst, wie es die Liturgie anbietet. So wie die Dialogformen unterschiedlich angelegt sind (Lesung, Gebet, Predigt, Gesang usw.), so verändern sich auch die Funktionen der Beteiligten. Und dadurch verändert sich auch der Anspruch an eine jeweils neu sich aufbauende Authentizität. Jedes Sprechen und Handeln wird in diesem Dialog neu daraufhin geprüft, inwiefern es echt und «persönlich verbürgt» ist. Das geschieht durch alle sich am Gottesdienst Beteiligenden.

Authentizität ist also ein Vielfaches: Sie misst sich an der inneren Haltung und der Handlung der Pfarrerin und des Pfarrers. Authentizität misst sich an der Haltung der versammelten Gemeinde und zwar als Gemeinschaft von Menschen mit unterschiedlichen Erfahrungen. Authentizität misst sich prozesshaft an den Erwartungen und Wertehaltungen der versammelten der Gemeinde. Und stellt sie sich nicht nur für Anwesenden ein, sondern auch für gemeinsam gestaltete Situationen.

Die eingangs skizzierte Szene macht schliesslich noch ein Weiteres deutlich: Der Gottesdienst als Ereignis von Menschen und Gott, als Ereignis von Gott und den Menschen und als Ereignis von Menschen unter sich ist ein dialogisches Ereignis. Alle Beteiligten sind auf unterschiedliche Art miteinander im Gespräch – in verbalem oder in nonverbalem. Dieser Dialog zwischen unterschiedlich Beteiligten, muss gewollt werden, sofern er gelingen soll. Entsprechend ist Authentizität nicht einfach vorhanden oder fehlend. Sie kann sich im Verlauf des Gottesdienstes auch verstärken oder abschwächen. Dazu braucht es den gewollten Dialog zwischen den Beteiligten und die Bereitschaft, diesen Dialog zu gestalten. Es braucht eine «*Synchronisation* der Beteiligten» und damit ist hier ein Prozess gemeint, bei dem die am Dialog Beteiligten überprüfen, inwiefern sie miteinander übereinstimmen: inhaltlich, atmosphärisch, räumlich, zeitlich – auch bezüglich der Handlungsabsichten im Gottesdienst. Erfolgt eine Synchronisation, so kann sich ein Augenblick einstellen, bei dem die Beteiligten sagen könnten: «Jetzt stimmt's», «es ist echt» oder eben «Es ist authentisch».

«Guten Morgen, liebe Mitmenschen hier in der Kirche», ertönt eine klangvolle Stimme vorne im Kirchenschiff. Es ist Sonntag. Die Gemeinde findet sich ein, um über die geschundene Schöpfung nachzudenken. Die Augen der schwarz gekleideten Pfarrerin schweifen quer über die Gemeinde hinweg, bahnen sich unbeirrbar einen Weg durch die Reihen hinauf zur Empore, wohin sie – begleitet von einem bedeutsamen Nicken – die Orgelintonation zum ersten Gemeindelied auszulösen drängen. Zunächst soll die Gemeinde für die zerbrechliche Schöpfung sensibilisiert werden. Die Organistin hat im Eingangsspiel «Fragile» von Sting intoniert. Nun wird sie das Lied erneut anspielen und dem jungen Tenor auf der Empore das Zeichen zur ersten Strophe geben. Den Text haben zwei junge Erwachsene übersetzt und werden ihn aus den Bankreihen heraus (und somit als Teil der Gemeinde) lesen. Die daran anschliessende Lesung aus den Psalmen lässt sie bittend fragen, woher Hilfe kommen soll.

Authentizität ist kein Produkt des Zufalls, sondern sie braucht Menschen, die sich einbringen als Sprechende, als Hörende, als Singende und Betende usw., letztlich als Glaubende. Authentizität wirkt als Dialog zwischen «Seiendem» und «Erscheinendem», Ursächlichem und Wirkendem, zwischen Text und Kon-Text. Und: Authentizität lässt sich schwer messen, aber erfahren lässt sie sich so intensiv, dass die gewirkte Atmosphäre, der liturgische Augenblick, die gestaltete Situation, die ergreifende Rede zuweilen den Beteiligten die Nackenhaare aufzustellen vermag.

Gottesdienst als authentische Inszenierung von Authentizität

David Plüss

Die Konjunktur eines Begriffs

Martin Peier beginnt seinen Beitrag mit der Schilderung einer liturgischen Eröffnung. Ich gebe sie in eigenen Worten wieder: Die Pfarrerin begrüsst mit Raum füllender Stimme: «Guten Morgen, liebe Mitchristen hier in der Kirche!», hält inne, erstaunlich lange, um dann der Organistin mit einem Kopfnicken das Zeichen für die Intonation des ersten Liedes zu geben.

Ich stelle eine zweite Eröffnungsszene daneben. Sie erfolgt formeller: Der Liturg stellt sich im Talar vor die Gemeinde und eröffnet mit einer liturgischen Begrüssungsgeste, indem er beide Hände seitlich zur Gemeinde hin öffnet: «Im Namen des Vaters und des Sohnes und des Heiligen Geistes. Unsere Hilfe steht im Namen des Herrn, der Himmel und Erde gemacht hat.» Es folgt eine knappe Begrüssung der Gemeinde und die Ankündigung des Eingangsliedes.

Welche der beiden Eröffnungen ist authentischer? Um diese Frage beantworten zu können, ja um zu entscheiden, ob es sich überhaupt um eine sinnvolle Frage handelt, muss geklärt werden, was mit Authentizität auf den Begriff gebracht wird, was wir sinnvollerweise mit dem Authentischen[1] im Rahmen des gottesdienstlichen Handelns bezeichnen wollen.

Authentizität meint im Sinne der ursprünglichen Bedeutung das Echte, das Originale und Unverfälschte. Begriff und Sache des Authentischen, der Authentizität sind aus der liturgischen Diskussion nicht mehr wegzudenken. Wenn es darum geht, liturgisches Handeln zu beurteilen, wird auffällig oft das Kriterium der Authentizität ins Spiel gebracht. Und zwar auch und besonders von Gottesdienstteilnehmerinnen und -teilnehmern. Die authentische Liturgin hat einen hohen Bonus. Wer authentisch predigt, erhält Kredit. Ihm oder ihr glaubt man, lässt sich beeindrucken und anregen.

Dies gilt notabene nicht nur für den Gottesdienst, sondern auch für alltägliches Verhalten: Authentizität ist gleichsam zum Gütesiegel zwischenmenschlicher Kommunikation avanciert, und zwar sowohl in informellen als auch in formalisierten Zusammenhängen. Nicht nur von der Arbeitskollegin erwarten wir im Pausengespräch Authentizität, sondern auch von einer Politikerin oder vom Arzt in der Begegnung mit seinen Patienten. Es hat sich seit einiger Zeit so etwas wie eine «Kultur des Authentischen» etabliert. Diese steht im Gegensatz zum bloss Formellen oder Rituellen. Sie steht im Gegensatz zur leeren Form, zum Vorgespielten oder gar Vorgetäuschten.

1 Von gr. ἀυθεντικός im Sinne von «echt» bzw. von lat. *authenticus* «verbürgt», «zuverlässig».

Historisch betrachtet ist die Authentizität – nicht dem Namen, aber der Sache nach – durch die 68er-Bewegung zur Verhaltensnorm avanciert: durch die radikale Abwendung von Autoritäten und traditionellen Verhaltensmustern. Spontaneität, Authentizität und Emotionalität wurden zu Qualitätsmarkern des geselligen, aber auch des gesellschaftlichen Verhaltens. Viele Pfarrer in der Schweiz haben in der Folge ihre Talare abgelegt und stiegen mit Veston, Rollkragen und schwarzer Jeans oder gar im Wollpullover auf die Kanzel.

Nun sind seit dieser kulturellen Wende einige Jahre ins Land gezogen und es sind die Einseitigkeiten und Probleme jener «Tyrannei der Intimität»[2] sichtbar geworden. In der Zwischenzeit ist zudem ein neues Verständnis für die Ritualität menschlichen Verhaltens gewachsen, wenn auch nur zögerlich und erst an den Rändern. Formalisiertes Verhalten und vorgeprägte Rollen stossen noch immer auf Skepsis oder gar auf Ablehnung.[3]

Das Kriterium des Authentischen wurde gleichwohl nicht entmachtet oder relativiert, sondern scheint fester im Sattel zu sitzen denn je. Authentische Diskurse fungieren als gute Diskurse, authentische Menschen als glaubwürdig. Womit hat diese Hochschätzung des Authentischen zu tun? Was genau verbindet sich mit dem Begriff? Auf welchen Sachverhalt bezieht er sich? Diese Fragen sollen hier nicht grundsätzlich, sondern exemplarisch bearbeitet werden, nämlich in Bezug auf den Gottesdienst. Um die Eingangsfrage nochmals aufzugreifen: Wie sind die beiden geschilderten Szenen bezüglich der Authentizität zu beurteilen? Welcher Liturg eröffnet authentischer? Der erste, indem er die traditionelle Eröffnungsliturgie durchbricht, sie ignoriert und durch eine persönliche Anrede ersetzt, die von seiner inszenatorischen Kreativität zeugt und die Aufmerksamkeit der Gemeinde weckt? Zunächst scheint alles dafür zu sprechen. Wie wäre dann das Verhalten des zweiten Liturgen zu beschreiben? Als formell und steif, gar als leeres Zeremoniell? Oder als eines, das der Rolle des Liturgen in authentischer Weise entspricht? Wie hängen Rolle und Person, wie Rolle und Authentizität zusammen?

Ich will diesen Fragen nachgehen, indem ich den Sachverhalt des Authentischen in drei Aspekte ausdifferenziere, die für den Gottesdienst und das liturgische Handeln grundlegend sind.

2 Vgl. Richard Sennett: Verfall und Ende des öffentlichen Lebens. Die Tyrannei der Intimität, Frankfurt a.M. 1983.

3 Allerdings ist diesbezüglich ein deutlicher Unterschied zwischen den Sprachregionen der Schweiz festzustellen: In der frankophonen Schweiz haben traditionelle Umgangsformen und eine eher umständliche Rhetorik einen deutlich höheren Stellenwert als in der Deutschschweiz. Sie werden von einer breiteren Bevölkerung nicht nur akzeptiert, sondern zumindest von gesellschaftlichen Rollenträgern wie Pfarrerinnen und Politikern auch erwartet und von diesen mit Sorgfalt gepflegt.

Formen des Authentischen

a) Authentizität als theologische Hoffnungsgestalt

Die Konjunktur des Authentischen in der spätmodernen Gegenwart wirft Fragen auf. Eine naiv verstandene Authentizität im Sinne der Echtheit einer sich selbst durchsichtigen und konsistenten Persönlichkeit steht in Spannung zur Feststellung der Fragmentarität und Komplexität menschlicher Identität. Identitätsbildung in der Spätmoderne erweist sich als unabschliessbarer Konstruktionsprozess, als Patchwork unterschiedlicher Identitätsfragmente.[4] Die Konjunktur des Authentischen erscheint vor diesem Hintergrund als Kompensationsstrategie oder zumindest als Gegenbewegung zur Fragmentarität, Pluralität und Unabschliessbarkeit menschlicher Identitätsbildung. Als Gegenbewegung allerdings, die das Fragment nicht zu überwinden und die Pluralität nicht zu reduzieren vermag. Vielmehr bringt sie eine Sehnsucht zum Ausdruck: die Sehnsucht nach einer unverstellten Selbstgewissheit, das Verlangen nach einem spontanen und konsistenten Selbstseinkönnen.

Religionen waren schon immer die Symbolisierungsräume solcher Sehnsüchte und Hoffnungen. So auch das Christentum. «HERR, du hast mich erforscht, und du kennst mich. Ob ich sitze oder stehe, du weisst es, du verstehst meine Gedanken von fern. Ob ich gehe oder liege, du hast es bemessen, und mit allen meinen Wegen bist du vertraut» – betet der Psalmist in Psalm 139 und stellt damit die Undurchsichtigkeit und Inkonsistenz seines Denkens, Fühlens und Wollens Gott anheim. Christen glauben an Gott als denjenigen, der sie ansieht und erkennt, wie sie sich selbst nicht kennen können. Oder anders gewendet und mit Fulbert Steffensky gesprochen: «[…] wir haben unsere Authentizität nicht in uns selber. Wir sind nicht die, die wir sind. Wir sind die, als die wir angesehen werden. Wir sind exzentrische Wesen. Wir haben unser Zentrum nicht in uns selber, wir haben es im Blick der Güte, mit dem wir angesehen sind.»[5] Das Gebet, auch das liturgische Gebet, ist performativer Ausdruck dieser exzentrischen Positionalität, ist Ausdruck dieser Sehnsucht. Der Mensch ist hoffnungslos religiös, gerade weil er keine Ruhe findet in sich selber. Er ist unruhig und umhergetrieben, bis er Ruhe findet in Gott.[6]

Der Gottesdienst dramatisiert diese Unruhe und gibt dieser Sehnsucht eine Gestalt. Die Liturgie kann als Ausdrucksform des mit sich selbst nicht authentischen Menschen verstanden werden. In den Gebeten und Liedern wird die Hoffnung auf ein Ganzseinkönnen zum Ausdruck gebracht. Und es wird von Gott

4 Vgl. Heiner Keupp u.a.: Identitätskonstruktionen. Das Patchwork der Identität in der Spätmoderne, Reinbek bei Hamburg 2002; Henning Luther: Leben als Fragment. Der Mythos von der Ganzheit, WzM 43 (1991), S. 262–273.

5 Fulbert Steffensky: Gebet: Die Flucht in den Blick der Güte, Zeitschrift für dialektische Theologie 17 (2001), S. 25–35, Zitat S. 30.

6 Vgl. Augustinus: Confessiones, 1,1: «[…] quia fecisti nos ad te et inquietum est cor nostrum, donec requiescat in te.»

Wegweisung erbeten, um dann und wann im tätigen Vollzug zu einer authentischen Übereinstimmung mit sich selbst, um zur eigenen Berufung zu gelangen.

b) Pastorale Authentizität als Aufgabe

Eine solchermassen theologisch bestimmte Authentizität als Hoffnungsgestalt liturgischen Betens, Singens und Predigens hat Konsequenzen für das Verständnis pastoraler Authentizität. Eine sensible, kritische Selbstwahrnehmung und eine damit kongruente Weise des sprachlichen, para- und nonverbalen Ausdrucks sind gewiss nicht nur für Seelsorgegespräche grundlegend, sondern auch für das liturgische Handeln tauglich. Aber der Liturg ist nicht Therapeut, der durch aufwendige und langwierige Selbstanalyse die Fähigkeit entwickelt hat, Übertragungsmechanismen zu erkennen und mit ihnen zu arbeiten, sie gar liturgisch zum Ausdruck zu bringen. Die Authentizität der Liturgin ist eine andere als die der Seelsorgerin am Krankenbett. Pastorale liturgische Bildung besteht nicht in erster Linie in Biografiearbeit, sondern in der Auseinandersetzung mit einem Amt, mit einer komplexen Rolle. Das Amt der Verkündigung will verantwortlich übernommen, die Rolle der Liturgin reflektiert angeeignet werden. Dieser Aneignungsprozess erfolgt allerdings nicht nur kognitiv, sondern zu einem wesentlichen Teil auch emotional und körperlich. Die Rolle sitzt erst, wenn der Vikar sie sich zu eigen gemacht hat. Person und Rolle müssen in ein solches Verhältnis treten, dass die Rolle durch die Person lebendig wird und die Person sich in der Rolle entfalten kann. Die Rolle soll die Person nicht einengen, sondern ihr neue Handlungsspielräume eröffnen. Allerdings soll die Rolle auch nicht als Plattform für Selbstinszenierungen missbraucht werden, was der Liturgenrolle gerade nicht entspräche. Die Liturgin ist nicht Selbstdarstellerin, sondern sie moderiert, souffliert und gestaltet die Kommunikation zwischen Gott und der Gemeinde in Verkündigung, Gebet, Lobpreis und Segen.[7]

Damit ist ein anthropologischer Sachverhalt angesprochen, der sich in der liturgischen Leitungsrolle bloss in besonderer Weise akzentuiert. Wir spielen, wie Erving Goffman herausgestellt hat, immer Rollen, auf den unterschiedlichen Bühnen unseres Lebens, im Alltag wie im Beruf, zu Hause wie in der Öffentlichkeit.[8] Religiöse Rollen wie die des Liturgen sind allerdings in besonderer Weise durch Traditionen und rituelle Gesetzmässigkeiten bestimmt. Ihre Aneignung erfordert eine hohe Reflexivität und entspricht einem theologischen, emotionalen und körperlichen (Selbst-)Bildungsprozess.

7 Vgl. dazu Luthers für den Protestantismus und darüber hinaus wirkmächtige Bestimmung des Gottesdienstes, wonach in diesem «nichts anderes geschehen soll, denn dass unser lieber Herr selbst mit uns rede durch sein heiliges Wort und wir wiederum mit ihm reden durch Gebet und Lobgesang.» (Martin Luther: Luther Deutsch, Göttingen/Stuttgart 1959–1967, S. 440)

8 Vgl. Erving Goffman: Wir spielen alle Theater. Die Selbstdarstellung im Alltag, München 2002.

Authentizität in Bezug auf die Leitungsrolle im Gottesdienst ist somit als eine reflexive zu verstehen. Es geht um die theologisch reflektierte Aneignung einer Aufgabe, eines Amtes, einer komplexen Rolle, welche das Sprechen und Verhalten einer Person nicht nur weitgehend bestimmen, sondern, wie Karl Barth pointiert formuliert hat, eine Zumutung, eine unmögliche Möglichkeit darstellen.[9] Wenn die Pfarrerin betet, aus der Bibel liest und den Bibeltext für die Gemeinde aktualisiert, ihn zum lebendigen Gotteswort werden lässt, tut sie dies nicht im eigenen Namen, sondern im Namen Gottes und im Auftrag der Kirche.

c) Liturgische Authentizität als Inszenierung

Der dritte Aspekt der Authentizität im Kontext des Gottesdienstes bezieht sich auf die liturgische Gestaltung. Die authentische Aneignung der liturgischen Rolle erweist sich im Gehalt und in der rhetorischen Gestalt der Predigt, in den Sprachbildern der Gebete, in der Dramaturgie des gottesdienstlichen Rituals. Sie zeigt sich darin, ob und in welcher Weise die Gemeinde mitbeten, in den Gesang einstimmen kann und vom verkündigten Gotteswort berührt wird.

Damit ist zweierlei gesagt. Einerseits ist liturgische Authentizität unhintergehbar auf die Gestaltung bezogen. Sie ist eine inszenierte. Zum anderen hängt sie ab von Rezeptionsprozessen. Sie ist eine zugeschriebene und damit strittige. Die Stimmigkeit einer liturgischen Gestaltung lässt sich nicht objektiv feststellen, sondern nur seitens der Mitfeiernden subjektiv bezeugen. Und sie lässt sich – etwa in einer Intervisionsgruppe oder einer Video-Analyse – diskursiv erheben und argumentativ begründen. Die Authentizität liturgischer Inszenierung ist somit ein kommunikativer Sachverhalt, indem sie von den verwendeten Medien und Darstellungsformen sowie vom Vorgang der Rezeption abhängt.

Folgerungen für die liturgische Gestaltung

Was folgt aus dieser Differenzierung liturgischer Authentizität in eine theologische, eine pastorale und inszenierungstheoretische Perspektive für die liturgische Gestaltung? Und wie verhalten sich die kommunikationstheoretischen Überlegungen von Martin Peier dazu? Die Antwort erfolgt in Form von knappen Thesen:

Die Evidenz eines durchaus normativen Authentizitätsdiskurses ist zunächst theologisch zu deuten, nämlich als Ausdruck der Sehnsucht nach Anerkennung, nach einem umfassenden Wahrgenommenwerden, nach einem unversehrten Ganzseinkönnen und einer damit verbundenen Berufung und Lebensaufgabe.

9 Vgl. Karl Barth: Das Wort Gottes als Aufgabe der Theologie (1922), in: Albrecht Beutel; Volker Drehsen; Hans Martin Müller: Homiletisches Lesebuch, Tübingen 1989, S. 42–58.

Sozialwissenschaftliche, philosophische[10] und theologische Infragestellungen eines starken Subjekts und einer konsistenten Identität werden damit nicht abgewiesen, sondern einer religiösen Symbolisierung und einer liturgischen Gestaltung zugänglich.

Authentizität kann demnach nicht als realisierbares Entsprechungsverhältnis von Haltung und Handlung konzipiert und den Menschen im Gottesdienst zugesprochen werden, wie Martin Peier argumentiert. Vielmehr ist sie Ausdruck der Hoffnung auf menschliches Selbstseinkönnen, welche im Gottesdienst symbolisch verdichtet zum Ausdruck gebracht wird.

Davon zu unterscheiden ist eine pastoraltheologische Konzeption von Authentizität, die nicht naiv erfolgen sollte und die Echtheit und Unverfälschtheit sprachlicher Äusserungen wie gestisch-mimischer Ausdrucksformen direkt auf die vermeintlich feststehende Identität einer Person bezieht. Wir alle spielen Rollen. Liturginnen und Liturgen tun dies in akzentuierter Weise und auf exponierten Bühnen. Ihre Rolle ist durch Traditionen und Normierungen weitgehend vorbestimmt. Gleichwohl muss sie übernommen und angeeignet werden. Das Kriterium der Authentizität bezieht sich auf das Mass und die Qualität dieser Aneignung. Diese hat möglichst weitgehend, aber auch so zu erfolgen, dass die Rolle die Person nicht verdeckt und entstellt, sondern die Person sich die Rolle aneignet und einverleibt. Die Aneignung hat demnach so zu erfolgen, dass die persönlichen Prägungen und theologischen Haltungen, die eigenen Werte und Einstellungen mit der liturgischen Rolle «korrespondieren». Die Qualität einer authentischen Aneignung bemisst sich nach deren Sorgfalt und theologischen Reflexivität.

Wenn wir von einem solchen Verständnis liturgischer Authentizität ausgehen, eröffnet der Pfarrer des zweiten Beispiels den Gottesdienst zumindest ebenso authentisch wie die Liturgin der ersten Szene, die durch ihre informelle Begrüssung das Eingangsritual durchbricht und der Rolle ein individuelles Gepräge zu geben bemüht ist. Deren Wirkung ist möglicherweise gerade nicht die der Authentizität. Vielmehr kann das Verhalten bemüht locker und absichtsvoll direkt wirken. Sie durchbricht damit gerade die Logik des liturgischen Schwellenrituals, in welchem die Einzelnen diskret zu einer Gemeinde versammelt und ins Gebet geführt werden sollen.

In Bezug auf die liturgische Gestaltung bedeutet der an dritter Stelle ausgeführte Aspekt liturgischer Authentizität, dass diese nicht gegen die Inszenierung auszuspielen ist. In einem analytischen Sinn sind Gottesdienste in jedem Fall Inszenierungen, Dramen, Rituale. Liturgisch Handelnde können im Gottesdienst *nicht* nicht inszenieren. Was auch immer sie tun, stellt eine Inszenierung dar. Diese hat in authentischer Weise zu erfolgen, das heisst dem Wesen und dem Ziel des christ-

10 Vgl. hierzu auch Emmanuel Lévinas: Die Spur des Anderen. Untersuchungen zur Phänomenologie und Sozialphilosophie, Freiburg/München 1998; David Plüss: Das Messianische. Judentum und Philosophie im Werk Emmanuel Lévinas, Stuttgart/Berlin/Köln 2001.

lichen Gottesdienstes zu entsprechen, welches darin besteht – um mit Luther zu sprechen –, dass Gott sein lebendiges Wort ergehen lässt und die Gemeinde antwortet durch Gebet und Lobgesang. Die Authentizität liturgischer Inszenierung bemisst sich daran, ob die Gemeinde berührt, gestärkt und verändert wird, und weniger daran, ob liturgisches Handeln «echt» und «persönlich verbürgt» ist, wie Martin Peier schreibt. Den Dialog zwischen Gott und der Gemeinde kann der Liturg gerade nicht verbürgen, sondern nur anregen und soufflieren.

Ob und in welcher Weise Menschen einen Gottesdienst als authentisch erleben, hängt in sozialwissenschaftlicher Perspektive von Rezeptionsprozessen ab. In theologischer Perspektive und Sprache geht es um die Wirkung des Heiligen Geistes. Der Gottesdienst, die liturgische Eröffnung wirkt authentisch *ubi et quando* visum est Deo.[11] Somit ist sie nicht verfügbar, sondern Ergebnis eines immer offenen, immer unsicheren Kommunikations- und Rezeptionsprozesses, wie Peier zu Recht anmerkt. Die Authentizität liturgischer Inszenierung lässt sich somit nicht objektiv feststellen, sondern nur seitens der Feiernden bezeugen. Sie entspricht einem unverfügbaren Ereignis. Allerdings lassen sich die Möglichkeitsbedingungen dieses Ereignisses reflektieren, gestalten und optimieren. Genau dies und nur dies ist die Aufgabe liturgischer Bildung und Ausbildung.

Ein zentrales Element dieser Möglichkeitsbedingungen, das sich sowohl auf die personale Ebene pastoraler Authentizität als auch auf die Inszenierung bezieht, hat Isolde Karle herausgestellt: Authentisch wirkt eine Pfarrerin insbesondere im Medium ihrer körperlichen Präsenz.[12] Die Glaubwürdigkeit einer pastoralen Äusserung oder Handlung wird ununterbrochen und in der Regel vorbewusst in Bezug auf para- und nonverbale Äusserungen überprüft. Darum ist ihre leibliche Präsenz unabdingbar. Sie ist aber auch insofern elementar, als ein Grossteil der kommunizierten Botschaft nicht kognitiv und verbal, sondern para- und nonverbal durch mimetische Prozesse mitgeteilt wird.[13] Was daraus für die liturgische Praxis und Ausbildung folgt, muss an anderer Stelle erörtert werden.

Offene Fragen

Martin Peier bringt einen weiteren Aspekt liturgischer Authentizität ins Spiel: die Authentizität der Teilnehmer. Er bestimmt diese als Ernsthaftigkeit der Teilnahme, die sich in einer unverstellten existenziellen Erwartungshaltung ausdrückt. Damit

11 «Wo und wann Gott sich zeigt.» CA 5.

12 Vgl. Isolde Karle: Pfarrerinnen und Pfarrer in der Spannung zwischen Professionalisierung und Professionalität, Deutsches Pfarrblatt 12 (2003), S. 629–634.

13 Vgl. dazu David Plüss: Körper und Kult. Gestisch-mimetische Kommunikation im ganz gewöhnlichen reformierten Gottesdienst, in: Christina Aus der Au; David Plüss: Körper – Kulte. Wahrnehmungen von Leiblichkeit in Theologie, Religions- und Kulturwissenschaft, Zürich 2007, S. 197–217; Gunter Gebauer; Christoph Wulf: Spiel – Ritual – Geste. Mimetisches Handeln in der sozialen Welt, Reinbek bei Hamburg 1998.

verweist er auf den basalen Sachverhalt, dass religiöse Kommunikation in jedem Fall existenzielle Kommunikation ist, die sowohl Verstellung als auch ein Lächerlichmachen ausschliessen. Dasjenige, was Menschen unbedingt angeht (Paul Tillich), erfordert unbedingten Ernst, selbst wenn die Kommunikation – wie in gewissen Prophetenreden des Alten Testaments – in ironischer Gestalt erfolgt. Aus dieser Erwartungshaltung der Teilnehmerinnen inhaltliche Konsequenzen für die liturgische Gestaltung zu ziehen, scheint mir aber darum schwierig, weil diese Inhalte nicht nur vielfältig und disparat, sondern auch kaum in Erfahrung zu bringen sind.

Ein zweiter Einwand ist grundsätzlicher Art: Martin Peier plädiert für einen inhaltlich durchkomponierten Gottesdienst, von der Begrüssung über die Predigt bis zum Segen. Er plädiert implizit für einen «roten Faden» in der Liturgie. Und er plädiert dafür, dass dieser «rote Faden» auch Konsequenzen für die sprecherische Gestaltung haben soll. Dagegen ist selbstverständlich nichts einzuwenden, im Gegenteil! Gleichwohl scheint mir damit die Eigenart liturgischer Kommunikation noch zu eindimensional bestimmt. Der Einwand hat eine theologische und eine kommunikationstheoretische Komponente. Theologisch gilt es meines Erachtens, das Ziel liturgischer Kommunikation zu verdeutlichen. Wenn dieses darin besteht, die Gemeinde ins Gebet zu führen, den Dialog zwischen Gott und Gemeinde (Martin Luther) zu ermöglichen, dann sind die Kommunikationsbemühungen des Liturgen insbesondere darauf und weniger auf einen «roten Faden» zu richten, der eher einem didaktischen Unterrichtskonzept und der Lernpsychologie geschuldet ist. Es wäre deutlicher zwischen einer «horizontalen» und einer «vertikalen» Kommunikation bzw. zwischen der äusseren Bühne liturgischen Handelns und der inneren Bühne des Gebets zu unterscheiden, um beide in einem zweiten Schritt aufeinander zu beziehen.

Die kommunikationstheoretische Komponente meines Einwands bezieht sich auf die oben erwähnte elementare Körperlichkeit und mimetische Verfasstheit menschlicher Kommunikation. Dies gilt in besonderer Weise für die religiöse Kommunikation. Die inhaltliche Gestaltung und Komposition liturgischer Sprechakte ist grundlegend und bedarf der unablässigen Anstrengung. Wenn liturgisches Handeln aber ins Gebet und damit zur Erneuerung von Herz und Verstand führen soll, dann gilt es im Auge zu behalten, dass die intendierten «Inhalte» nicht nur kognitiv, sondern zu wesentlichen Teilen auch körperlich und handlungspraktisch verfasst sind. Authentische liturgische Gestaltung sucht demnach nicht nur, kognitiv verfassten Glaubensinhalten eine passende Ausdrucksgestalt zu geben, sie als Transportmittel kognitiv-verbal bestimmter Inhalte zu optimieren. Die Stimmigkeit liturgischer Gestaltung besteht vielmehr darin, dass sie zu einer hilfreichen religiösen Praxis, zur Praxis und Haltung des Gebets anzuleiten vermag. Der «Inhalt» ist diese Praxis und diese Haltung selbst.

Replik auf das Plädoyer von David Plüss

Martin Peier

Wie ein Augenschein in einen Gottesdienst wirkt der kurze Ausschnitt aus dem Sammlungsteil eines Gottesdienstes: Ein Satz – der Gemeinde zugesprochen – ein Blick und erste Töne, und: Lediglich geschildert in einem Artikel; nicht erlebt in einer Kirche und somit für die Lesenden nicht auf Authentizität überprüfbar. Auch kann niemand daraus ableiten, dass der geschilderte Moment auch gleich die Eröffnung des Gottesdienstes war. Dem direkt an die Gemeinde gerichteten Gruss könnte die trinitarische Formel vorausgegangen sein oder ein Christuswort. Und wie ein Augenschein in einen Gottesdienst wirkt auch der von David Plüss geschilderte trinitarische Gruss. Auch da wird – aufgrund der Schilderungen – niemand Authentizität ausmachen können. Denn niemand war dabei. Niemand hat die Gesten gesehen, niemand ist dem Blick des Pfarrers gefolgt; niemand ist in der Lage, bei der Lektüre dieser Szenen den Liturgen Authentizität zuzubilligen oder sie ihnen abzusprechen. Und schon gar nicht lässt sich eine Komparation von Authentizität bilden, zumal sie entweder jemandem zugesprochen wird oder eben nicht; eine graduelle oder eine gesteigerte Authentizität zu denken, wäre unsinnig. Denn genau das macht Authentizität aus: Sie wird durch gemeinsames Erleben, auch durch einen gemeinsam erfahrenen Gottesdienst und dessen Gestaltung jemandem von anderen zugesprochen, als Ganzes. Und das ist Dialog, einer, der im Gottesdienst stattfindet, gewollt zwar, aber lediglich angeregt und ohne Garantie auf Erfolg.

Ungeachtet dessen, ob Menschen in liturgischen Formeln, in dramaturgischen Ritualen, in freier Ansprache, in wechselseitigem Gebet oder in gemeinsamem Schweigen miteinander im Dialog stehen: Authentizität und Performanz sind niemals Gegensätze. Wer nämlich meint, man könne im Gottesdienst per se authentisch sein – ohne aufzutreten, ohne zu handeln und ohne zu wirken –, verkennt, dass sich Kommunikation konkret vollziehen muss. Und das geschieht durch den performativen «Akt», auch durch einen sprecherischen «Akt». Wer indessen umgekehrt meinte, Performanz stünde per se dafür, den Hörenden ein selbstgenügendes Ritual anzubieten, verschliesst sich dem Inhalt des Gottesdienstes und der damit verknüpften pastoraltheologischen Verantwortung der Pfarrerinnen. Sie müssen für den Inhalt, den sie den Hörenden anbieten, selbst geradestehen und das meinen, was sie sagen.

Es ist kein Zufall, dass die Begriffe «Inszenierung», «Performanz», «Aufführung», ja selbst «Rede» sich oft mit dem Attribut «authentisch» behelfen müssen. Offenbar gibt es auch die «nicht-authentische», scheinheilige Inszenierung und die «nicht-authentische», unredliche Rede. An der Frage nach der Authentizität kommt Performanz nicht vorbei. Selbst die Darstellungen von Ritualen, Gebeten, von Predigt oder Stille, von Erbauung, Lehre, Ermutigung oder von segnenden

Worten: Sie werden am Ausgang des Gottesdienstes von den Teilnehmern an der Authentizität gemessen. Wie sonst wären Echos zu deuten wie: «Es hat mir gut getan», «Er hat sich wieder einmal in Szene gesetzt», «So wie heute, so müsste sie jeden Sonntag reden», «Was soll das ganze Theater?». Garantiert ist der gelingende Dialog nicht, und die zugesprochene Authentizität ist in jedem Fall nur geschenkt, theologisch gesprochen: ein Akt der Gnade. Das gilt sowohl für Gott gegenüber dem Menschen wie auch für Menschen untereinander. Oder mit Fulbert Steffensky auf den Punkt gebracht: «Wir sind nicht die, die wir sind. Wir sind die, als die wir angesehen werden.»[14]

Antwort auf die Replik von Martin Peier

David Plüss

Die Positionen von Martin Peier und mir sind nicht kontrovers. Wir sind uns darin einig, dass Authentizität und Inszenierung keine Gegensätze darstellen. Sie sind vielmehr aufeinander bezogen und verwiesen. Diese Erkenntnis ist grundlegend, aber nicht selbstverständlich. Sie widerspricht vielmehr einem gängigen Vorurteil, wonach das Verhalten von Menschen unterteilt werden kann in *echt* und *unecht*, in *Sein* und *Schein*, in *Ernst* und *Spiel*. Dieses (Vor-)Urteil ist im Zusammenhang religiösen Verhaltens besonders virulent. Und es hat hier auch sein Recht und seine Bedeutung: *Im Gottesdienst wird nicht gespielt*. Liturgisches Beten geschieht nicht im Modus des «Als-ob». Vom Prediger wird zu Recht erwartet, dass er meint, was er sagt, und dafür auch im Alltag einsteht. Gottesdienste zeichnen sich insgesamt durch eine grosse Ernsthaftigkeit aus. In der Predigt und in den Gebeten wird das zum Ausdruck gebracht, was Menschen unbedingt angeht (Paul Tillich), was unser einziger Trost ist im Leben und im Sterben (Heidelberger Katechismus).

Für die liturgische Ausbildung und die liturgiewissenschaftliche Forschung sind *Inszenierung* und *Performance* allerdings zu Begriffen und Konzepten avanciert, die ein hohes analytisches Potenzial aufweisen. Dies wird in den Ausführungen von Martin Peier deutlich. Sie fokussieren die Aufmerksamkeit auf das liturgische Handeln und Sprechen, auf Bewegungen und Interaktionen von leibhaftigen Menschen in einem bestimmten Raum. Damit wird das bisher in der Liturgik dominante Text-Modell beträchtlich erweitert. Eine Predigt ist eine stimmhafte Rede und kein Manuskript. Ein Gebet wird gesprochen, gebetet und nicht vorgelesen.

14 Fulbert Steffensky: Gebet: Die Flucht in den Blick der Güte, Zeitschrift für dialektische Theologie 17 (2001), S. 25–35, Zitat S. 30.

Mit der *Authentizität* kommt ein Kriterium ins Spiel, welches die analytische Perspektive des Inszenierungscharakters der Predigt und der Liturgie zu *orientieren* vermag. Es handelt sich um eine *normative* und eine *moralische* Kategorie: Die liturgische Kommunikation hat *konsistent* zu sein, Gottesdienste sollen sich als stimmige Feiern oder Gesamtkunstwerke erweisen; und der Liturg hat *ernsthaft* und *glaubwürdig* zu sein (s. o.).

Mit dem zweiten Beispiel einer formellen liturgischen Eröffnung wollte ich dem gängigen Missverständnis begegnen, wonach Authentizität sich vor allem als Durchbrechung traditioneller Formen darstellt. Dies macht auch Martin Peier deutlich, wenn er auf den Zusammenhang von Authentizität und Situation verweist. Die Authentizität einer Eröffnung kann nur in der konkreten räumlichen, zeitlichen und gemeindlichen Situation, nur im konkreten Gottesdienst beurteilt werden, wobei sich diese Situation in die Wirkungsgeschichte einer bestimmten Tradition mit geprägten Texten und Rollen einschreibt, sich in einem kulturellen Gedächtnisraum verortet.

Die Beurteilung liturgischer Authentizität erfordert eine *teilnehmende Beobachtung*. Diese kann und soll nicht von der Gemeinde geleistet werden, sondern von liturgisch und analytisch ausgebildeten Fachpersonen: von Pfarrerinnen und Pfarrern, von Theologinnen und Theologen. Dass die Beurteilung liturgischer Authentizität auch unter Experten strittig bleibt, spricht nicht gegen das Kriterium. Es entspricht vielmehr einem offenen und beweglichen normativen Konzept liturgischen Handelns, welches sich für die Analyse bewährt und diese differenziert, wie das Plädoyer von Martin Peier verdeutlicht.

Zugleich befindet sich das *Konzept liturgischer Authentizität* in einem noch wenig elaborierten Zustand. Es bedarf weiterer Differenzierungen und Konzeptualisierungen. Mit dem produktiven Spannungsverhältnis von Authentizität und Inszenierung ist immerhin ein erster Schritt getan.

Kopf oder Bauch?

Für Verstehen kein Platz? Plädoyer für eine performative Hermeneutik und Didaktik des Gottesdienstes

Brigitte Enzner-Probst

Gottesdienst als Performance – für Verstehen kein Platz?

Der *performative turn* hat in den zurückliegenden Jahren auch die reformierte Liturgiewissenschaft erfasst.[1] So beschreibt der Berner Praktische Theologe David Plüss den Gottesdienst auf dem Hintergrund «performativen Ästhetik».[2] Der Zürcher Praktische Theologe Ralph Kunz greift die Inszenierungs-Metapher auf, um den Gottesdienst zu interpretieren.[3] Ich selbst habe in meiner Habilitationsschrift 2006 die liturgische Praxis der Frauenliturgiebewegung, die in der Schweiz Tradition hat, als Performance interpretiert.[4]

Welche veränderte Sicht des Gottesdienstes zeigt sich darin? Einige Eckpunkte seien genannt.

Der Gottesdienst wird als ein vielschichtiges Prozessgeschehen wahrgenommen. Neben Reden und Hören sind Schmecken und Schauen, Stimmung und Atmosphäre, der umbaute Raum und der, der durch Menschen entsteht, sind Pausen und Intervalle, die Phasen der Verdichtung und Auflösung, die zeitliche und räumliche Vorbereitung und die Phase des Ausklingens wichtig.

Die Form des Gottesdienstes ist nicht mehr als eine feststehende Struktur wichtig, die jeweils neu gefüllt wird. Vielmehr ist jeder Gottesdienst «ein gemeinschaftliches Formen im Prozess».[5] Nicht ein Pfarrer «hält» den Gottesdienst, sondern

1 Vgl. Uwe Wirth (Hg.): Performanz. Zwischen Sprachphilosophie und Kulturwissenschaft, Frankfurt a. M. 2002.

2 Vgl. David Plüss: Gottesdienst als Textinszenierung. Perspektiven einer performativen Ästhetik des Gottesdienstes, Zürich 2007; vgl. ders.: Liturgische Atmosphärenräume. Plädoyer für eine «ganzheitliche» Sicht des reformierten Gottesdienstes, in: Martin Peier-Plüss (Hg.): Beim Wort genommen. Kommunikation in Gottesdienst und Medien, Zürich 2007, S. 153–166.

3 Ralph Kunz: Wir alle spielen Theater. Der christliche Gottesdienst als religiöse Inszenierung, in: Martin Peier-Plüss (Hg.): Beim Wort genommen. Kommunikation in Gottesdienst und Medien, Zürich 2007, S. 85–95.

4 Vgl. Brigitte Enzner-Probst: Frauenliturgien als Performance. Die Bedeutung von Corporealität in der liturgischen Praxis von Frauen, Neukirchen-Vluyn 2008. Zur Entwicklung der Performance-Perspektive im praktisch-theologischen Diskurs vgl. Enzner-Probst, Frauenliturgien als Performance, Kap. VI. 1. Die Wahrnehmung performativer Aspekte in liturgie- und theaterwissenschaftlicher Diskussion, S. 232–251.

5 Vgl. a.a.O., Kap. V. 2.3. Strukturieren im Prozess, 190–195.

die Gemeinschaft der Feiernden, ihre vielschichtige «Ko-Präsenz» als «Verhältnis von Ko-Subjekten», prägt die gottesdienstliche Performance.[6] Die gemeinschaftliche Präsenz im Erleben und Gestalten, die Kommunikation auf der Basis von Resonanz stehen im Vordergrund.[7]

Braucht es «Verstehen» in diesem Prozess überhaupt noch? Wenn alles Ereignis, Inszenierung, Dramaturgie und Performance ist – um nur einige dieser Begriffe zu nennen – dann ist der Versuch zu verstehen vielleicht nur ein Appendix, geschuldet der protestantischen Verhaftung an Texten in der Ursprache, bildungsbürgerlicher Attitüde und pastoralem Wissensvorsprung?

Meine Überzeugung ist es, dass es gerade von reformierter Gottesdiensttradition her erneut um eine vertieftes «Verstehen» im Gottesdienst gehen muss, allerdings um ein «Verstehen», das sich dem performativen Gestalten anschmiegt. Ein Beispiel aus der Zürcher Frauenliturgiebewegung mag dies verdeutlichen.[8]

Insgesamt zeichnet sich die Frauenliturgiebewegung aus durch ihre Lust am performativen Gestalten, die Wertschätzung von Corporealität, von Bewegung, Tanz, Gesten sowie durch die Kreisform als zentrale Raum-Metapher.[9] Genau deshalb aber ist für die Liturgiegruppen der Zürcher Ökumenischen Frauenbewegung das «Verstehen» wichtig. Dafür sorgt einerseits das «Offene Mikrofon». Alle können Fragen, Anliegen, Impulse in den liturgischen Gestaltungsprozess einbringen. Der Verlauf des Gottesdienstes wird mitgestaltet von denen, die aktuell etwas einbringen. Die liturgische Performance löst ein, dass die feiernde Gemeinde selbst gestaltendes und deutendes Subjekt ist. Andererseits wird viel Mühe darauf verwendet, Bibeltexte und liturgische Stücke auszulegen und kunstvoll aufeinander zu beziehen. Der Vorbereitungsprozess wie der nach-liturgische Schluss sind wesentliche Elemente der Liturgie.

Der Wunsch zu verstehen, hat gerade im reformierten Gottesdienst Tradition. Nicht ohne Grund knüpft dieser an den spätmittelalterlichen Prädikantengottesdienst an. Gegenüber der leer gewordenen Ritualität der damaligen katholischen Kirche sollte es ein Gottesdienst sein, der alle in das Verstehen mit einbezog, das den ganzen Menschen, Fest und Alltag meinte. Die erklärende, pädagogische Intention der reformatorischen Liturgiereform wird deutlich. Ein «ebenerdiger

6 Vgl. Erika Fischer-Lichte: Ästhetik des Performativen, Frankfurt a.M. 2004, S. 47: «Die leibliche Ko-Präsenz meint […] ein Verhältnis von Ko-Subjekten. Die Zuschauer werden als Mitspieler begriffen, welche die Aufführung durch ihre Teilnahme am Spiel, d.h. ihre physische Präsenz, ihre Wahrnehmung, ihre Reaktionen mit hervorbringen.»

7 Zu den Hauptbegriffen «Präsenz, Resonanz, Prozess» vgl. Enzner-Probst, Frauenliturgien als Performance, Kap. VI. Zwischen Sinnlichkeit und Sinn, a.a.O., S. 231–363.

8 Vgl. Enzner-Probst, Frauenliturgien als Performance, Bd. II. In diesem Quellenband sind u.a. auch Liturgien aus der Zürcher Ökumenischen Frauenbewegung aufgeführt. Dieser Quellenband ist einzusehen im Internet unter www.theol.unibe. ch/ipt/download.html.

9 Vgl. die Beschreibung dieser Phänomene in: Enzner-Probst, Frauenliturgien als Performance, Kap. V. Das thematische, strukturelle und gestalterische Profil von Frauenliturgien, darin besonders Abschnitt 3. Signifikante Gestaltungsweisen in der liturgischen Praxis von Frauen, S. 196–228.

Gottesdienst», ein verständlicher Gottesdienst sollte gefeiert werden. Biblische Geschichten, Texte, Inhalte wurden und werden zudem singend vergegenwärtigt.[10]

Im Lauf der Zeit jedoch hat sich, ebenso wie in lutherischer Gottesdiensttradition, die Akzentuierung des Verstehens vereinseitigt und verengt. Das Verstehen wurde als eher kognitiver Rezeptionsakt auf das Hören der Predigt eingegrenzt[11]. Vor allem die Fähigkeit und die Befugnis zur Auslegung der Schrift wurde allein der Pfarrerin zugeschrieben. Nur das Singen blieb als gemeinschaftliche Form der Aneignung biblischer Texte, als Ausdruck glaubender Zustimmung bestehen.[12]

Insofern wird durch die Betonung des performativen, gemeinschaftlichen Gestaltungsprozesses im Gottesdienst ein historisch entstandenes Ungleichgewicht korrigiert. Rudolf Bohren hat mit Recht auf die Notwendigkeit einer ästhetisch konzipierten Praktischen Theologie verwiesen.[13] Der ganze Gottesdienst ist ein Prozess des Gestaltens – und des Verstehens. Der Basler Praktische Theologe Albrecht Grözinger hat von da aus die «ästhetische Wende»[14] innerhalb des praktisch-theologischen Diskurses im deutschsprachigen Bereich angestossen.[15] Verstehen ist ein Prozess vielschichtiger «Wahrnehmung».[16]

«Verstehst du auch, was sich ereignet?» – Zur Notwendigkeit einer performativen Hermeneutik des Gottesdienstes

Dabei können wir von der etymologischen Bedeutung von «verstehen» ausgehen. Es ist dies die Bemühung, solange die eigene Perspektive zu verändern, bis jemand – metaphorisch gesprochen – neben einer andern Person «steht» und ihre

10 Vgl. dazu etwa der Genfer Psalter, vgl. dazu Peter E. Bernoulli; Frieder Furler (Hg.): Der Genfer Psalter. Eine Entdeckungsreise, rev. Auflage, Zürich 2005, S. 2.

11 Vgl. zu den Ansätzen reformierten Homiletik, die dem entgegensteuern möchten u. a. Albrecht Grözinger: Toleranz und Leidenschaft. Über das Predigen in einer pluralistischen Gesellschaft, Gütersloh 2006; David Plüss; Uta Pohl-Patalong, (Hg.): Homiletik auf neuen Wegen, Themenheft PrTh 39 (2004), S. 3.

12 Vgl. Theophil Müller: Evangelischer Gottesdienst. Religiöse Vielfalt im liturgischen und gesellschaftlichen Umfeld, Stuttgart 1993.

13 Vgl. Rudolf Bohren: Dass Gott schön werde, München 1975.

14 Vgl. Albrecht Grözinger: Praktische Theologie und Ästhetik, München ²1991.

15 Für die lutherische Tradition vgl. Karl-Heinrich Bieritz: Spielraum Gottesdienst. Von der «Inszenierung des Evangeliums» auf der liturgischen Bühne, in: Arno Schilson; Joachim Hake (Hg.): Drama «Gottesdienst». Zwischen Inszenierung und Kult, Stuttgart 1998, S. 69–101; vgl. Martin Nicol: Dramaturgische Homiletik. Predigtarbeit zwischen Künsten, Kult und Konfessionen, in: Erich Garhammer; Ursula Roth; Heinz-Günther Schöttler (Hg.): Kontrapunkte. Katholische und protestantische Predigtkultur, München 2006, S. 274–287.

16 Vgl. Albrecht Grözinger: Zur Ästhetik des Gottesdienstes, in: Musik und Kirche 70 (2000), S. 164–173.

Sicht der Dinge nachvollziehen, eben «ver-stehen» kann.[17] Doch ist «Stehen» dem *performative turn* nicht angemessen. Vielmehr handelt es sich um ein «Mitgehen», ereignet sich *Verstehen vielschichtig im Prozess des liturgischen Gestaltens und Feierns.*[18] Es ist ein aktiver Prozess der Veränderung des eigenen Erlebens, der eigenen Erfahrung, des eigenen Wissens.[19] Es handelt sich um einen Prozess der Verwandlung, der Transformation. Ob liturgische Agenden in der Lage sind, solche Prozesse anzustossen, wage ich jedoch zu bezweifeln. Sie haben eher die Tendenz, den performativen Prozess erneut «festzustellen».[20] Stattdessen setze ich darauf, die Kompetenzen für eine performative Hermeneutik und Didaktik des Gottesdienstes und der liturgischen Vollzüge zu stärken.[21] Intensivierte liturgische Bildung ist deshalb notwendig. Die Frage des Philippus an den Kämmerer «Verstehst du, was du da liest?» (Apg 8,30) – übersetzt in: «Verstehst du auch, was sich da ereignet?» – zeigt dies deutlich auf. Wird dieses Bemühen um Verstehen vom performativen Gestalten und Handeln abgekoppelt, werden liturgische Performances flach.

Kopfwissen oder Bauchgefühl allein reichen deshalb nicht aus, um Erleben und Gestalten, gemeinschaftliches Handeln und Interpretieren im Gottesdienst zu einem kreativen und weiterführenden Aneignungsprozess für alle Beteiligten werden zu lassen. Der performative Verstehensprozess ereignet sich vielmehr auf der Ebene von «Herzenswissen» oder Weisheit.[22]

Liturgietheologisch wird damit die *pneumatologische Dimension* des Gottesdienstes betont. Gerade die systematische Theologie ist herausgefordert, Kriterien zu erarbeiten, um den Gottesdienst als einen geisterfüllten gemeinschaftlichen Gestaltungs-, Deutungs- und Verstehensprozess verstehen – und unterscheiden zu können.

17 Das Präfix «ver-» hat im Deutschen die Funktion einer Verstärkung der im folgenden Verb angesprochenen Tätigkeit.

18 Vgl. Claudia Gärtner: Performative Religionspädagogik im Horizont kunstdidaktischer Performancearbeit, in: IJPTh 13 (2009), S. 2258–2274, die auf die Parallelen zur Kunstdidaktik verweist.

19 Vgl. dazu die liturgischen Aus- und Fortbildungen, die etwa durch das Gottesdienstinstitut der Nordelbischen Kirche in Hamburg angeboten werden. Dieses widmet sich in besonderer Weise der Vermittlung einer solchen performativen Liturgiedidaktik und -hermeneutik; vgl. www.gottesdienstnstitut-nek.de.

20 Vgl. Hanns Kerner (Hg.): Zwischen Heiligem Drama und Event. Auf dem Weg zu einer zukunftsfähigen Agende, Leipzig 2008.

21 Vgl. Brigitte Enzner-Probst: Gottesdienst von Frauen, in: Christian Grethlein; Günter Ruddat (Hg.): Liturgisches Kompendium, Göttingen 2003, S. 194–212. Die Diskussion um performative Religionspädagogik gibt hier wichtige Einsichten und Anfragen. Der Vergleich mit Kunstdidaktik und -pädagogik liegt auf der Hand.

22 Vgl. Ilse Müllner: Das hörende Herz. Weisheit in der hebräischen Bibel. Stuttgart 2006; Elisabeth Schüssler Fiorenza: Gerecht ist das Wort der Weisheit. Historisch-politische Kontexte feministischer Bibelinterpretation, Luzern 2008.

Plädoyer für die Leiblichkeit des Verstehens

Christina Aus der Au

Vom einen Extrem ins andere …

Die Frage des Philippus an den Kämmerer, «Verstehst du, was du da liest?» (Apg 8,30) hat eine reiche Wirkungsgeschichte in der protestantischen Tradition. Von der Übersetzung der Bibel ins Deutsche über die Gründung von Schulen und Erwachsenenbildungsangeboten und Theologiekursen bis hin zum kirchlichen Werbeslogan «Selber denken, die Reformierten»[23] wird erfolgreich versucht, den Graben zwischen der theologischen Priesterklasse und den theologischen Laien aufzuschütten. Priestertum aller Gläubigen heisst auch, «jeder Christ ein Theologe»[24] und heisst, jeder und jede soll selber verstehen, was ihm die biblischen Texte vermitteln wollen.

Wie die Beispiele zeigen, handelt es sich dabei vorwiegend um ein kognitives Verstehen. Der Christ soll sich entsprechendes Wissen aneignen, das helfen soll, dass das so Er-kannte zum Aner-kennen und schliesslich zum Be-kennen wird. Das Kennen bleibt dabei allerdings unverzichtbar.

Die alte Dogmatik kennt dafür den Begriff der *fides quae,* die propositional formulierbaren und kognitiv erfassbaren Glaubensinhalte im Gegensatz zur *fides qua,* die vom Heiligen Geist geprägte Wirklichkeitswahrnehmung, in deren Licht diese Inhalte allererst existenziell relevant und also angemessen in ihrem *pro me* erkannt werden können.

Die Tradition hat den Zusammenhang des Verstehens mit der *fides quae* betont, aber zunehmend auf das Hören der Predigt verengt. So ist es kein Wunder, dass mit dem *performative turn* die Befreiung der vielschichtigen und vielsinnlichen Darstellung und Wahrnehmung der biblischen Botschaft auf allen Ebenen bis hin zur gemeinsamen gottesdienstlichen Performanz[25] gefordert und gefeiert wurde.

Kritischere Geister können sich allerdings dabei des Verdachtes nicht erwehren, dass damit «Wirklichkeit, von welcher Qualität auch immer, […] gar nicht mehr verstanden werden» muss, sondern vom deutenden Bewusstsein «auf der Basis diffuser Umweltfelder selbst»[26] konstruiert wird. Kann das dem «Wahrheits-

23 So der Slogan bei der Plakataktion einiger Schweizer Kantonalkirchen im Jahre 2000.

24 Martin Luther, WA 41, S. 11.

25 David Plüss bezeichnet den Gottesdienst «als je und je sich vollziehendes Interaktionsgeschehen zwischen anwesenden Personen». David Plüss: Gottesdienst als Textinszenierung. Perspektiven einer performativen Ästhetik des Gottesdienstes, Zürich 2007, S. 12.

26 Manfred Josuttis: Notizen zur Leiblichkeit der Gotteserkenntnis, in: Jürgen Ebach u. a. (Hg.): «Dies ist mein Leib», Leibliches, Leibeigenes und Leibhaftiges bei Gott und den Menschen, Gütersloh 2006, S. 91–102, Zitat S. 91.

begriff und Wirklichkeitssinn christlicher Theologie»[27] noch gerecht werden? Es erstaunt deshalb nicht, dass eine Rückkehr zum Verstehen gefordert wird, wenngleich auch eines, «das sich dem performativen Gestalten anschmiegt».[28]

Die Notwendigkeit des Verstehens

Verstehen grenzt sich ab von einem Miss-verstehen; es impliziert, dass sich der Sinn des Gottesdienstes eben gerade nicht in der Präsenz interpretierender und miteinander interagierender Subjekte erschöpft,[29] dass die Gemeinde nicht nur einfach «Leib» und «Leiblichkeit» feiert, sondern sich selber als «Leib Christi» versteht und am darin liegenden kritischen (auch selbstkritischen) Potenzial festhält. Angesichts fundamentalistischer und dabei mehr oder weniger militanter Interpretationen von Gottes Präsenz in Geschichte und Gegenwart «machen wir doch die Erfahrung, dass es niemals nur eine einzig richtige Textinterpretation gibt, wir aber sehr wohl zwischen besseren und schlechteren Interpretationen unterscheiden können und sehr wohl ein Gespür für gewaltsame Auslegungen haben».[30]

So impliziert das Festhalten an der Notwendigkeit des Verstehens das Festhalten an einem *extra nos*, das wir zwar niemals ungedeutet in den Griff kriegen können, von dem wir aber auch nicht abstrahieren können, wenn die Rede von Gott (und damit und darin das Reden Gottes) nicht in religiöse Bewusstseinsinhalte aufgelöst werden soll.

Die Leiblichkeit des Verstehens

Was aber heisst im Gottesdienst die Präsenz Gottes, in den Texten sein Reden zu verstehen? Wenn wir davon ausgehen, dass Gottesdienste praktisch-theologisch als «kulturelle Erzeugnisse und somit integraler Bestandteil menschlicher Selbstverständigungsprozesse»[31] verstanden werden können, dann muss im Gottesdienst etwas verstanden werden, was mit der subjektiven existenziellen Befindlichkeit der Teilnehmerin zu tun hat. In der Feier des Gottesdienstes muss ich mir ein Stück weit meine eigene Existenz erhellen können, sonst bleibe ich davon unberührt.

27 So der Untertitel bei Ulrich H. J. Körtner: Dichtung und Wahrheit. Wahrheitsbegriff und Wirklichkeitssinn christlicher Theologie, in: ders. (Hg.): Poetologische Theologie. Zur ästhetischen Theorie christlicher Sprach- und Lebensformen, Ludwigsfeld 1999, S. 274–298.

28 Siehe den Beitrag von Brigitte Enzner-Probst.

29 Vgl. Hans Ulrich Gumbrecht: Diesseits der Hermeneutik, Frankfurt a.M. 2004, der zwischen neuzeitlicher Sinnkultur und mittelalterlicher Präsenzkultur unterscheidet, bes. S. 99–106.

30 Körtner, Dichtung und Wahrheit, S. 288f.

31 Plüss, Gottesdienst, S. 21.

Die Notwendigkeit von Verstehen hat also nicht nur mit dem *extra nos*, sondern ebenso sehr auch mit dem *pro me*, und zwar dem konkreten, leiblich existierenden *me* im Hier und Jetzt, zu tun. Vor diesem Hintergrund ist das Verstehen zweifach rückgebunden, an Leiblichkeit ebenso sehr wie an Körperlichkeit: Zum einen ist es Verstehen durch das biografisch ge- und verstrickte[32] Selbst, zum anderen ist es Verstehen unter den physischen, d.h. hier: neuronalen Bedingungen der Möglichkeit von Denken und Entscheiden überhaupt.[33]

Nicht nur Bauch, sondern auch Gehirn

Der amerikanische Neurologe Antonio Damasio war einer der Ersten, welche die Bedeutung der Emotionen für die menschliche Rationalität hervorgehoben haben. Dabei unterscheidet er Emotionen von den Gefühlen, welche diesen gegenüber sekundär entstehen und bewusst werden können. Die Emotionen selber sind eine rein innerkörperliche Angelegenheit und bestehen in einer automatischen (elektrochemischen) Reaktion der Neuronen auf bestimmte Stimuli.[34]

Die menschliche Wahrnehmung von Realität ist geprägt, so Damasio, von zwei unterschiedlichen neuronalen Mustern, die vom Gehirn produziert werden. Das eine sind die «images from the flesh»,[35] sozusagen die Bestandsaufnahme des Körperzustandes selber: Herz, Muskeln, Eingeweide, inklusive der chemischen Parameter im Inneren des Organismus. Das andere sind die «images from special sensory probes».[36] Das sind neuronale Muster, die im Gehirn entstehen, weil und insofern sie durch sensorische Wahrnehmung provoziert werden. Während beides körperliche Aktivitäten sind und im Gehirn neuronal repräsentiert werden, besteht der für meine Argumentation relevante Clou von Damasios Überlegungen darin, dass die Verarbeitung von Wahrnehmung (und damit auch Hören, Sehen, Schmecken) weder eine passive noch eine rein zerebrale Angelegenheit darstellt. Sie geschieht in kreativer Konstruktion des Gehirns mit der Interaktion nicht nur des sensorisch Wahrgenommenen, sondern ebenso des propriozeptiven – und damit auch emotionalen – Körperbildes des Wahrnehmenden. Ohne eine intakte Gefühlsverarbeitung, so Damasios Folgerung aus seiner Arbeit mit hirngeschädigten Menschen, ist vernünftiges Denken und Urteilen nicht möglich.

32 Vgl. Daniel C. Dennett: The Self as a Center of Narrative Gravity, in: Frank S. Kessel; Pamela M. Cole; Dale L. Johnson (Hg.): Self and Consciousness: Multiple Perspectives, Hillsdale 1992, S. 103–115, und Wilhelm Schapp: In Geschichten verstrickt, Wiesbaden ^{2}1976.

33 Dazu gibt es mittlerweile eine riesige Menge an Literatur. Für das Folgende besonders relevant sind die Schriften von Antonio Damasio.

34 Vgl. Antonio Damasio: Looking for Spinoza. Joy, Sorrow, and the Feeling Brain, Orlando 2003, S. 53.

35 A.a.O., S. 195.

36 A.a.O., S. 196.

Verstehen ist zwar unbestritten eine Aktivität des Gehirns. Diese Aktivität ist aber nicht unabhängig vom Gesamtzustand des Körpers, sondern im Gegenteil aufs engste mit dessen fortwährenden Spiegelung dieses Gesamtzustandes in neuronalen Mustern verflochten. Die emotionale Systematisierung des sinnlich Wahrgenommenen hilft, die Aussenwelt in ihrer Bedeutung für mich zu verstehen.[37] Die Gefühle, die emotionale Gestimmtheit und das Baucherleben spielen sozusagen den *basso continuo* zum rationalen Denken und Verstehen und ermöglichen dem Subjekt allererst Orientierung in der Welt.

Nicht nur Bauch, sondern das emotionale Erlernen ist von Bedeutung

Einige Jahrzehnte früher als Damasio hatte Ronald de Sousa seine These von der Rationalität der Gefühle ausgearbeitet. Gefühle sind für ihn «Manipulatoren des Denkens»,[38] weil sie vorstrukturieren, was für unser Denken überhaupt relevant sein soll. Sie sind es, die unsere Aufmerksamkeit auf bestimmte Dinge und Sachverhalte ausrichten und auf eine normative Art und Weise[39] einfärben. Diese Gefühle haben wir aber nach de Sousa nicht einfach in unserem körperlichen bzw. neuronalen Repertoire, sondern wir müssen sie zuerst erlernen. Dies geschieht in sogenannten Schlüsselszenarien: «Schlüsselszenarien umfassen zwei Aspekte: erstens einen Situationstyp, der die charakteristischen Objekte des besonderen Gefühlstyps liefert [...], und zweitens eine Gruppe von charakteristischen oder ‹normalen› Reaktionen auf die Situation, wobei Normalität zunächst eine biologische Angelegenheit ist und dann sehr schnell zu einer kulturellen wird.»[40] So lernen Säuglinge von ihren Bezugspersonen, wie sie in bestimmten Situationen zu reagieren haben und erlernen so die angemessenen Gefühle. Später lernen sie dann auch die entsprechenden Begriffe dafür.

Menschen müssen also ihre eigenen Gefühle zuerst lernen, und in entsprechenden Schlüsselszenarien erfahren sie, was Liebe, was Trost und was Vergebung, aber auch was Zorn und Eifersucht heisst. Das Verstehen solcher elementarer Schlüsselwörter der christlichen Botschaft ist an ebenso elementares leibliches Erleben in leiblicher Interaktion mit anderen Subjekten geknüpft.

37 Dies ist als Damasios «somatic marker mechanism» berühmt geworden.

38 Ronald de Sousa: Die Rationalität des Gefühls, Frankfurt a.M. 1996 (Orig. 1987), S. 322.

39 Das ist natürlich keine ethische, sondern eine intuitive Normativität und bedarf insofern der nachträglichen Reflexion. Der theologische Ethiker Johannes Fischer nennt dies in Anlehnung an Hegels Unterscheidung «Sittlichkeit», vgl. Johannes Fischer: Sittliche Intuitionen und reflektives Gleichgewicht, in: Zeitschrift für Evangelische Ethik 44/4 (2000), S. 247–268.

40 De Sousa, Rationalität des Gefühls, S. 298f.

Die Leiblichkeit des *extra nos – pro me*

Es ist mir ein grosses Anliegen, dass in der Systematischen und der Praktischen Theologie der Bezug auf das *extra nos* nicht verloren geht. Wo Glaube und Gottesdienst als rein inner- und zwischenmenschliche Phänomene betrachtet werden, wird nicht Theologie betrieben, sondern Kulturwissenschaft. Insofern fühle ich mich denjenigen sehr verbunden, die neben Performanz und leiblich-intersubjektiver Konstruktion gegen rein rezeptionsästhetische Konzeptionen an der Bemühung um das Verstehen einer *intentio operis*[41] festhalten wollen.

Wenn wir aber das *pro me* ebenso ernst nehmen, dann muss es sich hierbei um ein *leibliches* Verstehen handeln, dass den Menschen nicht nur auf einer rational-kognitiven Ebene, sondern in seiner relational verfassten Leiblichkeit begegnet. Damasio verweist uns auf die Funktionsweise des Gehirns, bei der die emotionale Ebene unverzichtbar ist. De Sousa argumentiert, dass Gefühle in Schlüsselszenarien, d. h. in der leiblichen Interaktion mit anderen gelernt werden und als solche dann unser Denken und Urteilen prägen. Beides sind Hinweise darauf, dass das Hören des Predigtwortes und das Feiern der Sakramente zwar auf einen Sinn jenseits blosser Präsenz verweisen muss, aber um wirkliches Verstehen möglich zu machen, eingebunden sein muss in sinnliches, körperliches und leibliches Erleben.

Zum Schluss ist es vielleicht hilfreich in Erinnerung zu behalten, dass das Wort Gottes nicht nur in seiner in Jesus Christus inkarnierten Gestalt, sondern auch in der Gestalt der biblischen Texte und der Gestalt von Predigtwort und Sakrament *verleiblichtes* Wort ist. Die Unausweichlichkeit der leiblichen Einbettung betrifft damit nicht nur das *pro me*, sondern ebenso das *extra nos*.

41 So auch Körtner, Dichtung und Wahrheit, S. 288.

Replik auf das Plädoyer von Christina Aus der Au

Brigitte Enzner-Probst

Performatives Verstehen?

«Verstehen» muss als ein leiblich-kontextuell-gefühlsmässiger Vorgang verstanden werden, auch und gerade in liturgischen Prozessen. Hirn- und Emotionenforschung korrigieren die Engführung protestantischer Predigt- und Hörkultur. Darüber besteht offensichtlich erfreuliche Einigkeit, sowohl in praktisch- wie in systematisch-theologischer Perspektive.[42]

Gleichwohl möchte ich auf dem Hintergrund der erfolgten Antwort meine eigene Fragestellung noch einmal schärfer profilieren. In den letzten Jahrzehnten wurde der Gottesdienst als «Ereignis»[43], als «performative Textinszenierung»[44], als «komplexer Gestaltungszusammenhang» differenziert analysiert.[45] Die Konsequenzen für die liturgisch Verantwortlichen, für das Pfarrpersonal und die mit verschiedenen Rollen im Gottesdienst (Liturg, Sigristin, Organist) Beteiligten wurden pastoralpragmatisch ausgearbeitet.

Weniger durchgängig wurde bislang, wenn ich recht sehe, die Gruppe der Gottesdienst Feiernden untersucht und wenn, dann vornehmlich auf die Rezeption theologischer Inhalte und Überzeugungen fokussiert.[46]

42 Vgl. Karl-Fritz Daiber: Der Körper als Sprache des Rituals, in: Michael Klessman; Irmhild Liebau (Hg.): Leiblichkeit ist das Ende der Wege Gottes. Körper-Leib-Praktische Theologie, Göttingen 1997, S. 231–243.

43 Vgl. Karl-Heinrich Bieritz: Spielraum Gottesdienst. Von der «Inszenierung des Evangeliums» auf der liturgischen Bühne, in: Arnold Schilson; Joachim Hake (Hg.): Drama «Gottesdienst». Zwischen Inszenierung und Kult, Stuttgart/Berlin/Köln 1998, S. 69–101.

44 Vgl. David Plüss: Gottesdienst als Textinszenierung. Perspektiven einer performativen Ästhetik des Gottesdienstes, Zürich 2007, S. 301. Auf die differenzierte Arbeit von Plüss, die die Inszenierungsdimension auch und gerade des reformierten Gottesdienstes in ihrer produktiven Kraft herausarbeitet, werde ich mich im Folgenden immer wieder beziehen. Ich beziehe mich im Folgenden auf seine Definition von «performativ» (a.a.O., S. 99, Anm. 46), der diesen Begriff nicht im sprachpragmatischen, sondern im inszenierungstheoretischen Sinn gebraucht.

45 Vgl. a.a.O., S. 309.

46 Vgl. Christian Schwarke: «Oder so, ne?» Zur Glaubenslehre der distanzierten Kirchenmitglieder, in: Joachim Matthes (Hg.): Fremde Heimat Kirche – Erkundungsgänge, Beiträge und Kommentare zur dritten EKD-Untersuchung über Kirchenmitgliedschaft, Gütersloh 2000, S. 261–276. Schwarke zeigt anhand von narrativen Interviews zu Glaube, Kirche, Religion und Christentum auf, wie sehr sich bei den Befragten ein eigenständiger, «mündiger» Umgang mit den protestantischen Glaubenstraditionen nachweisen lässt. Darüber hinaus wurden Gottesdienste im Kontext feministischer Theologie untersucht. Vgl. etwa Ute Grümbel: «Für euch gegeben»? Erfahrungen und Ansichten von Frauen und Männern. Anfragen an Theologie und Kirche, Stuttgart 1997. Aber auch hier geht es um die Befragung hinsichtlich der vermittelten Glaubensinhalte. In jedem Fall wird deutlich, wie gross die Diskrepanz zwischen der Gestaltungsintention, den vermittelten Inhalten und der Rezeption ausfällt. Mir selbst hat sich diese Erkenntnis in meiner Analyse von Frauenliturgien aufge-

Wie vollzieht sich dem gegenüber der Prozess des individuellen und gemeinschaftlichen Verstehens, wenn mehr und mehr performative Gestaltungselemente im Gottesdienst wirksam werden bzw. die performative Dimension des Gottesdienstes bewusster wahrgenommen, stärker betont und ausgeweitet wird?[47] Wenn, wie etwa in der liturgischen Praxis von Frauen innerhalb der Frauenliturgiebewegung der performative gemeinschaftliche Gestaltungs- und Verstehensprozess sich einander annähert? Gegenüber einem von einer bestimmten Position aus möglichen Akt des Verstehens erscheint mir das Konzept eines «Verstehens im Mitgehen» als dem performativen liturgischen Prozess angemessener. Wie könnte dieses aussehen?

Drei Aspekte, die für ein solches performatives Verstehen wichtig sein könnten, möchte ich dabei zur Diskussion stellen.

Performatives Verstehen durch Berührtwerden und Expression

Performativ gestaltete Gottesdienste eröffnen «Schwingungsräume», «Atmosphären»[48], Zeit-Räume also, in denen Menschen auf die unterschiedlichste Weise berührt werden können[49] – durch Symbole, Rituale, Bilder, Worte, durch Musik und Texte, durch das Ensemble im Ganzen.[50]

Dieses Berührtwerden führt zunächst zur eigenleiblichen, inneren Wahrnehmung.[51] Das szenische Verstehen, das der menschlichen Wahrnehmung als eine

drängt. In den vorwiegend performativ gestalteten, offenen Gottesdiensten der Frauenliturgiebewegung fällt das gemeinschaftliche Gestalten, Interpretieren (Verkündigen) und Rezipieren (Sich-Aneignen, Verstehen) fast ununterscheidbar zusammen. Vgl. Brigitte Enzner-Probst: Frauenliturgien als Performance. Die Bedeutung von Corporealität in der liturgischen Praxis von Frauen, Neukirchen 2008, Kap. VII. 4. Die performativ-rekonstruktive Kraft des Corporealen, S. 383–395.

47 Auf die Notwendigkeit, mittels qualitativ-empirischer Methoden Gottesdienstbesucherinnen «nach ihrem liturgischen Erleben zu befragen und die Ergebnisse mit der mittels Video-Analysen erhobenen Gestaltung zu konfrontieren und zu reflektieren», weist Plüss ganz am Ende seiner Arbeit hin (Plüss, Gottesdienst, S. 321).

48 Vgl. a.a.O., S. 196f. Vgl. dazu grundlegend Gernot Böhme: Atmosphäre. Essays zur neuen Ästhetik, Frankfurt a.M. 1995.

49 Vgl. Plüss, Liturgische Atmosphärenräume. Der Vergleich mit der Thomasmesse oder dem Bibliolog kann hier das Gemeinte verdeutlichen, insofern die performativen Freiräume für eigene Gestaltung und Raum für «Begreifen durch Handeln» eingeräumt werden. Vgl. Wolfgang Teichert: Wenn die Zwischenräume tanzen. Theologie des Bibliodramas, Stuttgart 2001. Zur Bedeutung des Bibliologs als einer liturgisch zu integrierenden Form der Schriftauslegung, die solche Aneignungsräume bereitstellt vgl. Uta Pohl-Patalong: Bibliolog. Gemeinsam die Bibel entdecken, im Gottesdienst, in der Gemeinde, in der Schule, Stuttgart 2007.

50 Zugleich ist mit Plüss die bleibende Differenz zwischen dem liturgisch zentralen Gottesereignis und der liturgischen Inszenierung festzuhalten. Vgl. Plüss, Liturgische Atmosphärenräume, S. 160: «Gottesdienste und Predigten […] versuchen, seinem Ereignen Möglichkeitsräume zu eröffnen […]»

51 Vgl. Ilse Orth; Hilarion G. Petzold: Zur «Anthropologie des schöpferischen Menschen», in: Hilarion G. Petzold; Johanna Sieper (Hg.): Integration und Kreation, Paderborn 1993, S. 93–116.

anthropologische Konstante eingestiftet ist,[52] antwortet auf das Angerührtsein.[53] Beides zusammen lässt sich als vielschichtig-personales Erleben beschreiben. Ein Beispiel aus der Vorbereitung eines Weltgebetstages mag das Gemeinte verdeutlichen:

Frauen treffen sich, um sich mit der biblischen Geschichte der Witwe von Sarepta auseinanderzusetzen. Wohlbekannt, oft gehört – die arme Witwe […]. Eine der Teilnehmerinnen erzählt: «Eine grosse Holzfigur stellte die Witwe dar. Verschiedenfarbige Tücher lagen bereit. Wir sollten die Figur mit diesen Tüchern bekleiden. Und es war seltsam, als ich die Tücher mit den verschiedenen Farben eines nach dem anderen um sie legte, begriff ich plötzlich etwas: diese Frau war nicht immer eine Witwe, sie war auch einmal eine junge Frau gewesen, mit Hoffnungen vom Leben, frisch verheiratet, mit kleinen Kindern. Und dann kam Unglück nach Unglück. Und erst am Schluss war sie das – eine Witwe. Als ich die verschiedenfarbigen Tücher um die Figur herum drapierte, begriff ich, wie vielschichtig diese Person ist – und wie vielschichtig sie zu mir, einer heutigen Frau redet. Ihre Geschichte ergriff mich.

Handelnd, be-greifend werden wir von etwas ergriffen, das aus dem Innersten, dem Raum der eigenen Erinnerungen, der Schmerzen und Hoffnungen auf das Begreifen als ein Berührtwerden antwortet.[54] Verstehen wird deutlich als Berührtwerden im Be-greifen, durch Handeln.

52 Vgl. Plüss, Gottesdienst, II. Teil, in der er die Umrisse einer «Szenischen Anthropologie» beschreibt, von der her deutlich wird, warum die performative Dimension für jeden Gottesdienst unverzichtbar ist.

53 Zur Bedeutung von Resonanz als Grundlage performativer Kommunikation vgl. Enzner-Probst, Frauenliturgien als Performance, darin besonders der Abschnitt «Frauenliturgien als Resonanzgeschehen», S. 258–276.

54 Orth; Petzold, «Anthropologie», verweisen auf Merleau-Ponty und Plessner als wichtige Vordenker dieser Form des Verstehens (a. a. O., S. 105). Orth; Petzold, «Anthropologie», S. 106: «‹Sprachlose Räume› müssen – wollen wir sie der Bewusstheit zugänglich machen, der bewussten Erfahrung erschliessen – betreten werden […] gleichsam erwandert werden, und dabei muss jeder *Eindruck*, muss alles, was sinnenhaft aufgenommen wird, auch als Resonanz in Form von leiblichen *Regungen* gespürt werden können […] Das Gespürte, Empfundene wiederum kann uns affizieren, berühren, bewegen, so dass *Affekt*, innere Berührtheit und Bewegtheit, ja ein Aufgewühlt- und Erschüttert-Sein entsteht, als Resonanz auf die wahrgenommene Welt, und diese Resonanz will an die Welt zurückgegeben werden. Sie drängt als *emotio* nach aussen, in die *Expression* als Herausbewegung, die sich über Mimik, Gestik, Haltung, Bewegung, Handlung, Gestaltung an die Welt vermittelt.» Dabei sind die aufgeschlagene Bibel, Kelch und Patene Symbole, ist die Wasserschale Symbol für einen Ereigniszusammenhang, der erst in der rituellen Handlung in Gang kommt und darin spürbar, begreifbar wird.

Performatives Verstehen durch inszeniertes Handeln[55] in Gemeinschaft

Performatives Verstehen enthält deshalb den Aspekt des «Verstehens durch Mitgestaltung». Alle sind in die Performance mit einbezogen, sind konstruktiv tätig. Das «Wir» der handelnden Gemeinschaft konstituiert sich im gemeinsamen Vollzug gottesdienstlicher Gestaltung. Und dieses gemeinschaftliche Tun wird zugleich zu einem erschliessenden Verstehenszusammenhang.[56] Wieder mag ein Beispiel das Gemeinte deutlicher machen.

Es war in der Kirche St. Anne's in London. Im Gottesdienst sollte nach der Predigt eine Taufe gefeiert werden. Zu meinem Erstaunen erhoben sich alle und zogen in einer gemeinsamen Prozession mit der Pfarrerin, den Taufeltern und -paten zum Taufstein, der in einer Ecke des hinteren Kirchenraums platziert war. Was mir zunächst nur wie eine unerhebliche Unterbrechung des gottesdienstlichen Verlaufs vorkam, blieb mir doch eindrücklich im Gedächtnis.

Erst in der Explikation allerdings, als ich davon erzählte, wurde mir deutlich, warum mich dieses Ereignis so berührt hatte: Wir standen leiblich-gemeinschaftlich «hinter den Taufeltern», als diese ihr Kind zur Taufe brachten. Wir stärkten sie, wir bekräftigten im Tun, dass dieses Kind nun Teil der grösseren Gemeinschaft geworden war. Gemeinschaftliches Tun (Prozession), Impression und Explikation führten für mich zu einem tieferen Verständnis dessen, was das Taufgeschehen ausdrückt.

Performatives Verstehen durch Vielstimmigkeit und Austausch

Die Impression, das individuelle Angerührtsein drängt zur Expression, die eigenleibliche Wahrnehmung zum Erzählen, Bebildern, Gestalten. Erst in der Explikation meiner kontextuellen Sinnerfahrung wird mir mein eigenes Erleben gegenständlich, anschaubar. Ich kann mich dazu verhalten.[57] Andernfalls bleibt es beim blossen «Erlebnis», das seinerseits jedoch nicht in die Erkenntnis kommt.

Zugleich wird im Konzert der Äusserungen der anderen ein «Polylog», eine Vielstimmigkeit hörbar, die meine Perspektive als eine wichtige, aber eben als eine

55 Dies drückt das deutsche Wort «Wahr-nehmen» aus, in dem die handelnde, begreifende, ausgreifende Perspektive noch enthalten ist. Darin ist zugleich die Ausrichtung auf den Alltag eingeschlossen, ein Ausgreifen und Handeln, das wesentlich zum Gottesdienst gerade auch in seiner performativen Struktur gehört. Vgl. Enzner-Probst, Frauenliturgien als Performance, S. 405 f.

56 Dieser Dimension entspricht in traditionellen Gottesdiensten das gemeinsame Singen. Es muss jedoch aufgrund der vorgegebenen Liedauswahl und -tradition bezweifelt werden, ob sich allein dadurch schon das eigene «Mitgestalten» aktivieren lässt.

57 Vgl. wieder Plüss, Gottesdienst, S. 90 f., der im Verweis auf Plessner u. a. die Notwendigkeit der Selbstinszenierung des Menschen betont, der nur so sich seiner selbst, auch der eigenen Gegenwart, ansichtig wird.

unter mehreren deutlich macht.[58] Erst im Hören aufeinander, im Austausch und im Prozess der gemeinsam voranschreitenden Erkenntnis erfolgt die, wie Michail Bachtin sagt, gemeinschaftliche «Sinngeburt».[59]

In protestantischer Gottesdiensttradition dagegen ist es die Predigt allein bzw. die predigende Person, die die genannten Ermöglichungsräume für performatives Verstehen im homiletischen Sprach- und Hörprozess selbst schaffen und füllen soll.[60] Wiederum stellt sich die Frage – ähnlich wie im Blick auf Agenden – ob dies nicht in den gegenwärtigen Zeiten spätmoderner Individualisierungsprozesse eine Überforderung darstellt. Demgegenüber werden die performativen Gestaltungsräume der Einzelnen, die räumlichen Atmosphären, die Zeiträume der inneren Aneignung, aber auch der Expression und des gemeinschaftlichen Austauschs immer wichtiger. Verstehen, das sich dem performativen Geschehen anschmiegen soll, braucht Zeit und Raum.

Die Pfingstgeschichte verlegt nicht ohne Grund die Konstitution christlicher Kirche in einen ersten performativen Gottesdienst. Pfingsten erzählt die Geburt der christlichen Gemeinschaft (Kirche) aus dem Gottesdienst. Die Bedingungen für das Sich-Ereignen des Geistes sind klar und entsprechen den Bedingungen, die für einen performativen Gottesdienst heute gelten würden: Alle sind einmütig versammelt und warten, warten darauf, dass sich ereignet, was verheissen ist. In den Phänomenen von Wind und Feuer werden Frauen wie Männer berührt und ergriffen. Zugleich begreifen sie und müssen davon erzählen. In ihrer jeweiligen Sprache erzählen sie, was sie begriffen haben – und werden verstanden. Erst dann erfolgt in der lukanischen Gestaltung der Apostelgeschichte die Predigt des Petrus, die diesen vielstimmigen Prozess bündelt, mit dem Verweis auf Tradition einbindet in eine grössere Heilsgeschichte und zugleich den Blick in die Zukunft richtet.

Sicher haben wir Heutigen im Vergleich zu diesem ersten Pfingstgottesdienst «nur» über solche verschriftlichte und damit symbolisch aufbewahrten Erzählungen Zugang zu den damaligen Ereignissen. Dennoch ist es gerade deshalb notwendig, durch die Ermöglichung von Schwingungs- und Klangräumen, in einer Atmosphäre des Erwartens, der Stille, der Erwartung, durch Berühren, Expression und gemeinschaftliches Handeln dem Ereignis auch heute Raum zu verschaffen so, dass es zu einer individuellen und zugleich gemeinschaftlichen Aneignung kommen kann. Die Predigt als Verleiblichung des Textes im Sprach- und Hörereignis ist zunächst ein weiteres Medium des Verstehensraumes, der auf vielerlei Weise eröffnet wird. Andererseits gewinnt sie eine neue Bedeutung, insofern sie, wie in

58 Vgl. dazu Mikhail Bakhtin: Heteroglossia in the Novel, in: Simon Denith: Bakhtinian Thought, London 1995, S. 195–224. Bachtin (so der Name in der deutschen Schreibweise), ein russischer Kulturphilosoph in der Zeit Stalins, betont die Notwendigkeit der Polyphonie, der Heteroglossia, weil nur sie vor der Diktatur des Monologs schütze.

59 Vgl. Enzner-Probst, Frauenliturgien als Performance, S. 422–433.

60 So etwa der Ansatz von Martin Nicol: Einander ins Bild setzen. Dramaturgische Homiletik, Göttingen 2002.

Apg 2,14–36 gezeigt, die gemeinschaftliche «Sinngeburt» verdichtet, fördert und zeigt.

Das Konzept einer performativen liturgischen Hermeneutik und Didaktik

Um eine solcherart performativ konzipierte liturgische Hermeneutik und Didaktik auszuarbeiten, müssen die bislang praktisch-theologisch rezipierten Ergebnisse textbezogener wie theatraler Rezeptionsästhetik[61] performativ erweitert werden. Eine solche Hermeneutik muss fähig sein, metatheoretisch dem prozessualen Verlauf eines Gottesdienstes, den vielschichtigen Gestaltungs-, Deutungs-, und Kommunikationsprozessen adäquat zu folgen und diese theoretisch abzubilden. Hier scheint mir der eigentliche Mehrwert und die Bedeutung performativer liturgischer Hermeneutik und Didaktik im Blick auf eine Neukonzeption liturgischen «Verstehens» zu liegen. Ihre Eigentümlichkeiten immer genauer zu erfassen und theologisch zu begründen, lohnt meines Erachtens die Mühe.

Antwort auf die Replik von Brigitte Enzner-Probst

Christina Aus der Au

Geisterfülltes Verstehen!

Brigitte Enzner-Probst fragt nach dem Prozess des individuellen und gemeinschaftlichen Verstehens im performativ gestalteten Gottesdienst. Sie verweist auf drei Möglichkeiten, im aktiv-rezeptiv ganzheitlichen Erleben im Berührtwerden und der daraus resultierenden eigenleiblichen Wahrnehmung, im aktiv-schöpferischen Wahrnehmen durch Mitgestaltung und gemeinsamem Tun und schliesslich in der nachträglichen Expression und Explikation, in der ich mich zu meinem Erleben nochmals verhalten kann. Hier schärft und korrigiert sich mein Verstehen am Verstehen der anderen, und hier – so verstehe ich Brigitte Enzner-Probst – kommt auch der Kopf wieder zu seinem Recht.

Damit so allerdings nicht das Verstehen eine innerweltliche Sache bleibt, wenngleich auch pluralistisch und plurivok, muss zum Schluss nochmals ein

61 Vgl. etwa das Konzept des «impliziten Lesers» in Wolfgang Iser: Der implizite Leser. Kommunikationsformen des Romans von Bunyan bis Beckett, Stuttgart ³1994; ders.: Der Akt des Lesens. Theorie ästhetischer Wirkung, München ²1984; vor ihm schon entfaltet von Hans Robert Jauß: Wege des Verstehens, München 1994, der seinerseits die Wirkung (performative Dimension) literarischer Werke thematisiert. Vgl. für das Theater Erika Fischer-Lichte: Ästhetik des Performativen, Frankfurt a.M. 2005.

Gedanke aus ihrem ersten Text aufgenommen werden: «Liturgietheologisch wird damit die *pneumatologische* Dimension des Gottesdienstes betont. Gerade die systematische Theologie ist herausgefordert, Kriterien zu erarbeiten, um den Gottesdienst als einen *geisterfüllten* gemeinschaftlichen Gestaltungs-, Deutungs- und Verstehensprozess deuten – und unterscheiden zu können.»[62] Auch in ihrer Replik hat Brigitte Enzner-Probst nochmals darauf hingewiesen, wie der erste Pfingstgottesdienst sowohl den je individuellen Sinnfindungsprozess in der eigenen Sprache als auch die gemeinschaftliche Sinngeburt in der Predigt beinhaltet.

Nur wenn in diesem individuellen und gemeinschaftlichen Verstehen, sei es nun erfahrend, handelnd oder reflektierend im Austausch miteinander, der Heilige Geist wirkt, kann theologisch von Verstehen gesprochen werden. Nur wenn das Verstehensgeschehen nicht immanent bleibt, verstehen wir *etwas,* nämlich Gottes Anrede an uns; nur wenn darin menschliches Verstehen letztlich göttliche Aktivität bleibt, kann sich wirklich Verstehen ereignen.

Aber droht, wenn man darauf besteht, nun nicht die Gefahr, wieder hinter die Leiblichkeit, hinter all das performativ-theoretisch Erreichte und Erkannte zurückzufallen? Ist der Verweis auf die Notwendigkeit des Geistes (und womöglich noch des Logos) nicht wieder eine Verengung auf das der menschlichen Leiblichkeit Entzogene?

Der Geist nicht ohne Leiblichkeit: das «Extra Calvinisticum»

Hier bietet sich für die Reformierten ein Theologoumenon an, das sehr zu Unrecht dogmatischen Staub angesetzt hat: das «Extra Calvinisticum». Dahinter verbirgt sich die Überzeugung Calvins (und nicht nur Calvins, sondern auch schon Augustins und Thomas von Aquins[63]), dass Gottes Sohn zwar in Jesus Christus Mensch wurde, aber dabei nicht aufhört, Gott zu sein, so dass Christus immer auch «extra», «ausserhalb» seiner Inkarnation in Raum und Zeit präsent war und ist. In Calvins eigenen Worten: «Das ist das grosse Wunder: der Sohn Gottes ist vom Himmel herniedergestiegen – und hat ihn doch nicht verlassen; er ist aus der Jungfrau geboren worden, ist auf der Erde gewandelt, ja er hat mit seinem Willen am Kreuze gehangen – und doch hat er immerfort die ganze Welt erfüllt, wie im Anfang!»[64]

Genau genommen müsste es eigentlich «Etiam Extra Calvinisticum» heissen, das calvinistische «Auch Ausserhalb». Weder Calvin noch die Kirchenväter haben je behauptet, dass Gott *nicht* Mensch geworden sei; im Gegenteil! Sie wollten die Menschlichkeit Christi gerade dadurch bewahren, dass sie – in der Reformation

62 Zweite Hervorhebung CA.

63 Zum Folgenden ausführlicher: Christina Aus der Au: Das Extra Calvinisticum – mehr als ein reformiertes Extra?, in: Theologische Zeitschrift 4/64 (2008), S. 358–369.

64 Johannes Calvin: Institutio Christianae Religionis, hg. v. O. Weber, Neukirchen 1955, II, 13, 4.

dann vor allem gegen die Lutheraner – die göttlichen Attribute wie Ubiquität[65] und Herrschaft ausschliesslich auf dessen göttliche Natur beschränkten. Wenn es wirklich Gott ist, der sich in Jesus Christus offenbart, dann kann die Wirklichkeit dieses Gottes nicht in der Menschheit Jesu aufgehen. Das Endliche kann das Unendliche nicht fassen. So kann Gottes Wirklichkeit nicht in einen menschlichen Leib eingeschlossen werden, sondern bleibt immer auch ewiger Sohn Gottes, der während der irdischen Geschichte Jesu Christi weiterhin im Himmel präsent ist und dort regiert.

Dies gilt aber nun konsequent auch umgekehrt. Es bedeutet, dass von Christi Gegenwart nicht mehr unter Absehung von seiner konkreten Menschlichkeit geredet werden kann.[66] Der zur Rechten Gottes erhöhte Christus ist mit uns durch seinen Geist. Dabei steht der Geist aber nicht für «Gott an und für sich», sondern er vertritt den in Jesus von Nazaret *Mensch gewordenen* Gott. In diesem Geist ist der ganze Christus mitsamt seiner Menschlichkeit – und damit mitsamt seiner menschlichen Leiblichkeit – gegenwärtig.

Verstehen durch den Geist: *extra nos, pro me, in nobis*

Jesus Christus sitzt nach Pfingsten zur Rechten Gottes des Vaters. So kann sich die geschichtliche Vergangenheit des irdischen Jesus nicht unmittelbar zur Gegenwart verhalten, sondern sie muss uns in einer neuen Gestalt je und je zum Ereignis werden. Diese neue Gestalt ist der immer schon präsente Geist Christi, der die Gegenwart des menschgewordenen Christus immer wieder neu in der heutigen Welt schafft. Das räumlich Getrennte, nämlich Christus zur Rechten Gottes und die Welt hier, kann durch den Heiligen Geist zu einem Leib zusammenwachsen.[67] Diese neue Einheit realisiert sich leibhaftig in der Existenz der Gemeinde – was sich auch in Calvins Abendmahlsverständnis manifestiert. Der Geist vereinigt die Gemeinde im Abendmahl mit dem erhöhten Christus. Er ist aber nicht nur das Band, das uns mit Christus verbindet, sondern auch, so Calvin mit Verweis auf Chrysostomos und Paulus, der Kanal, durch den alles, was Christus ist und hat – also auch seine Menschlichkeit –, zu uns gelangt, «so dass wir mit Leib, Seele und Geist mit ihm eins werden».[68]

Die Leiblichkeit Jesu Christi, welche im Geist erhalten bleibt, berührt und erfasst die Gottesdienstgemeinde, und sie vermittelt und ermöglicht das Gemeinsame und das Individuelle im Verstehen. Die heute zu Recht eingeforderte Perfor-

65 D. h. die Allgegenwart Gottes.

66 So auch Karl Barth: «Post Christum aber, im Rückblick auf die Inkarnation, kann diese Aussage [sc. «Dass die Gottheit ‹ausserhalb›, extra, der Menschheit Jesu Christi ist»] nur eine Aussage des Unglaubens sein.» Karl Barth: Die christliche Lehre nach dem Heidelberger Katechismus. Vorlesung gehalten an der Universität Bonn im Sommersemester 1947, Zollikon-Zürich 1948, S. 71.

67 Calvin, Institutio, IV, 17,2.

68 A. a. O., 17,12.

mativität des Gottesdienstes ist nicht nur von der Leiblichkeit des Menschen, sondern ebenso von der Leiblichkeit des Geistes Jesu Christi her gefordert. Eine Verengung auf ein kognitiv orientiertes Lehren und entsprechendes Verstehen des Wortes entspricht weder den biologischen Voraussetzungen auf Seiten der Hörenden noch dem Bekenntnis zu einer Pneumatologie, welche die Leiblichkeit nicht aus-, sondern entschieden und konkret miteinschliesst. Der Geist *in nobis,* der jede und jeden der Gottesdienstteilnehmenden in ein Leib, Gehirn und Seele umfassendes Verstehen *pro nobis* – oder besser noch: *pro me* – hineinnimmt, bleibt umgekehrt derselbe, welcher auch die gemeinschaftliche «Sinngeburt» wirkt, die das *extra nos* des unverfügbaren Gottes bezeugt.

Dieser Geist allerdings bleibt letztlich unverfügbar. Nicht jedes subjektiv erfahrene und performativ unterstützte Berührtwerden im Gottesdienst ist an sich schon geistgewirkt, ebenso wenig wie jede dogmatisch korrekte Predigt als solche schon geisterfüllt sein muss. Es wäre allerdings heikel, hier entsprechende Kriterien sozusagen als Checkliste aufzählen zu wollen – womöglich noch im Rahmen eines Qualitätskonzeptes Gottesdienst. «Gott kann durch den russischen Kommunismus, durch ein Flötenkonzert, durch einen blühenden Strauch oder durch einen toten Hund zu uns reden»[69], schreibt Karl Barth. Und er kann durch einen Gottesdienst – sei er nun performativ oder anders – zu uns reden. Menschliches Verstehen wird dort möglich, wo wir vom Geist an Leib und Seele und Geist erfasst werden. Ob Gott aber wirklich dort geredet hat, wo wir etwas verstanden zu haben glauben, das kann nicht anders als in unserer Antwort, und das heisst: in und mit unserem ganzen Leben, sichtbar werden.

69 Karl Barth, Die Kirchliche Dogmatik I,1, Zürich, 1932, § 3 I.

Lectio continua oder Perikopenordnung?

Das fortlaufende Predigen biblischer Bücher

Franz Christ

Es ist eine Eigenart reformierter Gottesdienste, dass in ihnen grössere Zusammenhänge biblischer Texte fortlaufend ausgelegt werden können. Wer die Predigt vorzubereiten hat und in einem regelmässigen, nicht zu grossen Abstand die Kanzel besteigt, kann mit einer erstaunlichen Hörbereitschaft rechnen, wenn die Predigt in einem Bibeltext fortfährt, auch wenn die auszulegenden Texte manchmal lang sind. Jede solche Predigt muss für sich verständlich sein. Doch sie beruht auf der Voraussetzung, dass die Gemeinde auch in einer teilweise wechselnden Zusammensetzung einen Weg mitgeht, der sie von Mal zu Mal weiterführt. Die Wahl des biblischen Zusammenhangs liegt in der grossen Freiheit des Predigtamtes, das sich selber und die hörende Gemeinde durch diese Wahl für eine bestimmte Zeit bindet und so der Willkür einer Auswahl herausgepickter Lieblingstexte entnimmt.

Solches fortfahrendes Auslegen steht aber zwangsläufig im Gegensatz zur Predigt kirchlich festgelegter Perikopen. Nicht zufällig hat die sogenannte *lectio continua* daher in der reformierten Tradition, die keinen Perikopenzwang kennt, ihre stärkste Ausprägung gefunden. Wer sie übt, tut es aber nicht nur aus Tradition, sondern in der Überzeugung, dass eine Auslegung im Zusammenhang jedem Text besser gerecht wird. Als gelegentlicher Autor von «Göttinger Predigtmeditationen» habe ich die Erfahrung gemacht, dass die vorgeschlagene Abgrenzung des Predigttextes oft problematisch ist. Das Plädoyer für die *lectio continua* enthält unvermeidlich eine hier nicht weiter ausgeführte Kritik am Prokrustesbett mancher Ordnungen gottesdienstlicher Lesungen, wobei gar nichts gegen die echten Perikopen im formgeschichtlichen Sinn gesagt sei, wie sie in den Evangelien zu finden sind.

Ich versuche, die Praxis der *lectio continua* zu überdenken und als einer, der sie vierzig Jahre lang geübt hat, von ihr Rechenschaft abzulegen. Zuerst frage ich nach dem Ursprung. Dann erwähne ich einige Vorbilder. Anhand einiger Beispiele entwerfe ich schliesslich eine Homiletik fortlaufender Predigten. Vorweg muss aber der Begriff der *lectio continua* noch genauer bestimmt werden.

Zum Begriff *lectio continua*

Im weitesten Sinne könnte jede Form von Reihenpredigten eingeschlossen werden. Von Charles Haddon Spurgeon liegen «Sermons on Women of the Old Testament» und «Sermons on Women of the New Testament» und viele andere Sammlungen vor.[1] Lukas Spinner hat 1989 «Baum-Predigten», 1991 «Wasser-Predigten» und 2005 «Was Frauen sagten» publiziert.[2] Wir konzentrieren uns hier aber auf die Serienpredigten, die dem Faden eines biblischen Buches oder eines seiner Teile folgen.

Im strengen Sinne des Begriffs ist die *lectio continua* «die fortlaufende Lesung eines biblischen Buches oder eines grösseren Abschnittes daraus an aufeinanderfolgenden Gottesdiensten, ohne dass Stücke ausgelassen, übersprungen oder in einer Reihenfolge gelesen werden, die nicht dem Texte des Buches entspricht».[3] Davon zu unterscheiden wäre die *lectio semicontinua* oder Bahnlesung: eine Folge von Lesungen aus einem biblischen Buch, die Stücke ausspart und überspringt. Mit dem Begriff der Eklogadie bezeichnet man ein aus dem Zusammenhang eines biblischen Buches herausgegriffenes Stück, also nichts anderes als eine Perikope. Im Besonderen wird aber damit ein Abschnitt benannt, der aus einer *lectio continua* herausgenommen und einem bestimmten Tag zugeordnet und daher in der fortlaufenden Lesung übersprungen wird. Wer z.B. ein ganzes Evangelium auslegt, wird nicht darum herumkommen, einzelne Perikopen wie die Geschichten von der Geburt oder der Kreuzigung Jesu eklogadisch in der Weihnachts- oder in der Passionszeit zu predigen.

Heute werden Serienpredigten gemäss dem Dienst-Rhythmus der Predigenden oft in einem Abstand von vierzehn Tagen gehalten. Obwohl dies dem Begriff der *lectio continua* im strengen Sinn widerspricht, rechnen wir diese Form noch dazu, da sie derselben Tradition verpflichtet ist und die ihr innewohnenden Chancen nutzt.

Der Ursprung der *lectio continua*

Die Anfänge der *lectio continua* sind umstritten. Immer wieder ist behauptet worden, sie stamme direkt aus dem synagogalen Gottesdienst und sei die ursprüngliche Form einer Leseordnung der Kirche gewesen.[4]

Nun zeigt die Verlesung der Tora durch Esra (Neh 8), dass der eklogadische Gebrauch der Schrift dem kontinuierlichen vorausgegangen ist: Die Eklogadie ist ursprünglicher als die *lectio continua*. Aber schon zur Zeit Jesu wurde im Gottesdienst der Synagoge die Tora fortlaufend gelesen und ausgelegt. In Palästina bildete sich der dreijährige Zyklus heraus mit einer Einteilung der Tora zwischen 153

1 Charles Haddon Spurgeon: Spurgeon's Sermons on Women of the Old Testament, Selected and edited by C.T. Cook, London 1963. Ders.: Sermons on Women of the New Testament, Selected and edited by C.T. Cook, London 1965.

2 Lukas Spinner: Baum-Predigten, Zürich 1989.

3 Gerhard Kunze: Die Lesungen, in: Karl Ferdinand Müller; Walter Blankenburg (Hg.): Leiturgia. Handbuch des evangelischen Gottesdienstes, Bd. 2, Kassel 1955, S. 90.

4 So z.B. Klaus-Peter Jörns: Einleitung, in: ders.: Predigtmeditationen zu Continuatexten. Markuspassion – Hiob – Jona. Beiheft 1 der Göttinger Predigtmeditationen, Göttingen 1985, 8. A, S. 3.

und 167 Paraschen oder Perikopen. Die babylonischen Juden entwickelten den einjährigen Zyklus mit 54 Perikopen und setzten sich damit durch.[5]

Zur Lesung und Lehre des Gesetzes trat dann die Haphtara genannte Prophetenlesung, die an die Parasche anschloss und anfänglich wahrscheinlich selbst die Stelle einer Predigt einnahm und frei ausgewählt werden durfte.[6] So kann der Auftritt Jesu in der Synagoge von Nazaret verstanden werden, wenn es in Lk 4,16 f. heisst, es sei Jesus das Buch des Propheten Jesaja gegeben worden und er habe die Stelle Jes 61,1 ff. «gefunden».

Die Urkirche scheint nun aber allenfalls in Jerusalem den Brauch der Toralesung fortgeführt zu haben. In den heidenchristlichen Gemeinden ist dies kaum denkbar und auch nirgends belegt, wie schon Walter Bauer 1930 sorgfältig und überzeugend dargestellt hat.[7] Die Urgemeinde hat wohl einfach den Sabbatgottesdienst weitergefeiert, «der dann natürlich gemäss dem jüdischen Herkommen geordnet gewesen ist».[8] Neu war, dass die Schrift auf Christus hin ausgelegt wurde. In den häuslichen Mahlfeiern am Herrentag wird aber der Sabbatabschnitt nicht nochmals gelesen worden sein. Da hatte die Überlieferung von Jesus ihren Platz.

In den paulinischen Gemeinden treffen wir nirgends auf Spuren alttestamentlicher liturgischer Lesungen. Die Schriften der Juden werden ehrfürchtig aufgenommen, aber kaum schon im Zusammenhang bekannt geworden sein. *Gerhard Kunze*, dessen Abhandlung über die gottesdienstlichen Lesungen wir hier so weit gefolgt sind, kommt zum Schluss, «dass es nicht stimmen kann mit dem Axiom, die ersten Christengemeinden hätten den synagogalen Brauch der Lesung von Tora und Nebiim formal und inhaltlich übernommen».[9] Vielmehr sei anzunehmen, dass allenfalls Sammlungen von einzelnen Textstellen über den leidenden Gerechten angelegt wurden, die dann für den Schriftbeweis dienten. Aber einen Wortgottesdienst der Gemeinde mit einer Predigt über eine alttestamentliche Lesung habe es ausserhalb Jerusalems nicht gegeben. In den heidenchristlichen Gemeinden seien der Wortgottesdienst und die Mahlfeier anfänglich eine Einheit gewesen. Und die Briefe des Paulus wären schwerlich in anderen als den ursprünglich adressierten Gemeinden verlesen worden, wenn es eine Leseordnung wie die der Synagoge gegeben hätte. Die gottesdienstliche Schriftlesung sieht *Kunze* wurzelhaft und unlöslich verbunden mit der Entstehung der synoptischen Evangelien als literarischer Form. Sie stammt nicht aus der Verlesung der Paulusbriefe, auch wenn diese anfänglich gewiss ganz vorgelesen worden sind. Denn eine solche Ver-

5 Kunze, Die Lesungen, S. 107.

6 Vgl. Alfred Niebergall: Die Geschichte der christlichen Predigt, in: Müller; Blankenburg, Leiturgia, S. 189.

7 Vgl. Walter Bauer: Der Wortgottesdienst der ältesten Christen. Sammlung gemeinverständlicher Vorträge, Tübingen 1930, S. 19.39 ff.

8 Kunze, Die Lesungen, S. 112.

9 A.a.O., S. 119.

lesung war in ihrem Charakter noch vorliturgisch. Die *lectio continua* war also nicht die ursprüngliche Form der gottesdienstlichen Lesung. *Kunze* urteilt, dass sie «sowohl genetisch wie ihrem Wesen nach nicht liturgisch, sondern pädagogisch bestimmt» sei.[10] Der Weg führte also wohl eher von herausgegriffenen Abschnitten über Bahnlesungen zur eigentlichen *lectio continua*. Dabei ist ein sekundärer Einfluss der Synagoge anzunehmen, der erst vom 2. oder 3. Jahrhundert an wirksam wurde.[11]

So überzeugend Kunze (weitgehend im Anschluss an Bauer) die hier kurz referierten historischen Zusammenhänge darstellt, lässt er ein Interesse daran durchblicken, die Perikopenordnung gegenüber den Continua-Predigten als die ursprünglichere und liturgisch gemässere Form zu erweisen. Nun muss aber ergänzt werden, dass – wenn auch nicht in den allerersten Anfängen, so doch in der alten Kirche – die einzelnen Bücher der Bibel im Gottesdienst auch fortlaufend gelesen worden sein müssen. Das lässt sich aus den umfangreichen Kommentaren zu ganzen Büchern des Alten und Neuen Testamentes ersehen, «die uns von verschiedenen Vätern überliefert sind und die nichts anderes sind als die schriftlich festgehaltenen Homilien, die sie im Anschluss an die gottesdienstliche Schriftlesung gehalten haben».[12]

Vorbilder der *lectio continua*

In der Reformationszeit haben sich Zwingli, Oekolampad und Calvin von der Perikopenordnung gelöst. Zwingli begann seine Predigttätigkeit am Zürcher Grossmünster am 2. Januar 1519 mit dem Anfang einer fortlaufenden Auslegung des Matthäusevangeliums. Später wandte er sich in *lectio continua* Apg, 1Tim, Gal, 2Tim, 1Petr und 2Petr sowie Hebr zu. Oekolampad legte den Propheten Jesaja und 1Joh aus. Calvin, der die Zerstückelung des Evangeliums «in kleine Portionen»[13] kritisierte, «stellte in Genf die Lesungen vor den Gottesdienst, in die Zeit also, in der sich die Gemeinde versammelte. Gepredigt wurde über freie Texte.»[14] Luther sah die *lectio continua* für die Wochengottesdienste vor und stellte sie für die Sonntage frei. Er bevorzugte aber selber die herkömmliche Art der Predigt über eine Evangelien- oder Epistelstelle als eine «öffentliche reytzung zum glauben».[15] Von der Auslegung ganzer biblischer Bücher fürchtete er, sie überfordere die ungeübten Pfarrer noch.

10 A. a. O., S. 131.

11 Vgl. Bauer, Der Wortgottesdienst, S. 5.19.

12 Josef Andreas Jungmann: Missarum Solemnia I, Wien/Freiburg/Basel ^{5}1962, S. 510, zitiert nach: Jörns, Einleitung, S. 8.

13 So Calvin nach Jörns, a. a. O., S. 9.

14 Ebd.

15 A. a. O., S. 10; Martin Luther, WA 19, S. 75 (Deutsche Messe).

In der Folge hat sich im lutherischen Bereich die Perikopenpredigt durchgesetzt. Im reformierten blieb die *lectio continua* zumindest immer mitbestimmend. Als Beispiel dafür stehe Friedrich Schleiermacher, der in Berlin in den Frühpredigten durch fast fünf Jahre hindurch das Johannes- und später fast drei Jahre lang bis kurz vor seinem Tod das Markusevangelium fortlaufend ausgelegt hat. Vorausgegangen waren zwei Bahnlesungen über Apg und eine kurze *lectio continua* über die Aussendungsrede Mt 10 sowie Continuapredigten zu Phil und Kol.

Im 20. Jahrhundert sind besonders in den schweizerischen reformierten Kirchen verschiedene Prediger mit ihren Auslegungen biblischer Bücher hervorgetreten. Wegweisend für viele waren die Predigten von Walter Lüthi und von Eduard Thurneysen. Ich erwähne nur Lüthis Auslegung des Joh von 1942 und Thurneysens Predigten über Phil von 1943. Weitere Beispiele für die Continuapredigt waren Georg Mangolds Galater-, Werner Pfendsacks Offenbarungs-, Kurt Martis Markus- und Werner Reiser Hiobspredigten.[16] Diese Beispiele nenne ich stellvertretend für viele andere, die nicht publiziert worden sind. Karl Barth hat nur kürzere Bahnlesungen gemacht, z.B. über Gen 1 oder Joh 1 oder Jes 52 und 53. Er hat eine ganz andere Form öfter gepflegt, nämlich dass er über denselben Text drei, vier Mal hintereinander gepredigt hat.

Bemerkenswert ist, dass sogar die der Perikopenpredigt verpflichteten Göttinger Predigtmeditationen die Markuspassion für eine *lectio continua* bearbeitet haben.[17] Gegen den Austausch der Perikopen mit einer Reihe erhob sich aber Protest. Neuere Versuche erschienen in Beiheften. Sie warben für die uns wohlvertraute Praxis: «Bisher ungenutzte Möglichkeiten bietet die häufig in den Hintergrund geratene Continua-Predigt. Deshalb erscheint dieses Alternativangebot zur üblichen Predigtreihe.»[18]

Homiletische Überlegungen zur *lectio continua*

Zur Homiletik der *lectio continua* haben sich Lüthi und Thurneysen in den erwähnten Predigtpublikationen geäussert. Beide Reihen stammen aus der Zeit des Zweiten Weltkriegs, einer Zeit, in der nach Thurneysens Vorwort das Bedürfnis ganz neu wach wurde, «nicht so sehr nur einzelne Predigten zu lesen, als viel-

16 Walter Lüthi: Johannes. Das vierte Evangelium, ausgelegt für die Gemeinde, Basel 1942; Eduard Thurneysen: Der Brief des Paulus an die Philipper, ausgelegt für die Gemeinde, Basel 1943; Georg Mangold: Der Galaterbrief, ausgelegt für die Gemeinde, Basel 1957; Werner Pfendsack: Dem Ziel entgegen. Eine Auslegung der Kapitel 11–22 der Offenbarung des Johannes, Basel 1959; ders.: Der Herr ist nahe. Eine Auslegung der Kapitel 1–11 der Offenbarung des Johannes, Basel 1963; Kurt Marti: Das Markus-Evangelium, ausgelegt für die Gemeinde, Basel 1967; Werner Reiser: Hiob. Ein Rebell bekommt recht, Stuttgart 1991.

17 Göttinger Predigtmeditiationen 27 (1972/73).

18 Jörns, Predigtmeditationen zu Continuatexten, Göttinger Predigtmeditiationen 86 (1985), Beiheft 1, rückseitiger Klappentext.

mehr ein biblisches Buch als Ganzes zu sich reden zu lassen. Erst so tritt die Botschaft des Evangeliums in ihrem ganzen Geheimnis und in ihrer ganzen Wirklichkeit, in ihrer Fülle und in ihrer Einfalt in Erscheinung.»[19] Lüthi streicht bei der Publikation seiner 42 Predigten zu Joh, die vor der Auslegung auffallend langer Texte nicht zurückschrecken, die besondere Bedeutung der *lectio continua* noch deutlicher heraus: «Es handelt sich hier um Predigten, die in den letzten Jahren unmittelbar vor Kriegsausbruch und vor allem während des Krieges hier in der Grenzstadt Basel, ‹am Rande des Kraters›, gehalten worden sind. Diese besondere Entstehungszeit hat an den Predigten mehr oder weniger deutliche Spuren hinterlassen [...] Ein auch nur oberflächlicher Blick in die Kapitel lässt jenen Wechsel von bildhafter Erzählung und lehrhafter Rede erkennen, der dem vierten Evangelisten so eigen ist. Dabei ist vor allem in den ersten zehn Kapiteln die Anordnung so, dass in der Regel am Eingang des Kapitels eine konkrete Erzählung steht, welcher dann eine oft sehr umfangreiche lehrhafte Rede folgt. Diese Eigenart des vierten Evangelisten bedeutet eine gewisse Gefahr für jeden Bibelleser, vor allem auch für den Prediger. Die Versuchung ist gross, dass man – so wie man beim Genuss der Spargel die weiche Spitze geniesst und den härteren Schaft weglegt – beim bildhaften Eingang des Kapitels stehen bleibt und den lehrhaften Hauptteil und Schluss liegenlässt. Das ist deswegen ein grosser Schaden, weil sehr oft just vom lehrhaften Teil des Kapitels her das eigentliche, umfassende Licht auf den bildhaften Eingang fällt [...] Die grossen Umrisse und Horizonte werden eben erst sichtbar, wenn man nicht bei einer willkürlichen Auslese stehenbleibt, sondern die Kapitel ganz und im Zusammenhang liest.»[20]

Die Evangelien sind in der Tat der Inbegriff eines Textzusammenhangs für eine *lectio continua*. Nicht nur darum, weil der gottesdienstliche Brauch fortlaufender Lesung und Predigt wahrscheinlich von ihnen ausging. Die synoptischen Evangelien weisen eine Perikopenstruktur auf, welche die fortgesetzte Auslegung sehr erleichtert. Die Abgrenzung der Abschnitte fällt nicht schwer. Andererseits erschliesst die Betrachtung im Zusammenhang erst die Bedeutung, welche die formgeschichtlich gut abgrenzbaren Einheiten durch die Komposition des Ganzen bekommen haben. So verdient z. B. für das Verständnis des Jesuswortes über die Ehe (Mk 10,2–9) Beachtung, dass es zusammen mit dem Wort über die Kinder und der Begegnung mit dem reichen jungen Mann, in der das Verhältnis zum Besitz thematisch wird, etwas wie eine Weisung für das christliche Haus bildet. Am Schluss des Zusammenhangs heisst es: «Bei Menschen ist es unmöglich, nicht aber bei Gott. Denn alles ist möglich bei Gott.» (Mk 10,27). Dieses Wort ist für den homiletischen Zugang zur Spitze des Textes «[...] und die beiden werden ein-Fleisch sein» (Mk 10,8) – eine Eheperson! – angesichts der nicht nur oft krisenge-

19 Thurneysen, Der Brief des Paulus an die Philipper, S. 7f.
20 Lüthi, Johannes, S. 4f.

schüttelten, sondern auch grundsätzlich in Frage gestellten Ehe eine wesentliche Hilfe.

Wenn die *lectio continua* eines Evangeliums sich abgesehen vom eklogadischen Vorgriff oder Rückgriff für die Feiertage verhältnismässig frei in den Ablauf des Kirchenjahres fügen lässt, so empfiehlt sich zumal für andere biblische Geschichten eine sorgfältige Terminierung im Jahreslauf. Ich habe gute Erfahrungen damit gemacht, einen Zusammenhang in einen Jahresbogen einzufügen und mit dem Kirchenjahr zu verknüpfen. Ob Erzählung, Prophetenbuch oder Brief – nach dem Einstieg und der Exposition der Thematik kommt der entscheidende Wendepunkt, der mit der Passions- und Osterzeit synchronisiert werden kann. Die längere Entfaltung folgt dann durch die Pfingstzeit und die festlose Zeit. Mit dem Ende des Kirchenjahres kann auch das Ende des Textzusammenhangs erreicht werden. Der natürliche Spannungsbogen des aufsteigenden Jahres, seiner Höhe und Reife, seiner Ernte und schliesslich des Absterbens verbindet sich mit den Bibeltexten. So kommen Zeitliches und Ewiges, Menschliches und Göttliches zusammen.[21] Es ist ratsam, für die Festtagspredigten eine *lectio continua* zu unterbrechen, wenn sich nicht ein aufgelegt gut passender Text anbietet.

Die *lectio continua* hat noch einen tieferen Sinn. Wenn die Mitte der Schrift die Geschichte der göttlichen Erwählung ist, an der wir in Christus teilbekommen haben, dann entspricht das Eintauchen in diese Geschichte in ihren einzelnen menschlichen Geschichten und das Mitgehen dieses Weges in seinen vielen menschlichen Wegen dem Geheimnis in besonderer Weise. «Kommt, und ihr werdet es sehen […] Grösseres als das wirst du sehen!» (Joh 1,39.50) Dieses Wort Jesu, das die Jünger auf den Weg der Nachfolge ruft, verrät die besondere Chance der Predigt biblischer Wege und Zusammenhänge. Es gilt, mit ihnen während längerer Zeit zu leben. Wer sich dem Duktus der biblischen Texte überlässt, muss freilich davon Abstand nehmen, die Gottesdienste von aussen thematisch vorzubestimmen.

Besondere Möglichkeiten, aber auch Schwierigkeiten bieten hier alttestamentliche Predigtreihen. Die grosse Chance liegt darin, dass wie auf dem Weg nach Emmaus (Lk 24) die ganze Schrift von Mose bis zu den Propheten durchgegangen und ausgelegt wird, was in ihr von Christus handelt. Das bedeutet nicht, dass Jesus Christus in die alttestamentlichen Texte hineingelesen wird. Das Alte Testament redet von sich aus über Christus noch so, dass es im expliziten Sinn von ihm schweigen muss. Aber von Christus her geht die Schrift auf und lässt nun klar

21 Ich habe mit wachsender Freude in solchen Jahresreihen gepredigt über die Abrahamsgeschichten, Jakob und Esau, Josef, Mose, Elija, Saul und David, Jeremia, Jesaja 1–12. Zum Teil wurde Einzelnes übersprungen. Aber die Abfolge blieb. Der Tod der Patriarchen oder eines Mose oder Saul fiel auf das Ende des Kirchenjahrs. «Ein Jahr mit Paulus» folgte einem andern Muster: der thematischen Reihe. Der Fokus lag bei der christlichen Existenz. Die Texte wurden den Paulinen und der Apostelgeschichte entnommen. Ganze Evangelien brauchen mehrere Jahre, wenn die Predigenden nicht wöchentlich Gottesdienst halten.

verstehen, dass Christus «dies erleiden und in seine Herrlichkeit eingehen musste» (Lk 24,26).

Christian Möller nennt als das Kennzeichen dieser Hermeneutik «ein Rückwärtsverstehen, ein Reflektieren der Schrift Israels, zu dem Jesus selber anleitet».[22] Dieses Rückwärtsverstehen ist auch für uns Heidenchristen kein Schritt zurück hinter Christus, da das Alte Testament uns die eigene Gegenwart, in der wir wirken und schuldig werden, uns freuen und leiden, in einem unerschöpflichen Reichtum von Gott her aufschliesst und entfaltet. Durch die alttestamentlichen Textzusammenhänge werden Erfahrungen des Glaubens erst entdeckt. In einer so verstandenen und erhellten Wirklichkeit, die von Christus immer noch oder wieder neu schweigt, wird nicht nur das Gesetz und das Gericht, sondern gerade das Evangelium und die Gnade in einer Weise sagbar, die den «trägen Herzen» nahe geht.

Eine Schwierigkeit liegt freilich in der Wahl eines Zusammenhangs, weil sich nicht von jedem eine Entsprechung zum jeweiligen Augenblick unserer Gegenwart ergibt. Ich habe in der Zeit der Wende und des Umbruchs Anfang der neunziger Jahre in einer eineinhalbjährigen *lectio continua* mit dem Propheten Deuterojesaja die Erfahrung grosser Unmittelbarkeit gemacht.[23] Diese Texte aus der Zeit nach der Zerstörung Jerusalems und seines Tempels bringen einen nicht nur auf die Spuren der Entstehung des Wortgottesdienstes und der Predigt, und sie haben nicht nur für das neutestamentliche Zeugnis von Jesus als dem Christus eine kaum zu überschätzende Bedeutung. Die Zeit des Exils hat in verschiedener Hinsicht etwas Exemplarisches für die Situation unserer heutigen Gemeinden: Es ist die Erfahrung von Verlust und Entfremdung. Der Glaube ist traumatisiert. Die Kirche leidet gleichsam unter einer kollektiven Depression. Man gehört zu einer Minderheit in einer Umgebung, die einen hohen Anpassungsdruck ausübt. Das alles sind Momente, die zu einer Durchdringung von Text und Gegenwart führen können, wenn wir uns über längere Zeit dem Zusammenhang aussetzen.

Mit Deuterojesaja habe ich die Erfahrung gemacht, dass es sich nahe legt, im Rhythmus der kleinen Einheiten zu beginnen und dann das Tempo zu beschleunigen. Es ist wie beim Brotschneiden oder beim Holzsägen: Zuerst muss man vorsichtig ansetzen und langsam vorgehen. Dann kommt man bis zum Schluss immer schneller vorwärts. So entstanden über Jes 40–44 im Ganzen 21 Predigten. Die Kapitel 45–55 wurden nur noch in neun Teile gegliedert. Äussere Faktoren wie die Zeit im Kirchenjahr und die Anzahl der zu haltenden Predigten waren mitbestimmend. Ein entscheidender innerer Grund lag aber darin, dass Deuterojesaja die zu

22 Christian Möller: Von der Schwierigkeit, «homiletisch» zu predigen und der besonderen Schwierigkeit, alttestamentliche Texte zu predigen, in: ders.: Examensreader für praktische Theologie, Heidelberg [4]1991, S. 167.

23 Franz Christ: Gottes Wort im Umbruch. Das Evangelium des namenlosen Propheten (Jesaja 40–55), Basel/Berlin 1994.

Beginn eingeführten Themen vielfältig variiert und manches refrainartig wieder aufscheint. Die historische Situation, die durchschimmert, ist über weite Strecken dieselbe. In Kapitel 45, dem grossen Kyrosorakel, schlägt sich die vorausgesagte Veränderung schon nieder. Die ganze Botschaft beginnt zusammengefasst noch einmal wie von vorn. In den grossen, zunächst sperrigen Blöcken erschliesst sie sich noch tiefer.

Jes 46 und 47 diene als Beispiel. Der Text erscheint zuerst unmöglich lang. Dann aber geht auf, dass durch diesen Zusammenhang der rote Faden des Tragens läuft. Gott trägt Israel; er ist im Gegensatz zu Bel und Nebo ein tragfähiger Gott; Babel aber steht mit seinem üppigen Wesen nicht auf tragfähigem Grund. Jes 47 wäre für sich allein Text einer harten Gesetzespredigt. Zusammen mit Jes 46 tritt das menschliche Sich-Übernehmen in die gnädige Beziehung zum tragenden Gott: Wir dürfen uns tragen lassen, statt uns zu übernehmen. Das «Ich und niemand sonst» des Menschen (47,8.10) tritt ins heilende Verhältnis zu «Ich bin Gott und keiner sonst» (46,9). Die Chance der *lectio continua* kann also der Gewinn solcher Beziehungen sein.

Freilich sei die Gefahr nicht verschwiegen, dass durch das Ausschöpfen des biblischen Zusammenhangs der Verkündigung eines einzelnen Propheten oder eines apostolischen Briefes die predigende Person in den Vordergrund treten kann. Die *lectio continua* darf aber nicht pfarrerbezogen werden. Bedingung für das Gelingen ist eine sorgfältige Planung, welche die Zeit im Rhythmus des Jahres und die Predigt der Kollegin mitberücksichtigt. So ergibt sich auch die Möglichkeit, zwei fortlaufende Auslegungsfäden ineinander zu verweben. Die *lectio continua* des Alten Testamentes zeigt im Wechsel mit einem neutestamentlichen Textzusammenhang gerade ihre wirkliche Bedeutung. Wir predigen die Schrift von Christus her und auf Christus hin und setzen nicht nur eine synagogale Tradition fort, der entgegengehalten werden könnte, sie sei dem Glauben der Christen innerlich fremd. Die *lectio continua* ist exegetisch und homiletisch begründet und nicht nur historisch.

Gerade alttestamentliche Texte können Menschen unserer Gegenwart dadurch nahe kommen, dass sie im vordergründigen Sinn nichts Missionarisches und Kirchliches an sich haben, den Messias aber immer erwarten. Die Lieder vom leidenden Gottesknecht in Deuterojesaja machen es besonders deutlich. Sie beziehen sich wohl wie die Konfessionen Jeremias auf den Propheten selbst. Aber sie lassen sich durch diese Deutung nicht ausschöpfen. Die Juden haben sie kollektiv auf ihr Volk bezogen. Im Horizont des Evangeliums bekommt der Umstand, dass wir den Namen des Propheten, den wir den zweiten Jesaja nennen, nicht kennen, besonderes Gewicht: Die geheimnisvolle Rede vom Gottesknecht musste offen bleiben für Jesus – bis in unsere nachchristliche Zeit. Das Wort hält den Platz für den kommenden Christus frei.

Plädoyer für eine Predigttext- und Leseordnung

Ralph Kunz

Worüber Konsens besteht

Die fortlaufende Auslegung grösserer Textzusammenhänge ist sowohl in gemeindepädagogischer als auch in homiletischer Hinsicht zweifellos eine sinnvolle Praxis. Die kontinuierliche Arbeit an einem biblischen Buch, die sogenannte *lectio continua,* bietet Predigerinnen wie Hörern die Chance, in die Geschichte und Geschichten der göttlichen Erwählung einzutauchen. Es sprechen auch hermeneutische, exegetische und homiletische Gründe dafür, die Tradition der *lectio continua* bei den Reformierten fortzusetzen oder, wo sie nicht mehr bekannt ist, wieder aufleben zu lassen. Wer sich und der Hörerschaft zumutet, der Bibel auf einer längeren Wegstrecke zu folgen, wird reich belohnt.

Ich sehe das genauso wie Franz Christ.[24] Auch die Schwierigkeiten dieser Praxis werden von Christ offen benannt. Einerseits ist es nicht immer einfach, eine Brücke vom Text zur Situation zu schlagen. Die Durchdringung von Text und Gegenwart bleibt eine Herausforderung. Das gilt notabene sowohl für die *lectio continua* als auch für die Predigt nach einem Perikopentext. Andererseits ist die Gefahr der Pfarrerzentrierung zu beachten. Wenn Franz Christ in diesem Zusammenhang eine gewisse Skepsis gegenüber «der Willkür einer Auswahl herausgepickter Lieblingstexte» äussert, ist eine gemeinsame Front markiert. Denn die Befürworter der Perikopenordnung sehen da auch die eigentliche Gefahr. Man wird sich also davor hüten, die eine gegen die andere Tradition auszuspielen. Das macht nur schon deshalb keinen Sinn, weil sich die *lectio continua*, wie dies Christ mehr als einmal andeutet, mit der Eklogadie während der Festzeiten kombinieren lässt. Im Gesamtduktus des Kirchenjahrs gibt es demnach geeignete und weniger geeignete Zeiten für Predigtreihen. Das spricht dafür, die verschiedenen Ansätze zu kombinieren.

Natürlich lassen sich auch für die Praxis der freien, situationsbezogenen Auswahl eines Textes, die weder in einem Lesezusammenhang steht, noch auf eine Ordnung Rücksicht nimmt, gute Gründe finden. Insofern könnte das Kombinationsmodell noch einmal erweitert werden. Positiv formuliert: Sowohl Predigtreihen, als auch das Predigen nach einer Leseordnung wie die Auswahl eines Textes oder eines Textabschnitts, die zu einem besonderen Anlass oder zu einer Aktualität passen, haben ihr Recht. Negativ formuliert: Weder das sture Predigen durch

24 Vgl. dazu den spannenden «Reisebericht» von Klaus Bäumlin: Das Abenteuer einer langen Reise. Predigen nach der *lectio continua*, in: Informationes Theologiae Europae. Internationales ökumenisches Jahrbuch 10 (2001), S. 49–58.

alle Bücher der Bibel hindurch, noch ein Perikopenzwang, noch die reine Willkür sind für sich allein sinnvolle Generalprinzipien der Textwahl.

Ordnung heisst nicht Zwang

Wenn ich in meinem Plädoyer für eine Ordnung gleichwohl einen anderen Akzent als Franz Christ setze, ist dies weniger der Anlage dieses Bandes geschuldet als vielmehr einer Wahrnehmung der gottesdienstlichen Realität in den reformierten Kirchen. Wenn ich mich nicht täusche, ist die monierte Willkür der Textauswahl tatsächlich der Normalfall. Der Pfarrer bestimmt meistens alleine, welcher biblische Textabschnitt am Sonntagmorgen drankommt. Dabei ist nicht ausgeschlossen, dass er auch die Perikopen konsultiert.

Wenn ich im Folgenden für eine gemeinsame *Predigttext-* und *Leseordnung* plädiere, votiere ich für Ordnung im Sinne einer gemeinsam beschlossenen und zugänglichen Referenz. Das hat mit Perikopenzwang nichts zu tun. Ich bin der Überzeugung, dass sich die Feiergestalt des Glaubens mit Vorteil an einer Ordnung orientiert. Den Freiheitsverlust fürchte ich nicht. Denn Ordnungen sind dazu da, dass man sie im gegebenen Fall umstossen kann. Das beginnt mit der vorgeschlagenen Abgrenzung der Texte. Perikopen sind, um mit Bullinger zu sprechen, «kirchliche Gesetze» und nicht sakrosankt.[25] Wer aufgrund eigener exegetischer oder homiletischer Überlegungen zu anderen Schlüssen gelangt, soll den Text bitte anders schneiden. Historisch kritisch und philologisch geschulte Exegeten lassen es sich ja auch nicht nehmen, hin und wieder gegen den *textus receptus* oder die Übersetzung zu rebellieren.

Der Hauptgewinn einer gemeinsamen Leseordnung liegt meines Erachtens darin, dass sie einen gemeinsamen Bezugspunkt und Rahmen für die Gestaltung des Gottesdienstes offeriert.[26] Texte, die notabene vorgeschlagen, und nicht vorgeschrieben sind, erleichtern die Zusammenarbeit der am Gottesdienst beteiligten Akteure. Sie sind nicht nur für die Predigerin wichtig, sondern bilden für alle die gemeinsame Basis für die Vorbereitung.

25 Für Bullinger sind «menschliche Satzungen» (lat. *traditiones humanae*) nicht nur «nicht sakrosankt», sondern gar verwerflich. Vgl. Heinrich Bullinger, Dekaden 2,1, in: Emidio Campi u.a. (Hg.): Heinrich Bullinger Schriften, Bd. III, Zürich 2006, S. 233f. Er unterscheidet diese aber von kirchlichen Gesetzen. Das sind «diejenigen, die zwar aus dem Wort Gottes abgeleitet, jedoch in Abhängigkeit von den Menschen, Zeiten und Orten in der Kirche angenommen worden sind und vom Volk Gottes anerkannt und angewendet werden». (A.a.O., S. 232) Die Perikopenordnung lässt sich der zweiten Kategorie zuordnen.

26 Ich ziehe es vor, von der *Predigttext-* und *Leseordnung* und nicht von der Perikopenordnung zu sprechen, weil es mir um die Gestaltung der Liturgie geht. Mit der Bezeichnung «Perikopen» wird in erster Linie an die Predigttexte gedacht. Das ist protestantische Tradition. So ist denn auch «Perikopenordnung» der gebräuchliche Begriff für die Predigttext- und Leseordnung der evangelischen Kirche, während in der römisch-katholischen Kirche, aber auch in der englischen und französischen Diskussion mehr von Leseordnungen die Rede ist.

Welche Ordnung ist in Ordnung?

Bevor ich dieses durchaus pragmatische Argument vertiefe, ein Wort zu den Ordnungen. Wer sich für *eine* Ordnung ausspricht, muss mit der Rückfrage rechnen, *welche* Ordnung denn gelten soll. Zur Auswahl stehen drei: die Perikopenordnung der EKD, der «Ordo Lectionum Missae» der römisch-katholischen Kirche (OLM) und die Textauswahl im Pfarrkalender.[27]

Die Perikopenordnung der EKD

Die Geschichte der deutschen evangelischen Perikopenordnung hier in extenso zu erzählen, ist wenig sinnvoll.[28] Nur so viel sei zum Verständnis gesagt: Die seit 1977 gültige und 1999 leicht revidierte Ordnung der EKD ist das Ergebnis verschiedener Revisionsversuche seit dem Zweiten Weltkrieg. Grundsätzlich folgte man in Reihe I und II der altkirchlichen Ordnung. Die erste Reihe sieht den Evangeliums- und die zweite einen Episteltext als Predigttext vor.[29] Bei den restlichen vier Reihen wurden alttestamentliche Texte stärker berücksichtigt. Zusätzlich werden im Evangelischen Sonn- und Festtagskalender für jeden Sonntag des Kirchenjahrs weitere Lesungen, ein Wochenspruch, Wochenpsalm und Wochenlied vorgeschlagen. Diese Ordnung ist von den lutherischen und unierten Kirchen Deutschlands weitestgehend akzeptiert. Sie orientiert sich am liturgischen Kalender und weist ausserdem ein «thematisch durchstilisiertes Profil» aus.[30] Das heisst: Einzelne Sonn- und Festtage lassen sich unter Überschriften stellen. Der 23. und 24. Sonntag nach Trinitatis thematisieren z. B. das «Verhältnis zur Welt» bzw. «Ewiges Leben». Kritiker beanstanden, dass die Ordnung immer noch zu wenig alttestamentliche Texte enthalte. Die sechs Reihen sorgen für eine relativ grosse Textfülle, wobei Reihe II ein Jahr lang mehr oder weniger stroherne Episteln bie-

27 Natürlich gibt es weitere Sammlungen von Texten. Zu nennen wäre etwa das 1977 in den Niederlanden von Reformierten und Lutheranern gemeinsam verabschiedete, aber in der Schweiz wenig bekannte «Oecumenisch Leserooster». Vgl. dazu Frieder Schulz: Reform mit Weitblick. Perikopenordnungen hier und andernorts, Themenheft «Perikopenordnung in der Diskussion» in: Arbeitsstelle Gottesdienst 02 (2004), S. 34–45. Auf Textsammlungen wie die Herrnhuter Losungen, die nicht für die liturgische Verwendung gedacht sind, wird nicht eingegangen.

28 Eine gute Übersicht bietet Peter C. Bloth: Art. Schriftlesung I., in: TRE 30 (1999), S. 520–558. Kürzer und kompakter sind: Alfred Ehrensperger: Die Lesungen – Perikopen, Bahnlesung, Lectio continua, www.liturgiekommission.ch/Orientierung/II_G_03_Lesungen.pdf und ergänzend Andreas Marti: Einige aktuelle Perikopenordnungen, www.liturgiekommission.ch/Orientierung/II_G_03a_Einige _aktuelle_Perikopenordnungen.pdf.

29 Bei den sogenannten altkirchlichen Lesungen handelt es sich um die Perikopenreihe, die in der karolingischen Zeit in Frankreich verbindlich wurde, aber wohl auf ältere Grundlagen zurückgeht. Sie enthält für jeden Sonntag eine Evangelien- und Epistellesung, wobei nicht vorgeschrieben war, über welchen gepredigt werden sollte. Luther folgte dieser Ordnung. Kritiker machen der Perikopenordnung von 1977 zum Vorwurf, dass sie die schwierigen Episteltexte allesamt in der Reihe II konzentriere. Vgl. Florian Hermann: Leseordnungen in der Gemeinschaft Evangelischer Kirchen in Europa, Diskussionspapier der GEKE, o. O. 2010, S. 1–9.

30 Rainer Volp: Liturgik. Die Kunst, Gott zu feiern, Bd. I, Gütersloh 1992, S. 539.

tet, was einigen Predigenden jeweils Kopfzerbrechen bereitet. Trotz dieses Mangels besitzt die evangelische Perikopenreihe einen unschätzbaren Vorteil für Predigende, die unter grossem Produktionsdruck stehen. Es steht eine breite Auswahl an Hilfsliteratur für die Predigt- und Gottesdienstvorbereitung zur Verfügung.[31]

Der «Ordo Lectionum Missae» (OLM)

Im Zuge des Zweiten Vatikanums entschied sich die römische Kirche 1969 für eine grundlegende Neuordnung der Leseordnung. Der «Ordo Lectionum Missae» (OLM) sieht einen dreijährigen Zyklus von Lesungen vor. Typisch für den OLM der römisch-katholischen Kirche sind die Bahnlesungen für Epistel und Evangelien nach Epiphanias und Pfingsten, so dass phasenweise beinahe von einer *lectio continua* gesprochen werden kann.[32] An den Festtagen werden die Texte der Predigt thematisch zugeordnet. Bemerkenswert ist die breite ökumenische Beachtung, die der OLM vor allem in den USA und in Kanada fand. Viele Kirchen verwenden seit 1983 das weitgehend auf dem OLM basierende «Revised Common Lectionary» (RCL). Obwohl diese Leseordnung breit ökumenisch abgestützt ist, sind beim Etikett «ökumenisch» gewisse Vorbehalte zu machen. Die parallelen Bahnlesungen von Epistel und Evangelien ist mehr oder weniger eine willkürliche Entscheidung, die in der Tradition kein Vorbild hat. Ausserdem ist der Zusammenhang und Zusammenklang der Texte bei einem unregelmässigen Gottesdienstbesuch kaum zu erkennen. Die katholische Leseordnung verdient gleichwohl grossen Respekt. Im Blick auf die Schweizer Mikro-Ökumene vor Ort spricht einiges dafür, dass sich auch die Reformierten bei der Textauswahl an der OLM orientieren.

Perikopen im Kalender der evangelischen Kirchen der Schweiz

Der Leseordnung im Kalender der evangelischen Kirchen der Schweiz kommt nicht das Gewicht der beiden grossen Ordnungen zu.[33] Es handelt sich um eine leicht angepasste Version des römisch-katholischen Lektionars. Andreas Marti fasst die Geschichte und die Bedeutung dieser Ordnung, die auf Vorarbeiten von Richard Paquier basiert, wie folgt zusammen: «Die halboffizielle *Communauté de travail des commissions Romandes de liturgie* veröffentlicht 1988 ein «Lectionnaire» mit gleicher Grundstruktur. Die Lesungen für die Festtage sind nach der altkirchlichen Ordnung ausgewählt, diejenigen für die Sonntage durchs Jahr nach der nachvatikanischen römisch-katholischen (OLM). [...] Die alttestamentlichen Lesungen stammen aus unterschiedlichen Quellen: lutherische/unierte Ordnung,

31 Zum Beispiel die «Göttinger Predigtmeditationen» oder «Hefte» und «Arbeitsbücher Gottesdienstpraxis».

32 Bloth, Art. Schriftlesung, S. 551 spricht von einer «ordo lectionis semicontinuae».

33 Vgl. Perikopen im Kalender der evangelischen Kirchen der Schweiz 2010, Jg. 135., Basel 2009, S. 11–23. Hinweis auf die *Communauté de travail des commissions romandes de liturgie*, S. 9.

OLM, ältere Westschweizer Ordnungen.»[34] Verwendet werden Perikopen eher in der Westschweiz. In der Deutschschweiz wird die Ordnung nur wenig beachtet.

Welche Ordnung ist die beste?

Um die Frage zu beantworten, *welche* Ordnung die beste oder bessere ist, müssten die jeweiligen Vorzüge und Nachteile gründlicher erörtert werden, als es hier geschehen kann. Mir schiene diese Diskussion so oder so wenig sinnvoll. Erstens sollte der kurze Durchgang deutlich machen, dass wer sich an einer Ordnung orientiert, sowohl mit den Perikopen als auch mit dem «Ordo» gut fährt und zugleich Nachteile zu gewärtigen hat. Es kann zweitens gar nicht darum gehen, dass die Reformierten einen Systemwechsel vollziehen und die Perikopenordnung einführen oder vorschreiben. Vielmehr geht es darum, dass die bestehenden Leseordnungen ihren Nutzen als Orientierungs-, Planungs- und Gestaltungshilfe entfalten können. Meine Frage ist: Was braucht es, dass sich die verschiedenen Akteure auf eine Ordnung einigen können?

Man wird erstens die Ebene der Gemeinde, der Landeskirche und des Schweizerischen Evangelischen Kirchenbundes unterscheiden müssen. Dabei gilt es festzuhalten, dass das *ius liturgicum* in den meisten reformierten Kirchenordnungen als Recht der Gemeinde und insbesondere der Pfarrerinnen formuliert wird. So ist die Verwendung der Zürcher Bibelübersetzung und des Gesangbuches in der Zürcher Kirchenordnung nur mit einer «kann»-Formulierung geregelt.[35] Mit Blick auf die Predigt wird aber klipp und klar festgehalten: «Die Predigt ist Auslegung der Heiligen Schrift. Pfarrerinnen und Pfarrer sind in der Wahl des Bibeltextes frei.»[36]

Wenn man die jüngste schweizerische Kirchenordnung zum Nennwert nehmen darf, ist also kaum damit zu rechnen, dass sich in absehbarer Zukunft eine Landeskirche oder der Kirchenbund für die Einführung einer Perikopenordnung nach dem Vorbild der EKD stark macht. Das steht wie gesagt auch gar nicht zur Debatte. Nur ist dadurch nicht ausgeschlossen, dass sich Pfarrer bei der Wahl der Texte an einer Leseordnung orientieren dürfen. Ebenso wenig ist ausgeschlossen, dass die Kirchenleitungen oder andere Gremien Empfehlungen aussprechen können. Darum lohnt es sich, die Argumente für und wider eine Leseordnung noch einmal zu prüfen.

34 Andreas Marti, Aktuelle Perikopenordnungen, S. 1 f.

35 Aus der Kirchenordnung der Evangelisch-reformierten Landeskirche des Kantons Zürich, 17. März 2009, Art. 37,1 f.: «Im Gottesdienst werden in der Regel die Zürcher Bibel und das Gesangbuch der Evangelisch-reformierten Kirchen der deutschsprachigen Schweiz verwendet. Die Kirchgemeinschaften verwenden Bibelübersetzung, Gesangbuch und Liturgie entsprechend ihrer Tradition.»

36 A. a. O., Art. 33,2.

Das Für und Wider einer Predigttext- und Leseordnung

Das in der Deutschschweiz zuständige Gremium für solche Fragen ist die «Liturgiekommission der evangelisch-reformierten Kirchen der deutschsprachigen Schweiz». Der Beitrag unter dem Titel «Die Lesungen – Perikopen, Bahnlesung, *lectio continua*» wurde von Alfred Ehrensperger verfasst. Er bietet eine exzellente Darstellung der Diskussionslage. Für die Leseordnung spreche, dass die Verlegenheit der Textwahl vermindert, die Verbundenheit mit anderen Kirchen erhöht, biblische Grundaussagen durch die Wiederholung vergegenwärtigt, die Zusammenarbeit zwischen Musik und Wort gefördert und der Zusammenhang der Predigt mit den Lesungen im Gottesdienst gestärkt würden.[37] Gegen die Einführung einer Leseordnung spreche, dass die Perikopentheologie auf einer heilsgeschichtlichen Konzeption und Konstruktion beruhe, «was reformiertem Denken und Glauben nicht unbedingt entgegen kommt».[38] Das wiege schwerer und deshalb sei von einer Übernahme abzuraten. Ehrensperger macht unmissverständlich klar, was er vom Vorschlag einer evangelisch-reformierten Perikopenordnung hält: «Reformierterseits wäre es wohl nicht ratsam, feste Perikopenordnungen für Lektion und Predigt zu übernehmen oder zu erarbeiten; die *lectio continua* hingegen hat neben gelegentlichen Bahnlesungen gemäss Kirchenjahrzeit gute Chancen einer Wiederbelebung.»[39]

Es stimmt wohl: Die Übernahme einer «festen» Perikopenordnung entspricht nicht der liturgischen Tradition des Prädikantengottesdienstes. Aber ist das eine hinreichende Begründung, um eine Leseordnung im Sinne einer Orientierungshilfe abzulehnen? Die deutschen Reformierten sehen das jedenfalls nüchterner und pragmatischer als die Deutschschweizer. In der «Reformierten Liturgie» heisst es: «Die Orientierung an der Abfolge des Kirchenjahres war und ist in den reformierten Kirchen nicht überall üblich. In den reformierten Gemeinden in Deutschland hat sie sich jedoch weitgehend durchgesetzt. In nicht wenigen Gemeinden folgen Prediger und Predigerinnen faktisch der Ordnung der Predigttexte, durchaus in Verbindung mir der Freiheit zur eigenen Textwahl oder der Predigt über einen fortlaufenden grösseren Abschnitt, ja ein ganzes biblisches Buch.»[40]

Ehrenspergers Bedenken gegenüber der Perikopentheologie sind m. E. ebenfalls zu relativieren. Es mag wohl sein, dass die Väter der evangelischen Perikopenordnung mit schwergewichtigen dogmatischen Konstrukten arbeiteten. Aber das entspricht nicht mehr der gegenwärtigen Diskussionslage. Vor allem sind Leseord-

37 Ehrensperger, Lesungen, S. 11.

38 Ebd.

39 A. a. O., S. 12.

40 Peter Bukowski u. a. (Hg.): Reformierte Liturgie. Gebete und Ordnungen für die unter dem Wort versammelte Gemeinde, im Auftrag des Moderamens des Reformierten Bundes, Wuppertal/Neukirchen-Vluyn 1999, S. 563.

nungen nicht in Stein gemeisselt. Sie können geändert werden.[41] Ein triftiger Grund für die Anpassung ist ja das veränderte theologische Verständnis der Schrift. In der eben erst angelaufenen Diskussion zur nächsten Revision der Perikopenordnung der EKD wird beispielsweise vorgeschlagen, eine Ordnung zu schaffen, die gleich viele alt- wie neutestamentlichen Lesungen vorsieht.[42] In zukünftigen Diskussionen wird es auch darum gehen, wie die Fremdheiten und die Spannungen in der Bibel stärker zu berücksichtigen sind.[43]

Fazit

Ich bin der Meinung, dass die Reformierten der Deutschschweiz nach dem Vorbild der deutschen Geschwister die Perikopenordnung empfehlen sollten. Die Gemeindeautonomie und die liturgische Gestaltungsfreiheit werden durch eine solche Empfehlung in keiner Weise tangiert. Ein beherztes Ja zur Ordnung klärt vielmehr eine diffuse Situation. Wer gar keine Ordnung hat, hat tendenziell eine Unordnung. Die Vorteile einer gemeinsamen und bekannten Reihe von Texten überwiegen. Und gegen eine deutschschweizerische Ausgabe einer Predigttext- und Leseordnung, die bei der Liederauswahl das Reformierte Gesangbuch berücksichtigt, ist wohl kaum etwas einzuwenden. Das wichtigste Argument, das für eine Empfehlung der deutschen Ordnung spricht: Die Reformierten sind eingeladen, bei der Revision mitzureden. Jetzt bietet sich die Chance, eine neue Predigttext- und Leseordnung mitzugestalten.[44] Das kommt doch reformiertem Glauben und Denken durchaus entgegen!

41 So auch Hermann, Leseordnungen, S. 8, der angesichts der unlösbaren Aufgabe, eine Leseordnung zu schaffen, die allen Ansprüchen gerecht wird, meint: «Offenbar ist keine Leseordnung in der Lage, allen Erfordernissen gleichermassen gerecht zu werden. Das lässt sich auch an der Häufigkeit der Lektionarreformen in den letzten Jahrzehnten ablesen.»

42 Vgl. dazu die Website der Konferenz Landeskirchlicher Arbeitskreise Christen und Juden: www.perikopenmodell.de.

43 Interessant sind in diesem Zusammenhang die Überlegungen von Jörg Seip: Rezeptionsästhetische Anmerkungen zur katholischen Leseordnung, in: Arbeitsstelle Gottesdienst 18 (2004), S. 26–35.

44 Man wird nicht alles, aber einiges ändern. Warum sollen es sechs Reihen sein? Wäre es nicht klüger, einen dreijährigen Zyklus zu haben? Ist es sinnvoll ein Jahr lang Episteln zu predigen?

Replik auf das Plädoyer von Ralph Kunz

Franz Christ

Das Plädoyer für eine Predigttext- und Leseordnung von Ralph Kunz überzeugt mich. Er fordert nicht, die Praxis der *lectio continua* aufzugeben, sondern setzt nur die Priorität bei einer kirchlich autorisierten Form von Ordnung, die in aller pastoralen Freiheit künftig zu respektieren wäre. Ich verstehe diese Stellungnahme als den überzeugenden Versuch, den Wildwuchs und die Willkür in der helvetischen reformierten Praxis zu überwinden. Ralph Kunz bezieht in seine Vision einer Ordnung von Predigttexten Bahnlesungen ein und schliesst die *lectio continua* nicht aus.

Kein Entweder-Oder

Die beiden skizzierten Ansätze lassen sich nicht in ein schroffes Entweder-Oder von Perikope oder *lectio continua* zwängen. Beide haben ein positives Verhältnis dazu, dass die Wahl der Texte für den Gottesdienst einer Ordnung zu folgen hat. Der Unterschied besteht aber darin, dass eine *lectio continua* kaum flächendeckend für die reformierte Schweiz empfohlen werden könnte. Die Wahl, über grössere Textzusammenhänge über längere Zeit zu predigen, wird immer eine persönliche Entscheidung der Predigenden bleiben. Sie gehen damit auch eine Bindung ein, an der sie selber Freude haben müssen, sonst kommt es nicht gut. Die Aufforderung, einer Leseordnung zu folgen, ist leichter zu respektieren, weil für Abwechslung gesorgt ist. So zeichnet sich als Kompromiss ab, dass eine Leseordnung empfohlen wird und als Alternative dazu sogar Vorschläge für Predigtreihen gemacht werden. Die Perikopenordnung der EKD wurde auch schon mit kürzeren Continua-Vorschlägen ergänzt. Es entzieht sich meiner Kenntnis, wie gern und oft bisher diese Möglichkeit in der deutschen Pfarrerschaft wahrgenommen worden ist. Wer der Tradition folgt, im Lauf der Jahre Reihenpredigten durch grosse Teile der Bibel hindurch zu halten, wird zwar die Leseordnung nicht einhalten, aber dennoch seinen Beitrag zur Überwindung willkürlicher, kurzatmiger und zu oft kasualisierter[45] Textwahl leisten. An den reformierten Kirchen der Schweiz könnten die Besucher der Gottesdienste in Zukunft auf die Dynamik eines landesweit gemeinsam gehörten Textes oder eines Zusammenhangs stossen, an dem sie teilnehmen und der sie hineinnimmt in die *communio viatorum*.

45 Mit dem Wort «kasualisiert» bezeichne ich den Einfluss, den bestimmte Kasus auf die Textwahl nehmen: Weltliche Feste und Jubiläen; bestimmte Gäste, die im Gottesdienst erwartet werden; Institutionen, die sich präsentieren wollen; Ereignisse, welche die Predigenden im Augenblick beschäftigen usw.

Der Predigttext als liturgisches Leitmotiv

Wenn ich das Plädoyer für die Leseordnung mir gefallen lasse, so betone ich dennoch, dass mit ihr in aller Freiheit umgegangen wird. Und zwar in dem Sinne, dass die vorgeschlagenen Ensembles von Evangelium, Epistel und Alttestamentlicher Lesung nicht dazu führen dürfen, dass die Predigenden sich nicht mehr wirklich einem einzelnen Text in seinem Zusammenhang stellen. So sorgfältig die Leseordnungen auch Predigttext und Lesung(en) aufeinander und auf einen bestimmten Sonntag beziehen, geben sie damit schon eine interpretatorische Richtung an. So weit mir römisch-katholische Predigtpraxis bekannt ist, neigt sie dazu, das Ensemble der Texte thematisch aufzugreifen. Der Text kommt aber nie dazu, die Theologie, die hinter der Ordnung der Kirche steht, wirklich in Frage zu stellen und Überraschungen zu bewirken. Es war meine Erfahrung mit der *lectio continua* über viele Jahre, dass die eigene theologische Prägung immer wieder aufgebrochen und verändert wurde.

Ob Perikope oder Einzelteil einer Reihe – dem einmal festgelegten Predigttext soll die leitmotivische Funktion für das Ganze des Gottesdienstes nicht genommen werden. Das heisst nicht, dass die Prediger allem und jedem nur ihren persönlichen Stil aufprägen. Aber es bedeutet, dass der Text der Predigt den ganzen Prozess der Vorbereitung des Gottesdienstes in Gang setzt. Die Prägung durch das Kirchenjahr ist stark genug, um sich darin auch durchzusetzen. Es wirkt sich liturgisch vertiefend und bereichernd aus, wenn dem Text diese Priorität gelassen wird. Im Vorbereiten der Predigt fallen einem Ideen für die Lesung und für die Lieder zu.[46] Die Schrift beginnt sich immer neu selber auszulegen. Zusammenhänge zwischen Altem und Neuem Testament, zwischen Evangelien und Episteln gehen einem auf, wenn man sie nicht nur pfannenfertig aus der Leseordnung übernimmt. Insofern teile ich die Auffassung, der Perikopenordnung der EKD auch für die Schweiz den Vorzug vor dem OLM zu geben, auch wenn der «Ordo Lectionum Missae» Respekt verdient. Es leuchtet auch ein, dass die Schweizer Reformierten berücksichtigen, was ihre deutschen Glaubensgeschwister tun. Ebenso ist es unbestritten, dass der Spielraum für die geschilderte Entfaltung vom Predigttext her eingeschränkt wird, wenn Chormusik einzubeziehen ist. Meiner Erfahrung nach schätzen aber die Organisten auch unerwartete Texte aus fortlaufenden Auslegungen als Leitmotiv und wissen hervorragend darauf einzugehen.

Die Priorität der Heiligen Schrift darf nicht durch eine Leseordnung unterlaufen werden, insofern diese theologische Vorentscheidungen enthält, welche die

46 Das pastorale Repertoire der Lieder erweitert sich. Unerwartete, sperrige Texte rufen nach ebensolchen Liedern. Ich kam deshalb in der grossen Gesangbuchkommission bei der Erarbeitung des neuen reformierten Kirchengesangbuchs mehr und mehr in die Rolle, mich gegen die Streichung von Liedern zu wehren, die theologisch nicht in den heutigen Mainstream passen. Es ist nicht immer gelungen, z.B. mit Tersteegens «Kommt, Kinder, lasst uns gehen», das mir über dem Predigen der Josephsgeschichte neu aufgegangen ist.

Exegese vorwegnehmen und einschränken. Wichtig bleibt, dass die Predigerinnen sich von den Texten überraschen lassen und nicht vorweg eine thematische Engführung im Kopf haben. Ich sehe gerade im «thematisch durchstilisierte(n) Profil»[47] der Perikopenordnung das Problem.

Die *lectio continua* als Motor für die eigene theologische Entwicklung

Dass ich zuletzt bei der kollegialen Ermunterung zur *lectio continua* bleiben möchte, hat zugegeben einen persönlichen Grund: Ich bin überzeugt, dass das fortlaufende Auslegen von biblischen Büchern die eigene theologische Entwicklung befördert. Diese Behauptung müsste von jemandem überprüft werden, der sich die Mühe nähme, eine solche Entwicklung genauer anzusehen. Vielleicht täusche ich mich. Aber gehört es nicht zu den Wegen, die wir gehen, dass sie uns zu Zielen führen? Und hilft die *lectio continua* uns nicht, näher am Narrativen zu bleiben und so auch besser unsern eigenen Platz zu finden, dass wir nämlich die Liebesgeschichte Gottes mit uns Menschen weiter erzählen dürfen?

Antwort auf die Replik von Franz Christ

Ralph Kunz

Wider eine Predigttextfixierung

Aus der möglichen Kontroverse ist ein Dialog geworden Auch wenn ich riskiere, dass die Leserinnen und Leser vielleicht darüber enttäuscht sind, muss ich zum Schluss erleichtert und erfreut feststellen: Wir sind uns *grosso modo* einig geworden. Darum will ich im ersten Teil meines Schlussvotums eine kleine Differenz zwischen unserer Sichtweise auf den Gottesdienst unter dem Stichwort «Predigttextfixierung» etwas stärker akzentuieren. Im zweiten Teil möchte ich auf eine mögliche Nachfrage eingehen, die uns zwei Liebhabern der Tradition aus dem grösseren Kreis der am Gottesdienst Beteiligten gestellt werden könnte.

Pfannenfertig?

Franz Christ hält ein starkes Plädoyer für die Priorität des Predigttextes, wenn er sagt, dass «dem einmal festgelegten Predigttext [...] die leitmotivische Funktion für das Ganze des Gottesdienstes nicht genommen werden [soll]». Ich glaube auch, dass der Text der Predigt in der Regel «den ganzen Prozess der Vorbereitung

47 Volp, Liturgik, S. 539.

des Gottesdienstes in Gang setzt». Aber *muss* das *immer* so sein? Ich kann mir durchaus vorstellen, dass auch einmal ein gehaltvoller Choral die leitmotivische Funktion für das Ganze des Gottesdienstes übernehmen könnte oder die Predigt von Zeit zu Zeit im Abendmahlsgottesdienst eine Dimension des Sakraments beleuchtet. Letzteres finde ich sehr wichtig. Ich habe zu viele Abendmahlsgottesdienste erlebt, in denen eine übermächtige Predigt die Mahlfeier zum Anhängsel degradierte. Die Rücksicht der Predigerin auf das Ganze der Liturgie ist freilich kein Votum gegen die Priorität der Heiligen Schrift! Das Eigengewicht der musikalischen und sakramentalen Vollzüge in der Liturgie ist schliesslich auch biblisch begründet. Die reformierte Gottesdienstkultur ist zwar wortdominiert und verkündigungszentriert. Das ist ihr Charakteristikum. Aber sie ist deswegen nicht predigttextfixiert.

Den anderen warnenden Hinweis von Franz Christ will ich auch nicht unkommentiert lassen. Pfannenfertige Leseordnungen enthalten in der Tat theologische Vorentscheidungen. Einverstanden! Das «pfannenfertig» finde ich aber etwas deplaciert. Ich würde, wenn wir schon vom Kochen reden, von Zutaten sprechen, die ein begabter Koch bei der Zubereitung des liturgischen Menüs verwenden kann. Eine Liste mit Texten und Liedern (und allenfalls ein Gebet oder ein Gedicht) kann ich nicht in die Pfanne hauen oder in den Mikrowellenherd schieben. Natürlich hat Franz Christ Recht, wenn er an die Eigenkreativität des Textes erinnert. Und selbstverständlich soll das Überraschungsmoment in der Vorbereitung eine Chance haben. Nur wage ich zu bezweifeln, ob man der Leseordnung deswegen unterstellen soll, sie nehme die Exegese vorweg oder schränke sie gar ein. Fraglich ist auch, ob die thematische Engführung, die Christ befürchtet, hier ihre Ursache hat. Ich vermute (oder: erhoffe mir) eher, dass die Zusammenstellung von Lektionen und Liedern die Vorbereitenden davon bewahren kann, immer dieselben Lieblingsstücke zu lesen und singen zu lassen. Es gilt, was generell für «Vor-gegebenes» gelten soll: Die Auswahl legt eine Spur, der man folgen kann, aber nicht folgen muss. Wenn reformierte Pfarrerinnen und Pfarrer in evangelischer Freiheit von dieser Spur abweichen, ist dagegen nichts einzuwenden – solange der Gottesdienst dadurch besser wird!

Doch: Entweder-Oder

Ich will unsere Gesprächsrunde nicht schliessen, ohne die «zweite Seele» in meiner Brust sprechen zu lassen. Unser Dialog drehte sich um den traditionellen Sonntagmorgengottesdienst. Mir liegt dieser Gottesdienst am Herzen. Er darf alles in allem noch feierlicher werden und die Gemeinde soll sich noch stärker als singende, betende, mitverkündigende und konzelebrierende *communio sanctorum* erfahren. Die gemeinsame Orientierung an einer Ordnung mit Lese-, Predigttext und Liederauswahl, die sich von der Perikopenordnung inspirieren lässt, dient der feiernden Gemeinde.

Nur sollen darüber die anderen Formen des Feierns nicht vergessen und vernachlässigt werden. Es spricht nichts dagegen, das Eine zu tun und das Andere nicht zu lassen. Mit Blick auf eine sich erweiternde Gottesdienstkultur bringen uns falsche Alternativen nicht weiter. Dann sollten wir aber – immer stilsicher und geistreich – *mehr* und nicht weniger Gottesdienst feiern. Abgesehen von wohl dosierten und gut gemachten Stilbrüchen gilt in dieser Beziehung dann doch die Losung: Entweder-Oder. Wenn wir nämlich meinen, wir können im selben Sonntagsgottesdienst alle Stilrichtungen pflegen und den unterschiedlichsten Ansprüchen genügen, überfrachten wir die Liturgie, überfordern sowohl die Liturginnen wie die Besucher und hauen am Ende doch die Tradition in die Pfanne. Das wäre verheerend. Nicht nur für die Feinschmecker!

Autorinnen und Autoren

Dr. *Alfred Aeppli* (1951) ist Pfarrer in der evangelisch-reformierten Kirchgemeinde Jegenstorf-Urtenen.

M. Phil. *Andrea Anker,* VDM (1977), ist Assistentin am Lehrstuhl von Prof. Dr. I. U. Dalferth am Theologischen Seminar an der Universität Zürich.

Dr. *Christina Aus der Au* (1966) ist Privatdozentin für Systematische Theologie an der Universität Basel und Theologische Geschäftsführerin am Zentrum für Kirchenentwicklung an der Universität Zürich.

Brigitte Becker (1968) ist Pfarrerin und Studienleiterin für Theologie im gesellschaftlichen Dialog mit Schwerpunkt Feministische Theologie am Evangelischen Tagungs- und Studienzentrum Boldern in Männedorf.

Dr. *Thomas Bornhauser* (1958) ist Pfarrer in der Kirchgemeinde Steffisburg BE.

Pasteur *Bruno Bürki* (1931) ist Alt-Titularprofessor an der Theologischen Fakultät der Universität Freiburg (CH) und Mitglied des Institutes für Liturgiewissenschaft und des Direktoriums des Institutes für Ökumenische Studien der Universität Freiburg.

Dr. *Franz Christ* (1944) ist Pfarrer im Ruhestand mit Teilzeitauftrag in Basel.

Dr. theol., dipl. phys. *Asha De* (1964) ist Leiterin der Fachstelle Religion Technik Wirtschaft an der Fachhochschule Nordwestschweiz (FHNW) in Brugg/Windisch.

Dr. *Brigitte Enzner-Probst* (1949) ist Privatdozentin und Lehrbeauftragte für Praktische Theologie an der Theologischen Fakultät Bern.

Dr. *Cla Reto Famos* (1966) ist Privatdozent am Theologischen Seminar an der Universität Zürich und Direktor der Schweizerischen Studienstiftung.

Dr. *Kristian Fechtner* (1961) ist Professor für Praktische Theologie an der Evangelisch-Theologischen Fakultät und Universitätsprediger an der Johannes-Gutenberg-Universität Mainz.

Markus Giger, VDM (1968), ist Gesamtleiter der Evangelisch-reformierten Jugendkirche Zürich (Streetchurch).

Dr. *Susanne Graf-Brawand* (1942) ist Alt-Synodalrätin der Reformierten Kirchen Bern-Jura-Solothurn (im Amt bis April 2009) und pensionierte Deutsch-Dozentin an der Kirchlich-theologischen Schule Bern.

Ueli Greminger (1956) ist Pfarrer in der Kirchgemeinde St. Peter in Zürich.

Dr. *Albrecht Grözinger* (1949) ist Professor für Praktische Theologie an der Theologischen Fakultät der Universität Basel.

Irene Gysel (1949) ist Redaktorin beim Schweizer Fernsehen und Kirchenrätin der Zürcher Landeskirche.

Andreas Hausammann, lic. phil I (1970), ist Beauftragter für populäre Musik der Evangelisch-reformierten Kirche des Kantons St. Gallen sowie freischaffender Musiker.

Pascale Käser-Huber, VDM, ist Projektleiterin Gottesdienst bei den Reformierten Medien in Zürich

Dr. *Matthias Krieg* (1955) ist Leiter von «Bildung und Gesellschaft», dem gesamtkirchlichen Dienst für die Bildungsarbeit mit Erwachsenen in Zürich.

Dr. *Ralph Kunz* (1964) ist Professor für Praktische Theologie an der Theologischen Fakultät der Universität Zürich mit den Schwerpunkten Gottesdienst, Predigt und Seelsorge.

Dr. des. *Katrin Kusmierz,* VDM (1972), ist wissenschaftliche Mitarbeiterin am Kompetenzzentrum Liturgik an der Theologischen Fakultät der Universität Bern.

Dr. *Andreas Marti* (1949) ist Kirchenmusiker in Köniz (BE), Chorleiter und Cembalist, Titularprofessor für Kirchenmusik an der Theologischen Fakultät Bern. Er ist Fachbeauftragter der Liturgie- und Gesangbuchkonferenz der Evangelisch-reformierten Kirchen der deutschsprachigen Schweiz.

Babette Mondry (1966) ist Organistin in der Peterskirche Basel.

Dr. *Christoph Müller* (1944) ist emeritierter Professor für Praktische Theologie (Homiletik, Liturgik, Kommunikationswissenschaften) an der Theologischen Fakultät der Universität Bern.

Dr. *Isabelle Noth* (1967) ist Privatdozentin an der Universität Zürich, Oberassistentin an der Universität Bern sowie Psychiatrie-Seelsorgerin bei den Universitären Psychiatrischen Diensten Waldau.

Martin Peier (1961) ist Radio- und Fernsehbeauftragter der Reformierten Medien in Zürich.

Dr. *Niklaus Peter* (1956) ist Pfarrer am Fraumünster in Zürich und Programmberater des TVZ.

Dr. *Georg Pfleiderer* (1960) ist Professor für Systematische Theologie/Ethik an der Theologischen Fakultät der Universität Basel.

Dr. *David Plüss* (1964) ist Professor für Homiletik, Liturgik und Theorie der religiösen Kommunikation an der Theologischen Fakultät der Universität Bern.

Dr. *Harald Schroeter-Wittke* (1961) ist Professor für Didaktik der Evangelischen Religionslehre mit Kirchengeschichte am Institut für Evangelische Theologie der Fakultät für Kulturwissenschaften der Universität Paderborn.

Dr. *Christoph Sigrist* (1963) ist Pfarrer am Grossmünster in Zürich und Dozent für Diakoniewissenschaft an der theologischen Fakultät der Universität Bern.

PD Dr. *Peter-Ben Smit* (1979) ist Dozent für Neues Testament an der Theologischen Fakultät der Vrije Universiteit in Amsterdam. Seit März 2011 hat er die Stiftungsprofessur des Alt-Katholischen Seminars für Alte Katholische Kirchenstrukturen an der Universität Utrecht inne und ist ausserdem assistierender Pfarrer der Alt-Katholischen Gemeinde Amsterdam.

Hans-Jürg Stefan (1936), Pfarrer im Ruhestand, war bis 2000 Leiter der Fachstelle Gottesdienst und Musik im Institut für Kirchenmusik in Zürich und Beauftragter der Liturgie- und Gesangbuchkonferenz für das Reformierte Gesangbuch. In der Zeit von 2006–2010 war er Studienleiter der ersten Langzeitweiterbildung für Pfarrerinnen und Pfarrer in «Angewandter Liturgik und Hymnologie».

Dr. *Johannes Stückelberger* (1958) ist Dozent und wissenschaftlicher Mitarbeiter für Kirchenästhetik und *Visual Religion* am Kompetenzzentrum Liturgik an der Theologischen Fakultät der Universität Bern und Privatdozent für Neuere Kunstgeschichte an der Universität Basel.

André Urwyler (1950) ist Pfarrer in der Kirchgemeinde Köniz (BE).

Dr. *Georg Vischer* (1939) ist Pfarrer im Ruhestand.

Christian Walti, VDM (1982), ist Assistent am Lehrstuhl für Homiletik, Liturgik und Kommunikationswissenschaft an der Universität Bern.

Dr. *Matthias D. Wüthrich*, VDM (1972), ist Oberassistent für Systematische Theologie/Dogmatik an der Theologischen Fakultät der Universität Basel.

Dr. *Matthias Zeindler* ist Leiter im Bereich Theologie in den Reformierten Kirchen Bern-Jura-Solothurn sowie Privatdozent für Systematische Theologie an der Theologischen Fakultät der Universität Bern.

Dr. des. *Anita Zocchi Fischer*, VDM (1970), ist Pfarrerin in der Kirchgemeinde Köniz (BE).